**1** 소방관련교재 판매율·점유율 **2025**

cafe 카페검색 ˅ 김동준 소방&방재 아카데미 🔍

동영상 강의 | 소방단기

# 김동준
## 객관식 문제집

소방학개론

# CONTENTS

**문제**

## PART I 소방조직

Chapter 1 소방조직   18
Chapter 2 소방기능   49

## PART II 재난관리

Chapter 1 재난 및 재난관리의 개념   66
Chapter 2 우리나라의 재난관리(재난 및 안전관리 기본법)   71

## PART III 연소이론

Chapter 1 연소개요 등   106
Chapter 2 연기 및 화염   135
Chapter 3 폭발개요 및 분류   150

# LEVEL 1
소방학개론 객관식 문제집

## PART IV 화재이론

| | | |
|---|---|---|
| Chapter 1 | 화재의 정의 및 분류 | 166 |
| Chapter 2 | 건물화재의 성상 | 175 |
| Chapter 3 | 위험물화재의 성상 | 193 |
| Chapter 4 | 화재조사 | 215 |

## PART V 소화이론

| | | |
|---|---|---|
| Chapter 1 | 소화원리 | 224 |
| Chapter 2 | 소화약제 | 230 |
| Chapter 3 | 소방시설 | 244 |

## 소방학개론 범위

「소방공무원 채용시험 시행규칙」[별표1]

| 분야 | | 내용 |
|---|---|---|
| 소방조직 | 1) 소방조직 | - 소방의 발전 과정<br>- 소방행정체제와 기능 및 책임<br>- 소방조직관리의 기초이론<br>- 소방자원관리(인적, 물적, 재정적 자원관리 개요)<br>- 민간 소방조직의 종류와 역할<br>  (의용소방대, 소방안전관리자, 위험물안전관리자, 소방시설 설계·시공·감리<br>  ·점검, 소방용품의 제조·검정) |
| | 2) 소방기능 | - 화재의 예방·경계·진압·조사활동<br>- 소방시설의 설치유지 및 안전관리<br>- 위험물 안전관리<br>- 구조·구급 행정관리와 구조·구급 활동<br>- 재난대응활동 등 소방조직 및 소방기능 관련 내용 |
| 재난관리 | 1) 재난 및 재난관리의 개념 | - 재난의 특징과 유형<br>- 재난관리의 개념과 단계별 관리사항 |
| | 2) 우리나라의 재난관리<br>(재난 및 안전관리기본법) | - 안전관리기구 및 기능<br>- 긴급구조<br>- 안전관리계획, 예방, 대비, 응급대책, 복구, 재정 및 보상 등 재난관리 관련 내용 |
| 연소이론 | 1) 연소개요 등 | - 연소 반응식과 에너지 수지<br>- 연소의 조건 및 형태<br>- 발화의 조건 및 과정 |
| | 2) 연기 및 화염 | - 연기의 정의<br>- 연소 가스<br>- 화염의 형태 및 열방사<br>- 열전달 방식 등 연소 관련 내용 |
| | 3) 폭발개요 및 분류 | - 폭발의 조건<br>- 화학적 폭발(물리적 폭발과 개념 구분)<br>- 기상 폭발과 응상 폭발<br>- 폭연과 폭굉<br>- 가스·분진·분해 폭발<br>- BLEVE 등 폭발 관련 내용 |
| 화재이론 | 1) 화재의 정의 및 분류 | - 화재의 정의<br>- 화재의 종류(일반, 유류, 전기, 금속, 가스)와 종류별 기본 소화 방법 |
| | 2) 건물화재의 성상 | - 화재의 진행단계별 특성<br>- 특수현상(플래시오버, 백드래프트 등)과 대처법 |
| | 3) 위험물화재의 성상 | - 위험물의 류별(제1류~제6류) 특성과 소화방법<br>- 보일오버 등 위험물 화재의 특수 현상과 대처법 |
| | 4) 화재조사 | - 화재조사의 개요(목적, 방법, 절차 등)<br>- 화재 원인 및 피해 조사 기초 등 화재 관련 내용 |
| 소화이론 | 1) 소화 원리 | - 소화의 기본 원리(방법)<br>- 소화 방법(냉각·질식·제거·부촉매 효과)별 소화 수단 |
| | 2) 소화약제 | - 물 소화약제 소화원리<br>- 포 소화약제 소화원리<br>- 이산화탄소 소화약제의 소화원리<br>- 분말 소화약제 종류와 특성 및 소화원리<br>- 할로겐화합물 및 불활성기체 소화약제의 개념과 요건 |
| | 3) 소방시설 | - 소화설비의 종류와 작동 원리<br>- 경보설비의 종류와 작동 원리<br>- 피난설비의 종류와 사용법<br>- 소화용수설비의 종류와 사용법<br>- 소화활동설비의 종류와 사용법 등 소화 관련 내용<br>※ 소방시설의 구체적 설치기준 제외 |

## 응시자격

● 공무원 임용의 결격사유가 없어야 하고, 기본적으로 학력의 제한은 없으나 운전면허(제1종 보통면허 또는 대형면허)를 소지하여야 한다. 경력채용시험의 응시자격은 별도로 정한다.

● 응시연령

| 계 급 별 | 공개경쟁채용시험 | 경력채용시험 |
|---|---|---|
| 소방령 이상 | 25세 이상 40세 이하 | 20세 이상 45세 이하 |
| 소방경<br>소방위 |  | 23세 이상 40세 이하 (사업·운송용조종사 또는 항공·항공공장정비사는 23세 이상 45세 이하) |
| 소방장<br>소방교 |  | 20세 이상 40세 이하(사업·운송용조종사 또는 항공·항공공장정비사는 23세 이상 40세 이하) |
| 소방사 | 18세 이상 40세 이하 | 18세 이상 40세 이하 |

※ 간부후보생(소방위) : 21세 이상 40세 이하
※ 군복무기간 1년 미만은 1세, 1년 이상 2년 미만은 2세, 2년 이상은 3세 연장

소방령·지방소방령 이상의 공개경쟁채용시험은 실시될 확률이 매우 희박하다.

● 신체조건

| 부분별 | 합 격 기 준 |
|---|---|
| 체 격 | 양팔과 양다리가 완전하며, 가슴·배·입·구강 및 내장의 질환이 없어야 한다. |
| 시 력 | 두 눈의 시력(교정시력을 포함한다)이 각각 0.8 이상이어야 한다. |
| 색신(色神) | 색맹 또는 적색약(炙色弱)(약도를 제외한다)이 아니어야 한다. |
| 청 력 | 두 귀의 청력(교정청력을 포함한다)이 각각 적어도 40데시벨 이하의 소리를 들을 수 있어야 한다. |
| 혈 압 | 고혈압(수축기혈압이 145mmHg을 초과하거나 확장기 혈압이 90mmHg을 초과하는 것) 또는 저혈압(수축기혈압이 90mmHg미만이거나 확장기혈압이 60mmHg 미만인 것)이 아니어야 한다.(수치로 기재) |
| 운동신경 | 운동신경이 발달하고 신경 및 신체에 각종 질환의 후유증으로 인한 기능상 장애가 없어야 한다. |

※ 색맹 또는 색약 보정렌즈 사용금지(적발시 부정행위로 간주, 5년간 응시자격 제한)

## 경력경쟁채용의 요건

| 대상 | 채용조건 | 채용계급 | 시험방법 |
|---|---|---|---|
| 퇴직소방관 | • 「국가공무원법」에 따라 직위가 없어지거나 과원이 되어 퇴직한 소방공무원이나 신체·정신상의 장애로 장기 요양이 필요하여 휴직하였다가 휴직기간이 만료되어 퇴직한 소방공무원을 퇴직한 날부터 3년(「공무원 재해보상법」에 따른 공무상 부상 또는 질병으로 인한 휴직의 경우에는 5년) 이내 | 퇴직당시 계급 | • 서류전형<br>• 면접시험<br>※ 체력시험을 병행할 수 있음 |
| 국가기술자<br>자격증 소지자 | • 소방, 구급, 안전관리, 화학, 기계, 전기·전자, 건축, 정보통신분야 등 자격증소득자로서 당해분야 2년 이상 종사한 경력이 있는 자 | 자격증 등급에 따라 소방령 이하 계급 | • 서류전형<br>• 체력시험<br>• 면접시험<br>• 필기 또는 실기시험<br>※ 필기 또는 실기시험을 모두 병행할 수 있음 |
| 근무실적 또는<br>연구실적이<br>있는 사람 | • 국가기관·지방자치단체·공공기관 그 밖의 이에 준하는 기관의 임용예정직위에 관련있는 직무분야의 근무 또는 연구경력이 3년(소방공무원 외의 공무원으로서 특수기술부문에 근무경력자 또는 국가기관에서 구조업무와 관련있는 직무분야에 근무한 경력자에 해당하는 사람을 해당 부문·분야의 소방공무원으로 경력경쟁채용 등을 하는 경우에는 2년) 이상으로서 해당 임용예정계급에 상응하는 근무 또는 연구경력이 1년 이상인 사람<br>• 퇴직한 소방공무원으로서 임용예정계급에 상응하는 근무경력이 1년 이상인 사람<br>• 의무소방원으로 임용되어 소정의 복무를 마친 사람 | 소방령 이하 계급 | • 서류전형<br>• 체력시험<br>• 면접시험<br>• 필기 또는 실기시험<br>※ 필기 또는 실기시험을 모두 병행할 수 있음 |
| 소방전문<br>기술교육을<br>받은 자 | • 고등학교·전문대학 또는 대학(대학원을 포함)에서 행정안전부령으로 정하는 임용예정분야별 교육과정을 이수한 자와 법령에 의하여 이와 동등 이상의 학력이 있다고 인정되는 자 | • 박사학위 : 소방경 이하<br>• 석사학위 : 소방위 이하<br>• 4년대졸 : 소방장 이하<br>• 고등학교 이상 전문대 졸 이하 : 소방교 이하 | • 서류전형<br>• 체력시험<br>• 면접시험<br>• 필기 또는 실기시험<br>※ 필기 또는 실기시험을 모두 병행할 수 있음 |
| 외국어 능통자 | • 당해 외국어를 모국어로 사용하는 국가의 국민이 고등학교교육 또는 이에 준하는 학교교육을 마치고 작문이나 회화를 할 수 있는 수준 | • 소방위 이하 | • 서류전형<br>• 체력시험<br>• 면접시험<br>• 필기 또는 실기시험<br>※ 필기 또는 실기시험을 모두 병행할 수 있음 |
| 경찰공무원 | • 경위 이하로서 최근 5년 이내에 화재감식 또는 범죄수사 업무에 종사한 경력이 2년 이상인 경찰관 | • 소방위 이하 | • 서류전형<br>• 체력시험<br>• 면접시험<br>• 필기 또는 실기시험<br>※ 필기 또는 실기시험을 모두 병행할 수 있음 |
| 의용 소방대원 | • 소방관서가 처음 설치되는 지역에 5년 이상 근무한 의용 소방대원 | • 소방사 | • 서류전형<br>• 체력시험<br>• 면접시험<br>• 필기 또는 실기시험<br>※ 필기 또는 실기시험을 모두 병행할 수 있음 |

① 경력경쟁채용 응시자격구분표

| 임용예정분야 | 응시자격 |
|---|---|
| 소방 분야 | 소방기술사, 소방시설관리사, 소방설비기사(기계, 전기)·소방설비산업기사(기계, 전기) |
| 구급 분야 | 응급구조사(1급·2급), 간호사, 의사 |
| 화학 분야 | 화학 직무분야 기술사·기능장·기사·산업기사·기능사 |
| 기계 분야 | 기계 직무분야 기술사·기능장·기사·산업기사·기능사 |
| 건축 분야 | 건축 직무분야 기술사·기능장·기사·산업기사·기능사 |
| 전기·전자 분야 | 전기·전자 직무분야 기술사·기능장·기사·산업기사·기능사 |
| 정보통신 분야 | 정보통신 직무분야 기술사·기능장·기사·산업기사·기능사 |
| 안전관리 분야 | 안전관리 직무분야 기술사·기능장·기사·산업기사·기능사(소방분야 응시자격은 제외) |
| 소방정·항공 분야 | 「선박직원법」제4조에 따른 1급 ~ 6급 항해사·기관사, 1급 ~ 4급 운항사, 소형선박 조종사, 「국가기술자격법」에 따른 잠수기능장·잠수산업기사·잠수기능사, 「항공안전법」 제35조에 따른 운송용 조종사, 사업용 조종사, 항공교통관제사, 항공정비사, 운항관리사, 초경량비행장치 조종자 증명을 받은 사람 |
| 자동차 정비분야 | 「국가기술자격법 시행규칙」 별표 2 「국가기술자격의 직무분야 및 국가기술자격의 종목」 중 자동차 중직무분야 기술사·기능장·기사·산업기사·기능사 |
| 자동차 운전분야 | 「도로교통법」제80조에 따른 제1종 대형면허, 제1종 특수면허 |

비고: 채용계급
1. 의사: 소방령 이하
2. 기술사, 기능장, 1급 ~ 4급 항해사·기관사·운항사, 운송용 조종사, 사업용 조종사, 항공교통관제사, 항공정비사, 운항관리사: 소방경 이하
3. 기사, 5급 및 6급 항해사·기관사, 소방시설관리사: 소방장 이하
4. 제1종 대형면허, 제1종 특수면허: 소방사
5. 제1호부터 제4호까지에서 규정한 자격 외의 자격: 소방교 이하

② 계급환산기준표

| 계급 \ 구분 | 국가·지방공무원 또는 별정직공무원 | 경찰공무원 | 군인 | 교육공무원 | | | 정부관리기업체 |
| | | | | 초·중·고등학교교원 | 전문대학 | 4년제 대학교원 | |
|---|---|---|---|---|---|---|---|
| 소방령 | 5급 | | 소령 | 18~23 호봉 | 13~18 호봉 | 11~16 호봉 | 과장 차장 |
| 소방경 | 6급 (3년이상) | | 대위 | 14~17 호봉 | 11~12 호봉 | 9~10 호봉 | 계장, 대리 (3년 이상) |
| 소방위 | 6급 | 경위 | 중위·소위·준위 | 11~13 호봉 | 9~10 호봉 | 7~8 호봉 | 계장, 대리 |
| 소방장 | 7급 | 경사 | 상사 | 9~10 호봉 | 8호봉 이하 | 6호봉 이하 | 평사원 (3년 이상) |
| 소방교 | 8급 | 경장 | 중사 | 4~8 호봉 | | | 평사원 |
| 소방사 | 9급 | 순경 | 하사 (병) | 3호봉 이하 | | | 평사원 |

③ 경력경쟁채용시험등 응시자격 교육과정기준표

| 임용예정직무분야 | 응시교육과정 |
|---|---|
| 소방 분야 | ○ 고등학교의 소방관련학과를 졸업한 사람<br>○ 2년제 이상 대학의 소방학과·소방안전공학과·소방방재학과·소방행정학과·소방안전관리과나 그 밖에 이와 유사한 학과를 졸업한 사람<br>○ 4년제 대학의 소방학과·소방안전공학과·소방방재학과·소방행정학과·소방안전관리과나 그 밖에 이와 유사한 학과에 재학 중이거나 재학했던 사람으로서 소방청장이 정하는 소방관련 과목을 45학점 이상 이수한 사람 |
| 구급 분야 | 응급구조학과·간호학과·의학과나 그 밖에 유사한 학과를 졸업한 사람 |
| 화학 분야 | 화학과·응용화학과·화학공학과·정밀공업화학과나 그 밖에 이와 유사한 학과를 졸업한 사람 |
| 기계 분야 | 기계과·기계공학과·기계설계공학과나 그 밖에 이와 유사한 학과를 졸업한 사람 |
| 전기 분야 | 전기과·전기공학과나 그 밖에 이와 유사한 학과를 졸업한 사람 |
| 건축 분야 | 건축과·건축학과·건축공학과나 그 밖에 이와 유사한 학과를 졸업한 사람 |

비고
1. 박사학위 소지자는 소방경 이하의 계급으로, 석사학위 소지자는 소방위 이하의 계급으로, 학사학위 소지자는 소방장 이하의 계급으로, 고등학교 이상 전문대학 이하 졸업자는 소방교 이하의 계급으로 채용한다.
2. 유사한 학과의 범위에 대해서는 소방청장이 따로 정한다.
3. 고등학교의 소방관련학과 인정기준은 소방청장이 따로 정한다.

## 출제수준

- 소방위 이상 및 소방간부후보생 선발시험: 소방행정의 기획 및 관리에 필요한 능력·지식을 검정할 수 있는 정도
- 소방장 및 소방교·지방소방교: 소방업무수행에 필요한 전문적 능력·지식을 검정할 수 있는 정도
- 소방사: 소방업무수행에 필요한 기본적인 능력·지식을 검정할 수 있는 정도

## 공개경쟁채용시험

- ① 필기시험 → ② 체력시험 → ③ 신체검사 → ④ 서류전형 → ⑤ 면접시험 순으로 실시하며, 전단계의 시험에 합격하지 아니하면 다음 단계의 시험에 응시할 수 없다.
  ① 필기시험: 매 과목 40% 이상, 전 과목 총점의 60% 이상의 득점자 중에서 선발예정인원의 3배수의 범위에서 시험성적을 고려하여 점수가 높은 사람부터 차례로 합격자를 결정한다.
  ② 체력시험: 6개 종목에 대한 평가점수를 합산하여 총점의 50%(30점) 이상을 득점한 자를 합격자로 결정한다.
  ③ 신체검사: 신체조건 및 건강상태에 적합한 사람 모두를 합격자로 한다.
  ④ 서류전형: 응시자격 및 근무경력 요건, 필기시험 가산점 등이 적합한 자를 합격자로 결정한다.
  ⑤ 면접시험: 각 평정요소(적성, 전문지식, 품행, 봉사성, 창의력 등)에 대한 시험위원의 점수를 합산하여 총점의 50% 이상을 득점한 사람으로 한다. 다만, 시험위원의 과반수가 어느 하나의 평정요소에 대하여 40% 미만의 점수를 평정한 경우 불합격으로 한다.
- 최종합격자의 결정은 필기시험성적 50%, 체력시험성적 25% 및 면접시험성적 25%의 비율로 합산한 성적의 순위에 따른다.

# 소방학개론 객관식 문제집

## ● 필기시험과목

### 1. 소방령 공개경쟁채용시험

| 제1차 시험과목 | 제2차 시험과목 | |
|---|---|---|
| | 필수과목 | 선택과목 |
| 한국사, 헌법, 영어 | 행정법, 소방학개론 | 물리학개론, 화학개론, 건축공학개론, 형법, 경제학 중 2과목 |

### 2. 소방사 공개경쟁채용시험

| 제1차 시험과목(필수) | |
|---|---|
| 소방학개론, 소방관계법규, 행정법, 한국사, 영어 | ※ 한국사, 영어 과목은 능력검정시험으로 대체 |

비고
1. 소방학개론은 소방조직, 재난관리, 연소·화재이론, 소화이론 분야로 하고, 분야별 세부내용은 소방청장이 정한다.
2. 소방관계법규
「소방기본법」, 「소방의 화재조사에 관한 법률」, 「소방시설공사업법」
「화재예방 및 안전관리에 관한 법률」, 「소방시설의 설치 및 관리에 관한 법률」, 「위험물안전관리법」과 각 법률의 하위법령

### 3. 필기시험 과목 및 문항 수 변경

가. 한국사, 영어 과목이 능력검정시험으로 대체됨에 따라 문항당 배점 축소를 통해 점수분포 확대 필요

| 분야 | 능력검정 | | 공통과목 | 직무과목(2~1) | | 과목 수 |
|---|---|---|---|---|---|---|
| 공채(3) | 한국사 영어 | + | 소방학개론 | 소방관계법규, 행정법총론 | = | 5 → 3과목 |
| 경채(2) | | | | (일반) 소방관계법규, (구급) 응급처치학개론 (화학) 화학개론, (정보통신) 컴퓨터일반 | | 3 → 2과목 |

나. (문항 수) (공채 75문항) 소방학개론 25, 소방관계법규 25, 행정법총론 25
(경채 65문항) 소방학개론 25, 직무분야(응급처치학개론 40, 화학개론 40, 컴퓨터일반 40)

| 구 분 | 계 | 시험시간 | 소방학개론 | 행정법총론 | 소방관계법규 | 직무(경채) |
|---|---|---|---|---|---|---|
| 공채 | 75문항 | 1:15 | 25문항 | 25문항 | 25문항 | - |
| 경채 | 65문항 | 1:05 | 25문항 | - | | 40문항 |

## ● 소방공무원임용령 [별표 9] 〈신설 2022. 4. 5.〉

### 한국사 과목을 대체하는 한국사능력검정시험의 종류 및 기준등급(제44조제2호 관련)

| 시험의 종류 | | 기준등급 | |
|---|---|---|---|
| | | 소방정, 소방령 소방경, 소방위 (소방간부후보생) | 소방장 소방교 소방사 |
| 한국사능력 검정시험 | 국사편찬위원회에서 주관하여 시행하는 시험 (한국사능력검정시험)을 말한다. | 2급 이상 | 3급 이상 |

비고: 위 표에서 정한 시험은 해당 채용시험의 최종시험 시행예정일부터 거꾸로 계산하여 4년이 되는 해의 1월 1일 이후에 실시된 시험으로서 해당 채용시험의 필기시험 시행예정일 전날까지 등급이 발표된 시험 중 기준등급이 확인된 시험으로 한정한다. 이 경우 그 확인방법은 시험실시권자가 정하여 고시한다.

● 소방공무원임용령 [별표 6] 〈개정 2022. 4. 5.〉

### 영어 과목을 대체하는 영어능력검정시험의 종류 및 기준점수 (제44조제1호 관련)

| 시험의 종류 | | 기준점수 | | |
|---|---|---|---|---|
| | | 소방정<br>소방령 | 소방경<br>소방위<br>(소방간부후보생) | 소방장<br>소방교<br>소방사 |
| 토익<br>(TOEIC) | 아메리카합중국 이.티.에스.(ETS: Education Testing Service)에서 시행하는 시험(Test of English for International Communication)을 말한다. | 700점 이상 | 625점 이상 | 550점 이상 |
| 토플<br>(TOEFL) | 아메리카합중국 이.티.에스.(ETS: Education Testing Service)에서 시행하는 시험(Test of English as a Foreign Language)으로서 그 실시방식에 따라 피.비.티.(PBT: Paper Based Test) 및 아이.비.티.(IBT: Internet Based Test)로 구분한다. | PBT<br>530점 이상 | PBT<br>490점 이상 | PBT<br>470점 이상 |
| | | IBT<br>71점 이상 | IBT<br>58점 이상 | IBT<br>52점 이상 |
| 텝스<br>(TEPS) | 서울대학교 영어능력검정시험(Test of English Proficiency developed by Seoul National University)을 말한다. | 340점 이상 | 280점 이상 | 241점 이상 |
| 지텔프<br>(G-TELP) | 아메리카합중국 국제테스트연구원(International Testing Services Center)에서 주관하는 시험(General Test of English Language Proficiency)을 말한다. | Level 2의<br>65점 이상 | Level 2의<br>50점 이상 | Level 2의<br>43점 이상 |
| 플렉스<br>(FLEX) | 한국외국어대학교 어학능력검정시험(Foreign Language Examination)을 말한다. | 625점 이상 | 520점 이상 | 457점 이상 |
| 토셀<br>(TOSEL) | 국제토셀위원회에서 주관하는 시험(Test of the Skills in the English Language)을 말한다. | Advanced<br>690점 이상 | Advanced<br>550점 이상 | Advanced<br>510점 이상 |

비고: 위 표에서 정한 시험은 해당 채용시험의 최종시험 시행예정일부터 거꾸로 계산하여 3년이 되는 해의 1월 1일 이후에 실시된 시험으로서 해당 채용시험의 필기시험 시행예정일 전날까지 점수 또는 등급이 발표된 시험 중 기준점수가 확인된 시험으로 한정한다. 이 경우 그 확인방법은 시험실시권자가 정하여 고시한다.

● 체력시험

| 종목 | 성별 | 평가점수 | | | | | | | | | |
|---|---|---|---|---|---|---|---|---|---|---|---|
| | | 1 | 2 | 3 | 4 | 5 | 6 | 7 | 8 | 9 | 10 |
| 악력<br>(kg) | 남 | 45.3~<br>48.0 | 48.1~<br>50.0 | 50.1~<br>51.5 | 51.6~<br>52.8 | 52.9~<br>54.1 | 54.2~<br>55.4 | 55.5~<br>56.7 | 56.8~<br>58.0 | 58.1~<br>59.9 | 60.0<br>이상 |
| | 여 | 27.6~<br>28.9 | 29.0~<br>30.2 | 30.3~<br>31.1 | 31.2~<br>31.9 | 32.0~<br>32.9 | 33.0~<br>33.7 | 33.8~<br>34.6 | 34.7~<br>35.7 | 35.8~<br>36.9 | 37.0<br>이상 |
| 배근력<br>(kg) | 남 | 147~<br>153 | 154~<br>158 | 159~<br>165 | 166~<br>169 | 170~<br>173 | 174~<br>178 | 179~<br>185 | 186~<br>194 | 195~<br>205 | 206<br>이상 |
| | 여 | 85~<br>91 | 92~<br>95 | 96~<br>98 | 99~<br>101 | 102~<br>104 | 105~<br>107 | 108~<br>110 | 111~<br>114 | 115~<br>120 | 121<br>이상 |
| 앉아윗몸<br>앞으로굽히기<br>(cm) | 남 | 16.1~<br>17.3 | 17.4~<br>18.3 | 18.4~<br>19.8 | 19.9~<br>20.6 | 20.7~<br>21.6 | 21.7~<br>22.4 | 22.5~<br>23.2 | 23.3~<br>24.2 | 24.3~<br>25.7 | 25.8<br>이상 |
| | 여 | 19.5~<br>20.6 | 20.7~<br>21.6 | 21.7~<br>22.6 | 22.7~<br>23.4 | 23.5~<br>24.8 | 24.9~<br>25.4 | 25.5~<br>26.1 | 26.2~<br>26.7 | 26.8~<br>27.9 | 28.0<br>이상 |
| 제자리<br>멀리뛰기<br>(cm) | 남 | 223~<br>231 | 232~<br>236 | 237~<br>239 | 240~<br>242 | 243~<br>245 | 246~<br>249 | 250~<br>254 | 255~<br>257 | 258~<br>262 | 263<br>이상 |
| | 여 | 160~<br>164 | 165~<br>168 | 169~<br>172 | 173~<br>176 | 177~<br>180 | 181~<br>184 | 185~<br>188 | 189~<br>193 | 194~<br>198 | 199<br>이상 |
| 윗몸일으키기<br>(회/분) | 남 | 43 | 44 | 45 | 46 | 47 | 48 | 49 | 50 | 51 | 52 이상 |
| | 여 | 33 | 34 | 35 | 36 | 37 | 38 | 39 | 40 | 41 | 42 이상 |
| 왕복오래<br>달리기(회) | 남 | 57~59 | 60~61 | 62~63 | 64~67 | 68~71 | 72~74 | 75 | 76 | 77 | 78 이상 |
| | 여 | 28 | 29~30 | 31 | 32~33 | 34~36 | 37~39 | 40 | 41 | 42 | 43 이상 |

소방학개론 객관식 문제집

## ❸ 종합적성 검사 및 사전조사서 작성
면접시험시 면접위원의 참고자료로 활용되는 종합적성검사와 사전조사서 작성을 면접시험 전 진행
*종합적성검사를 응시하지 않을 경우 면접시험 응시 불가

### ① 검사시간 및 주요내용

| 검사항목 | 검사시간/문항 | 주요내용 |
|---|---|---|
| 인성검사 | 30분/250문항 | • (내용) 조직 적합도와 직무 몰입에 필요한 개인의 가치·동기·태도 등 검증<br>• (방법) OMR카드에 답안을 작성하여 제출 |
| 적성검사 | 80분/65문항 | • (내용) 소방업무 수행에 필요한 종합적 사고·학습능력 등 검증<br>• (방법) OMR카드에 답안을 작성하여 제출 |
| 사전조사서 | 30분/2문항 | • (방법) 제시된 질문(2문항)에 대해 응시자 본인의 생각 및 경험을 자필로 조사지(A4)에 서술<br>• (활용) 작성한 자료는 인성면접(15분)시 면접위원에게 제공 예정<br>　면접위원에게 선입견을 줄 수 있는 출신 지역 및 학교, 가족관계, 종교, 이전 직장명 등의 정보를 작성 시 불이익을 받을 수 있으니 주의하여 작성하시기 바랍니다. |

### ② 운영절차

| 시험 준비 | | 시험실시 | | | |
|---|---|---|---|---|---|
| ① 시험장 도착 | ② 사전교육 | ③ 인성검사 | ③ 적성검사 | 휴식시간 | ④ 사전 조사서 |
| | 30분 | 30분 | 80분 | 15분 | 30분 |

## ❸ 면접시험

### ① 면접시험의 절차 및 단계별 시험설명

| 면접 준비 | | 면접 실시 | | |
|---|---|---|---|---|
| 응시자 교육 | ① 발표준비 | ② 발표면접 | | ③ 인성면접 |
| | | 발표 | 질의·응답 | 질의·응답 |
| | 10분 | 3분 | 7분 | 15분 |

① (발표준비) 시험운영본부에서 제시한 발표주제*를 10분간 직접 작성·검토
　* 화재·구조·구급 등 소방직무와 관련된 문제지 및 메모지를 발표검토장에서 응시생에게 배부
② (발표면접) 주제 검토의견을 면접위원에게 3분간 발표하고 이후 7분간 질의·응답
③ (인성면접) 공직관·팀워크(협업능력)·침착성(책임감) 및 책임감과 관련된 공통질문을 제시, 응시자 답변에 따른 면접위원과 질의·응답
④ (시험종료) 운영요원 통제에 따라 시험장 순차적 퇴장 및 전자 설문조사 후 귀가

### ② 면접 시험의 평가방법 및 평가요소

#### 1 발표면접

• 운영방법
　- 상황면접에 기반을 둔 능력 검증이 목표
　- 면접시험장 입장 전 응시자에게 발표주제를 부여하고 10분 동안 발표검토 실시
　- 응시자는 면접시험장 입장하여 3분간 발표 실시 → 7분간 면접위원과 질의응답
• 평가요소

| 평가요소(20점) | S | A | B | C | D |
|---|---|---|---|---|---|
| ① 문제해결능력(10점) | 10 | 8 | 6 | 4 | 2 |
| ② 의사소통능력(10점) | 10 | 8 | 6 | 4 | 2 |

② 인성면접
- 운영방법:
  - 경험면접에 기반을 둔 인성 검증이 목표
  - 면접위원에게 사전조사서, 인성 및 적성검사 결과 자료 배부
  - 응시자의 인·적성 결과 등의 자료와 질문을 통하여 다각적으로 평가
- 평가요소

| 평가요소(30점) | S | A | B | C | D |
|---|---|---|---|---|---|
| ① 소방공무원으로의 공직관(10점) | 10 | 8 | 6 | 4 | 2 |
| ② 팀워크 및 협업능력(10점) | 10 | 8 | 6 | 4 | 2 |
| ② 침착성 및 책임감(10점) | 10 | 8 | 6 | 4 | 2 |

③ 면접 시험합격자 기준
- (합격 기준)
  - 시험위원의 점수를 합산하여 총점의 50퍼센트 이상을 득점한 경우
- (불합격 기준)
  - 시험위원의 과반수가 어느 하나의 평정요소에 대하여 40퍼센트 이하의 점수를 평정한 경우

❸ 자격증 등 소지자 가점비율

| 분야 | 가점비율 | 5퍼센트 | 3퍼센트 | 1퍼센트 |
|---|---|---|---|---|
| 소방 업무 관련 분야 | | 1. 소방 관련 국가기술자격 중 기술사·기능장<br>2. 1급 ~ 4급 항해사·기관사·운항사<br>3. 운송용 조종사, 사업용 조종사, 항공교통관제사, 항공정비사, 운항관리사<br>4. 잠수기능장<br>5. 의사, 변호사<br>6. 소방시설관리사<br>7. 초경량비행장치 실기평가조종자 증명을 받은 사람 | 1. 소방 관련 국가기술자격 중 기사<br>2. 5급 또는 6급 항해사·기관사<br>3. 응급구조사(1급), 간호사<br>4. 소방안전교육사<br>5. 초경량비행장치 지도조종자 증명을 받은 사람 | 1. 소방 관련 국가기술자격 중 산업기사·기능사<br>2. 소형선박 조종사, 잠수산업기사, 잠수기능사<br>3. 「도로교통법」에 따른 제1종 대형면허, 제1종 특수면허 중 대형견인차면허<br>4. 응급구조사(2급)<br>5. 초경량비행장치 조종자 증명을 받은 사람(제1종 및 제2종 무인동력비행장치에 관한 조종자 증명으로 한정한다) |
| 사무 관리 분야 | | | 컴퓨터활용능력 1급 | 컴퓨터활용능력 2급 |
| 한국어 능력검정시험 | | 1. 한국실용글쓰기검정 750점 이상<br>2. KBS한국어능력시험 770점 이상<br>3. 국어능력인증시험 162점 이상 | 1. 한국실용글쓰기검정 630점 이상<br>2. KBS한국어능력시험 670점 이상<br>3. 국어능력인증시험 147점 이상 | 1. 한국실용글쓰기검정 550점 이상<br>2. KBS한국어능력시험 570점 이상<br>3. 국어능력인증시험 130점 이상 |
| 외국어 능력검정 시험 | 영어 | | 1. TOEIC 800점 이상<br>2. TOEFL IBT 88점 이상<br>3. TOEFL PBT 570점 이상<br>4. TEPS 720점 이상<br>5. New TEPS 399점 이상<br>6. TOSEL(advanced) 780점 이상<br>7. FLEX 714점 이상<br>8. PELT(main) 304점 이상<br>9. G-TELP Level 2 75점 이상 | 1. TOEIC 600점 이상<br>2. TOEFL IBT 57점 이상<br>3. TOEFL PBT 489점 이상<br>4. TEPS 500점 이상<br>5. New TEPS 268점 이상<br>6. TOSEL(advanced) 580점 이상<br>7. FLEX 480점 이상<br>8. PELT(main) 242점 이상<br>9. G-TELP Level 2 48점 이상 |
| | 일본어 | | 1. JLPT 2급(N2)<br>2. JPT 650점 이상 | 1. JLPT 3급(N3, N4)<br>2. JPT 550점 이상 |
| | 중국어 | | 1. HSK 8급<br>2. 신(新) HSK 5급(210점 이상) | 1. HSK 7급<br>2. 신(新) HSK 4급(195점 이상) |

비고
1. 위 표에서 소방 관련 국가기술자격이란 「국가기술자격법 시행규칙」 별표 2의 중직무분야 중 다음 기술·기능 분야의 자격을 말한다.
 - 건축, 건설기계운전, 기계장비설비·설치, 철도, 조선, 항공, 자동차, 화공, 위험물, 전기, 전자, 정보기술, 방송·무선, 통신, 안전관리, 비파괴검사, 에너지·기상, 채광(기술·기능 분야 화약류관리에 한정한다)
2. 위 표에서 한국어능력검정시험·외국어능력검정시험의 경우 해당 채용시험의 면접시험일을 기준으로 2년 이내의 성적에 대해서만 가점을 인정한다.
3. 가점을 위하여 필요한 자료의 제출기한은 해당 채용시험의 면접시험일까지로 한다.

## 소방간부후보생 선발시험

- 소방간부후보생 공개경쟁시험에 의하여 선발되면 소방간부후보생 신분으로서 1년간 중앙소방학교의 교육기간을 거쳐 졸업과 동시에 소방위·지방소방위로 신규 채용된다.
- 1977년 제1기 40명을 배출한 이래 2~3년에 한번씩 40~50명을 선발하였고, 2011년(제17기)부터는 매년 20명을 선발하고 있다.
- 소방간부후보생 선발시험은 ① **필기시험** → ② **체력시험** → ③ **신체검사** → ④ **면접시험** 순으로 실시되며 필기시험과목을 제외하고는 소방사·지방소방사 공개경쟁채용시험과 동일하다.
- 필기시험과목

| 계열별 \ 구분 | 시험과목 | |
|---|---|---|
| | 필수과목(4) | 선택과목(2) |
| 인문사회계열 | 헌법, 한국사<br>영어, 행정법 | 행정학, 민법총칙, 형사소송법, 경제학, 소방학개론 |
| 자연계열 | 헌법, 한국사<br>영어, 자연과학개론 | 화학개론, 물리학개론, 건축공학개론, 전기공학개론, 소방학개론 |

※ 비고: 소방학개론은 소방조직, 재난관리, 연소·화재이론, 소화이론 분야로 하고, 분야별 세부내용은 소방청장이 정한다.(영어, 한국사 과목은 검정시험으로 대체)

## 경력경쟁채용시험

- 경력채용시험 대상에 따른 시험 방법

| 경채 대상 | 시험 방법 |
|---|---|
| • 퇴직소방관 | • 서류전형과 면접시험(필요 시 체력시험 병행 가능)<br>• 소방준감·지방소방준감 이상은 서류전형만 실시 |
| • 5급 공무원 공채 또는 사법시험 합격자 | • 서류전형과 면접시험(필요 시 체력시험 병행 가능) |
| • 자격증 소지자<br>• 특정 근무실적 또는 연구 실적이 있는 자<br>• 소방에 관한 전문 기술교육을 받은 자<br>• 외국어 능통자<br>• 경찰공무원<br>• 의용소방대원 | • 서류전형·체력시험·면접시험과 필기시험 또는 실기시험<br>(필요 시 필기시험과 실기시험 모두 병행 가능) |
| • 소방 장학생 | • 서류전형·체력시험 및 면접시험(필요 시 필기시험 병행 가능) |

### 소방공무원 경력경쟁채용시험등의 필기시험과목표

| 계급 | 분야 | 일반 | 항공 | 구급 | 화학 | 정보통신 |
|---|---|---|---|---|---|---|
| 소방정·소방령 | 필수 | 한국사, 영어, 행정법, 소방학개론 | | | | |
| | 선택 | 물리학개론, 화학개론, 건축공학개론, 형법, 경제학 중 2과목 | | | | |
| 소방경·소방위 | 필수 | 한국사, 영어, 행정법, 소방학개론 | 항공법규, 항공영어 | | | |
| | 선택 | 물리학개론, 화학개론, 건축공학개론, 형법, 경제학 중 2과목 | 비행이론, 항공기상, 항공역학, 항공기체, 항공장비, 항공전자, 항공엔진 중 1과목 | | | |
| 소방장·소방교 | 필수 | 한국사, 영어, 소방학개론, 소방관계법규 | 항공법규, 항공영어 | | | |
| | 선택 | | 비행이론, 항공기상, 항공역학, 항공기체, 항공장비, 항공전자, 항공엔진 중 1과목 | | | |
| 소방사 | 필수 | 한국사, 영어, 소방학개론, 소방관계법규 | | 한국사, 영어, 소방학개론, 응급처치학개론 | 한국사, 영어, 소방학개론, 화학개론 | 한국사, 영어, 소방학개론, 컴퓨터일반 |

비고
1. 각 과목의 배점은 100점으로 한다.
2. 필수과목 중 소방학개론, 소방관계법규 및 응급처치학개론의 시험 범위는 다음 각 목과 같다.
   가. 소방학개론: 소방조직, 재난관리, 연소·화재이론, 소화이론 분야
   나. 소방관계법규: 「소방기본법」, 「소방의 화재조사에 관한 법률」, 「소방시설공사업법」, 「화재예방 및 안전관리에 관한 법률」, 「소방시설의 설치 및 관리에 관한 법률」, 「위험물안전관리법」과 각 법률의 하위법령
   다. 응급처치학개론: 전문응급처치학총론, 전문응급처치학개론 분야
3. 항공분야의 경력경쟁채용시험등은 행정안전부령으로 정하는 항공분야 자격증 소지자를 대상으로 한다.

## 최종합격자의 결정

최종합격자의 결정은 면접시험의 합격자 중에서 다음 각 호의 방법에 따라 산정한 성적의 순위에 따른다.

1. 제37조제1항의 공개경쟁채용시험 및 제38조의 소방간부후보생 선발시험: 다음 각 목의 시험 단계별 성적을 해당 목에서 정하는 비율을 적용하여 합산한 점수에 제42조에 따른 가점을 반영한 성적
   가. 필기시험 성적(제1차시험과 제2차시험을 구분하여 실시할 때에는 이를 합산한 성적을 말한다. 이하 같다): 50퍼센트
   나. 체력시험 성적: 25퍼센트
   다. 면접시험 성적(실기시험을 병행할 때에는 이를 포함한 점수를 말한다): 25퍼센트
2. 제39조의 경력경쟁채용시험등: 다음 각 목의 구분에 따라 산정한 성적
   가. 면접시험만을 실시하는 경우: 면접시험성적 100퍼센트
   나. 필기시험과 면접시험을 실시하는 경우: 필기시험성적 75퍼센트 및 면접시험성적 25퍼센트의 비율로 합산한 성적
   다. 체력시험과 면접시험을 실시하는 경우: 체력시험 성적 25퍼센트 및 면접시험 성적 75퍼센트의 비율로 합산한 성적
   라. 실기시험과 면접시험을 실시하는 경우: 실기시험성적 75퍼센트 및 면접시험성적 25퍼센트의 비율로 합산한 성적
   마. 필기시험·체력시험 및 면접시험을 실시하는 경우: 필기시험 성적 50퍼센트, 체력시험 성적 25퍼센트 및 면접시험 성적 25퍼센트의 비율로 합산한 성적
   바. 체력시험·실기시험 및 면접시험을 실시하는 경우: 체력시험 성적 25퍼센트, 실기시험 성적 50퍼센트 및 면접시험 성적 25퍼센트의 비율로 합산한 성적
   사. 필기시험·체력시험·실기시험 및 면접시험을 실시하는 경우: 필기시험 성적 30퍼센트, 체력시험 성적 15퍼센트, 실기시험 성적 30퍼센트 및 면접시험 성적 25퍼센트의 비율로 합산한 성적

# 2025

# LEVEL 1 문제

# PART I 소방조직

## CHAPTER 1 소방조직

**001**
**소방에 대한 설명 중 옳지 않은 것은?**
① 소방학은 소방주체가 보다 수준 높고 발전지향적인 소방행정을 수행할 수 있도록 안내하는 역할을 담당한다.
② 최근에는 재난·재해 그 밖의 위급한 상황에서의 구조·구급의 개념까지 확대함은 물론, 나아가 사회안전의 확보라는 개념까지 포괄하여 사용한다.
③ 현재 소방의 캐릭터(로고)는 「FIRE」이다.
④ 소방행정은 소방학의 존재이유와 성장·발전할 수 있는 영양소를 제공해 주어, 소방학과 소방행정은 상호보완관계를 맺고 있다.

**002**
**다음 중 소방행정조직의 특징을 설명한 것으로 가장 옳지 않은 것은?**
① 현장 중심의 재난관리라는 특수 분야의 업무를 담당하는 특정직 공무원으로서의 소방공무원에 대하여는 국가공무원에 대한 특례가 인정되어 그 임용절차, 자격, 계급 구분, 징계방법, 보수체계, 신분보장 등을 달리하며 일반 행정직 공무원들과의 신분 교류 없이 소방행정 조직 내에서만 순환되는 독특한 시스템을 유지하고 있다.
② 소방업무는 효율적으로 재난에 대응하여 결과적으로 인명과 재난피해를 최대한 줄이는 일에 집중하여야 한다. 따라서 소방업무는 현장성, 신속·대응성, 전문성, 가외성, 긴급성, 위험성, 결과성, 일체성 등의 특징을 갖는다.
③ 소방조직은 화재를 진압하고 재난·재해 등 위험한 상황 하에서 국민의 구조·구급활동을 수행하는 사실적 행정행위와 화재 예방을 위한 예방행정 및 일반행정을 동시에 수행하는 전문기관이다.
④ 소방은 특수경력직공무원으로 경찰, 검찰, 군 등의 조직과 마찬가지로 국가위기관리조직의 핵심조직으로서의 전문적 지식이 요구되기 보다는 위급한 국가재난관리상황에서 생명과 신체에 대한 위험을 무릅쓰고 임무를 수행하여야만 하는 특수 분야의 업무를 독립적으로 수행하고 있다.

**003**
다음 중 소방조직의 의의를 설명한 것으로 가장 옳지 않은 것은?
① 소방조직이란 공동목표의 달성을 위해 의도적으로 정립한 체계화된 구조에 따라 구성원들이 상호 작용하며 경계를 가지고 외부 환경에 적응하는 인간들의 사회적 집단이다.
② 소방조직은 화재를 비롯한 각종 재난과 사고로부터 국민의 생명과 재산을 보호하고 국민 복리의 향상과 삶의 질을 높이기 위한 공익조직이다.
③ 소방조직은 소방공무원의 집합체로서 화재를 예방·경계하거나 진압하고 화재, 재난·재해 그 밖의 위급한 상황에서의 구조·구급활동 등을 통하여 국민의 생명·신체 및 재산을 보호함으로써 공공의 안녕질서 유지와 복리 증진이라는 소방의 목적을 달성하고자 하는 사회적 체계이다.
④ 소방조직은 화재와 구조 그리고 구급활동으로 국한되며 최근 재난관리는 행정안전부에서 업무를 수행하고 있어서 재난사태에서는 중앙긴급구조통제단을 행정안전부장관이 운영하고 있다.

**004**
「소방기본법」에서 설명하는 소방지원활동으로 옳지 않은 것은?
① 산불에 대한 예방·진압 등 지원활동
② 자연재해에 따른 급수·배수 및 제설 등 지원활동
③ 위해동물, 벌 등의 포획 및 퇴치 활동
④ 화재, 재난·재해로 인한 피해복구 지원활동

**005**
다음 중 직접적 국가소방행정조직에 해당되지 않는 것은?
① 소방청
② 중앙소방학교
③ 중앙119구조본부
④ 한국소방안전원

**006**
소방행정의 특수성 중 업무적 특성으로 옳지 않은 것은?
① 현장성
② 대기성
③ 위험성
④ 능률성

**007**
다음 중 지방소방행정조직의 특성으로 옳지 않은 것은?
① 민주성
② 효과성
③ 능률성
④ 강제성

**008** ●❶❷❸
다음 중 간접적 국가조직으로 옳지 않은 것은?
① 의용소방대연합회  ② 소방산업공제조합
③ 한국소방산업기술원  ④ 대한소방공제회

**009** ●❶❷❸
다음 중 중앙소방행정조직으로 옳지 않은 것은?
① 소방청, 중앙119구조본부
② 중앙소방학교, 중앙119구조본부
③ 의용소방대, 소방본부
④ 대한소방공제회, 소방청
⑤ 한국소방안전원, 한국소방산업기술원

**010** ●❶❷❸
「소방력 기준에 관한 규칙」상 소방기관에 속하지 않는 것은?
① 소방본부  ② 119구급대
③ 119안전센터  ④ 119지역대

**011** ●❶❷❸
소방공무원의 교육훈련 발전과 관련한 소방학교의 교육훈련 과정 협의·조정 등을 협의하기 위하여 소방청에 두는 소방교육훈련정책위원회의 위원장은 누구인가?
① 중앙소방본부장  ② 소방청장
③ 중앙소방학교장  ④ 소방청 차장

**012** ●❶❷❸
중앙소방학교의 주요 업무로 옳은 것은?
① 학생, 의용소방대원, 민간자원봉사자 등에 대한 소방안전체험교육 등 대국민 안전교육훈련에 관한 사항
② 화재진압·구조·구급 등 재난 대응기술 연구·개발 및 실용화 지원에 관한 사항
③ 소방공무원의 소방활동재해 방지 및 보건안전·복지 증진에 관한 사항
④ 국내외 소방안전 연구기관과의 교류협력 및 공동연구에 관한 사항

## 013
소방행정의 특수성에 해당되지 않는 것은?
① 고도의 공공행정
② 특수전문행정
③ 사회목적적행정
④ 소방조직의 가외성

## 014
소방행정의 특수성을 설명한 것으로 소방행정이 사회 공공의 안녕·질서유지 및 공공의 복리 증진을 목적으로 하는 것을 의미하는 것은?
① 국민생명 유지행정
② 사회목적적 행정
③ 특수전문행정
④ 고도의 공공행정

## 015
소방행정 작용의 특성 중 옳지 않은 것은?
① 우월성
② 획일성
③ 유연성
④ 강제성

## 016
「소방공무원임용령」상 소방기관에 해당하지 않는 것은?
① 소방청
② 국립소방연구원
③ 소방서
④ 119소방안전센터

## 017
다음 중 소방조직의 원리로 알맞게 짝지어진 것은?

> ⊙ 무니라는 학자가 조직의 원리중 제 1원리라고 주장한 것으로 각 부분이 공동목표를 달성하기 위해 행동을 통일하고 공동체의 노력으로 질서정연하게 배열하는 것
> ⓒ 특정 사안에 대한 결정에 있어서 의사결정과정에서는 개인의 의견이 참여되지만 결정을 내리는 것은 개인이 아닌 소속 기관의 장이다.
> ⓒ 가톨릭의 교권제도에서 유래된 것으로 업무에 대한 권한과 책임의 정도에 따라 상하의 계층을 설정하는 것

① ⊙ 조정의 원리 / ⓒ 계선의 원리 / ⓒ 계층제의 원리
② ⊙ 통솔범위의 원리 / ⓒ 계층제의 원리 / ⓒ 분업의 원리
③ ⊙ 계선의 원리 / ⓒ 조정의 원리 / ⓒ 통솔범위의 원리
④ ⊙ 분업의 원리 / ⓒ 명령통일의 원리 / ⓒ 계층제의 원리

### 018 ★★★

**다음 설명 중 옳지 않은 것은 몇 개인가?**

> ㉠ 한국소방산업기술원은 1977년 재단법인 한국소방검정협회로 창립되었다.
> ㉡ 한국소방안전원은 비영리단체이며, 사단법인이다.
> ㉢ 한국소방산업기술원은 소방산업의 육성과 소방산업 기술진흥을 위한 정책·제도의 조사·연구를 수행한다.
> ㉣ 회원을 위한 복지후생시설의 설치·운영은 대한소방공제회의 주요사업이다.
> ㉤ 한국소방산업공제회는 소방장비의 품질확보, 품질인증 및 신기술·신제품에 관한 인증업무 등을 수행한다.

① 1개  ② 2개
③ 3개  ④ 4개

### 019 ★

**소방관련 단체 중 교육훈련 등 행정기관이 위탁하는 업무수행과 소방기술과 안전관리기술의 향상 및 홍보를 위해 설치된 단체는?**

① 대한소방공제회  ② 한국119청소년단
③ 한국소방안전원  ④ 한국소방산업기술원

### 020 ★★

**다음 중 한국소방안전원에 대한 설명으로 옳지 않은 것은?**

① 소방기술과 안전관리기술의 향상 및 홍보, 그 밖의 교육·훈련 등 행정기관이 위탁하는 업무의 수행과 소방업계의 건전한 발전 및 소방 관계 종사자의 기술 향상을 위하여 한국소방안전원을 설립한다.
② 설립되는 안전원은 법인으로 한다.
③ 안전원의 업무 중 소방업무에 관하여 행정기관이 위탁하는 업무가 있다.
④ 안전원은 정관을 변경하려면 시·도지사의 인가를 받아야 한다.

### 021 ★★★

**다음 중 〈보기〉에 대한 설명으로 옳은 것은?**

> 기관 상호 간에 직무 분야가 유사한 범위 내에서 공무원의 수평적 이동을 허용하는 제도로 기관 상호 간에 업무 협조를 증진시킬 수 있고, 공무원에게 능력 발전의 기회를 제공하는 효과 등이 있다.

① 승진·강임  ② 전직·전보
③ 겸임  ④ 인사교류

**022**

다음 중 소방공무원의 임용에 해당하지 않는 것은?
① 파면
② 직위해제
③ 정직
④ 감봉

**023**

다음 중 임용에 대한 설명으로 옳지 않은 것은?
① 소방령 이상의 소방공무원은 중앙본부장의 제청으로 국무총리를 경유하여 대통령이 임용한다.
② 소방령 이상 소방준감 이하의 소방공무원에 대한 전보·휴직·직위해제·강등·정직 및 복직은 소방청장이 행한다.
③ 소방경 이하의 소방공무원은 소방청장이 임용한다.
④ 임용이란 신규채용·승진·전보·파견·강임·휴직·직위해제·정직·강등·복직·면직·해임 및 파면을 말한다.

**024**

「소방공무원 승진임용 규정」상 승진에서 동점자 우선순위 중 우선순위가 가장 낮은 사람은?
① 근무성적평정점이 높은 사람
② 해당 계급에서 장기근무한 사람
③ 해당 계급의 바로 하위 계급에서 장기근무한 사람
④ 소방공무원으로 장기근무한 사람

**025**

다음 중 소방공무원 채용후보자의 임용유예 사유에 해당하지 않는 것은?
① 학업을 계속하는 경우
② 6월 이상의 장기요양을 요하는 질병이 있는 경우
③ 채용후보자로서 받은 교육훈련성적이 수료점수에 미달되는 경우
④ 병역법에 따른 병역의무복무를 위하여 징집 또는 소집되는 경우

## 026
다음 중 소방공무원의 임용에 대한 설명으로 가장 옳은 것은?
① 소방사에서 소방장으로의 진급을 위해서는 소방사의 계급에서 2년 이상 재직하여야 한다.
② 소방공무원임용령 상 119안전센터는 소방기관에 해당하지 아니한다.
③ 재직 중 순직한 사람을 사망 전날로 특별승진임용 하는 경우에는 사망한 날에 면직된 것으로 본다.
④ 소방간부후보생을 소방위로 임용할 때에는 최상급 소방기관의 외근부서에 보직하여야 한다.

## 027
「소방공무원법」상 1계급 특별승진 기준에 해당하지 않는 것은?
① 직무수행능력이 탁월하여 행정 발전에 큰 공헌을 한 자
② 제안의 채택·시행으로 국가 예산을 절감하는 등 행정 운영 발전에 뚜렷한 실적이 있는 자
③ 청렴하고 투철한 봉사 정신으로 직무에 모든 힘을 다하여 공무 집행의 공정성을 유지하고 깨끗한 공직 사회를 구현하는 데에 다른 공무원의 귀감이 되는 자
④ 소방위 이하의 소방공무원으로서 모든 소방공무원의 귀감이 되는 공을 세우고 순직한 사람

## 028
「소방공무원법」상 임용권자가 다른 한가지는?
① 소방령 승진
② 소방정 해임
③ 소방준감 직위해제
④ 소방령 신규채용

## 029
다음은 소방안전관리자 선임에 대한 설명이다. 옳은 것은?
① 특급 소방안전관리대상물 — 연면적이 20만 제곱미터 이상인 동·식물원
② 1급 소방안전관리대상물 — 연면적 1만5천 제곱미터 이상인 지하구
③ 특급 소방안전관리대상물 — 높이가 120미터 이상인 아파트
④ 2급 소방안전대상물 — 가연성 가스를 100톤 이상 1천톤 미만 저장·취급하는 시설

**030**

다음 중 2급 소방안전관리대상물이 아닌 것은?

① 스프링클러설비를 설치하는 특정소방대상물
② 가연성 가스를 100톤 이상 1천톤 미만 저장·취급하는 시설
③ 지하구
④ 자동화재탐지설비를 설치하는 특정소방대상물

**031**

「소방공무원 임용령」상 소방기관의 종류에 해당하지 않는 것은?

① 서울소방학교
② 강남소방서
③ 제주특별자치도
④ 한국소방안전원 서울지부

**032**

화재를 진압하고 화재·재난·재해 그 밖의 위급한 상황에서의 구조·구급활동을 위하여 소방공무원, 의무소방원, 의용소방대원으로 구성된 조직체를 무엇이라 하는가?

① 구조구급대
② 의무소방대
③ 소방대
④ 의용소방대

**033**

소방에 관련된 여러 단체에 대한 사항이다. 옳은 것은?

① 소방체험관은 시·도조례로 정한다.
② 소방체험관은 소방청장이 운영한다.
③ 한국소방안전원은 영리단체이다.
④ 한국소방안전원은 민법상 법인으로 사단법인이다.

**034**

소방박물관 및 소방체험관 설립과 운영에 대한 사항으로 옳지 않은 것은?

① 소방의 역사와 안전문화를 발전시키고 국민의 안전의식을 높이기 위해 설립·운영한다.
② 소방체험관 설립·운영에 관한 필요한 사항은 행정안전부령으로 정하는 기준에 따라 시·도 조례로 정한다.
③ 소방청장이 소방체험관을 설립하고, 시·도지사가 소방박물관을 설립·운영한다.
④ 소방박물관에는 소방박물관장 1인과 부관장 1인을 둘 수 있다.

## 035

다음 〈보기〉에서 소방공무원 신분의 변천 과정을 순서대로 나열한 것은?

> ㉠ 경찰공무원법이 제정되면서 별정직인 경찰공무원 신분으로 분류
> ㉡ 소방공무원법 시행으로 독자적 소방공무원 신분으로 분류
> ㉢ 국가공무원법이 제정되면서 일반직 공무원으로 분류
> ㉣ 국가공무원법 및 지방공무원법 개정으로 소방공무원은 경력직공무원 중 특정직공무원으로 분류

① ㉢-㉠-㉡-㉣  
② ㉠-㉢-㉡-㉣  
③ ㉠-㉡-㉢-㉣  
④ ㉡-㉠-㉢-㉣

## 036

다음 중 소방역사에 대한 시대와 설치기구가 알맞게 짝지어지지 않은 것은?

① 삼국시대 - 행순
② 고려시대 - 화통도감
③ 조선시대 - 금화도감
④ 일제 강점기 - 경성소방서

## 037

소방역사에 대한 설명이다. 가장 옳은 것은?

① 삼국시대에는 소방에 대한 기록은 없고, 고려시대부터 기록이 전해지고 있다.
② 금화원 제도는 우리나라 소방행정의 최초 근원이며, 금화도감은 오늘날과 같은 상비소방제도는 아니지만 우리나라 최초의 소방관서이다.
③ 1948년 정부수립과 함께 자치소방으로 전환하였으며, 중앙은 내무부 치안국 소방과에서 업무를 담당하였다.
④ 고려시대에는 화재와 병란이 많아 소방조직이 만들어졌다.

## 038

다음 중 소방역사를 과거부터 시대순으로 옳게 나열한 것은?

> ㉠ 최초의 소방서인 경성소방서 설치
> ㉡ 상무부 토목국에 중앙소방위원회 설치
> ㉢ 소방조규칙 제정
> ㉣ 소방법 제정

① ㉠ → ㉡ → ㉣ → ㉢
② ㉡ → ㉠ → ㉣ → ㉢
③ ㉢ → ㉠ → ㉡ → ㉣
④ ㉣ → ㉢ → ㉡ → ㉠

## 039 ★★ ⓞ①②③
다음 〈보기〉는 소방역사에 관한 사항이다. 가장 옳지 않은 것은?

> ㉠ A소방관은 1954년 내무부 소방국에서 근무하였다.
> ㉡ B소방관은 1974년 서울 소방본부에서 중앙소방학교로 근무지를 옮기게 되었다.
> ㉢ 1980년 경기도 수원소방서에서 근무하던 C소방관은 소방공무원법의 적용을 받았다.
> ㉣ 1995년 서울 소방서에서 근무하던 D소방관은 구조대원으로써 삼풍백화점 붕괴사고 현장에서 구조활동을 펼쳤다.

① 모두　　　　　　　　　　　　② ㉠, ㉡
③ ㉢, ㉣　　　　　　　　　　　④ ㉡, ㉣

## 040 ★★ ⓞ①②③
다음 〈보기〉의 소방역사에 대한 설명 중 옳은 것은 모두 몇 개인가?

> ㉠ 세종 8년(1426년)에 병조에 속하여 편성된 금화도감(禁火都監)은 오늘날과 같은 상비소방제도는 아니지만 화재를 방비할 독자적인 소방 관리부서로서 우리나라 최초의 소방관서이다.
> ㉡ 고려전기때 금화원 제도는 우리나라 소방행정의 최초 근원이다.
> ㉢ 1894년 갑오경장 이후 1895년 4월 29일 경무청 직제를 제정하면서 그 소속인 총무국에서 "수화·소방에 관한 사항"을 분장토록 하였다.
> ㉣ 광무 10년(1906년)에 일본인이 우리나라에 화재보험회사 대리점을 설치하기 시작해서 1908년에는 통감부가 동양화재보험주식회사 설립을 허가하여 우리나라 최초의 화재보험회사가 설립하였다.

① 1개　　　　　　　　　　　　② 2개
③ 3개　　　　　　　　　　　　④ 4개

## 041 ★★ ⓞ①②③
다음 〈보기〉의 소방역사에 대한 설명 중 옳은 것은 모두 몇 개인가?

> ㉠ 1975년 정부조직법을 개정하여 내무부의 소방기능을 삭제하고 소방사무를 지방자치단체의 고유사무로 하는 근거를 마련하였다.
> ㉡ 1975년 7월 정부조직법 및 민방위기본법이 개정 및 제정되어 내무부에 민방위본부를 설치하는 동시에 종전의 치안본부 소방과를 개편하여 민방위본부 내에 민방위국과 소방국을 설치하였다.
> ㉢ 1947년에 소방청을 설치하였다.
> ㉣ 1922년 경성소방조 상비대를 경성소방소로 개편하였고, 1925년에는 조선총독부 지방관제를 개정하여 경성에 소방서를 설치하였다.

① 1개　　　　　　　　　　　　② 2개
③ 3개　　　　　　　　　　　　④ 4개

## 042

**다음 중 소방법 제정 이후의 소방영역의 변천 과정에 대한 설명으로 옳지 않은 것은?**

① 1958년 소방법 제정 당시부터 1967년까지의 소방활동 영역은 화재·풍수해·설해의 예방, 경계, 진압 등 광의의 소방개념으로 설정하였다.
② 1967년 소방법 개정으로 "풍수해와 설해" 부분이 삭제되고, "화재의 예방·경계·진압"으로 소방활동 영역이 화재로 국한되어 전통적인 소방개념으로 축소되었다.
③ 1982년부터 소방서에 119구급대를 편성·운영하면서 1983년 소방법을 개정하면서 구급업무가 소방업무에 포함되었다.
④ 2004년 대구지하철 화재사고를 계기로 정부조직법 개정과 재난관리법이 제정되었다.

## 043

**소방역사에 대한 설명이다. 가장 옳지 않은 것은?**

① 삼국시대에 대한 기록은 삼국사기에 따르면 서기 262년 미추왕 원년에 금성 서문에서 화재가 발생했고, 596년 진평왕 18년에 경주 영흥사에 불이 나 왕이 친히 이재민을 위로했다는 기록이 있다.
② 사회적 재앙으로 인식된 시기는 삼국시대이다. 고려시대에는 화재와 병란이 많았지만, 소방조직이 없었고, 최초의 소방조직은 조선에 들어와서 금화도감이다.
③ 1948년 정부수립과 함께 자치소방으로 전환하였으며, 중앙은 내무부 치안국 소방과에서 업무를 하였다.
④ 1958년 소방법이 만들어지고, 1978년 소방공무원법이 시행되었다.

## 044

**다음 중 소방역사에 대한 설명으로 옳지 않은 것은?**

① 최초의 소방서는 1925년 설치된 경성소방서이다.
② 최초로 서울과 부산에 소방본부가 설치된 것은 1972년이다.
③ 지방소방공무원법이 제정된 후 소방공무원법(1977)이 제정되었다.
④ 대한민국 정부 수립 이후 경찰로부터 소방이 분리된 시기는 1947년이다.

## 045 ★★

**소방조직에 대한 설명 중 옳지 않은 것은?**

① 세종 8년(1426) 2월에 병조에 금화도감을 설치하였고, 구성은 제조 7명, 사 5명, 부사 5명, 판관 6명으로 구성되었다.
② 세종 8년(1426) 6월에 성문도감과 금화도감을 병합하여, 수성금화도감으로 개편하였다.
③ 수성금화도감은 공조가 소방책임 기관이었다.
④ 수성금화도감은 성을 수리하고, 화재를 금하며, 천거(도랑·하천)를 정비, 길과 다리를 수리하는 일을 담당했다.

## 046 ★

**다음 〈보기〉에서 괄호 안의 숫자를 모두 더하면?**

세종 8년 세워진 금화도감은 제조 (　)명, 사 (　)명, 부사 (　)명, 판관 (　)명으로 구성되었다.

① 23　　　　　　　　　　② 24
③ 25　　　　　　　　　　④ 26

## 047 ★★★

**(가)에 들어갈 내용으로 옳은 것은?**

주제 : 소방의 역사와 제도 변천과정(00시대)
갑 : 소방의 역사가 중요하기에 이번에는 00시대에 대해 얘기해보자.
　　이 시기에는 국가소방체제였다.
을 : 소방법이 제정되었고, 지방은 경찰국 소방과에서 업무를 취급하였어.
병 : (가)

① 1949년부터 국가공무원법을 적용받다가 이 시기에 소방공무원법이 제정됨에 따라 소방공무원법을 적용받았다.
② 운흥창의 화재를 계기로 수도 개성과 각 창고 소재지에 일반 관리 외에 별도로 방화 전담관리를 두었고, 금화원 제도라 하여 우리나라 최초의 소방행정의 근원을 시행하였다.
③ 중앙은 내무부 치안국 소방과에서 업무를 취급하였다
④ 소방부과 소방위원회를 설치하고 일시적으로 소방행정을 경찰로부터 분리하여 자치화하였다.

## 048

**다음 설명 중 올바르지 않은 것은 모두 몇 개인가?**

㉠ 소방흐름의 순서는 금화제도 → 금화조건 → 금화도감 → 금화군 이다.
㉡ 일제시대 중앙기구의 흐름은 경무과 ⇒ 보안과 내 소방계 ⇒ 경무국 내 보안과 ⇒ 경무국에 방호과 ⇒ 경비과이다.
㉢ 소방이란 용어를 처음으로 사용한 시기는 갑오개혁 전후이다.
㉣ 미군정시대에는 소방위원회를 설치하고 일시적으로 소방행정을 경찰로부터 분리하여 자치화 하였다.
㉤ 미군정시대에는 상무부 토목국에 중앙소방위원회를 설치하였으며, 위원회는 7인의 위원회로 구성되어 있으며 그 중 1인을 서기장으로 임명되었다.

① 0개  ② 2개
③ 4개  ④ 5개

## 049

**다음은 여러 소방관의 근무기록에 관한 사항이다. 〈보기〉의 내용 중 타당하지 않은 것을 모두 고른 것은?**

㉠ A소방관은 1950년 내무부 소방국에서 근무하였다.
㉡ B소방관은 1974년 서울 소방본부에서 중앙소방학교로 근무지를 옮기게 되었다.
㉢ 1980년 경기도 OO소방서에서 근무하던 C소방관은 소방공무원법이 제정 되어 있어 소방공무원법을 적용받는 경력직 중 특정직 공무원이었다.
㉣ 1995년 서울 OO소방서에서 근무하던 D소방관은 구조대원으로써 삼풍백화점 붕괴사고 현장에서 구조활동을 펼쳤다.

① ㉠, ㉡, ㉢  ② ㉡, ㉢, ㉣
③ ㉠, ㉡, ㉣  ④ ㉠, ㉡, ㉢, ㉣

## 050

**다음 중 우리나라 소방 발전과정의 순서로 옳은 것은?**

㉠ 수성금화도감의 설치  ㉡ 금화조건
㉢ 금화도감의 설치      ㉣ 금화제도의 시작
㉤ 멸화군의 조직

① ㉣-㉢-㉠-㉡-㉤  ② ㉣-㉡-㉢-㉠-㉤
③ ㉣-㉢-㉡-㉠-㉤  ④ ㉢-㉡-㉠-㉤-㉣
⑤ ㉢-㉡-㉣-㉠-㉤

## 051

다음 〈보기〉를 보고 순서대로 옳게 나열한 것은?

| ⊙ 금화도감 | ⓒ 소방법 제정 |
| ⓒ 경성소방서 설치 | ⓔ 119구급대 설치 |
| ⓜ 내무부 소방국 설치 | ⓗ 소방기본법 등 4개 법률 제정 |
| ⓢ 구조대 설치 | |

① ⊙-ⓒ-ⓒ-ⓔ-ⓜ-ⓗ-ⓢ
② ⊙-ⓒ-ⓒ-ⓜ-ⓔ-ⓢ-ⓗ
③ ⊙-ⓒ-ⓜ-ⓢ-ⓔ-ⓒ-ⓗ
④ ⊙-ⓒ-ⓒ-ⓔ-ⓢ-ⓜ-ⓗ

## 052

소방조직의 발전과정에 대한 설명으로 옳지 않은 것은?

① 경종 3년(1723) 중국으로부터 수총기를 수입한 것이 소방관련 장비 수입의 최초라 할 수 있다.
② 고려시대에 우리나라 최초의 소방법규라고 할 수 있는 금화령이 시행되었다.
③ 사다리소방차를 도입하고 119전화·화재발생경보·차고 등이 설치된 것은 일제 강점기이다.
④ 상비의 소방제도는 아니지만 최초의 소방관서라 할 수 있는 금화도감이 설치된 것은 조선시대이다.

## 053

대한민국 정부수립 이후부터 현재까지의 설명으로 옳지 않은 것은?

① 초창기(1948~1970)는 국가소방체제로 중앙위원회는 내무부 치안국 소방과에서 업무를 취급하였고 지방은 경찰국 소방과에서 취급하였다.
② 1970년 8월 정부조직법이 개정되어 내무부의 소방기능이 삭제되고 소방사무를 지방자치단체의 고유사무로 하는 근거를 마련하였다.
③ 광역자치 정착기(1992~2004)는 광역시·도 자치소방체제이다.
④ 성장기(2003년 6월~2014년)는 소방방재청 시대로 2003년 소방방재청이 개청됨에 따라 시작되었고, 2014년 세월호 참사 이후에 국민안전처 시대가 시작되었다.

## 054

**다음 설명 중 옳지 않은 것은?**

① 제1기 조선시대 : 세종 8년~구한말
② 제2기 과도기 : 미군정시대(1945~1948) 자치소방체제
③ 제3기 초창기 : 정부수립 이후(1948~1970) 자치소방체제
④ 제4기 발전기(1970~1992) : 국가·자치이원화

## 055

**소방의 발전과정에서 광역자치의 정착기(1992~2004년)에 대한 설명으로 옳지 않은 것은?**

① 삼풍백화점 붕괴를 계기로 재난관리국 신설
② 소방사무의 시·도지사의 사무로 일원화
③ 재난 및 안전관리 기본법의 제정
④ 최초로 서울 및 부산에 소방본부의 설치

## 056

**다음 빈칸에 들어갈 말로 알맞게 짝지어진 것은?**

> ㉠ ( ) : 야간에 아장 또는 부장 같은 장교와 병조 소속 군사들이 통행인을 단속하고 화재에 대비하기 위해 궁궐 안팎을 순찰하며 근무하는 것을 말한다.
> ㉡ ( ) : 병조, 의금부, 형조, 한성부, 수성금화사 및 5부의 숙직하는 관원이 행순하여 화재를 단속하는 것을 말한다, 의금부에서 종루에 올라 화재를 감시하며 화재시 종을 치는것, 통행금지 시간에 불을 끄러가다 구류를 당하지 않도록 불을 끄러가는 증명으로 구화패를 발급하는 것 외에 순찰경계, 구화시설 등에 대하여 규정하고 있다.
> ㉢ ( ) : 중국의 주례를 본떠 철에 따라 불씨를 바꾸도록 국법으로 시행하였다.

① ㉠ 금화 / ㉡ 방화 / ㉢ 행순
② ㉠ 방화 / ㉡ 금화 / ㉢ 행순
③ ㉠ 금화 / ㉡ 행순 / ㉢ 방화
④ ㉠ 행순 / ㉡ 금화 / ㉢ 방화

## 057

다음 〈보기〉의 내용을 순서대로 바르게 나열된 것은?

> ㉠ 소방공무원법 제정
> ㉡ 소방학교직제 제정·공포
> ㉢ 민방위본부신설
> ㉣ 소방법
> ㉤ 지방소방공무원법 제정

① ㉠-㉡-㉢-㉣-㉤
② ㉡-㉠-㉢-㉣-㉤
③ ㉢-㉡-㉣-㉤-㉠
④ ㉣-㉤-㉢-㉠-㉡

## 058

화재가 사회적 재앙으로 인식되기 시작한 시기는?

① 삼국시대
② 고려시대
③ 조선시대
④ 정부수립 이후

## 059

우리나라 소방행정의 최초 근원으로서 방화관련 업무를 담당하는 관원을 두었던 '금화원제도'가 시작된 시대는?

① 통일신라시대
② 고려시대 전기
③ 고려시대 후기
④ 조선시대

## 060

1995년 6월 삼풍백화점 붕괴사고를 겪으면서 재난현장의 지휘체계와 참여기관 간 공조·협조체계 등 재난대응에 대한 수많은 문제점을 경험하게 되었고, 급기야 개선작업이 이루어지게 되었다. 결국 삼풍백화점 붕괴사고를 계기로 같은 해 제정된 법률은 무엇인가?

① 재난관리법
② 지진재해대책법
③ 자연재해대책법
④ 재난 및 안전관리 기본법

## 소방조직관리의 기초이론

**061** ①②③
조직에 분류 중 다른 하나는?
① 조직구성원이 서로 이익을 보는 호혜적 조직(정당)
② 조직의 서비스를 이용하는 고객이 수익자가 되는 서비스 조직(병원)
③ 소유주가 기업조직의 주된 수혜자가 되는 기업조직(은행)
④ 사회의 유형을 유지하기 위한 교육(학교)

**062** ①②③
소방조직유형에 대한 설명이다. 가장 옳은 것은?
① 수혜자를 기준으로 분류하면 호혜적 조직, 사업조직, 서비스 조직, 공익조직이 있다. 그 중 소방서는 서비스 조직으로 분류된다.
② 통제 수단에 의한 분류는 강압적 조직, 공리적 조직, 규범적 조직으로 분류할 수 있다. 그 중 소방은 공리적 조직이다.
③ 통제 수단에 의한 분류는 Blau와 Scott에 의해 분류되었다.
④ 조직의 분류는 여러 사회조직에 대한 기준(기능, 규모, 역사, 목표 등)에 따라 다양하게 이루어질 수 있고, 이러한 기준은 어느 것도 완전한 일반성을 가질 수는 없기 때문에 학자에 따라 다양한 조직의 유형모형이 제시되고 있다.

**063** ①②③
Etzioni에 의한 조직의 분류기준, 즉 통제 수단에 의해 조직을 분류하면 소방조직은 어느 조직에 해당하는가?
① 강압적 조직
② 공리적 조직
③ 규범적 조직
④ 방관적 조직

**064** ①②③
고전적인 조직원리에 해당하지 않는 것은?
① 계층제의 원리
② 명령통일의 원리
③ 행동분리의 원리
④ 통솔범위의 원리

**065** ①②③
Abram H. Maslow의 5단계 욕구단계가 아닌 것은?
① 생활적
② 안전적
③ 사회적
④ 존경적

**066** ①②③

소방의 특수성 중 소방조직이나 체제 또는 장비의 기본요소 이외에 초과 또는 잉여분 혹은 중첩성 내지 중복성을 나타내는 것은?

① 전문성  ② 대기성
③ 가외성  ④ 위험성

**067** ①②③

다음과 같이 조직을 정의하고 있는 학자는 누구인가?

> 조직이란 두 사람 이상에 의한 의식적으로 조정된 활동이나 노력의 체계라고 정의하고, 조직을 하나의 조정체계로 보고 있다.

① 버나드(Chester I. Barnard)  ② 베버(Max. Weber)
③ 파슨스(Tallcott Parsons)  ④ 에치오니(Amitai Etzioni)

**068** ①②③

다음 중 이론과 학자의 연결이 옳지 않은 것은?

① 매슬로우 : 욕구이론  ② 맥클레란드 : 성취욕구이론
③ 허즈버그 : 동기-위생이론  ④ 아지리스 : E.R.G이론

**069** ①②③

Weber는 지배의 정당성을 기준으로 관료제의 유형을 분류하였다. 옳지 않은 것은?

① 가산적 관료제  ② 카리스마적 관료제
③ 합법적 관료제  ④ 분권적 관료제

**070** ①②③

소방업무적 특성으로 옳지 않은 것은 모두 몇 개인가?

| ㉠ 현장성 | ㉡ 대기성 | ㉢ 전문성 |
| ㉣ 가외성 | ㉤ 신속·정확성 | ㉥ 위험성 |
| ㉦ 결과성 | ㉧ 일체성 | |

① 0개  ② 2개
③ 4개  ④ 5개

### 소방자원관리(인적, 물적, 재정적 자원관리 개요)

**071** 
다음 중 옳은 지문을 고르시오.

> ㉠ 소방장이하 시보기간은 6개월이다.
> ㉡ 소방경 이하의 소방공무원은 소방청장이 임용한다.
> ㉢ 신규채용 시험은 공개경쟁채용시험, 공개경쟁특별시험, 공개경쟁선발이 있다.
> ㉣ 미국에서 발달된 인사제도로서 공헌도와 충성심위주로 임용하는 것은 계급제이다.

① ㉠, ㉡
② ㉡, ㉢
③ ㉢, ㉣
④ 모두

**072** 
다음 중 옳지 않은 것을 모두 고른 것은?

> ㉠ 원칙적으로 최저근무연수에 산입하지 아니하는 기간은 휴직기간, 직위해제기간, 징계처분기간, 승진임용의 제한기간이 있다.
> ㉡ 승진에서 동점자 우선순위는 근무성적평정점이 높은 사람, 해당 계급에서 장기근무한 사람, 해당 계급의 바로 하위 계급에서 장기근무한 사람, 소방공무원으로 장기근무한 사람 순이다.
> ㉢ 소방인사행정은 정부조직 내의 인적자원의 관리활동을 말한다.
> ㉣ 인사행정에서의 민주성은 일반적으로 비용최소화 측면에서의 경제성(economy), 투입-산출 비율로서의 능률성(efficiency), 목표달성도를 의미하는 효과성(effectiveness)을 모두 함축하는 의미이다. 생산성(productivity)과 유사한 개념으로 이해할 수 있다.
> ㉤ 소방정의 승진소요최저근무연수는 3년이다.

① ㉠, ㉡
② ㉢, ㉣
③ ㉠, ㉤
④ ㉣, ㉤

**073** 
소방령 이상 경력경쟁채용시험의 응시연령으로 옳은 것은?

① 25세 ~ 40세
② 20세 ~ 45세
③ 23세 ~ 40세
④ 21세 ~ 30세

## 074 ●❶❷❸
**소방공무원의 인사관리에 대한 설명 중 옳은 것은?**
① 소방공무원은 별정직 공무원이다.
② 정년구분에는 연령정년과 계급정년이 있다.
③ 소방공무원은 소방의 모든 분야에 「국가공무원법」과 「지방공무원법」의 적용을 받는다.
④ 소방공무원은 10단계로 되어있다.

## 075 ●❶❷❸
**소방공무원의 징계 중 정직은 정직기간 중 보수의 얼만큼을 삭감하는가?**
① 1/4
② 1/3
③ 1/2
④ 전액

## 076 ●❶❷❸
**소방공무원 징계 중 중징계에 해당되는 것은?**
① 파면, 해임
② 감봉, 견책
③ 정직, 경고
④ 훈계, 권고

## 077 ●❶❷❸
**다음 징계처분에 관한 설명 중 옳지 않은 것은?**
① 1~3개월의 기간 동안 신분은 보유하지만 직무에 종사할 수 없고 보수 전액을 삭감하는 것은 정직에 해당한다.
② 파면 · 해임 · 강등 · 정직 · 감봉은 중징계에 해당하고, 견책은 경징계에 해당한다.
③ 직급은 1단계 낮추고, 3개월 직무정지 되며 기간 중 보수 전액을 삭감하는 것은 강등에 해당한다.
④ 파면 · 해임은 배제징계, 강등 · 정직 · 감봉 · 견책은 교정징계에 해당한다.
⑤ 공무원 신분을 상실하고 5년 내에는 재임용 될 수 없으며 퇴직급여액 1/2을 삭감하는 것은 파면에 해당한다.

## 078 ●❶❷❸
**소방계급이 낮은 계급부터 높은 계급 순일 때, 옳지 않은 것은?**
① 소방사 – 소방위 – 소방준감
② 소방장 – 소방감 – 소방준감
③ 소방교 – 소방경 – 소방감
④ 소방위 – 소방경 – 소방정감

## 079

「소방공무원법」 및 「소방공무원 승진임용 규정」상 ㉠ ~ ㉣에 들어갈 말로 알맞게 짝지어진 것은?

| 소방사 | 소방교 | 소방장 | 소방위 | 소방경 | 소방령 | 소방정 | 소방준감 | 소방감 |
|---|---|---|---|---|---|---|---|---|
| 소방공무원 ||||||||||
| 승진소요 최저근무연수 |||||||| | |
| 1년 | 1년 | 1년 | ㉠ | 2년 | 2년 | 3년 | | |
| | | | | | 계급정년 |||||
| | | | | | ㉡ | ㉢ | ㉣ | 4년 |

① ㉠ : 1년 / ㉡ : 14년 / ㉢ : 11년 / ㉣ : 6년
② ㉠ : 2년 / ㉡ : 12년 / ㉢ : 10년 / ㉣ : 6년
③ ㉠ : 2년 / ㉡ : 14년 / ㉢ : 11년 / ㉣ : 6년
④ ㉠ : 3년 / ㉡ : 12년 / ㉢ : 10년 / ㉣ : 6년

## 080

**징계에 대한 설명 중 옳지 않은 것은?**

① 견책은 잘못된 행동에 대해 훈계하고 회개하게 하는 처분으로, 가장 가벼운 징계에 해당되지만 공식적인 징계절차를 거쳐 처분하고 그 결과를 인사기록에 기재한다.
② 감봉은 1개월 이상 3개월 이하의 기간 동안 보수의 1/3을 삭감하여 지급하는 것이다.
③ 정직은 1개월 이상 3개월 이하의 기간 동안 공무원의 신분은 보유하지만 직무에 종사할 수 없도록 하는 것이다. 정직기간 중 보수의 전액 삭감한다.
④ 파면은 공무원 신분을 상실하게 하는 처분이며, 5년 내에는 공무원으로 재임용될 수 없고, 퇴직급여액의 2/3를 삭감하는 가장 무거운 벌이다.

## 081

**다음 중 근무평정 목적에 대한 설명 중 옳지 않은 것은?**

① 소방조직과 소방행정의 발전
② 인사조치의 기준 확보
③ 인사기술의 평가기준 제시
④ 소방조직의 사기증진을 위해

## 082

**경력개발의 원칙 중 옳지 않은 것은?**

① 적재적소의 원칙
② 승진(보직)경로의 원칙
③ 인재육성의 원칙
④ 정년보장의 원칙

## 083 ●①②③
광주 동부소방서 구조대에 근무하는 배용준 소방사의 근무성적의 1차 평정자와 2차 평장자로 옳은 것은?
① 1차 평정자 : 중앙119구조대장　　2차 평정자 : 동부소방서 방호구조과장
② 1차 평정자 : 동부소방서 구조대장　2차 평정자 : 동부소방서장
③ 1차 평정자 : 동부소방서 직할 안전센터장　2차 평정자 : 동부소방서장
④ 1차 평정자 : 동부소방서 팀장　　2차 평정자 : 방호구조과장

## 084 ●①②③
다음 중 소방공무원 임용에 관한 설명으로 옳은 것은?
① 소방공무원 소방경 이하는 소방청장이 임용한다.
② 소방공무원 소방령 이상은 국무총리의 제청으로 대통령이 임용한다.
③ 소방공무원 소방령 이상 소방정감 이하의 전보, 휴직, 직위해제, 강등, 정직, 복직은 소방청장이 행한다.
④ 소방간부후보생선발시험 응시연령은 18~40세이다
⑤ 소방공무원 채용시험 경우 응시연령의 기준일 공개채용시험은 임용권자의 시험요구일이다.

## 085 ●①②③
소방공무원의 임용일자에 대한 설명 중 옳은 것은?
① 임용장 또는 임용통지서에 기재된 일자에 임용된 것으로 본다.
② 「소방공무원법」상은 신규교육 이수 후 임용된 것으로 본다.
③ 소방서에서 6개월 후 임용된 것으로 본다.
④ 신규교육 입교 시 임용된 것으로 본다.

## 086 ●①②③
소방임용의 원칙 중 옳지 않은 것은?
① 평등의 원칙　　　　　　　　② 실적주의 원칙
③ 적격자 임용의 원칙　　　　　④ 성실의 원칙

## 087
**소방인사행정의 특성 중 옳지 않은 것은?**
① 인적자원관리는 법적 제약에 따른 인사의 경직성이 강하다.
② 인적자원에 대한 노동가치의 산출이 가능하다.
③ 일반기업에 비해 특이성이 강한 직무들로 구성되어 있다.
④ 인적자원관리에는 정치성과 공공성이 강하게 반영된다.

## 088
**다음 설명 중 옳지 않은 것은?**
① 경력직 공무원은 일반직, 특정직, 기능직으로 구분되며, 법관, 검사, 군인, 소방공무원, 경찰공무원, 교육공무원 등은 일반직이 아닌 특정직으로 분류된다.
② 소방령 이상의 소방공무원은 소방청장의 제청으로 국무총리를 거쳐 대통령이 임용한다. 다만, 소방총감은 대통령이 임명하고, 소방령 이상 소방준감 이하의 소방공무원에 대한 전보, 휴직, 직위해제, 강등, 정직 및 복직은 소방청장이 한다.
③ 정년달이 1~6월인 경우에는 6월 31일, 정년달이 7~12월인 경우에는 12월 30일 당연 퇴직한다.
④ 공안, 행정, 광공업, 농림수산, 물리, 보건의무, 환경, 교통, 시설, 정보통신 등은 일반직 공무원에 속한다.

## 089
**소방공무원 임용권자로 다른 하나는 어느 것인가?**
① 소방준감의 전보
② 소방정의 복직
③ 소방경의 임용
④ 소방령 강임

## 090
**소방공무원은 계급이 몇 단계인가?**
① 소방공무원은 10단계
② 소방공무원은 11단계
③ 소방공무원은 12단계
④ 소방공무원은 13단계

## 091

**다음 중 대상에 따른 소방훈련이 아닌 것은?**

① 합동훈련
② 자체훈련
③ 지도훈련
④ 종합훈련

## 092

**다음 중 소방공무원 인사위원회에 대한 설명으로 가장 옳지 않은 것은?**

① 소방공무원 인사위원회는 소방청에 둔다.
② 소방청의 소방공무원 인사위원회의 위원장은 소방청장이 된다.
③ 소방공무원 인사위원회는 위원장을 포함한 5명 이상 7명 이하의 위원으로 구성한다.
④ 회의는 재적위원 3분의 2 이상의 출석과 출석위원 과반수의 찬성으로 의결한다.

## 093

**소방재원에 대한 설명 중 가장 옳지 않은 것은?**

① 국고보조금의 대상에는 방화복, 소방자동차, 소방헬리콥터, 소방정 등이 있다.
② 중앙정부로부터 지방정부에 이전되는 재원을 이전재원이라 하며, 이전재원에는 지방교부세, 국고보조금, 특별교부세 등이 있다.
③ 예산편성과정에서는 소방행정부서가 관료제 내부의 다른 부서와 경쟁하는 가운데 충분한 예산을 확보하기 위해 벌이게 되는 관료정치(bureaupolitics)를 포함한다.
④ 특별교부세는 일반재원으로서 지방정부가 그 용도를 자유재량으로 정하여 사용할 수 있으므로 소방비는 물론 다른 경비로도 사용이 가능하다.

## 094

**다음 중 소방재정에 대한 설명으로 옳지 않은 것은?**

① 일반적으로 광역행정 체제로 제공되는 소방과 관련된 재정에는 일반재원으로서 지방세는 속하지만, 지방교부세는 속하지 않는다.
② 소방재정은 소방서비스의 공급에 소요되는 생산자원의 총량적 의미를 지닌다.
③ '재정'이란 중앙정부, 지방정부, 공공단체가 공공의 목적을 달성하기 위해 재화와 용역을 조달, 관리, 사용하는 것을 말한다.
④ 특정재원으로는 지역자원시설세(구 소방공동시설세), 국고보조금 등이 있다.

## 095

**국고보조대상사업의 범위로 옳지 않은 것은?**

① 소방용수시설　　　　　　② 방화복
③ 소방청사　　　　　　　　④ 소방헬기

## 096

**소방장비 등에 대한 국고보조 대상사업의 범위와 기준보조율에 대한 설명으로 옳지 않은 것은?**

① 소방활동장비 및 설비의 종류와 규격은 행정안전부령으로 정한다.
② 소방활동장비와 설비의 구입 및 설치보조 대상사업의 범위와 기준보조율은 대통령령으로 정한다.
③ 소방관서용 청사의 건축의 절차와 대상사업의 기준보조율은 대통령령으로 정한다.
④ 국고보조 대상사업의 기준보조율은 「보조금 관리에 관한 법률 시행령」에서 정하는 바에 따른다.

## 097

**「보조금 관리에 관한 법률 시행령」상 국고보조대상사업의 기준보조율과 관련하여 119 구조장비 확충은 몇%라고 규정하고 있는가?**

① 10%　　　　　　　　　　② 30%
③ 50%　　　　　　　　　　④ 80%

## 098

**「소방공무원임용령」에 따른 소방공무원의 필수보직기간은?**

① 1년　　　　　　　　　　② 2년
③ 3년　　　　　　　　　　④ 5년

## 099

**다음 중 소방공무원인사위원회에 대한 설명으로 옳지 않은 것은?**

① 소방공무원의 인사에 관한 중요사항에 대하여 소방청장의 자문에 응하게 하기 위하여 소방청에 소방공무원인사위원회를 둔다.
② 소방청의 위원장은 소방청장, 시·도의 위원장은 시·도지사이다.
③ 소방공무원인사위원회는 위원장을 포함한 5명 이상 7명 이하의 위원으로 구성한다.
④ 위원은 인사위원회가 설치된 기관의 장이 소속 소방정 이상의 소방공무원 중에서 임명한다.

## 민간 소방조직의 종류와 역할
(의용소방대, 소방안전관리자, 위험물안전관리자, 소방시설 설계·시공·감리·점검, 소방용품의 제조·검정)

**100** ①❷❸

다음 중 민간 소방조직의 종류에 해당하지 않는 것은?
① 의무소방대    ② 의용소방대
③ 방염처리업체    ④ 위험물안전관리자

**101** ❶②❸

다음 중 민간소방조직으로 분류되지 않은 것은?
① 의용소방대    ② 한국소방산업기술원
③ 소방안전관리자    ④ 위험물안전관리자

**102** ❶②❸

시·도지사 또는 소방서장이 재난현장에서 화재진압, 구조·구급 등의 활동과 화재예방활동에 관한 업무를 보조하기 위하여 설치된 민간 소방조직의 종류로 옳은 것은?
① 자위소방대    ② 의용소방대
③ 의무소방대    ④ 자체소방대

## 103

「의용소방대 설치 및 운영에 관한 법률」상 의용소방대의 설명 중 옳은 것과 옳지 않은 것을 잘 표현한 것은 무엇인가?

> ㉠ 특별시장·광역시장·특별자치시장·도지사·특별자치 도지사 또는 소방서장은 재난현장에서 화재진압, 구조·구급 등의 활동과 화재예방활동에 관한 업무를 보조하기 위하여 의용소방대를 설치할 수 있다.
> ㉡ 의용소방대는 매년 4월 16일을 의용소방대의 날로 정하여 기념행사를 하며, 의용소방대는 특별시·광역시·특별자치시·도·특별자치도, 시·읍 또는 면에 둔다.
> ㉢ 소방본부장 또는 소방서장은 소방업무를 보조하게 하기 위하여 필요한 때에는 의용소방대원을 소집할 수 있다.
> ㉣ 소방본부장 또는 소방서장은 의용소방대원이 그 품위를 유지할 수 있도록 복무에 대한 지도·감독을 실시하여야 한다.
> ㉤ 의용소방대에는 대장·부대장·부장·반장 또는 대원을 두며 대장 및 부대장은 의용소방대원 중 관할 소방서장의 추천에 따라 시·도지사가 임명한다.
> ㉥ 대장의 임기는 3년으로 하며, 한 차례만 연임할 수 있다.

① ㉠ (O), ㉡ (O), ㉢ (X), ㉣ (O), ㉤ (O), ㉥ (X)
② ㉠ (O), ㉡ (X), ㉢ (O), ㉣ (O), ㉤ (O), ㉥ (O)
③ ㉠ (O), ㉡ (O), ㉢ (O), ㉣ (O), ㉤ (O), ㉥ (O)
④ ㉠ (X), ㉡ (X), ㉢ (X), ㉣ (O), ㉤ (X), ㉥ (X)

## 104

의용소방대의 해임사유로 가장 옳지 않은 것은?

① 소재를 알 수 없는 경우
② 심신장애로 직무를 수행할 수 없다고 인정되는 경우
③ 직무를 태만히 하거나 직무상의 의무를 이행하지 아니한 경우
④ 2개 이상의 소방서가 설치되어 있는 시 지역에서 대원으로서 활동하는 경우

## 105

**다음은 의용소방대에 대한 설명이다. 옳지 않은 것은?**

① 시·도지사 또는 소방서장은 재난현장에서 화재진압, 구조·구급 등의 활동과 화재예방활동에 관한 업무를 보조하기 위하여 의용소방대를 설치할 수 있다.
② 의용소방대는 특별시·광역시·특별자치시·도·특별자치도, 시·읍 또는 면에 둔다.
③ 시·도지사 또는 소방서장은 그 지역에 거주 또는 상주하는 주민 가운데 희망하는 사람으로서 의사·간호사 또는 응급구조사 자격을 가진 사람을 의용소방대원으로 임명할 수 있다.
④ 대장 및 부대장은 의용소방대원 중 관할 소방서장이 임명하고 그 밖에 의용소방대의 조직 등에 필요한 사항은 행정안전부령으로 정한다.

## 106

**다음 〈보기〉의 의용소방대에 대한 설명 중 옳지 않은 것을 모두 고른 것은?**

㉠ 의용소방대원의 정년은 60세로 한다.
㉡ 시·도지사 또는 소방서장은 재난현장에서 화재진압, 구조·구급 등의 활동과 화재예방활동에 관한 업무를 보조하기 위하여 의용소방대를 설치할 수 있다.
㉢ 의용소방대원은 비상근으로 한다.
㉣ 시·도지사 또는 소방서장은 소방업무를 보조하게 하기 위하여 필요한 때에는 의용소방대원을 소집할 수 있다.

① ㉠, ㉢
② ㉠, ㉣
③ ㉡, ㉢
④ ㉢, ㉣

## 107

**「의용소방대 설치 및 운영에 관한 법률」상 의용소방대의 임무로 옳지 않은 것은?**

① 화재의 경계와 진압업무의 보조
② 구조·구급 업무의 보조
③ 화재 등 재난 발생 시 대피 및 구호업무의 보조
④ 화재조사의 보조

**108** ●❶❷❸
다음 중 의용소방대에 대한 설명으로 옳지 않은 것은?
① 특별시장·광역시장·특별자치시장·도지사·특별자치도지사 또는 소방서장은 재난현장에서 화재진압, 구조·구급 등의 활동과 화재예방활동에 관한 업무를 보조하기 위하여 의용소방대를 설치할 수 있다.
② 소방본부장 또는 소방서장은 필요한 경우 관할 구역을 따로 정하여 그 지역에 의용소방대를 설치할 수 있다.
③ 의용소방대원의 소재를 알 수 없는 경우 시·도지사 또는 소방서장은 의용소방대원을 해임하여야 한다.
④ 의용소방대원의 임무로는 화재의 경계와 진압업무의 보조가 있다.

**109** ●❶❷❸
「위험물안전관리법령」상 자체소방대원의 수가 20인인 사업소로 옳은 것은?(단, 법기준상)
① 옥외탱크저장소에 저장하는 제4류 위험물의 최대수량이 지정수량의 50만배 이상인 사업소
② 제조소 또는 일반취급소에서 취급하는 제4류 위험물의 최대 수량의 합이 지정수량의 24만배 이상 48만배 미만인 사업소
③ 제조소 또는 일반취급소에서 취급하는 제4류 위험물의 최대 수량의 합이 지정수량의 3천배 이상 12만배 미만인 사업소
④ 제조소 또는 일반취급소에서 취급하는 제4류 위험물의 최대 수량의 합이 지정수량의 48만배 이상인 사업소

**110** ●❶❷❸
소방안전관리자는 며칠 이내에 선임해야 하는가?
① 10일   ② 30일
③ 15일   ④ 35일

**111** ●❶❷❸
소방안전관리자를 선임한 때에는 누구에게 신고하여야 하는가?
① 소방본부장 또는 소방서장   ② 시·도지사
③ 관계인   ④ 시장 또는 군수

## 112 ●①②③
다음 중 소방시설업의 종류로 옳지 않은 것은?

① 소방시설설계업　　② 소방시설관리업
③ 소방시설공사업　　④ 소방공사감리업

## 113 ●①②③
설계도서에 따라 소방시설을 신설, 증설, 개설, 이전 및 정비의 영업을 하는 민간 소방조직으로 옳은 것은?

① 방염처리업　　② 소방시설설계업
③ 소방시설공사업　　④ 소방공사감리업

## 114 ●①②③
소방안전관리대상물을 나눌 수 있는 기준이 옳지 않은 것은?

① 1급 소방안전관리대상물　　② 2급 소방안전관리대상물
③ 3급 소방안전관리대상물　　④ 4급 소방안전관리대상물

## 115 ●①②③
소방안전관리대상물의 소방안전관리자의 업무가 아닌 것은?

① 화기취급의 감독　　② 소방계획의 작성
③ 자위소방대의 조직　　④ 위험물안전관리자의 업무보조

## 116

**소방안전관리자의 역할에 해당하는 것은?**

① 안전시설 등의 설치 및 유지·관리
② 방화구획 및 방화시설의 유지·관리
③ 화재 등 재난·재해사고현장에서의 질서유지
④ 화재의 경계와 진압업무의 보조

## 117

**다음은 경북 안동소방서 근무하는 이기한 부센터장(소방위), 김동준 부장(소방교)간의 대화이다. 틀린 것은 모두 몇 개인가?**

| | |
|---|---|
| 김 부장 | : 이 부센터장님~ 정년퇴임 후 진로에 대해 고민이 있어서 상담 좀 드릴께요 |
| 이 부센터장 | : 음~ 뭐든 물어봐 내가 과학적으로 대답해줄게~ㅋㅋ |
| 김 부장 | : 소방안전관리대상물이 어떻게 분류 되었나요? 법이 바뀐 것 같은데.. |
| 이 부센터장 | : 아.. ㉠그거 특급, 1급, 2급, 3급 공공기관으로 나눌 수 있지. |
| 김 부장 | : 제가 소방공무원으로 8년째 근무하고 있는데. 정년퇴임 후 제 건물에서 소방안전관리자로 일하고 싶은데 가능할까요? |
| 이 부센터장 | : 건물의 연면적이 얼마나 되는데? |
| 김 부장 | : 연면적 1만 7천 제곱미터에요. |
| 이 부센터장 | : ㉡그럼 1급 소방안전관리대상물이니 가능해..!! |
| 김 부장 | : 그럼 특급 소방안전 대상물 소방안전관리자는 안되나요? |
| 이 부센터장 | : ㉢응. 나처럼 15년 이상 소방공무원의 경력이 있어야 가능해~ |
| 김 부장 | : 감사합니다. 그럼 1급 소방안전관리 대상물에 아파트는 포함되는거죠? |
| 이 부센터장 | : ㉣응. 높이가 120m이상인 아파트는 1급 소방안전관리 대상물이야. |

① 1개
② 2개
③ 3개
④ 4개

CHAPTER 2  소방기능

소방기능 - 1) 화재의 예방·경계·진압·조사활동

**118** ●①❷❸
화재예방강화지구의 지정 등에 관한 설명으로 적절하지 않은 것은?
① 화재예방강화지구는 소방본부장 또는 소방서장이 지정한다.
② 화재가 발생할 우려가 높거나 화재가 발생하는 경우 그로 인하여 피해가 클 것으로 예상되는 지역을 지정한다.
③ 소방본부장은 화재의 예방과 경계를 위하여 필요하다고 인정하는 때에는 관계인에 대하여 소방용수시설 또는 소화기구의 설치를 명할 수 있다.
④ 소방서장은 화재예방강화지구 안의 관계인에 대하여 소방상 필요한 훈련 및 교육을 실시할 수 있다.

**119** ●①❷❸
화재예방강화지구 지정대상이 아닌 것은?
① 고층건물이 밀집한 지역   ② 시장지역
③ 공장·창고가 밀집한 지역   ④ 소방출동로가 없는 지역

**120** ●①❷❸
소방활동구역의 설정권자는?
① 소방청장          ② 시·도지사
③ 소방본부장        ④ 소방대장

Ⅰ. 소방조직 · 49

## 121 ●①②❸

소방신호 중 옳지 않은 것은?

① 경계신호 : 위험경보 시 발령한다.
② 출동신호 : 대형화재 시 출동한다.
③ 해제신호 : 화재해제 시 발한다.
④ 훈련신호 : 훈련할 때 발한다.

## 122 ◐①②③

소방력 중 소방용수시설 기준에 대한 설명으로 옳지 않은 것은?

① 급수탑의 배관구경은 100mm 이상으로 하며, 개폐밸브는 1.5m~1.7m에 설치한다.
② 저수조의 낙차는 4.5m 이하로 하며, 수심은 0.5m 이상으로 한다.
③ 주거지역과 공업지역은 소방대상물과 수평거리는 100m 이하이고, 상업지역은 소방대상물과의 수평거리는 140m 이하이다.
④ 소화전의 연결금속구는 65mm로 한다.

## 123 ●①②③

소방용수시설의 설치 및 관리에 관한 설명으로 옳지 않은 것은?

① 소방용수시설의 종류로는 소화전·급수탑·소화수조가 있다.
② 소방용수시설 중 「수도법」에 따른 소화전의 유지·관리권자는 일반수도사업자이다.
③ 소방용수시설의 설치기준은 행정안전부령으로 정한다.
④ 소방용호스와 연결하는 소화전의 연결금속구의 구경은 65밀리미터로 하여야 한다.

## 2) 소방시설의 설치·유지 및 안전관리

**124** 다음은 무엇에 대한 설명인가?

> 소방청장, 소방본부장 또는 소방서장은 관할구역에 있는 소방대상물, 관계 지역 또는 관계인에 대하여 소방시설등이 소방 관계 법령에 적합하게 설치·유지·관리되고 있는지, 소방대상물에 화재, 재난·재해 등의 발생 위험이 있는지 등을 확인하기 위하여 실시할 수 있다.

① 화재조사  ② 건축허가등의 동의
③ 화재안전조사  ④ 소방조사

**125** 다음은 무엇에 대한 설명인가?

> 건축물 등의 신축·증축·개축·재축(再築) 또는 이전의 허가·협의 및 사용승인의 권한이 있는 행정기관이 그 권한을 행사할 때 미리 그 건축물의 시공지 또는 소재지를 관할하는 소방본부장이나 소방서장의 동의를 받아야 한다.

① 화재조사  ② 건축허가등의 동의
③ 화재안전조사  ④ 소방조사

**126** 건축허가 대상물로 면적에 관계없이 동의를 받아야 하는 대상이 아닌 것은?

① 방송용 송·수신탑  ② 위험물 제조소
③ 학교시설  ④ 관망탑

**127** 다음 중 색의 연결이 옳지 않은 것은?

① 소방용수표지 : 바깥쪽 바탕 파란색, 안쪽 바탕은 붉은색, 안쪽 문자는 흰색, 바깥쪽 문자는 노란색
② 제조소 표지 : 바탕 적색, 문자 흑색
③ 화기엄금 표지 : 바탕 적색, 문자 백색
④ 주유중 엔진정지 : 바탕 황색, 문자 흑색

## 3) 위험물 안전관리

**128**

다음 중 예방규정 작성대상으로 옳지 않은 것은?

① 지정수량의 10배 이상의 위험물을 취급하는 일반취급소
② 지정수량의 100배 이상의 위험물을 저장하는 옥내저장소
③ 지정수량의 200배 이상의 위험물을 저장하는 옥외탱크저장소
④ 이송취급소

**129**

GHS에 대한 설명 중 올바르지 않은 것은?

① GHS의 적용 대상자는 소비자, 근로자, 운송근로자 및 긴급대응요원이다.
② 적용대상물질은 모든 유해화학물질이다.
③ GHS는 총 28항으로 위험유해성을 분류한다.
④ GHS 위험성 분류는 4단계로 물리적, 건강, 환경, 위험성으로 분류한다.

**130**

다음 예방규정에 대한 설명 중 올바르지 않은 것은?

① 대통령령이 정하는 제조소등의 관계인은 당해 제조소 등의 화재예방과 화재 등 재해발생시의 비상조치를 위하여 행정안전부령이 정하는 바에 따라 예방규정을 정하여 당해 제조소등의 사용을 시작할 때 시·도지사에게 제출하여야 한다.
② 예방규정을 변경할 때도 시·도지사에게 제출하여야 한다.
③ 시·도지사는 예방규정이 적합하지 아니할 때는 반려할 수 있다.
④ 제조소등의 관계인과 그 종업원은 예방규정을 충분히 잘 익히고 준수하여야 한다.

**131**

위험물 지정수량 변경신고는 며칠인가?

① 1일 전                    ② 14일
③ 15일                      ④ 30일

**132** ⓐ①②③
위험물제조소를 표시하는 표시판의 한 변의 길이가 0.3m 이상이면 다른 한 변의 길이는 얼마 이상으로 해야 하는가?
① 0.3m
② 0.4m
③ 0.5m
④ 0.6m

## 4) 구조·구급 행정관리와 구조·구급 활동

**133** ⓐ①②③
구조활동의 우선순위로 옳은 것은?
① 구명 – 신체구출 – 고통경감 – 재산보호
② 신체구출 – 구명 – 고통경감 – 재산보호
③ 구명 – 고통경감 – 신체구출 – 재산보호
④ 신체구출 – 고통경감 – 구명 – 재산보호

**134** ⓐ①②③
소방전술의 기본원칙에 해당하지 않는 것은?
① 신속대응의 원칙
② 인명구조 최우선의 원칙
③ 선착대 우위의 원칙
④ 포위방어의 원칙

**135** ⓐ①②③
「119구조·구급에 관한 법률 시행령」상 특수구조대로 옳지 않은 것은?
① 지하철구조대
② 산악구조대
③ 수난구조대
④ 항공구조대

## 136 ⓐ①❷③
대형·특수 재난사고의 구조, 현장 지휘 및 테러현장 등의 지원 등을 위하여 편성된 구조대는?
① 특수구조대  ② 직할구조대
③ 테러대응구조대  ④ 국제구조대

## 137 ⓐ①❷③
119구조대의 편성 및 운영에 대한 설명으로 옳지 않은 것은?
① 일반구조대는 시·도의 규칙으로 정하는 바에 따라 소방서마다 1개대 이상 설치한다.
② 직할구조대는 테러 및 특수재난에 전문적으로 대응하기 위하여 소방청과 시·도 소방본부에 각각 설치한다.
③ 특수구조대는 소방대상물, 지역 특성, 재난 발생 유형 및 빈도 등을 고려하여 설치하여야 한다.
④ 119시민수상구조대의 운영, 그 밖에 필요한 사항은 시·도의 조례로 정한다.

## 138 ⓐ①❷③
현장응급의료소에 설치되는 반이 아닌 것은?
① 분류반  ② 구조반
③ 응급처치반  ④ 이송반

## 139 ⓐ①❷③
다음 설명 중 옳은 것은 모두 몇 개인가?

> ㉠ 인명구조를 하면서 최우선은 구명이다.
> ㉡ 선착대는 비화경계를 주력으로 하며, 후착대의 진입을 방해해서는 안 된다.
> ㉢ 병원 전단계의 중심적 역할을 하는 사람은 응급구조사이다.
> ㉣ 화재현장 및 구조, 구급활동을 위하여 출동할 때에만 사이렌을 사용할 수 있다.
> ㉤ 소방대가 진입할 시에는 화재 시 바닥이 뜨거우므로 높은 자세를 유지하며 진압한다.

① 0개  ② 1개
③ 2개  ④ 3개

## 140 ●①❷❸
「119구조·구급에 관한 법률」상 초고층 건축물 등에서 사람의 생명을 안전하게 구조하거나 도서·벽지에서 발생한 응급환자를 의료기관에 긴급히 이송하기 위하여 소방청장 또는 소방본부장이 편성·운영하는 것은?

① 국제구조대  ② 항공구조대
③ 항공구급대  ④ 119항공대

## 141 ●①❷❸
다음 중 환자의 평가에서 1차 평가가 아닌 것은?

① 과거병력이나 현재 복용하는 약물 파악  ② 기도유지 평가
③ 호흡 평가  ④ 순환 평가

## 142 ●①❷❸
다음 중 환자평가에서 2차 평가로 옳은 것은?

① 기도확보  ② 호흡평가
③ 기능장애평가  ④ 활력징후

## 143 ●①❷❸
다음 설명 중 옳은 것은 모두 몇 개인가?

> ㉠ 소방대는 중성대를 확인하여 급기측으로 진입한다.
> ㉡ 국제구조대 편성, 운영권자는 소방청장이다.
> ㉢ 2급 응급구조사는 구강 내 이물질 제거 및 정맥로 확보를 할 수 있다.
> ㉣ 강한 자극에도 의식이 없는 만취자는 구급을 요청했을 시 거절할 수 있다.
> ㉤ 구조대의 종류에는 일반구조대, 특수구조대, 해난구조대, 테러대응구조대가 있다.

① 0개  ② 1개
③ 2개  ④ 3개

## 144

다음 〈보기〉는 1급 응급구조사에 대한 설명이다. 옳은 것은 모두 몇 개인가?

> ㉠ 대학에서 응급구조학을 전공하고 졸업한 사람은 1급 응급구조사에 응시할 수 있다.
> ㉡ 심폐소생술의 시행을 위한 기도유지와 정맥로 확보는 1급 응급구조사의 업무범위이다.
> ㉢ 2급 응급구조사로서 응급구조사의 업무에 2년 이상 종사한 사람은 1급 응급구조사에 응시할 수 있다.
> ㉣ 기도기를 이용한 기도유지는 1급 응급구조사도 할 수 있다.

① 0개  ② 1개
③ 2개  ④ 3개

## 145

다음 중 구조대원자격에 대한 설명으로 가장 옳지 않은 것은?

① 소방청장이 실시하는 인명구조사 교육을 받았거나 인명구조사 시험에 합격한 사람은 구조대원을 할 수 있다.
② 국가·지방자치단체 및 공공기관의 구조 관련 분야에서 근무한 경력이 2년 이상인 사람은 구조대원을 할 수 있다.
③ 응급구조사 자격을 가진 사람으로서 소방청장이 실시하는 구조업무에 관한 교육을 받은 사람은 구조대원을 할 수 있다.
④ 소방청장이 실시하는 응급구조사 교육을 받았거나 응급구조사 시험에 합격한 사람은 구조대원을 할 수 있다.

## 146

다음 중 매듭의 종류가 다른 것은?
① 아카데미 매듭  ② 8자 매듭
③ 에반스 매듭    ④ 엄지 매듭

## 147 ⓜ①②③
**다음 중 매듭의 조건으로 가장 옳지 않은 것은?**

① 매듭법은 잘 쓰이는 매듭을 정확히 숙지하기보다는 되도록 많이 숙지해야 한다. 야간이나 악천후에도 능숙히 설치할 수 있어야 하고 다른 사람에게도 안전하게 해줄 수 있어야 한다.
② 매듭은 단단하게 조이고 정확한 형태를 갖추어야 하중을 지탱할 수 있다.
③ 가급적 매듭의 크기를 작게 한다. 매듭부분으로 기구, 장비 등을 통과시켜야 하는 경우가 있기 때문이다.
④ 매듭의 끝 부분을 잘 처리하여 늘어지지 않도록 하고 사용 중에 이상이 없는지 수시로 확인한다.

## 148 ⓜ①②③
**의식이 있고 목에 이물질이 있는 환자에게 행하는 응급처치법으로 옳은 것은?**

① 하임리히법  ② 기도유지
③ 심폐소생술  ④ 인공호흡

## 149 ⓜ①②③
**머리를 뒤로 제치고 턱을 들어주면 하악골의 상승으로 이완된 혀의 근육이 더욱 당겨져 올라가게 하는 기도유지법은?**

① 하임리히법  ② 하악거상법
③ 하악견인법  ④ 하임거상법

## 150 ⓜ①②③
**다음 중 심폐소생술에 대한 설명으로 옳지 않은 것은?**

① 심폐소생술은 흉부압박과 호흡의 비율은 50 : 2 이다.
② 압박의 깊이는 성인은 5~6cm로 하고 압박횟수는 1분당 100회 이상~120회 미만 속도로 한다.
③ 압박과 이완의 비율은 50대 50을 유지한다.
④ 심폐소생술 단계는 의식확인(감염방지) - 구조요청 - 맥박확인 - 흉부압박 30회(compression) - 기도유지(A) - 인공호흡 2회(B) - 환자재평가 순이다.

## 151 ⓜ①②③
**피하지방조직 즉, 말초신경까지 열이 침투하여 파괴된 화상의 정도로 옳은 것은?**

① 1도 화상  ② 2도 화상
③ 3도 화상  ④ 4도 화상

## 152 ①②③
**화상의 정도에 따른 종류를 설명한 것으로 옳지 않은 것은?**
① 1도 화상은 변화가 피부의 표층에 국한되는 것으로 환부가 빨갛게 되며 가벼운 부음과 통증을 수반한다.
② 2도 화상은 피부 깊숙이 화열이 침투되어 분비액이 많이 쌓여 화상 직후 혹은 하루 이내에 물집이 생긴다.
③ 3도 화상은 피하지방 깊숙이 화열이 침투하여 피하지방 전체 및 근육 일부가 괴사하여 궤양화 하는 화상이다.
④ 4도 화상은 더욱 깊은 피하지방 근육 또는 뼈까지 도달하는 화상이다.


## 153 ①②③
**병원 이송을 위한 중증도 분류에서 환자와 색상 그리고 심볼로 옳지 않은 것은?**
① 사망 또는 생존 가능성이 없는 환자 - 백색 - 십자가
② 수 시간 이내에 응급처치가 필요한 환자 - 황색 - 거북이
③ 수 시간, 수 일 이내에 응급처치가 필요한 환자 - 녹색 - 구급차 ×
④ 수 분, 수 시간 이내 응급처치가 필요한 환자 - 적색 - 토끼


## 154 ①②③
**응급환자분류표의 색깔 중 긴급환자의 색상으로 맞는 것은?**
① 흑색　　　　　　　　　　② 적색
③ 황색　　　　　　　　　　④ 녹색


## 155 ①②③
**구급환자의 중증도 분류에 관한 설명 중 잘못된 것은?**
① 환자는 중증도에 따라 긴급환자, 응급환자, 비응급환자, 지연환자의 4집단으로 분류한다.
② 중증도 분류는 응급처치와 환자이송 우선순위를 결정해 환자를 증상별로 구분한다.
③ 4순위는 사망하였거나 생존의 가능성이 없는 환자에 속하며 분류색상은 흑색이다.
④ 원위부 맥박이 촉지되지 않는 경우는 지연환자에 해당한다.

## 156
다음 현장응급의료소 이송반의 임무 중 사상자의 이송 우선순위를 바르게 연결한 것은 어느 것인가?

① 사망자 - 긴급환자 - 응급환자 - 비응급환자
② 긴급환자 - 응급환자 - 비응급환자 - 사망자
③ 긴급환자 - 응급환자 - 사망자 - 비응급환자
④ 응급환자 - 긴급환자 - 비응급환자 - 사망자

## 157
「119구조·구급에 관한 법률 시행령」상 빈칸에 들어갈 말로 알맞은 것은?

> 국제구조대의 파견 규모 및 기간은 재난유형과 파견지역의 피해 등을 종합적으로 고려하여 ( ㉠ )과(와) 협의하여 ( ㉡ )이 정한다.

| | ㉠ | ㉡ |
|---|---|---|
| ① | 대통령 | 소방청장 |
| ② | 행정안전부장관 | 대통령 |
| ③ | 외교부장관 | 소방청장 |
| ④ | 국무총리 | 대통령 |

## 158
「119구조·구급에 관한 법률 시행령」상 구조대에 대한 설명으로 옳지 않은 것은?

① 일반구조대는 시·도의 규칙으로 정하는 바에 따라 소방서 마다 1개 대 이상 설치하되, 소방서가 없는 시·군·구의 경우에는 해당 시·군·구 지역의 중심지에 있는 119안전 센터에 설치할 수 있다.
② 특수구조대는 소방대상물, 지역특성, 재난발생 유형 및 빈도 등을 고려하여 시도의 규칙으로 정하는 바에 따라 지역을 관할하는 소방서에 설치한다.
③ 직할구조대는 대형·특수 재난사고의 구조, 현장 지휘 및 테러현장 등의 지원 등을 위하여 소방청 또는 시·도 소방 본부에 설치하되, 시·도 소방본부에 설치하는 경우에는 시·도의 규칙으로 정하는 바에 따른다.
④ 테러대응구조대는 테러 및 특수재난에 전문적으로 대응하기 위하여 소방본부와 소방서에 각각 설치하며, 시·도 소방본부에 설치하는 경우에는 시·도의 조례로 정하는 바에 따른다.

## 159
다음 중 의료인으로 옳지 않은 것은?

① 의사
② 치과의사
③ 응급구조사
④ 한의사

### 5) 재난대응활동 등 소방조직 및 소방기능 관련 내용

**160** ●①②③
다음 중 소방기관에서 하는 일로서 옳지 않은 것은?
① 화재조사
② 건축허가
③ 화재안전조사
④ 위험물 정기검사

**161** ●①②③
다음 중 유진마호니의 진화전략의 기본단계에 해당되지 않는 것은?
① 화재 진화
② 확대 저지
③ 화재 확인
④ 인명 구조

**162** ●①②③
소방기능에 대한 설명 중 옳지 않은 것은?
① 소방의 기능에는 화재의 예방·경계·진압·조사활동, 소방시설의 설치·유지 및 안전관리, 위험물 안전관리, 구조·구급 행정관리와 구조·구급활동, 재난대응활동, 소방산업의 육성·진흥 및 지원 등이 있다.
② 화재예방의 예로는 소방본부장 또는 소방서장이 화재의 예방을 위하여 각종 행위의 금지·제한, 화재발생 우려가 있는 설비·기구 및 불의 사용 규제, 특수가연물의 저장·취급 규제를 하는 것이고, 시·도지사는 화재예방강화지구 지정이다.
③ 화재예방법상 화재안전조사는 소방청장, 소방본부장, 소방서장이다.
④ 화재조사는 소방청장, 소방본부장, 소방서장이 소방행정에 반영하기 위한 화재원인 및 피해조사와 질문은 할 수 있으나 자료제출명령 및 출입조사는 할 수 없다.

## 163 ⭐⭐⭐ 🔵①②③

**다음 위험물제조소 게시판에 대한 설명 중 옳지 않은 것은?**

> ㉠ 게시판은 한 변의 길이가 0.6m 이상, 다른 한 변의 길이가 0.6m 이상으로 할 것
> ㉡ 게시판에는 저장 또는 취급하는 위험물의 유별·품명 및 저장최대수량 또는 취급최대수량, 지정수량의 배수 및 안전관리자의 성명 또는 직명을 기재할 것
> ㉢ 게시판의 바탕은 흑색으로, 문자는 백색으로 할 것
> ㉣ 게시판 외에 저장 또는 취급하는 위험물에 따라 다음의 규정에 의한 주의사항을 표시한 게시판을 설치할 것
>    (가) 제1류 위험물(무기과산화물), 제3류 위험물(금수성물질)
>       ☞ "물기엄금"
>    (나) 제2류 위험물(인화성고체를 제외)
>       ☞ "화기주의"
>    (다) 제2,3,4,5류 위험물(인화성고체·액체, 자연발화성물질, 자기반응성물질)
>       ☞ "화기엄금"
> ㉤ "물기엄금"은 백색바탕에 청색문자로, "화기주의"·"화기엄금"은 백색바탕에 적색문자로 할 것

① ㉠, ㉢, ㉤
② ㉡, ㉢, ㉤
③ ㉠, ㉡, ㉣
④ ㉠, ㉡, ㉢

## 164 ⭐⭐ 🔵①②③

**다음 빈칸에 알맞은 말을 넣으시오.**

> 지정수량이상의 위험물을 저장·취급하여서는 아니 된다. 그러나 ( ㉠ )가 정하는 바에 따라 ( ㉡ )의 승인을 받아 지정수량 이상의 위험물을 ( ㉢ ) 이내의 기간 동안 임시로 저장 또는 취급하는 경우와 군부대가 지정수량 이상의 위험물을 군사목적으로 임시로 저장 또는 취급하는 경우에는 가능하다.

① ㉠ : 소방청장 고시     ㉡ : 소방청장     ㉢ : 70일
② ㉠ : 대통령령     ㉡ : 대통령     ㉢ : 60일
③ ㉠ : 행정안전부령     ㉡ : 소방청장     ㉢ : 80일
④ ㉠ : 시·도 조례     ㉡ : 관할 소방서장     ㉢ : 90일

## 165

「위험물안전관리법령」상 제1류 위험물 중 알칼리금속의 과산화물을 수납한 운반용기의 표시사항으로 옳은 것은?

① 화기주의, 충격주의, 물기엄금, 가연물접촉주의
② 화기주의, 충격주의, 가연물접촉주의
③ 화기엄금, 충격주의, 물기엄금, 가연물접촉주의
④ 화기엄금, 충격주의, 가연물접촉주의

## 166

위험물을 저장 또는 취급하는 제조소 등에서 기초·지반검사, 용접부검사를 실시해야하는 대상으로 옳은 것은?

① 옥내탱크저장소의 액체위험물탱크 중 그 용량이 80만 리터 이상인 탱크
② 옥외탱크저장소의 액체위험물탱크 중 그 용량이 100만 리터 이상인 탱크
③ 옥외탱크저장소의 액체위험물탱크 중 그 용량이 80만 리터 이상인 탱크
④ 지하탱크저장소의 액체위험물탱크 중 그 용량이 120만 리터 이상인 탱크
⑤ 옥내탱크저장소의 액체위험물탱크 중 그 용량이 100만 리터 이상인 탱크

## 167

GHS에 따른 유해위험성의 분류가 아닌 것은?

① 물리적 위험성
② 건강유해성
③ 화재위험성
④ 환경유해성

## 168

「화재의 예방 및 안전관리에 관한 법률 시행령」상 특수가연물 중 가연성 고체류의 기준수량으로 옳은 것은?

① 1,000킬로그램 이상
② 2,000킬로그램 이상
③ 3,000킬로그램 이상
④ 5,000킬로그램 이상

## 169 ①②③

**특수가연물에 대한 설명 중 옳지 않은 것은?**

① "면화류"라 함은 불연성 또는 난연성인 면상 또는 팽이모양의 섬유와 마사 원료를 말한다.
② "넝마 및 종이부스러기"라 함은 불연성 또는 난연성이 아닌 것(동식물유가 깊이 스며들어 있는 옷감·종이 및 이들의 제품을 포함한다)에 한한다.
③ "사류"라 함은 불연성 또는 난연성이 아닌 실(실부스러기와 솜털을 포함한다)과 누에고치를 말한다.
④ "볏짚류"라 함은 마른 볏짚·마른 북더기 및 이들의 제품과 건초를 말한다.

## 170 ①②③

**다음 중 특수가연물의 저장, 취급기준에 대한 설명으로 옳지 않은 것은?**

① 쌓는 부분의 바닥면적 사이는 실내의 경우 1.2미터 또는 쌓는 높이의 $\frac{1}{2}$ 중 큰 값 이상으로 이격한다.
② 쌓는 부분의 바닥면적은 50제곱미터(석탄·목탄류의 경우에는 200제곱미터) 이하가 되도록 하여야 한다.
③ 품명·최대수량 및 화기주의 표지를 설치하여야 한다.
④ 살수설비를 설치하는 경우에는 쌓는 높이를 15미터 이하로 할 수 있다.

## 171 ①②③

**「위험물안전관리법령」상 위험물제조소의 표지 및 게시판 기준에 관한 설명으로 옳지 않은 것은?**

① 제조소 표지의 규격은 한 변이 0.3m 이상 다른 한 변이 0.4m 이상인 직사각형으로 하여야 한다.
② 제조소 표지와 게시판의 바탕은 백색이며 문자는 흑색으로 하여야 한다.
③ 주의사항을 표시한 게시판 중 "물기엄금"은 청색바탕에 백색문자로 한다.
④ 제2류 위험물(인화성 고체 제외)에 있어서는 "화기주의"를 기재하여 게시하여야 한다.

## 172 ①②③

**주유취급소의 주유공지에 대한 설명 중 옳은 것은?**

① 너비 10m 이상, 길이 5m 이상
② 너비 15m 이상, 길이 6m 이상
③ 너비 20m 이상, 길이 5m 이상
④ 너비 10m 이상, 길이 6m 이상

## 173 ①②③
「위험물안전관리법」상 제조소의 특례기준에서 은, 수은, 구리, 마그네슘 또는 이들의 합금으로 된 취급설비를 사용해서는 안 되는 위험물은?
① 아세트알데하이드  ② 휘발유
③ 톨루엔  ④ 아세톤

## 174 ①②③
다음 중 특수가연물로 옳은 것은?
① 휘발유  ② 나트륨
③ 면화류  ④ 액화석유가스

## 175 ①②③
지정수량 미만인 위험물의 저장·취급에 관한 사항은 어디에서 정하는가?
① 소방청장 고시  ② 행정안전부령
③ 대통령령  ④ 시·도 조례

## 176 ①②③
탱크안전성능검사에 해당하지 않는 것은?
① 기초·지반검사  ② 유류탱크검사
③ 용접부검사  ④ 충수·수압검사

**177** ◉①②③

제조소 또는 일반취급소에서 취급하는 제4류 위험물의 최대수량의 합이 지정수량의 24만배 이상 48만배 미만인 사업소에 두는 자체소방대인원과 화학자동차 수가 알맞은 것은?

① 5인, 2대
② 3인, 15대
③ 2인, 4대
④ 15인, 3대

**178** ◉①②③

「위험물안전관리법 시행규칙」상 탱크안전성능검사의 신청시기로 옳은 것끼리 알맞게 짝지어진 것은?

> ㉠ 기초・지반검사 : 위험물탱크의 기초 및 지반에 관한 공사의 개시 전
> ㉡ 충수・수압검사 : 위험물을 저장 또는 취급하는 탱크에 배관 그 밖의 부속설비를 부착하기 전
> ㉢ 용접부검사 : 탱크본체에 관한 공사의 개시 전
> ㉣ 암반탱크검사 : 암반탱크의 본체에 관한 공사의 개시 전

① ㉠, ㉣
② ㉡, ㉢
③ ㉠, ㉢, ㉣
④ ㉠, ㉡, ㉢, ㉣

# PART II 재난관리

## CHAPTER 1 재난 및 재난관리의 개념

**001**
Jones의 재해분류 중 옳지 않은 것은?
① 재난의 발생원인과 재해현상에 따라 재해를 크게 자연재해, 준자연재해, 그리고 인위재해로 구분한다.
② 자연재해는 지구물리학적 재해와 생물학적 재해로 구분된다.
③ 지구 물리학적 재해를 다시 지질학적, 지형학적, 기상학적 재해로 구분한다.
④ 지진은 지형적 재해에 해당된다.

**002**
존스(David K. C. Jones)의 재난 분류에 관한 설명으로 옳은 것은?
① 자연재난은 기후성 재난과 지진성 재난으로 구분한다.
② 인위재난은 사고성 재난과 계획적 재난으로 구분한다.
③ 재난은 자연재난, 준자연재난, 인위재난으로 구분한다.
④ 지진성 재난에 지진·화산·폭발·해일이 포함된다.

**003**
아네스(Anesth)에 의한 재해의 분류를 설명한 것으로 옳은 것은?
① 자연재해는 지구물리학적 재해와 생물학적 재해로 분류하고 있다.
② 인위재해를 사고성 재해와 계획적 재해로 분류하고 있다.
③ 준자연재해에는 스모그, 온난화, 사막화, 염수화현상 등이 있다.
④ 생물학적 재해의 종류로는 세균질병, 유독식물, 유독동물이 있다.

**004**
Anesth의 재해분류 중 사고성재해에 해당되는 것은?
① 해일
② 바이러스
③ 테러
④ 폭동

**005** ⓜ①②③
재난관리방식 중 통합적 접근방법에 대한 설명으로 옳지 않은 것은?
① 재난에 대한 인지능력이 미약하고 단편적이다.
② 모든 재난에 대한 관리책임과 과도한 부담 가능성이 있다.
③ 정보의 전달이 일원화되어 있다.
④ 관련부처 및 기관이 병렬적 다수부처(소수부처)이다.


**006** ⓜ①②③
재난예방단계의 활동에 해당되지 않는 것은?
① 위험지도 작성
② 위험성 분석
③ 재해보험 가입
④ 임시 주거지 마련


**007** ⓜ①②③
재난관리의 단계 중 완화라 하기도 하며, 재난을 경감시키고 재난 발생 이전에 재난 피해를 최소화시키려는 활동단계로 옳은 것은?

┌─────────────────────────┐
│ ㉠ 위험측정분석 및 관리        │
│ ㉡ 재난관리법령의 제정, 개정    │
│ ㉢ 교육과 훈련 및 연습         │
│ ㉣ 비상경보체계 구축           │
└─────────────────────────┘

① ㉠, ㉡, ㉢, ㉣
② ㉠, ㉡, ㉢
③ ㉡, ㉢, ㉣
④ ㉠, ㉡


**008** ⓜ①②③
재난(재해)에 관한 설명으로 가장 옳지 않은 것은?
① 아네스(Br.J.Anesth)는 재난을 크게 자연재난과 인적(인위) 재난으로 구분하였다.
② 존스(David K. Jones)는 재난을 크게 자연재난, 준자연재난, 인적(인위)재난으로 구분하였다.
③ 「재난 및 안전관리 기본법」 제3조 제1호에 따른 재난은 자연재난, 사회재난으로 구분된다.
④ 하인리히(H.W. Heinrich)의 도미노 이론은 재해발생과정을 유전적 요인 및 사회적 환경 → 불안전 행동 및 불안전 상태 → 개인적 결함 → 사고 → 재해(상해)라는 5개 요인의 연쇄작용으로 설명하였다.

## 009

각 재난상황에 적절한 재난계획을 수립하고, 부족한 대응자원에 대한 보강작업, 비상연락망과 통신망을 정비하여 유사시 활용할 수 있는 경보시스템 구축, 일반국민에 대한 홍보 및 대응요원에 대한 훈련을 하는 단계는 어디에 해당되는가?

① 예방(완화)  ② 대비(준비)
③ 대응  ④ 복구

## 010

다음은 무엇에 대한 설명인가?

> ㉠ 마지막 부상은 오직 사고의 결과로만 발생한다.
> ㉡ 사고는 오직 인적 또는 기계적 결함으로 발생한다.
> ㉢ 인적 또는 기계적 결함은 인적 과실에 의해서만 존재한다.
> ㉣ 인적 과실은 환경에 이미 있거나, 환경으로부터 나온 것이다.
> ㉤ 환경은 개인이 탄생한 조건을 말한다.

① 도미노이론  ② 에너지방출이론
③ 사실의 검증이론  ④ 재난배양이론

## 011

다음 Jones의 재해분류 중 자연재해로 옳게 나열한 것은?

① 기후성 재해, 지진성 재해
② 대규모 재해, 국지적 재해
③ 생물학적 재해, 지구물리학적 재해
④ 계획성 재해, 사고성 재해

012

다음 중 Jones의 재난 분류에서 그 성격이 다른 것은?
① 생물학적 재해
② 지질학적 재해
③ 기상학적 재해
④ 지형학적 재해

013

Anesth의 재난 유형분류 내용으로 옳지 않은 것은?
① 재난 발생원인과 현상에 따라 자연재해, 준자연재해, 인위재해로 구분하고 있다.
② 대기오염, 수질오염과 같이 장기간에 걸쳐 완만히 전개되고 인명피해를 발생시키지 않는 일반 행정관리 분야의 재해는 제외하였다.
③ 인위재해의 분류는 사고성 재해와 계획적 재해로 분류하고 있다.
④ 사고성 재해의 종류로는 교통사고, 폭발사고, 화재사고, 생물학적 재해 및 화학적 재해가 있다.

014

재해·재난예방의 4원칙에 해당하지 않는 것은?
① 손실필연성의 원칙
② 예방가능성의 원칙
③ 원인연계성의 원칙
④ 대책선정의 원칙

015

다음 중 재해 예방의 4원칙을 설명한 것으로 옳지 않은 것은?
① 손실과 사고와의 관계는 우연적이지만 사고발생과 원인은 필연적인 인과관계가 있다.
② 사고와 손실 사이에는 언제나 우연적인 확률이 존재하고, 사고에서 손실의 크기와 종류는 필연에 의하여 정해진다는 것이다.
③ 인력재난은 자연재해와는 달리 미연에 방지할 수 있다. 예방을 위해서는 물적·인적인 면에 대하여 그 원인의 징후를 발견하여 재해발생을 최소화해야 한다.
④ 예방대책을 선정할 때 정확한 원인 분석으로 직접원인을 유발시키는 배후의 간접원인에 대해 확실하고 신속한 대책을 선정·실시하여야 한다.

## 016 ●①②③

다음 〈보기〉의 설명과 관련 있는 재난의 특성은?

> 재난은 언제 어디서 발생할지 정확하게 예측할 수 없고, 재난 발생 후 위험자체가 기존의 기술적·사회적 장치와 맞물려 어떻게 전개될지 알 수 없으며 재난의 대응·복구 단계의 진행방향을 정확하게 예측할 수 없다.

① 누적성  ② 복잡성
③ 인지성  ④ 불확실성

## 017 ●①②③

다음은 버드의 재해발생비율을 설명하는 글이다. 빈칸에 들어갈 숫자들의 합으로 알맞게 짝지어진 것은?

> 버드의 재해발생비율은 중상 또는 폐질이 (  )회, 경상 (물적 또는 인적손실)이 (  )회, 무상해사고(물적손실)가 (  )회, 무상해 및 무사고고장(위험순간)이 (  )회의 비율로 사고가 발생한다는 것이다.

① 330  ② 641
③ 75,330  ④ 129,300

## 018 ●①②③

재해의 기본원인으로서의 4M으로 옳지 않은 것은?

① Management  ② Media
③ Miss  ④ Man

## 019 ●①②③

A 사업장에서 58건의 경상해가 발생하였다면 하인리히의 재해구성비율을 적용할 때 이 사업장의 중상해사고 발생비율은 몇 건인가?

① 1건  ② 2건
③ 5건  ④ 29건

# CHAPTER 2  우리나라의 재난관리(재난 및 안전관리 기본법)

**020** ⓐ①②③
「재난 및 안전관리 기본법」상 재난관리 단계와 그 주요내용을 바르게 연결한 것은?
① 재난의 예방단계 – 재난현장 긴급통신수단의 마련
② 재난의 대비단계 – 국가재난관리기준의 제정·운용 등
③ 재난의 대응단계 – 특별재난지역 선포 및 지원
④ 재난의 복구단계 – 재난사태 선포

**021** ⓐ①②③
다음은 「재난 및 안전관리 기본법」의 목적에 관한 설명이다. 옳지 않은 것은?

> 재난 및 안전관리 기본법은 ① 각종 재난으로부터 국토를 보존하고 ② 국민의 생명·신체 및 재산을 보호하기 위하여 ③ 국가와 지방자치단체의 재난 대응체계를 확립하고, ④ 재난의 예방·대비·대응·복구와 안전문화활동, 그 밖에 재난 및 안전관리에 필요한 사항을 규정함을 목적으로 한다.

**022** ⓐ①②③
「재난 및 안전관리 기본법」상 보기 안에 재난들 중 자연재난은 모두 몇 가지인가?

> 태풍, 가축의 전염병, 홍수, 대설, 지진, 폭염, 감염병, 미세 먼지, 황사, 한파

① 4개  ② 5개
③ 6개  ④ 7개

## 023

「재난 및 안전관리 기본법」상 재난에 대하여 잘못 설명한 것은?

① 자연재난 : 태풍, 홍수, 호우(豪雨), 강풍, 풍랑, 해일(海溢), 대설, 한파, 낙뢰, 가뭄, 폭염, 지진, 황사(黃砂), 조류(藻類) 대발생, 조수(潮水), 화산활동 그 밖에 이에 준하는 자연현상으로 인하여 발생하는 재해
② 사회재난 : 화재·붕괴·폭발·교통사고(항공사고 및 해상사고를 제외한다)·화생방사고·환경오염사고 등으로 인하여 발생하는 대통령령으로 정하는 규모 이상의 피해
③ 사회재난 : 국가핵심기반의 마비
④ 사회재난 : 「감염병의 예방 및 관리에 관한 법률」에 따른 감염병 또는 「가축전염병예방법」에 따른 가축전염병의 확산 등으로 인한 피해

## 024

「재난 및 안전관리 기본법」상 ㉠~㉢에 들어갈 내용을 바르게 연결한 것은?

( ㉠ )이란 안전교육, ( ㉡ ), 홍보 등을 통하여 안전에 관한 가치와 인식을 높이고 안전을 생활화하도록 하는 등 ( ㉢ )(이)나 그 밖의 각종 사고로부터 안전한 사회를 만들어가기 위한 활동을 말한다.

|   | ㉠ | ㉡ | ㉢ |
|---|---|---|---|
| ① | 안전관리활동 | 안전매뉴얼 | 재해 |
| ② | 안전문화활동 | 안전훈련 | 재난 |
| ③ | 안전활동 | 안전규범 | 사건 |
| ④ | 재난관리활동 | 비상대책 | 위험 |

## 025

「재난 및 안전관리 기본법」상의 사회재난으로 옳지 않은 것은 모두 몇 개인가?

㉠ 붕괴　　　　　　　　㉡ 교통사고
㉢ 폭발　　　　　　　　㉣ 가축전염병의 확산
㉤ 미세먼지　　　　　　㉥ 국가핵심기반의 마비
㉦ 화재　　　　　　　　㉧ 가축전염병 확산 등으로 인한 피해

① 0개　　　　　　　　② 1개
③ 4개　　　　　　　　④ 6개

## 026

「재난 및 안전관리 기본법」상 다음 빈칸에 들어갈 말로 알맞은 것은?

> <국가재난관리기준>
> 모든 유형의 재난에 공통적으로 활용할 수 있도록 재난관리의 전 과정을 통일적으로 단순화·체계화한 것으로서 (　　　　)이 고시한 것

① 대통령  
② 국무총리  
③ 행정안전부장관  
④ 소방청장

## 027

「재난 및 안전관리 기본법」상 예방단계에 해당하지 않는 것은?

① 재난예방을 위한 긴급안전점검 등  
② 재난관리 실태 공시 등  
③ 재난관리체계 등에 대한 평가 등  
④ 안전기준의 등록 및 심의 등

## 028

「재난 및 안전관리 기본법」상 용어의 설명이 가장 옳지 않은 것은?

① 모든 유형의 재난에 공통적으로 활용할 수 있도록 재난관리의 전 과정을 통일적으로 단순화 및 체계화한 것을 "국가재난관리기준"이라고 한다.  
② 재난관리를 위하여 필요한 동원가능 자원봉사자정보, 비상물품정보, 안전사고정보를 "재난관리정보"라고 한다.  
③ 국민의 생명·신체·재산과 국가에 피해를 주거나 줄 수 있는 것을 "재난"이라고 한다.  
④ 재난이나 그 밖의 각종 사고로부터 사람의 생명·신체 및 재산의 안전을 확보하기 위하여 하는 모든 활동을 "안전관리"라고 한다.

## 029

「재난 및 안전관리 기본법」상 용어의 정의로 옳지 않은 것은?

① "긴급구조지원기관"이란 긴급구조에 필요한 인력·시설 및 장비, 운영체계 등 긴급구조능력을 보유한 기관이나 단체로서 대통령령으로 정하는 기관의 단체를 말한다.
② "재난관리"란 재난이나 그 밖의 각종 사고로부터 사람의 생명·신체 및 재산의 안전을 확보하기 위하여 하는 모든 활동을 말한다.
③ "안전문화활동"이란 안전교육, 안전훈련, 홍보 등을 통하여 안전에 관한 가치와 인식을 높이고 안전을 생활하도록 하는 등 재난이나 그 밖의 각종 사고로부터 안전한 사회를 만들어가기 위한 활동을 말한다.
④ "재난안전통신망"이란 재난관리책임기관·긴급구조기관 및 긴급구조지원기관이 재난 및 안전관리업무에 이용하거나 재난현장에서의 통합지휘에 활용하기 위하여 구축·운영하는 통신망을 말한다.

## 030

「재난 및 안전관리 기본법」상 재난관리책임기관에 해당하지 않는 것은?

① 재난관리업무를 하는 중앙행정기관 및 지방자치단체(「제주특별자치도 설치 및 국제자유도시 조성을 위한 특별법」에 따른 행정시를 포함)
② 지방행정기관·공공기관·공공단체(공공기관 및 공공단체의 지부 등 지방조직 포함)로서 대통령령으로 정하는 기관
③ 재난관리의 대상이 되는 중요시설의 관리기관으로서 대통령령으로 정하는 기관
④ 긴급구조에 필요한 인력·시설 및 장비, 운영체계 등 긴급구조능력을 보유한 기관으로서 대통령령으로 정하는 기관

## 031

「재난 및 안전관리 기본법」상 지방행정기관·공공기관·공공단체(공공기관 및 공공단체의 지부 등 지방조직을 포함) 및 재난관리의 대상이 되는 중요시설의 관리기관 등으로서 대통령령으로 정하는 기관을 무엇이라 하는가?

① 중앙안전관리위원회
② 재난관리책임기관
③ 중앙재난안전대책본부
④ 재난관리주관기관

032
「재난 및 안전관리 기본법」상 재난관리를 위하여 필요한 재난관리정보로 옳지 않은 것은?
① 시설물정보
② 동원가능 자원정보
③ 재난상황정보
④ 지・수리 정보

033
「재난 및 안전관리 기본법」상 국가핵심기반에 대한 설명 중 가장 옳지 않은 것은?
① 국가핵심기반이란 에너지, 정보통신, 교통수송, 보건의료 등 국가경제, 국민의 안전・건강 및 정부의 핵심기능에 중대한 영향을 미칠 수 있는 시설, 정보기술시스템 및 자산 등을 말한다.
② 국가핵심기반의 지정에 관한 사항의 심의는 안전정책조정위원회 심의사항이다.
③ 국가핵심기반의 지정은 예방파트에 기술되어 있다.
④ 관계 중앙행정기관장은 국가핵심기반에 대한 데이터베이스를 구축・운영하고, 긴급구조기관장이 재난관리정책의 수립 등에 이용할 수 있도록 통합지원할 수 있다.

034
「재난 및 안전관리 기본법 시행령」상 안전기준의 분야별 안전기준의 범위가 가장 적절하지 못한 것은?
① 건축시설분야 – 소방 관련 안전기준
② 교통 및 교통시설 분야 – 육상교통・해상교통
③ 보건・식품 분야 – 의료・감염, 수질환경
④ 정보통신 분야 – 정보통신매체 및 관련 시설과 정보보호에 관련된 안전기준

035
「재난 및 안전관리 기본법」상 재난이나 그 밖의 각종 사고에 대하여 그 유형별로 예방・대비・대응 및 복구 등의 업무를 주관하여 수행하도록 대통령령으로 정하는 관계중앙행정기관을 무엇이라 하는가?
① 중앙안전관리위원회
② 중앙재난안전대책본부
③ 재난관리주관기관
④ 재난관리책임기관

## 036

「재난 및 안전관리 기본법 시행령」상 석유의 정제시설·비축시설 및 주유소의 화재등으로 인해 발생하는 대규모 피해는 어느 재난관리주관기관이 담당하는가?

① 과학기술정보통신부
② 산업통상자원부
③ 국토교통부
④ 행정안전부

## 037

「재난 및 안전관리 기본법 시행령」상 화학사고로 인해 발생하는 대규모 피해를 담당하는 재난관리주관기관의 담당 재난 및 사고유형으로 옳은 것은?

① 가스사고로 인해 발생하는 대규모 피해
② 공항의 화재등으로 인해 발생하는 대규모 피해
③ 항만의 화재등으로 인해 발생하는 대규모 피해
④ 안전확인대상생활화학제품 및 살생물제 관련 사고(제품사고에 해당하는 경우로 한정)로 인해 발생 하는 대규모 피해

## 038

「재난 및 안전관리 기본법 시행령」상 재난 및 사고유형별 재난관리주관기관이 짝지어진 것으로 옳지 않은 것은?

① 방사능재난 - 원자력안전위원회
② 전통시장의 화재등으로 인해 발생하는 대규모 피해 - 산업통상자원부
③ 자연유산·보호물 및 보호구역의 화재등으로 인해 발생하는 대규모 피해 - 국가유산청
④ 야영장업의 등록을 한 자가 관리하는 야영장의 화재등으로 인해 발생하는 대규모 피해 - 문화체육관광부

## 039

「재난 및 안전관리 기본법 시행령」상 나머지 셋과 재난관리주관기관이 다른 재난 및 사고유형은?

① 방송통신재난
② 연구실사고로 인해 발생하는 대규모 피해
③ 전파의 혼신으로 인해 발생하는 대규모 피해
④ 정보시스템의 장애로 인해 발생하는 대규모 피해

**040** ⓜ①②③

「재난 및 안전관리 기본법 시행령」상 재난 및 사고유형과 재난관리주관기관으로 바르게 짝지어진 것은?

① 산업통상자원부 - 승강기의 사고 또는 고장으로 인해 발생하는 대규모 피해
② 행정안전부 - 공항의 화재등으로 인해 발생하는 대규모 피해
③ 문화체육관광부 - 외국인보호실 및 외국인보호소의 화재등으로 인해 발생하는 대규모 피해
④ 교육부 - 어린이집의 화재등으로 인해 발생하는 대규모 피해

**041** ⓜ①②③

「재난 및 안전관리 기본법 시행령」상 행정안전부가 재난관리주관기관이되는 자연재난 유형으로 옳지 않은 것은?

① 지진재해
② 화산재해
③ 자연재해로서 낙뢰, 가뭄, 폭염 및 한파로 인해 발생하는 재해
④ 황사로 인해 발생하는 재해

**042** ⓜ①②③

「재난 및 안전관리 기본법 시행령」상 행정안전부 및 소방청이 주관하는 사회재난유형으로 알맞게 짝지어진 것은?

㉠ 소방대상물의 화재로 인해 발생하는 대규모 피해
㉡ 가스사고로 인해 발생하는 대규모 피해
㉢ 산불로 인해 발생하는 대규모 피해
㉣ 일반인이 자유로이 모이거나 통행하는 도로, 광장 및 공원의 다중운집인파사고로 인해 발생하는 대규모 피해
㉤ 위험물의 누출·화재·폭발 등으로 인해 발생하는 대규모 피해

① ㉠, ㉤
② ㉡, ㉣
③ ㉢, ㉣, ㉤
④ ㉠, ㉡, ㉣, ㉤

## 043 ●①❷❸
「재난 및 안전관리 기본법」상 '안전기준'의 정의로 옳은 것은?
① 각종 시설 및 물질 등의 제작, 유지관리 과정에서 안전을 확보할 수 있도록 적용하여야 할 기술적 기준을 체계화 한 것
② 재난이나 그 밖의 각종 사고로부터 사람의 생명·신체 및 재산의 안전을 확보하기 위하여 하는 모든 활동
③ 재난이 발생할 우려가 현저하거나 재난이 발생하였을 때에 국민의 생명·신체 및 재산을 보호하기 위하여 필요한 긴급한 조치
④ 모든 유형의 재난에 공통적으로 활용할 수 있도록 재난관리의 전 과정을 통일적으로 단순화·체계화 한 것

## 044 ●①❷❸
「재난 및 안전관리 기본법」에서 긴급구조기관으로 옳지 않은 것은?
① 소방청
② 지방해양경찰청
③ 소방본부 및 중앙 119 구조본부
④ 소방서 및 해양경찰청

## 045 ●①❷❸
「재난 및 안전관리 기본법 시행령」상 대통령령으로 정하는 긴급구조지원기관으로 가장 적절하지 못한 것은?
①「대한적십자사 조직법」에 따른 대한적십자사
②「소방시설공사업법」에 따른 방염업협회
③「의료법」에 따른 종합병원
④「재해구호법」에 따른 전국재해구호협회

## 046 ●①❷❸
「재난 및 안전관리 기본법」상 국가 등의 책무 등과 관련하여 가장 적절하지 못한 것은?
① 국가와 지방자치단체는 재난이나 그 밖의 각종 사고로부터 국민의 생명·신체 및 재산을 보호할 책무를 지고, 재난이나 그 밖의 각종 사고를 예방하고 피해를 줄이기 위하여 노력하여야 한다.
② 국가와 지방자치단체는 발생한 피해를 신속히 대응·복구하기 위한 계획을 수립·시행하여야 한다.
③ 재난관리책임기관의 장은 소관 업무와 관련된 안전관리에 관한 계획을 수립하고 시행하여야 한다.
④ 재난관리책임기관의 장은 시·도와 시·군·구의 재난 및 안전관리업무에 협조할 수 있다.

## 047 ①②③
「재난 및 안전관리 기본법」상 행정안전부장관이 정하는 국가재난관리기준으로 옳지 않은 것은?
① 재난분야 용어정의 및 표준체계 정립
② 국가재난 대응체계에 대한 원칙
③ 재난경감·상황관리·유지관리 등에 관한 일반적 기준
④ 대규모재난의 발생에 대비한 단계별 예방·대응 및 복구과정

## 048 ①②③
「재난 및 안전관리 기본법」상 중앙안전관리위원회의 심의사항으로 가장 옳지 않은 것은?
① 재난 및 안전관리에 관한 중요 정책에 관한 사항
② 재난사태의 선포와 특별재난지역의 선포에 관한 사항
③ 국가안전관리기본계획에 관한 사항 및 집행계획의 심의
④ 중앙행정기관의 장이 수립·시행하는 계획, 점검·검사, 교육·훈련, 평가, 안전기준 등 재난 및 안전관리업무의 조정에 관한 사항

## 049 ①②③
「재난 및 안전관리 기본법」상 중앙안전관리위원회에 대한 설명 중 가장 옳은 것은?
① 중앙위원회의 위원장이 사고 또는 부득이한 사유로 직무를 수행할 수 없을 때에는 행정안전부장관, 대통령령으로 정하는 중앙행정기관의 장 순으로 위원장의 직무를 대행한다.
② 재난 및 안전관리에 관한 사항을 심의하기 위하여 대통령 소속으로 중앙안전관리위원회를 둔다.
③ 중앙위원회의 위원장은 행정안전부장관이 되고, 위원은 대통령령으로 정하는 중앙행정기관 또는 관계 기관·단체의 장이 된다.
④ 중앙위원회에 간사 1명을 두며, 간사는 행정안전부의 재난안전관리사무를 담당하는 본부장이 된다.

## 050 ①②③
「재난 및 안전관리 기본법」상 중앙안전관리위원회에 대한 설명으로 옳지 않은 것은?
① 재난 및 안전관리에 사항을 심의하기 위하여 국무총리 소속으로 중앙안전관리위원회를 둔다.
② 중앙위원회의 위원장은 행정안전부장관이 되고, 위원은 대통령령으로 정하는 중앙행정기관 또는 관계 기관·단체의 장이 된다.
③ 중앙위원회의 위원장이 사고 또는 부득이한 사유로 직무를 수행할 수 없을 때에는 행정안전부장관, 대통령령으로 정하는 중앙행정기관의 장 순으로 위원장의 직무를 대행한다.
④ 중앙위원회의 구성과 운영 등에 필요한 사항은 대통령령으로 정한다.

## 051
「재난 및 안전관리 기본법」상 해외재난에 대한 설명으로 적절하지 않은 것은?
① 외국인의 생명·신체 및 재산에 피해를 주거나 줄 수 있는 재난으로서 중앙재난안전대책본부의 본부장은 이에 대응을 해야 한다.
② 해외재난의 경우에는 외교부장관이 중앙재난안전대책본부의 본부장의 권한을 행사한다.
③ 재외공관의 장은 관할구역에서 해외재난이 발생하거나 발생할 우려가 있으면 즉시 그 상황을 외교부장관에게 보고하여야 한다.
④ 중앙재난안전대책본부의 본부장은 해외에서 발생한 대규모 재난의 수습을 지원하기 위하여 관계 중앙행정기관 및 관계 기관·단체의 재난관리에 관한 전문가 등으로 수습지원단을 구성하여 현지에 파견할 수 있다.

## 052
「재난 및 안전관리 기본법」상 중앙안전관리위원회에 대한 설명으로 옳지 않은 것은?
① 재난사태 선포 및 특별재난지역 선포에 관한 사항은 중앙안전관리위원회 심의사항이다.
② 국무총리 소속기관으로, 재난안전의무보험의 관리·운용 등에 관한 사항도 심의한다.
③ 중앙안전관리위원회에 간사 1명을 두며, 간사는 행정안전부장관이 된다.
④ 중앙안전관리위원회에 상정될 안건을 사전에 검토하기 위하여 안전정책실무조정위원회를 둔다.

## 053
「재난 및 안전관리 기본법」상 중앙위원회의 위원장은?
① 국무총리
② 행정안전부장관
③ 소방청장
④ 시·도지사

## 054
「재난 및 안전관리 기본법 시행령」상 중앙위원회의 위원으로 대통령령으로 정하는 중앙행정기관 또는 관계기관·단체의 장이 아닌 것은?
① 기획재정부장관
② 국가정보원장
③ 서울특별시장
④ 기상청장

## 055
「재난 및 안전관리 기본법 시행령」상 대통령령으로 정하는 재난 및 사고의 예방사업에 해당하지 않는 것은?
① 기상관측표준화법에 따른 기상관측의 표준화를 시행하는 사업
② 자연재해대책법에 따른 재해지도 작성 사업
③ 도로법에 따른 도로공사 중 재난 및 안전관리를 위하여 시행하는 사업
④ 항만법에 따른 항만개발사업 중 재난 예방을 위한 사업

## 056

「재난 및 안전관리 기본법」상 안전정책조정위원회의 사무 중 중앙안전관리위원회의 심의에 앞서 사전 조정해야 할 사무로 옳지 않은 것은?

① 중앙행정기관의 장이 수립·시행하는 계획, 점검·검사, 교육·훈련, 평가, 안전기준 등 재난 및 안전관리업무의 조정에 관한 사항
② 재난이나 그 밖의 각종 사고가 발생하거나 발생할 우려가 있는 경우 이를 수습하기 위한 관계기관 간 협력에 관한 중요 사항
③ 중앙행정기관의 장이 시행하는 대통령령으로 정하는 재난 및 사고의 예방사업 추진에 관한 사항
④ 국가안전관리기본계획에 관한 사항

## 057

「재난 및 안전관리 기본법 시행령」상 실무위원회의 구성·운영 등에 대한 설명으로 옳지 않은 것은?

① 실무위원회는 위원장 1명을 포함하여 70명 내외의 위원으로 구성한다.
② 실무위원장은 행정안전부의 재난안전관리사무를 담당하는 본부장이 된다.
③ 실무위원회의 위원은 성별을 고려하여 행정안전부장관이 임명하거나 위촉하는 사람으로 한다.
④ 실무회의는 구성원 과반수의 출석으로 개의하고, 출석위원 과반수의 찬성으로 의결한다.

## 058

「재난 및 안전관리 기본법」상 안전정책조정위원회(조정위원회)의 사무 중 중앙위원회에 상정될 안건에 해당되지 않는 것은?

① 국가핵심기반의 지정에 관한 사항의 심의
② 재난 및 안전관리기술 종합계획의 심의
③ 재난 및 안전관리에 관한 중요 정책에 관한 사항
④ 중앙위원회가 위임한 사항

## 059

「재난 및 안전관리 기본법」상 안전정책조정위원회의 위원장은?

① 국무총리
② 행정안전부장관
③ 소방청장
④ 시·도지사

## 060

「재난 및 안전관리 기본법」상 안전정책조정위원회에 대하여 가장 잘못 설명한 것은?

① 조정위원회의 위원장은 행정안전부장관이 되고, 위원은 대통령령으로 정하는 중앙행정기관의 차관 또는 차관급 공무원과 재난 및 안전관리에 관한 지식과 경험이 풍부한 사람 중에서 위원장이 임명하거나 위촉하는 사람이 된다.
② 조정위원회에 간사위원 1명을 두며, 간사위원은 행정안전부차관이 된다.
③ 조정위원회의 업무를 효율적으로 처리하기 위하여 조정위원회에 실무위원회를 둘 수 있다.
④ 조정위원회의 위원장은 중앙위원회 또는 조정위원회에서 심의·조정된 사항에 대한 이행상황을 점검하고, 그 결과를 중앙위원회에 보고할 수 있다.

## 061

「재난 및 안전관리 기본법」 및 같은 법 시행령상 조정위원회 위원장이 조정위원회 심의·조정된 사항 중 대통령령으로 정하는 중앙위원회 보고하여야 하는 중요사항에 해당하는 것은?

① 재난사태의 선포에 관한 사항
② 특별재난지역의 선포에 관한 사항
③ 국가안전관리기본계획에 관한 사항
④ 국가핵심기반의 지정에 관한 사항의 심의

## 062

「재난 및 안전관리 기본법」상 재난 및 안전관리 사업에 대한 평가의 설명 중 옳지 않은 것은?

① 행정안전부장관은 매년 재난 및 안전관리 사업의 효과성 및 효율성을 평가하고, 그 결과를 관계 중앙행정기관의 장에게 통보하여야 한다.
② 행정안전부장관은 평가를 위하여 중앙행정기관의 장 또는 지방자치단체의 장 등에게 해당 기관에서 추진한 재난 및 안전관리 사업의 집행실적 등에 관한 자료 제출을 요청할 수 있다.
③ 관계 중앙행정기관의 장은 평가 결과를 즉시 재난 및 안전관리 사업에 반영하여야 한다.
④ 평가의 범위·방법 등에 관하여 필요한 사항은 대통령령으로 정한다.

## 063

「재난 및 안전관리 기본법」상 지역재난안전대책본부에 대한 설명 중 옳지 않은 것은?

① 해당 관할 구역에서 재난의 수습 등에 관한 사항을 총괄·조정하고 필요한 조치를 하기 위하여 시·도지사는 시·도 재난안전대책본부를 두고, 시장·군수·구청장은 시·군·구 재난안전대책본부를 둔다.
② 시·도 재난안전대책본부의 본부장은 시·도지사이다.
③ 시·군·구의 지역대책본부의 장은 재난현장의 총괄·조정 및 지원을 위하여 재난현장 통합지원본부를 설치·운영할 수 있다.
④ 통합지원본부의 장은 관할 시·군·구의 소방서장이 되며, 실무반을 편성하여 운영할 수 있다.

## 064

「재난 및 안전관리 기본법」상 지역위원회에 대한 설명 중 옳지 않은 것은?

① 해당 지역에 대한 재난 및 안전관리정책에 관한 사항은 지역위원회에서 심의한다.
② 시·도위원회의 위원장은 시·도지사가 되고, 시·군·구위원회의 위원장은 시장·군수·구청장이 된다.
③ 지역위원회(시·도위원회, 시·군·구위원회)의 회의에 부칠 의안을 검토하고, 재난 및 안전관리에 관한 관계기관 간의 협의·조정 등을 위하여 지역위원회에 안전정책실무조정위원회를 둘 수 있다.
④ 지역위원회 및 안전정책실무조정위원회의 구성과 운영에 필요한 사항은 해당 재난 및 안전관리 시행규칙으로 정한다.

## 065

「재난 및 안전관리 기본법」 및 같은 법 시행령상 재난방송협의회에 대한 설명 중 가장 잘못 설명한 것은?

① 재난에 관한 예보·경보·통지나 응급조치 및 재난관리를 위한 재난방송이 원활히 수행될 수 있도록 조정위원회에 중앙재난방송협의회를 둘 수 있다.
② 중앙재난방송협의회의 구성 및 운영에 필요한 사항은 대통령령으로 정한다.
③ 중앙재난방송협의회는 위원장 1명과 부위원장 1명을 포함한 25명 이내의 위원으로 구성한다.
④ 지역재난방송협의회의 구성 및 운영에 필요한 사항은 해당 지방자치단체의 조례로 정한다.

## 066 ●①②③

「재난 및 안전관리 기본법 시행령」상 중앙재난방송협의회와 관련된 내용으로 가장 잘못 기술한 것은?

① 중앙위원회에 두는 중앙재난방송협의회는 위원장 1명과 부위원장 1명을 포함한 20명 이내의 위원으로 구성한다.
② 중앙재난방송협의회의 위원장이 부득이한 사유로 직무를 수행할 수 없을 때에는 부위원장이 그 직무를 대행한다.
③ 중앙재난방송협의회의 효율적 운영을 위하여 중앙재난방송협의회에 간사 1명을 두되, 간사는 과학기술정보통신부의 재난방송 업무를 담당하는 공무원 중에서 과학기술정보통신부장관이 지명하는 사람이 된다.
④ 과학기술정보통신부장관은 중앙재난방송협의회의 운영에 필요한 행정적·재정적 지원을 할 수 있다.

## 067 ●①②③

「재난 및 안전관리 기본법 시행령」상 중앙위원회에 두는 중앙재난방송협의회는 위원장 1명과 부위원장 1명을 포함한 몇 명의 위원으로 구성하는가?

① 15명
② 25명
③ 35명
④ 45명

## 068 ●①②③

「재난 및 안전관리 기본법 시행령」상 중앙재난방송협의회의 심의사항에 해당하지 않는 것은?

① 재난방송이 원활히 수행되도록 하기 위하여 필요한 사항으로서 방송통신위원회위원장과 과학기술정보통신부장관이 요청하는 사항
② 재난이나 그 밖의 각종 사고가 발생하거나 발생할 우려가 있는 경우 이를 수습하기 위한 관계기관 간 협력에 관한 중요 사항
③ 재난에 관한 예보·경보·통지나 응급조치 및 재난관리를 위한 재난방송 내용의 효율적 전파 방안
④ 재난방송 관련 법령과 제도의 개선 사항

**069** ①②③
「재난 및 안전관리 기본법 시행령」상 중앙재난방송협의회의 위원이 될 수 없는 사람은?
① 재난 또는 방송 관련 연구기관이나 단체 또는 산업 분야에 종사하는 사람으로서 해당 분야의 경력이 3년 이상인 사람
② 과학기술정보통신부에 속하는 일반직 공무원 또는 이에 상당하는 공무원 중에서 해당기관의 장이 지명하는 사람
③ 대학·산업대학·전문대학 및 기술대학에서 재난 또는 방송과 관련된 학문을 교수하는 사람으로서 조교수 이상의 직위에 있는 사람
④ 지상파텔레비전방송사업자에 소속된 사람으로서 재난방송을 총괄하는 직위에 있는 사람

**070** ①②③
「재난 및 안전관리 기본법 시행령」상 중앙재난방송협의회와 관련된 내용으로 잘못 기술한 것은?
① 중앙재난방송협의회는 구성원 과반수의 출석과 출석위원 2/3의 찬성으로 의결한다.
② 위원장은 중앙재난방송협의회를 대표하며, 중앙재난방송협의회의 사무를 총괄한다.
③ 중앙위원회에 두는 중앙재난방송협의회는 위원장 1명과 부위원장 1명을 포함한 25명 이내의 위원으로 구성한다.
④ 중앙재난방송협의회의 위원장이 부득이한 사유로 직무를 수행할 수 없을 때에는 부위원장이 그 직무를 대행한다.

**071** ①②③
「재난 및 안전관리 기본법」상 중앙안전관리민관협력위원회의 기능으로 옳은 것만을 모두 고르면?

> ㉠ 재난 및 안전관리 민관협력활동사업의 효율적 운영방안의 협의
> ㉡ 평상시 재난 및 안전관리 위험요소 및 취약시설의 모니터링·제보
> ㉢ 평상시 재난에 관한 예보·경보·통지나 응급조치 방안의 협의

① ㉠, ㉡
② ㉠, ㉢
③ ㉡, ㉢
④ ㉠, ㉡, ㉢

## 072 ★★

「재난 및 안전관리 기본법」상 안전관리민관협력위원회에 대한 설명 중 잘못 기술한 것은?

① 실무위원회의 위원장은 재난 및 안전관리에 관한 민관 협력관계를 원활히 하기 위하여 중앙안전관리민관협력위원회를 구성·운영하여야 한다.
② 지역위원회의 위원장은 재난 및 안전관리에 관한 지역 차원의 민관 협력관계를 원활히 하기 위하여 시·군·구 안전관리민관협력위원회를 구성·운영할 수 있다.
③ 중앙민관협력위원회의 구성 및 운영에 필요한 사항은 대통령령으로 정한다.
④ 지역민관협력위원회의 구성 및 운영에 필요한 사항은 해당 지방자치단체의 조례로 정한다.

## 073 ★★

「재난 및 안전관리 기본법」상 중앙민관협력위원회의 기능에 해당되지 않는 것은?

① 재난 및 안전관리 민관협력활동에 관한 협의
② 재난 및 안전관리 민관협력활동사업의 효율적 운영방안의 협의
③ 재난발생 시 재난 및 안전관리 위험요소 및 취약시설의 모니터링·제보
④ 재난 발생 시 인적·물적 자원 동원, 인명구조·피해복구 활동 참여, 피해주민 지원서비스 제공 등에 관한 협의

## 074 ★★

「재난 및 안전관리 기본법」상 공동위원장이 중앙민관협력위원회의 회의를 소집할 수 있는 경우에 해당되지 않는 것은?

① 대규모 재난의 발생으로 민관협력 대응이 필요한 경우
② 화재, 붕괴 등 사회재난이 발생한 경우
③ 재적위원 4분의 1 이상이 회의 소집을 요청하는 경우
④ 공동위원장이 회의 소집이 필요하다고 인정하는 경우

## 075 ★★

「재난 및 안전관리 기본법」상 재난 발생 시 신속한 재난대응 활동 참여 등 중앙민관협력위원회의 기능을 지원하기 위하여 중앙민관협력위원회에 대통령령으로 정하는 바에 따라 무엇을 둘 수 있는가?

① 중앙위원회
② 중앙재난방송협의회
③ 조정위원회
④ 재난긴급대응단

## 076

「재난 및 안전관리 기본법 시행령」상 중앙민관협력위원회의 구성·운영 등에 있어서 중앙안전관리민관협력위원회는 공동위원장 ( ㉠ ) 명을 포함하여 ( ㉡ ) 명 이내의 위원으로 구성한다. 다음 중 ( ㉠ ), ( ㉡ )에 들어갈 알맞은 것은?

① ㉠ : 1    ㉡ : 25
② ㉠ : 1    ㉡ : 35
③ ㉠ : 2    ㉡ : 25
④ ㉠ : 2    ㉡ : 35

## 077

「재난 및 안전관리 기본법 시행령」상 중앙민관협력위원회 위원 중 당연직 위원으로 알맞게 구성된 것은?

① 행정안전부 자연재난실장, 행정안전부 재난복구지원국장
② 행정안전부 재난복구실장, 행정안전부 기획조정국장
③ 행정안전부 사회관리실장, 행정안전부 재난복구실장
④ 행정안전부 기획교육실장, 행정안전부 특수교육실장

## 078

「재난 및 안전관리 기본법 시행령」상 재난징후정보에 포함되어야 하는 사항으로 옳지 않은 것은?

① 재난 발생 징후가 포착된 위치
② 위험요인 발생원인 및 상황
③ 위험요인 제거 및 조치 사항
④ 재난 발생으로 인한 예상 피해규모

## 079

「재난 및 안전관리 기본법」상 지역위원회 등에 대한 지원과 지도에 있어서 ( ㉠ )은 시·도위원회의 운영과 지방자치단체의 안전관리업무에 대하여, ( ㉡ )은 관할 구역의 시·군·구위원회의 운영과 시·군·구의 안전관리업무에 대하여 필요한 지원과 지도를 할 수 있다. ( ㉠ )과 ( ㉡ )에 들어갈 알맞은 말은 다음 중 무엇인가?

① ㉠ : 행정안전부장관    ㉡ : 중앙소방본부장
② ㉠ : 중앙소방본부장    ㉡ : 행정안전부차관
③ ㉠ : 행정안전부장관    ㉡ : 시·도지사
④ ㉠ : 행정안전부차관    ㉡ : 중앙재난안전대책본부장

## 080 ❶❷❸
「재난 및 안전관리 기본법」상 중앙재난안전대책본부의 본부장은 누구인가?
① 국무총리  ② 행정안전부장관
③ 소방청장  ④ 중앙소방본부장

## 081 ❶❷❸
「재난 및 안전관리 기본법」상 대통령령으로 정하는 대규모 재난의 대응·복구 등에 관한 사항을 총괄·조정하고 필요한 조치를 하기 위하여 다음 중 어디에 중앙재난안전대책본부를 설치하는가?
① 대통령비서실  ② 행정안전부
③ 소방청  ④ 중앙소방본부

## 082 ❶❷❸
「재난 및 안전관리 기본법」상 중앙대책본부의 본부장 또는 권한행사권자가 될 수 없는 사람은?
① 중앙방사능방재 대책본부의 장  ② 행정안전부장관
③ 외교부장관  ④ 기획재정부장관

## 083 ❶❷❸
「재난 및 안전관리 기본법」상 중앙대책본부 등에 대한 설명 중 가장 옳지 않은 것은?
① 행정안전부에 중앙재난안전대책본부를 둔다.
② 중앙대책본부에 위원장과 간사를 둔다.
③ 중앙대책본부, 중앙재난안전대책본부회의의 구성과 운영에 필요한 사항은 대통령령으로 정한다.
④ 중앙대책본부장은 대규모 재난이 발생하거나 발생할 우려가 있는 경우에는 대통령령으로 정하는 바에 따라 실무반을 편성하고, 중앙재난안전대책본부상황실을 설치하는 등 해당 대규모 재난에 대하여 효율적으로 대응하기 위한 체계를 갖추어야 한다.

## 084 ❶❷❸
「재난 및 안전관리 기본법 시행령」상 중앙대책본부의 구성 등과 관련하여 가장 관계가 없는 것은?
① 차장  ② 총괄조정관
③ 통제관  ④ 기획재정관

## 085

「재난 및 안전관리 기본법 시행령」상 중앙대책본부의 구성에 있어서 가장 잘못 설명한 것은?

① 차장은 행정안전부 소속 공무원 중에서 행정안전부장관이 지명하는 사람
② 통제관은 행정안전부 소속 공무원 중에서 행정안전부장관이 지명하는 사람
③ 부대변인은 행정안전부 소속 공무원 중에서 행정안전부장관이 지명하는 사람
④ 총괄조정관은 행정안전부 소속 공무원 중에서 행정안전부장관이 지명하는 사람

## 086

「재난 및 안전관리 기본법」상 중앙대책본부장의 권한에 해당되지 않는 것은?

① 중앙본부장은 대규모 재난을 효율적으로 수습하기 위하여 관계 재난관리책임기관의 장에게 행정 및 재정상의 조치, 소속 직원의 파견, 그 밖에 필요한 지원을 요청할 수 있다.
② 요청을 받은 관계 재난관리책임기관의 장은 특별한 사유가 없으면 요청에 따라야 한다.
③ 파견된 직원은 대규모재난의 수습에 필요한 소속 기관의 업무를 성실히 수행하여야 하며, 대규모재난의 수습이 끝날 때까지 중앙대책본부에서 비상근무 하여야 한다.
④ 중앙대책본부장은 해당 대규모재난의 수습에 필요한 범위에서 지역대책본부장을 지휘할 수 있다.

## 087

「재난 및 안전관리 기본법」상 중앙 및 지역사고수습본부에 대한 설명으로 옳은 것만을 모두 고르면?

㉠ 재난관리책임기관의 장은 재난이 발생하거나 발생할 우려가 있는 경우에는 재난상황을 효율적으로 관리하고 재난을 수습하기 위한 중앙사고수습본부를 신속하게 설치·운영하여야 한다.
㉡ 중앙사고수습본부장은 지역사고수습본부를 운영할 수 있으며, 지역사고수습본부의 장은 지방자치단체장의 동의를 얻어 중앙사고수습본부장이 임명한다.
㉢ 중앙사고수습본부장은 재난정보의 수집·전파, 상황관리, 재난발생 시 초동조치 및 지휘 등을 위한 수습본부상황실을 설치·운영하여야 한다.
㉣ 중앙사고수습본부장은 재난을 수습하기 위하여 필요하면 관계 재난관리책임기관의 장에게 행정상 및 재정상의 조치, 소속 직원의 파견, 그 밖에 필요한 지원을 요청할 수 있다.

① ㉠, ㉡
② ㉠, ㉣
③ ㉡, ㉢
④ ㉢, ㉣

**088** ①❷❸

「재난 및 안전관리 기본법」상 재난이 발생하거나 발생할 우려가 있는 경우에는 재난상황을 효율적으로 관리하고 재난을 수습하기 위하여 중앙사고수습본부를 신속하게 설치·운영하여야 하는 사람은 누구인가?

① 중앙위원회 위원장  ② 재난관리 책임기관의 장
③ 재난관리 주관기관의 장  ④ 중앙대책본부장


**089** ①❷❸

「재난 및 안전관리 기본법」상 중앙 및 지역사고수습본부에 대한 설명으로 옳지 않은 것은?

① 수습본부의 장은 해당 재난관리주관기관의 장이 된다.
② 수습본부장은 재난정보의 수집·전파, 상황관리, 재난발생 시 초동조치 및 지휘 등을 위한 수습본부상황실을 설치·운영하여야 한다.
③ 수습본부장은 지역사고수습본부를 운영할 수 있으며, 지역사고수습본부의 장은 중앙대책본부장이 지명한다.
④ 수습본부장은 해당 재난의 수습에 필요한 범위에서 시·도지사 및 시장·군수·구청장(시·도대책본부 및 시·군·구대책본부가 운영되는 경우에는 해당 본부장을 말한다)을 지휘할 수 있다.


**090** ①❷❸

「재난 및 안전관리 기본법」상 지역재난대책본부장은 누구인가?

① 시·도지사, 군수, 구청장  ② 행정안전부장관, 소방청장
③ 소방본부장, 소방서장  ④ 시·도지사, 중앙소방본부장


**091** ①❷❸

「재난 및 안전관리 기본법」상 지역재난안전대책본부에 대한 설명으로 옳지 않은 것은?

① 시·도의 지역대책본부의 본부장은 시·도지사이다.
② 시·군·구의 지역대책본부의 본부장은 시장·군수·구청장이 된다.
③ 시·도의 지역대책본부의 장은 재난현장의 총괄·조정 및 지원을 위하여 재난현장 통합지원본부를 설치·운영할 수 있다.
④ 통합지원본부의 장은 관할 시·군·구의 부단체장이 되며, 실무반을 편성하여 운영할 수 있다.

## 092 ★★

「재난 및 안전관리 기본법」상 재난안전상황실의 설치·운영권자가 아닌 자는?

① 행정안전부장관
② 소방청장
③ 시·도지사
④ 시장·군수·구청장

## 093 ★

「재난 및 안전관리 기본법」상 국가안전관리기본계획을 누가, 몇 년마다 하는가?

① 국무총리 - 5년
② 시·도지사 - 3년
③ 행정안전부장관 - 5년
④ 소방청장 - 3년

## 094 ★★

「재난 및 안전관리 기본법」상 재난안전상황실의 업무에 해당하지 않는 것은?

① 재난정보의 수집·전파
② 상황관리
③ 재난 발생 시 초동조치 및 지휘 등의 업무
④ 재난의 예방과 대비를 위한 계획·실천 심의 업무

## 095 ★★

「재난 및 안전관리 기본법」상 재난상황보고에 있어서 시장·군수·구청장 또는 해양경찰서장은 그 관할구역에서 재난이 발생하거나 발생할 우려가 있으면 대통령령으로 정하는 바에 따라 재난상황에 대해서는 즉시, 응급조치 및 수습현황에 대해서는 지체없이 각각 누구에게 보고하여야 하는가?

① 행정안전부장관, 재난관리주관기관의 장, 시·도지사
② 행정안전부장관, 재난관리책임기관의 장, 시·도지사
③ 행정안전부장관, 재난관리책임기관의 장, 시장·군수·구청장
④ 행정안전부장관, 재난관리주관기관의 장, 시장·군수·구청장

## 096 ★★

「재난 및 안전관리 기본법」상 시장·군수·구청장·소방서장이나 해양경찰서장은 재난이 발생한 경우 또는 재난 발생을 신고 받거나 통보받은 경우에는 즉시 누구에게 통보하여야 하는가?

① 소방본부장
② 중앙소방본부장
③ 관계 재난관리책임기관의 장
④ 관계 재난관리주관기관의 장

## 097

「재난 및 안전관리 기본법 시행규칙」상 재난상황의 보고에 해당하지 않는 것은?

① 최초보고
② 긴급보고
③ 중간보고
④ 최종보고

## 098

「재난 및 안전관리 기본법 시행규칙」상 재난상황의 보고 등에 가장 적당하지 않은 것은?

① 최초보고 : 인명피해 등 주요 재난발생시 지체 없이 서면(전자문서 포함)·팩스·전화·재난안전통신망 중 가장 빠른 방법으로 하는 보고
② 중간보고 : 전산시스템 등을 활용하여 재난의 수습기간 중에 수시로 하는 보고
③ 긴급보고 : 소방서장이 해당 소방본부장에게 긴급한 상황 발생 시 하는 보고
④ 최종보고 : 재난의 수습이 종료되거나 소멸된 후 영 제24조제1항의 규정에 의한 사항을 종합하여 하는 보고

## 099

「재난 및 안전관리 기본법」 및 같은 법 시행령상 국가안전관리기본계획에 대한 설명 중 옳지 않은 것은?

① 국무총리는 국가안전관리기본계획의 수립지침을 5년마다 작성해야 한다.
② 국무총리는 국가안전관리기본계획 수립지침을 작성하여 관계 중앙행정기관의 장에게 통보하여야 한다.
③ 국무총리는 관계 중앙행정기관의 장이 제출한 기본계획을 종합하여 국가안전관리기본계획을 작성하여 중앙위원회의 심의를 거쳐 확정한 후 이를 관계중앙행정기관의 장에게 통보하여야 한다.
④ 시·도지사는 국가안전관리기본계획과 집행계획에 따라 매년 시·도의 재난 및 안전관리업무에 관한 계획의 수립지침을 작성한다.

## 100 ★★

「재난 및 안전관리 기본법」상 대통령령으로 정하는 바에 따라 5년마다 국가의 안전관리업무에 관한 기본계획("국가안전관리기본계획")의 수립지침을 작성하여 관계 중앙행정기관의 장에게 통보하여야 하는 사람은 누구인가?

① 국무총리  ② 행정안전부장관
③ 소방청장  ④ 기획재정부장관

## 101 ★★

「재난 및 안전관리 기본법」상 다음 내용 중 (   ) 들어갈 알맞은 말은?

> 1. 관계 중앙행정기관의 장은 수립지침에 따라 5년마다 그 소관에 속하는 재난 및 안전관리업무에 관한 기본계획을 작성한 후 (  ㉠  )에게 제출하여야 한다.
> 2. 국무총리는 제3항에 따라 관계 중앙행정기관의 장이 제출한 기본계획을 종합하여 국가안전관리기본계획을 작성하여 (  ㉡  )의 심의를 거쳐 확정한 후 이를 관계 중앙행정기관의 장에게 시달하여야 한다.

① ㉠ : 행정안전부장관   ㉡ : 조정위원회
② ㉠ : 국무총리         ㉡ : 조정위원회
③ ㉠ : 행정안전부장관   ㉡ : 중앙위원회
④ ㉠ : 국무총리         ㉡ : 중앙위원회

## 102 ★★

「재난 및 안전관리 기본법」상 관계 중앙행정기관의 장은 통보 받은 국가안전관리기본계획에 따라 매년 그 소관 업무에 관한 집행계획을 작성하여 (  ㉠  )의 심의를 거쳐 (  ㉡  )의 승인을 받아 확정한다. 다음 중 (  ㉠  )과 (  ㉡  )에 들어갈 말로 알맞은 것은?

① ㉠ : 중앙위원회   ㉡ : 행정안전부장관
② ㉠ : 중앙위원회   ㉡ : 국무총리
③ ㉠ : 조정위원회   ㉡ : 행정안전부장관
④ ㉠ : 조정위원회   ㉡ : 국무총리

## 103

「재난 및 안전관리 기본법」상 재난 발생 시의 응급조치 등에 대한 설명으로 옳은 것은?

① 시·도긴급구조통제단의 단장은 재난이 발생한 경우, 응급조치로써 긴급피난처 및 구호품 등 재난관리자원의 확보를 하여야 한다.
② 재난관리주관기관의 장이 경계 단계의 위기경보를 발령하려는 경우에는 행정안전부장관과 사전에 협의하여야 한다.
③ 시장·군수·구청장이 재난의 발생으로 인해 해당 지역 주민에게 대피명령을 내리는 경우, 미리 대피장소를 지정하여 대피를 명할 수 있다.
④ 관계 중앙행정기관의 장은 재난의 발생으로 사람의 생명 또는 신체에 대한 위해 방지에 필요하다고 인정하는 경우에는 위험구역을 설정할 수 있다.

## 104

「재난 및 안전관리 기본법」상 지역통제단장이 할 수 있는 응급조치로 옳지 않은 것은?

① 긴급수송 수단 확보
② 경보의 발령
③ 현장지휘통신 체계 확보
④ 진화

## 105

「재난 및 안전관리 기본법」상 응급조치로 옳지 않은 것은?

① 급수 수단의 확보
② 자본 확보
③ 긴급수송 및 구조 수단의 확보
④ 피해시설의 응급복구 및 방역과 방범

## 106

「재난 및 안전관리 기본법」상 재난관리업무 효율성을 위해 연구·개발하는 위기관리에 필요한 매뉴얼 표준안 작성 시 고려해야 할 사항이 아닌 것은?

① 재난유형에 따른 국민행동요령의 표준화
② 재난유형에 따른 예방·대비·대응·복구 단계별 조치사항에 관한 연구 및 표준화
③ 안전취약계층의 특성을 반영한 연구·개발
④ 자원봉사 지원 및 대응에 관한 중복연구·개발

## 107

「재난 및 안전관리 기본법」상 재난분야 위기관리 매뉴얼에 해당하지 않는 것은?

① 위기관리 표준매뉴얼
② 현장대응 예방매뉴얼
③ 위기대응 실무매뉴얼
④ 현장조치 행동매뉴얼

## 108

다음 〈보기〉는 「재난 및 안전관리 기본법」의 일부이다. ㉠ ~ ㉣에 들어갈 내용으로 옳은 것은?

( ㉠ )는(은) 「재난 및 안전관리 기본법」 제41조에 따른 위험구역 및 「자연재해대책법」 제12조에 따른 자연재해위험개선지구 등 재난으로 인하여 사람의 생명·신체 및 재산에 대한 피해가 예상되는 지역에 대하여 그 피해를 예방하기 위하여 ( ㉡ ) 재난 예보·경보체계 구축 종합계획을 ( ㉢ ) 단위로 수립하여 ( ㉣ )에게 제출하여야 한다.

| | ㉠ | ㉡ | ㉢ | ㉣ |
|---|---|---|---|---|
| ① | 시장·군수·구청장 | 시·도 | 3년 | 시·도지사 |
| ② | 시장·군수·구청장 | 시·군·구 | 5년 | 시·도지사 |
| ③ | 시·도지사 | 시·군·구 | 3년 | 소방청장 |
| ④ | 시·도지사 | 시·도 | 5년 | 소방청장 |

## 109

「재난 및 안전관리 기본법」상 재난의 대비에 대한 설명으로 옳지 않은 것은?

① 행정안전부장관, 시·도지사 또는 시장·군수·구청장은 재난 발생에 대비하여 민간기관·단체 또는 소유자와 협의하여 응급조치에 사용할 장비와 인력을 지정·관리할 수 있다.
② 행정안전부장관은 매년 재난대비훈련 기본계획을 수립하고 재난관리책임기관의 장에게 통보하여야 한다.
③ 재난관리책임기관의 장은 소관분야별로 재난대비훈련 자체계획을 수립하여 이를 국회 소관상임위원회에 보고하여야 한다.
④ 위기상황 매뉴얼을 작성·관리하여야 하는 다중이용시설 등의 소유자·관리자 또는 점유자는 다른 법령에서 따로 정함이 없는 한 위기상황 매뉴얼에 따른 훈련을 주기적으로 실시하여야 한다.

## 110

「재난 및 안전관리 기본법」상 재난발생 시 지역통제단장의 업무범위로 옳지 않은 것은?

① 위험구역의 출입 제한
② 제한되는 행위의 금지 게시
③ 위험구역에서의 퇴거명령
④ 위험구역 설정의 요청

## 111

「재난 및 안전관리 기본법」상 중앙긴급구조통제단에 대한 설명으로 가장 옳지 않은 것은?

① 긴급구조에 관한 사항의 총괄·조정, 긴급구조기관 및 긴급구조지원기관이 하는 긴급구조활동의 역할 분담과 지휘·통제를 위하여 소방청에 중앙긴급구조통제단을 둔다.
② 중앙통제단의 단장은 소방본부장이 된다.
③ 중앙통제단장은 긴급구조를 위하여 필요하면 긴급구조지원기관 간의 공조체제를 유지하기 위하여 관계 기관·단체의 장에게 소속 직원의 파견을 요청할 수 있다. 이 경우 요청을 받은 기관·단체의 장은 특별한 사유가 없으면 요청에 따라야 한다.
④ 중앙통제단의 구성·기능 및 운영에 필요한 사항은 대통령령으로 정한다.

## 112

「재난 및 안전관리 기본법」의 일부 내용이다. 괄호 안에 들어갈 사람으로 가장 옳지 않은 것은?

> 제37조(응급조치) ① (          )은(는) 재난이 발생할 우려가 있거나 재난이 발생하였을 때에는 즉시 관계 법령이나 재난대응활동계획 및 위기관리 매뉴얼에서 정하는 바에 따라 수방(水防)·진화·구조 및 구난(救難), 그 밖에 재난 발생을 예방하거나 피해를 줄이기 위하여 필요한 다음 각 호의 응급조치를 하여야 한다.

① 시·도지사
② 시장, 군수, 구청장
③ 시·도 긴급구조통제단장
④ 시·군·구 긴급구조통제단장

## 113 ①②③
「재난 및 안전관리 기본법」상 시·도 긴급구조통제단 및 시·군·구 긴급구조통제단의 단장(지역통제단장)의 응급조치 사항으로 옳지 않은 것은?

① 긴급수송 및 구조 수단의 확보
② 현장지휘통신체계의 확보
③ 진화
④ 급수 수단의 확보, 긴급피난처 및 구호품 등 재난관리자원의 확보

## 114 ①②③
「재난 및 안전관리 기본법」상 특별재난지역 선포에 관한 내용 중 (    )에 들어갈 내용으로 옳은 것은?

> 중앙대책본부장은 대통령령으로 정하는 규모의 재난이 발생하여 국가의 안녕 및 사회질서의 유지에 중대한 영향을 미치거나 피해를 효과적으로 수습하기 위하여 특별한 조치가 필요하다고 인정하는 경우에는 중앙위원회의 심의를 거쳐 해당지역을 특별재난지역으로 선포할 것을 (        )에게 건의할 수 있다.

① 대통령
② 국무총리
③ 행정안전부장관
④ 중앙소방본부장

## 115 ①②③
「재난 및 안전관리 기본법」상 대규모 재난이 발생한 특별재난지역의 심의기구, 선포건의자, 선포권자의 연결이 바른 것은?

① 중앙재난안전대책본부 – 행정안전부장관 – 대통령
② 중앙재난안전대책본부 – 중앙재난안전대책본부장 – 대통령
③ 중앙안전관리위원회 – 행정안전부장관 – 대통령
④ 중앙안전관리위원회 – 중앙재난안전대책본부장 – 대통령

## 116 ①②③
「긴급구조대응활동 및 현장지휘에 관한 규칙」상 다음 보기 안에서 설명하는 것으로 알맞은 것은?

> 현장지휘관이 현장대응을 위한 긴급구조기관의 인력 및 장비를 확보하기 위하여 발령하는 것

① 대응단계  ② 준비단계
③ 대비단계  ④ 출동단계

## 117 ①②③
「재난 및 안전관리 기본법」상 재난의 복구비용에 대한 설명으로 옳지 않은 것은?
① 시장·군수·구청장은 응급조치를 위해 다른 시·군·구의 장에게 인력·장비·자재 등 필요한 응원을 요청할 수 있으며, 이 경우 응원 요청을 받은 자는 그 응원에 드는 비용을 부담하여야 한다.
② 시·도지사나 시장·군수·구청장이 다른 재난관리책임기관이 시행할 재난의 응급조치를 시행한 경우 그 비용은 그 응급조치를 시행할 책임이 있는 재난관리책임기관이 부담한다.
③ 지방자치단체의 장은 재난의 신속한 구호 및 복구를 위하여 필요하다고 판단되면 재난의 구호 및 복구를 위하여 지원하는 비용 중 대통령령으로 정하는 항목에 대해서는 복구계획 수립 전에 미리 지급할 수 있다.
④ 국가와 지방자치단체는 부정한 방법으로 복구비등을 받은 자에 대하여는 행정안전부령이 정하는 바에 따라 그 받은 복구비등을 반환하도록 명하여야 한다.

## 118 ①②③
「재난 및 안전관리 기본법」상 재난 현장에서의 긴급구조 현장지휘 내용으로 옳지 않은 것은?
① 추가 재난의 방지를 위한 응급조치
② 긴급구조지원기관 및 자원봉사자 등에 대한 임무부여
③ 사상자의 응급처치 및 의료기관으로 이송
④ 재난관리책임기관 및 긴급구조지원기관의 긴급구조요원·긴급구조지원요원 및 재난관리자원의 배치와 운용

**119** ①②③

「재난 및 안전관리 기본법」상 긴급구조 현장지휘에 대한 설명으로 가장 옳지 않은 것은?

① 재난현장에서는 시·군·구긴급구조통제단장이 긴급구조활동을 지휘한다. 다만, 치안활동과 관련된 사항은 관할 경찰관서의 장과 협의하여야 한다.
② 현장지휘 사항에는 재난현장에서 인명의 탐색·구조가 있다.
③ 각급통제단장은 긴급구조 활동을 종료하려는 때에는 재난현장에 참여한 지역사고수습본부장, 통합지원본부의 장 등과 협의를 거쳐 결정하여야 한다.
④ 재난현장의 구조활동 등 초동 조치상황에 대한 언론 발표 등은 각급통제단장이 한다.

**120** ①②③

「재난 및 안전관리 기본법」상 재난의 복구에 대한 설명으로 적절하지 않은 것은?

① 재난관리책임기관의 장은 재난으로 인하여 피해가 발생한 경우에는 피해상황을 신속하게 조사한 후 그 결과를 중앙대책본부장에게 통보하여야 한다.
② 중앙대책본부장은 재난피해의 조사를 위하여 필요한 경우 중앙재난피해합동조사단을 편성하여 재난피해 상황을 조사할 수 있다.
③ 재난의 긴급구조에 참여한 자원봉사자의 장비가 그 긴급구조와 관련하여 고장 및 파손된 경우에는 그 자원봉사자에게 수리비용을 보상할 수 있다.
④ 특별재난지역으로 선포된 곳 이외의 지역에서 대피명령에도 불구하고 이를 이행하지 않았다면, 사회재난의 복구 비용을 국고에서 부담하여야 한다.

**121** ①②③

「재난 및 안전관리 기본법」상 재난 및 안전관리업무에 종사하는 자가 지켜야 할 사항 등을 포함하는 안전관리헌장을 제정·고시할 책임이 있는 자는?

① 대통령
② 국무총리
③ 중앙대책본부장
④ 행정안전부장관

## 122

「재난 및 안전관리 기본법령」상 안전문화 진흥에 대한 설명으로 옳지 않은 것은?
① 행정안전부장관은 안전관리헌장을 제정·고시하여야 한다.
② 국민안전의 날은 매년 4월 16일이며, 방재의 날은 매년 5월 25일이다.
③ 지방자치단체의 장은 축제기간 중 순간 최대 관람객이 1천 명 이상이 될 것으로 예상되는 지역축제를 개최하려면 지역축제 안전관리계획을 수립하여야 한다.
④ 행정안전부장관은 안전문화활동의 추진에 관한 총괄·조정 업무를 관장한다.

## 123

「재난 및 안전관리 기본법」 및 같은 법 시행령상 지역축제 개최 시 중앙행정기관의 장 또는 지방자치단체의 장의 안전관리조치 등에 대한 설명으로 옳지 않은 것은?
① 가연성 가스 등의 폭발성 물질을 사용하여 사고 위험이 있는 지역축제를 개최하려면 지역축제 안전관리계획을 수립하여야 한다.
② 지역축제 안전관리계획에는 안전관리인력의 확보 및 배치계획, 비상시 대응요령, 담당 기관과 담당자 연락처가 포함되어야 한다.
③ 지역축제를 개최하려는 자가 지역축제안전관리계획을 수립하려면 개최지를 관할 지방자치단체, 소방관서 및 경찰관서 등 안전관리 유관기관의 의견을 미리 들어야 한다.
④ 축제기간 중 순간 최대 관람객이 5천 명으로 예상되는 축제가 그 장소나 사용하는 재료 등에 사고 위험이 없는 경우 지역축제 안전관리계획 수립 대상이 아니다.

## 124

「재난 및 안전관리 기본법 시행령」상 긴급구조대응계획의 기능별 계획에 해당하지 않는 것은 어느 것인가?
① 지휘통제
② 응급의료
③ 화재조사
④ 긴급구호

## 125

「재난 및 안전관리기본법 시행령」상 중앙통제단의 구성으로 옳지 않은 것은?

① 자원지원부  ② 대응계획부
③ 총괄지원부  ④ 현장지휘부

## 126

「재난 및 안전관리 기본법 시행령」상 긴급구조대응계획의 기능별 계획에 대한 설명으로 옳지 않은 것은?

① 지휘통제 : 긴급구조체제 및 중앙통제단과 지역통제단의 운영체계 등에 관한 사항
② 대중정보 : 주민보호를 위한 비상방송시스템 가동 등 긴급 공공정보 제공에 관한 사항 및 재난상황 등에 관한 정보 통제에 관한 사항
③ 긴급오염통제 : 오염 노출 통제, 긴급 감염병 방제 등 재난현장 공중보건에 관한 사항
④ 응급복구 : 긴급구조활동을 원활하게 하기 위한 긴급구조차량 접근 도로 복구 등에 관한 사항

## 127

재난사태 선포 대상지역이 3개 시·도 이상인 경우 재난사태선포권자는?

① 대통령  ② 행정안전부장관
③ 국무총리  ④ 중앙소방본부장

## 128

「재난 및 안전관리 기본법」상 재난관리기금의 매년도 최저적립액은 보통세의 수입결산액의 평균연액의 100분의 1에 해당하는 금액으로 하는데, 최근 몇 년 동안을 기준으로 하는가?

① 최근 1년 동안  ② 최근 2년
③ 최근 3년  ④ 최근 5년

## 129

**다음 설명 중 올바르지 않은 것은?**

① 중앙안전관리위원회 위원장은 국무총리이다.
② 중앙재난안전대책본부장은 소방청장이다.
③ 긴급구조기관은 해양경찰청도 포함된다.
④ 중앙통제단장은 소방청장이고, 시·도통제단장은 소방본부장이다.

## 130

**「재난 및 안전관리 기본법」상 국가안전관리기본계획의 수립순서로 바르게 나타낸 것은?**

> ㉠ 중앙행정기관의 장은 확정된 국가안전관리기본계획 중 그 소관에 관한 사항을 통보한다.
> ㉡ 국무총리는 5년마다 국가안전관리기본계획의 수립지침을 작성하여 이를 통보한다.
> ㉢ 국가안전관리기본계획을 작성하여 중앙위원회의 심의를 거쳐 확정한 후 이를 통보한다.
> ㉣ 중앙행정기관의 장은 5년마다 그 소관에 속하는 안전관리업무에 관한 기본계획을 작성한 후 제출한다.

① ㉠-㉡-㉢-㉣
② ㉠-㉢-㉡-㉣
③ ㉡-㉣-㉢-㉠
④ ㉡-㉢-㉣-㉠

## 131

**「재난 및 안전관리 기본법 시행령」상 중앙대책본부회의의 심의·협의 사항으로 옳지 않은 것은?**

① 국고지원 및 예비비 사용에 관한 사항
② 재난피해확인에 관한 사항
③ 재난응급대책에 관한 사항
④ 재난예방대책에 관한 사항

## 132

「재난 및 안전관리 기본법」상 국가안전관리계획에 포함되어야 할 대책으로 옳지 않은 것은?

① 생활안전에 관한 대책
② 범죄안전에 관한 대책
③ 교육안전에 관한 대책
④ 식품안전에 관한 대책

## 133

「재난 및 안전관리 기본법」상 재난관리체계에 관한 설명으로 옳지 않은 것은?

① 시·도 긴급구조통제단과 시·군·구 긴급구조통제단에는 각각 단장 1명을 두되, 시·도 긴급구조통제단과 시·군·구 긴급구조통제단의 단장은 소방본부장이 된다.
② 중앙통제단의 단장은 소방청장이 된다.
③ 지역별 긴급구조에 관한 사항의 총괄·조정, 해당 지역에 소재하는 긴급구조기관 및 긴급구조지원기관 간의 역할 분담과 재난현장에서의 지휘·통제를 위하여 시·도의 소방본부에 시·도 긴급구조통제단을 두고, 시·군·구의 소방서에 시·군·구 긴급구조통제단을 둔다.
④ 긴급구조에 관한 사항의 총괄·조정, 긴급구조기관 및 긴급구조지원기관이 하는 긴급구조활동의 역할 분담과 지휘·통제를 위하여 소방청에 중앙긴급구조통제단을 둔다.

## 134

「재난 및 안전관리 기본법 시행령」상 중앙긴급구조통제단의 기능으로 가장 옳지 않은 것은?

① 국가 긴급구조대책의 총괄·조정
② 긴급구조대응계획의 수립
③ 긴급구조지원기관간의 역할분담 등 긴급구조를 위한 현장활동계획의 수립
④ 긴급구조활동의 지휘·통제(긴급구조 활동에 필요한 긴급구조 기관의 인력과 장비 등의 동원을 포함한다.)

## 135

「재난 및 안전관리 기본법」 및 같은 법 시행령상 긴급구조대응계획에 대한 설명으로 옳지 않은 것은?

① 긴급구조기관의 장은 대통령령으로 정하는 바에 따라 재난의 규모와 유형에 따른 긴급구조대응계획을 수립·시행하여야 한다.
② 소방청장은 매년 시·도 긴급구조대응계획의 수립에 관한 지침을 작성하여야 한다.
③ 소방청장은 작성한 시·도 긴급구조대응계획의 수립에 관한 지침을 시·도지사에게 전달하여야 한다.
④ 시·군·구 긴급구조기관의 장은 시·군·구 긴급구조대응계획의 수립에 관한 지침에 따라 시·군·구 긴급구조대응계획을 작성하여 시·도 긴급구조기관의 장에게 보고하여야 한다.

## 136
「재난 및 안전관리 기본법 시행령」상 특정관리대상시설 등의 안전등급이 D등급인 경우 특정관리대상시설 등에 대한 안전점검을 얼마마다 실시해야 하는가?
① 반기별 1회 이상
② 분기별 1회 이상
③ 월 1회 이상
④ 월 2회 이상

## 137
「재난 및 안전관리 기본법 시행령」상 특정관리대상시설 등의 안전등급이 C등급인 경우 특정관리대상시설 등에 대한 정기안전점검을 얼마마다 실시해야 하는가?
① 반기별 1회 이상
② 분기별 1회 이상
③ 월 1회 이상
④ 월 2회 이상

## 138
「재난 및 안전관리 기본법」상 지역재난안전대책본부에 대한 설명 중 옳지 않은 것은?
① 시·도의 지역대책본부의 본부장은 시·도지사이다.
② 시·군·구의 지역대책본부의 본부장은 시장·군수·구청장이 된다.
③ 시·군·구의 지역대책본부의 장은 재난현장의 총괄·조정 및 지원을 위하여 재난현장 통합지원본부("통합지원본부")를 설치·운영할 수 있다.
④ 통합지원본부의 장은 관할 시·군·구의 단체장이 되며, 실무반을 편성하여 운영할 수 있다.

## 139
「재난 및 안전관리 기본법」 및 같은 법 시행령상 규정된 재난 및 안전관리를 위한 교육 및 훈련에 해당하지 않는 것은?
① 재난안전분야 종사자 전문교육
② 긴급구조교육
③ 재난대비훈련
④ 비상대비교육

## 140

「재난 및 안전관리 기본법」에 따라 대통령령으로 정하는 사항으로 가장 옳지 않은 것은?

① 중앙재난안전대책본부회의 구성과 운영에 필요한 사항
② 수습지원단의 구성과 운영 및 특수기동구조대의 편성과 파견 등에 필요한 사항
③ 지역대책본부 및 통합지원본부의 구성과 운영에 필요한 사항
④ 수습본부의 구성·운영 등에 필요한 사항

## 141

「재난 및 안전관리 기본법」상 행정안전부장관이 주관하지 않는 것은?

① 국가 및 지방자치단체가 행하는 재난 및 안전관리 업무를 총괄·조정
② 매년 재난 및 안전관리 사업의 효과성 및 효율성을 평가하고, 그 결과를 관계 중앙행정기관의 장에게 통보
③ 통합자원봉사지원단의 원활한 운영을 위하여 필요한 경우 지방자치단체에 대하여 행정 및 재정적 지원
④ 재난을 예방하기 위하여 필요하다고 인정하는 사항에 대해서는 중앙행정기관의 장, 지방자치단체의 장 또는 재난관리책임기관의 장에게 시정조치나 보완을 요구

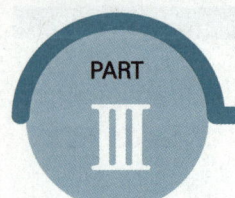

# 연소이론

## CHAPTER 1 연소개요 등

**001**
다음 중 파라핀계($C_xH_y$)에서 xy의 수가 증가할 때 특징으로 옳은 것은?
① 연소범위가 넓어지고 하한계는 높아진다.
② 분자구조가 복잡해진다.
③ 인화점이 낮아진다.
④ 발화점이 높아진다.

**002**
다음 중 연소에 대한 설명으로 가장 옳지 않은 것은?
① 연소란 가연성 물질이 공기 중의 산소와 반응하여 열과 빛을 발하면서 급격하게 산화하는 현상으로 정의할 수 있다.
② 공기 중의 산소 공급량이 부족하게 되면 불완전연소하게 되며 이때의 연소불꽃의 온도는 담암적색에 가까운 색상을 나타낸다.
③ 연소열은 미반응의 활성화 및 열전달인 전도, 대류, 복사 등의 열로 소모하게 된다.
④ 기계적 열에너지원으로서 마찰열, 마찰스파크, 압축열, 유전가열 등이 있다.

**003**
연소에 대한 설명으로 가장 옳은 것은?
① 연소는 반드시 화염이 발생한다.
② 모든 산화는 연소라고 볼 수 있다.
③ 모든 연소는 발열화학반응과 흡열화학반응을 포함한다.
④ 연소의 결과는 열과 빛의 형태로 나타난다.

## 004 ①②③
**다음 중 가연물질의 중요요소에 대한 설명으로 옳지 않은 것은?**
① 한계산소농도는 연소를 계속 유지할 수 있는 최저 산소농도를 말한다.
② 비표면적은 단위질량당 표면적을 말하는 것으로 가연물질의 질량이 많아지면 표면적은 커진다.
③ 활성화에너지는 화학반응이 일어나기 위한 최소한의 에너지를 말한다.
④ 가연물의 열전도율이 낮으면 열의 전달이 잘 안 일어나고 열을 축적하기 어렵게 된다.

## 005 ①②③
**다음은 여러 연소의 정의에 대한 설명이다. 가장 옳지 않은 것은?**
① 표면연소란 고체 가연물이 열분해나 증발하지 않고 표면에서 산소와 급격히 산화 반응하여 연소하는 현상으로 열분해에 의해서 가연성 가스를 발생하지 않고 그 물질 자체가 연소하는 현상이다.
② 분무연소란 비휘발성인 액체의 점도를 낮추어 버너를 이용하여 액체의 입자를 안개상태로 분출하여 표면적을 넓게 함으로서 공기와의 접촉면을 많게 하여 연소시키는 것을 말한다.
③ 확산연소란 연소시키기 전에 이미 연소 가능한 혼합가스를 만들어 연소시키는 것으로 혼합기로의 역화를 일으킬 위험성이 크다.
④ 증발연소란 액체나 고체 가연물이 열분해를 일으키지 않고 증발하여 증기가 연소되거나 먼저 융해된 액체가 기화하여 증기가 된 다음 연소하는 현상을 말한다.

## 006 ①②③
**표면연소(작열연소)에 관한 설명으로 옳지 않은 것은?**
① 흑연, 목탄 등과 같이 휘발분이 거의 포함되지 않은 고체 연료에서 주로 발생한다.
② 불꽃연소에 비해 일산화탄소가 발생할 가능성이 크다.
③ 화학적 소화만 소화 효과가 있다.
④ 불꽃연소에 비해 연소속도가 느리고 단위시간당 방출열량이 적다.

## 007

**다음 중 액체의 연소에 대한 설명으로 가장 옳지 않은 것은?**

① 분해연소하는 물질은 분자량이 비교적 큰 중유, 글리세린, 벙커C유 등으로 3석유류, 4석유류, 동식물유류가 많다.
② 액체 가연물질의 표면은 연소열에 의하여 차차 온도가 상승하지만 이 경우 액체 가연물질을 아래·위로 저어 주면 차가운 액체가 액체표면으로 올라와 증발이 감소되어 불이 꺼지는 수도 있다.
③ 아이오딘을 가열하면 열분해를 일으키지 않고 그대로 증발하며, 증발된 증기가 연소하게 된다.
④ 분무연소는 인화점 이하에서도 연소가 가능하다.

## 008

**다음 중 기체연료의 연소에 대한 설명으로 옳지 않은 것은?**

① 확산연소의 연소속도는 공기와의 혼합과정이 필요하기 때문에 예혼합연소보다 느리다.
② 확산연소의 화염은 황색이나 적색을 나타내고 화염의 온도도 예혼합연소에 비해 낮다.
③ 예혼합연소는 기체 연소의 가장 일반적인 연소로서 가연성 기체와 공기가 미리 연소범위 내에 균일하게 혼합되어 있는 기상 중에서의 연소를 말한다.
④ 예혼합연소의 화염은 청색이나 백색을 나타내고 화염의 온도도 확산연소에 비해 높다.

## 009

**다음 보기의 가연물 연소 중 가장 많은 수를 차지하고 있는 것은?**

| ㉠ 휘발유 | ㉡ 글리세린 | ㉢ 플라스틱 |
| ㉣ 금속분 | ㉤ 하이드록실아민 | ㉥ 종이 |

① 액체연료의 증발연소
② 액체연료의 분해연소
③ 고체연료의 표면연소
④ 고체연료의 분해연소

## 010

**연소에 대한 설명 중 옳은 것은?**

㉠ 가연성고체의 위험도의 기준은 충격감도이고 가연성액체는 발화온도(인화점, 연소점, 발화점)이며 가연성기체는 발화에너지이다.
㉡ 발화가 발생하기 위해서는 물적 조건인 발화온도 및 발화에너지, 충격감도 내의 농도와 압력을 유지하여야 하며, 에너지 조건인 연소범위가 일정한 열원을 공급해주어야 한다.
㉢ 물질이 발화, 연소하는데는 물적 조건과 에너지 조건을 만족하여야 되는데 이 물적 조건을 발화온도나 발화에너지, 충격감도라 하며, 에너지 조건을 연소범위라 한다.
㉣ 인화점이란 포화증기압과 LFL이 만나는 최고온도이다.

① 없음
② ㉠
③ ㉡, ㉢
④ ㉠, ㉡, ㉢, ㉣

## 011

**다음 설명 중 옳지 않은 것은?**

① 인화점은 유도발화점이라 하며, 인화성 액체 위험물의 위험성 지표기준이 된다.
② 발화점은 자연 or 유도 발화점으로 점화원을 가했을 때 발화할 수 있는 최저온도를 말한다.
③ 발화점은 발화온도, 착화점이라 한다.
④ 연소점은 인화점보다 높은 온도로 연소상태가 계속될 수 있는 온도를 말한다.

## 012

**인화점 및 발화점에 대한 설명으로 옳지 않은 것은?**

① 가연성 혼합기를 형성하는 인화성 액체의 온도가 인화점에 있을 때 점화원이 있다면 순간발화하게 된다.
② 인화점은 제4류 위험물(인화성 액체)의 분류기준이 된다.
③ 발화점은 발열량과 열전도율이 클 때 낮아진다.
④ 발화점 이상에서는 외부에너지를 제거해도 발열반응의 연소열에 의해 연소를 지속할 수 있다.

## 013

㉠~㉤의 물질을 인화점이 높은 것부터 낮은 것 순으로 옳게 나열한 것은?

| ㉠ 아세톤 | ㉡ 글리세린 | ㉢ 이황화탄소 |
| ㉣ 메틸알코올 | ㉤ 디에틸에테르 | |

① ㉤ - ㉢ - ㉠ - ㉣ - ㉡
② ㉤ - ㉠ - ㉢ - ㉣ - ㉡
③ ㉡ - ㉣ - ㉠ - ㉢ - ㉤
④ ㉠ - ㉡ - ㉢ - ㉣ - ㉤

## 014

다음 중 주요 가스의 발화온도(℃)가 낮은 순서대로 옳게 나열하고 있는 것은?

① 수소(Hydrogen) < 메탄(Methane) < 아세틸렌(Acetylene) < 부탄(Butane)
② 헵탄(Heptane) < 아세틸렌(Acetylene) < 프로판(Propane) < 메탄(Methane)
③ 벤젠(Benzene) < 메탄(Methane) < 에틸렌(Ethylene) < 프로판(Propane)
④ 아세틸렌(Acetylene) < 수소(Hydrogen) < 프로판(Propane) < 부탄(Butane)

## 015

다음 중 인화에 영향을 주는 요인에 대한 설명으로 옳은 것은?

① 연소범위가 좁을수록 인화의 위험이 높다.
② 융점이 높을수록 인화의 위험이 높다.
③ 연소열이 작을수록 인화의 위험이 높다.
④ 연소범위의 하한계가 낮을수록 인화의 위험이 높다.

## 016

제4류 위험물의 분류기준이 되며, 점화원의 존재 하에 연소하기 시작하는 온도로 옳은 것은?

① 발화점
② 인화점
③ 연소점
④ 비등점

## 017

다음 중 연소 시 발생하는 이상현상의 종류에 해당하지 않는 것은?

① 백파이어(Back Fire)
② 리프팅(Lifting)
③ 풀 파이어(Pool Fire)
④ 블로우 오프(Blow Off)

**018** ①❷❸

연소 시 발생하는 현상 중 리프트(Lift) 현상을 계속 유지하다 혼합가스의 방출속도가 크거나 공기유동이 너무 강하면 불꽃이 노즐에서 정착하지 않고 떨어져서 꺼지는 현상은?

① 블로우 오프   ② 불완전 연소
③ 역화           ④ 황염

**019** ①❷❸

다음 〈보기〉의 원인으로 인한 연소현상으로 옳은 것은?

> ㉠ 가연성 가스의 양이 적을 때
> ㉡ 노즐구멍의 확대 또는 노즐이 부식되었을 때
> ㉢ 버너가 과열되었을 때
> ㉣ 이물질이 가스 내에 함유되었을 때

① 역화           ② 선화
③ 블로우 오프   ④ 황염

**020** ①❷❸

가연성 가스의 연소범위에 대한 설명으로 옳은 것은?

① 불활성 가스의 농도가 높을수록 연소범위는 좁아진다.
② 온도가 높을수록 연소범위가 좁아진다.
③ 산소 농도가 증가하면 하한계와 상한계가 모두 크게 넓어져 연소범위가 넓어진다.
④ 일산화탄소는 압력이 증가하면 연소범위가 넓어진다.

**021** ①❷❸

다음 연소한계에 대한 설명 중 가장 바르게 설명한 것은 어느 것인가?

① 가연성 혼합기체라도 적당한 혼합비율의 범위 내에 가연성 가스와 산소가 혼합되지 않으면 점화원이 존재하여도 발화하지 않는다.
② 폭발에 의하여 폭풍이 전해지는 범위를 말한다.
③ 가연성 가스와 공기의 혼합기체가 폭발하는데 필요한 혼합기체의 어떤 온도 범위를 말한다.
④ 폭발에 의하여 피해를 입는 범위를 말한다.

## 022 ⬤❶❷❸

메탄 85(vol)%, 에탄 15(vol)%인 혼합기체의 공기 중 폭발하한계는 약 몇(vol)%인가?
[단, 공기 중 메탄의 폭발하한계는 5.0(vol)%, 에탄의 폭발하한계는 3.0(vol)%이다.]

① 약 3.94
② 약 3.44
③ 약 4.95
④ 약 4.55

## 023 ⬤❶❷❸

다음 조건에 따라 계산한 혼합기체의 연소하한계는 얼마인가? (계산과 연소하한계는 소수 셋째자리에서 반올림한다.)

> ㉠ 르샤틀리에 공식을 이용한다.
> ㉡ 혼합기체의 부피비율은 A기체 53%, B기체 21%, C기체 26%이다.
> ㉢ 연소하한계는 A기체 2.4%, B기체 1.4%, C기체 3.7% 이다.

① 0.78
② 1.24
③ 2.27
④ 3.82

## 024 ⬤❶❷❸

다음 중 연소(폭발)범위에 대한 설명으로 옳지 않은 것은?

① 가연성 가스는 공기보다 산소와 혼합될 때 연소범위가 넓어진다.
② 가연성 가스의 압력이 높을수록 연소범위는 넓어진다.
③ 수소는 10atm까지는 연소범위가 좁아지지만, 그 이상의 압력에서는 연소범위가 더 좁아진다.
④ 가연성 가스는 주로 연소범위가 넓으면 넓을수록 위험하다.

## 025 ⬤❶❷❸

다음 중 자연발화의 위험도가 가장 낮은 것은?

① 함유절삭가루와 걸레를 혼재한 상태에서 공기 중에 방치했다.
② 함유백토를 오랫동안 방치했다.
③ 대두유로 튀김요리를 한 다음 찌꺼기를 방치했다.
④ 가솔린이 침적된 천을 공기 중에 방치했다.

**026** ◉❶❷❸

다음 중 자연발화에 대한 설명으로 옳지 않은 것은?

① 가연성 물질이 공기 중에서 발화온도보다 훨씬 낮은 온도에서 자연히 발열하고 그 열이 장기간 축적되어 발화점에 도달하여 나중에 연소에 이르는 현상을 말한다.
② 무기과산화물은 자연분해 시 발생한 분해열이 축적되어 발화하는 물질에 해당한다.
③ 열 축적이 용이할수록 자연발화가 되기가 쉽다.
④ 자연발화의 예방대책으로 통풍 또는 환기 등을 통한 열 축적을 방지하거나 습도가 높은 곳에는 저장을 금지하여야 한다.

**027** ◉❶❷❸

이상가열이나 타 물건과의 접촉 또는 혼합에 의하지 않고 스스로 발열반응을 일으켜 발화하는 현상을 자연발화라 한다. 자연발화가 일어날 수 있는 조건으로 옳지 않은 것을 〈보기〉에서 모두 고른 것은?

┌─────────────────────────────────────────────┐
│ ㉠ 가연물의 열전도율이 클 것     ㉡ 가연물의 발열량이 작을 것 │
│ ㉢ 가연물의 주위 온도가 높을 것   ㉣ 가연물의 표면적이 넓을 것 │
└─────────────────────────────────────────────┘

① ㉠, ㉡
② ㉡, ㉢
③ ㉢, ㉣
④ ㉠, ㉣

**028** ◉❶❷❸

일반적인 자연발화의 방지법으로 옳지 않은 것은?

① 습도를 높일 것
② 저장실의 온도를 낮출 것
③ 정촉매 작용을 하는 물질을 피할 것
④ 통풍을 원활하게 하여 열축적을 방지할 것

**029** ◉❶❷❸

다음 중 연소범위에 대한 설명으로 옳지 않은 것은 몇 개인가?

┌─────────────────────────────────────────────┐
│ ㉠ 연소범위는 연소가 일어나는데 필요한 가연성가스나 증기의 농도범위를 말한다.
│ ㉡ 연소하한계를 가연물의 최저용량비라 한다.
│ ㉢ 발화와 연소의 조건에는 물적조건인 연소범위의 농도, 압력과 에너지조건인 발화온도, 발화에너지, 충격감도가 있다.
│ ㉣ 물질이 발화, 연소하는 데는 물적조건과 에너지조건을 만족하여야 되는데 이 물적조건을 연소범위라 하며 에너지조건을 발화온도나 발화에너지, 충격감도라 한다.
└─────────────────────────────────────────────┘

① 1개
② 2개
③ 3개
④ 모두 옳다.

**030** ①②③
**자연발화에 대한 설명 중 옳은 것은?**
① 목재는 오염되지 않았을 경우 발생빈도가 높다.
② 깨끗하고 건조된 섬유상의 물질은 자연발화가 쉽다.
③ 목재는 인공적인 가열상황에서만 발화하고, 자연발화는 없다.
④ 기름에 적셔 통풍이 불량한 곳에 두면 자연발화하기가 쉽다.

**031** ①②③
**다음 물질 중 자연발화성이 가장 큰 것은 어느 것인가?**
① 황린
② 석회석
③ 셀룰로이드
④ 유지(油紙)

**032** ①②③
**자연발화의 원인이 되는 열의 원인과 물질의 연결이 옳은 것은?**
① 분해열 - 나이트로셀룰로오스
② 중합열 - 석탄
③ 발효열 - 목탄분말
④ 산화열 - 시안화수소

**033** ①②③
**액체와 고체 가연물에 공통적으로 일어날 수 있는 연소의 형태로 옳은 것은?**
① 표면연소
② 자기연소
③ 폭발연소
④ 분해연소

**034** ①②③
**다음 중 동일한 종류의 점화원끼리 짝지어진 것으로 옳지 않은 것은?**

| ㉠ 유전열 | ㉡ 분해열 | ㉢ 압축열 | ㉣ 적외선 |
| ㉤ 용해열 | ㉥ 방사선 | ㉦ 충격 | ㉧ 유도열 |

① ㉡, ㉤
② ㉢, ㉦
③ ㉣, ㉥
④ ㉠, ㉧

## 035

**다음 불꽃색 중 가장 연소온도가 낮은 것은?**

① 백적색  ② 휘적색
③ 휘백색  ④ 황적색

## 036

**불꽃의 색깔에 의한 온도의 측정에서 낮은 온도에서부터 높은 온도의 순서대로 옳게 나열한 것은?**

① 담암적색 – 황적색 – 적색 – 백적색
② 적색 – 휘적색 – 황적색 – 휘백색
③ 휘백색 – 백적색 – 황적색 – 암적색
④ 암적색 – 백적색 – 황적색 – 휘백색

## 037

**고체의 연소형태에 대한 설명이다. 옳지 않은 것은?**

① 증발연소는 황·나프탈렌·승홍($HgCl_2$)·아이오딘 등과 같은 고체 가연물질을 가열하면 열분해를 일으키지 않고 그대로 증발하며, 증발된 증기가 연소한다.
② 분해연소는 석탄·목탄·종이·섬유·플라스틱·고무류 등과 같은 고체 가연물질을 가열하면 복잡한 경로를 거쳐 열분해한 다음 열분해 되어 나온 분해가스 등이 연소하는 분해연소의 형태를 갖는다.
③ 자기연소는 분해연소를 하는 고체 중에서 특히 자기 분자 내에 산소를 함유함으로써 분해시에 그 산소를 써서 연소하는 것을 자기연소라 하며, 제5류 위험물인 질화면(나이트로셀룰로오스)·TNT(트리나이트로톨로엔)·나이트로글리세린(다이너마이트의 원료) 등이 있다.
④ 표면연소는 가연성 고체가 그 표면에서 산소와 반응하여 연소하는 경우이며, 숯·코크스·금속분(분·박·리본 포함)과 같은 고체 가연물질이 열분해 하지 않고 증발도 하지 않는 것으로 고체 표면에서 산소와 반응하여 연소하는 현상을 표면연소 또는 직접연소라고 한다.

## 038

다음 〈보기〉는 무엇에 대한 설명인가?

> 숯, 코크스, 금속, 마그네슘 등도 이 연소 형태에 속한다. 또한 열분해에 의하여 가연성가스가 발생하지 않고 그 자체가 연소하는 형태(연소반응이 고체의 표면에서 이루어지는 형태), 즉 가연성고체가 열분해하여 증발하지 않고 그 고체의 표면에서 산소와 반응하여 연소되는 현상으로서 직접연소라고도 부른다.

① 분해연소  ② 표면연소
③ 자기연소  ④ 증발연소

## 039

가연물의 특성 중 클수록(높을수록) 위험한 것으로 가장 거리가 먼 것은?

① 온도  ② 폭발범위
③ 연소속도  ④ 산소

## 040

고체연소에 대한 설명 중 옳지 않은 것은?

> ㉠ 고체 가연물이 표면에서 산소와 반응하여 연소하는 현상으로 휘발성분이 없어 가연성 증기증발도 없고 열분해가 없는 연소이며 보통 직접연소라 한다. 숯, 목재, 코크스, 금속분, 고무류가 대표적 예이다.
> ㉡ 고체 가연물에 열을 가하였을 때 증기가 발생하여 증기와 공기의 혼합상태에서 혼합상태에서 연소하는 것으로 나프탈렌, 파라핀(양초)가 대표적이다.
> ㉢ 고체 가연물에 열을 가했을 때 열분해 반응을 일으켜 생성된 가연성 증기와 공기와 혼합하여 연소하는 형태이며 석탄, 목탄, 섬유, 플라스틱이 대표적이다.
> ㉣ 분자 내에 산소를 가지고 있어 가열시 열분해에 의해 가연성 증기와 함께 산소를 발생하여 연소하는 형태로 셀룰로이드, TNT가 대표적이다.

① ㉠, ㉡  ② ㉠, ㉢
③ ㉡, ㉢  ④ ㉢, ㉣

## 041

외부 화재로 탱크 내부 온도가 상승되어 탱크 내 가연성 액화가스의 급격한 비등 및 팽창으로 탱크 내벽에 균열이 생겨 내부 증기가 분출하면서 폭발하는 현상은?

① 증기운폭발(UVCE) 현상
② 블레비(BLEVE) 현상
③ 백드래프트(Back Draft) 현상
④ 보일오버(Boil Over) 현상

## 042

연소의 3요소 중 산소공급원에 대한 설명으로 옳지 않은 것은?

① 5류 위험물은 연소에 필요한 산소공급원을 함유하고 있는 물질로서 나이트로글리세린, 나이트로셀룰로즈 등이 있다.
② 가연물이 연소하는 경우 물적조건과 에너지조건이 필요한데, 산소공급원은 물적조건에 해당한다.
③ 산소공급원으로 공기, 지연성가스, 산화제, 자기반응성 물질 등이 있다.
④ 분자 내 다량의 산소를 함유하고 있는 1류 및 6류 위험물은 산소공급원 중 지연성가스로 분류할 수 있다.

## 043

다음에 대한 설명 중 옳지 않은 것은?

① 석탄은 고체연소 중 분해연소 한다.
② 석탄은 자연발화에서는 산화열이다.
③ 경유와 등유는 분해연소이다.
④ 석탄은 분진폭발이 일어나는 대표적 물질이다.

## 044

다음은 연소반응에 대한 설명이다. 가장 옳은 것은?

① 연소란 가연물이 공기 중의 탄소와 화합하여 열과 빛을 발산하는 급격한 산화반응 현상이다.
② 연소반응은 반응물질의 에너지가 생성물질의 에너지보다 더 크다.
③ 철의 부식반응은 급격한 산화·환원반응으로서 연소반응이다.
④ 화학반응에서 모든 산화·환원반응은 연소반응이다.

## 045

연소반응에 대한 설명으로 옳지 않은 것을 모두 고르시오.

> ㉠ 산화란 산소를 잃는 반응이다.
> ㉡ 연소란 일반적으로 빛과 열을 수반하는 산화반응이다.
> ㉢ 산화란 원자가 전자를 잃는 반응이다.
> ㉣ 산화수가 감소하는 반응을 산화반응이라고 한다.
> ㉤ 산화제란 자신은 환원되면서 다른 물질을 산화시키는 물질을 말한다.

① 2개  ② 3개
③ 4개  ④ 5개

## 046

다음 중 메탄($CH_4$) 분자 5개가 산소와 반응하여 완전연소할 경우 생성되는 물 ($H_2O$)분자의 개수로 옳은 것은?

① 5  ② 8
③ 10  ④ 12

## 047

21℃, 1기압의 메탄($CH_4$) $1m^3$를 완전연소 시키는데 필요한 21℃, 1기압의 산소 부피로 옳은 것은?

① $2m^3$  ② $4m^3$
③ $6m^3$  ④ $7m^3$

## 048

다음은 부탄($C_4H_{10}$)의 완전 연소반응식이다. a, b, c 에 들어갈 숫자로 옳은 것은?

> $C_4H_{10}$ + $\underline{a}O_2$ → $\underline{b}CO_2$ + $\underline{c}H_2O$

|   | a | b | c |
|---|---|---|---|
| ① | 13 | 4 | 10 |
| ② | 6.5 | 8 | 5 |
| ③ | 13 | 8 | 10 |
| ④ | 6.5 | 4 | 5 |

## 049

온도가 21℃ 기압이 1기압인 부탄($C_4H_{10}$) $10m^3$를 완전 연소시키는 데 필요한 공기 부피는 얼마인가? (단, 산소는 공기 중 20%를 차지한다)

① $175m^3$  ② $245m^3$
③ $325m^3$  ④ $515m^3$

## 050

프로판($C_3H_8$) 22g을 완전연소하기 위해 필요한 이론 산소량은 몇 g인가? (단, C, H, O의 원자량은 각각 12, 1, 16이다)

① 30g  ② 50g
③ 80g  ④ 160g

## 051

프로판 1몰($C_3H_8$)이 완전 연소될 경우 화학양론조성비(Cst)는 약 몇 %인가?(단, 공기 중의 산소 농도는 20% 이다, 소수점 둘째 자리에서 반올림한다.)

① 약 3.8%  ② 약 4.2%
③ 약 5.2%  ④ 약 7.3%

## 052

햇볕에 방치한 기름걸레가 자연발화를 일으켰다면 가장 관계가 깊은 것은 무엇인가?

① 흡착열 축적  ② 산화열 축적
③ 발효열 축적  ④ 분해열 축적

## 053

다음 중 산화반응에 의한 폭발이 아닌 것은?

① 인화성이 강한 '가솔린', '벤젠' 등 액체연료에서 기화된 증기가 신속한 산화반응에 의해 화재와 폭발이 동시에 발생되는 현상을 말한다.
② 산화제에 의한 폭발은 대부분 상온에서 액체상태이며, 액체산소($O_2$)·과산화수소($H_2O_2$)·진한 질산·발연질산·나이트로메탄·과산화질소 등이 있다.
③ 아세틸렌이 대표적이며 연소범위가 공기 중에서 2.5~81(100)V%로서 연소범위가 넓은 점에서도 산화반응이 일어나기 쉽다.
④ 압축산소, 발연질산·농질산 등은 강력한 산화제이므로 유기물과 접촉시 폭발이 일어난다.

## 054

0℃의 얼음 1g이 100℃의 수증기로 만드는데 필요한 열량으로 옳은 것은?

① 539cal
② 719cal
③ 839cal
④ 1258cal

## 055

0℃의 물 1kg을 화염면에 방사하였더니 온도가 80℃가 되었다. 연소열에 의하여 물이 기화되지 않았다면 물이 흡수한 열량은 몇 kcal인가?

① 80kcal
② 539kcal
③ 619kcal
④ 719kcal

## 056

15℃의 물 1kg이 250℃의 증기로 되는 경우 약 몇 kcal의 열을 흡수하는가?(수증기의 비열은 $0.6 kcal/kg·℃$ 으로 계산한다.)

① 714kcal
② 539kcal
③ 1,700kcal
④ 85kcal

## 057

다음 중 인화점이 가장 낮은 것은 어느 것인가?

① 디에틸에테르
② 아세트알데하이드
③ 이황화탄소
④ 휘발유

## 058

가연성 증기의 발생을 억제하기 위하여 철근콘크리트 수조에 넣어 보관하며, 인화점이 영하 30℃인 위험물은?

① 이황화탄소
② 산화프로필렌
③ 디에틸에테르
④ 메틸알코올

## 059 ⓜ①②③
**완전연소와 불완전연소의 설명 중 옳은 것은?**
① 완전연소할 때에는 이산화탄소($CO_2$), 수증기($H_2O$), 유리탄소가 주로 발생한다.
② 불완전연소는 산소공급이 충분할 때 발생한다.
③ 완전연소는 불완전 연소보다 화염의 온도가 낮다.
④ 불완전연소는 연소생성물의 배기가 불량할 때 발생한다.

## 060 ⓜ①②③
**다음 중 불완전연소의 원인을 설명한 것으로 옳지 않은 것은?**
① 가스의 조성이 균일하지 못할 때
② 공기 공급량이 부족할 때
③ 주위의 온도가 너무 높을 때
④ 환기 또는 배기가 잘 되지 않을 때

## 061 ⓜ①②③
**다음 중 가연물이 될 수 없는 조건으로 잘못된 것은?**
① 주기율표 18족의 비활성기체(0족 원소물질)
② 일산화탄소(CO), 아황산가스($SO_2$)
③ 흡열반응을 하는 물질
④ 자체가 연소하지 아니하는 물질

## 062 ⓜ①②③
**이미 산화된 물질로서 더 이상 산소와 결합하지 않는 물질의 종류로 옳지 않은 것은?**
① 오산화인($P_2O_5$)　　　② 삼산화크로뮴($CrO_3$)
③ 일산화탄소(CO)　　　④ 산화알루미늄($Al_2O_3$)

## 063 ⓜ①②③
**다음 중 정전기의 발화과정으로 옳은 것은?**
① 전하의 방전 → 전하의 발생 → 축적 → 발화
② 전하의 발화 → 전하의 발생 → 축적 → 방전
③ 전하의 축적 → 전하의 발생 → 발화 → 방전
④ 전하의 발생 → 전하의 축적 → 방전 → 발화

**064** 
다음 중 정전기의 발생이 가장 적은 것은 어느 것인가?
① 부도체를 마찰시키는 경우
② 위험물 옥외탱크에 석유류를 주입하는 경우
③ 자동차를 장시간 주행하는 경우
④ 공기 중의 습도가 높은 경우

**065**
다음 중 예혼합연소에 대한 설명으로 옳지 않은 것은?
① 화염의 전파속도와 연소속도가 빠르다.
② 수소, 아세틸렌, LPG 등의 가연성 가스가 관 입구에서 공기 중으로 유출될 때, 확산에 의해 가연성가스가 공기와 혼합하여 연소하는 현상을 말한다.
③ 연소속도가 빠를 경우 비정상 연소인 역화 우려가 있다.
④ 예로 분젠버너의 연소, 불꽃점화식의 내연기관 연소실 내에서의 연소가 있다.

**066**
다음 중 액체연소에 대한 설명으로 옳지 않은 것은?
① 증발연소는 액체연소의 가장 일반적인 형태이다
② 중유와 같이 비중이 크고 점도가 높은 액체 가연물질의 경우도 분해연소의 형태를 보여 준다.
③ 분무연소는 인화점 이하에도 연소가 가능하다
④ 인화점 이하에서도 액체 가연물질을 아래·위로 저어 주면 차가운 액체가 액체표면으로 올라와 증기가 증발되므로 연소가 활발해진다.

**067**
1기압에서 100L 차지하고 있는 용기를 내용적 5L의 용기에 넣으면 압력은 몇 기압이 되는가?
① 10   ② 20
③ 30   ④ 40

**068**
다음 중 열원 종류로 옳지 않은 것은?
① 연소열   ② 자연발화
③ 분해열   ④ 단열팽창

## 069

도체 주위에 변화하는 자장이 존재하면 전위차를 발생하고 이 전위차로 말미암아 전류의 흐름이 일어나는 현상은?

① 저항가열  ② 유도가열
③ 유전가열  ④ 아크가열

## 070

다음 중 점화원의 종류로 가장 다른 것은?

① 정전기열(Static Electricity Heating)
② 낙뢰에 의한 열(Heat Generated by Lighting)
③ 저항열(Resistance Heat)
④ 마찰 스파크(Frictional Spark Heat)

## 071

다음 중 점화원의 종류로 가장 옳은 것은?

① 기화잠열  ② 융해열
③ 단열팽창  ④ 낙뢰에 의한 열

## 072

프로판($C_3H_8$)에 대한 MOC를 추산하면?(단위는 vol%)

> ㉠ 프로판의 하한계는 2.1
> ㉡ 이 반응에 대한 양론식은 $C_3H_8 + 5O_2 \rightarrow 3CO_2 + 4H_2O$

① 10.5  ② 11
③ 2.1   ④ 15

## 073 ●①②③

**다음 중 불꽃연소와 관련이 없는 것은?**

① 불꽃이 발생하며 연소한다.
② 고에너지 화재이며, 심부화재라고도 한다.
③ 연소속도가 매우 빠르다.
④ 연쇄반응이 일어난다.

## 074 ●①②③

**불꽃연소와 작열연소를 설명한 것으로 옳은 것은?**

① 불꽃연소는 가연물의 표면에서 직접 산화반응 하여 열과 빛을 내며 연소하는 것이다.
② 불꽃연소는 작열연소에 비하여 연소속도가 매우 빠르며 시간당 방출열량이 많다.
③ 불꽃연소의 특성은 가연성가스를 발생하지 않으며 연소하는 것이다.
④ 작열연소의 소화방법으로는 연소의 4요소인 열, 가연물, 산소 및 연쇄반응의 억제를 통해 가능하다.

## 075 ●①②③

**자연발화에 대한 설명 중 옳은 것을 모두 고르시오.**

㉠ 열 축적이 용이하지 않을수록 자연발화가 되기 쉽다.
㉡ 열전도율이 클수록 자연발화가 쉽다.
㉢ 퇴적방법에 따라서 즉, 열 축적이 용이하게 적재되어 있으면 자연발화가 쉽다.
㉣ 공기유통이 안 될수록 자연발화가 어렵다.
㉤ 발열량이 작을수록 자연발화가 쉽다.
㉥ 수분은 촉매 작용을 할 수 있어서 자연발화에 영향을 주는 인자이다.

① ㉠, ㉤
② ㉡, ㉤
③ ㉢, ㉣, ㉥
④ ㉢, ㉥

## 076

**다음 자연발화에 대한 설명 중 옳지 않은 것을 모두 고른 것은?**

> ㉠ 자연발화 예방대책은 습도를 높이는 것이며, 정전기 예방대책은 상대습도를 70% 이상으로 하는 것이다.
> ㉡ 건성유는 산화열, 퇴비는 발효열, 사이안화수소(시안화수소, HCN)는 중합열에 의해 자연발화한다.
> ㉢ 햇볕에 방치한 기름걸레는 산화열의 축적에 의해 자연 발화된 것이다.
> ㉣ 정전기 예방대책은 비전도체 물질 사용이다.
> ㉤ 분해열은 셀룰로이드, 나이트로셀룰로오스이다.
> ㉥ 자연발화가 일어나는 조건은 통풍을 잘 시키는 것이다.

① ㉠, ㉡, ㉢  
② ㉠, ㉣, ㉥  
③ ㉢, ㉥  
④ ㉠, ㉢, ㉤

## 077

**연소범위에 대한 설명 중 옳은 것은?**

① 일반적으로 압력이 높아지면 연소상한은 크게 변하지 않으나 하한이 낮아져 전체적으로 범위가 넓어진다.
② 수소($H_2$)는 압력이 낮거나 높을 때 일시적으로 연소범위가 넓어진다.
③ 일산화탄소(CO)는 압력이 증가하면 연소범위가 넓어진다.
④ 위험도는 아세틸렌보다 이황화탄소가 더 크다.

## 078

**연소범위에 영향을 주는 인자로서 가장 거리가 먼 것은?**

① 온도  
② 압력  
③ 불활성기체  
④ 연쇄반응

## 079

연소방지 도료의 난연성 시험결과 생성된 산소가 2.8$l$/min, 질소가 7.2$l$/min일 때 산소지수(LOI) 값은?

① 28.4%   ② 28.2%
③ 28.0%   ④ 27.8%

## 080

다음은 A, B, C 기체의 연소범위를 나타낸 것이다. 이 기체의 위험도가 높은 순서대로 배열한 것은?

> A : 5 ~ 15 V%    B : 15 ~ 75 V%    C : 10 ~ 40 V%

① A B C
② B C A
③ B A C
④ A C B
⑤ C A B

## 081

다음 중 보기 안의 주요 가연성 가스의 위험도가 순서대로 옳게 나열된 것은?

> ㉠ 수소          ㉡ 산화에틸렌
> ㉢ 에테르        ㉣ 이황화탄소

① ㉠ > ㉡ > ㉢ > ㉣
② ㉢ > ㉡ > ㉠ > ㉣
③ ㉡ > ㉢ > ㉣ > ㉠
④ ㉣ > ㉡ > ㉢ > ㉠

## 082

가연성 가스 또는 증기가 공기와 혼합기를 형성하였을 때 위험도가 큰 물질의 순서로 옳은 것은?

> ㉠ 메탄          ㉡ 에테르
> ㉢ 프로판        ㉣ 가솔린

① ㉠ > ㉡ > ㉢ > ㉣
② ㉠ > ㉡ > ㉣ > ㉢
③ ㉡ > ㉣ > ㉢ > ㉠
④ ㉡ > ㉠ > ㉣ > ㉢

## 083

**다음 중 아세틸렌의 성질에 대한 설명으로 옳지 않은 것은?**

① 가스로 압축시키면 폭발 가능성이 높다.
② 용제인 아세톤에 용해된 뒤 목탄이나 석면 등과 같은 다공질 물질에 충전하여 보관한다.
③ 아세틸렌은 압축가스이다.
④ 연소 시에는 모래 등으로 덮거나 이산화탄소, 분말소화기를 이용하여 소화한다.

## 084

**가솔린에 대한 설명으로 가장 옳지 않은 것은?**

① 폭발범위는 1.4~7.6V%이다.
② 인화점은 -43~-20℃이다.
③ 발화점은 300℃이다.
④ 제4류 위험물 중 제1석유류로 지정수량이 400L이다.

## 085

**다음 연소에 대한 설명 중 옳지 않은 것은?**

① 기체의 연소가 액체 가연물질 또는 고체 가연물질의 연소에 비해서 가장 큰 특징은 연소시의 이상 현상인 폭굉이나 폭발을 수반한다는 것이다. 기체의 연소형태는 확산연소(발염연소), 예혼합연소, 폭발연소로 나눌 수 있다.
② 액체의 연소는 "증발"이라는 변화 과정을 거쳐 발생된 기체가 타는 것이다. 액체 가연물질이 휘발성인 경우는 외부로부터 열을 받아서 증발하여 연소하는 것을 증발연소(에테르, 알코올)라 하고, 액체가 비휘발성이거나 비중이 커 증발하기 어려운 경우에는 높은 온도를 가해 열분해하여 그 분해가스를 연소시키는 것을 분해연소라 한다.
③ 고체의 연소는 상온에서 고체상태로 존재하는 고체 가연물질의 일반적 연소형태인 표면연소, 증발연소, 분해연소, 자기연소로 나눌 수 있다.
④ 비정상연소는 화염의 위치, 모양, 상태 등이 연소가 지속되는 동안 지속되는 기체연소이고, 정상연소는 가연성기체가 밀폐공간에 존재하고 있는 상태에서 화염이 착화된 부분에서부터 공간 전체로 확산되는 현상이다.

## 086

다음 그림에서 자연발화점을 나타내는 것으로 옳은 것은?

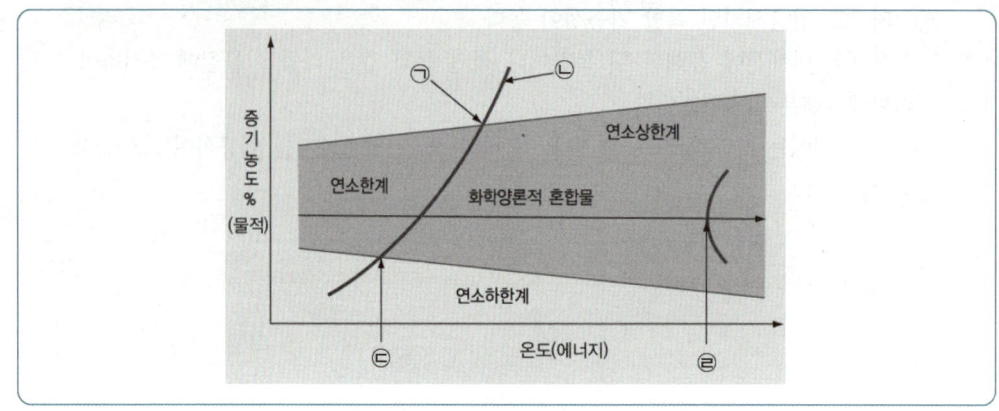

① ㄱ  ② ㄴ
③ ㄷ  ④ ㄹ

## 087

연소의 위험성에 대한 설명 중 옳은 것은?

① 비점, 융점의 온도가 높을수록 위험성이 높다.
② 인화점, 발화점, 연소점의 온도가 높을수록 위험성이 높다.
③ 대기압이 클수록 비점이 크다.
④ 비표면적이 클수록 위험성이 작다.

## 088

연소의 3요소로서 옳지 않은 것은?

① 가연성 물질인 연료          ② 환원성 물질인 이산화탄소
③ 활성화에너지인 발화원       ④ 산소공급원인 산화제

## 089

다음은 연소의 4요소 중 연쇄반응에 대한 설명이다. 가장 적절하지 않은 것은?

① 연쇄반응을 차단하여 불을 끄는 것은 화학적 작용이다.
② 활성화된 과도기적 물질인 라디칼이 만들어지는 과정이다.
③ 발열화학반응의 결과로 에너지가 발생하는 과정이다.
④ 할로겐화합물 소화약제는 연쇄반응을 차단하는 역할을 한다.

## 090

**다음의 설명 중 옳은 것으로 짝지어진 것은?**

㉠ 물질 내에 산소를 함유하고 있어 외부의 산소공급 없이 연소하는 형태는 내부연소이다.
㉡ 숯이나 석탄의 연소형태는 직접 및 표면연소라 하며, 심부화재이다.
㉢ 플라스틱은 열분해를 일으키지 않고 증발하여 증기가 공기와 혼합하여 연소하는 형태는 증발연소이다.
㉣ 증발연소를 하는 물질은 황, 나프탈렌, 벙커C유 등이 있다.

① ㉠, ㉡, ㉢ ② ㉠, ㉢, ㉣
③ ㉠ ④ ㉠, ㉣

## 091

**다음 연소에 대한 설명 중 옳지 않은 것은 모두 몇 개인가?**

㉠ 가솔린의 연소범위는 1.4~7.6%이다.
㉡ 벤젠은 4류 중 1석유류로 연소범위는 1.3~7.1%이다.
㉢ 확산연소에 의한 화염은 황색이나 적색이며, 예혼합연소에 의한 화염은 청색이나 백색이다.
㉣ 가스폭발은 예혼합연소이면서 비정상연소이다.
㉤ 유리탄소는 그을음으로서 불완전연소에서 발생한다.

① 0개 ② 2개
③ 4개 ④ 5개

## 092

**자연발화에 대한 설명 중 옳은 것은?**

㉠ 분해열 : 셀룰로이드, 나이트로셀룰로우스
㉡ 산화열 : 석탄, 건성유
㉢ 발효열 : 퇴비, 먼지
㉣ 흡착열 : 목탄, 활성탄
㉤ 중합열 : 시안화수소, 산화에틸렌
㉥ 자연발화가 일어나는 조건은 통풍을 잘 시키는 것이다.

① ㉠, ㉡, ㉢ ② ㉠, ㉡, ㉢, ㉣, ㉤
③ ㉢, ㉥ ④ ㉠, ㉢, ㉤

## 093
**다음 중 자연발화 형태가 아닌 것은?**
① 분해열 축적에 의한 것(가수분해, 열분해)
② 기화열 축적에 의한 것(환원 니켈)
③ 산화열 축적에 의한 것(유지류, 기름걸레)
④ 중합열 축적에 의한 것(시안화수소, 산화에틸렌)

## 094
**활성화에너지와 관계가 가장 깊은 것은?**
① 가연물
② 점화원
③ 산소공급원
④ 순조로운 연쇄반응

## 095
**백열전구에서 열이 발생되는 것은 어떠한 발열인가?**
① 전기발열
② 저항발열
③ 유도발열
④ 아크발열

## 096
**연소범위가 가장 큰 것은?**
① 메탄
② 수소
③ 아세틸렌
④ 프로판가스

## 097
**다음 중 연소범위가 넓은 것부터의 순서로 옳은 것은?**
① 수소 > 일산화탄소 > 메탄 > 프로판
② 일산화탄소 > 수소 > 메탄 > 프로판
③ 수소 > 일산화탄소 > 프로판 > 메탄
④ 일산화탄소 > 수소 > 프로판 > 메탄

## 098

다음 중 연소하한계가 가장 낮은 물질은?

① 아세틸렌
② 부탄
③ 메탄
④ 수소

## 099

다음 중 연소현상과 폭발현상을 구별하는 기준으로 가장 적합한 것은?

① 충격파 속도
② 온도
③ 화염
④ 충격파 압력

## 100

연소반응 및 산화 환원반응에 대한 설명으로 옳은 것을 고르면?

> ㉠ 모든 산화·환원반응은 연소반응이다.   ㉡ 모든 연소반응은 산화·환원반응이다.
> ㉢ 모든 연소반응은 발열화학반응이다.   ㉣ 모든 발열반응은 연소반응이다.

① ㉠, ㉡
② ㉡, ㉢
③ ㉠, ㉡, ㉢
④ ㉠, ㉡, ㉢, ㉣

## 101

어떤 인화성 액체의 연소범위가 5~25V%라고 할 때 다음 중 옳게 설명한 것은?

① 공기 100L 에 대하여 액체의 증기가 5~25L 인 경우에 점화하면 연소반응을 한다.
② 공기 100L 에 대하여 액체의 증기가 5~25L 인 경우에 자연발화를 한다.
③ 100L의 공기와 액체증기의 혼합물 중 공기가 5~25L 인 경우에 점화하면 연소반응을 한다.
④ 100L의 공기와 액체증기의 혼합물 중 액체증기가 5~25L 인 경우에 점화하면 연소반응을 한다.

## 102

휘발유의 연소범위가 1.4~7.6V%일 때 이에 대한 설명으로 옳은 것을 모두 고르면?

> ㉠ 공기 100L 에 대하여 액체 증기가 1.4~7.6L 인 경우에 점화하면 연소반응을 한다.
> ㉡ 액체 휘발유는 분해반응을 통해 가연성가스의 증기를 연소범위 농도에 도달하게 한다.
> ㉢ 가연성 가스의 농도가 1.4V%에 도달한 때의 온도가 (하부)인화점에 해당한다.

① ㉠  
② ㉡, ㉢  
③ ㉢  
④ ㉠, ㉢

## 103

다음은 에탄($C_2H_6$)의 완전 연소반응식이다. a,b,c 에 들어갈 숫자로 옳은 것은?

$$2C_2H_6 + aO_2 \rightarrow bCO_2 + cH_2O$$

|   | a | b | c |
|---|---|---|---|
| ① | 7 | 4 | 10 |
| ② | 3.5 | 2 | 3 |
| ③ | 3.5 | 8 | 6 |
| ④ | 7 | 4 | 6 |

## 104

가연성 혼합기의 최소발화(점화)에너지(MIE, Minimum Ignition Energy)의 경우 상승 혹은 많아질수록 MIE가 감소하는 것이 아닌 것은?

① 온도  
② 압력  
③ 농도  
④ 열전도율

**105** ⓜ①②③

**다음 중 최소 발화(착화)에너지에 영향을 주는 요소가 아닌 것은?**

① 최소 발화에너지는 물질의 종류, 혼합기의 온도, 압력, 농도(혼합비) 등에 따라 변화한다. 또한 공기 중의 산소가 많은 경우 또는 가압 하에서는 일반적으로 작은 값이 된다.
② 가연성 가스의 조성이 화학양론적 조성(완전연소조성) 부근일 경우 MIE는 최저가 된다. 이것보다 상한계나 하한계로 향함에 따라 MIE는 증가한다.
③ 일반적으로 연소속도가 작을수록 MIE 값은 작다.
④ 압력이 매우 낮아서 어느 정도 착화원에 의해 점화하여도 점화할 수 없는 한계가 있는데, 이를 최소 착화압력이라 한다.

**106** ⓜ①②③

**다음 〈보기〉에서 최소 발화(착화)에너지에 대한 설명 중 옳은 것을 모두 고르면?**

> ㉠ 최소 발화에너지(MIE)는 물질의 종류, 혼합기의 온도, 압력, 농도(혼합비) 등에 따라 변한다.
> ㉡ 온도가 상승하면 MIE는 작아진다.
> ㉢ 압력이 상승하면 MIE는 작아진다.
> ㉣ 농도가 많아지면 MIE는 작아진다.
> ㉤ 화학양론적 농도 부근일 때 MIE는 최고가 된다.

① ㉠, ㉡
② ㉢, ㉣, ㉤
③ ㉠, ㉡, ㉢, ㉣
④ 모두

**107** ⓜ①②③

**다음 중 착화온도에 대한 설명으로 가장 옳지 않은 것은?**

① 분자구조가 복잡할수록 착화온도가 높아진다.
② 가스는 화학적으로 발열량이 크거나 활성도가 높을수록 착화온도가 낮아진다.
③ 산소농도 및 압력이 클수록 착화온도가 낮아진다.
④ 습도가 낮을수록 착화온도가 낮아진다.

**108** ⓜ①②③

**연소반응에 대한 설명으로 가장 적당한 것은?**

① 연소의 결과로 발생하는 에너지는 빛의 형태로 육안으로 감지되지 않는다.
② 모든 산화·환원반응은 연소반응이다.
③ 연소반응 결과 반드시 화염이 발생하지는 않는다.
④ 발열화학반응과 흡열화학반응을 다 포함한다.

## 109 ①②③

동식물성 유지의 자연발화 위험성이 있는 아이오딘값은?

① 30 이상
② 70 이상
③ 100 이상
④ 130 이상

## 110 ①②③

4류 위험물 1석유류인 휘발유(가솔린)의 인화점은 대략 얼마인가?

① −43 ~ −20℃
② −30℃
③ 10℃
④ 50 ~ 70℃

## 111 ①②③

다음 표는 주요 가스 연소범위를 나타낸 것이다. 위험도가 가장 큰 것은?

| 종 류 | 연소범위 |
| --- | --- |
| 휘발유 | 1.4~7.6 |
| 에탄올 | 3~12.4 |
| 이황화탄소 | 1~44 |
| 일산화탄소 | 12.5~74 |

① 휘발유
② 에탄올
③ 이황화탄소
④ 일산화탄소

## 112 ①②③

다음 설명 중 옳지 않은 것은?

① 자연발화(spontaneous ignition)는 기름이 배인 면섬유 또는 산화의 결과로 수분이 있는 건초와 아민유가 발열반응을 하여서 유염연소나 훈소연소를 일으킨다.
② 예혼합화염은 단열압축에 의한 자동차의 엔진에서의 연소현상으로 확산화염이 분출하기 전 화염이다.
③ 확산화염은 건물화재, 성냥점화 등 가장 많은 형식의 화재이며, 통제되지 않는 불꽃연소의 화염이다.
④ 훈소는 불꽃연소에 비하여 온도와 발연량이 작다.

# CHAPTER 2 연기 및 화염

**113** ①❷③
다음 중 열전도율이 가장 높은 것은?
① 액체
② 고체
③ 기체
④ 삼중점일 때

**114** ①❷③
다음 중 이산화탄소($CO_2$)와 일산화탄소($CO$)의 특성에 해당하지 않은 것은?
① 이산화탄소와 일산화탄소는 무색·무미의 기체이다.
② 이산화탄소는 공기보다 무겁고 일산화탄소는 공기보다 가볍다.
③ 이산화탄소는 다량이 존재할 때 사람의 호흡속도를 완화시키는 역할을 한다.
④ 일산화탄소는 독성이 강한 반면, 이산화탄소는 가스 자체는 독성이 거의 없다고 본다.

**115** ①❷③
가연성가스에 대한 설명 중 가장 옳지 않은 것은?
① 연소범위는 가연성가스와 공기와의 혼합가스가 연소반응을 일으킬 수 있는 적정 농도 범위이다.
② 백드래프트현상은 밀폐된 실내에서 개구부 개방과 함께 가연성가스가 폭발적으로 연소함으로서 화재를 동반하여 실외로 분출하는 현상이다.
③ 프로판은 액화석유가스의 주원료이며 비중은 1보다 크며, 메탄은 액화도시가스의 주원료로 비중이 1보다 작다.
④ 가연성가스는 일반적으로 연소가 가능한 가스로서 수소, 산소, 아세틸렌 등이 있다.

**116** ①❷③
다음 중 무염(화염이 없는)인 것으로 가장 옳지 않은 것은?
① 표면연소
② 수증기폭발
③ 훈소 및 프로스오버
④ 증발연소

### 117 ●①❷❸
가스폭발 사고현장에서 누출되는 가스가 어떤 종류인지를 냄새 또는 시각적으로 구분하기는 매우 어렵다. 또한 가연성가스인지, 독성가스인지, 불연성가스인지를 구분하는 것도 어렵다. 어떤 사업장에서 다음과 같은 종류의 가스명이 표시된 용기를 설치하여 사용하고 있는데, 다음 중 가연성가스가 아닌 것은?

① 프로판가스　　　　② 암모니아가스
③ 염소가스　　　　　④ 일산화탄소

### 118 ●①❷❸
가연성 가스가 아닌 것은?

① 일산화탄소　　　　② 프로판
③ 수소　　　　　　　④ 아르곤

### 119 ●①❷❸
완전연소 시에 발생하는 가스와 불완전연소 시에 발생하는 가스를 바르게 나열한 것은?

① C – H　　　　　　② H – O
③ $CO_2$ – CO　　　　④ $CO_2$ – $H_2O$

### 120 ●①❷❸
단위 체적 당 독성이 가장 적은 가스는 무엇인가?

① 아크로레인　　　　② 포스겐
③ 시안화수소　　　　④ 헬륨

### 121 ●①❷❸
다음의 연소생성물 특징 중 옳은 것은?

① 암모니아는 자극성이 없는 가스이다.
② 이산화탄소는 독성이 있어서 인체에 생화학적으로 많은 영향을 준다.
③ 황화수소는 계란 썩은 냄새가 나면서 위험을 준다.
④ 일산화탄소는 헤모글로빈과 이산화탄소의 결합을 방해하여 질식하게 한다.

## 122

다음 〈보기〉에서 설명하는 연소가스로 옳은 것은?

> 천연물질이기도 하지만 나일론, 울, 실크, 요소수지, 폴리우레탄, 아크릴로니트릴 중합체 등 합성물질 중에 질소를 함유하는 물질을 태울 때도 나온다. 극히 빠르게 반응하는 독성물질로, 반응속도가 일산화탄소의 20배 수준이다.

① 일산화탄소(CO)
② 이산화탄소($CO_2$)
③ 염화수소(HCl)
④ 시안화수소(HCN)

## 123

화재 시 연소생성물에 관한 설명으로 옳지 않은 것은?

① 황화수소는 썩은 달걀과 비슷한 냄새가 난다.
② 연기로 인한 빛의 감소를 나타내는 감광계수는 가시거리와 반비례한다.
③ 시안화수소는 헤모글로빈과 결합하여 호흡의 저해를 통해 질식에 이르게 할 수 있다.
④ TLV(Threshold Limit Value)로 측정한 독성가스의 허용농도는 포스겐, 불화수소, 시안화수소, 암모니아 순으로 낮다.

## 124

다음 〈보기〉에서 자극성의 독성가스인 염화수소(HCl)의 특성으로 옳은 것은?

> ㉠ PVC와 같은 염소가 함유된 합성수지류가 탈 때 생성된다.
> ㉡ 호흡기뿐만 아니라 금속까지도 부식시킨다.
> ㉢ 달걀 썩는 냄새가 나는 특징이 있으며 낮은 농도에서도 쉽게 감지할 수 있다.
> ㉣ 무색, 무미, 무취 가스로서 화재 시 가장 많이 발생되는 가스이다.
> ㉤ 허용농도는 3ppm이다.

① ㉠, ㉡, ㉢, ㉣, ㉤
② ㉠, ㉢, ㉣, ㉤
③ ㉠, ㉡
④ ㉠, ㉡, ㉤

## 125

**다음 보기에서 설명하는 독성가스로 옳은 것은?**

> 자체는 폭발성이 없으나 금속과 반응해서 수소를 발생하고 이 수소가 공기와 혼합해서 폭발을 일으키는 경우가 있고, 염소성분이 함유되어 있는 염화비닐수지(PVC), 건축물에 설치된 전선의 피복이 연소할 때 발생한다. 화약류, 독물, 방사선물질, 물 또는 공기와 작용하면 위험이 있는 물질, 산화성 물질, 가연성 고체 및 유기과산화물 등과는 혼재를 금지하여야 한다.

① 염화수소(HCl)  
② 아황산가스($SO_2$)  
③ 시안화수소(HCN)  
④ 산화에틸렌($CH_2CH_2O$)

## 126

**연소생성물의 특징 중 옳지 않은 것은?**

① 아황산가스($SO_2$)는 황이 함유되어 있는 물질인 중질유·동물의 털·고무 등이 연소할 때 발생되는 연소생성물로서 무색의 유독성이 있어 눈 및 호흡기 등에 점막을 상하게 하고 질식사 할 우려가 있다. 0.05% 농도에 단시간 노출되어도 위험하므로 황을 저장 또는 취급하는 공장에서는 호흡을 방지하고 화재에 유의해야 한다.

② 시안화수소(HCN)는 질소성분을 가지고 있는 합성수지, 동물의 털, 인조견, 모직물 등의 섬유가 불완전연소 할 때 발생하는 무색의 맹독성가스이며 가연성이다. 특히, 시안화수소의 독성의 허용농도는 10ppm(g/m³)으로서 0.3% 이상의 농도에서는 즉시 사망한다.

③ 아크로레인($CH_2CHCHO$)은 석유제품·유지류 등이 연소할 때 발생되는 연소생성물로서 자극적인 냄새가 나는 무색의 액체(또는 기체)성 물질이고 산화하기 쉬우며 공기와 접촉하면 아크릴산으로 된다. 인체에 대한 허용농도는 0.1ppm이고 10ppm 이상의 농도에서는 생명에 지장이 있다.

④ 염화수소(HCl)는 염소성분이 함유되어 있는 염화비닐수지(PVC), 건축물에 설치된 전선의 피복이 연소할 때 발생하며, 유독성이 있어 독성 가스로 취급하고 있다. 특히, 염화수소는 물에 녹아 염산이 되는 것으로 독성의 허용농도는 100ppm이며, 향료·염료·의약·농약 등의 제조에 이용되고 있으며 부식성이 강하여 모래 유리를 부식시킨다.

## 127

**유리를 부식시킬 정도로 독성이 강하여 사람의 시력을 상실케 하며, 허용농도가 3ppm인 연소생성물은?**

① 포스겐($COCl_2$)  
② 염화수소(HCl)  
③ 불화수소(HF)  
④ 시안화수소(HCN)

## 128 ①❷❸
다음 〈보기〉에서 설명하는 연소가스로 옳은 것은?

> 이 가스는 무색·무취·무미의 강한 환원성 가스로 농도가 0.5%에 이르면 수분 내에 사망하게 된다. 특히 헤모글로빈과 친화력이 산소보다 210배나 커서 질식위험이 매우 높다. 동일한 농도의 동일한 양의 연소생성물을 흡입하였을 경우 가장 독성이 강한 것은 아크로레인이지만 화재현장에서 가장 많이 발생하기 때문에 질식 등 인체에 해를 끼치는 영향이 가장 크다고 할 수 있다.

① 일산화탄소(CO)  ② 시안화수소(HCN)
③ 황화수소($H_2S$)  ④ 아크로레인($CH_2CHCHO$)

## 129 ①❷❸
화재 시 발생하는 최면·마취성 가스로 가연성이고, 독성물질이며, 허용농도가 10ppm인 것은?

① 포스겐($COCl_2$)  ② 염화수소(HCl)
③ 불화수소(HF)  ④ 황화수소($H_2S$)

## 130 ①❷❸
질소성분을 가지고 있는 합성수지, 동물의 털, 모직물, 인조견 등의 섬유가 불완전연소 할 때 발생하는 맹독성 가스로 공기보다 약간 가볍고 무색의 특이한 냄새를 가진 가연성 가스를 무엇이라 하는가?

① 암모니아  ② 포스겐
③ 아황산가스  ④ 시안화수소

## 131 ①❷❸
연소가스 중 제일 많이 발생하며 인체에 영향이 적은 것은?

① 일산화탄소  ② 염화수소
③ 황화수소  ④ 이산화탄소

## 132
**열복사에 관한 슈테판-볼츠만 법칙을 올바르게 설명하고 있는 것은?**
① 열복사량은 단면적에 반비례하고 복사체의 절대온도에 4승에 비례한다.
② 열복사량은 단면적에 반비례하고 복사체의 섭씨온도에 4승에 비례한다.
③ 열복사량은 단면적에 비례하고 복사체의 절대온도에 4승에 비례한다.
④ 열복사량은 단면적에 비례하고 복사체의 섭씨온도에 4승에 비례한다.

## 133
**다음 중 전도·대류·복사에 대한 설명으로 옳지 않은 것은?**
① 열전도도는 고체 > 액체 > 기체의 순서이다.
② 대류는 유체의 실질적인 흐름에 의해 열이 전달되는 현상으로 밀도차에 의한 자연대류, 압력차에 의한 강제대류 등이 있다.
③ 복사는 진공상태에서는 열전달이 어려우며, 일반적으로 화재에 가장 크게 작용되는 열 전달이다.
④ 콘크리트가 철근보다 열전도율이 작다.

## 134
**다음 중 열전달의 설명으로 맞는 것은?**
① '대류'는 자유전자의 이동이나 분자의 진동운동에 의해 에너지가 전달된다.
② '대류'는 온도가 높은 분자의 물질은 밀도가 작아져 위로 올라가고 온도가 낮은 물질은 밀도가 커져서 아래로 내려오면서 형성되는 분자들의 집단 흐름을 말한다.
③ '전도'는 열전달 부분의 면적, 각 벽면의 온도 차, 열이 전달되는 거리에 비례한다.
④ '복사'는 열이 매질을 직접 이용해 에너지를 전달한다.
⑤ '스테판-볼츠만의 법칙'은 복사열은 절대온도3승에 비례하고 열전달 면적에 비례하는 것을 말한다.

## 135
**건축물의 제연방법과 가장 관계가 없는 것은?**
① 연기의 희석　　　　　　　　② 연기의 배기
③ 연기의 차단　　　　　　　　④ 연기의 가압

**136** ⬢①②③

다음 〈보기〉는 무엇을 설명한 것인가?

> 화재 시의 연기는 주위 공기보다 온도가 높기 때문에 밀도차에 의해 부력이 발생하여 위로 상승한다. 특히 고층 건축물의 계단실, 엘리베이터실과 같은 수직 공간 내의 온도와 밖의 온도가 서로 차이가 있는 경우 부력에 의한 압력차가 발생하여 연기가 수직공간을 따라 상승하거나 하강하는 현상이다.

① 중성대  
② 제연효과  
③ 연돌효과  
④ 불연속선

**137** ⬢①②③

다음 중 빌딩 화재 시 발생하는 연기의 유동에 대해 옳은 것은?

① 건물 내부와 외부의 밀도와 온도차에 의한 압력의 차이로 인해 건물 내부의 더운 공기는 하강하고 외부의 차가운 공기는 상승하는 현상을 굴뚝효과라고 한다.
② 중성대의 아래쪽으로 계속해서 공기가 유입되면 중성대의 위치는 높아지게 된다.
③ 경계선은 실내의 천장 쪽의 찬공기와 바닥 쪽의 고온가스의 불연속선을 의미한다.
④ 화재현장에서 소방관은 중성대의 형성 위치를 파악하여 배연 등의 소방 활동에 적용하는 요령이 있어야 하는데, 배연을 할 경우에는 중성대 위쪽에서 배연을 해야 효과적이다.

**138** ⬢①②③

연기의 유동특성을 설명한 것으로 옳지 않은 것은?

① 연기를 유동시키는 대표적인 요인으로 굴뚝효과, 부력효과, 팽창효과 등이 있다.
② 밀폐되어 있는 창이나 문이 많이 있는 건물에서는 화재 시 외부 풍압효과에 의한 영향이 매우 중요하다.
③ 엘리베이터가 움직이고 있을 때에도 피스톤 작용에 의하여 연기가 전실, 복도로 유입되거나 유동하는 원인이 되기도 한다.
④ 연기의 유동속도의 크기는 수평방향 < 수직방향 < 계단실로 나타낼 수 있다.

**139** ⬢①②③

화재 시 발생하는 연기(smoke)에 대한 설명으로 옳지 않은 것은?

① 연기의 수직 이동속도는 수평 이동속도보다 빠르다.
② 연기의 감광계수가 증가할수록 가시거리는 길어진다.
③ 중성대는 실내 화재 시 실내와 실외의 압력이 같은 면을 의미한다.
④ 굴뚝효과는 건축물의 내부와 외부의 온도차에 의해 내부의 더운 공기가 상승하는 현상이다.

## 140 ★★

**화재 시 발생되는 연기에 대한 설명 중 옳지 않은 것은?**

① 연기는 가연물이 연소할 때 생성되는 물질로서 대부분 고체상의 미립자이다.
② 주로 수소가 많으면 백색연기가 나타나고, 탄소수가 많으면 흑색연기가 나타난다.
③ 굴뚝효과에 영향을 주는 요소는 건물의 높이, 건물의 연면적등이 있고, 건물의 층간 공기 누설이 없을수록 연기가 수직상승하는 속도가 빨라진다.
④ 연기의 유동속도는 수평보다는 수직이 수직보다는 계단이 일반적으로 빠르다.

## 141 ★

**중성면에 대한 설명 중 가장 옳지 않은 것은?**

① 실내에서 발생하면 연소열에 의해 기체의 온도가 상승함으로써 부력에 의해 실의 천장 쪽으로 상승하는 흐름이 발생하여 실내의 천장쪽의 고온 가스와 바닥 쪽의 찬공기와의 경계면이다.
② 중성대는 보통 개구부의 중앙보다 약간 아래쪽에 형성되며 개구부와 관련하여 중성면의 높이를 구할 수 있다.
③ 화재 시 실내온도가 높아지면 높아질수록 중성면의 위치는 낮아지며, 중성면이 낮아지면 외부로부터의 공기 유입이 적어져 연소가 활발하게 되지 못하고 열발생 속도가 완만해져 실온이 내려가 중성면은 다시 높아진다.
④ 실내와 실외의 정압이 같게 되는 면이다.

## 142 ★

**중성대(Neutral Zone)의 특성을 설명한 것으로 옳지 않은 것은?**

① 중성대의 하부에서 화재가 발생한 경우 연기는 건물의 심부로 침투하면서 상부 층으로 이동하며 연기 자체온도에 의한 부력으로 상승속도가 더욱 증가한다.
② 중성대의 상부에서 화재가 발생한 경우 연기는 건물외부로 누출되면서 상승하고 연기 자체온도에 의한 부력으로 상승속도가 더욱 증가한다.
③ 중성대의 위쪽은 수직 공간내로의 유입만이 가능하므로 수평 방향으로의 연기확산은 거의 없을 것이며, 중성대의 아래쪽은 수직 공간 밖으로 유출하려는 경향 때문에 연기가 수평으로 확산된다.
④ 중성대의 하강속도가 빨라지게 되면 플래시오버의 시간이 빨라지게 되어 피난시간이 짧아지게 되므로 이로 인해서 그 위험도는 더욱 증가하게 된다.

**143** ●①②③
연기농도측정법으로서 옳지 않은 것은?
① 질량농도법　　　　　　　② 중량농도법
③ 입자농도법　　　　　　　④ 감광계수법

**144** ●①②③
연기 속을 투과하는 빛의 양을 측정하는 농도측정법으로 옳은 것은?
① 중량농도법　　　　　　　② 입자농도법
③ 한계도달법　　　　　　　④ 감광계수법

**145** ●①②③
다음 〈보기〉에서 열의 이동 방식 중 대류에 관계 된 것은 모두 몇 개인가?

> ㉠ 집을 지을 때 벽 사이에 스티로폼을 넣는다.
> ㉡ 찬 공기는 밀도가 커서 아래로 내려오기 때문에 냉방기는 위쪽에 설치한다.
> ㉢ 화재 시 가장 크게 작동되는 것이다.
> ㉣ 여름철에 검은 옷을 입기보다는 흰 옷을 입어 열 흡수를 막는다.
> ㉤ 불똥이 튀어 다른 가연물로 화염이 전달된다.
> ㉥ 슈테판 볼츠만의 법칙과 관련이 깊다.

① 1개　　　　　　　　　　② 2개
③ 3개　　　　　　　　　　④ 4개

**146** ●①②③
열전달 방식 중 복사에 관한 설명으로 가장 옳지 않은 것은?
① 화재시 플래시 오버가 발생이 되면 열의 이동에 가장 크게 작용하는 열이동방식이다.
② 태양이 지구를 따뜻하게 해주는 현상이다.
③ 복사에너지는 유체를 매개로 하여 열을 전달한다.
④ 스테판 볼츠만 법칙에 의해 복사에너지량을 계산할 수 있다.

### 147 ★★★

**다음 〈보기〉의 내용이 순서대로 올바르게 연결된 것은?**

> ㉠ 화재 시 화염과 격리된 인접 가연물에 불이 옮겨 붙는 현상으로 금속의 고온부에서 저온부로 열이 이동된다.
> ㉡ 양초위에 조금 떨어진 종이가 연소되는 현상이며, 가열된 공기나 유체가 움직이면서 열이 전달된다.
> ㉢ 플래시오버를 일시에 착화시키는 현상이며, 물체에서 열에너지가 전자기파로서 방출되는 현상이다.
> ㉣ 산림화재에 볼 수 있으며, 불똥이나 불꽃이 다른 가연물로 전달되어 화재가 일어나는 현상

|   | ㉠ | ㉡ | ㉢ | ㉣ |
|---|---|---|---|---|
| ① | 전도 | 대류 | 복사 | 비화 |
| ② | 전도 | 복사 | 대류 | 비화 |
| ③ | 비화 | 전도 | 대류 | 복사 |
| ④ | 대류 | 복사 | 전도 | 비화 |

### 148 ★★

**다음에 설명하는 연소가스로 옳은 것은?**

> 질소함유물(멜라민수지·나일론·요소수지·아크릴·실크·나무 등)이 연소할 때 발생하는 연소 생성물로서 유독성이 있으며, 상온·상압에서 강한 자극성을 가진 무색의 기체로서 물에 잘 용해된다. 특히, 비료공장·냉매공업 분야에 많이 사용되고 있다.

① 암모니아
② 아크로레인
③ 황화수소
④ 아황산가스

### 149 ★★

**연기 감광계수가 0.5, 가시거리가 3m일 때의 상황에 해당하는 것은?**

① 거의 앞이 보이지 않을 정도
② 어두컴컴하다고 느낄 수 있을 정도
③ 건물구조에 익숙한 사람이 피난에 지장을 느낄 정도
④ 연기감지기가 감지할 정도

## 150

화재 최성기 때의 농도로 유도등이 보이지 않을 정도의 연기농도는? (단, 감광계수로 나타낸다)

① $0.1m^{-1}$　　　　　　　　② $1m^{-1}$
③ $10m^{-1}$　　　　　　　　④ $30m^{-1}$

## 151

연소 시 발생하는 연기에 관한 설명이다. 괄호 안에 들어갈 바른 말은?

> 연기는 일종의 (　　) 연소생성물을 말하며 (　　)가(이) 낮을수록 액체상태가 되어 연기의 농도가 진하며 또한 산소공급이 불충분하게 되면 탄소분이 생성되어 (　　)연기로 된다.

① 불완전한 - 온도 - 검은색　　② 불완전한 - 압력 - 흰색
③ 완전한 - 온도 - 흰색　　　　④ 완전한 - 압력 - 검은색

## 152

다음은 연기에 대한 설명이다. 가장 옳은 것은?

① 수평방향보다 수직방향으로 더 빠르게 이동한다.
② 수소가 많으면 흑색 연기가 발생이 되고, 탄소가 많으면 백색연기가 발생된다.
③ 연기는 가연물이 연소할 때 생성되는 물질로서 고체상의 미립자가 아니다.
④ 연기의 이동과 굴뚝효과는 전혀 관계가 없고 온도와 관계가 깊다.

## 153

다음 중 화재 시 발생하는 연기의 색상이 검은색으로 가장 옳은 것은?

① 휘발성 메틸알코올　　　　　② 화재초기의 수분이 많은 물질
③ 건조된 가연물이나 종이류　④ 탄소를 많이 함유한 석유류

## 154

**다음 연기에 대한 설명 중 올바르지 않은 것을 모두 고른 것은?**

> ㉠ 일반적으로 수평방향 연기이동속도는 3 m/sec이고, 수직방향 연기이동속도는 4~6m/sec이다.
> ㉡ 연기층 두께의 증가속도는 연소속도에 좌우되며 수직상승하는 연기 속에 유인되는 공기의 양과 관련이 있다.
> ㉢ 연기는 부력에 의해 수평으로 이동하면서 점차 확산된다.
> ㉣ 상하층 개구부의 크기에 따라서 정해지며 냉방과 난방에 의해서도 그 위치가 달라진다.
> ㉤ 연기의 발생량은 화재초기가 크며, 이동속도는 화재초기에서 최성기로 진행하면서 점차 늦어지고, 플래시오버 이후가 이전보다 느리다.

① ㉠, ㉢, ㉤  
② ㉡, ㉢, ㉤  
③ ㉠, ㉡, ㉣  
④ ㉠, ㉡, ㉢  

## 155

**건축물 내의 연기이동에 관한 설명으로 가장 옳지 않은 것은?**

① 부력에 의해 연기는 수평보다는 수직으로 이동속도가 빠르다.
② 계단에서는 연기의 이동속도는 약 3 ~ 5m/sec의 속도로 이동한다.
③ 천장에 도달한 연기는 다시 천장을 따라 수평방향으로 흐르다가 벽과 같은 수직 장애물을 만나면 흐름이 정지되어 연기층을 형성한다.
④ 연기층 두께의 증가속도는 가연물질의 양에 좌우된다.

## 156

**연기이동의 원인에 대한 설명 중 가장 옳지 않은 것은?**

① 굴뚝효과 및 부력
② 바람 및 팽창 및 엘리베이터의 피스톤 효과
③ HVAC(Heating, Ventilating and Air Conditioning)
④ 습도차

## 157

**고층건물 화재 시 연기를 이동시키는 주요 요인으로 옳지 않은 것은?**

① 소화활동을 위하여 비상용승강기를 이용할 때
② 화재로 인해 방출되는 연기의 양이 많아질 때
③ 화재 시 발생하는 연기의 밀도가 감소할 때
④ 건물의 외부온도가 실내온도보다 높을 때

## 158

**연기의 대한 설명 중 옳지 않은 것은?**

① 연기의 이동속도는 수평방향일 경우 0.5~1[m/sec]이다.
② 연기의 이동속도는 수직방향일 경우 2~3[m/sec]이다.
③ 연기의 이동속도는 계단일 경우 3~5[m/sec]이다.
④ 일반화재와 유류화재는 백색을 나타내지만, 예외적으로 메탄올(메틸알코올)은 휘발성의 무색 투명한 액체로 연한 청색 화염을 내거나 화염이 눈에 보이지 않을 경우도 있다.

## 159

**입자의 크기가 가장 작은 것은?**

① 연기
② 안개 입자
③ 분말소화약제
④ 분진폭발을 일으키는 분진입자

## 160

**다음 중 화염의 확산속도에 영향을 미치는 용인에 대한 설명으로 옳지 않은 것은?**

① 연료가 매우 얇고 표면에 온도구배가 없어 일괄적인 열용량으로 취급되면 확산속도는 재료의 두께에 반비례한다. 두께가 증가되면 궁극적으로 화염확산속도는 두께에 무관하게 된다.
② 가연물의 두께가 얇을수록 화염확산속도는 가연물의 열용량의 크기에 비례한다.
③ 가연물의 온도가 증가함에 따라 화염확산속도는 증대된다.
④ 대기압이 상승함에 따라 화염확산속도는 증가한다.

**161** ①❷❸

화염의 확산속도에 영향을 미치는 요인으로 옳지 않은 것은?
① 가연물의 두께가 두꺼울수록 화염확산속도는 느려지나, 궁극적으로는 무관하게 된다.
② 가연물의 두께가 얇을수록 화염확산속도는 가연물의 열용량의 크기에 반비례한다.
③ 가연물의 온도가 증가함에 따라 화염확산속도는 증대된다.
④ 대기압이 상승함에 따라 화염확산속도는 감소한다.

**162** ①❷❸

다음 화재플럼에 대한 설명 중 옳지 않은 것은?
① 화재플럼은 부력에 의해서 연소가스와 유입되는 공기가 상승하면서 화염이 섞인 기둥형태를 나타내는 현상이다.
② 부력은 유체 내의 상승하는 힘으로, 높은 온도의 연소가스는 큰 상승 기류를 형성한다.
③ 화재플럼의 구조는 Mccaffrey에 의하면 3가지 영역이 있다.
④ 3가지 영역에서 최하단은 간헐화염이고, 최상단은 부력플럼이다.

**163** ❶②❸

다음 중 압축가스가 아닌 것은?
① 탄산가스                     ② 질소
③ 수소                          ④ 산소

**164** ❶②❸

다음 연소생성물 중 시안화수소를 발생시키는 물질로 가장 옳은 것은?
① 폴리우레탄(Poly urethane)      ② 폴리스티렌(Poly styrene)
③ PVC(Poly vinyl chloride)        ④ 폴리에틸렌(Poly ethylene)

## 165 ①②③

다음은 독성가스에 대한 설명이다. 빈칸에 들어갈 숫자는?

> 공기 중에 일정량 이상 존재하는 경우 인체에 유해한 독성을 가진 가스로서 허용농도(정상적인 사람이 매일 8시간 또는 주 40시간을 연속해서 이 농도의 가스(증기)를 함유하고 있는 공기 중에서 작업하더라도 작업자의 건강에는 영향이 없다고 생각되는 가스의 농도를 말한다)가 100만분의 ( ) 이하인 것을 말한다.

① 200
② 500
③ 5,000
④ 10,000

## 166 ①②③

다음은 중성대에 관한 설명이다. 옳은 것을 모두 고르면?

> ㉠ 중성대는 건물의 내압과 외압이 동일한 위치이며, 그곳의 개구부 또는 층에서는 공기이동이 일어나지 않는다.
> ㉡ 중성대의 위치는 개구부의 중앙보다 약간 아래쪽에 형성되며 건축물의 내외의 온도차가 클수록 높아진다.
> ㉢ 소방활동시 소방관의 건물 내 진입로 선정은 중성대로 아래쪽으로 하고 배연기를 통한 배연은 중성대 위쪽에서 하는 것이 바람직하다.

① ㉠
② ㉠, ㉢
③ ㉡, ㉢
④ ㉠, ㉡, ㉢

## 167 ①②③

열의 전달 방법(이동 방법) 중 전도에 대한 설명이다. 가장 옳은 것은?

① 열의 전도는 단면적에 비례하고 온도차이, 전달되는 거리에 반비례한다.
② 열의 전도는 단면적, 온도 차이에 비례하고 전달되는 거리에 반비례한다.
③ 열의 전도는 온도 차이에 비례하고, 단면적, 전달되는 거리에 반비례한다.
④ 열의 전도는 단면적, 온도 차이에 반비례하고 전달되는 거리에 비례한다.

# CHAPTER 3 폭발개요 및 분류

**168**
가연물은 일반적으로 가늘고 얇은 가연물이 뭉툭하고 두꺼운 가연물보다 더 잘 탄다. 그 이유로 가장 옳은 것은?
① 마찰열이 발생하기 때문이다.
② 비표면적이 작기 때문이다.
③ 공기와의 접촉 부분이 적기 때문이다.
④ 입자표면이 전도열을 적게 방출하기 때문이다.

**169**
정전기 발생의 방지법으로 가장 옳지 않은 것은?
① 공기 중의 상대습도를 70% 이상으로 한다.
② 공기를 이온화 시킨다.
③ 접지를 한다.
④ 비전도성 물질을 사용한다.

**170**
폭연과 폭굉에 관한 설명으로 옳은 것은?
① 폭연은 압력파가 미반응 매질 속으로 음속 이하로 이동하는 폭발 현상을 말한다.
② 폭연은 폭굉으로 전이될 수 없다.
③ 폭굉의 최고 압력은 초기 압력과 동일하다.
④ 폭굉의 파면에서는 온도, 압력, 밀도가 연속적으로 나타난다.

**171**
폭굉(Detonation)에 대한 설명 중 옳지 않은 것은?
① 화염의 전파속도가 음속보다 빠른 것을 말하며 화염의 전파속도는 1,000m/s ~ 3,500m/s 이다.
② 에너지 방출속도는 충격파에 의한 압력에 의존한다.
③ 폭굉파는 가역적인 탄성파로 취급되지 않는다.
④ 온도, 압력, 밀도가 화염면에서 연속적이다.

## 172

폭굉에 대한 설명 중 옳은 것을 모두 고르시오.

> ㉠ 폭굉은 압력이 높을수록 전이되기 어렵다.
> ㉡ 폭굉(detonation)은 주로 충격파를 발생시키는 경우이다.
> ㉢ 폭굉은 불꽃 전단(앞부분)의 속도가 음속 이상이다.
> ㉣ 폭굉유도거리는 최초의 완만한 연소에서 격렬한 폭굉으로 발전하는데 필요한 거리이다.
> ㉤ 폭굉유도거리는 점화에너지가 강할수록, 연소속도가 큰 가스일수록, 관경이 가늘거나 관속에 이물질이 있을 경우, 압력이 높을수록 길어진다.

① 1개
② 2개
③ 3개
④ 4개

## 173

다음 중 폭굉으로 전이가 일어나기 쉬운 조건으로 옳지 않은 것은?
① 정상연소 속도가 작은 가스일수록
② 압력이 높을수록
③ 관경이 가늘수록
④ 관벽이 거칠고 돌출물이 있을수록

## 174

다음 중 나화에 해당되지 않는 것은?
① 난로
② 소각로
③ 토치램프
④ 낙뢰

## 175

폭굉유도거리가 짧아질 수 있는 조건으로 옳은 것은?
① 관경이 클수록 짧아진다.
② 점화에너지가 클수록 짧아진다.
③ 압력이 낮을수록 짧아진다.
④ 연소속도가 늦을수록 짧아진다.

## 176
다음 중 안전간격이 0.4mm이하에 해당하지 않는 것은?
① 아세톤
② 수소
③ 아세틸렌
④ 이황화탄소

## 177
폭발의 공정(Process)에 의한 분류 시 폭발공정이 다른 것은?
① 열적폭발
② 파열
③ 폭굉
④ 폭연

## 178
다음 중 물리적 폭발현상을 모두 고른 것은?

| ㉠ 산화폭발 | ㉡ 전선폭발 | ㉢ 중합폭발 | ㉣ 수증기폭발 |

① ㉣
② ㉡, ㉣
③ ㉡, ㉢, ㉣
④ ㉠, ㉡, ㉢, ㉣

## 179
연소를 도울 수 있는 조연성 가스(지연성 가스)에 해당하지 않는 것은?
① $O_3$
② $Cl_2$
③ $O_2$
④ Ne

## 180
다음 중 폭발의 3가지 성립조건으로 옳지 않은 것은?
① 가연성 가스 및 증기 또는 분진이 공기와 접촉, 혼합되어 폭발범위 내에 있는 경우
② 공간이 존재하여야 한다. 즉, 혼합되어 있는 가스가 어떤 구획되어 있는 방이나 용기 같은 밀폐된 공간에 있을 경우
③ 물질의 일부가 불을 일으킬 만한 점화원(에너지)인 경우
④ 연속적으로 연쇄반응을 일으키는 물질이어야 한다.

## 181
다음 중 분해폭발을 하는 물질로 옳게 짝지어진 것은?

| ㉠ 아세틸렌 | ㉡ LPG | ㉢ 산화에틸렌 | ㉣ 시안화수소 |
| ㉤ 플라스틱 | ㉥ 알루미늄 | ㉦ 마그네슘 | |

① ㉠, ㉡
② ㉠, ㉢, ㉣
③ ㉠, ㉣, ㉤
④ ㉡, ㉣, ㉥, ㉦

## 182
폭발에 대한 설명 중 가장 옳지 않은 것은?

① 불연성물질의 저장탱크(물탱크)는 BLEVE와 동시에 Fire Ball이 형성되므로 위험성이 증대된다.
② 분무폭발은 고압의 유압설비 등이 파괴되어 압력유, 윤활유 등이 공기 중으로 안개처럼 분무되어 공기와 혼합될 때 착화 에너지가 주어지면 폭발이 발생한다.
③ 분무폭발과 비슷한 현상으로 고압의 공기배관 중에 윤활유가 박막현상으로 존재할 때 인화점 이하일지라도 여기에 높은 에너지를 가진 충격파가 가해지면 폭굉으로 발전하는 현상을 박막폭굉이라 한다.
④ 분해폭발은 다른 공기나 조연성가스와 혼합되지 않더라도 일정한 조건이 충족되면 발열을 동반한 급격한 압력팽창으로 폭발이 발생하며, 에틸렌, 산화에틸렌, 아세틸렌, 하이드라진 등이 분해폭발을 일으킨다.

## 183
분무폭발에 대한 설명으로 옳지 않은 것은?

① 액적의 온도가 인화점 이상일 때만 가능하다.
② 액적이 공기 중에 부유할 때 가능하다.
③ 액적이 가연성일 경우만 가능하다.
④ 점화에너지가 공급되어야만 가능하다.

## 184
혼합위험에 의한 폭발에 대한 설명으로 옳지 않은 것은?

① 2종 이상의 액체인 물질이 혼합된 경우에 양자 간의 확산, 상호용해 등의 물질이동에 의한 혼합열이 발생한다.
② 화학반응을 수반하여 발화폭발과 같은 위험성이 일어나 원래의 물질보다 위험성이 증대되는 것이 혼합위험의 현상이다.
③ 혼합위험물은 단독으로도 폭발성, 인화성, 가연성, 금수성, 강산화성의 일정 성질을 갖는 것이 많이 있기 때문에 이들 성질을 갖는 물질의 취급에 신중을 기하여야 한다.
④ 위험물중 1류와 6류, 3류와 5류, 5류와 2류와 4류는 혼재하여도 위험이 없다.

## 185

마그네슘(Mg)과 유별을 달리하는 위험물 중 혼재가 가능한 위험물은?

① 무기과산화물
② 유기과산화물
③ 알루미늄의 탄화물
④ 과산화수소

## 186

위험물을 혼재할 수 있는 것 중 옳은 것은?

① 과염소산염류와 질산에스터류
② 과염소산염류과 유기과산화물
③ 과염소산염류와 과염소산
④ 과염소산염류과 이황화탄소

## 187

다음 설명 중 옳지 않은 것을 모두 고르시오.

> ㉠ 보일오버는 액화가스탱크 등에서 외부에서 가해지는 열에 의하여 액체가 비등하면서 내부의 압력이 증가하여 용기가 파열되는 현상이다.
> ㉡ 가스폭발의 조건은 조성조건(농도조건), 가연성조건이다.
> ㉢ 분진폭발의 영향인자는 분진의 화학적 성질, 분진의 입도 및 형태, 수분이다.
> ㉣ 분진폭발의 조건은 가연성, 미분상태(76㎛ 이하), 지연성 가스 중에 부유, 점화원의 존재이다.

① ㉡, ㉣
② ㉠, ㉡
③ ㉠, ㉢
④ 모두

## 188

분진발화폭발을 위한 조건들이다. 옳은 것을 모두 고르시오.

> ㉠ 가연성
> ㉡ 미분상태
> ㉢ 지연성가스(공기) 중에서의 교반과 운동
> ㉣ 점화원의 존재
> ㉤ 자기반응성 물질

① ㉠, ㉢, ㉤
② ㉡, ㉢, ㉤
③ 없음
④ ㉠, ㉡, ㉢, ㉣

## 189 ⬢①②③
가스폭발과 비교하였을 때 분진폭발이 가지는 특징이 아닌 것은?
① 분진폭발은 가스폭발보다 발화에너지는 크지만 발생에너지는 작다.
② 분진폭발의 일산화탄소발생량은 가스폭발보다 더 크다.
③ 분진폭발은 가스폭발보다 연쇄폭발이 많고, 파괴력이 크다.
④ 분진폭발은 가스폭발보다 연소속도가 느리다.

## 190 ⬢①②③
분진폭발을 일으키는 분진입자의 크기는?
① 45 마이크론 이하   ② 76 마이크론 이하
③ 121 마이크론 이하  ④ 234 마이크론 이하

## 191 ⬢①②③
분진폭발의 특성을 설명한 것으로 옳지 않은 것은?
① 산화제와 가연물이 균일하게 혼합하여 반응 및 폭발한다.
② 분자 입자의 표면에서 산화제와 반응하여 폭발한다.
③ 1차 폭발 후 2차, 3차 폭발을 일으킨다.
④ 분진(입자)이 연소하면서 비산하기 때문에 인근의 가연물에 국부적인 탄화를 일으킨다.

## 192 ⬢①②③
다음 중 분진폭발에 대한 설명으로 가장 옳은 것은?
① 분진의 표면적이 입자체적에 비하여 작아지면 폭발이 용이해진다.
② 산소와 반응성이 있는 분진의 경우 공기 중의 노출시간이 길수록 폭발성이 증가하게 된다.
③ 나트륨분진은 수분이 있으면 폭발성이 감소된다.
④ 분진폭발은 기상폭발이며 화학적 폭발이다.

## 193

**다음 〈보기〉의 분진폭발 순서가 가장 옳은 것은?**

> ㉠ 화염에 의해 생성된 열은 다시 분말의 분해를 촉진시켜 차례로 기상에 가연성 기체를 방출시켜 공기와 혼합하여 발화전파한다.
> ㉡ 입자표면의 분자가 열분해, 건류작용을 일으켜서 기체로 되어 입자 주위에 방출된다.
> ㉢ 기체가 공기와 혼합되어 폭발성 혼합기체를 생성하고 발화하여 화염을 발생시킨다.
> ㉣ 입자표면에 열에너지가 주어져서 표면온도가 상승한다.

① ㉠ → ㉡ → ㉢ → ㉣
② ㉣ → ㉡ → ㉢ → ㉠
③ ㉠ → ㉡ → ㉣ → ㉢
④ ㉣ → ㉢ → ㉠ → ㉡

## 194

**분진의 폭발성에 영향을 미치는 인자에 관한 내용으로 옳지 않은 것은?**

① 분진 속에 존재하는 수분량이 증가할수록 폭발성이 둔감하게 된다.
② 평균 입자직경이 작고 밀도가 작을수록 폭발이 용이해진다.
③ 분진의 표면적이 입자체적에 비하여 작아지면 폭발이 용이해진다.
④ 분진의 발열량이 클수록 폭발성이 크며 휘발성분의 함유량이 많을수록 폭발하기 쉽다.

## 195

**폭발범위(연소범위)에 관한 설명으로 옳지 않은 것은?**

① 불활성 가스를 첨가할수록 연소범위는 넓어진다.
② 온도가 높아질수록 폭발범위는 넓어진다.
③ 혼합기를 이루는 공기의 산소농도가 높을수록 연소범위는 넓어진다.
④ 가연물의 양과 유동상태 및 방출속도 등에 따라 영향을 받는다.

## 196

**전폐구조로 용기 내부에서 폭발성 가스 또는 증기가 폭발하였을 때 용기가 그 폭발압력에 견디며, 또한 접합면, 개구부 등을 통하여 외부의 폭발성 가스에 인화될 우려가 없도록 한 구조는 무엇인가?**

① 내압방폭구조(耐壓防爆構造)
② 압력방폭구조(壓力防爆構造)
③ 유입방폭구조(油入防爆構造)
④ 안전증가방폭구조(安全增加防爆構造)

## 197 ①②③
전기기계기구의 용기를 방폭구조로 하는 경우 틈새에 대하여 화염일주한계를 고려하여야 하는 것으로 옳은 것은?
① 본질안전방폭구조  ② 압력방폭구조
③ 내압방폭구조  ④ 특수방폭구조

## 198 ①②③
다음 연소에 대한 설명 중 옳은 것은?
① 분해폭발은 주로 아세틸렌에서 발생이 되며, 원인물질이 분해반응하면서 발생하기 때문에 지연성가스(산소, 공기 등)가 필요 없다.
② 고체연소형태 중 분해연소는 특히 자기 분자 내에 산소를 함유함으로 분해 시에 그 산소를 써서 연소하는 것은 제5류 위험물로서 질산에스터류, 나이트로화합물, 하이드라진유도체, 하이드록실아민 등이 있다.
③ 액체연소형태 중 분해연소는 상온에서 고체상태로 존재하고 있는 고체 가연물질의 연소형태이나 일반적으로 경유, 중유와 같이 비중이 크고 점도가 높은 액체 가연물질의 경우도 분해연소의 형태를 보여 준다.
④ 발화원(착화원)이 없어도 원면·고무분말·셀룰로이드·석탄·플라스틱의 가소제, 금속가루·황린 등의 경우 장시간 일정한 장소에서 저장하면 열이 발생되며, 발생된 열을 축적함으로써 발화점까지 온도가 상승되어 나타나는 현상이다. 자연발화에서 석탄은 분해열이다.

## 199 ①②③
다음 중 폭굉의 특징을 설명한 것으로 가장 옳지 않은 것은?
① 전파에 필요한 에너지는 충격파이다.
② 화재 파급효과는 폭연에 비하여 크지 않다.
③ 전파 메커니즘은 반응면이 열의 분자확산 이동과 반응물과 연소생성물의 난류혼합에 의한 전파에 의한다.
④ 일반적으로 화염의 전파속도는 1,000~3,500m/sec이다.

## 200

**데토네이션에 대한 설명이다. 옳지 않은 것은?**

① 반응물질을 통과하는 반응속도가 음속을 초과하는 경우를 폭굉 이라고 한다. 폭연에서의 압력 증가는 일반적으로 수기압정도이나, 폭굉인 경우는 압력 상승이 일반적으로 10배 정도, 또는 그 이상으로 높아진다.
② 반응면이 혼합물을 자연발화온도 이상으로 압축시키는 강한 충격파에 의해 전파된다. 동시에 충격파는 연소반응에 의해 방출되는 열에 의해 유지된다.
③ 반응의 전파속도가 그 물질 내에서의 음속보다 빠르며, 혼합기체의 폭굉속도는 1,000m/sec ~ 3,500m/sec이다.
④ 폭굉파는 음파와 달리 폭굉파가 통과한 곳은 화학적 조성이 변하므로 가역적인 탄성파로 취급된다.

## 201

**화학적 에너지에 의한 폭발에 관한 설명으로 옳은 것은?**

① 폭연의 연소파가 현저하게 커질 경우 압축파가 충격파로 변화되어 폭굉으로 전이될 수 있다.
② 폭굉에서의 최고압력은 초기압력의 약 10배 이하이다.
③ 폭굉은 연소파의 파면에서 압력이 연속적으로 변화한다.
④ 폭굉에서는 반응면이 열의 분자확산 이동과 반응물과 연소생성물의 난류혼합에 의해 전파된다.

## 202

**다음 중 폭굉에 대한 설명으로 가장 거리가 먼 것은?**

① 폭발의 속도가 음속보다 큰 경우, 즉 초음속인 경우이다.
② 충격파를 동반하며, 대기의 가연성 혼합기체는 연소하며 적당한 조건에서는 폭발한다.
③ 폭굉파는 대단히 고속으로 전파한다. 그 반응속도는 1,000 ~ 3,500m/s 정도이다.
④ 반응면이 열의 분자확산 이동과 반응물과 연소생성물의 난류혼합에 의한 전파이다.

## 203

**폭연(deflagration)과 폭굉(detonation)에 관한 설명으로 가장 옳은 것은?**

① 예혼합가스의 초기압력이 높을수록 폭굉유도거리가 길어진다.
② 화염전파속도는 폭연의 경우 음속보다 빠르며, 폭굉의 경우 음속보다 느리다.
③ 폭연은 폭굉으로 전이될 수 없으나 폭굉은 폭연으로 전이될 수 있다.
④ 폭굉은 화염면에서 온도, 압력, 밀도의 변화가 불연속적으로 나타난다.

## 204

**증기폭발에 대한 설명 중 가장 옳지 않은 것은?**

① 물, 유기액체 또는 액화가스 등의 액체들이 과열상태가 될 때 순간적으로 급속한 증발현상에 의해 폭발을 일으킨다.
② 물에 작열(灼熱)된 용융카바이트나 용융철이 떨어질 때, 탱크 내에 있는 비등점이 낮은 액체가 중합열이나 외부에서 전해지는 열로 인해 온도가 상승하여 상승하는 증기압을 견디지 못하여 탱크가 파열한다.
③ 뜨거운 액체(용융금속, 용융열)가 차가운 액체(일반적으로 물)와 접촉하면 차가운 액체의 과열로 인해 일시에 막대한 증기가 발생되어 충격파를 만든다. 이 폭발에 제공되는 에너지는 뜨거운 액체의 현열과 액체가 고체로 되는 데 필요한 응고열이다.
④ 증기폭발은 응상폭발로 고상 간의 전이열에 따른 공기 팽창에 의한 폭발이다.

## 205

**다음 〈보기〉의 폭발의 종류는 폭발 원인물질의 상태에 따른 분류로써 어떠한 것에 해당되는가?**

> ㉠ 액화가스의 폭발적인 비등현상으로 상태변화에 따른 폭발
> ㉡ 고체인 무정형안티몬이 동일한 고체상의 안티몬으로 전이할 때에 발열·폭발
> ㉢ 알루미늄제 전선에 한도 이상의 대전류가 흘러 순식간에 전선이 가열되어 급속한 기화 및 폭발

① 기상폭발
② 응상폭발
③ 액상폭발
④ 고상폭발

## 206

**다음 폭발 중 응상폭발과 거리가 먼 것은 어느 것인가?**

① 혼합위험에 의한 폭발
② 폭발성 화합물의 폭발
③ 전선폭발
④ 증기운폭발

## 207

**다음 중 분해폭발을 일으키는 물질로서 옳지 않은 것은?**

① 아세틸렌
② 시안화수소
③ 산화에틸렌
④ 과산화수소

**208** 
다음 중 분해폭발성 가스가 아닌 것은?
① 아세틸렌  ② 에틸렌
③ 하이드라진  ④ 메탄

**209** 
상온에 저장되어 있는 용기 내 아세틸렌의 분해폭발 원인으로 옳은 것은?
① 압력  ② 산소
③ 습도  ④ 발열량

**210** 
다음 설명 중 옳지 않은 것은 모두 몇 개인가?

> ㉠ 분무폭발은 인화점 이하에서 폭발할 수 있다.
> ㉡ 분해폭발은 산소 없이도 폭발할 수 있다.
> ㉢ 수증기 폭발은 화염을 동반하지 않는다.
> ㉣ 분진폭발은 산소가 많이 있는 개방된 장소에서 폭발력이 크다.

① 1개  ② 2개
③ 3개  ④ 4개

**211** 
다음 폭발에 대한 설명 중 옳지 않은 것은 모두 몇 개인가?

> ㉠ 폭발범위가 넓을수록, 상한값이 높을수록, 하한값이 높을수록 위험하다.
> ㉡ 아세틸렌의 폭발범위는 2.5~81이며, 연소범위는 용량비를 백분율로 표시한 것이다.
> ㉢ 암모니아의 폭발범위는 15~28이다.
> ㉣ 용기의 내부에 폭발이 일어날 경우 용기는 압력에 견디고 외부의 폭발성가스에 인화할 위험이 없도록 하는 구조는 내압방폭구조이다.
> ㉤ 폭연은 연소의 전파속도가 음속보다 빠른 현상이다.

① 0개  ② 2개
③ 4개  ④ 5개

## 212
다음의 폭발현상 중 폭발 메카니즘이 다른 것은?
① LPG가스의 폭발
② 수증기 폭발
③ 분해가스의 폭발
④ 분진 폭발

## 213
다음 중 분진폭발을 하는 것이 아닌 것은?
① 마그네슘 분말
② 탄화칼슘
③ 시멘트 가루
④ 밀가루

## 214
다음 분진 중 공기 중에 부유한 상태에서 폭발을 일으키는 물질로 옳은 것은?
① 금속분, 소석회, 탄산칼슘
② 금속분, 미분탄, 소석회
③ 금속분, 수산화칼슘, 생석회
④ 미분탄, 소맥분, 금속분

## 215
다음 중 분진폭발의 완화대책으로 옳지 않은 것은?
① 폭발벤트(Vent)의 설치
② 분진의 제거 등 청결유지
③ 분진과 산소의 교반장치의 설치
④ 용기를 압력에 견디는 구조로 설치

## 216
분진폭발에 영향을 미치는 화학적 성질 및 조성에 대한 설명으로 옳지 않은 것은?
① 단위 발열량이 클수록 폭발성이 커진다.
② 공기 중에 부유하는 시간이 길어질수록 위험성이 증가한다.
③ 분진에 휘발성분이 많을수록 폭발성이 커진다.
④ 분진 자체의 열분해가 쉬울수록 폭발성이 커진다.

## 217 ●①②❸

폭발의 종류와 폭발을 일으키는 원인물질의 연결이 옳지 않은 것은?

① 분해폭발 – 아세틸렌
② 분진폭발 – 탄산칼슘
③ 중합폭발 – 시안화수소
④ 산화폭발 – 프로판

## 218 ●①②❸

다음 폭발에 대한 설명 중 옳지 않은 것은?

① 가스폭발은 분진폭발에 비해 연소속도, 폭발압력이 작다.
② 발생에너지는 분진폭발이 가스폭발에 비해 크다.
③ 일산화탄소 발생률과 연쇄폭발은 가스폭발에 비해 분진폭발이 많다.
④ 분자운동 상승수단은 가스폭발은 전도이며, 분진폭발은 대체적으로 전도와 복사이다.

## 219 ●①②❸

다음 중 분진폭발의 과정을 설명한 것으로 옳지 않은 것은?

① 입자표면이 열에너지를 받아 표면온도가 상승한다.
② 상승한 입자표면의 분자가 열분해 또는 건류작용에 의해 입자주위에 가연성 가스를 방출한다.
③ 가연성 가스가 공기와 혼합하여 폭발성 혼합기를 생성하고 내부에 축적된 열에 의해 발화하여 화염을 발생시킨다.
④ 화염에 의해 발생한 열은 분말의 분해를 촉진시켜서 가연성 가스를 방출하고 공기와 혼합하고 발화, 전파된다.

## 220 ●①②❸

다음 중 응상폭발에 대한 설명으로 옳지 않은 것을 모두 고르시오?

> ㉠ 용융금속과 같은 고온물질이 물속에 투입되었을 때 급격하게 비등하여 발생하는 폭발현상이다.
> ㉡ 액화석유가스(LPG, LNG)가 사고로 인해 물 위에 분출되었을 때에 액상에서 기상으로 급격한 상변화에 의한 폭발현상이다.
> ㉢ 가스가 공기나 산소와 섞이지 않더라도 가연성가스 자체의 분해 반응열에 의한 폭발하는 현상이다.
> ㉣ 전선에 허용전류 이상의 대전류가 흐를 때 전기가 순간적으로 전선이 가열되어 용융과 기화가 급속하게 진행되면서 폭발하는 현상이다.

① 1개
② 2개
③ 3개
④ 4개

## 221

자유공간 증기운 폭발(UVCE : Unconfined Vapor Cloud Explosion)의 특성으로 옳지 않은 것은?

① 가연성 증기운의 크기가 증가되면 점화확률도 증가한다.
② 가연성 증기와 공기의 층류혼합은 폭발력을 증가시킨다.
③ 가연성 증기의 누출점으로부터 먼 지점에서의 착화는 일반적으로 폭발의 충격을 증가시킨다.
④ 가연성 증기운에 의한 재해는 폭발보다는 화재가 일반적이다.

## 222

다음 보기에서 설명하는 특징을 가진 방폭구조로 옳은 것은?

〈보기〉
- 점화원이 될 우려가 있는 부분을 용기 내에 넣고 신선한 공기 또는 불연성 가스 등의 보호기체를 용기의 내부에 넣어 줌으로써 용기 내부에는 압력이 형성되어 외부로부터 폭발성 가스 또는 증기가 침입하지 못하도록 한 구조
- 운전 중에 보호기체의 압력이 저하되는 경우에는 자동경보를 하거나 운전을 정지하는 보호 장치가 필요

① 유입방폭구조
② 내압방폭구조
③ 압력방폭구조
④ 본질안전방폭구조

## 223

알루미늄 분진의 폭발성을 낮추기 위한 방법으로 가장 옳지 않은 것은?

① 공기 중 노출시간이 긴 분진을 쓴다.
② 분진의 입도를 가능하면 크게 한다.
③ 분진의 형태를 구상보다는 침상, 침상보다는 평편상으로 한다.
④ 공기 중 습도를 낮춘다.

## 224

블레비(BLEVE)와 관련된 설명으로 가장 옳은 것은?

① 프로판 액화가스탱크에서 화학적 폭발이 원인이 되어 발생된다.
② 액화가스 저장탱크에서 일어날 수 있다는 점에서는 증기폭발과 같다.
③ 방지대책으로 이동식 살수설비를 설치한다.
④ 분출된 액화가스의 증기가 공기와 혼합하여 연소범위가 형성되어서 공모양의 대형화염이 상승하는 현상을 Fire ball이라고 한다.

## 225

**다음 중 BLEVE 현상을 설명한 것은 어느 것인가?**

① 물이 점성이 뜨거운 기름 표면 아래서 끓을 때 화재를 수반하지 않고 넘치는 현상
② 물이 연소유의 뜨거운 표면에 들어갈 때 발생되는 Over Flow 현상
③ 탱크 바닥에 물과 기름의 에멀션이 섞여 있을 때 물의 이동으로 인하여 급격하게 Over Flow 되는 현상
④ 과열상태의 탱크에서 내부의 액화가스가 분출하여 기화되어 착화되었을 시 폭발하는 현상

## 226

**다음 중 BLEVE 현상의 예방대책으로 가장 옳지 않은 것은?**

① 방유제를 경사지게 설치하여 화재 확산을 방지한다.
② 화염으로부터 탱크를 보호하기 위해 탱크를 지하에 설치하고 저장탱크 외부의 벽면에 열전도성이 큰 물질로 단열조치를 한다.
③ 저장탱크 표면에 고정식 냉각살수장치를 설치한다.
④ 감압시스템의 감압밸브의 압력을 낮춘다.

## 227

**비등액체팽창증기폭발(BLEVE)에 대한 설명으로 옳지 않은 것은?**

① BLEVE의 원인은 화학적 폭발이므로 화학적 폭발로 분류된다.
② BLEVE가 일어나기 위해서는 가연성 액체 또는 가스가 밀폐계 내에 존재하여야 한다.
③ LPG와 같은 가연성 저장탱크는 BLEVE와 동시에 Fire Ball이 형성되므로 위험성이 증대된다.
④ BLEVE에 의해 피해를 가중시키는 중요 위험요소는 복사열이다.

## 228

**액화가스 탱크폭발인 BLEVE(Boiling Liquid Expanding Vapor Explosion)의 방지대책으로 옳지 않은 것은?**

① 탱크가 화염에 의해 가열되지 않도록 고정식 살수설비를 설치한다.
② 입열을 위하여 탱크를 지상에 설치한다.
③ 용기 내압강도를 유지할 수 있도록 견고하게 탱크를 제작한다.
④ 탱크 내벽에 열전도도가 큰 알루미늄 합금박판을 설치한다.

**229** 🔵①②③

분진폭발처럼 덩어리에 비해 가루가 발화하기 쉬운 이유와 거리가 먼 것은?

① 활성화에너지가 적게 필요하다.
② 비표면적이 크다.
③ 공기중의 산소와 잘 혼합한다.
④ 열전도율이 크다

**230** 🔵①②③

가스 폭발범위에 대한 설명 중 가장 적절하지 않은 것은?

① 순수한 천연가스나 LP가스는 점화원이 있어도 연소나 폭발이 일어나지 않는다.
② 메탄의 연소하한범위는 프로판, 부탄보다 높아서 상대적으로 많은 가스가 누출되어야 폭발이 일어날 수 있다.
③ 메탄의 연소범위는 5~15% 이다.
④ 프로판이나 부탄은 연소 하한 범위가 높아 연소나 폭발이 자주 일어날 수 있으나 그 피해 범위가 좁다.

**231** 🔵①②③

다음 중 폭발등급이 1등급인 물질은 무엇인가?

① 메탄　　　　　　　　　　② 에틸렌
③ 수소　　　　　　　　　　④ 이황화탄소

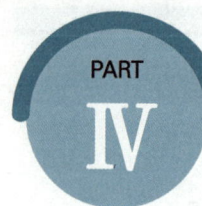

# PART IV 화재이론

## CHAPTER 1 화재의 정의 및 분류

**001** ●①②③
다음 중 금속화재에 물을 사용했을 시 나타나는 결과에 대한 설명으로 옳지 않은 것은?
① 나트륨, 칼륨은 물과 반응하여 가연성 가스인 일산화탄소가 발생한다.
② 무기과산화물은 물과 반응하여 조연성 가스인 산소가 발생한다.
③ 카바이트는 물과 반응하여 가연성 가스인 아세틸렌가스가 발생한다.
④ 인화칼슘은 물과 반응하여 가연성 가스인 인화수소가 발생한다.

**002** ●①②③
화재실의 연돌효과에 영향을 주는 요소로 옳지 않은 것은?
① 건물의 층고  ② 건물의 연면적
③ 각 층간 누설량  ④ 건물 내·외 온도차

**003** ●①②③
화재의 종류에 관한 설명으로 옳지 않은 것은?
① 산소와 친화력이 강한 물질의 화재로 연기가 발생하고, 연소 후 재를 남기면 A급 화재이다.
② 유류에서 발생한 증기가 공기와 혼합하여 점화되면 B급 화재이다.
③ 통전 중인 전기다리미에서 발생되는 화재는 C급 화재이다.
④ 칼륨이나 나트륨 등 금속류에 의한 화재는 K급 화재이다.

★
**004** ①②③

연소물질에 따른 화재의 분류 가운데, B급 화재에 대한 설명으로 가장 옳은 것은?
① 발생빈도 및 피해액이 가장 많으며, 물 또는 물을 포함하는 액체의 냉각작용에 의한 소화방법이 일반적이다.
② 전기적 에너지에 의해서 발생하는 화재로, 전기적 절연성을 가진 소화기로 소화해야 한다.
③ 가장 적응성 좋은 소화제는 건조사이며, 소화 시 물 및 물을 포함한 소화약제는 사용해서는 안 된다.
④ 가연성 액체 및 가연성 기체와 관련된 화재로 성장속도가 일반화재보다 빠른 편이다.

★★
**005** ①②③

다음 중 유류화재의 특징을 설명한 것으로 옳지 않은 것은?
① 주로 액체 가연물의 취급 부주의로 발생하고, 연소성이 좋아 일반화재보다는 화재위험성이 매우 크다.
② 가솔린은 가연성 액체로 대기압 하에서 상온 이상의 인화점을 갖는다.
③ 가연성 액체는 자기 자신이 연소하는 것이 아니라 열에 의해 증발한 가연성 증기가 연소하는 것이다.
④ 발생된 가연성 증기가 공기와 적당히 혼합하여 연소범위에 들어가게 되며, 이때 점화원에 의해 발화가 된다.

★★
**006** ①②③

화재구획에서 환기량을 결정하는 인자로 옳은 것은?
① 개구부의 수와 개구부의 면적
② 개구부의 면적과 개구부 폭의 평방근
③ 개구부의 면적과 개구부 높이의 평방근
④ 개구부의 수와 개구부 폭의 평방근

★★
**007** ①②③

다음의 용어정의 중 가장 옳지 않은 것은?
① 증기밀도(Vapor Density)는 동일한 부피의 공기와 비교되는 증기 또는 기체의 중량이다.
② 액화천연가스(LNG)는 프로판, 프로필렌 그리고 부틸렌과 같은 알칸과 알켄의 압축 및 액화된 혼합물이다.
③ 용질(Solute)은 용매에 가해지는 물질이고, 용매(Solvent)가 용액을 생성하기 위하여 다른 물질을 녹일 수 있는 능력을 지닌 물질이다.
④ 오존파괴지수(Ozone Depletion Potential, ODP)는 $CFCl_3$(CFC-11) 1kg에 의해 파괴되는 오존량에 대한 상대적인 비율로 규정한다.

★
**008** ①②③
가연성 가스의 특징 중 옳지 않은 것은?
① LPG는 기체 시 공기보다 가볍다.
② 가연성 가스는 압력이 높을수록 연소범위가 넓어진다.
③ LNG는 메탄이 주성분이며, LPG는 주로 프로판과 부탄이 주성분이다.
④ 가연성 가스는 온도가 높을수록 연소범위가 넓어진다.

★
**009** ①②③
다음 중 LPG(액화석유가스)의 성질에 대한 설명으로 옳지 않은 것은?
① 무색, 무취이며 물에는 용해되지 않고, 유기용매에는 용해된다.
② 연소속도가 빠르고, 액체에서 기체로 될 때 체적은 약 600배로 증가된다.
③ 액체상태에서는 물보다 가볍고 기체상태에서는 공기보다 무겁다.
④ 석유류, 동식물유류, 천연고무를 잘 녹인다.

★★
**010** ①②③
액화천연가스(LNG)의 주성분인 탄화수소가스로 옳은 것은?
① $CH_4$
② $C_2H_6$
③ $C_3H_8$
④ $C_4H_{10}$

★★
**011** ①②③
다음 중 화재강도와 관계가 없는 것은?
① 가연물질의 비표면적
② 점화원 또는 발화원의 온도
③ 화재실의 구조
④ 가연물질의 배열상태

★★★
**012** ①②③
다음 중 화재강도에 영향을 주는 요소가 아닌 것은?
① 가연물의 양
② 가연물의 배열상태
③ 산소의 공급
④ 가연물의 종류

**013** ⊙①②③
다음 중 일반화재를 일으키는 가연물질에 해당되지 않은 것은?
① 고무류　　　　　　　　　② 목재
③ 중유　　　　　　　　　　④ 합성수지

**014** ⊙①②③
다음 화재의 종류에 대한 설명에서 일반화재에 해당하는 것은?

> ㉠ 가연물이 타고 나서 재가 남는 화재이다.
> ㉡ 화재의 원인으로는 과전류, 단락, 누전 등이 있다.
> ㉢ 소화 시 주로 부촉매효과를 이용한 할론 소화설비가 이용된다.
> ㉣ 소화기의 적응 화재별 표시는 'A'로 표시한다.

① ㉠, ㉣　　　　　　　　　② ㉠, ㉢, ㉣
③ ㉡, ㉢, ㉣　　　　　　　④ ㉡, ㉣

**015** ⊙①②③
화재 발생 시 화재의 지속 시간에 영향을 주는 인자로서 맞지 않은 것은?
① 가연물질의 양　　　　　② 창 면적
③ 창 높이　　　　　　　　④ 벽 넓이

**016** ⊙①②③
전기화재의 발생원인에 해당되지 않는 것은?
① 과부하에 의한 발화
② 단락에 의한 발화
③ 절연 저항의 증가로 인한 발화
④ 정격 전류 이하에서 대지로 흐르는 누전에 의한 발화

**017** ⊙①②③
가로 1m, 세로 1m, 높이 2m인 공간에 저장되어 있는 발열량이 13,500kcal인 가연물 1kg이 완전연소 하였을 때 화재하중(kg/m²)은? (단, 목재의 발열량이 4,500kcal/kg이다)
① 1　　　　　　　　　　　② 3
③ 4,500　　　　　　　　　④ 13,500

**018** ●①②③

그림은 구획실의 크기가 가로 12,000mm, 세로 5,000mm, 높이 2,000 mm이며 가연물 A와 가연물 B가 놓여 있는 상태를 나타낸다. 다음과 같은 조건일 때 구획실의 화재하중 [kg/m$^2$]은?(단, 주어지지 않은 조건은 무시하고, 소수점 셋째 자리에서 반올림한다.)

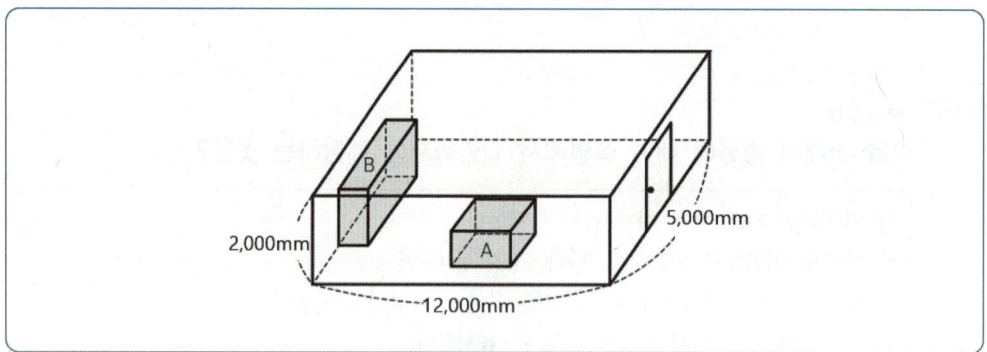

|  | 단위발열량 [kcal/kg] | 질량 [kg] |
| --- | --- | --- |
| 목재 | 4,500 | – |
| 가연물 A | 4,000 | 200 |
| 가연물 B | 2,000 | 300 |

① 3.61　　　　　　　　　　② 5.19
③ 7.75　　　　　　　　　　④ 9.32


**019** ●①②③

건축물이 화재하중을 감소시키는 방법은?
① 방화구획의 세분화　　　② 내장재의 불연화
③ 소화시설의 증감　　　　④ 건축물 높이의 제한


**020** ●①②③

다음 중 전기화재(C급 화재)의 화재 원인으로 옳지 않은 것을 모두 고르면?

┌──────────────────────────────────────────────┐
│　㉠ 단락　　㉡ 전기 불꽃　　㉢ 승압　　㉣ 절연저항의 증가　│
└──────────────────────────────────────────────┘

① ㉠, ㉡　　　　　　　　　② ㉠, ㉢
③ ㉡, ㉢　　　　　　　　　④ ㉢, ㉣

## 021

**훈소화재에 대한 설명 중 가장 옳지 않은 것은?**

① 가연물이 불꽃 없이 열기만으로 타들어가는 현상으로서 거의 밀폐된 구조로 실내화재시 주로 발생한다.
② 공기 중 연소에 필요한 산소공급이 불충분하여 연소가 거의 정지 또는 매우 느리게 진행되어 불꽃이 발생하지 못하고, 그 안에 연소에 의해 발생한 가스로 교체되면서 자유로이 연소되지 않는다.
③ 훈소로 인해 발생되는 연소물은 대부분 탄소, 수소, 황 등인데 이러한 물질들은 산소가 충분하고 적당한 온도가 유지되면 완전연소가 일어난다.
④ 주로 가연물이 열로 인해 분해생성물만 발생시키는 것을 말하며, 고체 미립자가 훈소생성물의 주성분이다.

## 022

**훈소의 일반적인 진행속도(cm/s) 범위로 옳은 것은?**

① 0.001 ~ 0.01
② 0.05 ~ 0.5
③ 0.1 ~ 1
④ 10 ~ 100

## 023

**다음 〈보기〉 중에서 피난대책의 일반적인 원칙이 아닌 것은 모두 몇 개인가?**

> ㉠ 피난경로는 간단명료하게 할 것
> ㉡ 피난구조설비는 이동식설비를 위주로 할 것
> ㉢ 피난수단은 원시적 방법에 의할 것을 원칙으로 할 것
> ㉣ 상호 같은 방향으로 하나의 출구와 연결되는 것이 좋다.
> ㉤ 수평동선과 수직동선으로 구분한다.

① 1개
② 2개
③ 3개
④ 4개

## 024

**피난계획 수립 시 피난자의 피난경로를 결정하기 위한 원칙으로 옳지 않은 것은?**

① 출화점으로부터 조금이라도 먼 방향으로 피난한다.
② 평상시의 습관 또는 숙지하고 있는 경로로 피난한다.
③ 피난자는 자기 자신의 본능에 따라 피난한다.
④ 시각적으로 밝고 연기가 보이지 않는 곳으로 피난한다.

## 025 ⓜ①②③

예상하지 못한 극한 상황에서 나타나는 인간의 본능 중 다음 〈보기〉에서 설명하고 있는 행동특성은?

> 원래 왔던 길로 되돌아가거나 일상적으로 사용하는 경로로 탈출하려는 본능이다. 항상 사용하는 복도, 계단 및 엘리베이터 부근에 모이므로 피난계단, 출구까지 안전하게 피난할 수 있도록 계획적인 고려가 필요하다.

① 회피본능  ② 지광본능
③ 추종본능  ④ 귀소본능


## 026 ⓜ①②③

다음에 대한 설명 중 옳은 것을 모두 고르시오.

> ㉠ 전기화재의 표시색상은 청색이며 단락, 합선, 과부하, 정전기, 저항열, 유도열, 유전열 등에 의해서 일어나기 쉽다.
> ㉡ 일반화재(A급화재)는 연소 후 재를 남기는 화재이다.
> ㉢ 일반가연물의 화재에 비해 유류화재는 연소열이 많이 발생한다.
> ㉣ 전기화재는 전기 기기가 설치되어 전류가 흐르고 있는 장소에서의 화재이다.

① ㉡, ㉣  ② ㉠, ㉡
③ ㉠, ㉢  ④ 모두


## 027 ⓜ①②③

화재를 A·B·C 급으로, 급수를 정하는 기준은?

① 산소의 농도  ② 진화하는 방법
③ 가연물의 성상과 종류  ④ 연기의 성상


## 028 ⓜ①②③

고분자물질의 연소과정 중 산소가 15% 이하로 감소하고 반대로 CO는 증가하며, 타르나 미연소가스가 증가한 상태의 단계로 옳은 것은?

① 훈소  ② 열분해
③ 계외배출  ④ 기상배출

## 029 ⊙①②③
다음 중 산림화재의 형태를 설명한 것으로 옳은 것은 모두 몇가지 인가?

> ㉠ 수관화 : 나무 줄기가 타는 불로서 주로 수목에서 화재가 발생하는 현상이다.
> ㉡ 수간화 : 소나무 같은 침엽수에 인화물질인 수지(나뭇진)가 많아 수관화가 잘 발생하는데 나무의 가지 또는 잎에서 화재가 발생하는 현상이다.
> ㉢ 지표화 : 습도가 50% 이하일 때 소나무, 삼나무, 편백나무 등에서 잘 일어나며, 지표면에서 화재가 발생하는 현상이다.
> ㉣ 지중화 : 땅속에 있는 유기물층, 갈탄층 등에서 화재가 발생하는 현상이다.

① 모두 옳다　　　　　　　　　② 3개
③ 2개　　　　　　　　　　　　④ 1개

## 030 ⊙①②③
식용유의 연소특성을 가장 잘 설명한 것은?
① 유증기가 많이 발생하므로 폭발의 위험성이 높다.
② 유면에 주수함으로써 희석소화가 가능하다.
③ 슬롭오버나 보일오버가 잘 일어난다.
④ 화재가 발생하면 화염을 제거하여도 곧 재발화한다.

## 031 ⊙①②③
식용유화재에 대한 설명 중 옳지 않은 것은?
① 종전까지는 B급으로 분류하였으나 특수한 화재형태로 NFPA(미국방화협회)에서 K급 화재로 분류하고, UL(미국보험협회 안전시험소)는 F급 화재로 분류하고 있다.
② 식용유는 비점이 발화점보다 낮기 때문에 소화 후 재발화 위험이 있다.
③ 액면화재 현상은 화염으로부터 액면으로의 열전달과 액체의 증발에 지배된다.
④ 액면상(석유표면)에서 연소하는 석유화재를 액면화재(pool fire)라고 하며, 발생한 화염으로부터 열이 액면에 전달되어, 액체의 온도가 상승됨과 더불어 증기를 발생하며 확산연소를 하는 것이다.

## 032 ●❶❷❸

다음 〈보기〉에 설명하는 화재로 옳은 것은?

- 발화점이 비점보다 낮기 때문에 소화 후 재발화 위험이 있다.
- 소화약제는 비누화작용을 하는 1종 분말소화약제가 주로 사용된다.
- 발생한 화염으로부터 열이 액면에 전달되어, 액체의 온도가 상승됨과 더불어 증기가 발생하며 확산연소를 하는 것이다.

① 산림화재  ② 식용유화재
③ 섬유화재  ④ 금수성 화재

## 033 ●❶❷❸

발화점이 비점 이하 여서 화재가 발생하면 발화점 이상이 되어 소화하여도 다시 발화하는 가연물로 옳은 것은?

① 디에틸에테르  ② 식용유
③ 아세트알데히드  ④ 산화프로필렌

## 034 ●❶❷❸

금수성화재에 대한 설명 중 옳지 않은 것은?

① 인화석회(인화칼슘)와 카바이트(탄화칼슘)는 아세틸렌가스를 발생시킨다.
② 알루미늄, 금속나트륨 등은 물을 접촉했을 때 수소가스를 생성시킨다.
③ 생석회(산화칼슘), 과산화나트륨, 수산화나트륨, 삼염화인, 발연황산, 무수염화알루미늄, 클로로술폰산 등은 수분과 반응하여 열을 발생시킨다.
④ 물기와 접촉하거나 수분을 흡수하면 가연성 가스를 생성하거나 높은 열을 일으켜 화재를 일으킨다.

# CHAPTER 2 건물화재의 성상

**035** 
다음 중 화재가혹도에 대한 설명으로 옳은 것과 옳지 않은 것이 바르게 짝지어진 것은?

> ㉠ 화재가혹도는 화재실이나 화재구획의 단열성에 영향을 받는다
> ㉡ 화재가혹도의 크기는 화재강도와 화재하중의 영향을 받는다.
> ㉢ 화재실의 최고온도와 지속시간은 화재가혹도를 판단하는 중요한 인자이다.
> ㉣ 화재실의 환기요소는 화재가혹도에 영향을 준다.

① ㉠(O)  ㉡(O)  ㉢(O)  ㉣(O)
② ㉠(X)  ㉡(X)  ㉢(O)  ㉣(O)
③ ㉠(X)  ㉡(O)  ㉢(O)  ㉣(O)
④ ㉠(O)  ㉡(O)  ㉢(O)  ㉣(X)

**036**
다음 중 화재에 대한 특성으로 맞는 것은?

① 훈소화재 : 단위면적 당 등가가연물량의 발열량 및 화재의 위험성
② 화재가혹도 : 건물에 재산 및 건물에 손상을 입히는 정도로 최고온도×지속시간이다.
③ 화재강도 : 화재의 발생으로 가연물의 양에 대한 최고온도와 연소시간
④ 화재심도 : 가연물이 불꽃 없이 열기만으로 타들어가는 연소현상

**037**
다음 〈보기〉에서 설명하는 것을 옳게 고른 것은?

> ㉠ 연소물질로부터의 열방출율과 그에 따른 화재실의 열축적율을 나타내는 용어
> ㉡ 화재로 인한 피해의 정도, 즉 화재가 당해 건축물과 내부 수용재산을 손상·파괴시키거나 소실시키는 정도

|   | ㉠ | ㉡ |
|---|---|---|
| ① | 화재가혹도 | 화재심도 |
| ② | 화재강도 | 화재가혹도 |
| ③ | 화재하중 | 화재강도 |
| ④ | 화재심도 | 화재하중 |

## 038

**다음 설명 중 옳지 않은 것은 모두 몇 개인가?**

> ㉠ 시안화 수소는 연소생성물 중 연소 시 무색이며 독특한 냄새가 나는 유독성가스로 일명 '청산가스'로 불리는 가스이다.
> ㉡ 플래시오버는 성장기에 발생이 되며, 순식간 연소확대 현상이다.
> ㉢ 블레비는 액화가스 저장탱크의 누설로 부유 또는 확산된 액화가스가 착화원과 접촉하여 벽면파괴와 더불어 액화가스가 공기 중으로 확산, 폭발하는 현상이다.
> ㉣ 보일오버는 주로 경질유 탱크에서 장시간 조용히 연소하다가 탱크의 잔존기름이 갑자기 분출 (over flow)하는 현상이다.
> ㉤ 슬롭오버는 물이 연소유의 뜨거운 표면에 들어갈 때 기름표면에서 화재가 발생하는 현상이다.
> ㉥ 원유와 같이 비점의 범위가 넓은 혼합물에서 고온층이 잘 형성된다.

① 0개  ② 1개
③ 2개  ④ 3개

## 039

**플래시오버에 대한 설명 중 옳지 않은 것은?**

① 순발연소라고도 하며, 고층건축물 화재 시 흔히 나타나는 양상으로서 실내의 가연물이 연소에 의해서 온도를 높이고 동시에 다량의 가연성 가스를 수반하는 연기를 방출하며, 어느 시간에 그 실내의 온도상승에 의해서 일시에 연소하여 화재의 진행을 순간적으로 실내 전체에 확산시키는 현상이다.
② 보통의 화재가 실내의 모든 가연물이 포함되는 완전성장 상태로 도달하는 원인이 되며 실내의 공기가 거의 소모되어 공기의 공급이 제한되기 때문에 환기지배화재(ventilation controlled fire)로 되고 개구부가 열리지 않는 한 실내의 모든 연료가 연소될 수는 없다.
③ ISO방화시험용어에 의하면 플래시오버는 '구획 내 가연성 재료의 전 표면이 불로 덮이는 전이 현상'으로 정의하고 있다.
④ 공기부족으로 훈소상태에 있을 때 신선한 공기가 유입되어 실내에 축적되었던 가연성 가스가 단시간에 폭발적으로 연소함으로써 화재가 폭풍을 동반하여 실외로 분출되는 현상을 말한다.

## 040

**다음 중 피난경로로 옳지 않은 것은?**

① X형  ② Y형
③ T형  ④ 중앙으로 집중

**041**

건물화재 시 패닉(panic)의 발생원인과 직접적인 관계가 없는 것은?

① 연기에 의한 시계 제한
② 유독가스에 의한 호흡 장애
③ 외부와 단절되어 고립
④ 불연내장재의 사용

**042**

피난계획의 기본 원칙 중 피난구유도등을 문자나 그림, 색을 사용하여 직감적으로 알아볼 수 있도록 하는 피난대책은?

① Fail safe
② Fool proof
③ 피난경로의 간단명료화 대책
④ 피난수단의 원시적 방법 이용 대책

**043**

건축물의 피난대책 수립 시 Fool Proof를 적용한 사례로 옳지 않은 것은?

① 피난구유도등은 문자보다는 구별이 쉬운 색채를 사용한다.
② 피난경로상의 출입문은 피난방향으로 열릴 수 있도록 한다.
③ 피난경로는 항상 2개 방향 이상 확보해 두는 것이 필요하다.
④ 출입문의 손잡이는 회전식이 아닌 패닉바(Panic Exit Device)의 설치를 고려한다.

**044**

다음 중 Flash Over의 지연대책으로 가장 옳지 않은 것은?

① 두꺼운 내장재 사용
② 열전도율이 낮은 내장재 사용
③ 실내에 가연물 분산 적재
④ 천장의 불연

**045**

플래시오버에 대한 설명 중 옳은 것은?

① 공기 부족으로 훈소상태에 있을 때 신선한 공기 유입으로 발생된다.
② 완전성장 상태로 도달하는 원인이 되며 실내의 공기가 거의 소모되어 공기의 공급이 제한되기 때문에 환기지배화재로 된다.
③ 일반적으로 감퇴기에 발생이 되며 국소화재와 확산화재에 일어난다.
④ 농연의 분출, 파이어 볼의 형성, 충격파를 수반한다.

## 046 ⬤❶❷❸

**다음 환기량과 연소속도의 관계에 대한 설명으로 옳지 않은 것은?**

① 환기인자는 개구부 면적에 개구부 높이의 평방근을 곱한 값이다
② 플래시오버 현상의 유무에 대해서는, 실내의 가연물의 연소확대에 의해 발생하는 발열 속도가 한계를 초과할 것인가가 중요하다.
③ 환기지배와 연료지배의 선별은, 연소속도가 개구의 크기로 결정되는 상한치 도달여부를 통하여 판단할 수 있다.
④ 환기지배화재는 주로 공동주택 같은 화재이며 연소속도가 가연물의 연소특성에 의해 지배되는 화재이다.

## 047 ⬤❶❷❸

**건물화재의 진행단계로 옳지 않은 것은?**

① 초기에는 연기의 분출이 가장 많으며, 개구부에서 흰 연기, 실내가연물은 국소적으로 연소한다.
② 중기에는 개구부에서 검은 연기가 분출되며, 실내 전체에 화염이 확산되고 flash over가 발생된다.
③ 최성기에는 연기보다 화염의 분출이 강해지며 유리 파손, 구조물 낙하, 인접 건물로 연소 확산되는 메커니즘을 보여준다.
④ 감쇠기에는 연기는 백색에서 흑색으로 변하고, 바닥이 무너지거나 벽체 낙하, 화세가 쇠퇴하는 시기이다.

## 048 ⬤❶❷❸

**다음 〈보기〉에서 설명하는 내화구조 건축물화재의 진행단계로 옳은 것은?**

> 화재가 진행됨에 따라 화재의 강도가 점점 강해진다. 화재가 진행되면서 대류, 전도, 복사, 불꽃의 접촉 등에 의해 열이 축적되고, 축적된 열 때문에 연소의 속도는 기하급수적으로 증가하게 되는 단계이다.

① 화재 초기
② 화재 성장기
③ 화재 최성기
④ 화재 감쇠기

## 049

다음 〈보기〉는 건물화재의 성상을 나타낸 것이다. 괄호 안에 들어갈 단어로 옳은 것은?

> ㉠ (        ) : 가연물로의 열 귀환이 시작되는 단계
> ㉡ (        ) : 밀폐된 실내조건에서 화재가 급속하게 증가하는 단계
> ㉢ (        ) : 화염이 창문이나 문을 통해 분출될 정도로 실내에 화염이 가득 차는 단계
> ㉣ (        ) : 화염이 꺼져버리고 천천히 타지만 높은 국부 온도를 유지하는 단계

① ㉠ 발화    ㉡ 플래시 오버    ㉢ 화재의 완전성장    ㉣ 감쇠기
② ㉠ 감쇠기   ㉡ 화재의 완전성장  ㉢ 플래시 오버      ㉣ 발화
③ ㉠ 발화    ㉡ 화재의 완전성장  ㉢ 플래시 오버      ㉣ 감쇠기
④ ㉠ 감쇠기   ㉡ 화재의 완전성장  ㉢ 플래시 오버      ㉣ 발화

## 050

다음에 대한 설명 중 옳은 것은?

① 플래시오버(flash over, 전실화재, 순발연소)는 화재의 최성기에 발생, 실내 모든 가연물이 동시에 발화, 폭발적으로 화염에 휩싸이는 현상이다.
② 훈소에 의하여 발생하는 생성물은 액체 미립자가 주성분이다.
③ 백드래프트(back draft)는 화재실의 문을 개방할 때 신선한 공기가 유입되어 실내에 축적되었던 가연성 가스가 단시간에 폭발적으로 연소함으로써 화염이 폭풍을 동반하여 실외로 분출되는 현상이다. 파이어볼(fire ball)의 형성, 건물 벽체의 도괴 등을 수반하지만, 농연의 분출은 수반되지 않는다.
④ 구조물은 성장기에서 낙하하기 시작한다.

## 051

파이어 볼(Fire Ball) 형성에 영향을 미치는 요인으로 옳지 않은 것은?

① 높은 연소열
② 유출되는 형태에 따른 증기·공기 혼합물의 조성
③ 높은 증기밀도
④ 넓은 폭발범위

## 052

**방염에 대한 설명 중 옳지 않은 것은?**

① 방염대상은 특정소방대상물(30가지)에서 사용하는 실내장식물과 그 밖에 이와 유사한 물품으로서 대통령령이 정하는 물품이다.
② 화염에 의하여 완전 용융 시까지 불꽃의 접촉횟수는 3회 이하이고, 발연량을 측정 시 소방청장이 고시하는 방법으로 최대연기밀도는 400 이하이다.
③ 탄화한 면적 : 50cm$^2$ 이내이고, 탄화한 길이는 20cm 이내이다.
④ 방염성능기준은 버너의 불꽃을 제거한 때부터 화염 상승하며 연소상태가 정지시간은 20초 이내(잔염시간)이고, 화염 정지하며 연소상태가 정지시간은 30초 이내(잔신시간)이다.

## 053

**액화석유가스(LPG)에 대한 성질을 설명한 것으로 옳지 않은 것은 모두 몇 개인가?**

㉠ 무색·무취이다.
㉡ 물에는 녹으나 유기용매에는 녹지 않는다.
㉢ 공기 중에서 쉽게 연소·폭발하지 않는다.
㉣ 주성분은 프로판과 부탄이다.
㉤ 석유류에는 잘 녹고, 천연고무를 잘 녹인다.
㉥ 액체상태에서는 물보다 가볍고, 기체상태에서는 공기보다 무겁다.

① 1개  ② 2개
③ 3개  ④ 4개

## 054

**환기지배화재에 대한 설명 중 옳지 않은 것은?**

① 연소속도가 가연물의 연소특성에 의해 지배되는 화재이다.
② 공기부족으로 화염이 외부로 분출된다.
③ 가연성가스의 발생량에 비해 공기 공급이 충분하지 않아 발생하는 실내화재의 일반적 현상
④ 개구부를 통한 환기량이 연소속도를 좌우하는 화재이다.

## 055 ●①②③

**건물화재에서 화재실의 환기상태에 따른 화재의 양상에 대한 설명으로 옳지 않은 것은?**

① 연료지배형 화재는 산소공급이 용이하므로 연소속도가 빠르다.
② 환기지배형 화재는 화재 후 산소의 부족으로 훈소상태를 유지하며 화재성장단계에서 플래시오버 이후의 단계에 속한다.
③ 환기지배형 화재는 다량의 가연성가스가 존재하고 실외로의 열 방출이 제한되기 때문에 실내온도는 높다.
④ 연료지배형 화재는 지하의 무창층, 극장, 소규모 밀폐된 건물, 내화구조의 건물 등에서 발생하기 쉽다.

## 056 ●①②③

**구획된 건축물 화재에 관한 설명으로 가장 옳지 않은 것은?**

① 개구부가 작고 가연물이 많은 창고에는 환기지배형 화재가 지배적이다.
② 환기가 잘되지 않으면 연료지배형 화재에서 환기지배형 화재로 바뀌며 연기 발생이 늘어난다.
③ 환기지배형 화재는 구획실 내 가연물의 연소에 필요한 산소가 충분히 공급되는 조건의 화재이다.
④ 성장기에는 천장 부분에서 축적된 뜨거운 가스층이 발화원으로부터 떨어져 있는 가연성 물질에 복사열을 공급하여 플래시오버를 초래할 수 있다.

## 057 ●①②③

**건축방화계획에서 건축구조 및 재료를 불연화함으로써 화재를 미연에 방지하고자 하는 공간적 대응은?**

① 회피성 대응(回避性 對應)
② 도피성 대응(逃避性 對應)
③ 대항성 대응(對抗性 對應)
④ 설비적 대응(設備的 對應)

## 058 ●①②③

**건축물의 기본적 방화대책 중 공간적 대응에 관한 설명으로 옳지 않은 것은?**

① 화재 시 화염, 연기, 유독가스에 대응하고 사람이 안전한 공간으로 조기에 피난하고자 하는 대응을 말한다.
② 공간적 대응은 대항성, 회피성, 도피성으로 구분한다.
③ 내장재의 불연화 또는 제한은 회피성에 대한 설명이다.
④ 공간적 대응은 제연성능에 대한 제연설비, 방화구획 성능에 대한 방화문 등의 설비적 대응에 대한 보조 개념이다.

**059** ●❶❷❸

다음 중 화재시 불에 견디는 성능은 없어도 화염의 확산을 막을 수 있는 정도와 성능을 가진 구조를 뜻하는 용어로 옳은 것은?

① 방화구조  ② 내화구조
③ 불연재료  ④ 난연재료

**060** ●❶❷❸

다음 〈보기〉는 화재 시 인간의 피난특성을 설명한 것이다. 괄호 안에 들어갈 내용이 순서대로 옳은 것은?

> (        )은 연기나 화염에 대한 공포로 화원의 반대방향으로 피난하려는 것이며, (        )은 평소 사용하던 출입구나 통로 등 습관적으로 익숙한 경로로 도피하려는 피난특성을 말한다.

① 지광본능, 추종본능  ② 퇴피본능, 귀소본능
③ 좌회본능, 귀소본능  ④ 퇴피본능, 추종본능

**061** ●❶❷❸

실내화재 시 중성대에 대한 설명으로 옳지 않은 것은?

① 실내외의 정압이 같게 되는 면에 형성된다.
② 중성대 위쪽으로는 연기가 유출되고 아래쪽으로는 신선한 공기가 유입된다.
③ 고온에 의한 실내기체온도상승과 연관이 있다.
④ 중성대는 실내로 들어오는 공기가 유출연기보다 많은 면에 형성된다.

**062** ●❶❷❸

목조건축물화재에 비하여 내화건축물화재의 특징으로 옳은 것은?

① 고온단기형  ② 저온단기형
③ 고온장기형  ④ 저온장기형

**063** ●❶❷❸

다음 중 목재건축물의 화재 진행과정으로 옳은 것은?

① 출화 - 화재원인 - 무염착화 - 유염착화 - 최성기 - 연소낙하
② 무염착화 - 화재원인 - 유염착화 - 출화 - 최성기 - 연소낙하
③ 유염착화 - 무염착화 - 화재원인 - 출화 - 최성기 - 연소낙하
④ 화재원인 - 무염착화 - 유염착화 - 출화 - 최성기 - 연소낙하

## 064
**목조 건축물의 화재특성을 설명한 것으로 옳지 않은 것은?**
① 골조가 목조로 되어 있으며 공기 유통이 좋아 화재 시 격렬히 연소한다.
② 최성기를 지나면서 건물은 급격히 타버리고, 좋은 공기유통 조건으로 급격히 냉각되는 고온 단기형의 화재이다.
③ 횡방향보다 종방향의 화재성장이 빠르다.
④ 바람의 세기가 강할수록 풍상측으로 연소확대가 빠르다.

## 065
**목조건축물에서 발생하는 옥외출화 시기를 나타낸 것으로 옳은 것은?**
① 창, 출입구 등에 발염 착화한 때
② 천장 속, 벽 속 등에서 발염 착화한 때
③ 가옥 구조에서는 천장면에 발염 착화한 때
④ 불연 천장인 경우 실내의 그 뒷면에 발염 착화한 때

## 066
**내화건축물의 화재특성에 관한 설명으로 옳지 않은 것은?**
① 일반적으로 목재건축물에 비해 저온장기형 화재특성을 나타내는 경우가 많다.
② 일반적으로 초기 – 성장기 – 최성기 – 종기의 화재진행과정을 나타낸다.
③ 최성기에서 종기로 넘어가는 시기에 플래시오버(flash over)가 발생된다.
④ 화재하중이 높을수록 화재가혹도가 크다.

## 067
**화재발생 시 건축물의 화재를 확대시키는 주요인이 아닌 것은?**
① 비화
② 복사열
③ 화염의 접촉(접염)
④ 흡착열에 의한 발화

## 068
**다음 중 옥내출화에 해당되지 않는 것은?**
① 가옥구조시 천정면에서 발염착화
② 불연천정인 경우 뒷면 판에 발염착화
③ 천정 속 및 벽 속에 발염착화
④ 창, 출입구등에서 발염착화

## 069

**다음 중 벽의 내화구조에 해당하는 것으로 옳은 것과 옳지 않은 것을 바르게 짝지은 것은?**

> ㉠ 골구를 철골조로 하고 그 양면을 두께 4cm의 철망모르타르 또는 두께 5cm 이상의 콘크리트 블록·벽돌 또는 석재로 덮은 것
> ㉡ 고온·고압의 증기로 양생된 경량기포 콘크리트패널 또는 경량기포 콘크리트블록조로서 두께가 10cm 이상
> ㉢ 철근콘크리트조 또는 철골·철근콘크리트조로서 두께가 10cm 이상
> ㉣ 벽돌조로서 두께가 10cm 이상

① ㉠ : O / ㉡ : O / ㉢ : O / ㉣ : O
② ㉠ : O / ㉡ : O / ㉢ : O / ㉣ : X
③ ㉠ : O / ㉡ : O / ㉢ : X / ㉣ : X
④ ㉠ : O / ㉡ : O / ㉢ : O / ㉣ : O

## 070

**건축물의 주요 구조부를 바르게 설명한 것은?**

① 내력벽, 기둥, 바닥, 보, 지붕틀, 소방시설
② 내력벽, 기둥, 바닥, 보, 방화문, 주계단
③ 내력벽, 기둥, 바닥, 보, 지붕틀, 피난계단
④ 내력벽, 기둥, 바닥, 보, 지붕틀, 주계단

## 071

**불에 잘 타지 아니하는 성능을 가진 재료로서 산업표준화법에서 난연3급의 성능에 해당하는 재료는?**

① 불연재료
② 준불연재료
③ 난연재료
④ 방염재료

## 072

**불연재료에 대한 설명으로 옳지 않은 것은?**

① 석면판, 알루미늄 및 유리는 불연재료의 종류에 해당한다.
② 산업표준화법에 의한 한국산업규격이 정하는 바에 의하여 시험한 결과 난연1급에 해당하는 것은 불연재료로 인정할 수 있다.
③ 석고보드, 목모시멘트판은 불연재료의 종류에 해당하지 아니한다.
④ 불에 잘 타지 아니하는 성능을 가진 재료로서 국토교통부령이 정하는 기준에 적합한 재료를 말한다.

## 073

**다음 중 천장제트흐름(Ceiling Jet Flow)에 대한 설명으로 가장 옳은 것은?**

① 화재 플룸의 부력에 의하여 발생 되며 중성대를 따라 빠르게 흐르는 기류이다.
② 건물의 크기와 위치 그리고 화염 높이에 영향을 받는다.
③ 스프링클러헤드와 화재감지기는 유효범위 내에 설치한다.
④ 흐름의 두께는 천장에서 화염까지 높이의 30% 내외 정도 범위이다.

## 074

**「화재예방, 소방시설 설치·유지 및 안전관리에 관한 법률 시행령」상 지하구에 대한 설명이다. ㉠~㉢에 들어갈 숫자로 옳은 것은?**

> 지하구
> 가. 전력·통신용의 전선이나 가스·냉난방용의 배관 또는 이와 비슷한 것을 집합수용하기 위하여 설치한 지하 인공구조물로서 사람이 점검 또는 보수를 하기 위하여 출입이 가능한 것 중 다음의 어느 하나에 해당하는 것
>   1) 전력 또는 통신사업용 지하 인공구조물로서 전력구(케이블 접속부가 없는 경우에는 제외한다) 또는 통신구 방식으로 설치된 것
>   2) 1)외의 지하 인공구조물로서 폭이 ㉠m 이상이고 높이가 ㉡m 이상이며 길이가 ㉢m 이상인 것
> 나. 「국토의 계획 및 이용에 관한 법률」에 따른 공동구

|   | ㉠ | ㉡ | ㉢ |
|---|---|---|---|
| ① | 1.5 | 2 | 50 |
| ② | 1.8 | 2 | 50 |
| ③ | 1.5 | 2 | 200 |
| ④ | 1.8 | 2 | 200 |

## 075

**버너의 불꽃을 제거한 순간부터 불꽃을 올리면서 연소하는 상태가 그칠 때까지의 경과시간을 무엇이라고 하는가?**

① 방진시간
② 잔진시간
③ 방염시간
④ 잔염시간

## 076

다음 아래의 조건과 같은 건축물에서 11층의 면적별 방화구획은 최대 몇 m² 이내로 하여야 하는가?

- 건축구조 : 내화구조
- 건축규모 : 지상 13층
- 건물용도 : 업무시설
- 각 층의 바닥면적 : 각 층 3,000m²
- 벽, 반자 등 실내마감은 불연재료로 되어 있지 않음
- 전 층에 스프링클러 소화설비가 설치되어 있음

① 500m²  ② 600m²
③ 1,500m²  ④ 3,000m²

## 077

다음 중 연소속도에 대한 설명으로 가장 옳지 않은 것은?

① 화염의 (전파)속도에서 미연소가스의 이동속도를 더한 값이다.
② 가연성 혼합기가 화학양론적 농도(Cst)에 있을 때 연소속도는 빠르다.
③ 정지하고 있는 가연성 혼합기가 타들어가는 순수한 속도이다.
④ 온도와 압력의 변화에 따라 연소속도는 달라진다.

## 078

건축물 화재의 진행과정 중 성장기에서 일어나는 여러 현상의 발생 순서로써 가장 옳게 나열한 것은?

- ㉠ Flameover
- ㉡ Flashover
- ㉢ Rollover
- ㉣ Backdraft

① ㉠ - ㉡ - ㉢ - ㉣  ② ㉠ - ㉢ - ㉡ - ㉣
③ ㉡ - ㉠ - ㉢ - ㉣  ④ ㉠ - ㉣ - ㉢ - ㉡

## 079

다음 중 방화벽을 설치해야 하는 대상물로 옳은 것은?

① 주요구조부가 내화구조이거나 불연재료로 된 건축물로서 연면적인 1,000m² 이상인 건축물은 방화벽으로 구획하되 각 구획의 합이 바닥면적의 합계는 1,000m² 미만이어야 한다.
② 주요구조부가 내화구조이거나 불연재료가 아닌 건축물로서 연면적인 1,000m² 이상인 건축물은 방화벽으로 구획하되 각 구획의 합이 바닥면적의 합계는 1,000m² 미만이어야 한다.
③ 주요구조부가 내화구조이거나 불연재료로 된 건축물로서 연면적인 3,000m² 이상인 건축물은 방화벽으로 구획하되 각 구획의 합이 바닥면적의 합계 1,000m² 미만이어야 한다.
④ 주요구조부가 내화구조이거나 불연재료가 아닌 건축물로서 연면적인 3,000m² 이상인 건축물은 방화벽으로 구획하되 각 구획의 합이 바닥면적의 합계는 1,000m² 미만 이어야 한다.

## 080

합판 및 목재의 방염 성능기준에 대한 내용으로 옳은 것은?

① 잔염시간은 20초 이내이여야 한다.
② 잔신시간은 10초 이내이어야 한다.
③ 탄화면적은 20㎠ 이내이어야 한다.
④ 탄화길이는 20cm 이내이어야 한다.

## 081

복도와 같은 통로 공간면에서 주로 발생되며 급속하게 확산되는 현상을 의미하는 것은?

① Flash over
② Roll over
③ Flame over
④ Slop over

## 082

다음 〈보기〉에서 설명하는 것을 고르면?

> Flash over 전단계로 연소과정에서 발생한 가연성가스가 공기 중의 산소와 혼합되어 천장부분에 집적된 상태에서 발화온도에 도달하여 발화함으로서 화재 선단부분분이 매우 빠르게 확대되어 가는 현상을 말한다.

① Back draft
② Roll over
③ Flame over
④ Slop over

**083**  ⓘ①②③
다음 중 〈보기〉를 설명한 것은?

> 출입문 등을 개방할 때 산소 유입으로 폭발적으로 다시 연소를 시작하는 현상으로 가스와 공기가 혼합하여 폭발하는 것보다 파괴력은 작지만 건축물에 손상을 주거나 생명에 위험을 주기에 충분하다. 주로 고무(latex)나 우레탄 등 합성수지일 때 발생한다.

① 플래시오버             ② 롤오버
③ 플래시백               ④ 플래임오버


**084**  ⓘ①②③
다음 중 백드래프트의 설명으로 옳은 것은?
① 공기부족으로 훈소상태에 있을 때 신선한 공기가 유입되어 실내에 축적되었던 가연성가스가 폭발하는 연소현상이다.
② 벽이나 바닥 표면에 가연물에 화염이 확산되는 현상이다.
③ 실내화재에서 연소되지 않은 열분해 가스가 천장 부근에 모여 있다가 화재가 발생되지 않은 쪽으로 파도 같이 빠른 속도로 굴러다니는 현상이다.
④ 순발연소라고도 하며 어느 순간 그 실내의 온도상승에 의해서 일시에 연소하여 화재의 진행을 순간적으로 실내 전체에 확산시키는 현상이다.


**085**  ⓘ①②③
백드래프트(backdraft)에 대한 설명으로 적절치 않은 것은?
① 화염이 폭풍을 동반하면서 실외로 분출되는 현상이다.
② 훈소가 발생한 실에서 발생할 수 있다.
③ 산소를 함유한 공기의 갑작스런 유입으로 발생한다.
④ 천장에 발생한 화염이 점화에너지로 작용한다.


**086**  ⓘ①②③
건물화재 시 백드래프트(Back Draft)의 발생 방지법으로 옳지 않은 것은?
① 출입문 개방 시 다량의 공기가 유입되지 않도록 조금만 연다.
② 출입문 개방과 동시에 방수함으로서 폭발적인 연소를 방지한다.
③ 화재실의 출입문 상태를 확인하여 고온인 경우에는 신선한 공기가 유입되지 않도록 닫아둔다.
④ 천장의 환기구 등 개구부를 폐쇄하여 화재가 상층으로 확대되는 것을 방지한다.

## 087 ①②③

**다음 중 플래시오버(flash over)의 발생 가능성을 높이는 경우로 옳지 않은 것은?**

① 실내 산소분압이 낮을수록 연소가 용이하여 플래시오버가 쉽게 발생된다.
② 화재하중이 클수록 플래시오버의 가능성은 커지게 된다.
③ 화원의 크기가 클수록 플래시오버에 이르는 시간은 짧아진다.
④ 바닥보다는 천장면의 내장재가 가연성일수록 플래시오버의 가능성은 커진다.

## 088 ①②③

**플래시오버와 백드래프트에 대한 설명이다. 가장 옳지 않은 것은?**

① 플래시오버는 폭발현상이 아니고 백드래프트는 폭발현상이다.
② 플래시오버는 성장기의 마지막이자 최성기의 시작점에서 발생하지만 백드래프트는 성장기나 감퇴기에서 연기가 제한된 공간에서 갇혀 있을 때 발생한다.
③ 플래시오버의 발생빈도는 백드래프트의 발생빈도 보다 적다.
④ 플래시오버의 악화원인은 열의 공급이지만, 백드래프트의 악화원인은 공기의 부족이다.

## 089 ①②③

**Flash Over와 Back Draft에 대한 설명이다. 가장 옳지 않은 것은?**

① Back Draft는 거의 발생되지 않지만, Flash Over는 자주 발생된다.
② Back Draft가 의심되는 공간은 열기가 비교적 적은 하층부를 개방하여야 폭발적인 반응 없이 환기가 되며, 혹시 Back Draft가 발생하더라도 피해가 적다.
③ Back Draft의 주 매개체는 산소이고, Flash Over의 주 매개체는 열이다.
④ 문틈에서 다량의 짙은 검은 연기만 뿜어져 나오는 것은 Back Draft가 발생할 가능성이 높다고 봐야 하고, Back Draft는 폭발이고, Flash Over는 폭발이 아니다.

## 090

**다음 〈보기〉에서 플래시오버와 백드래프트에 대한 설명으로 옳은 것을 고르면?**

> ㉠ 플래시오버는 전실화재라고도 한다.
> ㉡ 플래시오버는 환기지배화재로부터 연료지배화재로 전이될 수 있다.
> ㉢ 플래시오버 시점에서 실내의 온도는 약 800~900℃가 된다.
> ㉣ 백드래프트 현상은 공기 부족으로 훈소상태에 있을 때 신선한 공기가 유입되어 실내에 축적되었던 가연성 가스가 단시간에 폭발적으로 연소한다.
> ㉤ 백드래프트의 결과에는 농연의 분출, 파이어 볼의 형성, 건물 벽체의 도괴 등이 있다.
> ㉥ 백드래프트의 대책으로 건물 내 가연물의 양을 제한한다.

① ㉠, ㉡, ㉣, ㉤
② ㉠, ㉢, ㉣, ㉤
③ ㉡, ㉢, ㉣, ㉥
④ ㉡, ㉣, ㉤, ㉥

## 091

**다음 박스에 대한 설명으로 옳은 것은?**

> 50층 고층빌딩에서 화재가 3층에 발생하여 건물 내의 실내온도가 22℃에서 612℃까지 상승하였다.

① 온도 상승만으로 일어난 건물 내의 공기부피 변화는 약 3배이다. (단, 압력 변화는 없다고 가정한다.)
② 3층에 화재가 발생하였기 때문에 자동화재탐지설비는 우선경보방식은 3층과 4층에 경보를 해준다.
③ 수원은 그 저수량이 옥내소화전의 설치개수가 가장 많은 층의 설치개수(2개 이상 설치된 경우에는 2개)를 동시에 사용할 수 있는 양 이상이 되도록 해야 한다.
④ 건축법과 소방법과 초고층재난관리법이 있으면 소방법이 우선적용 된다.

## 092

「화재예방 소방시설 설치 유지 및 안전관리에 관한 법률 시행령」상 방염대상물품을 설치해야 하는 특정소방대상물로 옳지 않은 것은?

① 교육연구시설 중 합숙소
② 노유자시설 및 숙박이 가능한 수련시설
③ 근린생활시설 중 체력단련장
④ 건축물의 옥외에 있는 운동시설(수영장은 제외)

## 093

다음 중 방화구획의 기준에 대한 설명으로 옳은 것은?

① 방화구획의 대상 건축물은 주요구조부가 내화구조 또는 불연재료로 된 건축물로서 바닥면적 1,000m²를 넘는 건축물이다.
② 10층 이하의 층은 스프링클러 등 자동소화장치가 설치된 경우 1,000m²마다 구획한다.
③ 내화구조로 된 벽, 바닥, 방화문, 방화셔터로 구획한다.
④ 11층 이상의 층은 연면적 200m²이내 마다(스프링클러 설치 시 600m²) 구획한다.

## 094

다음은 건축방재 기능에 대한 설명이다. 공간적 대응의 도피성에 대한 설명으로 옳은 것은?

① 불연화, 난연화, 구획의 세분화로 예방차원의 대응
② 내화성능, 초기소화 등의 화재사상에 대한 저항능력
③ 화재로부터 피난할 수 있는 공간성과 시스템 등의 성상이다.
④ 소방훈련, 불조심 등 출화 유발 가능성을 저하시키는 조치

## 095

**건축물의 방화계획 중 아래에서 설명하는 것은 어느 계획에 포함되는가?**

> 이 계획에서 가장 먼저 고려해야 할 부분은 건축물의 외관에 해당하는 개구부, 창문, 출입구와 벽이며, 발코니 등도 고려대상이 된다.

① 재료계획　　　　　　　　② 측면계획
③ 입면계획　　　　　　　　④ 평면계획

## 096

**다음 중 피난층에 대한 설명으로 옳은 것은?**

① 건축물의 1층을 말한다.
② 하나의 건축물은 반드시 피난층이 하나이다.
③ 곧바로 지상으로 갈 수 있는 출입구가 있는 층을 말한다.
④ 직통 계단을 통해 직접 피난이 가능한 층을 말한다.

## 097

**지하구의 규격에 해당되는 것은 다음 중 어느 것인가?**

① 폭 1.5미터 이상, 높이 2.5미터 이상
② 폭 2.8미터 이상, 높이 5미터 이상
③ 폭 2.5미터 이상, 높이 4미터 이상
④ 폭 1.8미터 이상, 높이 2미터 이상

## CHAPTER 3 위험물화재의 성상

**098** ①②③
다음 빈칸에 들어갈 알맞은 말은?

"위험물"이라 함은 인화성 또는 (　) 등의 성질을 가지는 것으로서 (　)이 정하는 물품을 말한다.

① 폭발성, 대통령령
② 발화성, 행정안전부령
③ 발화성, 시·도규칙
④ 발화성, 대통령령

**099** ①②③
위험물의 종류별로 위험성을 고려하여 대통령령이 정하는 수량으로서 제조소 등의 설치허가 등에 있어서 최저의 기준이 되는 수량을 무엇이라 하는가?
① 지정수량
② 제조소
③ 제조소 등
④ 취급소

**100** ①②③
「위험물안전관리법」상 위험물저장소에 해당하지 않는 것은?
① 옥외탱크저장소
② 이송탱크저장소
③ 암반탱크저장소
④ 지하탱크저장소

**101** ①②③
다음 중 위험물에 대한 설명으로 옳지 않은 것은?
① 탄산칼륨과 염화칼슘은 동결방지제로 쓰인다.
② 제2류 위험물은 환원제로 주로 화기주의를 표시하며 대체적으로 냉각소화 한다.
③ 제2류 위험물 중 인화성고체는 인화점이 40도 미만인 고체로 화기엄금을 표시한다.
④ 제3류 위험물은 산화제로 주로 무색이고 백색분말이며 대체적으로 물로 냉각소화 한다.

## 102 ①❷③

다음은 「위험물안전관리법」상 위험물에 대한 설명이다. 가장 옳지 않은 것은?
① "황"은 순도가 60중량퍼센트 이상인 것으로 순도측정에 있어서 불순물은 활석 등 불연성 물질과 수분에 한한다.
② 제2류 위험물의 성질은 가연성 고체로써 인화성 고체가 있다.
③ "제1석유류"라 함은 경유, 등유 그 밖에 1기압에서 인화점이 섭씨 21도 미만인 것을 말한다.
④ 질산은 제6류 위험물로서 그 비중이 1.49 이상인 것을 말한다.

## 103 ①❷③

질산의 비중이 1.49 이상이다. 그러면 과산화수소의 정의(위험성을 나타내는 한계)는?
① 농도 20Wt% 이상
② 농도 22Wt% 이상
③ 농도 36Wt% 이상
④ 농도 40Wt% 이상

## 104 ①❷③

다음 중 위험물의 지정수량이 다른 한 가지는?
① 질산염류
② 철분
③ 금속의 수소화물
④ 할로젠간화합물

## 105 ①❷③

다음 중 위험물의 정의로 옳지 않은 것은?
① 제2석유류는 중유, 크레오소트유, 글리세린 그 밖에 1기압에서 인화점이 섭씨 70도 이상 섭씨 200도 미만인 것이다.
② 황은 순도가 60중량퍼센트 이상인 것으로 순도측정에 있어서 불순물은 활석 등 불연성 물질과 수분에 한한다.
③ 인화성 고체는 고형알코올 그 밖에 1기압에서 인화점이 섭씨 40도 미만인 고체이다.
④ 동식물유류는 동물의 지육 등 또는 식물의 종자나 과육으로부터 추출한 것으로서 1기압에서 인화점이 섭씨 250도 미만인 것을 말한다.

## 106 ①❷③

다음 중 산화성인 것은 몇 류 위험물인가?
① 제1류, 제6류
② 제1류, 제2류
③ 제3류, 제5류
④ 제5류, 제6류

## 107

**1류 위험물에 대한 일반적인 설명으로 옳은 것은?**

> ㉠ 질산염류는 불연성 물질이지만 가연성 물질의 연소를 돕는다.
> ㉡ 황린은 공기와 접촉하면 자연발화하여 유독성 가스인 오산화인을 생성한다.
> ㉢ 제1석유류는 인화점 및 연소하한계가 낮아 적은 양으로도 화재의 위험이 있다.
> ㉣ 유기과산화물은 구조가 독특하여 매우 불안정한 물질로서 농도가 높은 것은 가열, 직사광선, 충격, 마찰에 의해 폭발한다.

① ㉠  
② ㉠, ㉣  
③ ㉠, ㉡, ㉢  
④ ㉠, ㉡, ㉢, ㉣

## 108

**다음 중 1류 위험물의 대한 설명으로 가장 옳지 않은 것은?**

① 대부분 물보다 비중이 커서 무거우며, 물에 녹는 것이 많다.
② 조해성 물질은 방습, 용기 밀봉을 요구한다.
③ 직사광선을 피하고 환기가 잘되는 냉암소에 보관한다.
④ 무기과산화물류, 유기금속화물류과 알킬알루미늄은 물과 접촉을 피해야 한다.

## 109

**1류 위험물에 대한 설명 중 옳지 않은 것은 모두 몇 개인가?**

> ㉠ 무색결정인 백색분말이고 비중은 1보다 크며 대부분 물에 녹는다.
> ㉡ 불연성, 산소함유, 강산화제이다.
> ㉢ 통풍 잘되는 냉암소 저장하고, 조해성이 있다.
> ㉣ 가열, 충격, 마찰, 분해를 촉진하는 약품, 가연물과 접촉을 피해야 한다.
> ㉤ 대부분 주수에 의한 냉각소화이다.
> ㉥ 무기과산화물류에는 과산화칼륨과 과산화나트륨이 있다.
> ㉦ 과산화칼륨은 물에 녹지 않으며, 물과 접촉 시 발열반응한다.

① 0개  
② 1개  
③ 3개  
④ 4개

## 110 ●①②③

다음 중 주수소화를 할 수 없는 위험물을 모두 고른 것은?

| ㉠ $Na_2O_2$ | ㉡ $K_2O_2$ |
| ㉢ 아염소산칼륨(KClO$_2$) | ㉣ $H_2O_2$ |
| ㉤ 아염소산나트륨(NaClO$_2$) | ㉥ $P_4$ |

① ㉠, ㉡
② ㉠, ㉡, ㉢, ㉤
③ ㉠, ㉡, ㉢, ㉣
④ ㉠, ㉡, ㉣, ㉤, ㉥

## 111 ●①②③

다음 〈보기〉의 일반적 성질을 가지고 있는 위험물의 종류로 옳은 것은?

㉠ 비중이 1보다 크며, 강산화성 물질이며 상온에서 거의 고체이다.
㉡ 대부분이 수용성이다.
㉢ 불연성이지만 산소를 많이 함유하고 있어 다른 물질을 산화시킨다.
㉣ 대부분이 무색결정이며, 백색의 분말이다.
㉤ 충격, 마찰, 가열에 의해 분해하여 산소를 방출한다.

① 염소산염류, 과염소산염류, 유기과산화물, 브로민산염류
② 염소산염류, 과염소산염류, 무기과산화물, 질산염류
③ 유기과산화물, 브로민산염류, 유기금속화합물, 과산화수소
④ 과염소산, 과산화수소, 질산, 질산염류

## 112 ●①②③

"화기엄금"이라고 표시하지 않는 것은?

① 제1류 위험물 중 알칼리금속의 과산화물과 이를 함유한 것
② 제2류 위험물 중 인화성고체
③ 제3류 위험물 중 자연발화성물질
④ 제4류 위험물

### 113 ⓞ①②③
위험물에 대한 설명으로 옳은 것을 모두 고르시오.

> ㉠ 이황화탄소는 특수인화물로 증기압이 높고 발화점이 낮은 특징을 가지고 있다.
> ㉡ 휘발유는 경질유로 증기압이 중질유에 비해 높고, 중유는 중질유로 경질유에 비해 증기압이 낮다.
> ㉢ 이황화탄소는 철근콘크리트의 수조탱크에 넣어 보관 한다.
> ㉣ 과염소산은 무기화합물로 물보다 무겁고 물에 녹기 쉽다.

① ㉠, ㉢  
② ㉠, ㉢, ㉣  
③ ㉠, ㉡, ㉢, ㉣  
④ ㉠, ㉡, ㉢.

### 114 ⓞ①②③
다음 중 제4류 위험물의 저장방법으로 옳지 않은 것은?

① 정전기 발생을 억제한다.  
② 충격·마찰에 주의, 가열·화기 등을 피한다.  
③ 발생한 증기는 연소범위 이하로 유지하며 증기가 체류하게 한다.  
④ 불꽃, 불티, 고온체에 접근을 피한다.

### 115 ⓞ①②③
다음 〈보기〉의 내용 중 제4류 위험물에 대한 설명으로 옳은 것은?

> ㉠ 일반적으로 물과 반응하여 가연성가스(수소)를 발생시키는 것이 많다.
> ㉡ 냉암소에 보관하고, 화기 및 점화원으로부터 멀리 저장한다.
> ㉢ 액체의 비중이 1보다 작으므로 주수소화는 화재를 확대시킬 위험성이 있다.
> ㉣ 대부분이 수용성이며, 불연성이지만 산소를 많이 함유하고 있어 다른 물질을 산화시킨다.

① ㉠, ㉡, ㉢  
② ㉡, ㉢  
③ ㉢, ㉣  
④ ㉡, ㉢, ㉣

### 116 ⓞ①②③
다음 중 제1석유류인 것은?

① 디에틸에테르  
② 등유  
③ 중유  
④ 휘발유

**117**
「위험물안전관리법령」상 제4류 위험물의 화재에 적응성이 있는 것은?
① 옥내소화전설비
② 옥외소화전설비
③ 봉상주수소화기
④ 물분무소화설비

**118**
다음 중 위험성이 가장 작은 것은?
① 휘발유
② 특수가연물
③ 과염소산염류
④ 과염소산

**119**
제4류 위험물의 설명으로 옳지 않은 것은?
① 대표적인 인화성 액체(Flammable Liquid)이다.
② 물보다 가볍고, 물에 쉽게 용해되지 않는 것이 많다.
③ 2류 위험물은 대체적으로 화기주의를 쓰지만, 4류는 화기엄금을 쓴다.
④ 항상 폭발위험이 상존하며, 인화점, 발화점이 높은 것은 위험성이 높다.

**120**
다음 중 제1류 위험물의 성질을 설명한 것으로 옳지 않은 것은?
① 대부분 무색 결정 또는 백색 분말의 고체 무기화합물로서 비중이 1보다 크고 물에 잘 녹으며 물과 작용하여 열과 산소를 발생시키는 것도 있다.
② 조연성 물질로서 반응성이 풍부하여 열, 충격, 마찰 또는 분해를 촉진하는 약품과의 접촉으로 인해 폭발할 위험이 있다.
③ 일반적으로 산소를 많이 함유하고 있는 강산화제이며 무기 과산화물류는 물과 반응하여 산소를 발생하고 발열한다.
④ 연소 속도가 매우 빠르고 연소 시 유독 가스를 발생하며 연소열이 크고 연소 온도가 높다.

## 121

제1류 위험물에 대한 특징이다. 옳지 않은 것은 무엇인가?

① 산화성고체이다.
② 무색결정이며 대체로 백색분말이고, 비중은 1보다 크다.
③ 대부분 물에 녹는다.
④ 가연성이다.

## 122

다음 위험물에 대한 설명으로 옳은 것과 옳지 않은 것을 알맞게 짝지은 것은?

> ㉠ 1류 위험물인 염소화이소시아눌산은 유기화합물이다.
> ㉡ 2류 위험물인 인화성고체는 유기화합물이다.
> ㉢ 3류 위험물인 알킬알루미늄과 알킬리튬과 유기금속화합물은 유기화합물이다.
> ㉣ 3류 위험물 중 황린과 염소화규소화합물은 물과 반응하여 가연성가스를 발생하지 않는다.

① ㉠(O)  ㉡(O)  ㉢(O)  ㉣(O)
② ㉠(O)  ㉡(X)  ㉢(X)  ㉣(O)
③ ㉠(X)  ㉡(O)  ㉢(O)  ㉣(X)
④ ㉠(X)  ㉡(X)  ㉢(X)  ㉣(X)

## 123

다음 중 위험물에 대한 설명으로 옳지 않은 것은?

① "위험물"이라 함은 인화성 또는 발화성 등의 성질을 가지는 것으로서 대통령령이 정하는 물품을 말한다.
② "인화성고체"라 함은 고형알코올 그 밖에 1기압에서 인화점이 섭씨 40도 미만인 고체를 말한다.
③ "가연성고체"라 함은 고체로서 화염에 의한 발화의 위험성 또는 인화의 위험성을 판단하기 위하여 고시로 정하는 시험에서 고시로 정하는 성질과 상태를 나타내는 것을 말한다.
④ "자기 반응성 물질"이라 함은 고체 또는 액체로서 공기 중에서 발화의 위험성이 있거나 물과 접촉하여 발화하거나 가연성가스를 발생하는 위험성이 있는 것을 말한다.

## 124

다음은 위험물의 용어에 대한 설명이다. 가장 옳지 않은 것은?

① 과산화수소는 그 농도가 36중량퍼센트 이상인 것에 한다.
② 황은 순도가 60중량퍼센트 이상인 것을 말한다. 이 경우 순도측정에 있어서 불순물은 활석 등 불연성물질과 수분에 한한다.
③ 알코올류라 함은 1분자를 구성하는 탄소원자의 수가 1개부터 3개까지인 불포화1가 알코올(변성알코올을 제외)을 말한다.
④ 인화성고체라 함은 고형알코올 그 밖에 1기압에서 인화점이 섭씨 40도 미만인 고체를 말한다.
⑤ 철분이라 함은 철의 분말로서 53마이크로미터의 표준체를 통과하는 것이 50중량퍼센트 미만인 것은 제외한다.

## 125

다음 중 위험물의 종류별 소화방법으로 옳지 않은 것은?

① 마그네슘은 물과 반응하여 발생 된 수소에 의해 폭발위험이 있으므로 질식소화한다.
② 유기과산화물은 물과 반응하여 산소와 열을 발생하므로 질식소화한다.
③ 적린, 황은 물과 반응하지 않으므로 냉각소화한다.
④ 소량의 과산화수소가 가연물과 반응하여 발화하는 경우에는 다량의 물로 희석소화한다.

## 126

다음 중 제2류 위험물이 아닌 것은?

① 황린
② 적린
③ 황화인
④ 철분, 금속분, 마그네슘

## 127

위험물의 유별 특성 중 옳은 것만을 〈보기〉에서 있는 대로 고른 것은?

> ㉠ 다이아조화합물은 불연성, 조해성, 수용성이며, 무색 또는 백색의 결정성 분말 형태이다.
> ㉡ 마그네슘은 끓는 물과 접촉 시 수소가스를 발생시킨다.
> ㉢ 황린은 공기 중 상온에 노출되면 액화되면서 자연발화를 일으킨다.

① ㉠, ㉡
② ㉠, ㉢
③ ㉡, ㉢
④ ㉠, ㉡, ㉢

## 128

**다음 중 제6류 위험물의 특징으로 옳지 않은 것은?**

① 염기와 반응하거나 물과 접촉할 때 발열한다.
② 과산화수소는 물과 반응하여 발열 반응한다.
③ 자신은 불연성이지만 지연성 물질이다.
④ 물질의 액체 비중이 1보다 크다

## 129

**제6류 위험물의 일반적 성질 중 옳지 않은 것은?**

① 산화성 액체이다.
② 물보다 무겁다.
③ 불연성 액체이다.
④ 증기는 무해하나 피부 접촉 시 부식을 일으킨다.

## 130

**다음 중 비중은 1보다 크며 강산화성 액체로 물에 잘 용해되고 물과 반응하여 발열반응을 하는 위험물은?**

① 제3류 위험물
② 제4류 위험물
③ 제5류 위험물
④ 제6류 위험물

## 131

**다음 화학물질 중 금수성이 가장 큰 물질은?**

① 철분
② 구리분
③ 황린
④ 나트륨

**132** 다음 중 위험물의 일반적인 성질을 설명한 것으로 옳은 것은 총 몇 가지인가?

> ㉠ 제2류 위험물은 모두 산소를 함유하고 있지 않은 강한 환원성 물질로써 산소와의 결합력이 용이하고 산화되기 쉽다. 또한 무산소 하에서도 잘 연소하며 연소 시 연소속도가 빠르며 연소열이 크다. 금속분류, 철분, 마그네슘은 물과 반응하여 수소가스를 발생하고 묽은 산과 접촉에 의해 수소가스를 발생하며 마그네슘은 물보다 가볍다.
> ㉡ 제3류 위험물은 분자 내부에 산소를 갖고 있기 때문에 가열, 충격, 마찰에 의해 분해 시 산소를 내는 물질로써 자신은 불연성 물질이지만 가연성 물질의 연소를 돕는 지연성 물질로 대부분 무색결정이거나 백색분말이고, 대부분 무기화합물이다.
> ㉢ 제5류 위험물은 대부분 유기화합물이며 유기과산화물류를 제외하고는 질소를 함유한 유기질소화합물이다. 모두 가연성의 액체 또는 고체물질이고 연소할 때는 다량의 가스를 발생하며 대부분이 물에 잘 녹지 않으며 물과 반응하는 물질은 없다.
> ㉣ 제6류 위험물의 대표적 성질은 산화성 액체로써 과산화수소를 제외하고는 강산이고 대부분 산소를 함유하고 있으며 물보다 무겁다. 불연성 물질이며 증기는 유독하고 피부와 접촉 시 점막을 부식시킬 수 있다.

① 모두 옳다  ② 3개
③ 2개  ④ 1개

**133** 다음 〈보기〉에서 자연발화성 및 금수성의 성질을 모두 가지고 있는 위험물로 옳은 것은?

> ㉠ 알킬알루미늄  ㉡ 나트륨
> ㉢ 황린  ㉣ 칼슘 또는 알루미늄의 탄화물

① ㉠, ㉡  ② ㉠, ㉡, ㉣
③ ㉢  ④ ㉢, ㉣

**134** 제4류 위험물 화재 시 소화방법으로 적당하지 않은 것은?

① 적상의 물 사용  ② 탄산가스 사용
③ 소화분말 사용  ④ 포말 사용

**135** ①②③

다음 제4류 위험물 중 성질이 비수용성인 것은?

① 글리세린　　　　　　　　② 벤젠
③ 아세톤　　　　　　　　　④ 시안화수소

**136** ①②③

다음 중 위험물의 품명별 소화방법을 설명한 것으로 옳지 않은 것은?

① 황은 물에 의한 냉각소화를 한다.
② 유기과산화물은 물과 반응하여 산소와 열을 발생하므로 건조 분말약제나 마른모래 등으로 질식소화한다.
③ 황린의 경우 초기화재 시 물로 소화가 가능하다.
④ 나이트로화합물은 산소를 함유한 가연성물질이므로 질식소화는 효과가 없으며 다량의 물로 냉각소화한다.

**137** ①②③

위험물의 유별 소화방법으로 가장 옳지 않은 것은?

① $CaC_2$ 화재 시 다량의 물로 냉각소화할 수 없다.
② 수용성 $CH_3OH$ 화재에는 내알코올포를 사용한다.
③ TNT는 마른모래, 팽창질석, 팽창진주암으로 소화한다.
④ P는 다량의 물로 냉각소화하며, 소량의 P는 경우에는 마른모래나 이산화탄소 소화약제도 일시적인 효과가 있다.

**138** ①②③

제3류 위험물인 나트륨 소화에 적응성이 없는 소화약제는?

① 할론소화약제　　　　　　② 금속화재용 분말소화약제
③ 팽창질석, 팽창진주암　　　④ 건조사

## 139 ①②③

다음 중 제3류 위험물 설명을 보고 옳은 것을 고르면?

- 탄화알루미늄($Al_4C_3$)이 상온에서 물($H_2O$)과 반응하여 수산화알루미늄($Al(OH)_3$)과 A 기체가 발생한다.
- 인화칼슘($Ca_3P_2$)이 물($H_2O$)과 반응하여 수산화칼슘($Ca(OH)_2$)과 B 기체가 발생한다.
- 탄화칼슘($CaC_2$)이 물($H_2O$)과 반응하여 수산화칼슘($Ca(OH)_2$. 소석회)과 C 기체가 발생한다.

㉠ A 기체는 메탄가스로써 LNG의 주성분으로 사용된다.
㉡ B 기체는 맹독성가스이다.
㉢ C 기체는 산소가 없이도 분해폭발이 가능한 물질이다.

① ㉠
② ㉡
③ ㉠, ㉢
④ ㉡, ㉢
⑤ ㉠, ㉡, ㉢

## 140 ①②③

다음 〈보기〉의 설명을 보고 옳은 것을 고르면?

- 탄화칼슘이 물과 반응하여 A 기체를 발생시킨다.
- 인화칼슘이 물과 반응하여 B 기체를 발생시킨다.
- 탄화알루미늄이 물과 반응하여 C 기체를 발생시킨다.

① A 기체는 자연발화에서는 분해열이 발생할 수 있고, 분해폭발도 가능하다.
② B 기체는 메탄이고, 메탄은 폭발 1등급이다.
③ C 기체의 연소범위는 3~12.5V%이다.
④ 〈보기〉 중 조연성 기체는 1개이다.

## 141
**다음 설명하는 위험물의 종류로 옳은 것은?**

- 마늘과 같은 자극적인 냄새가 나는 백색 또는 담황색 왁스상의 가연성 고체이다.
- 미분상의 발화점 34℃, 고형상의 발화점 60℃(습한 공기 중에는 30℃)이다.
- 알칼리제를 넣어 pH9 정도 유지된 물속에 저장한다.
- NaOH 등 강알칼리 용액과 반응하여 맹독성의 포스핀가스($PH_3$)를 발생한다.
- 공기 중에 격렬하게 연소하여 유독성가스인 오산화인($P_2O_5$)의 백연을 낸다.

① 황화인  ② 적린
③ 이황화탄소  ④ 황린

## 142
**다음 중 위험물에 대한 설명으로 옳지 않은 것은?**

① 황린은 금수성이므로 물 속 저장을 피한다.
② 이황화탄소는 비수용성으로 물속에 저장한다.
③ 칼륨은 등유 속에 저장할 수 있다.
④ 나트륨은 경유 속에 저장할 수 있다.

## 143
**다음 중 위험물의 저장방법이 옳지 않은 것은?**

① 이황화탄소, 황린 – 순수한 증류수에만 저장
② 칼륨, 나트륨 – 기름(등유, 경유 혹은 파라핀유)속에 저장
③ 아세트알데하이드, 산화프로필렌 – 알루미늄이나 철의 용기에 저장
④ 아세틸렌 – 규조토, 목탄 등 다공성 용기를 아세톤이나 D.M.F에 저장

## 144
**칼륨, 나트륨 주수 시에 발생하기 쉬운 가연성 가스는?**

① 수소가스  ② 산소가스
③ 아세틸렌  ④ 황화수소

## 145 ①②③
석유류를 제1석유류, 제2석유류, 제3석유류, 제4석유류로 구분할 수 있는 기준은 무엇인가?
① 발화점
② 인화점
③ 연소점
④ 비 점

## 146 ①②③
제5류 위험물인 자기반응성 물질의 성질 및 소화에 관한 사항으로 옳지 않은 것은?
① 유기과산화물을 제외하고 대부분 유기질소화합물이므로 가열, 충격, 마찰 또는 다른 약품과는 접촉에 의해 폭발하는 것이 많다.
② 산소를 함유하고 있어 자기연소 또는 내부연소를 일으키기 쉽다.
③ 질식소화가 효과적이며, 냉각소화로는 불가능하다.
④ 연소속도가 빨라서 폭발적이다.

## 147 ①②③
다음 중 제1류 위험물 지정수량으로 옳은 것은?
① 다이크로뮴산염류 : 50kg
② 과염소산염류 : 50kg
③ 과망가니즈산염류 : 300kg
④ 아이오딘산염류 : 1,000kg

## 148 ★★★

다음에 대한 설명 중 옳은 것은 모두 몇 개인가?

> ⊙ 특수인화물은 이황화탄소, 디에틸에테르 그 밖에 1기압에서 발화점이 섭씨 100도 이하인 것 또는 인화점이 섭씨 영하 20도 이하이고 비점이 섭씨 40도 이하인 것이다.
> ⓒ 인화성고체는 고체로서 화염에 의한 발화의 위험성 또는 인화의 위험성을 판단하기 위하여 고시로 정하는 시험에서 고시로 정하는 성질과 상태를 나타내는 것이다.
> ⓒ 황은 순도가 50중량퍼센트 이상인 것으로 순도측정에 있어서 불순물은 활석 등 불연성물질과 수분에 한한다.
> ② 철분은 철의 분말로서 53㎛의 표준체를 통과하는 것이 50중량퍼센트 미만인 것은 제외한다.
> ⓜ 금속분은 알칼리금속 · 알칼리토류금속 · 철 및 마그네슘 외의 금속의 분말, 구리분 · 니켈분 및 150㎛의 체를 통과하는 것이 50중량퍼센트 미만인 것을 포함한다.

① 6개　　② 5개
③ 3개　　④ 2개

## 149 ★

「위험물안전관리법령」상 위험물의 지정수량이 다른 것은?

① 황화인　　② 적린
③ 황린　　④ 황

## 150 ★

제1류 위험물(산화성고체) 중 지정수량이 다른 하나는?

① 브로민산염류　　② 질산염류
③ 다이크로뮴산염류　　④ 아이오딘산염류

## 151 ★★

다음 물질 중 저장장소로 옳지 않은 것은?

① 황린과 이황화탄소는 물속에 저장한다.
② 아세틸렌과 알킬알루미늄은 아세톤이나 디메틸프롬아미드(DMF)로 저장한다.
③ 칼륨과 나트륨은 석유 속에 저장한다.
④ 나이트로셀룰로오스는 알코올 속에 저장한다.

## 152

알칼리금속은 어디 속에 저장하는 하는가?

① 물(pH9)  ② 헥산
③ 석유  ④ 물(pH11)

## 153

다음 〈보기〉의 위험물에 대한 설명 중 옳은 것은?

> ㉠ 제1류 위험물은 산화제로 주로 무색이고 백색분말이며, 대체적으로 냉각소화한다.
> ㉡ 제2류 위험물은 환원제로 주로 화기주의를 표시하며, 대체적으로 냉각소화한다.
> ㉢ 탄화칼슘은 부동제로 쓰인다.
> ㉣ 제2류 위험물 중 인화성고체는 인화점이 40도 미만인 고체로 화기주의를 표시한다.

① ㉠, ㉡  ② ㉠, ㉣
③ ㉡, ㉢  ④ ㉠, ㉢

## 154

다음 〈보기〉의 위험물에 대한 설명 중 옳은 것은 모두 몇 개인가?

> ㉠ 철분, 금속분, 마그네슘 등은 물과 반응하면 수소가스가 발생한다.
> ㉡ 구리, 니켈은 가연성이 적어 위험물안전관리법령에 의한 위험물에서 제외된다.
> ㉢ 알킬알루미늄은 공기나 물을 만나면 격렬하게 반응하여 발화할 수 있다. 특히 저장 시 수분의 접촉을 차단하기 위하여 헥산 속에 저장한다.
> ㉣ 위험물안전관리법령상 금수성이란 물과 접촉하여 발화하거나 수소가스를 발생하는 위험성이 있는 것을 말한다.

① 1개  ② 2개
③ 3개  ④ 4개

**155**

다음 빈칸의 숫자의 합은 얼마인가?

황화인의 지정수량은 (　　)kg이고 알칼리금속(칼륨 및 나트륨 제외)의 지정수량은 (　　)kg이고 과염소산의 지정수량은 (　　)kg이고 질산의 지정수량은 (　　)kg이다.

① 650　　　　　　　　　　② 710
③ 750　　　　　　　　　　④ 810

**156**

다음 〈보기〉의 설명 중 옳은 것은 모두 몇 개인가?

㉠ 2류 위험물은 비중이 1보다 크고 물에 잘 녹는다.
㉡ 2류 위험물로는 마그네슘, 인화성 고체, 황린 등이 있다.
㉢ 산화 환원 반응에서 보면 2류 위험물은 환원제가 될 수 있다.
㉣ 마그네슘의 지정수량은 500kg이다.

① 1개　　　　　　　　　　② 2개
③ 3개　　　　　　　　　　④ 4개

**157**

다음 〈보기〉의 설명 중 옳은 것을 모두 고르면?

㉠ 1류 위험물은 산화성 고체이다. ㉡ 무기과산화물을 제외하고 다량의 물을 사용해 소화시키는 방법이 적당하다. ㉢ 무기 과산화물류는 질식소화가 유효하다. ㉣ 2류 위험물인 나트륨은 ㉤ 반응성이 크므로 석유류에 저장하는 것이 좋다. ㉥ 만약 나트륨이 수분과 접촉하게 되면 산소기체를 발생시키기 때문이다.

① 1개　　　　　　　　　　② 2개
③ 3개　　　　　　　　　　④ 4개

## 158

**다음 〈보기〉는 몇 류 위험물에 대한 소화방법인가?**

- 자신은 불연성이기 때문에 가연물의 종류에 따라서 소화 방법을 검토한다.
- 산화제의 분해 온도를 낮추기 위하여 물을 주수하는 냉각소화가 효과적이다.
- 알칼리 금속의 과산화물은 물과 급격히 발열 반응을 하므로 건조사에 의한 피복 소화를 실시한다.
- 소화 작업 시 공기 호흡기, 보안경, 방호의 등 보호 장구를 착용한다.

① 제1류 위험물  ② 제3류 위험물
③ 제5류 위험물  ④ 제6류 위험물

## 159

**위험물에 대한 설명 중 옳은 것은 모두 몇 개인가?**

㉠ "가연성 고체"는 2류 위험물로서 고형알코올 그밖에 1기압에서 인화점이 섭씨 40℃ 미만인 고체를 말한다.
㉡ 1류 위험물인 "산화성고체"라 함은 고체로서 산화력의 잠재적인 위험성 또는 충격에 대한 민감성을 판단하기 위하여 소방청장이 정하여 고시하는 시험에서 고시로 정하는 성질과 상태를 나타내는 것을 말한다.
㉢ "자기반응성물질"이라 함은 5류 위험물로서 고체 또는 액체로서 폭발의 위험성 또는 가열분해의 격렬함을 판단하기 위하여 고시로 정하는 시험에서 고시로 정하는 성질과 상태를 나타내는 것을 말한다.
㉣ "특수가연물"이라 함은 이황화탄소, 디에틸에테르 그밖에 1기압에서 발화점이 섭씨 100℃ 이하인 것 또는 인화점이 섭씨 영하 20℃ 이하이고, 비점이 섭씨 40℃ 이하인 것을 말한다.

① 1개  ② 2개
③ 3개  ④ 4개

## 160

다음 〈보기〉 설명을 보고 옳은 것을 고르면?

> • 무기과산화물 중 알칼리금속의 과산화물은 물과 반응하여 A 기체를 발생시킨다.
> • 적린은 산소와 연소반응을 하여 흰 연기 B를 발생시킨다.
> • 칼륨은 물과 반응하여 C 기체를 발생시킨다.

① A 기체는 가연성 기체이다.
② B 기체는 더이상 연소가 일어나지 않는 불연성 기체이다.
③ C 기체는 위험물안전관리법상 2류 위험물로 분류된다.
④ C 기체의 연소범위는 5~15V% 이다.

## 161

다음 위험물에 대한 설명 중 옳은 것은?

① 알코올류는 1분자를 구성하는 산소원자의 수가 1개부터 3개까지인 포화1가 알코올을 말한다 (변성알코올 포함).
② 1석유류라 함은 아세톤, 휘발유 그밖에 1기압에서 발화점이 섭씨 21℃ 미만인 것을 말한다.
③ 인화성 고체는 고형 알코올 그밖에 1기압에서 인화점이 섭씨 40℃ 미만인 고체를 말한다.
④ 질산의 비중이 1.89 이상이어야 한다.

## 162

다음 위험물에 대한 설명 중 옳지 않은 것은?

① 제1류 위험물은 산화성 고체로서 산소를 포함하는 불연성이고 주로 냉각소화한다.
② 알칼리금속 및 알칼리토금속은 석유, 파라핀에 저장한다.
③ 탄산칼슘은 자신은 불연성이지만 수증기 및 물과 반응해서 아세틸렌이 발생하고 공기와 함께 폭발성 혼합가스를 만든다.
④ 제2류 위험물은 가연성 고체로서 산소를 포함하지 않는 가연물이다.

## 163

다음의 제4류 위험물 중 인화점이 가장 낮은 것은?

① 벤젠
② 실린더유
③ 기어유
④ 등유

## 164 ①②③
마늘과 같은 자극적인 냄새가 나는 백색 또는 담황색 왁스상의 가연성 고체로 공기 중에서 자연발화성이 있어 물속에 저장하여야 할 위험물은?

① 칼륨　　　　　　　　　　② 탄화칼슘
③ 알킬리튬　　　　　　　　④ 황린

## 165 ①②③
제3류 위험물 중 자연발화성만을 가지는 황린을 수납한 운반 용기의 표시사항으로 옳은 것은?

① 화기엄금, 공기접촉엄금, 물기엄금　　② 화기엄금, 가연물접촉주의
③ 화기엄금, 충격주의　　　　　　　　　④ 화기엄금, 공기접촉엄금

## 166 ①②③
다음 중 제3류 위험물의 저장 취급 시 주의할 점으로 옳지 않은 것은?

① 강산화제, 강산류, 기타 약품과 접촉되지 않도록 한다.
② 황린은 공기 중에서 산화를 피하기 위하여 석유 속에 저장한다.
③ 용기는 완전히 밀봉하고, 파손 및 부식을 막으며, 수분과의 접촉을 방지한다.
④ 용기는 금속제의 견고한 것을 이용한다.

## 167 ①②③
제5류 위험물에 대한 설명 중 가장 거리가 먼 것은?

① 산소를 함유하고 있어 자기연소 또는 내부연소를 일으키기 쉽다.
② 연소속도가 빨라 폭발적이다.
③ 질식소화가 어려우며, 냉각소화로는 소화가 적합하다.
④ 가열, 충격, 마찰 또는 다른 약품과의 접촉에 의해 폭발하는 것이 거의 없다.

**168**

제4류 위험물의 일반적인 성질에 대한 설명으로 옳지 않은 것은?

① 대부분 무기화합물로 이루어진 고체 및 액체로서 인화의 위험성이 있다.
② 대부분 발생하는 증기의 비중은 공기보다 무겁다.
③ 알코올류를 제외한 대부분의 물질이 물에 잘 녹지 않는다.
④ 전기적으로 부도체이므로 정전기 축적이 용이하여 점화원으로 작용할 수 있다.

**169**

대형 유류탱크의 소화 작업 시 불꽃이 치솟는 유면에 포를 투입하였을 때 탱크 윗면의 가운데 부분은 불이 꺼졌어도 바깥쪽은 벽을 따라 환상으로 불이 치솟는 현상을 무엇이라 하는가?

① 롤오버(Roll Over)
② 윤화(Ring Fire)
③ 보일오버(Boil-over)
④ 오일오버(Oil Over)

**170**

다음 중 프로스오버(Froth-over)의 현상으로 옳지 않은 것은?

① 프로스오버는 인화성 액체인 석유류의 화재 시에 발생되는 이상현상인 오일오버, 보일오버에 비하여 위험성이 적다.
② 점성을 가진 뜨거운 유류 표면의 아래 부분에서 물이 비등할 경우 비등하는 물이 저장탱크 내의 유류를 외부로 넘쳐흐르게 하는 현상이다.
③ 물보다 끓는점(비점)이 높은 점성을 가진 석유류나 식용유에 물이 접촉될 때 석유류·식용유의 표면온도에 의해 물이 수증기가 되어 팽창·비등함에 따라 주위에 있는 뜨거운 석유류·식용유의 일부를 외부로 비산시키는 현상을 말한다.
④ 다른 이상현상 보다는 발생 횟수가 많으나 직접적으로 화재를 발생시키지는 않는다.

## 171

**다음 중 보일오버(Boil over)의 예방대책으로 옳지 않은 것은?**

① 수층의 형성
② 물의 배출
③ 물의 과열방지
④ 내용물의 기계적 교반

## 172

**다음 중 오일오버와 관련 있는 것은?**

① 수분이 들어있는 고기류를 밀가루 또는 쌀가루를 입혀 끓는 식용유에 넣어 튀길 때 발생된다.
② 다른 현상 보다 발생횟수가 많으나 직접적으로 화재를 발생시키지 않는다.
③ 원유 자체에 함유된 수분이나 기름의 에멀젼이 열에 공급을 받아 급격한 부피팽창하며 상류의 유류를 밀어올리며 비산하는 현상이다.
④ 4류 위험물의 저장탱크에서 발생되며 내용적의 1/2이하로 충전되어 있을 때 발생한다.

## 173

**다음 중 보일오버에 대한 설명 중 가장 거리가 먼 것은?**

① 원유나 중질유 저장탱크 화재 시 발생된 고온의 열류층(열파)에 의해 탱크 바닥에 존재하는 비점이 낮은 불순물(물 또는 물-기름 에멀션 등)이 기화하면서 급격한 부피팽창(물의 경우 1,700배 이상)으로 인해 다량의 유류가 탱크 외부로 넘치는 현상을 말한다.
② 열류층(열파)을 형성하는 유류이어야 한다.
③ 탱크 바닥에 물(또는 물-기름 에멀션) 등이 존재하여야 한다.
④ 거품을 형성하는 저점도의 성질을 갖는 유류일 경우 발생한다.

# CHAPTER 4 화재조사

**174** ①②③

다음 화재조사에 관한 설명 중 옳지 않은 것은?
① 내용연수 : 고정자산을 경제적으로 사용할 수 있는 연수를 말한다.
② 완진 : 소방대에 의한 소화활동의 필요성이 사라진 것을 말한다.
③ 잔가율 : 화재 당시에 피해물의 재구입비에 대한 현재가의 비율을 말한다.
④ 감정 : 화재원인의 판정을 위하여 전문적인 지식, 기술 및 경험을 활용하여 주로 시각에 의한 판단을 하는 것이다.

**175** ①②③

화재원인의 판정을 위해 전문지식, 기술 및 경험을 활용해 주로 시각적인 방법으로 구체적인 사실관계를 규정하는 것은?
① 화재조사                ② 발화원
③ 감정                    ④ 감식

**176** ①②③

「소방기본법 시행규칙」상 발생하는 때에 그 사실을 지체없이 종합상황실로 보고해야 하는 사항으로 옳지 않은 것은?
① 이재민 100인 이상 발생한 화재
② 재산피해액 50억 원 이상 발생한 화재
③ 사망자 3인 이상 발생하거나 사상자 15인 이상 발생한 화재
④ 관공서, 학교, 정부미 도정공장, 문화재, 지하철 또는 지하구 등에 발생한 화재

## 177 ●①②③
다음 중 화재조사에서 복원에 대한 설명으로 옳지 않은 것은?
① 복원은 현장관찰 후 재료가 남아있는 경우에 행하고 불명한 물건은 복원하지 않는다.
② 보조재료는 복원물건과 유사한 물건을 사용한다.
③ 복원한 상황을 관계자에게 확인시킨다.
④ 마감재 및 내벽재 등의 복원은 잔존물을 고찰하여 위치를 결정한다.

## 178 ●①②③
화재조사법 제5조에 따라 화재조사는 언제 실시하여야 하는가?
① 화재진압 전
② 화재종료 후
③ 화재발생사실을 알게 된 때 지체 없이
④ 초기진화 후

## 179 ●①②③
「화재조사 및 보고규정」상 화재조사 보고에 대한 설명으로 옳지 않은 것은?
① 조사관이 조사를 시작한 때에는 소방관서장에게 지체 없이 화재·구조·구급상황보고서를 작성·보고해야 한다.
② 조사 보고일을 연장한 경우 그 사유가 해소된 날부터 10일 이내에 소방관서장에게 조사결과를 보고해야 한다.
③ 「소방기본법 시행규칙」제3조제2항제1호(상급 종합상황실에 보고해야 하는 화재)에 해당하는 화재의 경우 화재 발생일로부터 30일 이내에 보고해야 한다.
④ 소방본부장 및 소방서장은 조사결과 서류를 국가화재정보 시스템에 입력·관리해야 하며 2년 동안 보존해야 한다.

## 180 ●①②③
화재조사 용어에 대한 설명이다. 가장 옳지 않은 것은?
① 화재란 사람의 의도에 반하거나 고의에 의해 발생하는 연소 현상으로서 소화시설 등을 사용하여 소화할 필요가 있거나 또는 화학적인 폭발현상을 말한다.
② 감식이란 화재원인의 판정을 위하여 전문적인 지식, 기술 및 경험을 활용하여 주로 시각에 의한 종합적인 판단으로 구체적인 사실관계를 명확하게 규명하는 것을 말한다.
③ 연소확대물이란 발화열원에 의해 불이 붙은 최초의 가연물을 말한다.
④ 발화요인은 발화원에 의하여 발화로 이어진 연소현상에 영향을 준 인적·물적·자연적인 요인을 말한다.

## 181
「화재조사 및 보고규정」상 다음 빈칸에 들어갈 말이 순서대로 알맞게 짝지어진 것은?

> 건물 등 자산에 대한 최종잔가율은 건물·부대설비·구축물·가재도구는 (    )%로 하며, 그 이외의 자산은 (    )%로 정한다.

① 50 / 25
② 40 / 20
③ 30 / 15
④ 20 / 10

## 182
소방관서장의 화재조사 권한으로 옳지 않은 것은?
① 관계인에 대하여 필요한 보고 및 자료제출 명령권
② 화재원인 및 피해상황에 대한 관계 장소의 출입조사권
③ 화재조사 중 알게 된 사항을 관계 보험회사와는 협력 의무 없이 비밀 유지권
④ 수사에 지장을 주지 아니하는 범위 안에서 방화, 실화 혐의로 체포된 피의자 및 압수된 증거물 조사권

## 183
화재조사 시 소방관서장의 임무가 아닌 것은?
① 범죄수사
② 전담부서 설치·운영
③ 증거물 수집
④ 현장보존

## 184
화재 시 30% 이상, 70% 미만 소실됐을 경우에 해당되는 화재는?
① 전소화재
② 반소화재
③ 완소화재
④ 부분소화재

## 185
화재조사 시 화재의 소실정도를 구분하는 방법으로 옳지 않은 것은?
① 건물의 70% 이상(입체면적에 대한 비율)이 소실된 경우 전소된 것으로 본다.
② 구조물의 30% 이상, 70% 미만이 소실된 것은 반소로 구분한다.
③ 건물의 소실면적 산정은 소실 입체면적으로 산정한다.
④ 선박의 경우 잔존부분을 보수하여도 재사용이 불가능한 것은 전소로 구분한다.

**186** ●❶❷❸
화재현장에서 부상자를 이송한 후 몇 시간 이내에 사망하였을 경우 사망자로 간주하는가?
① 24시간
② 48시간
③ 72시간
④ 96시간

**187** ●❶❷❸
화재조사 시 사상자를 판단하는 기준으로 옳지 않은 것은?
① 사상자는 화재현장에서 사망한 사람과 부상당한 사람을 말한다.
② 부상당한 사람의 부상정도는 응급환자의 중증도 분류기준에 따른다.
③ 3주 미만의 입원치료와 3주 이상이라도 통원치료의 경우에는 경상으로 본다.
④ 화재현장에서 부상을 당한 후 72시간 이내에 사망한 경우에는 당해 화재로 인한 사망으로 본다.

**188** ●❶❷❸
소방관의 화재조사의 내용으로 옳지 않은 것은?
① 자료제출 명령권
② 화재보험회사 조사
③ 관계인에 대한 질문권
④ 경찰수사기관과 협조

**189** ●❶❷❸
「화재조사 및 보고 규정」상 화재 건수에 대한 설명 중 옳지 않은 것은?
① 동일 소방대상물에 낙뢰로 2곳에 불이 붙어 소화한 화재는 1건으로 본다.
② 화재범위가 2개의 관할구역에 걸친 화재에 대해서는 각 관할 소재지의 소방서에서 각각 1건의 화재로 한다.
③ 다른 방화자가 각각 다른 두 곳에서 불을 낸 경우 화재 건수는 2건으로 본다.
④ 동일 소방대상물에 지진으로 2곳에 불이 붙어 소화한 화재는 1건으로 본다.

**190** ●❶❷❸
화재조사 활동에 관한 설명 중 옳지 않은 것은?
① 화재의 소실정도에서 전소는 70% 이상이 소실되었거나 또는 그 미만이라도 잔존부분을 보수하여도 재사용이 불가능한 것을 의미한다. 이때 70%는 입체면적을 의미한다.
② 화재조사규정 상 건물의 소실면적 산정은 소실 바닥면적으로 산정한다.
③ 3주 이상의 입원치료를 필요로 하는 부상을 중상으로 분류한다.
④ 화재조사는 원칙적으로 화재발생 24시간 안에 시작해야 한다.

### 191
**건물 내 화재 시 화재패턴이 가장 뚜렷하게 나타나는 부위는?**
① 바닥
② 천장
③ 가구
④ 벽

### 192
**화재조사의 특징과 설명으로 가장 옳지 않은 것은?**
① 화재현장에서 조사가 이루어져야 하므로 현장성을 갖는다.
② 시간이 지날수록 현장보존이 어려워지므로 신속성이 필요하다.
③ 화재현장에서 관계인의 동의를 얻기는 쉽지 않으므로 강제성의 특징이 있다.
④ 화재현장에서의 증거물은 보존이 잘되어야 화재조사가 정확하게 이루어질 수 있으므로 프리즘식의 특징이 있다.

### 193
**「화재조사 및 보고규정」상 용어 정의로 옳지 않은 것은?**
① 발화는 열원에 의하여 가연물질에 지속적으로 불이 붙는 현상이다.
② 발화열원은 발화의 최초원인이 된 불꽃 또는 열이다.
③ 연소확대물은 연소가 확대되는데 있어 결정적 영향을 미친 가연물이다.
④ 최초착화물은 발화에 관련된 불꽃 또는 열을 발생시킨 기기 또는 장치나 제품이다.

### 194
**다음 중 「화재 조사 및 보고 규정」에 대한 설명으로 옳지 않은 것은?**
① "감정"이란 화재와 관계되는 물건의 형상, 구조, 재질, 성분, 성질 등 이와 관련된 모든 현상에 대하여 과학적 방법에 의한 필요한 실험을 행하고 그 결과를 근거로 화재원인을 밝히는 자료를 얻는 것을 말한다.
② "연소확대물"이란 발화열원에 의해 불이 붙고 이 물질을 통해 제어하기 힘든 화세로 발전한 가연물을 말한다.
③ "초진"이란 소방대의 소화활동으로 화재확대의 위험이 현저하게 줄어들거나 없어진 상태를 말한다.
④ "최종잔가율"이란 피해물의 경제적 내용연수가 다한 경우 잔존하는 가치의 재구입비에 대한 비율을 말한다.

## 195

「화재조사 및 보고규정」상 결정기준에 대한 설명으로 옳지 않은 것은?

① 건널 복도 등으로 2 이상의 동에 연결되어 있는 것은 1동으로 본다.
② 조사는 물적 증거를 통한 과학적인 방법에 의한 합리적인 사실의 규명을 원칙으로 한다.
③ 발화지점이 한 곳인 화재현장이 둘 이상의 관할구역에 걸친 화재는 발화지점이 속한 소방서에 1건의 화재로 산정한다.
④ 질문을 할 때에는 시기, 장소 등을 고려하여 진술을 하는 사람으로부터 임의진술을 얻도록 하여야 한다.

## 196

화재조사 시 건물 동수를 1동으로 볼 수 없는 경우는?

① 건물의 외벽을 이용하여 실을 만들어 헛간, 목욕탕, 사무실 등으로 사용하는 경우
② 구조에 관계없이 지붕 및 실이 하나로 연결되어 있는 경우
③ 목조 건물의 경우 격벽으로 방화구획이 되어 있는 경우
④ 내화구조 건물의 옥상에 옥외 계단으로 연결된 목조 건물이 설치되어 있는 경우

## 197

「화재조사 및 보고규정」상 건물 동수 산정에 대한 설명으로 옳지 않은 것은?

① 건물의 외벽을 이용하여 실을 만들어 헛간, 목욕탕, 작업실, 사무실 및 기타 건물 용도로 사용하고 있는 것은 주건물과 다른 동으로 본다.
② 목조 또는 내화조 건물의 경우 격벽으로 방화구획이 되어있는 경우도 같은 동으로 한다.
③ 독립된 건물과 건물 사이에 차광막, 비막이 등의 덮개를 설치하고 그 밑을 통로 등으로 사용하는 경우는 다른 동으로 한다.
④ 내화조 건물의 옥상에 목조 또는 방화구조 건물이 별도 설치되어 있는 경우는 다른 동으로 한다. 다만, 이들 건물의 기능상 하나인 경우 (옥내 계단이 있는 경우)는 같은 동으로 한다.
⑤ 구조에 관계없이 지붕 및 실이 하나로 연결되어 있는 것은 같은 동으로 본다.

**198** 

다음은 「화재조사 및 보고규정」에 따른 화재건수를 결정하는 방법이다. 가장 옳지 않은 것은?

① 1건의 화재란 1개의 발화점으로부터 확대된 것으로 발화부터 진화까지를 말한다.
② 동일 소방대상물의 발화점이 2개소 이상 있는 누전점이 동일한 누전에 의한 화재는 각각 별건의 화재로 한다.
③ 동일범이 아닌 각기 다른 사람에 의한 방화, 불장난은 동일 대상물에서 발화했더라도 각각 별건의 화재로 한다.
④ 지진, 낙뢰 등에 의하여 인접한 여러 개의 소방대상물에 발화점이 여러 개가 발생한 화재는 각각 별건의 화재로 한다.
⑤ 화재범위가 2 이상의 관할구역에 걸친 화재에 대해서는 발화 소방대상물의 소재지를 관할하는 소방서에서 1건의 화재로 한다.

**199**

다음 〈보기〉에서 설명하는 균열흔의 종류는 무엇인가?

> 700~800도 정도의 비교적 낮은 온도에서 천천히 연소하면서 홈이 얕고 삼각 또는 사각형태를 나타내게 된다.

① 완소흔　　　　　　　　　② 강소흔
③ 열소흔　　　　　　　　　④ 주염흔

**200**

과학적방법론에 의한 화재조사 기본원칙 순서가 바르게 나열된 것은?

① 문제확인 → 문제정의 → 자료수집 → 자료분석(귀납적추리) → 가설설정 → 가설검증(연역적추리)
② 문제확인 → 문제정의 → 자료수집 → 자료분석(연역적추리) → 가설설정 → 가설검증(귀납적추리)
③ 문제정의 → 문제확인 → 자료수집 → 자료분석(귀납적추리) → 가설설정 → 가설검증(연역적추리)
④ 문제정의 → 문제확인 → 자료수집 → 자료분석(연역적추리) → 가설설정 → 가설검증(귀납적추리)
⑤ 문제확인 → 문제정의 → 자료수집 → 가설설정 → 자료분석(귀납적추리) → 가설검증(연역적추리)

## 201

**다음은 무엇에 대한 설명인가?**

> 가연물이 1,100℃ 정도의 고온상태에 접하여 일시에 연소하게 되면 홈이 아주 깊은 상태가 되는데 맹렬한 확산 중심부분 등에서 나타난다.

① 열소흔  ② 강소흔
③ 무염흔  ④ 박리흔

## 202

**다음은 무엇에 대한 설명인가?**

> 일반화재에서 연기를 왕성하게 내면서 타는 상태가 지나치게 되면 가연성 물질에 따라서 차이는 있으나 활활 타오르는 단계를 지나 연기가 줄고(가연물이 줄고 산소 공급이 좋아지는 조건)불꽃의 양이 커지는 것 같은 상태로 바뀌면서 건물 등 불연성 구조물이나 재질에 불꽃흔적을 남기는 현상

① 주염흔  ② 강소흔
③ 무염흔  ④ 박리흔

MEMO

# PART V 소화이론

## CHAPTER 1 소화원리

**001** ⓐ①②③
유류화재의 소화 방식으로 가장 많이 쓰이는 방식으로 옳은 것은?
① 제거와 희석
② 질식과 냉각
③ 희석과 냉각
④ 냉각과 제거

**002** ⓐ①②③
알코올화재를 물로서 소화하였다. 여기서 발생한 소화효과로 가장 거리가 먼 것은?
① 수증기 입자의 라디칼 흡수효과
② 알코올의 농도저하에 따른 희석효과
③ 물의 비열과 증발열에 의한 냉각효과
④ 수증기 발생에 의한 질식효과

**003** ⓐ①②③
다음 중 제거소화와 가장 밀접한 관계가 있는 것은?
① 가스화재에서 밸브를 잠그는 것
② 분말 소화약제를 분사하는 것
③ 밀폐공간의 화재에서 물을 미세하게 분무주수하는 것
④ 유류화재에서 화염면을 폼으로 덮는 것

**004** ⓜ①②③

제거소화의 예가 아닌 것은?

① 유류화재 시 다량의 포를 방사한다.
② 전기화재 시 신속하게 전원을 차단한다.
③ 가연성가스 화재 시 가스의 밸브를 닫는다.
④ 산림화재 시 확산을 막기 위하여 산림의 일부를 벌목한다.


**005** ⓜ①②③

연소가 일어나기 위해서는 가연물, 산소, 에너지원(점화에너지), 연쇄반응의 4요소가 구비되어야 하므로 이 요소들 중 하나 이상을 제거하면 연소현상은 제어된다. 각 요소에 대응하는 4대 소화법으로 가장 옳지 않은 것은?

① 가연물 - 제거소화법
② 산소 - 질식소화법
③ 에너지원 - 차단소화법
④ 연쇄반응 - 억제소화법


**006** ⓜ①②③

소화되기 위한 농도는 공기 중에 산소농도가 몇 % 미만인 상태를 말하는가?

① 12%
② 15%
③ 18%
④ 21%


**007** ⓜ①②③

중질유화재 시 무상주수를 함으로써 기대할 수 있는 소화효과로 올바르게 묶인 것은?

① 질식소화, 부촉매소화
② 질식소화, 피복소화
③ 질식소화, 냉각소화
④ 유화소화, 부촉매소화


**008** ⓜ①②③

다음 중 화재에 물을 사용하여 소화하는 가장 큰 이유로 옳지 않은 것은?

① 구입가격이 저렴하여 경제적이고 쉽게 구할 수 있으며 장기간 저장이 가능하다.
② 일반적으로 가연물질의 발화점보다 낮은 끓는점(비점)이어서 냉각소화에 쉽게 사용된다.
③ 물 1kg의 증발잠열의 값은 539kcal/kg로서 다른 물질의 기화열 값에 비하여 높다.
④ 소화에 대한 냉각소화작용이 우수하며 적상으로 방사 시 중유화재(B급화재) 및 전기화재에도 적합하다.

## 009

물은 냉각효과가 우수한 소화약제로 알려져 있다. 냉각효과가 뛰어난 원리로 옳은 것은?

① 표면장력  ② 비압축성
③ 현열  ④ 비극성

## 010

튀김기름에 화재가 발생하였을 때 싱싱한 야채를 넣어 소화하는 방법은 야채의 어떤 성질을 이용한 것인가?

① 증발잠열  ② 열용량
③ 산소농도의 차단  ④ 수용성

## 011

다음 중 물리적 방법에 의한 소화에 해당하지 않는 것은?

① 가연물을 냉각시키든지, 비열이 큰 냉각제로 냉각하든지, 기화열을 이용하여 인화점 및 발화점 이하로 낮추어 소화하는 방법이다.
② 산소의 희석에 의한 소화로서 가연물이 연소하는데 필요한 산소량을 조절하여 소화하는 방법이다.
③ 연소의 연쇄반응을 차단, 억제하여 소화하는 방법이다.
④ 가연물질을 화원과 격리시켜 연소를 방지하거나 제거하여 연소를 중단시키는 소화방법이다.

## 012

다음 〈보기〉에서 설명하는 소화방법으로 옳은 것은?

> • 대표적으로 할론 및 분말 소화약제가 있으며 할론1301의 경우 화재 시 고온에서 소화약제가 분해되어 Br 등이 연쇄반응의 인자인 Free Radical과 반응하여 연쇄반응의 전달 물질을 불활성화 시킨다.
> • 화학적 작용에 의한 소화방법이다.

① 질식소화  ② 억제소화
③ 피복소화  ④ 유화소화

013 ●❶❷❸

다음 〈보기〉에서 설명하는 소화로 옳은 것은?

> 가연물질이 연소하고 있는 장소에서 공기보다 비중이 큰 기체소화약제를 방사하여 연소물질의 주위를 둘러싸 산소의 공급을 차단시킴으로써 더이상 연소나 화재가 진행되지 않도록 하여 소화시키는 작용이다.

① 유화소화  ② 희석소화
③ 부촉매소화  ④ 피복소화

014 ●❶❷❸

다음 소화에 대한 설명 중 옳지 않은 것은 모두 몇 개인가?

> ㉠ 제거소화(除去消火)는 화염이 발생하는 연소반응을 주도하는 라디칼을 제거하여서 소화한다.
> ㉡ 유화소화(乳化消火, Emulsion effect)는 비중이 물보다 큰 중유(重油) 등으로 인한 화재 시 무상(구름모양)으로 방사하거나 포소화약제를 유류화재 시 방사하는 경우 유류 표면에 엷은 층(유화층)을 형성하여 공기 중의 산소의 공급을 차단시켜 소화하는 작용을 말한다.
> ㉢ 희석소화(稀釋消火)는 수용성 가연물질인 알코올·에스터·케톤·알데하이드류 등으로 인한 화재에 많은 양의 물을 방사하여 이들 가연물질의 농도를 연소농도 이하로 희석하여 소화시키는 작용을 말한다.
> ㉣ 방진소화(防塵消火)는 목탄(숯)·코크스(cokes) 등의 연소과정에서 제3종 소화분말인 제1인산암모늄($NH_4H_2PO_4$)을 방사하는 경우 고체상태의 메타인산($HPO_3$)이 숯불모양으로 연소하는 가연물질에 접촉하여 더이상 연소하는 현상을 방지하여 소화하는 소화작용을 말한다.

① 1개  ② 2개
③ 3개  ④ 4개

015 ●❶❷❸

다음 설명 중 옳지 않은 것은?

① 라디칼흡착제에 의한 소화는 농도와는 관계없는 화학적 소화법이다.
② 할론은 라디칼을 흡착하는 약제로서 화학적인 작용에 의한 소화를 한다.
③ 억제소화란 화염형성을 주도하는 라디칼을 없앰으로써 소화하는 방법이다.
④ 표면화재는 부촉매소화효과를 얻기 어려우며, 부촉매소화는 라디칼을 흡수하는 화학적인 작용에 의해 소화를 한다.

**016** ⓐ❶❷❸

질소폭탄을 이용하여 유전화재 시 발생되는 유증기를 날려버림으로써 소화하는 방법을 무엇이라 하는가?

① 냉각소화
② 질식소화
③ 제거소화
④ 화학소화

**017** ⓐ❶❷❸

산소 농도를 15% 이하로 유지함으로써 소화하는 방법(질식소화)으로 옳지 않은 것은?

① 타고 있는 고체가연물의 표면에 수성막포 소화설비를 사용하여 소화하였다.
② 발전기실 화재에 설치된 이산화탄소 소화설비가 작동하여 연소를 정지시켰다.
③ 음식물 조리 중 음식물에서 발생한 화재에 대하여 용기(냄비) 뚜껑을 닫음으로써 소화하였다.
④ 절단된 LPG 호스에서 누설로 인한 화재를 메인밸브의 차단을 통하여 소화하였다.

**018** ⓐ❶❷❸

화재 발생 시 주수소화가 적합하지 않은 물질은?

① 적린
② 마그네슘 분말
③ 과염소산칼륨
④ 황

**019** ⓐ❶❷❸

다음 소화에 대한 설명 중 옳은 것은 모두 몇 개인가?

㉠ 촛불을 입으로 불어서 끄는 것은 냉각소화이다.
㉡ 유류화재에서 탱크를 드레인(배유)하는 것과 산림화재의 벌목은 제거소화이다.
㉢ 질식소화는 한계산소농도(LOI) 이하로 유지하게 하여 소화하는 것이다.
㉣ 포말로 연소물을 감싸 산소의 공급을 차단하는 것은 희석소화이다.

① 1개
② 2개
③ 3개
④ 4개

**020** ⓐ❶❷❸

질식소화는 물리적 소화로 산소의 농도를 떨어뜨려 소화하는 방법이다. 산소의 농도를 어느 부분까지 낮추어야 하는가?

① 연소범위의 상한계
② 연소범위의 하한계
③ 가연성물질의 한계산소농도
④ 화학양론적농도

## 021 ①②③

**다음 소화방법 중 다른 하나는?**

① 양초에 촛불을 입김으로 소화하였다.
② 유류화재 시에 폭발물의 후폭풍으로 소화하였다.
③ 산불화재 시 물로서 소화하였다.
④ 전기화재 시 라디칼의 형성을 억제하면서 소화하였다.

## 022 ①②③

**화재의 종류별 기본 소화방법을 설명한 것으로 가장 옳지 않은 것은?**

① 유류화재 : 포소화약제를 이용한 질식소화
② 식용유화재 : 제1종 분말소화약제를 이용한 비누화작용 및 연쇄반응의 차단
③ 전기화재 : 전원 차단 없이 제3종 분말소화약제를 이용한 연쇄반응의 차단
④ 금속화재 : 마른 모래 또는 금속화재용 분말소화약제를 이용한 질식소화

## 023 ①②③

**이황화탄소($CS_2$)의 최소산소농도(MOC : Minimum Oxygen Concentration,%)로 옳은 것은?**

① 2.4  ② 3.6
③ 4.8  ④ 6.0

## 024 ①②③

**다음 중 발생하는 가연성증기의 농도를 변화시킴으로써 소화를 하는 경우에 해당하지 않는 것은?**

① 가연물의 표면에 막을 형성하게 한다.   ② 라디칼을 제거하는 물질을 분사한다.
③ 가연물을 냉각시킨다.   ④ 불활성가스를 분사한다.

## CHAPTER 2 소화약제

**025**

소화약제 중 물에 대한 설명으로 옳지 않은 것은?
① 물 분자 내부의 수소와 산소 사이의 화학결합은 극성 공유 결합이며, 물분자와 물분자 사이의 결합은 수소결합이다.
② 물의 기화열(증발열, 증발잠열)은 100℃의 액체상태의 물 1g을 100℃의 수증기로 만드는데 필요한 열량으로 539 cal/g(=539 kcal/kg)이다.
③ 비열이란 어떤 물질 1g을 1℃ 높이는데 필요한 열량으로서 물의 비열은 1cal/g·℃이다.
④ 물의 비열은 1cal/g·℃이로서, 헬륨, 수소 등에 비해 상대적으로 크다.

**026**

물 1g을 1℃ 상승시키는데 필요한 열량으로 가장 옳은 것은?
① 1 cal
② 1 Btu
③ 1 J
④ 1 kcal

**027**

다음 중 물소화약제 동결방지제가 아닌 것은?
① 에틸렌글리콜
② 프로필렌글리콜
③ 염화나트륨
④ 중탄산나트륨

**028**

다음 중 소화약제 충전량으로 옳은 것은?
① 물 소화기 - 80L
② 포 소화기 - 50L
③ 강화액 소화기 - 30L
④ 이산화탄소 소화기 - 20kg

**029**

다음 〈보기〉는 소화약제 중 무엇에 대한 설명인가?

> ㉠ 기름화재에 대해서 효과가 큼
> ㉡ 제일 넓게 보급
> ㉢ 전기의 불량도체의 성질이 있어서 전기설비에도 가능
> ㉣ 자체에는 독성이 없음

① 물
② 분말
③ 이산화탄소
④ 포

## 030

**소화에 대한 설명 중 가장 옳지 않은 것은?**

① 계란을 요리하다가 프라이팬에서 식용유화재가 발생한 경우에 이불을 덮어서 소화하였다면 질식소화에 해당된다.
② 계란을 요리하다가 프라이팬에서 식용유화재가 발생한 경우에 분말소화약제는 1종보다는 2종이, 2종보다는 3종이, 3종보다는 4종이 소화력이 우수하다.
③ 계란을 요리하다가 프라이팬에서 식용유화재가 발생한 경우에 연소할 수 있는 식용유를 없애서 소화하였다면 제거소화에 해당된다.
④ 계란을 요리하다가 프라이팬에서 식용유화재가 발생한 경우에 식용유를 넣어서 소화하였다면 냉각소화에 해당된다.

## 031

**화재의 소화원리에 따른 소화방법의 적용이 잘못된 것은?**

① 냉각소화 : 스프링클러설비
② 질식소화 : 이산화탄소소화설비
③ 부촉매소화 : 할론소화설비
④ 제거소화 : 포소화설비

## 032

**공기 중 산소농도가 21%인 실에 산소농도를 15% 이하로 만들기 위하여 방사하여야 하는 이산화탄소 소화약제의 이론농도는 어느 정도인가?**

① 약 28%
② 약 34%
③ 약 43%
④ 약 50%

## 033

**다음 〈보기〉의 괄호 안에 들어갈 내용으로 옳은 것은?**

> (    ) 1kg이 지구온난화에 미치는 영향을 1로 보았을 때 다른 물질 1kg이 대기 중에 방출된 후 특정기간 동안 지구를 가열하는 효과를 지구온난화지수라 한다.

① $CO_2$
② $CFCl_3$
③ $CH_4$
④ $N_2O$

## 034

증기비중의 정의로 옳은 것은? (단, 보기에서 분자, 분모의 단위는 모두 g/mol이다)

① $\dfrac{분자량}{22.4}$
② $\dfrac{분자량}{29}$
③ $\dfrac{분자량}{44.8}$
④ $\dfrac{분자량}{100}$

## 035

다음 중 소화약제의 화학식으로 잘못 짝지어진 것은?

① FC-3-1-10 : $C_4F_{10}$
② HFC-23 : $CF_3I$
③ HFC-236fa : $CF_3CH_2CF_3$
④ HFC-125 : $CHF_2CF_3$

## 036

할로겐화합물 소화약제 HCFC BLEND A의 구성성분이 아닌 것은?

① HCFC-22
② HCFC-23
③ HCFC-123
④ HCFC-124

## 037

다음 할로겐화합물 및 불활성기체 소화약제 중 HCFC-124의 물질로 가장 옳은 것은?

① $CHClFCF_3$
② $CHF_2CF_3$
③ $CF_3CH_2CF_3$
④ $CHCl_2CF_3$

## 038

할론소화약제에 대한 설명 중 옳지 않은 것은?

① B급화재와 C급화재에 적절한 소화약제이다.
② 부촉매소화작용이 있어서 가연물질의 연쇄반응을 차단시킨다.
③ 산소보다 무거워 가연물질에 공급되는 산소를 차단하는 질식작용을 한다.
④ 발화점 이하로 냉각시키는 냉각작용은 일어나지 않는다.

## 039 ⬢①②③

불활성기체소화약제 IG-01의 소화약제의 성분으로 옳은 것은?

① $Ar$
② $N_2$
③ $CO_2$
④ $Ar$, $N_2$

## 040 ⬢①②③

할로겐화합물 및 불활성기체 소화약제에 대한 설명 중 옳지 않은 것은?

① 불활성기체소화약제 : 헬륨, 네온, 아르곤, 질소 중 하나 이상의 원소를 기본성분으로 하는 소화약제를 말한다.
② 전기적으로 전도성이며, 휘발성이 있거나 증발 후 잔여물을 남기지 않는 소화약제를 말한다.
③ IG-541은 $N_2$는 52%, $Ar$은 40%, $CO_2$는 8%로 구성되어 있다.
④ 할로겐화합물 및 불활성기체 소화약제 저장용기의 온도는 55℃ 이하이고 온도변화가 적은 곳에 설치한다.

## 041 ⬢①②③

다음 중 할로겐화합물 및 불활성기체 소화약제에 대한 설명으로 가장 옳지 않은 것은?

① 인화성 고체를 취급하는 취급소는 할로겐화합물 및 불활성기체 소화약제의 사용이 가능하다.
② 금속의 아지화합물을 취급하는 취급소와 알킬알루미늄을 저장하는 저장소는 사용이 제한된다.
③ 할로겐화합물 소화약제의 정의는 "불소, 염소, 브로민 또는 아이오딘 중 하나 이상의 원소를 포함하고 있는 유기화합물을 기본성분으로 하는 소화약제"로 규정되어 있다.
④ LOAEL(Lowest Observed Adverse Effect Level)은 심장에 악영향이 나타나지 않는 최고 농도이며, NOAEL(No Observed Adverse Effect Level)은 심장에 악영향이 나타나는 최저 농도이다.

## 042 ⬢①②③

다음 〈보기〉의 소화약제에 대한 설명으로 옳은 것은?

> ㉠ 이 소화약제는 할론(Halon) 소화약제가 오존층파괴 및 지구온난화에 심각한 영향을 미쳐 이 할론 소화약제의 대체 소화약제로써 개발된 소화약제이다.
> ㉡ 이 소화약제는 불활성가스 중 아르곤으로만 구성된 소화약제이다.

① HFC-23
② HCFC-124
③ IG-100
④ IG-01

## 043 ●①②③

다음 중 분말소화약제의 특징으로 옳지 않은 것은?

① 분말의 입도는 작으면 작을수록 소화효과가 우수하다.
② 제2종 분말소화약제의 색상은 담회색이다.
③ 전기절연성이 높아 고전압의 전기화재에도 적합하다.
④ 소화약제의 수명이 반영구적이어서 경제적이다.
⑤ 제3종 분말소화약제는 일반화재, 유류화재는 물론 전기화재에도 효과가 있다.


## 044 ●①②③

제2종 분말소화약제가 열분해 되었을 때 생성되는 물질이 아닌 것은?

① $CO_2$
② $H_2O$
③ $H_3PO_4$
④ $K_2CO_3$


## 045 ●①②③

다음 〈보기〉에서 제3종 분말소화약제에 해당하는 것을 모두 고르면?

| ㉠ 주성분 물질 : 탄산수소칼륨($KHCO_3$) | ㉡ 적응화재 : A급, B급, C급 화재 |
| --- | --- |
| ㉢ 착색 : 담회색 | ㉣ 열분해생성물 : 메타인산($HPO_3$) |

① ㉠, ㉢
② ㉡, ㉣
③ ㉠, ㉡, ㉢
④ ㉠, ㉡, ㉣


## 046 ●①②③

다음 중 3종 분말소화약제가 A급화재에도 소화효과가 좋은 이유로 가장 옳은 것은?

① 3종 분말소화약제가 열에 의해 분해되면서 생성되는 물질이 특수한 냉각효과를 보여주기 때문이다.
② 3종 분말소화약제가 열에 의해 분해되면서 생성된 다량의 불연성 가스가 질식효과를 보여주기 때문이다.
③ 3종 분말소화약제가 열에 의해 분해되면서 생성되는 불연성의 응용물질이 가연물의 표면에 정착되어 유리상의 피막을 형성하여 산소공급의 차단효과를 보여주기 때문이다.
④ 3종 분말소화약제가 열에 의해 분해되어 생성되는 물질이 강력한 연쇄반응 차단효과를 보여주기 때문이다.

## 047 ⚫①②③

제3종 분말($NH_4H_2PO_4$) 소화약제가 360℃일 때 분해반응식으로 옳은 것은?

① $NH_4H_2PO_4 \rightarrow NH_3 + H_3PO_4^- - Q(Kcal)$

② $NH_4H_2PO_4 \rightarrow NH_3 + H_2O + HPO_3^- - Q(Kcal)$

③ $NH_4H_2PO_4 \rightarrow NH_3 + H_2O_2 + HPO_2^- - Q(Kcal)$

④ $NH_4H_2PO_4 \rightarrow NH_4^+ + H_2PO_4^- - Q(Kcal)$

## 048 ⚫①②③

숯불에 융착하여 유리상의 피막을 형성해 방진작용을 하는 소화약제는?

① 제1종 분말소화약제  ② 제2종 분말소화약제
③ 제3종 분말소화약제  ④ 제4종 분말소화약제

## 049 ⚫①②③

제1종 분말인 탄산수소나트륨의 열분해 시 생성되는 가스로 옳은 것은?

① CO  ② $CO_2$
③ $NH_4$  ④ $N_2$

## 050 ⚫①②③

다음은 제1종 분말소화약제에 대한 설명이다, 괄호 안에 들어갈 단어로 옳은 것은?

> 제1종 분말소화약제가 연소 중의 가연물에 분사되면 우선 가연물의 표면을 덮어서 산소공급을 차단하여 질식시키며, 동시에 열분해 시 발생한 (    )에 의한 부촉매 작용으로 연쇄반응을 억제한다.

① $Na^+$  ② $NH_4^+$
③ $H_3PO_4$  ④ $K^+$

## 051

다음 중 분말소화약제의 색상과 약제가 바르게 연결된 것은?

|   | 소화약제 | 색 상 |
|---|---|---|
| ① | 1종 분말소화약제(탄산나트륨) | 담홍색 |
| ② | 2종 분말소화약제(중탄산칼륨) | 담자색 |
| ③ | 3종 분말소화약제(인산암모늄) | 회 색 |
| ④ | 4종 분말소화약제(요소 + 중탄산칼륨) | 백 색 |

## 052

다음 중 제3종 분말소화약제의 주성분은?

① $NaHCO_3$
② $KHCO_3$
③ $NH_4H_2PO_4$
④ $KHCO_3 + (NH_2)_2CO$

## 053

중탄산나트륨($NaHCO_3$)보다 중탄산칼륨($KHCO_3$)의 소화성능이 약 2배 정도 큰 이유로 옳은 것은?

① 냉각작용의 차이
② 활성화에너지의 차이
③ 비누화작용의 유무
④ 증발잠열의 차이

## 054

분말소화약제에 요구되는 이상적 조건 중 가장 옳지 않은 것은?

① 분말의 안식각이 작아서 유동성이 커야 한다.
② 수분에 대한 내습성과 시간에 따른 안전성이 커서 덩어리지는 현상이 없어야 한다.
③ 동일한 입자크기가 유지되어 우수한 소화기능을 가져야 한다.
④ 0.82kg/mL 이상의 비중을 가져야 한다.

## 055

**다음 중 제2종 분말소화약제에 대한 설명으로 옳지 않은 것은?**

① 불연성가스인 이산화탄소($CO_2$) 및 수증기($H_2O$)에 의해 가연물의 표면을 덮어서 산소공급을 차단하여 질식작용을 한다.
② 유리된 $NH_4^+$에 의한 부촉매 작용으로 연쇄반응을 억제한다.
③ 소화성능이 제1종 분말소화약제($NaHCO_3$) 보다 약 2배 크다.
④ 수증기($H_2O$)의 증발잠열에 의해 주위의 열을 흡수함으로써 냉각작용을 한다.

## 056

**CDC분말소화약제에 대한 설명 중 옳지 않은 것은?**

① CDC분말소화약제는 기존의 분말소화약제의 장점과 수성막포소화약제의 장점만을 조합하여 제조된 소화약제로서 현재 국제적으로 정하여진 규격이 없기 때문에 보통 분말소화약제로 인정받은 것 중에서 제조업체가 CDC(Compatible Dry Chemical)로 지정한 소화약제이다.
② 분말소화약제는 유류화재에 대한 신속한 소화능력은 있으나 소화한 후 재착화할 우려가 있어, 위험성이 있는 것이 단점으로 이를 보완하기 위하여 유류화재에 대한 소화능력이 우수하다.
③ CDC분말소화약제를 '소포성이 적은 분말소화약제' 또는 '겸용성이 있는 분말소화약제'라고도 하며, 이러한 CDC분말소화약제의 성분은 나트륨(Na)·칼륨(K)·제1인산암모늄($NH_4H_2PO_4$)·수성막포소화약제 등으로 되어있다.
④ 유류의 화재표면을 방출된 포로 완전히 덮어 소화시켜 재착화의 위험이 없는 수성막포소화약제를 겸용하여 제조된 것으로서 단, 일반화재에는 적응성이 없다.

## 057

**다음 〈보기〉에서 설명하는 물의 첨가제로 옳은 것은?**

> 물을 산림화재에 사용하는 경우처럼 높은 장소에서 주수하여 물방울이 분산되는 것을 감소시키고 목표물에 정확히 도달하여 소화대상물 표면에 오랫동안 잔류하게 하여 소화효과를 높여주기 위해 물에 첨가하는 첨가제이다.

① 증점제(Viscosity Water Agents)
② 침투제(Wetting Agents)
③ 수성막포(Aqueous Film Forming Foam)
④ 에틸렌글리콜(Ethylene Glycol)

## 058 ⓐ❶❷❸

심부화재 시 물 소화약제의 침투력을 증가시키기 위하여 물의 어떤 성질을 개선한 것인가?

① 응집력　　　　　　　　　② 부착력
③ 표면장력　　　　　　　　④ 점성

## 059 ⓐ❶❷❸

분말소화약제 중 이산화탄소($CO_2$)가 발생하지 않는 것은 무엇인가?

① 1종 분말　　　　　　　　② 2종 분말
③ 3종 분말　　　　　　　　④ 4종 분말

## 060 ⓐ❶❷❸

분말소화약제와 겸용해서 사용할 경우 유류화재에 적응성이 있는 포소화약제로 옳은 것은?

① 합성계면활성제포　　　　② 수성막포
③ 내알콜포　　　　　　　　④ 불화단백포

## 061 ⓐ❶❷❸

금속화재용 분말소화약제 중 나트륨(Na)화재를 위해서 특별히 개발된 Na-X의 주성분으로 옳은 것은?

① 탄산나트륨　　　　　　　② 염화나트륨
③ 코크스　　　　　　　　　④ 제3인산칼슘

## 062 ⓐ❶❷❸

다음 〈보기〉에 설명하고 있는 소화약제로 옳은 것은?

- 유류에 오염되지 않으므로 표면하주입방식에 의한 설비를 할 수 있다.
- 내열성이 약하여 열화현상이 발생 될 우려가 있어 저장탱크의 소화설비에 부적합하다.
- 유류화재에 대해 질식소화작용·냉각소화작용을 갖으며, 분말과 겸용하면 7~8배 소화효과가 있다.
- '라이트워터(Light Water)'라고도 한다.

① 수성막포소화약제　　　　② 알코올형포소화약제
③ 불화단백포소화약제　　　④ 합성계면활성제포소화약제

## 063

다음은 소화약제에 관한 설명이다. ㉠, ㉡에 가장 옳은 것은 무엇인가?

( ㉠ )는 중유화재에 적합한 포 소화약제이며, ( ㉡ )은 저발포와 고발포가 가능하며, 단지 윤화(ring fire) 발생우려가 있다.

|   | ㉠ | ㉡ |
|---|---|---|
| ① | 합성계면활성제포 | 수성막포 |
| ② | 합성계면활성제포 | 공기포 |
| ③ | 공기포 | 수성막포 |
| ④ | 수성막포 | 합성계면활성제포 |

## 064

다음 중 물 소화약제에 대한 설명으로 옳지 않은 것은?

① 얼음에서 수증기로 변화시키는데 필요한 융해잠열은 539.6cal/g이다.
② 대기압 하에서 물의 비점은 그 압력에 따라 항상 변한다.
③ 물은 비열이 1cal/g·℃로서 다른 물질보다 냉각소화 효과가 뛰어나다.
④ 1기압 하에서 액상의 물을 기화시키면 체적은 약 1,700배 정도 증가한다.

## 065

유화소화에 대한 설명으로 옳지 않은 것은?

① 무상주수로 유류표면을 덮어 증기발생을 억제할 수 있다.
② 물보다 가벼운 비수용성 유류화재에 적합하다.
③ 유류표면에 유화층의 물과 기름의 엷은 막을 형성시켜 소화한다.
④ 유면에 무상의 물방울을 강하게 분사할 경우 유화소화효과를 증대시킬 수 있다.

## 066

이산화탄소 소화약제에 대한 설명으로 옳지 않은 것은?

① 피연소물에 오손이 적고 증거보존이 용이하여서 통신시설에 이용이 가능하다.
② 피복소화효과가 강해 하이드라진 유도체에 효과가 있다.
③ 방사 시 침투성이 있고, 심부화재에 주로 사용된다.
④ 자체압력으로 방사가 가능하고 가격이 저렴하여서 약제로 많이 사용된다.

## 067

화재진압을 위한 이산화탄소($CO_2$)의 최소소화농도가 20% 일 때 이산화탄소 소화설비의 설계농도는 몇% 이상 설계되어야 하는가?(단, 이때 산소의 농도는 14%이다)

① 24%  
② 34%  
③ 40%  
④ 54%

## 068

이산화탄소 소화약제의 소화원리를 설명한 것으로 옳지 않은 것은?

① 이산화탄소는 가스의 상태로 분사 시 공기비중의 약 1.52배로 커서 가연물 속으로 침투가 유리하다.
② 비전도성 가스로서 전류를 통하고 있는 상태에서 사용이 가능하여 C급 화재에 적응성이 있다.
③ 가스의 상태로 방사되므로 동결의 우려가 없어 정밀 기기 등에 손상을 줄 우려가 없다.
④ 자체 증기압이 높아 화재 심부까지 침투가 용이하여 심부화재에도 적용이 가능하다.

## 069

이산화탄소($CO_2$) 소화약제에 관한 설명으로 옳지 않은 것은?

① 이산화탄소의 소화작용에는 냉각소화, 질식소화, 부촉매소화작용이 있다.
② 기체상태 가스비중은 약 1.5로 공기보다 무겁다.
③ 화재를 소화할 때 피연소물질의 내부까지 침투한다.
④ 증거보존이 가능하며, 소화약제의 구입비가 저렴하다.

## 070

이산화탄소 소화약제에 대한 설명으로 옳지 않은 것은?

① 이미 산화된 물질인 이산화탄소 소화약제는 나트륨 등 활성 금속물질을 저장·취급하는 장소에도 적응성이 있다.
② 방출된 Dryice 입자의 일부는 연소표면에 충돌되어 냉각효과를 나타낸다.
③ 이산화탄소의 독성 허용농도는 5,000ppm이다.
④ 주 소화효과는 방사 시 실내의 산소농도를 15% 이하로 낮추어주는 질식소화이다.

### 071 ●①②③
포(foam)에 대한 일반적인 설명으로 옳은 것은?
① 불화단백포 및 수성막포는 표면하주입방식에 사용할 수 없다.
② 불소를 함유하고 있는 합성계면활성제포는 친수성이므로 유동성과 내유성이 좋다.
③ 단백포는 유동성은 좋으나, 내화성은 나쁘다.
④ 알콜형포 사용 시 비누화현상이 일어나면 소화능력이 좋아진다.

### 072 ●①②③
포 소화약제의 팽창비에 따른 분류 중 고팽창포로 사용되는 것은?
① 합성계면활성제포　　② 불화단백포
③ 내알코올포　　　　　④ 단백포

### 073 ●①②③
다음 중 고발포 1종에 해당하는 팽창비는?
① 20배 이상 150배 미만　　② 80배 이상 250배 미만
③ 250배 이상 500배 미만　　④ 500배 이상 1,000배 미만

### 074 ●①②③
다음 중 포소화약제의 적응화재가 아닌 것은?
① Na, K 등과 같이 물과 반응하는 금속
② 위험물 시설
③ 특수 가연물을 저장·취급하는 장소
④ 차고, 주차장, 비행기 격납고, 자동차 정비공장 등 주로 기름을 사용하는 장소

### 075 ●①②③
물리적 소화방법에 해당하는 것은 모두 몇가지 인가?

> ㉠ 촛불에 컵을 덮어 LOI이하로 하여 소화한다.
> ㉡ 모닥불에 모래를 덮어 물적농도인 공기를 줄여 소화한다.
> ㉢ 유류화재를 할론 1301로 화염을 억제하여 소화한다.
> ㉣ 산불을 소방헬기의 물을 이용하여 가연성 분해물질의 생성을 억제하여 소화한다.

① 1개　　② 2개
③ 3개　　④ 전부

## 076

다음 중 할론 1301의 소화약제의 주성분은?

① $CBr_2F_2$
② $CH_2ClBr$
③ $CF_3Br$
④ $CF_2ClBr$

## 077

제3종 분말소화약제가 A급화재에 적합한 이유로 가장 적합한 것은?

① 화재발생시 열과 접촉시 생성되는 이산화탄소와 수증기에 의한 질식효과
② 열에 의해 분해된 $NH_4^+$ 에 의한 부촉매효과
③ 열에 의해 분해된 $HPO_3$에 의한 방진효과
④ 열에 의해 분해된 $Na^+$, $K^+$에 의한 부촉매효과

## 078

분말소화약제에 관한 설명으로 가장 옳지 않은 것은?

① 제2종 분말소화약제의 주성분은 $KHCO_3$이다.
② 제 1·2종 분말소화약제는 열분해 반응에서 $CO_2$가 생성된다.
③ $NaHCO_3$이 주된 성분인 분말소화약제는 B·C급 화재에 사용하고 분말 색상은 백색이다.
④ $NH_4H_2PO_4$이 주된 성분인 분말소화약제는 B·C급 화재에 유효하고 비누화현상을 일으킨다.

## 079

할로겐화합물 및 불활성기체 소화약제에 관한 설명으로 옳지 않은 것은?

① IG-01, IG-55, IG-100, IG-541 중 질소를 포함하지 않은 약제는 IG-01이다.
② 할로겐화합물 소화약제 중 HFC-23(트리플루오르메탄)의 화학식은 $CHF_3$이다.
③ 부촉매 소화효과는 불활성기체 소화약제와 할로겐화합물 소화약제 모두 있다.
④ 할로겐화합물 소화약제는 불소, 염소, 브로민 또는 아이오딘 중 하나 이상의 원소를 포함하고 있는 유기화합물을 기본성분으로 하는 소화약제를 말한다.

## 080

**다음 중 할로겐화합물 및 불활성기체 소화약제를 사용해도 되는 장소로 가장 옳은 것은?**

① 인화성 고체를 취급하는 취급소
② 금속의 아지화합물을 취급하는 취급소
③ 질산에스터류를 제조하는 제조소
④ 알킬알루미늄을 저장하는 저장소

## 081

**다음 중 할로겐화합물 및 불활성기체 소화약제에 대한 설명으로 가장 옳지 않은 것은?**

① 할로겐화합물 및 불활성기체 소화약제는 할로겐화합물(할론소화약제 제외) 및 불활성 기체로서 전기적으로 비전도성을 가진다.
② 화재안전기준(NFSC)에서 할로겐화합물 및 불활성기체 소화약제는 브로민을 함유하고 있지 않기 때문에 오존층파괴지수와 지구온난화지수가 Halon 물질이나 이산화탄소에 비하여 매우 낮다.
③ 할로겐화합물 및 불활성기체 소화약제는 부촉매 소화, 질식소화, 냉각소화를 한다.
④ 화재를 소화하는 동안 피연소 물질에 물리적, 화학적 변화나 재산상의 피해를 주지 않으나 소화가 완료된 후 특별한 물질이나 지방성 부산물을 발생시킨다.

## 082

**다음에서 설명하는 할로겐화합물 및 불활성기체 소화약제의 종류로 옳은 것은?**

> ㉠ 2세대 Halon 대체 물질로 불리우며 Halon 1301에서 브로민을 아이오딘으로 바꾼 소화약제이다.
> ㉡ Halon 1301보다 소화성능은 우수하나 분자량이 커서 자체 방사가 적고 ODP는 낮다.
> ㉢ NOAEL이 할로겐화합물 및 불활성기체 소화약제 중 가장 낮아 사람이 거주하는 장소에 사용이 곤란하다.

① HCFC-227ea
② FC-3-1-10
③ FIC-13I1
④ FK-5-1-12

# CHAPTER 3 소방시설

**083**

다음 <보기>의 소방시설 중 소화활동설비에 해당하는 것을 모두 고른 것은?

| ㉠ 비상콘센트설비 | ㉡ 방열복 |
| ㉢ 제연설비 | ㉣ 연소방지설비 |
| ㉤ 공기호흡기 | ㉥ 무선통신보조설비 |

① ㉡, ㉢, ㉤, ㉥
② ㉠, ㉢, ㉤, ㉥
③ ㉡, ㉣, ㉤, ㉥
④ ㉠, ㉢, ㉣, ㉥

**084**

다음 소방시설 분류의 설명으로 옳은 것은?
① 소화설비 중 소화기구에는 소화기, 간이소화용구, 자동소화장치가 있다.
② 피난구조설비에는 방열복, 공기호흡기, 연소방지설비 등이 있다.
③ 연결살수설비는 소화활동설비이다.
④ 경보설비에는 비상방송설비, 누전경보기, 통합감시시설, 가스누설차단기 등이 있다.

**085**

다음 중 소방시설의 분류에서 경보설비에 속하지 않는 것은?
① 무선통신보조설비
② 자동화재속보설비
③ 자동화재탐지설비
④ 비상방송설비

**086**

다음 중 소방시설의 종류를 설명한 것으로 옳은 것은?
① 소화설비 : 에어로졸식 소화용구, 자동확산소화기, 영업용 주방자동소화장치
② 경보설비 : 자동식사이렌설비, 시각경보기, 통합감시시설
③ 소화용수설비 : 상수도소화용수설비, 급수탑, 저수조
④ 피난구조설비 : 안전모, 보호장갑 및 안전화를 포함한 방화복, 인공소생기, 하향식피난구

**087** ①②③

다음 중 건축물의 3층 이상부터 설치하는 피난구조설비로서 비상시 발코니, 건축물의 창과 같이 개방할 수 있는 부분에서 지상까지 통형상의 포대를 설치하여 그 포대의 내부를 활강하는 피난기구로 옳은 것은?

① 피난용트랩  ② 다수인피난장비
③ 구조대  ④ 미끄럼대

**088** ①②③

다음 〈보기〉에서 설명하는 설비는 무엇인가?

> 전력・통신용의 전선이나 가스・냉난방용의 배관 또는 이와 비슷한 것을 집합수용하기 위하여 설치된 지하공작물로서 사람이 점검 또는 보수하기 위하여 출입이 가능한 폭 1.8m 이상, 높이 2m 이상 및 길이 50m 이상의 전력 또는 통신사업용의 지하공동구 내에 연소를 방지하기 위하여 설치하는 수막설비와 유사한 설비로 기본적인 구성은 송수구, 배관, 방수헤드 등으로 구성된다.

① 연결송수관설비  ② 연소방지설비
③ 연결살수설비  ④ 무선통신보조설비

**089** ①②③

화재가 발생하여 열기와 연기가 배출되지 않아 소방대의 진입이 곤란할 경우 소방대의 활동을 보조하기 위한 설비로 옳은 것은?

① 제연설비  ② 연소방지설비
③ 연결살수설비  ④ 연결송수관설비

**090** ①②③

다음 고정 포방출구 방식 중 방출된 포가 디플렉터(반사판)에 의해 탱크측판 내면을 따라 흘러들어가 액면에 전개되어 소화 작용을 할 수 있도록 설비된 포방출구는?

① 특형 포방출구  ② Ⅰ형 포방출구
③ Ⅱ형 포방출구  ④ Ⅲ형 포방출구

**091** ①②③

지하층을 포함하는 층수가 5층 이상인 병원에 필수적으로 설치하여야 하는 피난구조설비의 종류로 옳은 것은?

① 미끄럼대  ② 공기안전매트
③ 인공소생기, 방열복 및 공기호흡기  ④ 방열복 및 공기호흡기

**092**

가압송수용 펌프와 소화원액펌프가 별도로 설치되어 있고 압력이 변동되면 차압밸브에서 자동조절, 즉 약제펌프를 가동시켜 송수관로에 소화원액을 강제로 유입시켜 주는 방식으로 수용액의 혼합비율을 가장 정확하게 하여 주며 소화원액이 용량 800L 이상 되는 대형설비에 주로 적용되는 방식은?

① 프레져 프로포셔너 방식
② 프레져 사이드 프로포셔너 방식
③ 라인 프로포셔너 방식
④ 펌프 프로포셔너 방식

**093**

다음은 자동화재탐지설비의 정의 및 구성요소에 대한 설명이다. 가장 옳지 않은 것은?

① "자동화재탐지설비"란 화재를 초기단계에서 감지기에 의해서 열 또는 연기를 자동으로 감지하거나 발신기의 조작으로 수동으로 관계인에게 벨, 사이렌 등의 음향 장치로 화재를 알리는 설비이다.
② "발신기"란 화재발생 신호를 수신기에 수동으로 발신하는 장치를 말한다.
③ "경계구역"이란 특정소방대상물 중 화재신호를 발신하고 그 신호를 수신 및 유효하게 제어할 수 있는 구역을 말한다.
④ "수신기"란 감지기나 발신기에서 발하는 화재신호를 직접 수신하거나 중계기를 통하여 수신하여 화재의 발생을 표시 및 경보하여 주는 장치로 고유신호를 수신하는 P형과 공통신호를 수신하는 R형이다.

**094**

다음 〈보기〉에서 설명하는 감지기로 옳은 것은?

> 불꽃 자외선식, 불꽃 적외선식 및 불꽃 영상분석식의 성능 중 두 가지 이상 성능을 가진 것으로서 두 가지 이상의 감지기능이 함께 작동될 때 화재신호를 발신하거나 또는 두 개의 화재신호를 각각 발신하는 것을 말한다.

① 불꽃 영상분석식
② 불꽃 자외선·적외선겸용식
③ 열·연기·불꽃 복합형
④ 불꽃복합형

## 095

**자동화재탐지설비의 감지기에 대한 설명으로 옳은 것은?**

① 열감지기는 정온식, 차동식, 광전식이 있다.
② 이온화식감지기는 연기감지기이다.
③ 실온이 일정 온도 이상으로 상승하였을 때 작동하는 것으로 보일러실, 주방에 주로 사용되는 것은 차동식감지기이다.
④ 정온식감지기와 차동식감지기를 결합한 형태가 광전식감지기이다.

## 096

**옥내소화전설비에 대한 설명 중 옳지 않은 것은?**

① 가압송수방식은 고가수조방식, 압력수조방식, 펌프방식이 있다.
② 당해 소방대상물의 각 부분으로부터 하나의 옥내소화전 방수구까지의 수평거리가 25m 이하 되도록 하여야 한다.
③ 옥내소화전설비의 구성요소로 수원, 가압송수장치, 배관, 제어반, 비상전원, 호스 및 노즐 등으로 구성된다.
④ 옥내소화전설비의 수원은 산출된 유효수량 외에 유효수량의 2분의 1 이상을 옥상에 설치하여야 한다.

## 097

**다음 중 유도등에 대한 설명으로 옳지 않은 것은?**

① 피난구유도등은 바닥으로부터 높이 1.5m 이상 설치하고 바탕은 녹색, 안은 백색이다.
② 통로유도등은 바탕은 백색, 안은 녹색이다.
③ 비상전원은 지하층을 포함한 층수가 11층 이상의 층은 유도등을 60분 이상 유효하게 작동시킬 수 있는 용량으로 하여야 한다.
④ 비상전원은 지하층 또는 무창층으로서 용도가 도매시장・소매시장・여객자동차터미널・지하역사 또는 지하상가는 60분 이상 유효하게 작동시킬 수 있는 용량으로 하여야 한다.

## 098

**소화능력단위에 의한 소화기의 구분 중 A급화재에 적응성이 있는 대형소화기의 능력단위는 얼마 이상이어야 하는가?**

① 1 이상
② 5 이상
③ 10 이상
④ 20 이상

## 099 ****

〈보기〉에 해당하는 위락시설에는 2단위 소화기를 몇 개 설치해야 하는가?

> ㉠ 바닥면적 300m² 이다.
> ㉡ 건축물의 최하층 바닥이 내화구조이고 벽 또는 반자의 실외의 면하는 부분은 불연재료·준불연재료 또는 난연재료로 되어 있다.
> ㉢ 위락시설의 경우 소화능력단위 1단위가 요구되는 바닥 면적은 30m² 이다.

① 10개  ② 3개
③ 4개  ④ 5개

## 100 **

다음 중 〈보기〉에서 설명하는 용어로 옳은 것은?

> 피난통로가 되는 복도에 설치하는 통로유도등으로서 피난구의 방향을 명시 하는 것을 말한다.

① 피난유도선  ② 복도통로유도등
③ 통로유도표지  ④ 피난구유도등

## 101 ①❷❸

**다음은 유도등 및 유도표지에 대한 설명이다. 가장 옳지 않은 것은?**

① "유도등"이란 화재 시에 피난을 유도하기 위한 등으로서 정상상태에서는 상용전원에 따라 켜지고 상용전원이 정전되는 경우에는 비상전원으로 자동전환되어 켜지는 등을 말한다.
② "피난구유도등"이란 피난구 또는 피난경로로 사용되는 출입구를 표시하여 피난을 유도하는 등을 말한다.
③ "통로유도등"이란 피난통로를 안내하기 위한 유도등으로 복도통로유도등, 거실통로유도등, 객석통로유도등을 말한다.
④ "복도통로유도등"이란 피난통로가 되는 복도에 설치하는 통로유도등으로서 피난구의 방향을 명시하는 것을 말한다.

## 102 ①❷❸

**유도등 및 유도표지에 대한 설명 중 옳지 않은 것은?**

① 유도등 및 유도표지는 화재 시 긴급대피 방향을 안내하기 위한 설비로서 유도등은 전원을 이용하는 것으로 정상상태에서는 상용전원에 따라 켜지고 상용전원이 정전되는 경우에는 비상전원으로 자동전환 되어 켜지는 등을 말한다.
② 유도표지는 피난의 방향과 피난구를 표시한 표지판으로 등화를 갖지 않고 표시면의 자체 휘도로 피난을 유도하는 표지이다.
③ 유도표지에는 피난구유도표지, 통로유도표지, 객석유도표지가 있다.
④ 통로유도등에는 계단통로유도등, 복도통로유도등, 거실통로유도등이 있다.

## 103 ①❷❸

**스프링클러설비에 관한 설명 중 옳지 않은 것은?**

① 가지배관은 토너먼트로 하지 말아야 한다.
② 헤드방사압의 양정은 10m 이상이어야 한다.
③ 음향이 정격전압 80% 이상이 되어야 한다.
④ 습식은 개방형 헤드를 사용한다.

**104** ●①②❸

스프링클러설비의 용어의 정의에 대한 설명 중 가장 옳지 않은 것은?
① 가압수조는 가압원인 압축공기 또는 불연성 고압기체에 따라 소방용수를 가압시키는 수조이다.
② 가지배관이란 스프링클러 헤드가 설치되어 있는 배관이다.
③ 감열부의 유무에 따라 개방형헤드와 폐쇄형헤드로 구분하며, 방호구역은 개방형 스프링클러설비의 소화범위에 포함된 영역이다.
④ 반사판이란 스프링클러 헤드의 방수구에서 유출되는 물을 세분시키는 작용을 하는 금속판이다.

**105** ●①②③

스프링클러설비로서 감지기에 의해 작동되는 것으로 헤드가 폐쇄형헤드를 사용하는 설비는 무엇인가?
① 습식스프링클러설비　　　　② 건식스프링클러설비
③ 준비작동식스프링클러설비　　④ 일제살수식스프링클러설비

**106** ●①②③

다음 소화설비 중 감지기의 작동으로 스프링클러가 작동되는 설비로 옳지 않은 것은?
① 건식 스프링클러설비　　　　② 부압식 스프링클러설비
③ 일제살수식 스프링클러설비　④ 준비작동식 스프링클러설비

**107** ●①②③

다음 〈보기〉는 스프링클러설비 중 무엇에 대한 설명인가?

┌─────────────────────────────────┐
│ ㉠ 방수구역 전역 일시에 소화가능
│ ㉡ 소화 소요시간이 가장 짧음
│ ㉢ 화재감지기 또는 화재감지용 헤드 필요
│ ㉣ 감지기 오작동으로 인한 물의 피해가 큼
└─────────────────────────────────┘

① 습식　　　　　　　　　　　② 건식
③ 준비작동식　　　　　　　　④ 일제살수식

## 108
초기 소화에 절대적인 효과를 가지고 있으며 조작이 간편하고 자동적으로 화재를 감지·경보·소화할 수 있는 설비는?

① 스프링클러설비　　　　② 자동화재탐지설비
③ 옥내소화전설비　　　　④ 연결살수설비

## 109
자동화재탐지설비에 대한 설명으로 옳은 것은?

① 소화약제를 사용하여 소화하는 설비이다.
② 화재발생을 통보하는 설비이다.
③ 화재를 진압하는 데 필요한 물을 공급하는 설비이다.
④ 화재가 발생하였을 경우 피난을 위한 설비이다.

## 110
이산화탄소 저장용기에 관한 설명 중 옳지 않은 것은?

① 방화문으로 구획된 실에 설치한다.
② 주위 온도는 55℃ 이하이어야 한다.
③ 용기간은 3cm 이상 간격을 둔다.
④ 빗물의 침투 우려가 없는 곳에 설치한다.

## 111
다음 중 A·B·C급 화재에 모두 사용할 수 있는 분말소화기로 가장 옳은 것은?

① 제1종 분말소화기　　　　② 제2종 분말소화기
③ 제3종 분말소화기　　　　④ 제4종 분말소화기

## 112
다음 중 분말소화설비의 장점으로 옳지 않은 것은?

① 전기절연성이 우수하다.
② 인체에 해가 없고, 약제수명이 반영구적이다.
③ 동결우려가 없다.
④ 소화 후 잔유물이 없다.

## 113 ●①②③

사용자의 몸무게에 따라 자동적으로 내려올 수 있는 기구 중 사용자가 연속적으로 사용할 수 없는 피난기구는?

① 완강기
② 간이완강기
③ 구조대
④ 공기안전매트

## 114 ●①②③

다음 〈보기〉에서 설명하는 피난기구는?

> 화재 발생 시 사람이 건축물 내에서 외부로 긴급히 뛰어내릴 때 충격을 흡수하여 안전하게 지상에 도달할 수 있도록 포지에 공기 등을 주입하는 구조로 되어 있는 것을 말한다.

① 피난사다리
② 완강기
③ 구조대
④ 공기안전매트

## 115 ●①②③

다음은 연결송수관설비에 대한 설명으로 가장 옳지 않은 것은?

① 고층건축물, 초고층건축물, 지하건축물, 복합건축물등에 설치하여 초기소화를 목적으로 설치한 스프링클러, 물분무, 옥내소화전설비 등을 도와 소화활동을 원활하게 하기 위해서 설치하는 소화활동설비이다.
② 연결송수관설비는 수원으로부터 수원을 공급받거나 소방대로부터 건축물의 벽면에 설치된 송수구로부터 수원을 공급 받아 건축물 내의 화재를 소화하도록 되어 있다.
③ 건축물의 3층부터 설치한 방수구에 소방용 호스와 방사형 노즐을 연결형으로 설치하여야 하며, 방수구가 가장 많이 설치된 층을 기준하여 3개 층마다 방수기구함을 설치하되 그 층의 방수구마다 보행거리 5m 이내에 설치하여야 한다.
④ 연결송수관설비는 소방관이 사용하는 것으로 통신을 원활하게 하기 위해 무반사종단저항, 분배기, 증폭기, 케이블커넥터 등으로 구성되어 있다.

## 116 ●①②③

물분무등 소화설비로서 옳지 않은 것은?

① 포 소화설비
② 이산화탄소 소화설비
③ 할론 소화설비
④ 스프링클러 소화설비

## 117 ●①②③
지하 공동구에 설치할 수 있는 소화활동설비로서 옳은 것은?

① 자동화재탐지설비  ② 무선통신보조설비
③ 스프링클러설비    ④ 옥내소화전설비

## 118 ●①②③
자동기동방식의 펌프가 수원의 수위보다 높은 곳에 설치된 옥내소화전설비의 구성요소를 있는 대로 모두 고른 것은?

> ㉠ 압력챔버        ㉡ 안전밸브
> ㉢ 감시제어반      ㉣ 선택밸브
> ㉤ 물올림장치

① ㉠, ㉢, ㉤          ② ㉠, ㉡, ㉢, ㉤
③ ㉠, ㉢, ㉣, ㉤      ④ ㉡, ㉢, ㉣, ㉤

## 119 ●①②③
이산화탄소 소화설비를 방출방식에 따라 구분하였다. 종류로 옳지 않은 것은?

① 전역방출방식    ② 호스릴방식
③ 국소방출방식    ④ 가스압력방식

## 120 ●①②③
연기감지기의 설치에 관한 것으로 옳은 것은?

① 부식성 가스가 체류하는 곳에 설치한다.
② 목욕실·욕조나 샤워시설이 있는 화장실·기타 이와 유사한 장소에 설치한다.
③ 천장의 높이가 20m 이상인 곳에 설치한다.
④ 계단·경사로 및 에스컬레이터 경사로에 설치한다.

## 121 ●①②③
공기팽창원리를 이용한 것으로 주위온도가 일정 상승률 이상이 되는 경우 동작되는 감지기로서 일국소 부분의 열효과에 의하여 작동되는 것은?

① 차동식 분포형 공기관식 감지기   ② 차동식 스포트형 감지기
③ 정온식 스포트형 감지기          ④ 정온식 감지선형 감지

**122** 🔵①②③
스프링클러설비를 설치하는 장소로서 옳지 않은 것은?
① 지하가
② 파이프덕트
③ 창고 및 공장
④ 기숙사

**123** 🔵①②③
수신기의 설치기준으로 옳지 않은 것은?
① 사람이 상시 거주하는 장소에 설치해야 한다.
② 수신기는 감지기, 중계기 또는 발신기가 작동하는 경계구역을 표시해야 한다.
③ 하나의 경계구역은 하나의 표시등 또는 하나의 문자로 표시되도록 해야 한다.
④ 수신기의 조작스위치는 바닥으로부터 0.5~1.0m 이하인 장소에 설치해야 한다.

**124** 🔵①②③
다음 중 피난구조설비의 종류로 옳은 것은?
① 누전경보기, 가스누설경보기, 통합감시시설
② 비상방송설비, 자동화재탐지설비, 연결살수설비
③ 방열복, 비상조명등, 유도등
④ 연소방지시설, 무선통신보조설비, 제연설비

**125** 🔵①②③
물의 주수형태가 다른 하나는 무엇인가?(단, 예외사항은 무시한다)
① 옥내소화전 설비
② 옥외소화전 설비
③ 스프링클러 설비
④ 연결송수관 설비

**126** 🔵①②③
스프링클러설비에 대한 설명으로 옳은 것은?
① 건식설비는 건식밸브의 2차측 배관에 압축공기가 충만되어 있다.
② 습식설비는 유수검지장치의 2차측 배관에 대기압의 공기가 충전되어 있다.
③ 준비작동식설비는 준비작동밸브의 2차측 배관에 물로 충만되어 있다.
④ 일제살수식설비는 폐쇄형 헤드를 설치한다.

## 127

다음 그림에서 나타내고 있는 제연방식으로 옳은 것은?

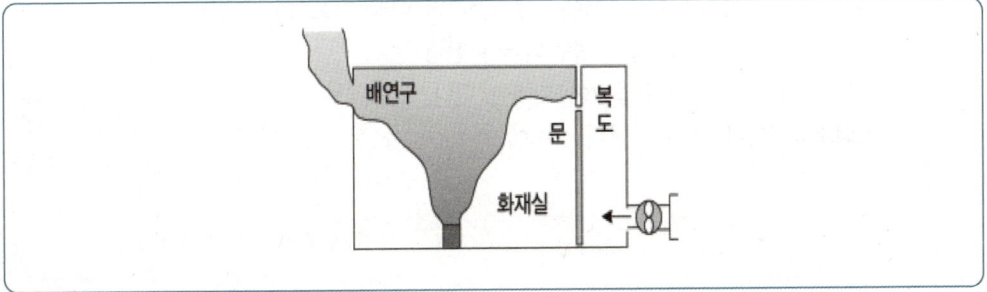

① 스모크타워제연방식  ② 제1종 기계제연방식
③ 제2종 기계제연방식  ④ 자연배연방식

## 128

다음 중 제연설비의 설치장소가 제연구역의 기준으로 옳지 않은 것은?

① 하나의 제연구역은 1,000m² 이내로 한다.
② 하나의 제연구역은 직경 60m 원내에 들어갈 수 있도록 한다.
③ 하나의 제연구역은 2개 이상 층에 미치지 아니하도록 할 것. 다만, 층의 구분이 불분명한 부분은 그 부분을 다른 부분과 별도로 제연구획 하여야 한다.
④ 거실과 통로(복도를 포함)는 상호 제연구획 하지 않는다.

## 129

간이소화용구에 해당되는 에어로졸식 소화용구, 투척용 소화용구, 소공간용 소화용구 및 소화약제 외의 것을 이용한 소화용구에서 소화약제외의 것을 이용한 소화용구에 해당되는 마른모래·팽창질석·팽창진주암의 능력단위는 몇인가?

① 0.1  ② 0.5
③ 1    ④ 2

## 130

옥외소화전에 대한 설명으로 옳지 않은 것은?

① 수원의 양은 옥외소화전 1개에 7세제곱미터 이상 확보하여야 한다.
② 분당 350리터 이상의 양이 방출되어야 한다.
③ 2.5kg/cm² 이상의 방수압력이 되어야 한다.
④ 옥외소화전마다 10m 이내의 장소에 소화전함을 설치하여야 한다.

## 131

다음 중 수격작용의 방지대책으로 옳지 않은 것은?

① 수격을 흡수하는 수격방지기를 설치한다.
② 관로에 서지탱크(Surge tank)를 설치한다.
③ 플라이휠(flywheel)을 부착하여 펌프의 급격한 속도변화를 억제한다.
④ 관경의 축소를 통해 유체의 유속을 증가시켜 압력변동치를 증가시킨다.

## 132

옥내소화전설비에 대한 설명 중 옳지 않은 것은?

① 건축물의 초기화재의 진화를 목적으로 사용하는 설비이다.
② 10층 건물일 경우 옥내소화전 1개에 필요한 수원의 양은 2.6 세제곱미터 이상이다.
③ 노즐선단에서의 방사압력은 0.17Mpa 이상이어야 한다.
④ 송수구의 구경은 40mm 이상이어야 한다.

## 133

펌프와 발포기의 중간에 설치된 벤츄리관의 벤츄리작용에 의해 포소화약제를 흡입, 혼합하는 방식은 무엇인가?

① 펌프 프로포셔너방식
② 라인 프로포셔너방식
③ 프레져 프로포셔너방식
④ 프레져사이드 프로포셔너방식

**134** ●①②③

다음 중 공동현상의 방지대책으로 옳은 것은 모두 몇가지 인가?

> ㉠ 흡입관 크기를 작게 한다.
> ㉡ 임펠러의 속도를 작게 한다.
> ㉢ 흡입관의 유체저항을 크게 한다.
> ㉣ 펌프의 설치위치를 높게 한다.

① 1개  ② 2개
③ 3개  ④ 4개

**135** ●①②③

12층의 업무용 건축물 내에 옥내소화전이 층별 4개씩 설치된 경우 보유하여야 하는 수원의 양(유효수량)으로 옳은 것은?

① $5.2m^3$  ② $10.4m^3$
③ $13m^3$  ④ $21.6m^3$

**136** ●①②③

다음 보기의 빈칸에 들어갈 말로 알맞은 것은?

- 펌프의 성능은 체절운전시 정격토출압력의 ( ㉠ )%를 초과하지 아니하고, 정격토출량의 ( ㉡ )%로 운전시 정격토출압력의 ( ㉢ )% 이상이 되어야 한다.
- 유량측정장치는 성능시험배관의 직관부에 설치하되, 펌프의 정격토출량의 ( ㉣ )% 이상 측정할 수 있는 성능이 있어야 한다.

|   | ㉠ | ㉡ | ㉢ | ㉣ |
|---|---|---|---|---|
| ① | 120 | 130 | 65 | 175 |
| ② | 120 | 140 | 75 | 185 |
| ③ | 140 | 150 | 65 | 175 |
| ④ | 140 | 160 | 75 | 185 |

**137** ●①②③

제연설비를 설치하는데 한 개 층의 제연구역 면적으로 옳은 것은?

① $600m^2$ 이내  ② $800m^2$ 이내
③ $1,000m^2$ 이내  ④ $12,000m^2$ 이내

## 138 ⊕①②③

**감지기에 대한 설명으로 옳은 것은?**

① 차동식 분포형 감지기는 주위온도가 일정상승률 이상이 되는 경우 작동하고 일국소에서의 열효과에 의하여 작동하는 것을 말한다.
② 차동식 스포트형 감지기는 주위온도가 일정상승률 이상이 되는 경우 넓은 범위에서의 열효과에 의하여 작동하는 것을 말한다.
③ 정온식 스포트형 감지기는 일국소의 주위온도가 일정한 온도 이상이 되는 경우에 작동하며 외관이 전선으로 되어있는 것을 말한다.
④ 연기 복합형 감지기는 이온화식 연기 감지기와 광전식 연기 감지기의 성능이 있는 것으로 두 가지 감지 기능이 동시에 작동하면 작동신호를 발하는 것을 말한다.

## 139 ⊕①②③

**주위 온도가 일정한 상승률 이상이 되었을 경우 작동하는 것으로 넓은 범위 내에서의 열효과의 누적에 의하여 작동하는 감지기는?**

① 정온식 감지선형 감지기
② 보상식 스포트형 감지기
③ 차동식 분포형 감지기
④ 광전식 분리형 감지기

## 140 ⊕①②③

**감지기에 관한 정의에서 (    )에 들어갈 용어로 옳은 것은?**

> 감지기란 화재시 발생하는 열, 연기, 불꽃 또는 연소생성물을 자동적으로 감지하여 (    )에 발신하는 장치를 말한다.

① 경종
② 발신기
③ 수신기
④ 시각경보장치

## 141 ⊕①②③

**소화기를 각 층마다 설치하되 소방대상물 각 부분으로부터의 보행거리가 소형 수동식 소화기 및 대형 수동식 소화기 각각 몇 미터 이내마다 설치해야 하는가?**

① 20m, 30m
② 30m, 40m
③ 40m, 50m
④ 50m, 60m

**142**

스프링클러설비에서 배수를 원활하게 할 수 있도록 헤드를 향하여 상향으로 수평주행배관의 기울기를 500분의 1 이상, 가지배관의 기울기를 250분의 1 이상으로 하여야 하는 스프링클러 설비의 종류로 옳은 것을 모두 고르면?

> ㉠ 습식 스프링클러
> ㉡ 건식 스프링클러
> ㉢ 준비작동식 스프링클러
> ㉣ 부압식 스프링클러
> ㉤ 일제살수식 스프링클러

① ㉠, ㉡, ㉢
② ㉡, ㉢, ㉤
③ ㉡, ㉢, ㉣
④ ㉠, ㉣, ㉤
⑤ ㉠, ㉢, ㉣

**143**

다음 설명에 해당하는 스프링클러설비의 방식으로 옳은 것은?

> 가압송수장치에서 클래퍼를 중심으로 1차측까지 배관 내에 항상 물이 가압되어 있고, 2차측에서 스프링클러 헤드까지 대기압 또는 저압으로 있다가 화재발생 시 감지기의 작동으로 폐쇄형 스프링클러 헤드까지 소화용수가 송수되어 폐쇄형 스프링클러 헤드가 열에 따라 개방되는 방식의 스프링클러설비이다.

① 습식
② 건식
③ 준비작동식
④ 일제살수식

**144**

유수검지장치에서 스프링클러헤드까지 압축공기 또는 질소 등의 기체로 충전된 스프링클러설비는?

① 습식 스프링클러설비
② 건식 스프링클러설비
③ 준비작동식 스프링클러설비
④ 일제살수식 스프링클러설비

**145**

자동경보밸브에 설치되어 경보밸브의 오동작(오보)을 방지하고 습식 스프링클러설비의 유수검지장치에만 해당되는데 그것도 오래된 습식 유수검지장치에만 해당되는 것은 무엇인가?

① 습식유수검지장치
② 리타딩챔버
③ 익져스터
④ 슈퍼비조리 패널

## 146. ★★
다음 중 스프링클러설비의 헤드의 수평거리가 옳지 않은 것은?
① 특수가연물의 수평거리 1.7m 이하
② 기타구조 수평거리 2.1m 이하
③ 내화구조 수평거리 2.3m 이하
④ 무대부의 수평거리 2.5m 이하

## 147. ★
옥내소화전함의 재질을 합성수지 재료로 할 경우 두께는 몇 mm 이상이어야 하는가?
① 1.5   ② 2
③ 3    ④ 4

## 148. ★★
건축물의 소화설비에서 배관의 압력을 감지해서 자동으로 펌프를 작동시키는 것은?
① 압력수조           ② 충압펌프
③ 유수검사장치       ④ 기동용수압개폐장치

## 149. ★★
기동용수압개폐장치 중 압력챔버의 역할을 설명한 것으로 옳지 않은 것은?
① 펌프의 자동기동 및 정지    ② 압력변화의 완충작용
③ 주펌프의 빈번한 기동 방지  ④ 압력변동에 따른 설비의 보호

## 150. ★★
11층 특정소방대상물 건축물의 3층에서 화재가 발생하였다. 우선경보방식에 따라 경보 시 경보층으로 옳은 것은?
① 전층 경보                  ② 발화층, 그 직상 4개층
③ 발화층, 그 직상층, 기타 지하층    ④ 발화층, 그 직상 4개층, 지하층

## 151 ①②③
다음 중 전기실·발전실·변전실 등에 적합한 소방시설의 종류로 옳지 않은 것은?
① 스프링클러설비　　　　② 할로겐화합물 및 불활성기체소화설비
③ 분말소화설비　　　　　③ 이산화탄소소화설비

## 152 ①②③
다음 소방시설 중 감지기가 없는 것은?
① 준비작동식 스프링클러설비　② 옥내소화전
③ 일제살수식 스프링클러설비　④ 이산화탄소 소화설비

## 153 ①②③
다음 소방시설 중 음향장치가 없는 것은?
① 스프링클러설비　　② 이산화탄소소화설비
③ 할론소화설비　　　④ 옥내소화전

## 154 ①②③
제연설비 중 주로 고층건축물에 많이 사용되는 방식은 무엇인가?
① 밀폐제연방식　　　② 자연제연방식
③ 스모크타워제연방식　④ 기계제연방식

## 155 ①②③
화재실에 대해서 기계제연에 의한 배출을 행하는 동시에 복도나 계단실을 통해서 기계력에 의한 급기를 행하는 방식으로서 주로 거실제연에 적용되는 방식은?
① 스모크타워 제연방식　② 제1종 기계제연방식
③ 제2종 기계제연방식　④ 제3종 기계제연방식

## 156 ⬢❶❷❸
**다음은 무엇에 대한 설명인가?**

> ㉠ 천장에 돌아가면서 가느다란 동파이프를 배관하여 화재 시 동파이프 내의 공기가 팽창하여 감압실의 접점에 닿아 화재신호를 발생한다.
> ㉡ 공장, 창고, 강당, 체육관 등의 넓은 실에 적합하다.

① 차동식 스포트형 감지기
② 정온식 감지선형 감지기
③ 차동식 분포형 공기관식 감지기
④ 보상식 스포트형 감지기

## 157 ⬢❶❷❸
**다음 중 스프링클러설비와 옥내소화전설비의 공통점은?**

① 초기소화설비이고 경제적이다.
② 스프링클러설비와 옥내소화전의 설비기준이 동일하다.
③ 물이므로 모든 소화에 합리적이다.
④ 모두 자동으로 초기소화에 사용된다.

## 158 ⬢❶❷❸
**할로겐화합물 및 불활성기체 소화설비의 대한 설명 중 옳지 않은 것은?**

① 할로겐화합물 및 불활성기체 소화약제의 저장용기의 온도가 40℃ 이하이고 온도변화가 적은 곳에 설치해야 한다.
② 브로민이 없어서 오존파괴지수와 지구온난화지수가 할론과 이산화탄소에 비하여 낮다.
③ 기동장치 조작부는 바닥으로부터 0.8~1.5m 이하의 위치에 설치한다.
④ 소화효과는 질식, 냉각, 부촉매효과가 있다.

## 159 ⬢❶❷❸
**옥외소화전에 대한 설명 중 옳지 않은 것은?**

① 지상식과 지하식이 있다.
② 수계소화설비이고, 옥내소화전보다 방수압이 더 크다.
③ 방수구의 유효반경은 수평거리 25m 이내이다.
④ 옥외소화전은 가압송수장치가 필요하다.

## 160 ⓐ①②③

다음 중 옥내소화전과 옥외소화전에 대한 설명으로 옳은 것을 모두 고르시오.

> ㉠ 옥내소화전과 옥외소화전은 수계소화설비이다.
> ㉡ 옥내소화전함의 재질은 두께 2.5mm 이상의 강판 또는 두께 4mm 이상의 합성수지재로 한다.
> ㉢ 옥외소화전의 수원의 양은 옥외소화전 1개에 2.6세제곱미터 이상 확보하여야 한다.
> ㉣ 소방대상물의 각 부분으로부터 하나의 옥내소화전 방수구 까지의 보행거리는 25m 이하가 되도록 한다.

① 1개  ② 2개
③ 3개  ④ 4개

## 161 ⓐ①②③

〈보기〉의 지문은 면접관과 수험생 동준, 종삼의 대화이다. 옳은 것은 모두 몇 개인가?

| | |
|---|---|
| 면접관 | : 수험생 여러분 필기와 실기시험을 통과해 여기까지 오신 것에 축하드리며 좋은 결과 있으시길 바랍니다. 그럼 면접을 실시하겠습니다. |
| 면접관 | : 수험생은 소방이 뭐라고 생각하시나요? |
| 수험생 동준 | : 소방기본법 1조에 ㉠ '소방은 화재를 예방. 경계하거나 진압하고 화재, 재난, 재해 그 밖의 위급한 상황에서의 구조 구급활동을 통하여 국민의 생명 신체 및 재산을 보호함으로써 공공의 안녕 및 질서 유지와 복리증진에 이바지함을 목적으로 한다'라고 말하고 있습니다. |
| 면접관 | : 멋지게 말씀해주셨네요. 그럼 수험생 B가 소화활동설비에 대해 말씀해보시겠어요? |
| 수험생 종삼 | : ㉡ 화재를 진압하거나 인명구조활동을 위하여 사용하는 설비를 말합니다. |
| 면접관 | : 종류는 뭐가 있나요? |
| 수험생 종삼 | : ㉢ 제연설비, 연결송수관설비, 연결살수설비, 연소방지설비 등이 있습니다. |
| 면접관 | : 수험생A가 더 보충해보실래요? |
| 수험생 동준 | : ㉣ 그 외에 무선통신보조설비와 비상조명등이 있습니다. |
| 면접관 | : 네 수고하셨습니다. 좋은 결과가 있기를 바랍니다. |

① 1개  ② 2개
③ 3개  ④ 4개

## 162

이산화탄소 소화설비 저장용기에 관한 내용 중 올바르지 않은 것은 고르시오.

> ㉠ 방호구역의 장소에 설치할 것. 다만, 캐비닛 내장형으로 약제 방사기능과 제어기능을 함께 갖추고 있는 것은 그러하지 아니하다.
> ㉡ 온도가 55℃ 이하이고, 온도변화가 작은 곳에 설치한다.
> ㉢ 직사광선 및 빗물이 침투할 우려가 없는 곳에 설치한다.
> ㉣ 방화문으로 구획된 실에 설치하고, 용기가 설치된 곳임을 표시하는 표지를 한다.
> ㉤ 용기 간의 간격은 점검에 지장이 없도록 3cm 이상의 간격을 유지한다.

① ㉠, ㉡, ㉢
② ㉠, ㉡, ㉢, ㉣, ㉤
③ ㉢, ㉤
④ ㉠, ㉡

## 163

이산화탄소 소화설비의 소화약제 저장용기 설치장소에 대한 설명으로 옳지 않은 것은?

① 방호구역 내의 장소에 설치할 것
② 방화문으로 구획된 실에 설치할 것
③ 온도가 40℃ 이하이고, 온도변화가 적은 곳에 설치할 것
④ 용기 간의 간격은 점검에 지장이 없도록 3cm 이상의 간격을 유지할 것

## 164

제연방식은 자연제연, 밀폐제연, 기계제연, 스모크타워제연 등이 있다. 이 중 기계제연방식이 아닌 것은?

① 제1종 기계제연방식
② 제2종 기계제연방식
③ 제3종 기계제연방식
④ 제4종 기계제연방식

## 165

부속실, 계단실 등에 신선한 공기를 송풍기에 의해 급기하여 그 부분의 압력을 화재실보다 상대적으로 높여서 연기의 침입을 방지하는 제연방식은?

① 제1종 기계제연방식
② 제2종 기계제연방식
③ 제3종 기계제연방식
④ 밀폐제연방식

## 166 ①②③
다음 중 스프링클러에 대한 설명으로 옳지 않은 것은 모두 몇 개인가?

| | ㉠ | ㉡ | ㉢ | ㉣ | ㉤ | ㉥ | ㉦ |
|---|---|---|---|---|---|---|---|
| | 방식 | 1차측 | 경보밸브 | 2차측 | 감지기 유무 | 수동 기동장치 | 적용장소 |
| 폐쇄형 | 습식 | 가압수 | 알람밸브 | 가압수 | 없음 | 없음 | 일반거실 |
| | 건식 | 가압수 | 건식밸브 | 가압수 | 있음 | 있음 | 주차장 (동결우려) |
| | 준비작동식 | 가압수 | 준비작동밸브 | 대기압 | 있음 | 있음 | 주차장 (동결우려) |
| 개방형 | 일제살수식 | 가압수 | 일제개방밸브 | 개방상태 | 있음 | 있음 | 무대부, 공장 |

① 0개  ② 1개
③ 3개  ④ 4개

## 167 ①②③
다음 설명하는 제연방식의 종류는 무엇인가?

> 제연전용의 샤프트를 설치하여 건물 내·외부의 온도차와 화재 시 발생되는 열기에 의한 밀도차 및 지붕 위의 루프모니터 등을 이용하여 연기를 옥외로 배출 환기시키는 제연 방식을 말한다.

① 자연 제연 방식  ② 스모크타워 제연방식
③ 2종 기계 제연방식  ④ 1종 기계 제연방식

## 168 ①②③
다음 중 물분무등소화설비에 포함되지 않은 것은?

① 미분무소화설비  ② 할로겐화합물 및 불활성기체 소화설비
③ 옥내소화전설비  ④ 강화액소화설비

**169** 다음 중 통로유도등의 종류가 아닌 것은?

① 복도통로유도등  ② 거실통로유도등
③ 비상통로유도등  ④ 계단통로유도등

**170** 아래의 설명을 보고 ㉠, ㉡에 들어갈 알맞은 것을 고른 것은?

( ㉠ )는 주방·보일러실 등으로서 다량의 화기를 취급하는 장소에 설치하되, 공칭작동 온도가 최고주위온도보다 ( ㉡ ) 이상 높은 것으로 설치한다.

① (㉠) 차동식 감지기, (㉡) 10℃
② (㉠) 차동식 감지기, (㉡) 20℃
③ (㉠) 정온식 감지기, (㉡) 10℃
④ (㉠) 정온식 감지기, (㉡) 20℃

**171** 자동화재 탐지 설비의 경계구역을 설정할 때 별도의 경계구역으로 설정하기에 부적합한 곳은 어디인가?

① 계단  ② 복도
③ 경사로  ④ 파이프덕트

**172** 다음 설명하는 수신기의 종류는 무엇인가?

고유한 신호를 수신하는 것으로 숫자 등 기록장치에 의해 표시되며 회로수를 줄여 줄 수 있어 회로가 많이 있는 고층 건축물에 주로 사용되는 수신기다.

① P형 수신기  ② T형 수신기
③ R형 수신기  ④ M형 수신기

## 173

다음 〈보기〉에서 설명하고 있는 것은 무엇인가?

> 자체에 건전지와 음향장치가 내장되어 전원을 공급하며, 화재 시에는 화재 발생상황을 자동으로 감지하여 감지기 자체에서 경보를 발할 수 있도록 구성된 설비이다. 내장된 건전지가 모두 소모되면 자동적으로 경보음이 울려서 건전지 교체시기를 알리는 기능을 겸하고 있다.

① 자동화재속보설비 ② 단독경보형감지기
③ 비상방송설비 ④ M형 수신기

## 174

다음은 옥내소화전에 대한 설명이다. 옳지 않은 것은?

① 펌프의 토출 측에는 압력계를 체크밸브 이전에 펌프토출 측 플랜지에서 가까운 곳에 설치하고, 흡입 측에는 연성계 또는 진공계를 설치한다.
② 성능시험배관은 펌프의 토출측에 설치된 개폐밸브 이전에서 분기하여 설치해서 릴리프밸브를 설치하여야 한다.
③ 펌프의 성능은 체절운전 시 정격토출압력의 140%를 초과하지 아니하고, 정격토출량의 150%로 운전 시 정격토출압력의 65% 이상이 되어야 한다.
④ 가압송수장치에는 체절운전 시 수온의 상승을 방지하기 위한 순환배관을 설치한다.

## 175

다음 〈보기〉에서 설명하는 것은 무엇인가?

> 햇빛이나 전등불에 따라 축광하거나 전류에 따라 빛을 발하는 유도체로서 어두운 상태에서 피난을 유도할 수 있도록 띠 형태로 설치되는 피난유도시설을 말한다.

① 통로유도표지 ② 피난유도선
③ 피난구유도표지 ④ 유도등

## 176

다음 중 감지기에 대한 설명으로 옳지 않은 것은?

① "차동식 스포트형 감지기"란 주위온도가 일정 상승률 이상이 되는 경우에 작동하는 것으로서 일국소에서의 열 효과에 의하여 작동되는 것을 말한다.
② "정온식 감지선형 감지기"란 일국소의 주위온도가 일정한 온도 이상이 되는 경우에 작동하는 것으로서 외관이 전선으로 되어있는 것을 말한다.
③ "이온화식 스포트형 감지기"란 주위의 공기가 일정한 농도의 연기를 포함하게 되는 경우에 작동하는 것으로서 일국소의 연기에 의하여 이온전류가 변화하여 작동하는 것을 말한다.
④ "보상식 스포트형 감지기"이란 차동식 스포트형 감지기와 정온식 스포트형 감지기의 성능을 겸한 것으로서 차동식과 정온식의 기능이 모두 작동될 때 작동신호를 발하는 것을 말한다.

## 177

스프링클러설비의 배관에서 수평주행배관의 기울기를 1/500 이상, 가지배관의 기울기를 1/250 이상으로 해야 하는 스프링클러설비의 종류로 옳지 않은 것은?

① 습식 스프링클러설비
② 준비작동식 스프링클러설비
③ 건식 스프링클러설비
④ 일제살수식 스프링클러설비

## 178

다음 중 습식 스프링클러 작동순서로 옳은 것은?

화재발생 →
㉠ 헤드개방, 방수
㉡ 습식유수검지장치의 압력스위치 작동
㉢ 2차측 배관의 압력 저하
㉣ 1차측 압력에 의한 습식유수검지장치의 클래퍼 개방
㉤ 배관 내의 압력저하로 기동용수압개폐장치의 압력스위치 작동
→ 펌프 가동

① ㉠-㉡-㉢-㉣-㉤
② ㉠-㉤-㉣-㉢-㉡
③ ㉠-㉢-㉣-㉡-㉤
④ ㉠-㉡-㉣-㉢-㉤

## 179 ①②③

다음 중 준비작동식 스프링클러 작동순서로 옳은 것은?

> 화재발생 →
> ㉠ 교차회로 방식의 A and B 회로 감지 또는 수동기동장치 작동
> ㉡ 교차회로 방식의 A or B 회로 감지(경종 또는 사이렌 경보, 화재표시등 점등)
> ㉢ 준비작동식의 유수검지장치 작동
>   (솔레노이드 밸브 작동 → 중간챔버 감압 → 밸브개방 → 압력스위치 작동 → 사이렌 경보, 밸브 개방 표시등 점등)
> ㉣ 헤드개방, 방수 → 배관내의 압력저하로 기동용수압개폐장치의 압력스위치 작동
> ㉤ 2차측으로 급수
> → 펌프 가동

① ㉠-㉢-㉡-㉣-㉤  
② ㉠-㉤-㉣-㉢-㉡  
③ ㉠-㉡-㉤-㉢-㉣  
④ ㉡-㉠-㉢-㉤-㉣

## 180 ①②③

다음 중 비상경보설비의 종류로 옳은 것은?

① 자동식사이렌설비, 비상벨설비
② 단독경보형감지기, 비상벨설비
③ 단독경보형감지기, 자동식사이렌설비
④ 자동식사이렌설비, 비상방송설비

## 181 ①②③

다음 빈칸에 들어갈 알맞은 단어들로 적절하게 연결된 것은?

> 준비작동식 스프링클러는 ( ㉠ )에 의해 경보가 발신하는 구조의 설비로서 유수검지장치의 2차측에 가압수가 채워있지 않다는 점에서 ( ㉡ )스프링클러와 구별이 되고 유수검지장치를 개방하기 위해서는 별도의 화재감지장치가 필요하다는 점에서 ( ㉢ )스프링클러와 비교된다.

① (㉠) Preaction valve  (㉡) 습식  (㉢) 일제살수식
② (㉠) Preaction valve  (㉡) 건식  (㉢) 일제살수식
③ (㉠) Preaction valve  (㉡) 습식  (㉢) 건식
④ (㉠) Deluge valve     (㉡) 건식  (㉢) 건식

**182** ①❷❸

준비작동식 스프링클러설비의 장점을 설명한 것으로 옳지 않은 것은?

① 동결의 우려가 있는 장소에도 사용이 가능하다.
② 헤드가 개방되기 전에 경보가 발생하므로 조기에 조치가 가능하다.
③ 평상시 헤드가 오동작으로 개방되어도 수손의 우려가 적다.
④ 천장이 높아서 폐쇄형헤드가 작동하기 곤란한 장소에도 적용이 가능하다.

**183** ❶❷❸

「옥내소화전의 화재안전성능기준」상 지상 4층 지하 1층인 건축물이 있다. 각 층에 옥내소화전은 2개씩 있다. 옥내소화전펌프의 토출량은 얼마인가?

① 130ℓ /min
② 130ℓ /min × 2
③ 130ℓ /min × 8
④ 130ℓ /min × 10

**184** ❶❷❸

「고층건축물의 화재안전성능기준」상 35층 건물이 있고, 각 층마다 옥내소화전이 7개씩 설치되어 있다. 이 건축물의 수원의 양은 얼마인가?

① $5.2m^3 × 5$
② $7.8m^3 × 5$
③ $5.2m^3 × 2$
④ $7.8m^3 × 2$

**185** ❶❷❸

옥내소화전소화설비의 가압송수장치에서 소화펌프의 체절운전 시 펌프실의 과압에 의한 수온상승을 방지하기 위한 것은?

① 순환배관
② 성능시험배관
③ 물올림장치
④ 기동용수압개폐장치

**186** ❶❷❸

펌프방식의 가압송수장치의 구성요소 중 토출측 배관에 연결되어 배관내의 압력변동을 검지하여 펌프를 자동적으로 기동 또는 정지시키는 장치는 무엇인가?

① 물올림장치
② 성능시험배관
③ 기동용수압개폐장치
④ 순환배관

## 187 ①②③

**소방시설에 대한 설명 중 옳은 것은?**

① 옥내소화전 설비는 화재초기에 건축물외의 화재를 진화하도록 소화전함에 비치되어 있는 호스 및 노즐을 이용하여 소화작업을 하는 설비이다. 일반적으로 수원, 가압송수장치, 개폐밸브, 호스, 노즐, 소화전함, 비상전원, 자동폐쇄장치 등으로 구성되어 있다.

② 가압송수방식 중 압력수조는 자체가 수원은 아니지만, 수조 용량의 1/3는 물을 채우고 수위가 저하되면 급수펌프 운전용 감지장치에 의하여 급수펌프가 작동되어 유효수량을 항상 유지시키고, 수조의 2/3은 압축공기로 채워져 있어 압축 공기의 누기현상이 발생되면 자동식에어콤프레샤(Air compressor)에 의해 수조 내에 필요한 압력을 보충시켜 주게 된다.

③ 가압송수방식 중 고가수조는 소방대상물의 옥상에 규정의 방수량을 확보하는 고가수조를 설치하여 자연낙차압력을 이용한 소화전설비로서 가압에 별도의 에너지가 필요하지 않기 때문에 신뢰성이 좋다. 수원의 공급은 급수펌프에 의하여 자동적으로 수조에 물을 공급받을 수 있도록 설치한 다. 고가수조에는 수위계, 급수관, 오버플로우관(Overflow pipe) 및 맨홀을 설치한다.

④ 가압송수장치 중 압력수조에는 수위계, 급수관, 배기관, 급기관, 맨홀, 진공계, 안전장치 및 압력저하 방지를 위한 자동식 에어콤프레서(air compressor)를 설치한다.

## 188 ①②③

**옥내소화전과 같은 수원이 필요한 수계 소화설비에 있어 펌프방식의 특징에 해당하지 않는 내용은?**

① 펌프의 가압에 의하여 방수압력을 얻는 방식으로 건물의 위치나 구조에 관계없이 설치가 가능하다.
② 가장 안전하고 신뢰성이 높아 일반적으로 가장 많이 적용되는 방식이다.
③ 펌프를 자동으로 기동시키거나 오작동에 대비하기 위한 특별한 부대시설이 필요하다.
④ 필요한 압력과 토출량을 가진 펌프를 선정할 수 있다.

## 189 ①②③

**다음 (   )안에 들어갈 제연경계의 폭과 수직거리로 옳은 것은?**

제연경계의 폭은 ( ㉠ ) 이상이고, 수직거리는 ( ㉡ ) 이내인 것으로 해야 한다

|   | ㉠ | ㉡ |
|---|---|---|
| ① | 0.5m | 1m |
| ② | 0.6m | 2m |
| ③ | 0.7m | 3m |
| ④ | 0.8m | 4m |

# MEMO

카페검색 김동준 소방&방재 아카데미
동영상 강의 | 소방단기

소방관련교재
판매율·점유율
2025

# 김동준
## 객관식 문제집

소방학개론

# CONTENTS

## 문제

### PART I 소방조직

Chapter 1 소방조직    6
Chapter 2 소방기능    17

### PART II 재난관리

Chapter 1 재난    24

### PART III 연소이론

Chapter 1 연소개요 등    34
Chapter 2 연기 및 화염    41
Chapter 3 폭발개요 및 분류    45

# LEVEL 2
**소방학개론 객관식 문제집**

## PART IV 화재이론

Chapter 1  건물화재의 성상     58
Chapter 2  위험물화재의 성상     62
Chapter 3  화재조사     66

## PART V 소화이론

Chapter 1  소화원리     72
Chapter 2  소화약제     73
Chapter 2  소방시설     84

# 객관식 문제집

## 2025

# LEVEL 2 문제

# PART I 소방조직

## CHAPTER 1 소방조직

**001** ★★★ ●①②③

다음 설명 중 옳지 않은 것을 모두 고르시오.

> ㉠ 보스턴 대화재를 계기로 세계적으로 건물의 가연성 구조와 비효율적인 소방대책이 문제점으로 제기되었다.
> ㉡ 우리나라 최초의 법규는 금화령이며, 1417년(태종 17년)에 공포되어 시행되었다.
> ㉢ 소방관서 조직의 4대 기능은 화재예방, 화재진압, 특별서비스, 지원이 있다.
> ㉣ 소방의 4대 기능 중 화재예방 기능은 화재안전조사, 소방안전 홍보 및 교육, 방화 예방프로그램, 화재조사이다.

① 0개  ② 2개
③ 3개  ④ 4개

**002** ★★★ ●①②③

소방의 4대 기능 중 특별서비스 기능이 아닌 것은?
① 구급  ② 구조
③ 위험물 안전관리  ④ 화재조사

**003** ★★★ ●①②③

소방행정에서 일반적으로 수립되는 3가지 수준의 계획으로 옳지 않은 것은?
① 장기계획(기본계획)  ② 단기계획(업무계획)
③ 중기계획  ④ 전략계획

**004** ★★ ●①②③

다음 중 소방안전관리의 특성으로 가장 옳지 않은 것은?
① 안전관리의 전문성 및 규제성  ② 안전관리의 일체성 및 적극성
③ 안전관리의 특이성 및 양면성  ④ 안전관리의 계속성 및 반복성

## 005

**다음 중 일반조직과 비교하여 소방업무의 특성을 설명한 것으로 옳지 않은 것은?**

① 상하간의 관계는 행정업무적인 관계와 전술적인 명령체계의 관계를 동시에 가지며 지휘관 중심의 수직적인 지시가 관행화되어 있어 상하간의 커뮤니케이션은 유연하지 못하다.
② 비상소집을 하여 사태에 대응하는 민방위 대응방식을 채용하기 때문에 위기대응에 많은 시간이 소요된다.
③ 재난 현장에서 인명을 구조하고 재산피해를 최소화하여야 하는 현장기능 중심적 업무가 대다수이며 고도의 전문지식과 기술이 요구된다.
④ 현장활동의 결과가 부정적인 경우 책임을 면하기 어렵고 비가역적인 경우가 많다.

## 006

**광역소방과 기초자치소방을 비교할 때 광역소방에 대한 설명으로 옳지 않은 것은?**

① 광역단위의 소방력을 총괄적으로 운영하여서 소방업무를 효율적으로 운영가능하다.
② 소방인사가 탄력적으로 운영되지 못하므로 소방공무원 사기진작에 기여하지 못한다.
③ 소방서비스를 조사하여 보다 필요한 지역에 소방서를 설치함으로 재정적 부담을 경감한다.
④ 재정이 부족한 시·군의 소방업무를 근처의 소방서에서 담당해 재정적 부담을 경감한다.

## 007

**「의용소방대 설치 및 운영에 관한 법률 시행규칙」상 의용소방대의 정원으로 옳지 않은 것은?**

① 시·도 : 80명 이내
② 시·읍 : 60명 이내
③ 면 : 50명 이내
④ 전문의용소방대 : 50명 이내

## 008

**「소방장비관리법」에서 소방기관에 해당되지 않는 것은?**

① 지방소방학교
② 119안전센터
③ 국립소방연구원
④ 119지역대

## 009 ①②③

**금화도감 이전시기에 대한 설명 중 올바르지 않은 것은 모두 몇 개인가?**

> ㉠ 진평왕 때 영흥사에 불이 나 왕이 이재민을 위로하고 구제했다는 기록을 보면 삼국시대에 화재가 사회적 재앙으로 인식되어 국가에서 구휼하기 시작한 시기이다.
> ㉡ 통일신라시대에는 숯과 기와를 사용하였으며, 지방은 부족적 체계가 강하였기 때문에 부락단위로 소방 활동이 이루어졌다.
> ㉢ 고려시대는 화재를 담당하는 전문조직은 없었으나 고려전기에 '금화제도'가 마련되기 시작하였다.
> ㉣ 고려시대에는 각 관아에 화재를 예방하기 위한 대창(큰 창고)이 있었다.
> ㉤ 우리나라 불을 처음으로 사용한 시기는 신석기이다.

① 0개  ② 1개
③ 2개  ④ 3개

## 010 ①②③

**다음 보기에서 설명하는 시대에 시행되었던 내용으로 옳지 않은 것은?**

> 국가와 자치소방체계

① 내무부 소방국 설치  ② 중앙119구조대 출범
③ 처음 소방학교 설치  ④ 처음 구조대 설치

## 011 ①②③

**다음은 소방조직의 발전과정에 대한 설명이다. 순서대로 옳게 나열한 것은?**

> ㉠ 서울과 부산은 소방본부를 설치하였고, 기타 지역은 국가소방체제로 유지되었다.
> ㉡ 내무부에 민방위본부가 설치되면서, 치안본부 소방과가 민방위본부 소방국으로 이관되면서 소방이 경찰에서 분리되었다.
> ㉢ 지방소방공무원법이 제정되어 소방공무원의 신분이 이원화 되었다.
> ㉣ 소방공무원법 시행으로 소방공무원은 국가직·지방직 모두 소방공무원으로 신분이 일원화하게 되었다.

① ㉠, ㉡, ㉢, ㉣  ② ㉠, ㉢, ㉡, ㉣
③ ㉡, ㉠, ㉢, ㉣  ④ ㉢, ㉠, ㉡, ㉣

### 012 ★★★

다음 일제 강점기 중앙소방 기구의 흐름이 시간 순으로 옳게 짝지어진 것은?

> ㉠ 경비과  ㉡ 경무국 내 방호과
> ㉢ 경무국 내 보안과  ㉣ 보안과 내 소방계
> ㉤ 경무과

① ㉠ → ㉡ → ㉢ → ㉣ → ㉤
② ㉡ → ㉠ → ㉢ → ㉤ → ㉣
③ ㉢ → ㉡ → ㉣ → ㉤ → ㉠
④ ㉤ → ㉣ → ㉢ → ㉡ → ㉠

### 013 ★★★

다음 설명 중 옳은 것은 몇 개인가?

> ㉠ 미군정 때인 1947년에는 소방청을 설치하여 총무과, 소방과, 예방과를 두었다.
> ㉡ 최초의 장비 수입은 일본으로부터 수총기이다.(경종 3년 1723년)
> ㉢ 최초소방서의 설치, 소방차의 도입, 119전화, 화재발생경보 등이 설치된 시기는 일제시대이다.
> ㉣ 대형 재난사고로 인하여 1994년 12월에 방재국을 신설하였고, 1995년 5월에 소방국내 구조구급과를 신설하였다.
> ㉤ 소방업무가 민방위업무의 한 분야가 되었던 해는 1972년이다.
> ㉥ 2003년 6월 1일 소방방재청이 신설되었다.
> ㉦ 1906년에 일본인이 한국 내에 화재보험회사 대리점을 설치하기 시작해서 1908년에는 우리나라 최초 화재보험 회사를 설립하였다.

① 1개  ② 2개
③ 3개  ④ 4개

### 014 ★★★

다음 중 각 시대별로 근무한 소방공무원의 신분제도가 옳게 짝지어진 것은?

> ㉠ 1968년 서울에서 근무한 소방관 김씨
> ㉡ 1973년 부산에서 진급한 소방관 박씨
> ㉢ 1980년 인천에 경기도로 발령받은 소방관 이씨
> ㉣ 1983년 대전에서 임관한 소방관 강씨

① ㉠ : 별정직 / ㉡ : 별정직 / ㉢ : 일반직 / ㉣ : 특정직
② ㉠ : 별정직 / ㉡ : 특정직 / ㉢ : 별정직 / ㉣ : 일반직
③ ㉠ : 특정직 / ㉡ : 별정직 / ㉢ : 별정직 / ㉣ : 일반직
④ ㉠ : 일반직 / ㉡ : 별정직 / ㉢ : 별정직 / ㉣ : 특정직

## 015 ★★

다음 중 대한민국 정부수립 이후 우리나라 소방의 발전과정에 대한 설명으로 옳지 않은 것은?

① 1958년 소방법이 제정되었고 1961년 지방세법 개정으로 소방공동시설세(현:지역자원시설세)가 신설되어 소방재원으로 활용되게 되었다.
② 1978년 소방공무원법 시행으로 소방공무원은 국가직·지방직 모두 소방공무원으로 신분이 일원화하게 되었다.
③ 1992년 소방본부가 전국에 설치되면서 소방사무는 시·도지사 책임으로 일원화되어 광역자치 소방체제가 형성되었다.
④ 2004년 신설된 소방청은 대한민국 최초의 통합형 재난관리시스템이다.

## 016 ★★

다음 중 시대별 소방업무에 대한 설명으로 옳지 않은 것은?

① 1958년 : 소방법이 제정되어 화재뿐만 아니라 풍수해, 설해의 예방·경계·진압·방어까지 소방의 업무로 규정되었다.
② 1967년 : 풍수해대책법의 제정으로 자연재해 업무가 이관되어 소방의 업무는 화재의 예방·경계·진압으로 축소되었다.
③ 1989년 : 1988년 서울올림픽 당시 119특별구급대를 설치하여 구급활동을 수행하였고 1989년 12월 30일 소방법을 개정하여 구급업무를 소방의 업무로 법제화하였다.
④ 1999년 : 소방법 제1조에 화재의 예방·경계·진압과 재난·재해, 그 밖의 위급한 상황에서의 구조·구급활동을 명시하였다.

### 소방조직관리의 기초이론

## 017 ★★★

소방조직에 대한 설명 중 올바르지 않은 것은?

① 소방조직은 소방행정의 목적을 달성하기 위해 형성된 공동체로서 소방행정기관의 조직·권한에 관한 모든 사항을 포함한 소방조직을 말한다.
② 광의적 의미로는 소방행정목적을 위하여 조직화 된 기구를 비롯하여 인적 요소와 물적 요소를 포함하여 소방조직이라 한다.
③ 현대의 소방조직은 인적과 물적 요소를 포함하고 있어서 소방조직 그 자체에 중점을 두고 있는 정태적 개념이다.
④ 소방조직의 구조를 기능중심조직, 분업중심조직, 에드호크라시조직으로 구분하기도 한다.

## 018 ●①②③
**조직에 대한 정의 중 옳지 않은 것은?**
① Weber는 "특정한 목적을 가지고 그 목적을 달성하기 위하여 조직 구성원 간에 상호작용하는 인간의 협동집단"이라고 정의하였다.
② Selznick는 "계속적으로 환경에 적응하면서 공동의 목표를 달성하기 위하여 공식적·비공식적 관계를 유지하는 사회적 구조"로 정의하였다.
③ Katz와 Kahn는 시스템이론을 바탕으로 "공동의 목표를 가지고 내부관리를 위한 통제장치와 외부환경 관리를 위한 적응구조를 발달시키는 인간의 집단"으로 정의하였다.
④ Etzioni는 통제수단에 따라 유연적 조직, 공리적 조직, 규범적 조직으로 조직을 분류하였다.

## 019 ●①②③
**소방기능과 재난관리기능의 유사점으로 옳지 않은 것은?**
① 즉각적 대응능력 및 소방조직의 존립목적
② 대원의 자질 및 상호협조 능력
③ 현장지휘 및 대응계획
④ 광범위한 대응활동 범위 및 재난상황의 다양성 대응계획의 지역적 적용범위

## 020 ●①②③
**조직에 대한 설명 중 옳은 것은 몇 개인가?**

> ㉠ 공동의 목표를 가지고 있어야 한다.
> ㉡ 경계를 가지고 있어야 한다.
> ㉢ 외부환경에 적응하는 집단이다.
> ㉣ 인간들의 사회적 집단이다.
> ㉤ 의도적으로 정립한 체계화된 구조에 따라 구성원들이 상호 작용하여야 한다.

① 0개  ② 2개
③ 4개  ④ 5개

## 021 ●①②③
**무니(Mooney)는 조직의 원리 중 조정의 원리가 제1원리라고 주장했으며, 각 부분이 공동 목표를 달성하기 위해 행동을 통일 하고 공동체의 노력으로 질서정연하게 배열하고자 하는 소방조직의 원리로 옳은 것은?**
① 계층제의 원리  ② 분업의 원리
③ 명령통일의 원리  ④ 조정의 원리

## 022

Rubin(1996)의 윙스프레드 보고서에 따른 21세기 소방환경으로 옳지 않은 것은 모두 몇 개인가?

| ㉠ 고객중심의 서비스 | ㉡ 사고예방홍보 | ㉢ 경쟁과 마케팅 |
| ㉣ 서비스 품질의 혁신 | ㉤ 복지후생 | ㉥ 정치적 현실의 인정 |
| ㉦ 리더십 | ㉧ 예방과 공공교육의 강화 | ㉨ 훈련과 교육 |
| ㉩ 안전시설의 강화 | ㉪ 전략적 제휴 | ㉫ 통계관리 |
| ㉬ 환경보호 | | |

① 0개  ② 2개
③ 4개  ④ 5개

## 023

「지방소방기관 설치에 관한 규정」에 의한 소방서 등의 설치에 대한 설명이다. 옳지 않은 것은?

① 시·도는 그 관할구역의 소방업무를 담당하게 하기 위하여 해당 시·도의 조례로 소방서를 설치한다. 소방서를 폐지하거나 통합하는 경우에도 또한 같다.
② 시·군·구 단위로 설치하되, 소방업무의 효율적인 수행을 위하여 특히 필요한 경우에는 인근 시·군·구를 포함한 지역을 단위로 설치할 수 있다.
③ ②에 의해 설치된 소방서는 시·군·자치구 단위로 설치하되 하부기관인 119안전센터의 수가 5개를 초과하는 경우 추가로 설치가능하다.
④ ② 및 ③에도 불구하고 석유화학단지·공업단지·주택단지 또는 문화 관광단지의 개발 등으로 대형화재의 위험이 있거나 소방 수요가 급증하여 특별한 소방대책이 필요한 경우에는 해당 지역마다 소방서를 설치할 수 있다.
⑤ 소방서장의 소관 사무를 분장하게 하기 위하여 시·도의 조례로 소방서장 소속 하에 119안전센터·119구조대·119구급대·119구조구급센터 및 소방정대를 둘 수 있으며, 119안전센터 등의 설치는 관할구역의 인구와 부지면적 등의 기준을 고려한다.

## 024

인간은 정책에 관련된 모든 대안을 포괄적으로 평가·분석하기보다는 기존의 정책과 크게 다르지 않은 대안들을 뽑아 서로 다른 부분을 검토하여 기존의 정책에서 약간 향상된 최종 대안을 선택한다고 보는 모형으로 옳은 것은?

① 만족모형  ② 쓰레기통모형
③ 합리적 의사결정모형  ④ 점증모형

## 소방자원관리(인적, 물적, 재정적 자원관리 개요)

**025** ⭕①②③

다음은 소방공무원 정년에 대한 내용이다. ( )의 합은 모두 얼마인가?

> ㉠ 연령정년 - ( )세
> ㉡ 소방감 계급정년 - ( )년
> ㉢ 소방령 계급정년 - ( )년

① 75　　　　　　　　　　② 78
③ 80　　　　　　　　　　④ 82

**026** ⭕①②③

「소방공무원법」상 소방공무원의 정년을 설명한 것으로 옳지 않은 것은?

① 소방공무원의 연령정년은 60세이며 소방령의 계급정년은 14년이다.
② 계급정년을 산정할 때에는 근속 여부를 고려하여 소방공무원 또는 경찰공무원으로서 그 계급에 상응하는 계급으로 근무한 연수를 포함한다.
③ 징계로 인하여 강등된 소방공무원의 계급정년은 강등되기 전 계급 중 가장 높은 계급의 계급정년으로 한다.
④ 소방청장은 전시 등 비상사태에서 소방령 이상의 소방공무원에 대하여 계급정년을 연장할 경우에는 행정안전부장관의 제청으로 국무총리를 거쳐 대통령의 승인을 받아야 한다.

**027** ⭕①②③

소방공무원 승진대상자명부의 점수가 동일한 때 결정하여야 하는 선 순위자로 옳지 않은 것은?

① 우수한 업무실적이 있는 자
② 해당 계급에서 장기근무한 사람
③ 해당 계급 바로 하위 계급에서 장기근무한 사람
④ 소방공무원으로 장기근무한 사람

## 028 ⬤❶❷❸
**재직 중인 소방공무원의 승진임용이 제한되는 사유로 옳은 것은?**
① 징계처분의 집행이 끝난 날부터 견책 6개월이 지나지 아니한 사람
② 직위해제기간 종료 후 3개월이 경과하지 않은 사람
③ 공무상 질병으로 휴직 중에 있는 자를 특별승진임용 하는 경우
④ 금품수수로 인한 감봉처분을 받고 16개월이 지나지 아니한 사람

## 029 ⬤❶❷❸
**다음은 공무원 결격사유에 대한 내용이다. ( )의 합은 모두 얼마인가?**

> ㉠ 금고이상의 실형을 받고 그 집행이 종료되거나 집행을 받지 아니하기로 확정된 후 (　)년을 경과하지 아니한 자
> ㉡ 금고이상의 형을 받고 그 집행유예의 기간이 완료된 날로부터 (　)년을 경과하지 아니한 자
> ㉢ 징계에 의하여 파면의 처분을 받은 때로부터 (　)년을 경과하지 아니한 자
> ㉣ 징계에 의하여 해임의 처분을 받은 때로부터 (　)년을 경과하지 아니한 자

① 14
② 15
③ 16
④ 17

## 030 ⬤❶❷❸
**예산에 대한 설명 중 옳지 않은 것은 모두 몇 개인가?**

> ㉠ 예산의 성질에 따라 일반회계예산, 특별회계예산, 기금이 있다.
> ㉡ 경비의 계산방법에 따라 예산총계, 예산순계가 있다.
> ㉢ 예산편성절차에 따라 본예산, 추가경정예산, 수정예산이 있다.
> ㉣ 예산관리기술에 따라 품목별예산, 성과주의예산, 계획예산, 영기준예산, 일몰예산, 자본예산이 있다.
> ㉤ 회계연도 독립의 원칙이란 각 회계연도의 경비는 당해 연도의 수입으로 충당한다는 것이다.
> ㉥ 예산총계주의의 원칙은 한 회계연도의 모든 수입을 세입으로 하고 모든 지출은 세출로 한다는 것이다.
> ㉦ 예산(budget)이란 형식적 측면에서 보면 의회의 심의·의결을 거친 차기회계연도 지방자치단체의 일반적인 재정계획으로 예산분석을 통해서 각 자치단체의 성격이 파악되는 것으로써 1회계연도의 세입·세출 예정계획서이다.

① 0개
② 1개
③ 2개
④ 3개

## 031

다음은 「국가재정법」상 원칙 중 무엇에 대한 설명인가?

> 1회계연도 기간 동안의 일체의 수입(세입)과 지출(세출)은 상호간에 상계하여서는 안 되고 그 전액을 예산에 계상하여 집행하여야 한다.

① 예산총계주의
② 회계연도 독립의 원칙
③ 결산의 원칙
④ 기금관리·운영의 원칙

## 032

소방력에 대한 설명이다. 옳지 않은 것은 모두 몇 개인가?

> ㉠ 소방기본법에서 소방력은 소방기관이 소방업무를 수행하는 데에 필요한 인력과 장비 등이다.
> ㉡ 기동장비에는 소방자동차, 소방항공기, 소방선박, 행정지원차가 있고, 자체에 동력원이 부착되어 자력으로 이동할 수 있는 장비이다.
> ㉢ 진압장비는 소방용수장비, 간이소화장비, 소화보조장비, 배연장비, 소화약제, 원격장비가 있고, 화재진압활동에 사용되는 장비이다.
> ㉣ 구조장비는 일반구조용, 중량물작업용, 수난구조용, 산악구조용 등이 있다.
> ㉤ 구급장비는 환자평가장비, 응급처치장비, 환자이송장비, 구급의약품, 재난대응장비 등이 있고, 구급활동에 사용되는 장비이다.
> ㉥ 측정장비는 소방시설점검장비, 화재조사 및 감식장비, 공통측정장비, 화생방 등 측정장비가 있고, 소방업무에 수반되는 각종 조사 및 측정에 사용되는 장비이다.

① 0개
② 1개
③ 2개
④ 3개

## 033

소방공무원의 필수보직기간에 대한 설명으로 옳은 것은?

① 필수보직기간이란 소방공무원이 현 계급에서 상위 계급으로 승진되기 전까지 현 직위에서 근무하여야 하는 최소기간을 말한다.
② 당해 소방공무원의 강임의 경우에는 소방공무원의 필수보직기간은 1년으로 한다.
③ 중앙소방학교 및 지방소방학교 교수요원의 필수보직기간은 2년으로 한다.
④ 해당 계급에서의 강등일은 필수보직기간을 계산할 때 해당 직위에 임용된 날로 본다.

## 034

다음 징계 중 보수의 전액을 삭감하는 징계로 옳은 것은?

㉠ 감봉   ㉡ 정직   ㉢ 강등   ㉣ 파면   ㉤ 견책

① ㉠, ㉡
② ㉡, ㉢
③ ㉢, ㉣, ㉤
④ ㉠, ㉡, ㉢, ㉣

## 035

다음 징계처분 후 기록의 말소기간으로 옳은 것은?

① 견책 : 3년
② 불문경고 : 1년
③ 강임 : 5년
④ 직위해제 : 2년

## 036

예산편성절차에 따른 예산의 종류로 옳지 않은 것은?

① 본예산
② 추가경정예산
③ 소방준예산
④ 수정예산

## 037

소방준예산제도에 대한 설명이 올바르지 않은 것은?

① 준예산이란 의회에서 의결되지 못한 사유로 인해 회계연도 개시 전까지 예산이 불성립 시 전년도 예산에 준하여 단체장이 지출하는 제도이다.
② 준예산에 의하여 집행된 예산은 당해 연도 예산이 성립되면 그 성립된 예산에 의하여 집행되는 것으로 본다.
③ 준예산제도에 의하여 헌법이나 법률에 의하여 설치된 기관 또는 시설의 유지 운영비를 집행할 수 있다.
④ 준예산제도에 의하여 신규사업을 위한 경비를 집행할 수 있다.

## CHAPTER 2 소방기능

### 소방기능 - 1) 화재의 예방·경계·진압·조사활동

**038** ⬤①②③

「화재의 예방 및 안전관리에 관한 법률」상 화재예방강화지구에서 하면 안되는 행위에 해당하지 않는 것은?

① 모닥불, 흡연 등 화기의 취급
② 풍등 등 소형열기구 날리기
③ 용접·용단 등 불꽃을 발생시키는 행위
④ 불을 사용하는 기구를 이용한 취사행위


**039** ⬤①②③

「화재의예방 및 안전관리에 관한 법률 시행령」상 소방청장이 정하는 화재안전영향평가의 기준에 포함되는 화재안전영향평가심의회의 심의사항으로 알맞게 짝지어진 것은?

⊙ 법령이나 정책의 화재위험 유발요인
ⓒ 법령이나 정책이 소방대상물의 재료, 공간, 이용자 특성 및 화재 확산 경로에 미치는 영향
ⓒ 법령이나 정책이 화재피해에 미치는 영향 등 사회경제적 파급 효과
㉢ 화재위험 유발요인을 제어 또는 관리할 수 있는 법령이나 정책의 개선 방안

① ㉠, ㉢
② ㉡, ㉢
③ ㉡, ㉢, ㉢
④ ㉠, ㉡, ㉢, ㉢


**040** ⬤①②③

소방대상물에 대한 설명 중 옳지 않은 것은?

① 산은 산림청 관할이라서 소방대상물에 포함되지 않는다.
② 소방대상물에는 선박건조 구조물, 건축물, 차량, 산림 등이 있다.
③ 소방대상물은 화재 시 소방대원이 책임을 가지고 진압해야 한다.
④ 선박은 기선·범선·부선을 포함한다.

## 2) 소방시설의 설치·유지 및 안전관리

**041** 
화재안전조사 결과 화재예방을 위하여 보완할 필요가 있는 경우 조치사항으로 옳지 않은 것은?
① 이전명령
② 사용폐쇄명령
③ 영업정지명령
④ 공사정지명령

**042**
용어정의에 대한 다음 〈보기〉의 기술 중 옳지 않은 것은?

> ㉠ "피난층"이라 함은 곧바로 지상으로 갈 수 있는 개구부가 있는 층을 말한다.
> ㉡ "소방시설"이라 함은 소화설비·경보설비·피난구조설비·소화용수설비 그 밖에 소화활동설비로서 대통령령이 정하는 것을 말한다.
> ㉢ "소방시설등"이라 함은 소방시설과 그 밖에 소방관련시설로서 대통령령이 정하는 것을 말한다.
> ㉣ "소방용품"라 함은 소화기·소화약제·방염도료 그 밖에 소방시설을 구성하는 기기로서 대통령령이 정하는 것을 말한다.
> ㉤ "특정소방대상물"이라 함은 소방시설을 설치하여야 하는 소방대상물로서 대통령령이 정하는 것을 말한다.

① ㉠, ㉡, ㉢
② ㉡, ㉢, ㉣
③ ㉠, ㉢, ㉣
④ ㉢, ㉣, ㉤

**043**
건축허가 등의 동의에 대한 다음 설명 중 가장 타당하지 않은 것은?
① 건축허가 등의 권한이 있는 행정기관은 건축허가 등을 함에 있어서 추후 그 건축물 등의 공사시공지 또는 소재지를 관할하는 소방본부장 또는 소방서장의 동의를 받아야 한다.
② 건축물 등의 대수선·증축·개축·재축 또는 용도변경의 신고를 수리 할 권한이 있는 행정기관은 그 신고의 수리를 한 때에는 그 건축물 등의 공사시공지 또는 소재지를 관할하는 소방본부장 또는 소방서장에게 지체없이 그 사실을 알려야 한다.
③ 소방본부장 또는 소방서장은 건축허가 등의 동의요구를 받은 때에는 그 건축물 등이 이 법 또는 이 법에 따른 명령에 적합한지의 여부를 검토한 후 행정안전부령이 정하는 기간이내에 그 행정기관에 동의여부를 알려야 한다.
④ 소방본부장 또는 소방서장이 사용승인에 대한 동의를 함에 있어서는 소방시설공사의 완공검사증명서의 교부로 동의를 갈음할 수 있다.

### 3) 위험물 안전관리

**044**  ●①②③

위험물안전관리자의 책무가 아닌 것은?

① 위험물 취급작업이 예방규정에 맞도록 해당 작업자에게 지시 및 감독을 한다.
② 화재가 발생한 경우에는 응급조치를 취한다.
③ 제조소 등의 설비를 기술기준에 적합하도록 시공 및 점검을 한다.
④ 위험물의 취급에 관한 일지의 작성 및 기록을 한다.

**045**  ●①②③

예방규정을 정해야 하는 제조소등으로 옳지 않은 것은 모두 몇 개인가?

> ㉠ 지정수량의 10배 이상의 위험물을 취급하는 제조소
> ㉡ 지정수량의 100배 이상의 위험물을 저장하는 옥외저장소
> ㉢ 지정수량의 150배 이상의 위험물을 저장하는 옥내저장소
> ㉣ 지정수량의 200배 이상의 위험물을 저장하는 옥외탱크저장소
> ㉤ 암반탱크저장소
> ㉥ 이송취급소
> ㉦ 지정수량의 10배 이상의 위험물을 취급하는 일반취급소

① 0개         ② 1개
③ 3개         ④ 5개

**046**  ●①②③

다음 화재의 예방에 관한 설명 중 옳지 않은 것은 모두 몇 개인가?

> ㉠ 위험물안전관리자를 선임하였을 시 선임신고는 14일이다.
> ㉡ 위험물의 종류별로 위험성을 고려하여 대통령령이 정하는 수량으로서 제조소등의 설치허가 등에 있어서 최저의 기준이 되는 수량을 지정수량이라 한다.
> ㉢ 관계인은 제조소등 사용을 시작하기 전 예방규정을 작성하여 시·도지사에게 제출하여야 한다.
> ㉣ 위험물 제소소등은 제조소, 일반취급소, 주유취급소, 이동취급소가 있다.
> ㉤ 위험물탱크안전성능검사에는 기초·지반검사, 유류탱크검사, 용접부검사, 암반탱크검사가 있다.

① 0개         ② 1개
③ 2개         ④ 3개

## 047

**다음 중 예방규정에 대한 설명으로 옳지 않은 것은?**

① 제조소등의 관계인은 당해 제조소등의 화재예방과 화재 등 재해발생시의 비상조치를 위하여 행정안전부령이 정하는 바에 따라 예방규정을 정하여 당해 제조소등의 사용을 시작하기 전에 시·도지사에게 제출하여야 한다.
② 지정수량의 200배 이상의 위험물을 저장하는 옥외탱크저장소는 예방규정을 정하여 제출하여야 하는 대상이다.
③ 보일러·버너 또는 이와 비슷한 것으로서 제1석유류 위험물을 소비하는 장치로 이루어진 지정수량 10배 이하의 일반취급소는 예방규정 제출대상에서 제외한다.
④ 제조소등의 관계인과 그 이용자는 예방규정을 충분히 잘 익히고 준수하여야 한다.

## 048

**「위험물안전관리법」의 규정을 적용받는 대상은?**

① 항공기운반
② 선박운반
③ 철도운반
④ 차량운반

## 049

**다음 중 특수가연물을 설명한 것으로 옳은 것은?**

① 면화류라 함은 불연성 또는 난연성인 면상 또는 팽이모양의 섬유와 마사원료를 말한다.
② 인화점이 섭씨 100도 이상 200도 미만이고, 연소열량이 1그램당 8킬로칼로리 이상인 것은 가연성액체류에 해당한다.
③ 합성수지류에는 합성수지의 섬유 옷감 종이 및 실과 이들의 넝마와 부스러기 및 이와 유사한 것을 포함한다.
④ 석탄 목탄류에는 석탄가루를 물에 갠 것, 조개탄, 연탄, 석유코크스, 코크스 및 이와 유사한 것을 포함한다.

### 4) 구조·구급 행정관리와 구조·구급 활동

**050** ●①②③
요구조자와의 상호관계에서 효과적인 의사전달원칙과 거리가 먼 것은?
① 요구조자와 항상 눈을 마주친다.
② 요구조자에게는 충격을 줄 수 있는 표현일 경우에도 항상 진실만을 말하여야 한다.
③ 요구자의 이름을 사용한다.
④ 청각장애인에게는 입 모양을 크고 정확하게 해야 한다.

**051** ●①②③
요구조자의 생명을 신속하고 안전하게 구조하는 업무를 수행하기 위하여 편성한 구조대의 출동구역으로 옳지 않은 것은?
① 소방서에 설치하는 직할구조대의 출동구역은 소방서가 설치된 시·군·구로 한다.
② 시·도 소방본부에 설치하는 직할구조대의 출동구역은 관할 시·도로 한다.
③ 소방청 직할구조대에 설치하는 고속국도구조대의 출동구역은 소방청장이 한국도로공사와 협의하여 정하는 지역으로 한다.
④ 소방청에 설치하는 직할구조대의 출동구역은 전국으로 한다.

**052** ●①②③
「119구조·구급에 관한 법률 시행령」상 119항공대의 업무로 가장 옳지 않은 것은?
① 의사가 동승한 응급환자의 병원 간 이송을 제외한 인명구조 및 응급환자의 이송
② 화재진압
③ 장기이식환자 및 장기의 이송
④ 방역 또는 방재 업무의 지원

**053** ●①②③
다음 설명 중 옳지 않은 것은 모두 몇 개인가?

> ㉠ 다른 매듭을 한 다음 풀리지 않도록 주로 끝 처리를 하는 매듭은 엄지매듭이다.
> ㉡ 한겹매듭은 굵기가 다른 로프를 서로 연결할 때 매듭이다.
> ㉢ 두겹고정매듭은 협소한 맨홀에서 구출 및 진입할 구조대원의 안전 로프로 사용된다.
> ㉣ 아카데미매듭은 굵기가 다른 로프나 젖은 로프를 연결할 때에 사용된다.
> ㉤ 8자매듭은 가장 폭넓게 이용되며 가장 강한 강도를 가지고 있고, 충격을 받아도 쉽게 풀 수 있다.

① 0개   ② 1개
③ 2개   ④ 3개

## 054

「119구조·구급에 관한 법률 시행령」상 119구급상황관리센터에 24시간 근무체제를 유지할 수 있게 배치할 수 있는 사람의 자격으로 옳지 않은 것은?

① 의료인
② 1급 응급구조사 자격을 취득한 사람
③ 소방공무원으로 5년 이상 근무한 사람
④ 응급의료정보센터에서 2년 이상 응급의료에 관한 상담 경력이 있는 사람

## 055

환자분류 중 색깔이 적색인 것은 모두 몇 개인가?

┌─────────────────────────────────────────────────────┐
│ ㉠ 기도폐쇄, 심한 호흡곤란, 호흡정지    ㉡ 심장마비의 순간이 인지된 심정지 │
│ ㉢ 중증의 화상                      ㉣ 수축기 혈압이 80mmHg 이하의 쇼크 │
│ ㉤ 경추를 제외한 부위의 척추골절      ㉥ 다발성 골절 │
│ ㉦ 중증의 출혈                                      │
└─────────────────────────────────────────────────────┘

① 1개
② 2개
③ 3개
④ 4개

## 056

다음 중 구급환자의 중증도 분류에 관한 사항을 설명한 것으로 옳지 않은 것은?

① 중증도 분류는 응급처치와 환자이송 우선순위를 결정해 환자를 증상별로 구분하기 위한 것으로 중증도에 따라 구급환자, 긴급환자, 응급환자, 지연환자의 4집단으로 분류한다.
② 경험이 많은 의료진이 중증도 분류를 시행하여도 정확성은 80%라고 보고되고 있으므로, 재해현장에서의 중증도 분류는 일부 부정확할 수 있으므로, 재해시 중증도 분류는 보통 2~4회 정도 시행한다.
③ 비응급환자는 버스, 승합차 등을 이용해서 병원 또는 임시 마련된 현장의료소로 이송하며 사망자는 냉동차 등을 이용해 임시영안소로 이송한다.
④ 중증도 분류표에는 환자의 인적사항, 사고현장에 관한 정보, 병력에 관한 사항, 신체손상에 관한 사항, 시간대별 응급처치사항, 중증도 분류사항이 포함되어야 한다.

## 057

「119구조·구급에 관한 법률 시행령」상 구조·구급활동을 위한 긴급조치에 따른 손실을 보상할 때 보상에 대한 협의는 조치가 있는 날부터 며칠 이내에 하여야 하는가?

① 10일
② 20일
③ 30일
④ 60일

## 058

「119구조·구급에 관한 법률 시행령」상 다음 보기 중 119항공대의 업무가 아닌 것은 모두 몇 개인가?

| ㉠ 인명구조 및 응급환자의 이송 | ㉡ 화재 진압 |
| ㉢ 장기이식환자 및 장기의 이송 | ㉣ 항공 수색 및 구조 활동 |
| ㉤ 화재조사 | ㉥ 방역 또는 방재 업무의 지원 |

① 없음
② 1개
③ 2개
④ 3개

# PART II 재난관리

## CHAPTER 1 재난

**001** ⓟ❶❷❸

「재난 및 안전관리 기본법」상 옳지 않은 것은 모두 몇 개인가?

> ㉠ "재난관리책임기관"이란 재난이나 그 밖의 각종 사고에 대하여 그 유형별로 예방·대비·대응 및 복구 등의 업무를 주관하여 수행하도록 대통령령으로 정하는 관계 중앙행정기관을 말한다.
> ㉡ "국가재난관리기준"이란 모든 유형의 재난에 공통적으로 활용할 수 있도록 재난관리의 전 과정을 통일적으로 단순화·체계화한 것으로서 행정안전부령으로 정한 것을 말한다.
> ㉢ "해외재난"이란 대한민국의 영역 밖에서 대한민국 국민의 생명·신체 및 재산에 피해를 주거나 줄 수 있는 재난으로서 정부차원에서 대처할 필요가 있는 재난을 말한다.
> ㉣ "재난관리정보"란 재난관리를 위하여 필요한 재난상황정보, 동원가능 자원정보, 시설물정보, 수리시설정보를 말한다.
> ㉤ 재난관리는 재난이나 그 밖의 각종 사고로부터 부터 사람의 생명·신체 및 재산의 안전을 확보하기 위하여 하는 모든 활동이다.

① 1개  ② 2개
③ 3개  ④ 4개

**002** ⓟ❶❷❸

「재난 및 안전관리 기본법 시행령」상 긴급구조에 필요한 인력·시설 및 장비, 운영체계 등 긴급구조능력을 보유한 대통령령으로 정하는 기관 또는 단체로 옳지 않은 것은?

① 산림청
② 대한적십자사
③ 해양경찰청
④ 구급차 등의 운용자

## 003

다음은 중앙안전관리위원회에 대한 설명이다. 설명 중 옳지 않은 것은?

> ㉠ 중앙안전관리위원회의 위원장은 국무총리가 되고, 간사위원은 행정안전부장관이 된다.
> ㉡ 중앙위원회에 상정될 안건을 사전에 검토하고 국가핵심기반의 지정에 관한 사항의 심의 등의 사무를 수행하기 위하여 중앙위원회에 안전정책조정위원회를 둔다.
> ㉢ 안전정책조정위원회의 위원장은 행정안전부장관이 되고 간사위원은 중앙소방본부장이 된다.
> ㉣ 중앙안전관리위원회는 사무가 국가안전보장과 관련된 경우에는 국방부와 협의해야 한다.

① ㉠, ㉡
② ㉠, ㉢
③ ㉡, ㉣
④ ㉢, ㉣

## 004

「재난 및 안전관리 기본법 시행령」상 중앙안전관리위원회 심의 사항 중 중앙행정기관의 장이 시행하는 재난 및 사고의 예방사업의 범위로 옳지 않은 것은?

① 산림재해 예방사업
② 농업생산기반 정비사업 중 수리시설 개수 사업
③ 기존 공공시설물의 지진보강사업
④ 하천공사사업

## 005

「재난 및 안전관리 기본법 시행령」상 중앙재난방송협의회의 위원 중 방송통신위원회위원장과 협의하여 과학기술정보통신부장관이 위촉하는 사람에 해당되지 않는 사람은?

① 텔레비전방송채널사용사업자 중 종합편성 또는 보도전문편성을 행하는 방송채널사용사업자에 소속된 사람으로서 재난방송을 총괄하는 직위에 있는 사람
② 지상파텔레비전방송사업자에 소속된 사람으로서 재난방송을 총괄하는 직위에 있는 사람
③ 대학·산업대학·전문대학 및 기술대학에서 재난 또는 방송과 관련된 학문을 교수하는 사람으로서 조교수 이상의 직위에 있는 사람
④ 과학기술정보통신부에 속하는 일반직 공무원 또는 이에 상당하는 공무원 중에서 해당기관의 장이 지명하는 사람

## 006

「재난 및 안전관리 기본법」상 재난방송협의회에 대한 설명으로 옳은 것은 모두 몇 개인가?

> ㉠ 재난에 관한 예보·경보·통지나 응급조치 및 재난관리를 위한 재난방송이 원활히 수행될 수 있도록 중앙재난안전대책본부에 중앙재난방송협의회를 두어야 한다.
> ㉡ 지역 차원에서 재난에 대한 예보·경보·통지나 응급조치 및 재난방송이 원활히 수행될 수 있도록 시·도위원회에 시·도 재난방송협의회를 두어야 하고, 필요한 경우 시·군·구위원회에 시·군·구 재난방송협의회를 둘 수 있다.
> ㉢ 중앙재난방송협의회의 구성 및 운영에 필요한 사항은 소방청장이 정하고, 시·도 재난방송협의회와 시·군·구 재난방송협의회의 구성 및 운영에 필요한 사항은 대통령령으로 정한다.

① 0개  ② 1개
③ 2개  ④ 3개

## 007

〈보기〉의 괄호 안에 들어갈 말을 순서대로 바르게 나열한 것은?

> A시에 위치한 산업단지에 홍수가 발생하여 대규모 재난으로 확산되었다. 이에 따라, A시는 해당 관할 구역에서 재난의 수습 등에 관한 사항을 총괄·조정하고 필요한 조치를 하기 위하여 ( ㉠ )은(는) ( ㉡ )을(를) 둔다. 또한 ( ㉠ )은(는) 재난현장의 총괄·조정 및 지원을 위하여 ( ㉢ )을(를) 설치하고 ( ㉢ )의 장은 ( ㉣ )이 된다.

|   | ㉠ | ㉡ | ㉢ | ㉣ |
|---|---|---|---|---|
| ① | 시장 | 지역대책본부 | 통합지원본부 | 부시장 |
| ② | 부시장 | 긴급구호본부 | 지역대책본부 | 소방서장 |
| ③ | 소방서장 | 지역대책본부 | 긴급구조통제본부 | 부시장 |
| ④ | 부시장 | 안전대책본부 | 지원본부 | 시장 |

## 008 ⭐123

「재난 및 안전관리 기본법」상 재난안전상황실에 대한 설명 중 옳지 않은 것은 모두 몇 개인가?

> ㉠ 행정안전부장관, 시·도지사 및 시장·군수·구청장은 재난정보의 수집·전파, 상황관리, 재난발생 시 초동조치 및 지휘 등의 업무를 수행하기 위하여 상시 재난안전상황실을 설치·운영하여야 한다.
> ㉡ 중앙행정기관의 장은 소관 업무분야의 재난상황을 관리하기 위하여 재난안전상황실을 설치·운영하거나 재난상황을 관리할 수 있는 체계를 갖추어야 한다.
> ㉢ 재난관리책임기관의 장은 재난에 관한 상황관리를 위하여 재난안전상황실을 설치·운영할 수 있다.

① 0개  
② 1개  
③ 2개  
④ 3개

## 009 ⭐123

「재난 및 안전관리 기본법」상 재난시 신고 및 보고에 대한 설명이다. 옳지 않은 것은 모두 몇 개인가?

> ㉠ 누구든지 재난의 발생이나 재난이 발생할 징후를 발견하였을 때에는 즉시 그 사실을 시장·군수·구청장·긴급구조기관, 그 밖의 관계 행정기관에 신고하여야 한다.
> ㉡ 신고를 받은 시장·군수·구청장과 그 밖의 관계 행정기관의 장은 관할 긴급구조기관의 장에게, 긴급구조기관의 장은 그 소재지 관할 시장·군수·구청장 및 재난관리주관기관의 장에게 통보하여 응급대처방안을 마련할 수 있도록 조치하여야 한다.
> ㉢ 시장·군수·구청장, 소방서장, 해양경찰서장, 재난관리책임기관의 장 또는 국가핵심기반을 관리하는 기관·단체의 장은 그 관할구역, 소관 업무 또는 시설에서 재난이 발생하거나 발생할 우려가 있으면 대통령령으로 정하는 바에 따라 재난상황에 대해서는 즉시, 응급조치 및 수습현황에 대해서는 지체 없이 각각 행정안전부장관, 관계 재난관리주관기관의 장 및 시·도지사에게 보고하거나 통보하여야 한다. 이 경우 관계 재난관리주관기관의 장 및 시·도지사는 보고받은 사항을 확인·종합하여 행정안전부장관에게 통보하여야 한다.
> ㉣ 시장·군수·구청장·소방서장이나 해양경찰서장은 재난이 발생한 경우 또는 재난 발생을 신고받거나 통보받은 경우에는 즉시 관계 재난관리책임기관의 장에게 통보하여야 한다.

① 0개  
② 1개  
③ 2개  
④ 3개

## 010 ★★★

「재난 및 안전관리 기본법」상 중앙행정기관의 장이 소관 분야의 국가핵심기반에 대해 조정위원회의 심의를 거쳐 지정할 수 있는 기준이 아닌 것은?

① 재난이 발생하는 경우 국가안전보장과 경제·사회에 미치는 피해 규모 및 범위
② 통합된 지방행정기관의 단독 대응 필요성 및 범위
③ 다른 국가핵심기반 등에 미치는 연쇄효과
④ 재난의 발생 가능성 또는 그 복구의 용이성

## 011 ★★★

「재난 및 안전관리 기본법」상 재난분야 위기관리 매뉴얼에 대한 설명으로 옳지 않은 것은?

① 행정안전부장관은 재난유형별 위기관리 매뉴얼의 작성 및 운용기준을 정하여 재난관리책임 기관의 장에게 통보할 수 있다.
② 재난관리주관기관의 장이 작성한 위기관리 표준매뉴얼은 행정안전부장관의 승인을 받아 이를 확정하고, 위기대응 실무 매뉴얼과 연계하여 운용하여야 한다.
③ 시장·군수·구청장이 통합하여 작성한 위기대응 실무매뉴얼과 현장조치 행동매뉴얼에 대하여는 행정안전부장관의 승인을 받아야 한다.
④ 행정안전부장관은 재난관리업무를 효율적으로 하기 위하여 대통령령으로 정하는 바에 따라 위기관리에 필요한 매뉴얼 표준안을 연구·개발하여 보급할 수 있다.

## 012 ★★★

「재난 및 안전관리 기본법」 및 같은 법 시행령상 긴급구조통제단의 구성 및 운영에 관한 설명으로 옳지 않은 것은?

① 중앙긴급구조통제단장은 재난이 발생하면 소속 긴급구조요원을 재난현장에 신속히 출동시켜 필요한 긴급구조활동을 하게 하여야 한다.
② 중앙긴급구조통제단은 긴급구조활동을 지휘하고 통제하는 기능을 한다.
③ 중앙긴급구조통제단의 구성·기능 및 운영에 필요한 사항은 대통령령으로 정한다.
④ 중앙긴급구조통제단은 소방청에 두며, 통제단장은 소방청장이 된다.

## 013 ①②③

「재난 및 안전관리 기본법」 및 같은 법 시행령상 재난대비훈련에 대한 설명으로 가장 옳지 않은 것은?

① 훈련주관기관의 장은 3년마다 재난관리책임기관, 긴급구조지원기관 및 군부대 등 관계 기관과 합동으로 재난대비훈련을 실시한다.
② 훈련참여기관의 장은 재난대비훈련을 실시하면 훈련상황을 점검하고, 그 결과를 훈련주관기관의 장에게 제출하여야 한다.
③ 훈련주관기관의 장은 재난대비훈련을 실시하는 경우에는 훈련일 15일 전까지 훈련일시, 훈련장소, 훈련내용, 훈련방법, 훈련참여 인력 및 장비, 그 밖에 훈련에 필요한 사항을 훈련참여기관의 장에게 통보하여야 한다.
④ 재난대비훈련에 참여하는 데에 필요한 비용은 참여 기관이 부담한다.

## 014 ①②③

「재난 및 안전관리기본법 시행규칙」상 재난문자방송에 대한 기준에서 화산에 대한 재난문자발송의 기준 및 운영에 대한 세부사항을 정하는 사람으로 옳은 것은?

① 대통령　　　　　　　　　　② 행정안전부장관
③ 환경부장관　　　　　　　　④ 기상청장

## 015 ⓐ❶❷❸

다음은 「긴급구조대응활동 및 현장지휘에 관한 규칙」에 대한 설명이다. 옳은 것은 모두 몇 개인가?

> ㉠ 긴급구조기관의 장은 긴급구조대응계획을 수립하는 경우에는 긴급구조기관에 긴급구조대응계획 심의위원회를 구성하여 위원회의 심의를 거쳐 확정하여야 한다.
> ㉡ 긴급구조대응계획심의위원회의 위원장은 긴급구조기관의 장이 되고, 위원은 긴급구조지원기관의 장으로 구성하되 위원장을 포함하여 5인 이상 10인 이하로 한다.
> ㉢ 현장응급의료소장은 사상자의 수에 따라 재난현장에 적정한 현장응급의료소를 설치 및 운영하여야 한다.
> ㉣ 현장응급의료소에 두어야 할 의료인의 수는 응급의학 전문의를 포함한 의사 2명, 간호사 또는 1급 응급구조사 3명, 지원요원 1명이다.

① 1개 ② 2개
③ 3개 ④ 4개

## 016 ⓐ❶❷❸

「재난 및 안전관리 기본법 시행령」상 긴급구조지휘대의 구성원으로 옳지 않은 것은?

① 현장지휘요원 ② 구조지휘요원
③ 자원지원요원 ④ 안전관리요원

## 017 ⓐ❶❷❸

「재난 및 안전관리 기본법」에 대한 설명이다. 옳지 않은 것은 모두 몇 개인가?

> ㉠ 재난현장 지휘 시 긴급구조통제단장이 될 수 있는 사람은 행정안전부장관, 소방본부장, 소방서장이다.
> ㉡ 상시 재난안전상황실을 설치 운영해야 하는 사람은 중앙소방본부장, 시·도지사 및 시장, 군수, 구청장이다.
> ㉢ 안전점검의 날은 매월 5일로 하고, 방재의 날은 매년 5월 25일로 한다.

① 1개 ② 2개
③ 3개 ④ 모두 옳다.

### 018 ●①②③
「재난 및 안전관리 기본법」상 재정 및 보상 등에 대한 설명으로 옳은 것은?

① 특별재난지역으로 선포되지 아니한 지역의 사회재난으로 부상을 당한 피해주민에 대한 구호 등의 지원기준은 대통령령으로 정한다.
② 특별재난지역으로 선포되지 아니한 지역의 사회재난이라 하더라도 그 재난의 원활한 복구를 위하여 필요하면 대통령령으로 정하는 바에 따라 그 비용을 국고에서 부담한다.
③ 재난지역에서는 시장·군수·구청장이 내린 대피명령을 위반하여 피해가 발생하였다 하더라도 그 복구비용의 일부를 국고에서 부담할 수 있다.
④ 고등학생의 학자금 면제는 재난으로 피해를 입은 시설의 복구와 피해주민의 생계 안정 및 피해기업의 경영 안정을 위하여 국가가 할 수 있는 지원에 해당한다.

### 019 ●①②③
「재난 및 안전관리 기본법」상 벌칙기준이 다른 것으로 옳은 것은?

① 정당한 사유 없이 긴급안전점검을 거부 또는 기피하거나 방해한 자
② 정당한 사유 없이 위험구역에 출입하는 행위나 그 밖의 행위의 금지명령 또는 제한명령을 위반한 자
③ 정당한 사유 없이 응급부담이나 시·도지사가 실시하는 응급조치에 따른 토지·건축물·인공구조물이나 그 밖의 소유물의 일시 사용 또는 장애물의 변경이나 제거를 거부하거나 방해한 자
④ 정당한 사유 없이 재난예방을 위한 긴급안전점검을 거부 또는 기피하거나 방해한 자

### 020 ●①②③
다음 보기의 ㉠㉡㉢의 합으로 옳은 것은?

> 하인리히는 수많은 산업재해 자료를 분석한 결과로 평균적으로 ( ㉠ ) 건의 큰 사고 전에 ( ㉡ )번의 작은 사고가 발생하고 ( ㉢ )번의 잠재적 징후들이 나타난다는 이론으로 흔히 "㉠ : ㉡ : ㉢의 법칙"이라고도 한다.

① 300        ② 330
③ 630        ④ 641

## 021

다음 중 버드의 법칙(1 : 10 : 30 : 600)을 구성하는 요소가 서로 올바르게 연결되지 않은 것은?

① 1 - 중상
② 10 - 물적 사고
③ 30 - 무상해 사고
④ 600 - 무상해, 무사고 고장

## 022

다음 중 4M위험성 평가에 대한 설명으로 보기 안에 위험요소에 해당하는 것은?

> 외국인, 고령자 등 근로자 특성에 의한 불안전 행동

① Management　　② Media
③ Machine　　　　④ Man

## 023

다음 중 지역통제단장이 할 수 있는 조치가 아닌 것은?

① 대피명령　　　　② 위험구역 설정
③ 통행제한 요청　　④ 동원명령 등

## 024

「재난 및 안전관리 기본법」상 사회재난에 해당하는 것만을 모두 고르면?

> ㉠ 초고층 건축물 화재로 인한 재난
> ㉡ 버드스트라이크에 의한 항공기 사고로 인한 재난
> ㉢ 호흡기 질환에 의한 펜데믹 상황에 의한 재난

*버드스트라이크 : 항공기가 이착륙 및 순항 중 조류와 부딪히는 현상

① ㉠
② ㉡
③ ㉠, ㉢
④ ㉠, ㉡, ㉢

## 025

다음 재난관리 체제의 형태 중 통합관리의 특징을 설명한 것으로 옳지 않은 것은?

① 재난 시 유사기관 간의 중복적 대응이 있을 수 있으므로 전체적 관리능력이 저하된다.
② 재난·재해의 유형과 관계없이 일상적으로 비상대응기관을 통합적으로 관리한다.
③ 관련부처의 수가 적고 유사한 자원동원 체계와 자원유형을 필요로 한다.
④ 모든 재난·재해에 기획, 대응활동의 유사성을 고려하여 재난·재해 대비 준비 및 대응자원의 활용을 최적화 한다.

# PART III 연소이론

## CHAPTER 1 연소개요 등

**001** ⭐①②③
다음 설명 중 옳은 것은?

| ㉠ 이황화탄소 | ㉡ 수소 |
| ㉢ 에탄 | ㉣ 부탄 |

① 위험도가 제일 큰 것은 ㉡이다.
② ㉢의 MOC는 3.5이다.
③ 위험도는 ㉢보다 ㉡이 더 크다.
④ ㉣은 ㉢보다 인화점과 발화점이 낮다.

**002** ⭐⭐⭐①②③
다음 그래프에서 ㉠~㉣까지 들어갈 말로 알맞게 짝지어진 것은?

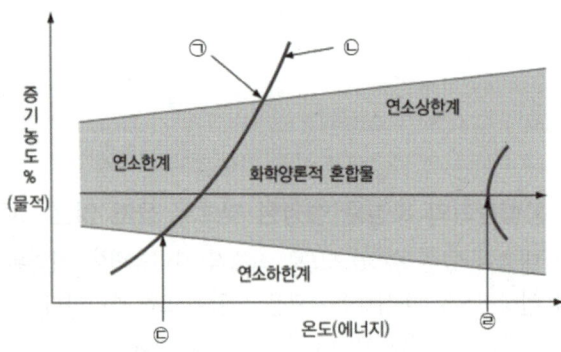

① ㉠ 상부인화점  ㉡ 포화증기압곡선
  ㉢ 하부인화점  ㉣ 자연발화점
② ㉠ 발화점  ㉡ 포화증기압곡선
  ㉢ 하한계  ㉣ 비점
③ ㉠ 발화점  ㉡ 물의 P-T 상태곡선
  ㉢ 융점  ㉣ 비점
④ ㉠ 비점  ㉡ 물의 P-T 상태곡선
  ㉢ 융점  ㉣ 자연발화점

## 003 ①②③
**연소과정에서 시간에 따른 에너지관계를 설명한 것으로 옳지 않은 것은?**
① 연소는 원인계에서 생성계로의 물질의 화학적 변화를 나타낸다.
② 연소가 지속되기 위해서는 활성화에너지를 받아 화재의 시작점인 발화가 시작된 후 연소열에 의해 원인계인 미반응부분의 활성화가 계속 일어나야 한다.
③ 연소열은 열전달인 전도, 대류, 복사 등의 열로 소모되기도 한다.
④ 생성계로의 총방출열량은 원인계의 연소열에서 연소가 지속되기 위한 활성화에너지를 제외한 값이 된다.

## 004 ①②③
**다음 중 연소의 정의를 설명한 것으로 가장 옳지 않은 것은?**
① 연소를 물리적으로 정의하면 「가연물이 공기 중의 산소와 화합하여 열과 빛을 발산하는 급격한 산화반응 현상」이라고 할 수 있다.
② 단순히 물질이 산소와 결합하여 산화반응을 일으킨다고 해서 모두 연소라고 하지 않는데, 동시에 빛과 열을 발산해야 하기 때문이다.
③ 철이 녹스는 현상은 철이 산소와 결합하는 산화반응이지만 빛과 열이 발생되지 않고 반응속도가 느리기 때문에 연소라고 하지 않는다.
④ 백열전구의 니크롬선이 빨갛게 빛과 열을 내지만 이것은 저항에 의해 빛과 열을 내는 것이지 산화반응이 아니기 때문에 연소라고 하지 않는다.

## 005 ①②③
**다음 설명 중 옳지 않은 것은?**
① 화학 변화에 반응하는 물질의 질량의 총합과 반응 후에 생긴 물질의 질량의 총합은 변하지 않고 일정하다는 것을 질량불변의 법칙이라고 한다.
② 프랑스의 프루스트가 발견한 것으로, 순수한 화합물의 성분원소의 질량비는 항상 일정하다는 법칙이다. 이를 정비례의 법칙 또는 일정 성분비의 법칙이라고 한다.
③ A, B 두 종류의 원소가 반응하여 두 가지 이상의 화합물을 만들 때, 한 원소 A의 일정량과 결합하는 원소 B의 질량 사이에는 간단한 정수비가 성립한다는 법칙은 보일의 법칙이다.
④ 기체반응의 법칙은 화학 반응에서 반응물과 생성물이 모두 기체일 때 이들 기체 부피 사이에는 간단한 정수비가 성립된다.

**006** ⬤①②③

21℃ 1atm인 거실에서 화재가 발생하여 온도가 600℃가 된 경우 화재실의 압력은 몇 배가 증가하는가? (이때 연소에 의한 물질 이동은 무시)

① 3배  ② 5배
③ 7배  ④ 9배

**007** ⬤①②③

다음 중 자연발화의 조건을 설명한 것으로 옳지 않은 것은?

① 자연발화가 되기 위해서는 보온효과가 중요한 요소이고 열이 축적되기 쉬운 분말상이나 섬유상의 물질이 공기를 많이 포함하기 때문에 단열적이 되는 것이 자연발화가 쉽고, 열전도율은 작은 쪽이 좋다.
② 온도가 높으면 반응속도가 빠르기 때문에 열의 발생이 증가하여 이런 경우 반응속도는 온도 상승에 따라 현저하게 증가한다.
③ 표면적이 작을수록 자연발화가 쉽고 분말이나 액체가 종이 등에 부착되어 있는 상태가 자연발화가 쉽다.
④ 발열량이 클수록 열의 축적이 잘 이루어지며 자연발화가 쉬워진다.

**008** ⬤①②③

다음에 대한 설명 중 옳은 것은 모두 몇 개 인가?

> ㉠ 자연발화의 조건 중 비표면적이 클수록 자연발화 되기 어렵다.
> ㉡ 자연발화의 형태에는 산화열, 분해열, 발효열, 흡착열, 중합열이 있다.
> ㉢ 석탄, 목탄은 산화열에 해당된다.
> ㉣ 습도를 높게 하는 것이 자연발화의 방지법이다.
> ㉤ 달걀 썩는 냄새가 나는 가스는 황화수소이다.
> ㉥ 화학열에는 연소열, 분해열, 용해열, 자연발화열, 유전열이 있다.

① 1개  ② 2개
③ 3개  ④ 4개

## 009

**다음 중 가연성 물질이 될 수 없는 조건을 설명한 것으로 옳지 않은 것은?**

① He, Ne, Ar, Kr, Xe, Rn은 화학적으로 안정하여 반응하지 않는다.
② 이미 산화된 물질인 $CO_2$, $H_2O$ 등은 더 이상 산소와 결합하지 않는다.
③ 산화반응이라도 흡열반응 물질은 가연물에서 제외된다.
④ 활성화에너지가 월등히 큰 경우에만 연쇄반응이 일어나는 물질은 가연물에서 제외된다.

## 010

**어떤 단일 성분(가연성 물질)의 화학적양론농도($C_{st}$)가 5%일 경우 존스(Jones)의 수식에 따라 연소하한계 및 연소상한계 값을 구한 것으로 옳은 것은?**

① 연소하한계 : 2.5%, 연소상한계 : 15%
② 연소하한계 : 2.75%, 연소상한계 : 17.5%
③ 연소하한계 : 3%, 연소상한계 : 20%
④ 연소하한계 : 3.25%, 연소상한계 : 22.5%

## 011

**다음 중 점화원에 대한 설명으로 옳지 않은 것은?**

① 연소가 이루어지기 위해서는 일정한 온도와 일정한 양의 열이 있어야 하는데 이를 열원이라 한다.
② 활성에너지는 원자, 분자 등의 에너지가 높아서 화학반응이 일어나는 상태까지 필요한 에너지를 말한다.
③ 반응속도는 활성화에너지가 큰 경우 혹은 분자간의 충돌 빈도가 높은 상태에서 빠르고 또한 반응온도가 높을수록 반응속도는 빠르다.
④ 유류가 유출되어 보온재가 셀룰로이드에 장기간 체류되면 산화열이 누적되어 활성화에너지가 증가되는 경우도 있다.

### 012 ★★★

**다음 중 전기에너지를 설명한 것으로 가장 옳지 않은 것은?**

① 전선에 교류전류가 흐르면 그 전선에 평행한 다른 전선에 전류를 유도하고 유도된 전류가 흐르는 전선에 그 유도전류의 크기에 적당한 전류용량을 가지면 저항열이 생긴다.
② 도체에 전류가 흐르면 물질의 원자구조 특성에 따르는 전기저항 때문에 전기에너지의 일부가 열로 변하고 발생하는 열량은 저항 및 전류의 제곱에 비례한다.
③ 정전기 방전은 그 시간이 짧고 많은 열을 발생하지 않으므로 종이와 같은 가연물을 점화시키지는 못하지만 가연성 증기나 기체 또는 가연성 분진은 발화시킬 수 있다.
④ 보통 전류가 흐르는 회로가 나이프스위치에 의하여 혹은 우발적인 접촉 또는 접점이 느슨하여 전류가 끊길 때 발생하는 아아크의 온도는 매우 높기 때문에 거기서 방출된 열이 주위의 가연성, 인화성 물질에 점화될 수 있다.

### 013 ★★

**다음 중 자연발열에 대한 설명으로 옳지 않은 것은?**

① 자연발열이라 함은 어떤 물질이 외부로부터 열의 공급을 받지 아니하고 내부의 반응열의 축적만으로 온도가 상승하여 발화점에 도달하여 연소를 일으키는 현상을 말한다.
② 자연발열은 어떤 물질이 완전히 산화되는 과정(즉, 이산화탄소와 물로 되는 과정)에서 발생하는 열을 말한다.
③ 자연발열에 의하여 물질의 온도가 발화점 이상이 되면 자연발화를 일으키며 실제 자연발화하는 원인은 흔하지는 않으나 일단 이런 원인이 있기만 하면 화재위험은 필연적으로 존재되는 것이다.
④ 자연발열은 공기의 공급과 차열에 관계되는 요인이 복잡하게 결합되어 작용하므로 예측은 어렵지만 물질이 공기 중에서 산화할 때 처음에는 부분적으로 산화를 일으켜 이때 생성된 열이 다음 단계의 산화작용에서 촉매역할을 한다.

### 014 ★★

**다음 중 대류 에너지의 열전달 형태를 나타내는 법칙으로 옳은 것은?**

① 푸리에의 법칙
② 스테판-볼츠만의 법칙
③ 주울의 법칙
④ 뉴턴의 냉각법칙

## 015

다음 발화점에 대한 설명 중 옳은 것은 모두 몇 개 인가?

> ㉠ 발열속도가 방열속도보다 클 경우 계에 열이 축적되고 온도가 상승하여 발화온도 이상 시 발생한다.
> ㉡ 발화온도는 발화 지연시간, 증기의 농도, 환경적 영향(압력, 소농도), 촉매물질 등에 따라 영향을 받는다.
> ㉢ 화학양론조성비에서 가장 낮은 발화온도가 된다.
> ㉣ 황린, 이황화탄소, 부탄, 프로판 순으로 낮다.

① 1개  ② 2개
③ 3개  ④ 4개

## 016

부탄($C_4H_{10}$)가스 2mol을 완전연소 시켰다. 〈보기〉의 설명 중 옳은 것을 모두 고르면? (단, 공기 중 산소의 부피는 21%이다.)

> ㉠ 부탄가스 2mol을 완전연소시키는데 산소는 14mol이 필요하다.
> ㉡ 부탄가스 2mol의 부피가 4m³ 이었다면 발생한 이산화탄소의 부피는 8m³이다.
> ㉢ 부탄가스 2mol의 부피가 2m³ 이었다면 필요한 공기의 양은 1300/21m³(약 61.9m³)이다.
> ㉣ 부탄 분자 6개를 완전연소 시킨다면 물($H_2O$)분자는 30개 생성될 것이다.

① ㉠, ㉡, ㉣  ② ㉡, ㉢
③ ㉢, ㉣     ④ ㉠, ㉢, ㉣

## 017

다음 중 물질의 연소 반응식으로 옳지 않은 것은?

① $2H_2 + O_2 \rightarrow 2H_2O + 136.634 \text{kcal/mol}$

② $CO + \frac{1}{2}O_2 = CO_2 + 68.5 \text{kcal/mol}$

③ $CaC_2 + 2H_2O \rightarrow C_2H_2 + Ca(OH)_2 + 33.07 \text{kcal/mol}$

④ $2C_2H_2 + 6O_2 \rightarrow 4CO_2 + 2H_2O_2 + 95.5 \text{kcal/mol}$

## 018

**다음 중 산소공급원에 대한 설명으로 옳은 것은?**

① 자기반응성 물질은 연소에 필요한 산소공급원을 함유하고 있는 물질로서 나이트로글리세린, 나이트로셀룰로오스, TNT 등의 제6류 위험물이 자기연소성 물질에 해당된다.
② 환원제는 제1류 위험물, 제6류 위험물 등으로서 분자 내의 다량의 산소를 함유하고 있는 물질이다.
③ 지연성 가스는 조연성 가스라고도 하며, 산소, 오존, 할로겐 원소인 $F_2$, $Cl_2$, $Br_2$, $I_2$ 등이 있다.
④ 산소공급원으로 공기, 지연성 가스, 환원제, 자기반응성(연소성) 물질 등이 있다.

## 019

**27℃, 1기압의 조건에서 존재하는 어떤 이상기체의 부피가 12L이다. 이 이상기체의 상태가 127℃, 3기압으로 변화하였을 때, 이 이상기체의 부피[L]에 가장 가까운 값은? (단, 상태변화 전후에 이상기체 내 분자 개수는 변화하지 않는다고 가정하며, 기체상수는 0.0821L·atm/mol·K이다.)**

① 2.6
② 5.3
③ 13.6
④ 19.2

## 020

**다음 물질 중 인화점이 낮은 순서대로 나열한 것은?**

① 휘발유 < 벤젠 < 톨루엔 < 크레오소트유 < 등유
② 톨루엔 < 휘발유 < 벤젠 < 크레오소트유 < 등유
③ 톨루엔 < 벤젠 < 등유 < 크레오소트유 < 휘발유
④ 휘발유 < 벤젠 < 톨루엔 < 등유 < 크레오소트유

## 021

**목재(C)를 연소 시켰더니 일산화탄소(CO)가 발생하였다. 다음 〈보기〉의 설명으로 옳은 것을 모두 고르면?**

> ㉠ 목재의 연소는 불완전연소로서 목재가 10mol 연소하였다면 일산화탄소는 10mol 생성될 것이다.
> ㉡ 목재의 연소로 일산화탄소가 발생할 때 사용된 목재의 부피가 42m³이었다면 이때 사용된 공기의 부피는 100m³이다.
> ㉢ 목재 1mol을 완전연소 시킨다면 산소는 1mol이 필요하게 된다.

① ㉠, ㉡
② ㉡, ㉢
③ ㉠, ㉢
④ ㉠, ㉡, ㉢

# CHAPTER 2 연기 및 화염

**022**

다음 유독성 연소가스의 TLV-TWA값의 크기로 알맞은 것은?

① 일산화탄소 > 시안화수소 > 염소 > 포스겐
② 아황산가스 > 황화수소 > 암모니아 > 이산화탄소
③ 포스겐 > 불화수소 > 이산화질소 > 염소
④ 이산화탄소 > 염화수소 > 벤젠 > 불화수소

**023**

다음 보기에서 빈칸에 들어갈 물질에 대한 설명 중 가장 옳은 것은?

$$NH_4H_2PO_4 \rightarrow HPO_3 + (\quad) + H_2O$$

① 일반화재가 가능한 이유는 열분해 시 발생된 메타-인산의 피막효과 때문이다.
② 독성이 강하며 자극성 기체이고 물에 쉽게 녹아서 냉매로 사용할 수 있다.
③ 열분해 시 유리된 암모늄은 분말 표면의 흡착에 의한 부촉매 효과가 뛰어나다.
④ 완전연소시 생성되는 가스이며, 일명 탄산가스라고 한다.

**024**

다음 중 가연물질에 따른 불꽃의 색을 설명한 것으로 옳지 않은 것은?

① 나트륨 : 노란색
② 알루미늄, 마그네슘 : 청색
③ 산화칼슘, 염화칼슘 : 주황색
④ 염화바륨, 구리 : 녹색

## 025

**화염의 형태에 대한 설명 중 가장 옳지 않은 것은?**

① 연소가 기상에서 일어나는 경우에는 화염을 형성한다.
② 가연성 기체와 산화제가 미리 혼합되고 나서 연소하는 경우에 형성되는 것이 예혼합화염이다.
③ 확산화염의 속도는 화학반응속도와 열전도율에 의존한다.
④ 형상이나 움직임이 정상상태에 있는 화염을 정상화염과 그렇지 않을 비정상화염으로 구분한다.

## 026

**다음 중 화재 시 발생되는 연기의 유동현상 등을 설명한 것으로 옳지 않은 것은?**

① 연기의 유동속도는 수평 방향은 0.5~1[m/sec], 수직 방향은 3~5[m/sec], 계단실내의 경우는 : 5~7[m/sec]이다.
② 건물화재로부터 발생한 연기이동에 영향을 미치는 중요한 두 가지 요소는 이동속도가 빠른 연기의 기동성과 공기의 정상적인 이동이다.
③ 화재현장에서 소방관은 중성대의 형성 위치를 파악하여 배연 등의 소방 활동에 적용하는 요령이 있어야 하는데, 배연을 할 경우에는 중성대 위쪽에서 배연을 해야 효과적이다.
④ 굴뚝효과(연돌효과)에 영향을 주는 인자로는 건물의 높이, 외벽의 기밀도, 건축 내·외의 온도차 및 건물의 층간 공기누설 등이 있다.

## 027

**다음 중 아세틸렌($C_2H_2$)에 대한 설명으로 가장 옳지 않은 것은?**

① 탄화칼슘이 물과 반응할 때 생성된다.
② 규조토, 목탄 등 고체입자에 아세톤, DMF에 용해시켜 저장한다.
③ 연소범위가 시안화수소보다 크다.
④ 위험도는 약 17.8이 된다.

## 028

**굴뚝효과에 대한 설명 중 옳은 것은 모두 몇 개인가?**

> ㉠ 고층건물에서 건물 내부와 외부의 기온차에 의한 압력의 차이로 인해 건물 내부의 더운 공기는 상승하고 외부의 차가운 공기는 아래로 내려오는 현상이다.
> ㉡ 굴뚝효과(연돌효과)와 관계되는 것은 층의 높이, 외벽의 기밀도, 건축 내외의 온도 차, 건물의 층간 공기누설이다.
> ㉢ 들어오는 공기는 하부로, 나가는 공기는 밀도와 부력에 의해 상부로 이루어지는데 그 중간압력에 0의 지대가 형성되는데 이를 중성대(Neutral Zone＝Neutral plane)라 한다.
> ㉣ 중성대의 개구부에서는 공기의 유동이 발생하지만, 천장 가까이 형성되는 것이 환기량이 크다.
> ㉤ 중성대의 위쪽은 실내의 정압이 실외의 정압보다 높아 실내에서 기체가 외부로 유출되고 중성대 아래쪽에는 실내의 정압이 실외의 정압보다 낮아 새로운 공기가 실외에서 빨려 들어오게 된다.
> ㉥ 연속선은 실내의 천장쪽 고온가스와 바닥쪽 찬공기의 경계선을 의미한다.
> ㉦ 실외의 공기가 실내보다 따뜻할 때에는 공기가 아래로 내려오는 현상을 역굴뚝효과라 한다.

① 3개
② 4개
③ 5개
④ 6개

## 029

**화재에서 복사에 의한 연소확대에 대한 설명으로 옳지 않은 것은?**

① 복사는 열이 매질이 없이 전자기파형태로 열이 전달되는 과정을 말한다.
② 복사선은 육안으로 식별할 수 없으므로 연소확대를 방지하는 데 실패할 수 있다.
③ 화재현장에서 풍상측보다는 풍하측에서 복사에 의한 연소확대가 더 잘 일어난다.
④ 복사에 의해서 화염이 닿지 않는 곳으로의 연소확대가 가능하다.

## 030

**다음 설명 중 옳지 않은 것은?**

① 화염, 불꽃(flame)은 가스 또는 증기의 연소상태를 말하는 것으로, 다양한 색채를 띠면서 깜박거리고 빛을 발하는 것이다. 청색을 띠면서 연소하는 화염이 예혼합화염이며, 황색화염은 이산화탄소가 생길 때 발생되는데 확산화염이다.
② 화염의 높이는 화재의 부력에 의한 연료와 공기의 공급과 관련이 있고, 화염의 속도는 연소속도 + 미연소가스의 전방이동 속도이다.
③ 화염의 속도는 미연소가스의 유속에 따라 달라지며 물질의 고유한 값이다.
④ 화염이 전파되는 속도 즉, 화염속도가 가속되면 폭굉이 될 수 있으며, 실제로 화염이 확산되는 속도이다.

## 031

**화염의 형태 중 확산화염의 특성을 설명한 것으로 옳지 않은 것은?**

① 성냥화염, 양초화염, 산림화재의 화염 등 대부분의 자연화재는 확산화염에 해당한다.
② 연료와 산소의 이동과정은 혼합물 중의 화학종이 높은 농도에서 낮은 농도로 이동한다는 Fick의 법칙을 따른다.
③ 중력에 의한 부력과 난류성이 확산화염의 흐름을 제어하는 중요한 요소이다.
④ 확산화염에서는 자력으로 화염면의 전파가 일어나는 경향이 있다.

## 032

**연소속도에 영향을 주는 인자들이다. 이에 대한 설명으로 옳지 않은 것은?**

① 미연소 가스의 비열(비열이 크면 연소속도가 크다)
② 미연소 가스의 열전도율(열전도율이 크면 연소속도가 크다)
③ 미연소 가스의 밀도(밀도가 작으면 연소속도가 크다)
④ 화염온도(화염온도가 높으면 연소속도가 크다)

# CHAPTER 3 폭발개요 및 분류

**033**
폭발에 대한 설명 중 올바르지 않은 것을 고르시오.

> ㉠ 폭발은 밀폐공간에서 물리적·화학적 변화의 결과로 발생한 급격한 압력상승에 의한 에너지가 외계로 전환되는 과정에서 파열, 후폭풍, 폭음 등을 동반하는 현상이다.
> ㉡ 폭발을 공정별로 분류하면 핵폭발, 물리적 폭발, 화학적 폭발, 화학적과 물리적 병립에 의한 폭발로 분류하고 있다.
> ㉢ 압력밥솥의 폭발은 액체가 과도하게 증발시킨 증기의 압력에 의한 것이므로 화학적인 폭발현상이다.
> ㉣ 액체의 급격한 기화는 화학적 폭발의 원인이다.
> ㉤ 기상폭발에는 가스폭발, 분무폭발, 분진폭발, 분해폭발, 증기운폭발이 있다.
> ㉥ 핵폭발은 원자핵의 분열 또는 융합에 동반하여 일어나는 폭발이다.

① ㉠, ㉢, ㉤, ㉥
② ㉡, ㉢, ㉤, ㉥
③ 없음
④ ㉢, ㉣

**034**
다음 중 폭발에 대한 설명으로 옳은 것과 옳지 않은 것을 바르게 짝지은 것은?

> ㉠ 분해폭발은 공기나 산소와 섞이지 않더라도 가연성 가스 자체의 분해 반응열에 의해 폭발하는 현상을 말한다.
> ㉡ 분진폭발은 공기 중에 분출된 가연성 액체의 미세한 액적이 무상으로 되어 공기 중에 부유하고 있을 때에 발생 한다.
> ㉢ 분무폭발은 가연성 고체의 미분이 공기 중에 부유하고 있을 때에 어떤 착화원에 의해 에너지가 주어지면 폭발 하는 현상을 말한다.
> ㉣ 증기운 폭발은 대기 중에 가연성 기체 또는 기화하기 쉬운 가연성 액체가 유출되어서 대량의 가연성 혼합기체가 형성되어 발생하는 폭발이다.

① ㉠ (O), ㉡ (O), ㉢ (O), ㉣ (O)
② ㉠ (O), ㉡ (X), ㉢ (X), ㉣ (O)
③ ㉠ (X), ㉡ (O), ㉢ (O), ㉣ (X)
④ ㉠ (X), ㉡ (X), ㉢ (X), ㉣ (X)

## 035 ❶❷❸

다음 중 폭발등급이 1등급으로 알맞게 짝지어진 것은?

| ㉠ LPG | ㉡ 에틸렌 | ㉢ 수소 |
| ㉣ 아세톤 | ㉤ 이황화탄소 | ㉥ 석탄가스 |

① ㉠, ㉣
② ㉠, ㉣, ㉥
③ ㉡, ㉤, ㉥
④ ㉢, ㉣, ㉤, ㉥

## 036 ❶❷❸

다음 보기의 빈칸에 들어갈 말로 알맞게 짝지어진 것은?

가스폭발은 수소, 일산화탄소, 메탄, 프로판, 아세틸렌 등의 가연성 가스와 지연성 가스(공기 또는 산소)와의 혼합기체가 존재할 때에 항상 폭발이 발생하는 것은 아니고 ( ㉠ )과 ( ㉡ ) 두 가지 조건이 동시에 만족될 때에 발생한다.

|   | ㉠ | ㉡ |
|---|---|---|
| ① | 농도조건 | 발화원의 존재 |
| ② | 농도조건 | 온도조건 |
| ③ | 입자체적조건 | 최소발화에너지 |
| ④ | 생성물질 | 개구부조건 |

## 037 ❶❷❸

다음 중 물질이 기상일 경우의 폭발을 설명한 것으로 옳지 않은 것은?

① 가연성 가스와 조연성 가스가 일정한 비율로 혼합된 혼합가스는 발화원에 의해 착화되어 폭발을 일으킨다.
② 가연성 고체의 미분이나 가연성 액체의 무적이 어떤 농도 이상으로 조연성 가스 중에 분산되어 있을 때, 발화원에 의해 착화되어 폭발을 일으킨다.
③ 가연성 액체무적이 어떤 농도 이상으로 조연성 가스 중에 분산되어 있을 때, 점화원에 의해 착화되어 폭발한다.
④ 금속도선에 센 전류를 흘려 보냈을 때 금속의 급속한 기화에 따라 폭발한다.

**038** ●①②③
다음 중 폭발의 성립조건을 설명한 것으로 옳지 않은 것은?
① 가연성 가스 및 증기 또는 분진이 공기와 접촉, 혼합되어 폭발범위 내에 있어야 한다.
② 혼합되어 있는 가스가 어떤 구획되어 있는 방이나 용기 같은 밀폐된 공간에 있어야 한다.
③ 물질의 일부가 불을 일으킬 만한 점화원(에너지) 이상이어야 한다.
④ 외부로부터 에너지를 가하지 않아도 반응이 계속적으로 진행되는 것으로써 순조로운 연쇄반응이 있어야 한다.

**039** ●①②③
다음 화학적 폭발에서 균일반응에 대한 설명이 옳지 않은 것은?
① 반응물질의 종류, 농도, 온도에 따라 폭발이 달라진다.
② 일반적으로 물질의 온도가 상승함으로써 반응은 더욱 빠르게 진행된다.
③ 온도가 상승을 수반하지 않으면 발열량이 적어 밀폐계 내부 고압 생성이 어렵다.
④ 균일반응은 고체에서만 발생한다.

**040** ●①②③
다음 중 폭발현상을 설명한 것으로 가장 옳지 않은 것은?
① 원자핵의 분열 또는 융합에 의한 강력한 에너지가 방출되는 현상
② 압력의 급격한 발생으로 격렬한 폭음을 발생하며 팽창하는 현상
③ 현저하게 용적이 증대되는 동시에 빛과 열을 수반하는 현상
④ 열에너지가 화학적 에너지로 빠르게 전환되는 현상

**041** ●①②③
다음 중 폭발을 일으키는 물질의 변화를 설명한 것으로 옳지 않은 것은?
① 물리적 폭발은 상변화에 의해 에너지방출이 짧은 시간에 이루어지는 폭발을 말하며 증기폭발, 금속선폭발, 고체상 전이폭발 및 압력폭발이 있다.
② 화학적 폭발은 가연물질의 분산에 의한 폭발과 불안정한 물질에 의한 폭발을 말하며 산화폭발, 분해폭발 및 중합폭발이 있다.
③ 중합폭발은 포화 탄화수소(화합물) 중에서 특히 중합하기 쉬운 물질이 급격한 중합반응을 일으키고 그 때의 중합열에 의하여 일어나는 폭발하는 현상이다.
④ 산화폭발은 가연성 물질과 산화제의 혼합물이 점화되어 산화반응에 의하여 일어나는 폭발로 폭발성 혼합가스의 폭발, 화약의 폭발, 분진·분무폭발 등이 있다.

## 042

**다음 중 폭발을 물질상태를 기준으로 설명한 것으로 옳지 않은 것은?**

① 아세틸렌, 산화에틸렌, 에틸렌, 하이드라진, 이산화염소, 프로파디엔, 메틸아세틸렌은 분해폭발을 하는 물질이다.
② 황 및 플라스틱, 식품, 사료, 석탄 등의 분말, 실리콘 등의 분말은 분진폭발을 하는 물질이다.
③ 유압기의 기름 분출에 의한 유적(기름의 흔적)에 조연성가스가 분산되어 있을 때 중합폭발을 하는 물질이다.
④ 무정형 안티몬이 결정형 안티몬으로 전이할 때의 발열에 따른 폭발은 고상전이폭발이다.

## 043

**다음 중 분진폭발에 영향을 미치는 인자를 설명한 것으로 옳지 않은 것은?**

① 입도가 작을수록 비표면적이 커지고, 표면적이 크면 반응속도가 커져서 폭발성도 커진다. 그러나 입도가 너무 작으면 분진입자가 서로 끌어당겨서 분산이 나빠지기 때문에 오히려 폭발성이 감소하는 경우도 있다.
② 분진의 형상(구형, 침상, 평편함 등)에 따라 달라지는데 구형이 될수록 폭발성이 약하며, 입자 표면적이 산소에 대해 비활성일수록 폭발성이 높다.
③ 입자가 작고 가벼운 것은 공기 중에 산란이나 부유하기 쉽고, 부유성이 큰 것일수록 공기 중에 체류하는 시간이 길고 위험성도 커진다.
④ 산화반응에 의해서 발생되는 기체량이나 연소열의 대소, 반응전후에 용적의 변화가 큰 것 등이 분진폭발의 격렬도에 영향을 줄 수 있다.

## 044

**다음 중 메탄 65%, 에탄 15%, 수소 20%의 혼합가스의 공기 중의 폭발하한계를 얼마인가?**

① 3.9%  ② 4.1%
③ 4.3%  ④ 4.5%

## 045 ⓵②③

다음 방폭설비 중 전기기기의 점화원이 되는 부분을 주위의 폭발성가스와 격리하여 접촉하지 않도록 하는 구조는?

① 내압 방폭구조, 압력 방폭구조
② 본질안전 방폭구조, 비점화 방폭구조
③ 내압 방폭구조, 특수 방폭구조
④ 압력 방폭구조, 유입 방폭구조


## 046 ⓵②③

다음 중 수소의 성질을 설명한 것으로 가장 옳은 것은?

① 최소 점화에너지가 낮기 때문에 약한 점화원에도 폭발 가능성이 있으며 산소와 연소하면 고열(2,800℃)이 발생한다.
② 용기에 주수하면 부식이 빨라지고 기화속도가 빨라지기 때문에 주수하면 안 된다.
③ 용제인 아세톤에 용해된 뒤 목탄이나 석면 등과 같은 다공질 물질에 충전하여 보관·운반한다.
④ 공기중에서 쉽게 연소, 폭발하며 액체상태에서는 물보다 가볍고 기체 상태에서는 공기보다 무겁다.


## 047 ⓵②③

다음 중 연소에 대한 설명으로 옳지 않은 것은?

① 선화는 불꽃이 염공 위에 뜨는 현상으로 염공에서 분출속도가 연소속도보다 빠를 때 발생하는 현상이다.
② 대표적인 비정상 연소가 폭발이며 산화알루미늄은 수분이 있으면 화학반응에 의해 가연성가스를 발생하여 분진폭발이 더 잘 일어난다.
③ 역화는 연소속도가 분출속도보다 빠를 때 나타난다
④ 열의 발생 속도와 연소 확산 속도가 서로 균형을 이루지 못하여 화염의 모양·위치·상태 등이 연소가 일어나는 동안 변하는 경우를 비정상연소라고 한다.


## 048 ⓵②③

다음 중 불꽃연소 시 발생하는 분해생성물의 특성을 설명한 것으로 옳지 않은 것은?

① 연료종류에 의존하지 않는 공통적인 성질을 갖는다.
② 탄소계의 응집체이므로 흑색을 나타내며 빛의 흡수가 많다.
③ 분자량이 큰 특유의 냄새를 갖는 것이 많다.
④ $H_2O$와 $CO_2$는 액체 미립자의 연기와 달리 특수한 독성은 없다.

## 049

**다음 중 연소생성물에 대한 설명으로 옳지 않은 것은?**

① 염화수소는 염소를 포함하고 있는 PVC와 같은 물질이 연소할 때 만들어지는 물질이며, 감각기능과 폐를 심하게 자극한다.
② 일산화탄소는 최악의 독성은 아니지만 유독성분 중의 한 가지 물질이며, 이것의 독성은 주로 혈액 속에서 헤모글로빈과 화합하는 친화력이 강하다.
③ 아세트알데하이드는 천연물질이기도 하지만 나일론, 울, 실크, 요소수지, 폴리우레탄, 아크릴로니트릴 중합체 등 합성물질 중에 질소를 함유하는 물질을 태울 때도 나온다.
④ 시안화수소는 극히 빠르게 반응하는 독성물질로, 반응속도가 일산화탄소의 20배 수준이다.

## 050

**다음 중 플라스틱 화재 시 생성물로 옳지 않은 것은?**

① 기체 분해 생성물은 여러 가지 휘발성 물질 및 탄소를 포함하는 물질로서 CO, $CO_2$, $C_2H_4$ 등의 탄화수소계열 물질, 할로겐화탄화수소, 염화수소(HCl) 등이 생성된다.
② 액체 분해 생성물은 벤젠($C_6H_6$), 톨루엔($C_6H_5CH_3$), 포름알데하이드류, 케톤류, 아세톤 등이 생성된다.
③ 고체 분해 생성물은 타르(tar), 미반응물질, 탄화물 등이 생성된다.
④ 완전연소 시 연소 생성물은 CO, HCN, 미스트, 연기 등이 생성된다.

## 051

**다음 〈보기〉에서 설명하는 가연물의 종류로 옳은 것은?**

> ㉠ 열손실이 없다고 가정하면 연소 시 화염의 온도는 약 3,000℃ 이상이 된다.
> ㉡ 구리, 은 등의 금속과 반응하여 폭발성 아세틸리드를 생성한다.
> ㉢ 공기 중에서의 연소범위는 2.5 ~ 81%이다.

① $C_2H_2$  
② $CH_4$  
③ $C_2H_6$  
④ $NH_3$

## 052 ①②③

**고체표면의 화염확산속도에 영향을 주는 인자에 대한 설명으로 옳지 않은 것은?**

① 하향전파의 경우 확산속도는 방위의 변화에 따라 민감하지는 않으며 대략 1.0~1.3mm/s 정도로 일정하다.
② 연료가 매우 얇고 표면에 온도구배가 없어 일괄적인 열용량으로 취급되면 확산속도는 재료의 두께에 비례한다.
③ 대기의 산소농도가 증대될수록 연료의 온도가 증가할수록 화염의 확산속도는 증가한다.
④ 모서리가 존재하는 경우 하향전파에 확산속도는 모서리의 각도가 180°일 때가 최소가 된다.

## 053 ①②③

**화재플럼에 대한 설명 중 옳지 않은 것은?**

① 화재플럼(Fire plume)은 화염의 부력을 갖는 화염기둥과 고온의 연소생성물이 화원 위로 상승하는 것을 말하며 부력(Buoyancy)은 밀도 차이에 의하여 유체가 상승하는 힘이다.
② 밀도는 가스온도에 비례하므로, 화재플럼의 온도는 주위 공기보다 상대적으로 높기 때문에 가스를 상승시키는 힘이 된다.
③ 화재플럼의 온도는 주위 공기보다 상대적으로 높기 때문에 가스를 상승시키는 힘이 된다.
④ 뜨거운 플럼이 주위의 공기온도로 냉각된다면 부력은 0이 되어 플럼은 상승을 멈춘다. 이러한 조건은 연기가 가득한 실내에서의 담배 연기가 층을 형성하는 원인이 되거나, 온도 역전(逆轉)에 의한 대기 오염의 증가 요인이 된다.

## 054 ①②③

**다음 중 환기량과 연소속도의 관계에 대한 설명으로 옳지 않은 것은?**

① 연료지배화재는 주로 공동주택같은 화재이며 연소속도가 가연물의 연소특성에 의해 지배되는 화재이다.
② 환기인자는 개구부 면적 × 개구부 두께로 구할 수 있다
③ 플래시오버 현상의 유무에 대해서는, 실내의 가연물의 연소확대에 의해 발생하는 발열 속도가 한계를 초과할 것인가가 중요하다.
④ 환기지배화재는 주로 창고에서 일어나는 현상으로 가연성 가스의 발생량에 비해 공기 공급이 충분하지 않아 발생하는 실내화재의 일반적 현상이며, 개구부를 통한 환기량이 연소속도를 좌우하는 화재이다.

## 055

**연소 및 화재메커니즘에 대한 설명 중 옳지 않은 것은?**

① 연소 또는 화재는 에너지의 방출을 수반한 화학적 반응으로서, 에너지의 일부는 빛의 형태로서 화염이라고 한다.
② 밀도는 가스온도에 반비례하므로, 화재플룸의 온도는 주위 공기보다 상대적으로 높기 때문에 가스를 상승시키는 힘이 된다.
③ 대부분의 연료는 탄소, 수소 및 산소로 구성되어 있으며 일부 연료, 특히 플라스틱은 질소, 염소, 불소 등을 포함하기도 한다.
④ 화학반응을 화재로 정의하기 위해서는 충분히 감지할 만큼의 에너지 방출이 필요하다. 즉, 화학반응에서 단위 체적당 에너지의 방출속도가 화재인지 아닌지의 여부를 결정해주며, 화염의 크기는 화재를 결정하는 요인이 된다.

## 056

**다음 〈보기〉에 대한 설명 중 옳지 않은 것은 모두 몇 개인가?**

> ㉠ 위험성을 함유하고 있는 물질은 비교적 비점이 낮고, 비점이 낮을수록 위험성은 크다.
> ㉡ 융점이 낮을수록 위험성이 높고, 유지·파라핀·나프탈렌 등과 같은 가연성 고체는 화재시 가연성 액체로 되어 화재를 확대시키는 요인이 된다.
> ㉢ 점성이 낮은 물질은 위험성이 높고, 가연성 액체는 온도가 상승하면 점성이 작아지며 액체와 같은 성질이 나타나 화재를 확대시킨다.
> ㉣ 비중의 값이 작을수록 위험성이 증대된다. 일반적으로 가연성 액체는 물보다 비중이 작으므로 연소 시 확대된다.
> ㉤ 위험물이 물과 혼합되면 정전기의 발생을 방지할 수 있고, 물과 혼합성이 좋은 위험물은 물과 희석시키면 증기압은 낮아지고, 인화점은 상승한다.
> ㉥ 전기전도도가 낮은 위험물은 유동이나 여과 시 정전기를 발생시키기 쉬우므로 위험성이 적다.
> ㉦ 연소열이 큰 것은 연소를 확대시키므로 위험성이 높다.

① 0개　　　　　　　　　　② 1개
③ 2개　　　　　　　　　　④ 3개

## 057

**혼촉발화에 대한 설명 중 옳은 것은 모두 몇 개인가?**

> ㉠ 혼촉발화의 위험성이 있는 물질은 필요한 만큼 저장·취급한다.
> ㉡ 인화성 및 가연성 물질의 양은 되도록 적게 한다.
> ㉢ 혼촉발화에 대한 평가의 결과 위험성이 있는 물질에 대해 동일한 실내에서 저장·취급하지 않는다.
> ㉣ 사용빈도가 매우 낮은 물품은 폐기처분한다.
> ㉤ 인화성 액체 또는 가스가 존재하는 실내에서 사용하는 화기는 안전관리에 철저히 주의한다.
> ㉥ 과산화수소와 휘발류는 혼촉발화 위험이 있다.
> ㉦ 황과 경유는 혼촉발화 위험이 있다.

① 7개  ② 6개
③ 4개  ④ 0개

## 058

**발화지연시간이 짧아지는 조건으로 옳은 것은?**

① 자연발화온도가 낮을수록 발화지연시간은 짧아진다.
② 자연발화온도가 높을수록 발화지연시간은 짧아진다.
③ 분자구조가 복잡할수록 발화지연시간은 짧아진다.
④ 분자구조가 단순할수록 발화지연시간은 짧아진다.

## 059

**다음은 유지류의 아이오딘값과 자연발화에 대한 설명이다. 가장 옳지 않은 것은?**

① 아이오딘값이란 유지 100g속에 포함되어 있는 아이오딘의 g수를 말한다.
② 아이오딘값은 유지의 불포화도를 나타내는 지수로 사용한다.
③ 아이오딘값이 클수록 불포화도가 증가하여 자연발화가 일어나기 쉽다.
④ 아이오딘값이 130 이상인 경우 불건성유, 100 이상 130 미만은 반건성유, 100 미만은 건성유로 분류한다.
⑤ 건성유는 산화열의 축적에 의해 자연발화가 일어나기 쉽다.

## 060 ①②③
화재 시 주수에 의한 농도를 떨어트려 가연성가스의 생성을 억제하여 소화할 수 없는 위험물로 옳은 것은?

① 아세톤  
② 톨루엔  
③ 시안화수소  
④ 피리딘

## 061 ①②③
다음의 설명 중 옳은 것은 모두 몇 개 인가?

> ㉠ 증기밀도(Vapor Density)는 동일한 부피의 공기와 비교되는 증기 또는 기체의 중량이다.
> ㉡ 액화석유가스(LPG)는 프로페인, 프로필렌 그리고 부틸렌과 같은 알칸과 알켄의 압축 및 액화된 혼합물이다.
> ㉢ 오존파괴지수(Ozone Depletion Potential, ODP)는 $CFCl_3$(CFC-11) 1kg에 의해 파괴되는 오존량에 대한 상대적인 비율로 규정한다.
> ㉣ 프로페인과 메테인의 완전연소식은 $C_3H_8 + 5O_2 \rightarrow 3CO_2 + 4H_2O$이고, $CH_4 + 2O_2 \rightarrow CO_2 + 2H_2O$이다.

① 0개  
② 1개  
③ 2개  
④ 4개

## 062 ①②③
두 개의 평행 평판 사이에서 연소가 일어나는 경우 평판 사이의 간격이 어느 크기 이하로 좁아지면 화염이 더 이상 전파되지 않는 거리의 한계치를 무엇이라 하는가?

① 발화지연시간  
② 폭굉유도거리  
③ 소염거리  
④ 한계산소지수

## 063 ①②③
물질의 표면온도가 10°C인 A 물체와 물질의 표면온도가 293°C인 B 물체가 있다. A 물체와 B 물체의 열복사량(복사에너지)의 비는 얼마인가? (단, 나머지 물리량은 모두 같다.)

① 1 : 8  
② 1 : 16  
③ 1 : 32  
④ 1 : 40.5

**064** ⓞ①②③

인체에 대한 연소 생성물의 일차적인 영향에 대한 설명 중 옳지 않은 것은?
① 열과 고온은 열 스트레스, 화상에 영향을 미친다.
② $CO_2$는 호흡 증가에 영향을 미친다.
③ Soot, tars는 가시도 불량에 영향을 미친다.
④ $O_2$, CO, HCN는 감각기관 자극에 영향을 미치고, HCl, HF, HBr은 혈액내 산소공급 부족에 영향을 미친다.

**065** ⓞ①②③

난류화염으로부터 전달되는 대류 열전달에 대한 설명으로 옳지 않은 것은?
① 대류 열전달의 원인이 되는 밀도는 화염의 온도에 따라 달라진다.
② 화염입자 자체의 움직임에 의해 열에너지가 전달되는 것이다.
③ 화염의 유동에 의하여 연소 확대의 원인이 된다.
④ 화염과 이격된 가연물에 대한 발화의 원인이 되기도 한다.

**066** ⓞ①②③

연기 속을 투과한 빛의 양으로 연기농도를 구하는 중량농도법에 대한 설명으로 옳은 것은?
① 연기의 농도는 단순히 입자의 개수만으로 평가된다.
② 연기입자의 크기나 색에는 관계가 없는 측정법이다.
③ 연기의 농도는 연기입자의 수나 지름에 지배된다.
④ 연기농도는 단위용적당의 연기입자의 체적($mg/m^3$)으로 나타낸다.

**067** ⓞ①②③

연기에 대한 설명으로 옳지 않은 것을 모두 고르시오.

> ㉠ 수소가 많으면 백색연기, 탄소수가 많으면 검은 색깔로 변한다.
> ㉡ 연기란 가연물이 연소할 때 생성되는 물질로서 액체상의 탄소미립자이며, 무상의 증기 및 기체상의 분자가 공기 중에서 응축되어 부유 확산하는 복합혼합물을 포함 하는 것으로 연기의 입자는 보통 0.01~10[$\mu m$] 정도로 아주 작다.
> ㉢ 일반화재는 백색, 유류는 흑색을 나타내지만, 예외적으로 메탄올(메틸알코올)은 휘발성의 무색 투명한 액체로 연한 청색 화염을 내거나 화염이 눈에 보이지 않을 경우도 있다.
> ㉣ 연기의 감광계수가 증가할수록 가시거리는 길어진다.
> ㉤ 연기를 이동시키는 요인에는 연돌효과, 바람의 영향, 온도에 의한 팽창, 공기조화설비, 건물 내·외 온도차, 비중차, 피스톤효과가 있다.

① ㉠, ㉢, ㉤  ② ㉢, ㉤
③ ㉠, ㉡, ㉢, ㉣  ④ ㉡, ㉣

**068** ●①②③
일반가연물의 비화연소(飛火燃燒)현상은 풍향이 어느 쪽으로 발전하는가?
① 풍하(風下)
② 풍상 및 풍하
③ 풍상(風上)
④ 화점을 중심으로 하는 원주방향

**069** ●①②③
열전달에 의한 현상을 설명한 것으로 옳지 않은 것은?
① 가연성물질의 연소 시 발생하는 열은 전도, 대류, 복사 등의 열로 소모하게 된다.
② 밀폐된 용기에 저장된 가연성가스는 주변의 입열에 의해 열전달이 계의 중심으로 이동하여 자연발화할 수 있다.
③ 부력에 의해 상승된 연기는 천장부에서 측면으로 퍼져 나가면서 열전달 등에 의해 온도가 떨어지게 된다.
④ 인화성액체의 저장용기가 클 때는 주로 용기의 가장자리를 통한 열전달이 크게 작용한다.

**070** ●①②③
다음 중 블래비에 대한 현상으로 옳지 않은 것은 몇 가지인가?

> ㉠ 원인은 화학적 폭발이며, 직접 열 받는 부분이 탱크의 인장강도를 초과할 경우 가열된 액체와 면하는 지점에서 파열하게 된다.
> ㉡ BLEVE순서는 액온상승 → 액격현상 → 연성파괴→ 취성파괴 순이다.
> ㉢ BLEVE의 규모는 파열시의 액체의 기화량, 탱크의 용량에 따라 차이가 없다.
> ㉣ 액화가스 저장탱크에서 일어날 수 있다는 점에서는 증기운 폭발과 같다.

① 1개　　　　　　　　　② 2개
③ 3개　　　　　　　　　④ 4개

# MEMO

# PART IV 화재이론

## CHAPTER 1 건물화재의 성상

**001** ⓛ❶❷❸

다음 〈보기〉에 대한 설명 중 옳은 것은 모두 몇 개인가?

> ㉠ "일정한 온도에서 기체의 부피는 압력에 반비례한다"라는 법칙은 보일의 법칙이다.
> ㉡ 저장탱크 벽면이 파열되면 탱크 내부 압력은 급격히 감소되고 과열된 액체가 폭발적으로 증발하면서 이 증발력에 의해 액체 및 탱크조각이 날아가게 되는 현상을 블래비라 한다.
> ㉢ "복사열은 복사체의 열전달면적 4제곱에 비례한다"는 것은 스테판-볼츠만의 법칙이다.
> ㉣ 백드래프트는 농연의 분출, 파이어볼(fire ball)의 형성, 건물 벽체의 도괴 등의 현상을 수반한다.
> ㉤ 플래시오버는 최성기에 발생이 되며, 충격파는 없다.

① 1개  ② 3개
③ 4개  ④ 5개

**002** ❶❷❸

화재 시 콘크리트의 특성으로 옳지 않은 것은?
① 콘크리트는 일반적으로 고열을 받으면 압축강도가 저하된다.
② 초고층건축물에서 사용되는 고강도콘크리트는 화재 시 폭렬현상이 발생한다.
③ 콘크리트의 폭렬현상은 플래시오버와 밀접한 관련이 있다.
④ 콘크리트는 화재 시 고열에 의한 탄산화(중성화)가 된다.

**003** ❶❷❸

내화성능시험이란 어떤 부재가 화재가열을 받을 때에 정하여진 한계에 도달하지 않고 요구되는 내화시간 이상을 견딜 수 있는가를 평가하는 방법으로서 이때 사용하는 가열방법은 무엇에 따르게 되는가?
① 기준가열온도곡선  ② 내화가열온도곡선
③ 적산가열온도곡선  ④ 표준가열온도곡선

**004** ❶❷❸
연소범위의 국한을 목적으로 하는 것으로 일정시간이상의 차염성과 차열성의 확보가 요구되는 것을 의미하는 것은?

① 방화구획　　　　　　　　② 방연구획
③ 안전구획　　　　　　　　④ 면적구획

**005** ❶❷❸
공동주택의 각 세대 간의 경계벽의 구조는?

① 방열구조　　　　　　　　② 방음구조
③ 방화구조　　　　　　　　④ 내화구조

**006** ❶❷❸
내화구조의 성능을 설명한 것으로 옳지 않은 것은?

① 건축물의 마감부분을 불연 또는 준불연 또는 난연화 함으로써 화재의 속도를 격감, 억제시킬 수 있어야 한다.
② 건물의 주요구조부는 그 중요도가 높으므로 화재의 최성기(800~1,000℃)일 때 구조의 재료가 화재하중을 지지할 수 있어야 한다.
③ 열이나 화재를 차단하여 다른 방화구획으로 연소하는 것을 방지할 수 있어야 한다.
④ 구조재로 내화성 피복재료는 불연성인 동시에 강도저하, 팽창, 수축, 균열, 폭렬 등 변형이 없어야 한다.

**007** ❶❷❸
화염의 확산을 막을 수 있는 성능을 가진 방화구조로 옳지 않은 것은?

① 철망모르타르로서 그 바름두께가 2센티미터 이상인 것
② 심벽에 흙으로 맞벽치기한 것
③ 시멘트모르타르 위에 타일을 붙인 것으로서 그 두께의 합계가 2.5센티미터 이상인 것
④ 두께 2.5센티미터 이상의 암면보온판 위에 석면시멘트판을 붙인 것

### 008 ①②❸

초고층건물의 화재에 대한 설명 중 옳지 않은 것은?
① 초고층건물은 50층 이상 또는 높이 200미터 이상의 건축물을 말한다.
② 초고층건물이 지어진 배경은 생활의 편리성과 지상공간의 개방, 랜드마크적요소 등을 들 수 있다.
③ 초고층건축물은 화재 시 피난의 어려움뿐만 아니라, 지하와 연계가 되어 있어서 많은 화재하중의 증가와 고강도콘크리트의 폭렬문제, 연돌효과에 따른 문제, 단열재 문제, 소방관의 진입상 어려움 문제와 화재진압의 어려움이 있다.
④ 화재 시 엘리베이터는 활용하지 않는 것이 원칙이다.

### 009 ❶②③

누출된 가연성가스의 증기연무 내 점화원에 의해 화재가 발생된 현상을 무엇이라 하는가?
① 증기운 화재(Unconfined Vapor Cloud Fire)
② 제트 화재(Jet Fire)
③ 플래시 화재(Flash Fire)
④ 풀 화재(Pool Fire)

### 010 ❶②③

저장조 내에 발생한 화염으로부터 열이 액면에 전달되어 액온이 상승됨과 동시에 증기를 발생하고 이것이 공기와 혼합하여 확산연소를 하는 과정의 반복되는 화재로 옳은 것은?
① 플래시 화재(Flash Fire)   ② 풀 화재(Pool Fire)
③ 윤화(Ring Fire)   ④ 제트 화재(Jet Fire)

### 011 ❶②③

인접건물로의 연소확대 방지대책으로 옳지 않은 것은?
① 건물의 외부에 면한 주요부재를 불연성 재료로 사용
② 개구부의 방화유리 설치
③ 지상에 옥외소화전설비의 설치
④ 습식 스프링클러설비의 설치

## 012 ⓐ①②③
**다음 중 인간의 피난 본능을 설명한 것으로 옳지 않은 것은?**
① 건물의 중심부에서 연기와 불꽃이 상승하면 외주 방향으로, 외주부가 위험하면 중앙 방향으로 퇴피하려고 한다.
② 가능한 한 좁은 공간인 목욕탕이나 화장실 등을 찾아서 이동하다가 위험성이 높아지면 의외로 거실 등 넓은 장소에 머물게 된다.
③ 화재시 정전 또는 검은 연기의 유동으로 주위가 어두워지면 사람들은 밝은 곳으로 피난하고자 한다.
④ 인간은 본능적으로 비상시 자신의 신체를 보호하기 위하여 원래 온 길 또는 늘 사용하는 경로에 의해 탈출을 도모하고자 한다.


## 013 ⓐ①②③
**장시간에 걸쳐 인원을 수용할 수 있도록 함과 동시에 소방활동의 거점이 되는 장소로 옳은 것은?**
① 피난안전구역　　　　　　　　② 특별피난계단의 전실
③ 대피공간　　　　　　　　　　④ 종합방재실


## 014 ⓐ①②③
**다음 중 가스안전사고의 방지 및 대응요령으로 옳지 않은 것은?**
① 가연성 가스의 누설우려가 있는 장소에 설치하는 전기설비는 방폭구조로 한다.
② 가스누출 시 밸브 등의 폐쇄로 가스공급을 차단한다.
③ 가연성가스를 취급하는 장소에는 정전기 방지 조치로서 상대습도를 70% 이상으로 한다.
④ 가스누출 시 문을 열고 환풍기 또는 배기팬을 작동시켜 실외로 배출시킨다.


## 015 ⓐ①②③
**LNG 저장조의 롤 오버(Roll over)현상 방지대책으로 옳지 않은 것은?**
① Jet노즐을 이용하여 인입 LNG와 잔류 LNG를 혼합
② 저장조 상 하층의 인입구 단일화
③ LNG 교반에 의한 혼합
④ LNG 조성의 범위 제한

# CHAPTER 2 위험물화재의 성상

**016**
디에틸에테르($C_2H_5OC_2H_5$)의 위험성을 설명한 것으로 옳지 않은 것은?
① 인화점이 -45℃로서 국소적인 열원에 의해서도 발화한다.
② 공기 중 장시간 노출되어 과산화물이 생성되는 경우 가열, 충격 등에 격렬하게 폭발한다.
③ 가연성 혼합기를 형성하는 경우 자연발열에 의하여 발화한다.
④ 소화방법으로는 포 소화약제, 이산화탄소 소화약제 등에 의한 질식소화가 효과적이다.

**017**
제2류 위험물의 공통적인 특성으로 옳지 않은 것은?
① 모두 산소를 함유하고 있지 않은 가연물이고, 산소와 결합이 용이하고 저농도의 산소 하에서도 잘 연소한다.
② 비교적 낮은 온도에서 착화하기 쉽고 연소열이 큰 고체이며, 특히 금속분, 황가루, 철분은 밀폐된 공간 내에서 부유할 때 분진폭발의 위험이 있다.
③ 모두 비중이 1보다 크며 물에 잘 녹는다.
④ 산화제와 접촉, 마찰로 인하여 착화되면 급격히 연소하는 위험물이다.

**018**
다음은 위험물 중 무엇에 대한 설명인가?

> ㉠ 착화점은 50℃, 융점은 44℃, 백색, 담황색의 고체를 백린 또는 인이라 한다.
> ㉡ 증기는 유독, 치사량은 0.05g, 피부와 접촉 화상을 입는다.
> ㉢ 포스핀가스 발생을 막기 위해 물속에 저장한다.
> ㉣ 물에 녹지 않으며, 인화수소의 생성을 방지하기 위하여 보호액은 Ph9(약알칼리)로 유지한다.

① 황린　　　　　　　　② 이황화탄소
③ 사염화탄소　　　　　④ 적린

## 019

**다음에 대한 설명 중 옳은 것은 모두 몇 개인가?**

> ㉠ 탄화칼슘은 자신은 불연성이지만 수증기 및 물과 반응해서 아세틸렌이 발생하고 공기와 함께 폭발성 혼합가스를 만든다.
> ㉡ 탄화알루미늄의 경우에는 물과 반응하여 수소가스를 생성한다.
> ㉢ 나트륨의 화재진압은 수계 소화약제와 이산화탄소, 할론은 적응성이 없지만, 제3종 분말은 적응성이 있다.
> ㉣ 보일오버(boil over)는 석유화재에서 탱크 하부에 고여 있던 물이 격렬한 증발을 일으키면서 불이 붙은 채 석유를 분출하는 현상이다.
> ㉤ 마그네슘은 주기율표상 알칼리토금속에 속하지만 제3류 위험물이다.

① 6개　　② 5개
③ 3개　　④ 2개

## 020

**위험물에 대한 설명 중 옳은 것은 모두 몇 개인가?**

> ㉠ 차아염소산염류(하이포염소산염류), 아염소산염류, 염소산염류, 과염소산염류 등은 제1류 위험물에 속하는 산화성 고체이다.
> ㉡ 질산에스터류(질산에스테르류)와 질산구아니딘은 자기반응성 물질로 제5류 위험물이다.
> ㉢ 과아이오딘산과 과아이오딘산염류는 모두 산화성 고체에 속하는 제1류 위험물이다.
> ㉣ 1류 위험물 중 물과 반응하여 급격하게 산소를 방출하거나 발열하는 물질은 무기과산화물, 크로뮴의 산화물(삼산화크로뮴 = 무수크로뮴산 = 크로뮴산 = $CrO_3$), 퍼옥소붕산염류 등이다.
> ㉤ 금속분은 공기 중에서 가연성 증기를 발생하여서 화기를 조심하여야 한다.
> ㉥ 황린은 2류 위험물이고, 황화인은 3류 위험물이다.
> ㉦ 알칼리금속 및 알칼리토금속은 석유, 파라핀에 저장한다.

① 6개　　② 5개
③ 4개　　④ 0개

## 021

다음 〈보기〉 중 옳은 것을 모두 고르면 몇 개인가?

> ㉠ 1류 위험물은 산화성 고체이고 ㉡ 종류로는 염소산염류, 아염소산염류, 과염소산 등이 있으며, ㉢ 5류 위험물로는 자기반응성 물질로써 ㉣ 유기금속화합물, 질산에스터류 등이 있고, ㉤ 5류 위험물은 공기 중의 산소 공급이 없이도 충격으로 연소폭발이 가능하다.

① 1개
② 2개
③ 3개
④ 4개

## 022

위험물에 대한 설명 중 옳지 않은 것은?

① 산화제는 제1류 위험물과 제6류 위험물로서 자신은 연소하지 않지만 많은 산소를 방출하므로 가연물의 연소를 돕는다.
② 산화성 고체로 제1류 위험물이며, 질산에스터류와 질산구아니딘은 자기반응성 물질로 제5류 위험물에 속한다.
③ 가스 중 압축산소는 위험물이 아니지만, 액화석유가스, 프로판 가스는 위험물에 해당된다.
④ 제2류 위험물은 환원제로서 일반적으로 화기주의를 표시하며, 물에 잘 녹지 않는 가연성 고체이다.

## 023

다음 〈보기〉 설명을 보고 옳은 것을 고르면?

> - 인화칼슘이 물과 반응하여 A 기체를 발생시킨다.
> - 탄화칼슘이 물과 반응하여 B 기체를 발생시킨다.
> - 탄화알루미늄이 물과 반응하여 C 기체를 발생시킨다.

① A 기체는 포스겐이다.
② B 기체는 수은과 접촉하면 금속아세틸라이트를 생성한다.
③ C 기체의 연소범위는 4~75V% 이다.
④ 〈보기〉중 조연성 기체는 1개 있다.

## 024

**다음 중 제2류 위험물의 위험성을 설명한 것으로 옳지 않은 것은?**

① 금속분은 산, 할로겐원소, 황화수소와 접촉하면 발열, 발화하며 습기와 접촉하면 자연발화 위험이 있다.
② 산화제(제1류, 제6류)와 혼합한 것은 가열, 충격, 마찰에 의해발화 폭발 위험이 있으며, 연소 중인 금속분에 물을 가하면 수소가스가 발생하여 2차적인 폭발 위험이 있다.
③ S, Fe, Mg분 및 금속분은 밀폐된 공간 내에서 부유할 때 점화원 또는 충격, 마찰 등에 의해 분진폭발을 일으켜 대형화재로 확대되어 파괴력도 커진다.
④ 금속분이 미세한 가루 또는 박 모양일 경우 산화 표면적의 증가로 공기와 혼합 및 열전도가 높아 열의 축적이 쉽기 때문에 연소를 일으키기 쉬워진다.

## 025

**다음 중 3류 위험물 대한 설명으로 옳지 않은 것은 몇 개인가?**

㉠ 트리에틸알루미늄과 물과의 반응식은
  $(C_2H_5)_3Al + 3H_2O \rightarrow Al(OH)_3 + 3C_2H_6 \uparrow$ 이다.
㉡ 트리메틸알루미늄과 물과의 반응식은
  $(CH_3)_3Al + 3H_2O \rightarrow Al(OH)_3 + 3CH_4 \uparrow$ 이다.
㉢ 제3류 위험물 중 금속칼륨, 금속나트륨은 석유 속에 저장한다.
㉣ 탄화알루미늄의 반응식은
  $Al_4C_3 + 12H_2O \rightarrow 4Al(OH)_3 + C_2H_2$ 이다.

① 1개  ② 2개
③ 3개  ④ 4개

## 026

**다음 중 3류 위험물의 반응으로 옳지 않은 것은?**

① $2Na + 2H_2O \rightarrow 2NaOH + H_2$
② $(C_2H_5)3Al + 3H_2O \rightarrow Al(OH)_3 + 3C_2H_6$
③ $P_4 + 5O_2 \rightarrow 2P_2O_5$
④ $2KHCO_3 \rightarrow K_2CO_3 + H_2O + CO_2$

# CHAPTER 3 화재조사

## 027

**화재현장에서의 화재조사 진행순서로 옳은 것은?**

① 출화원인 조사→발화범위 판정→발굴→복원→감식·감정→발화지점 판정→화재원인 결정
② 출화원인 조사→발화지점 판정→발굴→복원→감식→발화범위 판정→감정→화재원인 판정
③ 출화원인 조사→발화범위 판정→발굴→복원→발화지점 판정→감식·감정→화재원인 판정
④ 출화원인 조사→발화범위 판정→발굴→복원→감정→발화지점 판정→감식→화재원인 판정

## 028

**화재원인 판정을 위한 감식의 방법을 설명한 것으로 옳은 것은?**

① 화재원인의 판정을 위하여 전문적인 지식, 기술 및 경험을 활용하는 것이다.
② 주로 시각 및 후각에 의한 종합적인 판단으로 구체적인 사실관계를 명확하게 규명하는 것이다.
③ 화재와 관계되는 물건의 재질, 성분 등 모든 현상에 대하여 과학적 방법에 의한 필요한 실험을 행하는 것이다.
④ 감식을 통하여 화재원인을 밝히는 자료를 얻었을지라도 감정을 통하여 화재원인을 판정하여야 한다.

## 029

「화재조사 및 보고규정」상 용어에 대한 설명으로 옳지 않은 것은?

① 발화란 열원에 의하여 가연물질에 순간적으로 불이 붙는 현상을 말한다.
② 최초착화물이란 발화열원에 의해 불이 붙은 최초의 가연물을 말한다.
③ 발화요인이란 발화열원에 의하여 발화로 이어진 연소현상에 영향을 준 인적·물적·자연적인 요인을 말한다.
④ 잔가율이란 화재 당시에 피해물의 재구입비에 대한 현재가의 비율을 말한다.

## 030

다음 화재조사에 관한 설명 중 올바른 것을 모두 고른 것은?

㉠ 화재패턴 영향요소는 연소에 의한 온도변화, 열에 의한 물질변화, 그을음, 고온가스층이다.
㉡ V 패턴은 바닥 정점에서 발화됨, 화재의 전형적인 패턴이다.
㉢ 역V 패턴은 바닥의 휘발성 액체가 연소하면서 생성된 화염이 천장에 도달하지 않을 때 발생된다.
㉣ 모래시계 패턴은 화염이 수직면과 가까이 존재하거나 접촉되었을 때 발생된다.
㉤ 가연성 액체에 나타나는 패턴은 달무리 패턴, 선형 패턴, 튀김 패턴 등이다.

① ㉠, ㉢, ㉤
② ㉡, ㉢, ㉤
③ ㉠, ㉡, ㉣, ㉤
④ ㉠, ㉡, ㉢, ㉣, ㉤

## 031

「화재조사 및 보고규정」상 화재조사에 대한 내용으로 옳지 않은 것은?

① 조사는 물적 증거를 바탕으로 과학적인 방법을 통해 합리적인 사실의 규명을 원칙으로 한다
② 조사관은 조사에 필요한 자료 등을 관계인등에게 요구할 수 있으며, 관계인등이 반환을 요구하여도 조사에 관련된 자료등은 관계인등에게 반환하지 않는다.
③ 조사관은 그 직무를 이용하여 관계인등의 민사분쟁에 개입해서는 아니 된다.
④ 관계인등에게 질문을 할 때에는 시기, 장소 등을 고려하여 진술하는 사람으로부터 임의진술을 얻도록 해야 하며 진술의 자유 또는 신체의 자유를 침해하여 임의성을 의심할 만한 방법을 취해서는 아니 된다.

## 032 ①②③
「화재조사 및 보고규정」상 화재조사에 대한 내용으로 옳은 것은 모두 몇 개인가?

> ㉠ "발화"란 열원에 의하여 가연물질에 지속적으로 불이 붙는 현상을 말한다.
> ㉡ "완진"이란 소방대에 의한 소화활동의 필요성이 사라진 것을 말한다.
> ㉢ 소방관서장은 조사 시 전문지식과 기술이 필요하다고 인정되는 경우 국립소방연구원 또는 화재감정기관 등에 감정을 의뢰할 수 있다.
> ㉣ 세대수는 거주와 생계를 함께 하고 있는 사람들의 집단 또는 하나의 가구를 구성하여 살고 있는 독신자로서 자신의 주거에 사용되는 건물에 대하여 재산권을 행사할 수 있는 사람을 1세대로 산정한다.
> ㉤ 건물 등 자산에 대한 최종잔가율은 건물·부대설비·구축물·가재도구는 30%로 하며, 그 이외의 자산은 10%로 정한다.

① 2개
② 3개
③ 4개
④ 모두 옳다

## 033 ①②③
다음 설명 중 옳지 않은 것은?
① 종이는 나무보다 질량대비 표면적이 커서 점화가 쉽게 이루어진다.
② 그을음은 뜨거운 상태의 표면에는 응착하지 않지만, 차가운 표면에 응착한다.
③ 화재피해액 중 자동차는 시중매매가격을 피해액으로 하되, 수리가 가능한 경우는 수리비를 피해액으로 한다.
④ 잔존물 또는 폐기물 등의 제거 및 처리비는 화재피해액의 20% 범위 내에서 인정된 금액으로 별도로 산정한다.

## 034 ①②③
「화재조사 및 보고규정」상 소방본부장이 화재합동조사단을 구성하는 원칙적 화재 기준으로 옳은 것은?
① 사상자가 30명 이상이거나 2개 시·도 이상에 걸쳐 발생한 화재
② 사상자가 20명 이상이거나 2개 시·군·구 이상에 발생한 화재
③ 사망자가 5명 이상이거나 사상자가 10명 이상 또는 재산피해액이 100억 원 이상 발생한 화재
④ 임야화재

**035** 

가로 50m, 세로 30m, 높이 2m인 건물이 화재로 인해 전소되었다. 건물의 소실면적 값으로 옳은 것은?

① 50m²
② 100m²
③ 1,500m²
④ 3,000m³

**036**

다음 중 화재피해조사의 피해액 산출에 대한 설명으로 옳지 않은 것은?
① 내용연수는 고정자산의 경우 경제적으로 사용 가능한 연수로, 내용기간을 다할 때까지의 추정연수를 말한다.
② 손해율은 피해물의 종류, 손상 상태 및 정도에 따라 피해액을 적정화시키는 일정한 비율을 말한다.
③ 잔가율은 가격시점 현 시점에서 대상 건물을 재건축하거나 사고 시점의 동등 이상의 품질로 재취득할 경우 소요되는 가격을 말한다.
④ 최종잔가율은 피해물의 경제적 내용연수를 다한 경우 잔존하는 가치의 재구입비에 대한 비율을 말한다. 건축물, 부대설비, 기계장치 등 내구성이 있는 시설, 설비 및 장치는 20%, 비품이나 수용물 등의 비내구성 물품은 10%로 적용하고 있다.

**037**

화학화재조사 시 현장 발굴 전 조사 항목과 관계가 가장 먼 것은?
① 제조 혹은 작업공정
② 화재시의 작업상황에 대한 청취
③ 보험의 가입여부
④ 화학물질의 취급상황

**038**

「화재조사 및 보고규정」상 이재민이 100인 이상 발생한 화재의 최종 결과 보고는 화재발생일로부터 몇일 이내에 최종결과보고를 해야 하는가?
① 7일
② 10일
③ 15일
④ 30일

## 039 ⊙①②③

「화재조사 및 보고규정」상 화재조사 시 건물의 동수산정 기준을 설명한 것으로 옳지 않은 것은?

① 작업장과 작업장 사이에 조명유리 등으로 비막이를 설치하여 지붕과 지붕이 연결되어 있는 경우에는 같은 동으로 한다.
② 내화조 건물의 옥상에 옥내 계단으로 연결된 방화구조 건물이 별도 설치되어 있는 경우는 같은 동으로 한다.
③ 건널 복도 등으로 2 이상의 동에 연결되어 있는 것은 그 부분을 절반으로 분리하여 각 동으로 본다.
④ 목조 또는 내화조 건물의 경우 격벽으로 방화구획이 되어 있는 경우도 같은 동으로 한다.


## 040 ⊙①②③

다음 중 화재피해 조사 시 건물의 개체 수 산정방법에 대한 설명으로 옳지 않은 것은?

① 2개 이상의 건축물이 건널목의 용도로서 복도 등에 의해 서로 연결되어 있는 것은 그 부분을 절반으로 분리해서 각 동으로 취급한다.
② 건물사이에 방화구획 용도의 격리벽이 축조되어 있는 경우에는 별개의 동으로 취급한다.
③ 서로 독립되어 있는 건물과 건물 사이에 차광막이나 비막이용 등의 덮개를 설치하고, 그의 아래를 통로 또는 유사의 용도로 사용하는 경우 별개의 동으로 취급한다.
④ 건물의 옥상에 별도의 건물이 설치되어 있는 경우, 별개의 동으로 취급한다.


## 041 ⊙①②③

화재조사 시 화재특성에 대한 설명으로 옳은 것은 모두 몇 개인가?

㉠ 화재 시 화점의 중심선에서 멀어질수록 온도는 증가된다.
㉡ 유리창은 폭발로 부서지는 경우도 있지만, 주로 유리면의 온도차에 의한 응력으로 부서지기도 한다.
㉢ 알루미늄은 불연성이지만, 화재 시 열에 의해서 녹을 수도 있다.
㉣ 아연도금 철판은 열을 받으면 먼저 인화성인 페인트가 떨어져 나가고 철판은 하얗게 변하는 백화현상을 거쳐 철의 산화반응에 의해 음청색으로 변하게 된다.

① 1개  ② 2개
③ 3개  ④ 모두

# MEMO

# PART V 소화이론

## CHAPTER 1 소화원리

**001** ⏺①②③
다음 보기는 산소밸런스에 대한 설명이다. 산소밸런스가 폭발 위험이 가장 큰 것은?

> 산소 밸런스는 물질 100g이 연소하기 위해서 필요한 산소의 과부족량을 gram으로 표시한 것으로 OB(Oxygen Balance) 라고도 한다.

① 20  ② 50
③ 80  ④ 100

**002** ⏺①②③
다음 소화에 대한 설명 중 옳지 않은 것은 모두 몇 개인가?

> ㉠ 촛불을 입으로 불어서 끄는 소화방법은 제거소화다.
> ㉡ 유류화재에서 탱크를 드레인(배유)하는 것과 산림화재의 벌목은 유화소화이다.
> ㉢ 질식소화는 한계산소농도(LOI) 이하로 유지하게 하여 소화하는 것이다.
> ㉣ 포말로 연소물을 감싸 산소의 공급을 차단하는 것은 질식소화이다.

① 1개  ② 2개
③ 3개  ④ 4개

**003** ⏺①②③
건초더미, 톱밥더미 등과 같은 대량의 물질 속에 깊이 자리 잡은 화재에 효과적인 소화방법은?

① 이산화탄소 소화설비를 사용하여 질식소화한다.
② 온도를 낮춤으로서 점화에너지를 제거하여 냉각소화한다.
③ A형 포(class A foams)를 이용하여 냉각 및 질식소화한다.
④ 제1종 분말소화약제의 비누화작용을 이용한 질식소화 및 연쇄반응을 차단하여 소화한다.

# CHAPTER 2 소화약제

**004** ⓐ①②③

산·알칼리 소화기에 사용되는 소화약제의 주성분은?

① $NH_4H_2PO_4$ - 진한 $H_2SO_4$
② $KHCO_3$ - 진한 $H_2SO_4$
③ $Al_2(SO_4)_3$ - 진한 $H_2SO_4$
④ $NaHCO_3$ - 진한 $H_2SO_4$


**005** ⓐ①②③

다음 중 분말소화약제의 화학반응식을 설명한 것으로 옳지 않은 것은?

① 1종 : $2NaHCO_3 \rightarrow Na_2CO_3 + H_2O + CO_2$
② 2종 : $2KHCO_3 \rightarrow K_2CO_3 + CO_2 + H_2O$
③ 3종 : $2NH_4H_2PO_4 \rightarrow 2HPO_4 + CO_2 + H_2$
④ 4종 : $2KHCO_3 + (NH_2)_2CO \rightarrow K_2CO_3 + 2NH_3 + 2CO_2$


**006** ⓐ①②③

소화약제에 대한 설명 중 옳은 것은 모두 몇 개인가?

> ㉠ 소화약제의 조건은 가격이 싸고 안정성이 있는 것이어야 하고, 환경오염은 많아도 된다.
> ㉡ 소화약제는 수계와 가스계로 흔히 구별한다.
> ㉢ 가스계 소화약제에는 이산화탄소, 할론, 할로겐화합물 및 불활성기체, 분말이 있다.
> ㉣ 물의 기화잠열(증발잠열)은 539cal/g이고 융해잠열은 80cal/g이다.
> ㉤ 물소화약제의 장점으로는 가격이 저렴하고 장기 보존이 가능하며 전기화재나 금속화재에 적응성이 있다.
> ㉥ 물을 소화약제로 사용하는 이유는 비열과 융해열이 크기 때문이다.
> ㉦ 물의 소화방법에는 직사(무상), 적상, 분무주수가 있다.

① 3개  ② 4개
③ 5개  ④ 6개

## 007

**물에 의한 소화방법 중 옳지 않은 것은 모두 몇 개인가?**

㉠ 물의 소화방법에는 직사(무상), 적상, 분무주수가 있다.
㉡ 분무주수에서는 고속분무와 중속분무 그리고 저속분무가 있다.
㉢ 적상은 스프링클러가 있고, 직사는 연결송수관이 있다.
㉣ 로이드레만전법에 적합한 주수 방법은 중속분무이다.
㉤ 옥내소화전설비 방수압력은 1.7MPA이다.
㉥ 1atm은 1.0332kg/cm2이고, 0.1013Mpa = 101.3kpa이다.
㉦ 물의 침투가 용이하지 않은 원면화재에 적합한 것은 Viscosity Water이다.
㉧ 중속분무의 각도는 10~30이고, 신체보호에 적합한 소화방법이다.

① 3개
② 4개
③ 5개
④ 6개

## 008

**물소화약제에 대한 일반적 설명이다. 옳은 것을 모두 고르시오.**

㉠ 물의 비열은 1.0 kcal/g℃ 로 상당히 크며, 물 입자가 많은 열량을 흡수한다.
㉡ 증발잠열은 539 kcal/g 으로 상당히 크며, 증발 시 많은 열량을 흡수한다.
㉢ 비수용성인 가연성액체인 경우 인화점이 100°F 미만에 서는 효과성이 떨어진다.
㉣ 물은 공기나 이산화탄소 등 기체를 흡수하려는 성질을 가지고 있다.
㉤ 표면장력이 크다.

① 모두
② ㉠, ㉡, ㉢
③ ㉡, ㉢, ㉤
④ ㉢, ㉣, ㉤

## 009

**포에 대한 설명 중 옳은 것은 모두 몇 개인가?**

> ㉠ 포소화약제의 종류에는 화학포소화약제와 기계포소화약제가 있다.
> ㉡ 화학포소화약제의 외약제인 A제는 $NaHCO_3$이고, 내약제인 B제는 $Al_2(SO_4)_3$이다.
> ㉢ 화학포 소화약제설비에는 1약제습식설비, 1약제건식설비, 2약제습식설비가 있다.
> ㉣ 포소화약제는 가스계에 해당된다.
> ㉤ 일반적으로 수용성을 제외한 4류 위험물에 적당한 포소화약제는 알코올포이다.
> ㉥ 포소화약제의 구비조건으로 유류의 표면에 잘 분산되지 않고, 접착성이 좋아야 한다.
> ㉦ 항공기격납고에 적응성이 있는 소화약제는 알콜용포소화약제이다.
> ㉧ 공기포소화약제(기계포소화약제)는 단백계와 계면활성제계로 구분된다.

① 3개  ② 4개
③ 5개  ④ 6개

## 010

**다음 중 기계포 소화약제에 대한 설명으로 옳지 않은 것은?**

① 기계포 소화약제에는 성분과 특성에 따라 단백포 소화약제, 합성계면활성제포 소화약제, 수성막포, 불화단백포, 내알코올 소화약제 등으로 구분된다.
② 고발포의 경우 50배 이상 250배 미만을 제1종 기계포, 250배 이상 500배 미만을 제2종 기계포, 500배 이상 1000배 미만을 제3종 기계포로 분류한다.
③ 기계포 소화약제를 사용하는 설비방식에는 콘루프 탱크에 적용하는 표면상주입방식과 표면하주입방식, 플로팅루프탱크에 적용하는 표면상주입방식이 있다.
④ 수성막포 소화약제는 유류저장탱크 화재시 윤화현상의 문제점이 있으나 단백포 소화약제와 불화단백포 소화약제의 경우 윤화현상은 발생하지 않는다.

## 011

**다음 중 불화단백포 소화약제에 대한 설명으로 옳지 않은 것은?**

① 불소계 계면활성제를 첨가한 것으로 발생되는 포는 유류에 오염되지 않으므로 수성막포와 같이 저장탱크의 하부에서 방출시켜 주는 표면하주입식 방출방식으로의 사용이 가능하다.
② 유류저장탱크 화재시 윤화(Ring Fire)현상도 발생하지 않으며, 포의 유동성이 우수하여 방출된 포는 신속하게 유류표면을 덮어 공기 중의 산소의 공급을 차단시켜 주는 질식소화작용을 한다.
③ 저발포와 고발포로 사용이 가능하며 특히, 고발포에 의한 발포방법은 유류저장탱크의 화재뿐만 아니라 도심지의 건축물화재·공장화재·차량화재 등의 소화에 뛰어난 소화능력을 발휘함으로써 일반화재의 소화에도 적응성이 있다.
④ 불화단백포소화약제는 유류저장탱크의 화재 외에도 유출된 유류에 의해서 발생된 화재의 소화에도 유류에 오염되지 않으므로 적합하며 질식소화작용 외에도 냉각소화작용을 갖는다.

## 012

**수성막포가 일반화재(A급 화재)에도 적용이 가능한 이유로 가장 옳은 것은?**

① 단친매성으로 내유성이 우수하기 때문이다.
② 유독성이 적으며 부식성이 없고 pH가 중성이며 화학적으로 안정적이기 때문이다.
③ 표면장력이 20~17dyne/cm 정도로 침투성이 우수하기 때문이다.
④ 유동성이 좋은 거품과 수성막이 형성되어 초기 소화속도가 빠르기 때문이다.

## 013

**다음 중 이산화탄소 소화약제에 대한 설명으로 옳지 않은 것은?**

① 이산화탄소소화약제는 전역방출식으로 하는 경우 심부화재에 적응성이 있으므로 개방된 장소에서의 일반가연물 화재의 소화에도 적합하다.
② 이산화탄소를 소화약제로 사용하는 경우에는 소화기 또는 저장용기에 고압으로 충전하여야 하므로 저장·취급시 고압가스안전관리법의 적용을 받는다.
③ 이산화탄소를 소화약제로 이용하는 가장 큰 목적은 소화약제로 인하여 연소되지 아니한 피연소 물질에 물리·화학적 피해를 주지 않기 때문이다.
④ 액화이산화탄소의 경우 기체상의 이산화탄소로 전환하는 과정에서 주위로부터 많은 기화열을 흡수하는 성질을 가지고 있으므로 화재에 대하여 냉각소화작용을 갖는다.

## 014 이산화탄소에 대한 설명 중 옳은 것은 모두 고르시오.

- ㉠ 고압가스 용기 속에 압축가스로 저장·보관한다.
- ㉡ 이산화탄소는 35℃의 온도에서 액체상태로 존재할 수 없다.
- ㉢ 이산화탄소를 방사해서 산소농도가 10vol%가 되었다면 이때 사용한 이산화탄소의 농도는 약 50vol%이다.(단 공기 중에 산소농도가 20vol% 이다)
- ㉣ 약제가 방사 되었을 시 이산화탄소의 농도가 90vol% 이라면 이때 산소의 농도는 2.1vol%이다.

① ㉠, ㉡, ㉢      ② ㉠, ㉡
③ ㉡, ㉢      ④ ㉡, ㉢, ㉣

## 015 할론 1301($CF_3Br$) 소화설비 소화약제의 방출시간을 10초 이내로 제한하는 이유로 옳지 않은 것은?

① 방호구역 내 과압 발생의 제한
② 높은 유량의 확보
③ 일정한 유속의 확보
④ 분해생성물의 최소화

## 016 할론 1301 소화기와 $CO_2$ 소화기의 소화약제는 소화기 내부에 어떤 상태로 보존되는가?

① 할론 1301 - 액체, $CO_2$ - 기체
② 할론 1301 - 기체, $CO_2$ - 액체
③ 할론 1301 - 액체, $CO_2$ - 액체
④ 할론 1301 - 기체, $CO_2$ - 기체

## 017 다음 중 할로겐화합물 및 불활성기체 소화약제를 전역방출방식으로 하는 경우 일반적인 요구 조건을 설명한 것으로 가장 옳은 것은?

① 대피시간이 30초~1분인 장소에서는 NOAEL보다 높은 농도의 소화약제를 사용할 수 없다.
② 대피시간이 1분 이내인 장소에서는 LOAEL보다 높은 농도의 소화약제를 사용할 수 없다.
③ LOAEL보다 설계농도가 높은 소화약제는 사람이 없거나 30초 이내에 대피할 수 있는 장소에서만 사용할 수 있다.
④ 소화설비의 설계시 소화약제의 방출 후에도 산소농도는 15% 이상 유지되어야 한다.

## 018 ★★★

할로겐화합물 소화약제의 종류로 옳지 않은 것은?

① HCFC-126
② HFC-23
③ FC-3-1-10
④ HFC-236fa

## 019 ★★

다음 〈보기〉에서 설명하는 할로겐화합물 소화약제의 종류는 무엇인가?

> ㉠ FM-200이라는 상품명으로 사용된다.
> ㉡ HFC계열 중 소화능력이 가장 우수하다.
> ㉢ 이 물질의 화학식은 $CF_3CHFCF_3$이다.

① HFC-125
② HFC-227ea
③ HFC-23
④ HCFC-124

## 020 ★★

다음은 할로겐화합물 소화약제에 대한 설명이다. 소화약제로 옳은 것은?

> ㉠ 미국 3M사에서 개발한 "젖지 않는 물"로 알려진 소화약제이다.
> ㉡ 탄소(C)가 6개로 액체상태이나 비점이 49℃로 화재현장에 방사되었을 때 빠르게 증발하기 때문에 전기화재(C급)에도 적용이 가능하다.
> ㉢ 비점이 49℃로 냉각소화가 주된 소화효과이며 또한 할로겐 원소 중 F에 의해 화학적 소화(부촉매 효과)를 보조적으로 수행한다.
> ㉣ 소화농도는 A, C급 3.3%, B급 4.7%이며, 최대허용설계농도는 10%이다.

① HFC-125(FE-25)
② FK-5-1-12(Novec-1230)
③ HFC-227ea(FM-200)
④ HCFC Blend A(NAF S-III)

## 021

**다음 〈보기〉에서 설명하는 할로겐화합물 및 불활성기체 소화약제의 종류로 옳은 것은?**

> 미국의 Du Pont사가 FE-36 이라는 상품명으로 개발한 소화약제로서 화학식은 $CF_3CH_2CF_3$로 FE에 수소가 첨가된 HFC계의 대체물질로 HFC계 물질은 브로민과 염소를 함유하지 않아 ODP가 0이며 독성도 낮은 편이다.

① HFC - 227ea  ② HFC - 23
③ FIC - 13I1   ④ HFC - 236fa

## 022

**다음 〈보기〉의 특성을 가지고 있는 소화약제의 종류로 옳은 것은?**

> ㉠ 메탄($CH_4$) 유도체인 $CHF_3$로 자체 증기압이 높아 할로겐화합물 소화약제 중 별도의 질소가압을 하지 않는 유일한 약제이다.
> ㉡ 임계온도가 25.9℃로 낮아 저장실의 온도가 임계온도보다 높은 경우에는 기체로 방사되므로 방사거리가 짧아지고 방사시간이 지연될 우려가 있다.
> ㉢ 최대허용 설계농도는 30%로 정상 거주 지역에서 사용이 가능하다.

① HFC-125    ② HFC-227ea
③ HFC-23     ④ HCFC Blend A

## 023

**다음은 불활성기체(IG-541)에 대한 설명이다. 괄호 안에 들어갈 단어로 옳은 것은?**

> ㉠ (     )는 방호구역 내 산소농도를 15%로 내려 질식소화 한다.
> ㉡ (     )는 Inergen의 비중을 공기와 거의 같은 1.18로 만들어 방사 시 소화를 돕는다.
> ㉢ (     )는 농도를 3%로 올려 저산소의 상태에서 호흡을 가능하게 한다.

① ㉠ ($CO_2$), ㉡ (Ar), ㉢ ($N_2$)
② ㉠ ($CO_2$), ㉡ ($N_2$), ㉢ (Ar)
③ ㉠ ($N_2$), ㉡ ($CO_2$), ㉢ (Ar)
④ ㉠ ($N_2$), ㉡ (Ar), ㉢ ($CO_2$)

## 024 ①②③

금속화재 시 자신이 타서 유리상의 피막을 형성하여 질식소화 효과를 내는 액체소화약제로 옳은 것은?

① Na-X(탄산나트륨($Na_2CO_3$)
② TMB(($BOOCH_3)_3$)
③ MET-L-X(염화나트륨($NaCl$) + 첨가제)
④ G-1(유기인 + 흑연이 입혀진 코크스)


## 025 ①②③

다음 〈보기〉의 설명 중 옳은 것은 모두 몇 개 인가?

> ㉠ 물은 표면장력이 커서 가연물에 침투되기 어렵기 때문에 침투성을 높여주기 위해서는 표면장력을 낮춰야 한다. 침투성을 높이기 위해서 첨가하는 계면활성제를 'wetting agents(침투제)'라 하며, 침투제가 첨가된 물을 'wet water'라고 한다.
> ㉡ 물의 유실을 방지하고 소화대상물의 표면에 오랫동안 잔류하게 하여 소화효과를 높여주는 첨가제를 증점제(viscous water agents)라 한다. 이 약제는 산림화재에 많이 사용되고 있다.
> ㉢ 물의 첨가제로는 강화액, 침투제, 증점제, 부동제, 유동성보강제 등이 있다.
> ㉣ 강화액은 소화기용으로 사용되며 pH는 11~12로서 알칼리성이다.

① 1개　　　　　　　　　② 2개
③ 3개　　　　　　　　　④ 4개


## 026 ①②③

강화액소화기에 대한 설명 중 옳지 않은 것은?

① 가압식은 $CO_2$가스, 축압식은 압축공기 또는 질소가스를 사용하며, 반응식은 황산과의 반응으로 발생하는 $CO_2$가스를 가압원으로 사용한다.
② 탄산칼륨과 첨가제를 넣어 한랭지에서 물이 동결되는 단점을 보완하고 물의 소화력을 높인 소화기이다.
③ 응고점이 -20℃ 이하로 일반적으로 축압식을 가장 많이 사용되며, 사용온도는 0~40℃ 이다.
④ 강화액소화기는 가압식, 축압식, 반응식의 3종류가 있다.

## 027

**분말소화약제에 대한 설명으로 옳지 않은 것은 모두 몇 개 인가?**

> ㉠ 화재발생시 온도나 습도가 높은 여름이나 온도가 낮은 겨울철 소화약제의 저장·취급 및 유지관리가 원활하지 못하여 이들의 단점을 보완하기 위해서 연구·개발된 소화약제가 분말소화약제이다.
> ㉡ 분말의 구비조건으로는 유동성, 무독성, 비고화성, 내부식성, 내습성, 작은 비중, 경제성, 경년기간, 미세도가 필요하다.
> ㉢ 사용되는 분말의 입자는 보통 10~70㎛ 정도이며, 분말의 입도는 너무 커도 미세해도 안 되며 20~25㎛ 정도가 최적의 소화효과를 얻을 수 있다.
> ㉣ 제1인산암모늄으로부터 360℃ 이상의 온도에서 열분해하는 과정에서 생성되는 액체상태의 점성을 가진 오쏘-인산($H_3PO_4$)이 일반가연물질인 나무·종이·섬유 등의 연소과정인 잔진상태의 숯불표면에 유리(glass)상의 피막을 이루어 공기 중의 산소의 공급을 차단시키며, 숯불모양으로 연소하는 작용을 방지한다.
> ㉤ 분말약제 중 일반화재, 유류화재, 전기화재를 소화 할 수 있는 약제는 3종 분말이므로, 약제성능도 3종이 가장 우수하다.

① 2개  ② 3개
③ 4개  ④ 5개

## 028

**다음 중 소화약제에 대한 설명으로 옳지 않은 것은 모두 몇 개인가?**

> ㉠ 드라이케미컬은 탄산수소나트륨을 말하며 제2종 분말소화약제이다. 표시색상은 백색이다.
> ㉡ 3종분말 열분해 방정식은 $NH_4H_2PO_4 \rightarrow HPO_3 + NH_3 + H_2O$이다.
> ㉢ 1종분말 열분해 반응은 270℃에서 $2NaHCO_3 \rightarrow Na_2CO_3 + H_2O + CO_2$이다.
> ㉣ 이산화탄소 소화약제는 5류 위험물과 이산화탄소와 반응하는 나트륨, 칼륨, 마그네슘, 티타늄, 지르코늄 등의 활성금속의 화재 시에는 적응성이 없다.

① 1개  ② 2개
③ 3개  ④ 4개

## 029

**다음 중 분말소화약제의 소화성능 순서로 올바른 것은?**

① 제4종분말 〉 제3종분말 〉 제2종분말 〉 제1종분말
② 제1종분말 〉 제2종분말 〉 제3종분말 〉 제4종분말
③ 제4종분말 〉 제2종분말 〉 제3종분말 〉 제1종분말
④ 제1종분말 〉 제2종분말 〉 제3종분말 〉 제4종분말

## 030

**다음 보기에 대한 설명으로 옳은 것은?**

> 제1종 분말($NaHCO_3$) 및 제2종 분말($KHCO_3$) 소화약제가 연소중의 가연물에 분사되면 우선 가연물의 표면을 덮어서 산소공급을 차단하여 질식시키며, 동시에 분말이 불꽃과 연소물질을 입체적으로 포위하고 부촉매작용에 의한 연소의 연쇄반응을 중단시켜 순식간에 불꽃을 사그라지게 하는 작용을 하게 된다.

① 에멀전(Emulsion) 효과
② 부촉매 효과
③ 방진작용 효과
④ 넉다운(Knock Down) 효과

## 031

**할론 1301($CF_3Br$) 소화약제에 대한 설명으로 가장 옳지 않은 것은?**

① 할론 1301의 소화농도는 5% 이내로서 질식의 우려가 적다.
② 소화 후 잔존물이 없어 소화대상물을 손상시키지 않는다.
③ 화학적 소화로써 표면화재에 국한하여 유효하게 작용한다.
④ HCFC 계열의 물질로 오존층 파괴의 원인물질이다.

## 032

**유기화합물 화재 시 할론 1301을 방사하는 경우 억제소화를 나타내는 반응식으로 옳은 것은? (여기서 $^*$는 활성라디칼을 의미한다.)**

① $H^* + O_2 \rightarrow OH^* + O^*$
② $OH^* + H_2 \rightarrow H_2O + H^*$
③ $CF_3Br \rightarrow CF_3^* + Br^*$
④ $OH^* + HBr \rightarrow H_2O + Br^*$

## 033

**다음 〈보기〉에서 설명하는 할로겐화합물 및 불활성기체 소화약제의 종류로 옳은 것은?**

> 염소를 포함하고 있는 소화약제로 다른 할로겐화합물 및 불활성기체 소화약제에 비해 소화성능이 우수하여 현재까지 국내 사용량이 가장 많은 할로겐화합물 및 불활성기체 소화약제이나 상대적으로 염소에 의한 독성이 높고 오존층파괴의 우려가 있기 때문에 국제적으로 2030년까지 한시적으로 사용하는 소화약제이다.

① HCFC-124
② HCFC Blend A
③ HFC-227ea
④ HFC-236fa
⑤ FK-5-1-12

## 034

**다음 〈보기〉에서 설명하는 할로겐화합물 및 불활성기체 소화약제의 종류로 옳은 것은?**

> ㉠ PFC에 산소를 첨가하여 케톤기를 만들어 PFC계의 문제점인 대기잔존지수를 낮추기 위해 개발된 물질이다.
> ㉡ 분자량이 커서 자체 증기압으로는 방사가 곤란하다.
> ㉢ 이 물질의 끓는점은 49℃로 물보다 훨씬 낮아 증발효과가 크다.

① HCFC-227ea
② FC-3-1-10
③ FIC-13I1
④ FK-5-1-12
⑤ IG-541

## 035

**물 또는 그 밖의 소화약제를 사용하여 소화하는 기계·기구 또는 설비에 대한 설명으로 옳은 것은 고르시오.**

> ㉠ 소공간용 소화용구는 소화기구이고 소화설비이다.
> ㉡ 물분무등소화설비에는 물분무소화기, 포소화기, 이산화탄소소화기, 할론소화기, 할로겐 화합물 및 불활성기체 소화설비, 분말소화기, 미분무소화기, 강화액소화기, 고체에어로졸소화설비가 있다.
> ㉢ 비상경보설비에는 비상벨설비 및 자동식사이렌설비가 있다.
> ㉣ 피난기구에는 피난사다리, 구조대, 완강기, 간이완강기가 있다.
> ㉤ 소화활동설비에는 제연설비, 연결송수관설비, 연결살수 설비, 비상콘센트설비, 무선통신 보조설비, 연소방지설 비가 있다.

① ㉠
② ㉠, ㉢, ㉣, ㉤
③ ㉠, ㉡, ㉢, ㉣, ㉤
④ ㉠, ㉡

# CHAPTER 3 소방시설

## 036 ★★★

「소방시설 설치 및 관리에 관한 법률 시행령」상 소방시설의 내용으로 옳지 않은 것만을 〈보기〉에서 고른 것은?

> ㉠ 소화설비는 물 또는 그 밖의 소화약제를 사용하여 소화하는 기계·기구 또는 설비를 말한다.
> ㉡ 경보설비엔 비상벨설비, 시각경보기, 누전경보기, 비상조명등이 해당된다.
> ㉢ 소화활동설비는 화재가 발생한 경우 피난하기위해 사용하는 기구 또는 설비를 말한다.
> ㉣ 저수조와 상수도소화용수설비, 연결살수설비는 소화용수설비에 해당한다.
> ㉤ 제연설비와 연소방지설비는 소화활동설비에 해당한다.

① ㉠, ㉡
② ㉠, ㉣, ㉤
③ ㉡, ㉢, ㉣
④ ㉢, ㉣, ㉤, ㉥

## 037 ★★

화재안전기준(NFSC 101)에서 화재 발생 시 열원(전기 또는 가스)을 자동으로 차단하며 소화약제를 방출하는 소화장치를 무엇이라고 하는가?

① 가스자동소화장치
② 분말자동소화장치
③ 주거용 주방자동소화장치
④ 고체에어로졸자동소화장치

## 038 ★★★

다음 중 이산화탄소 소화설비 설계 시 심부화재로 분류하여 설계하여야 하는 대상이 아닌 것은?

① 보일러실, 발전실, 축전지실
② 유입기기가 없는 전기실, 통신기기실
③ 서고, 박물관, 전자제품 창고 등
④ 고무류, 면화류 등 특수가연물의 저장장소

## 039 ★★★

대기압 이상의 압력과 이하의 압력을 측정할 수 있는 계측기로 옳은 것은?

① 압력계
② 진공계
③ 연성계
④ 부압계

### 040 ★★★ ①②③
**다음 중 펌프 흡입측 배관 내의 부속품과 그 기능을 설명한 것으로 옳지 않은 것은?**
① 후드밸브는 수조 입구에 설치되며 이물질 여과기능과 소화수의 역류를 방지하는 역할을 한다.
② 후렉시블조인트는 펌프 및 전동기에서 발생한 진동 및 충격을 배관에 전달되지 않도록 탄성효과로서 차단한다.
③ 편심레듀사는 펌프의 흡입구와 흡입배관이 다를 경우에 배관 내 공기고임이 발생과 공동현상이 발생되지 않도록 하며, 또한 마찰손실을 적게 하기 위하여 설치한다.
④ 흡입측에 설치된 개폐밸브는 점검 및 유수흐름을 차단한다.

### 041 ★★★ ①②③
**다음 중 소화펌프 성능시험배관에 의한 유량측정에 관한 설명으로 옳지 않은 것은?**
① 유량측정장치는 성능시험배관의 직관부에 설치하되, 펌프의 정격토출량의 175%이상 측정할 수 있는 성능이 있어야 한다.
② 성능시험배관은 펌프의 토출측에 설치된 개폐밸브 이전에서 분기한다. 유량측정장치를 기준으로 전단 직관부에 개폐밸브를 후단 직관부에는 유량조절밸브를 설치한다.
③ 압력계를 설치한 측정 설비는 오리피스(orifice) 전·후에 압력계를 설치하여 전·후의 압력차를 측정하여 펌프의 토출유량을 산출한다.
④ 유량계로 측정 시 유량계는 수평으로 부착하고 유량계의 상류측은 유량계의 호칭구경의 8배 이상 하류관은 유량계의 호칭구경의 5배 이상 되는 직관부를 설치하여야 한다.

### 042 ★★★ ①②③
**다음 설명 중 올바르지 않은 것은?**
① 옥내소화전의 송수구의 구경은 직경 40mm로 한다.
② 급수탑의 급수배관의 구경은 100mm 이상으로 하고, 개폐밸브는 지상에서 1.5m 이상 1.7m 이하의 위치에 설치한다.
③ 소방용수시설의 맨홀뚜껑은 지름 648mm 이상의 것으로 한다.
④ 소방용수 표지의 안쪽문자는 흰색, 바깥쪽 문자는 노란색, 안쪽 바탕은 붉은색, 바깥쪽 바탕은 파란색으로 하고 반사재료를 사용한다.

### 043 ★★★ ①②③
**지표면에서 저수조 내부 바닥까지의 거리가 4.5m 이상인 경우에 소방대상물의 가압펌프를 이용하여 송수하게 되면 소방차가 이를 흡입하게 되는데 이때 소방차의 소방호스와 접결되는 흡입구로 옳은 것은?**
① 흡수관투입구　　　　　　② 송수구
③ 방수구　　　　　　　　　④ 채수구

## 044

반사판에 의해 포가 탱크벽면을 따라 소화되도록 설치된 것으로 Cone Roof Tank에 사용되는 방출방식 중 옳은 것은?

① Ⅰ형 방출구
② Ⅱ형 방출구
③ 특형 방출구
④ 표면하 주입방식(SSI방식 : Sub-Surface Injection Method)

## 045

다음 보기에서 설명하는 것으로 알맞은 것은?

- CRT에 사용된다.
- 디플렉터에 의해 포가 탱크벽면을 따라 소화되도록 설치 되어있다.

① Ⅰ형 방출구  ② Ⅱ형 방출구
③ 특형 방출구  ④ 표면하주입방식

## 046

개방형스프링클러설비에서 하나의 방수구역의 경우 담당하는 헤드 개수는 몇 개 이하로 하여야 하는가?

① 60  ② 50
③ 40  ④ 30

## 047

교차회로방식을 적용하는 소화설비가 아닌 것은?

① 옥내소화전  ② 스프링클러설비(준비작동식, 일제살수식)
③ 이산화탄소소화설비  ④ 분말소화설비

## 048

다음 설명 중 옳은 것을 모두 고르시오.

> ㉠ 통합감시시설은 경보설비이다.
> ㉡ 열감지기에는 차동식과 정온식 그리고 이온화식이 있다.
> ㉢ 승강기는 피난구조설비에 해당된다.
> ㉣ 인명구조기구에는 방열복 또는 방화복, 공기호흡기, 인공소생기가 있다.
> ㉤ 상수도 소화용수설비도 소화용수설비에 해당된다.
> ㉥ 소화활동설비는 연결송수관설비, 연소방지설비, 연결살수설비, 비상콘센트설비, 무선통신보조설비, 제연설비가 있다.
> ㉦ 가스누설차단기는 경보설비이다.

① 3개  
② 4개  
③ 5개  
④ 6개

## 049

**경보설비에 대한 설명 중 옳지 않은 것은?**

① 경보설비는 반드시 감지기가 있어서 감지기의 작동으로 경보를 하는 설비이다.
② 통합감시시설은 경보설비에 해당된다.
③ 시각경보기는 경보설비에 해당된다.
④ 가스누설차단기는 경보설비가 아니다.

## 050

**자동화재탐지설비에 대한 설명 중 옳지 않은 것은?**

① 근린생활시설(일반목욕장을 제외)·위락시설·의료시설 및 복합건축물로서 연면적 600m² 이상인 것에 설치한다.
② 하나의 경계구역이 2개 이상의 건축물에 미치지 아니하도록 한다.
③ 하나의 경계구역의 면적은 600m² 이하로 하고 한변의 길이는 50m 이하로 할 것. 다만, 당해 소방대상물의 주된 출입구에서 그 내부 전체가 보이는 것에 있어서는 한 변의 길이가 50m의 범위 내에서 600m² 이하로 할 수 있다.
④ 지하층의 계단 및 경사로(지하층의 층수가 1일 경우는 제외)는 별도로 하나의 경계구역으로 하여야 한다.

## 051

**스프링클러 설비의 배관에 대한 설명 중 옳지 않은 것은?**

① 가지배관의 배열은 토너먼트 방식이 아닐 것
② 한쪽 가지배관에 설치하는 헤드의 개수는 8개 이하로 할 것
③ 교차배관은 가지배관 밑에 수평으로 설치하고 구경은 40mm 이상으로 할 것
④ 습식스프링클러설비의 설비에는 헤드를 향하여 상향으로 수평주행배관의 기울기는 1/500 이상, 가지배관의 기울기는 1/250 이상으로 할 것

## 052

**소화기에 대한 설명 중 옳지 않은 것은?**

① 소형수동식 소화기는 보행거리 20m 이내마다 설치한다.
② 대형수동식 소화기는 B급일 때에는 보행거리 30m 이내마다 설치한다.
③ 소형수동식 소화기 능력단위는 1단위 이상이다.
④ 대형수동식 소화기 능력단위는 A급 일 때는 20단위 이상이다.

## 053

**할로겐화합물 및 불활성기체 소화설비의 구성으로 가장 옳지 않은 것은?**

① 저장용기는 55℃ 이하이다.
② 자동식 기동장치에는 교차회로를 이용한다.
③ 저장용기는 방호공간 외의 장소에 설치한다.
④ 기동용수압개폐장치가 있어서 용량은 100ℓ 이상이다.

### 054 ●❶❷❸
다음 설명 중 옳지 않은 것을 모두 고르시오.

> ㉠ 소화기구는 소화기, 캐비닛형 자동소화장치, 자동확산소화기, 간이소화용구이다.
> ㉡ 물분무등소화설비는 물분무, 미분무, 스프링클러, 포, 이산화탄소, 할론, 할로겐화합물 및 불활성기체 소화설비, 분말 소화설비, 강화액소화설비, 고체에어로졸소화설비를 말하며, 주로 항공기격납고, 주차건물, 전기실, 변전실 등 스프링클러와 같이 전통적인 물방울설비로 적용하기 어려운 특수한 대상물에 설치하는 진보된 소화시설이다.
> ㉢ 옥내소화전설비 : 화재발생 초기에 자체 관리자 또는 재실자에 의하여 신속하게 화재를 진압할 수 있도록 건축물 내에 설치하는 고정식, 수동식의 물 소화설비이다.
> ㉣ 옥외소화전설비 : 건축물 외부에 설치하여 건축물 하부의 초기화재, 본격화재의 소화 및 인접건물로의 연소확대방지에도 사용되는 소화설비이다.

① ㉡, ㉣
② ㉠, ㉡
③ ㉠, ㉢
④ 모두

### 055 ●❶❷❸
다음은 소방펌프에 대한 설명이다. 설명 중 옳은 것은?
① 원심펌프가 소방펌프에 사용된다.
② 안내날개(안내깃)가 있으면 볼류트펌프 이고, 안내날개가 없는 것이 터빈펌프이다.
③ 펌프를 운전 중 정전 등으로 펌프가 급히 정지하는 경우 관내의 운동에너지가 압력에너지로 변하여 소음과 진동을 수반하는 현상이 발생하는데 이를 맥동현상(surging)이라 한다.
④ 펌프운전 중에 압력계의 압력이 주기적으로 크게 흔들림과 동시에 토출량도 변동하고 또한 계속적인 진동과 소음이 발생하는 현상을 수격작용(water hammer)이라고 한다.

### 056 ●❶❷❸
화재조기진압형 헤드의 초기진압 성능의 결정요인으로 옳지 않은 것은?
① RTI : 반응시간지수
② RDD : 필요진화밀도
③ ADD : 실제진화밀도
④ AIT : 발화점

## 057

**옥내소화전 구성요소에 대한 설명 중 올바르지 않은 것은 모두 몇 개인가?**

⊙ 압력수조는 자동식 공기압축기를 설치해야 하므로 동력원이 필요하지만 가압수조는 동력원이 필요 없다.
ⓒ 고가수조는 건축물의 옥상 또는 별도의 구축물 등에 설치된 수조의 자연낙차를 이용한 방식으로 가장 안전하고 신뢰성이 높다.
ⓒ 1차 수원을 사용할 수 없는 경우를 대비하여 별도로 설치하는 보조 수원을 옥상수조라 하며 1차 수원의 유효수량의 1/3 이상을 옥상에 설치한다.
② 가압송수장치의 종류에는 펌프방식, 고가수조방식, 압력수조방식, 가압수조방식이 있다.
ⓜ 옥내소화전의 가압송수장치 중 압력탱크 형태의 수조에 가압용 기체탱크를 연결하여 이 기체의 압력으로 물을 공급하므로 동력이 필요하지 않아 고장발생이 적고 설비의 신뢰성이 높은 것은 가압수조이다.

① 0개
② 1개
③ 2개
④ 4개

## 058

**다음 준비작동식스프링클러설비에 대한 설명 중 가장 옳은 것은?**

① 프리액션 시스템은 개방형 스프링클러 헤드(개방형 상향형 또는 드라이펜던트)를 사용하여야 되며 경계상태에서는 완전 배수 상태가 유지되도록 하여 동파를 예방한다.
② 화재가 발생하면 감지기나 감지용 헤드가 동작하여 수동으로 전자밸브를 개방시켜 주고(감지기 사용할 때) 밸브 챔버 (CHAMBER)속의 물을 보충시킴으로써 밸브내의 압력균 형이 깨어져 밸브가 개방된다.
③ 준비작동식 밸브(Preaction Valve)의 1차측에 가압수를 채워놓고 2차측에는 저압 또는 대기압 상태의 공기를 채운 상태에서 화재발생시 화재감지기가 작동하면 자동적으로 프리액션밸브를 개방함과 동시에 가압송수장치를 가동시켜 물을 각 헤드까지 송수하며 헤드가 열에 의해 개방되면 살수되는 구조이다.
④ 자동으로 작동시킬때는 자동조작함의 밸브개방 스위치를 누르거나 자동조작밸브를 개방하여 프리액션 밸브 본체를 개방시켜주며, 자동작동 때와 같은 방법으로 스프링클러 헤드까지 물이 공급되고 개방된 스프링클러헤드에 의해 물을 방사하여 소화한다.

## 059

**스프링클러헤드 중 특정 높은 장소의 위험에 대하여 조기에 빨리 소화할 수 있도록 설계된 헤드로 옳은 것은?**

① large drop head
② 랙크형 헤드
③ ESFR 헤드
④ 속동형 헤드

## 060 ●①②③

**다음 중 스프링클러설비의 작동순서를 설명한 것으로 옳지 않은 것은?**

① 습식 스프링클러 작동순서 : 화재발생 → 헤드개방, 방수 → 2차측 배관의 압력 저하 → 1차측 압력에 의한 습식유수검지장치의 클래퍼 개방 → 습식유수검지장치의 압력스위치 작동 (→ 사이렌 경보, 감시제어반의 화재표시등 점등, 밸브개방 표시등 점등) → 배관 내의 압력저하로 기동용수압개폐장치의 압력스위치 작동 → 펌프 기동

② 건식 스프링클러 작동순서 : 화재발생 → 헤드개방, 압축 공기 등 방출 → 2차측 공기압 압력 저하 → 클래퍼 개방 → 1차측에서 2차측으로 유수(헤드로 방수) → 건식유수검지장치의 압력스위치 작동 → 사이렌 경보, 감시제어반의 화재표시등 점등, 밸브개방 표시등 점등) → 배관 내의 압력저하로 기동용수압개폐장치의 압력스위치 작동 → 펌프 기동

③ 준비작동식 스프링클러 작동순서 : 화재발생 → 교차회로 방식의 A or B 회로 감지(경종 또는 사이렌 경보, 화재표시등 점등) → 교차회로 방식의 A and B 회로 감지 또는 수동기동장치 작동 → 준비작동식의 유수검지장치 작동 [전자밸드(솔레노이드 밸브) 작동 → 중간챔버 감압 → 밸브개방 → 압력스위치 작동 → 사이렌 경보, 밸브개방 표시등 점등] → 2차측으로 급수 → 헤드개방, 방수 → 배관내의 압력저하로 기동용수압개폐장치의 압력스위치 작동 → 펌프 기동

④ 일제살수식 스프링클러 작동순서 : 화재발생 → 교차회로 방식의 A or B 회로 감지(경종 또는 사이렌 경보, 화재표시등 점등) → 교차회로 방식의 A and B 회로 감지 또는 수동기동장치의 작동 → 일제개방밸브의 작동[전자밸드(솔레노이드 밸브) 작동 → 중간챔버 가압 → 밸브개방 → 압력스위치 작동 → 사이렌 경보, 밸브개방 표시등 점등] → 2차측으로 급수 → 헤드에서 방수 → 배관내의 압력저하로 기동용수압개폐장치의 압력스위치 작동 → 펌프 기동

## 061 ●①②③

**다음 중 이산화탄소 소화설비의 작동원리를 옳게 나열한 것은 무엇인가?**

> ㉠ 화재감지기에 의한 화재 감지
> ㉡ 경보장치 작동 및 화재 지구표시등 점등
> ㉢ 기동용 이산화탄소가스 방출
> ㉣ 선택밸브 및 해당 구역의 저장용기 밸브개방
> ㉤ 방출표시등 점등
> ㉥ 분사헤드를 통한 이산화탄소가스 방출

① ㉠-㉡-㉢-㉣-㉤-㉥
② ㉡-㉢-㉣-㉤-㉥-㉠
③ ㉢-㉣-㉤-㉥-㉠-㉡
④ ㉣-㉤-㉥-㉠-㉡-㉢

## 062 ⓛ②③

**다음 중 이산화탄소소화설비의 저장용기 설치기준을 설명한 것으로 옳지 않은 것은?**

① 방호구역 내의 장소에 설치할 것. 다만, 캐비닛 내장형으로서 약제방사기능과 제어기능을 함께 갖추고 있는 것은 방호구역 외에 설치할 수 있다.
② 방화문으로 구획된 실에 설치하고 용기의 설치장소에는 당해 용기가 설치된 곳임을 표시한다.
③ 용기 간의 간격은 점검에 지장이 없도록 3cm 이상 간격을 유지하고, 저장용기와 집합관을 연결하는 연결배관에는 체크밸브를 설치한다.
④ 온도가 40℃ 이하이고 온도변화가 작은 곳, 직사광선 및 빗물이 침투할 우려가 없는 곳에 설치한다.


## 063 ⓛ②③

**수용인원 100인 이상일 때 설치해야 하는 소방시설로 옳은 것은 모두 몇 개인가?**

| ㉠ 스프링클러설비 | ㉡ 제연설비 |
| --- | --- |
| ㉢ 인명구조용 공기호흡기 | ㉣ 휴대용비상조명등 |
| ㉤ 자동화재탐지설비 | ㉥ 비상경보설비 |

① 3개  ② 4개
③ 5개  ④ 6개


## 064 ⓛ②③

**백화점 등 복도가 없이 개방된 공간에 구역별로 제연경계를 설치한 후 화재실에서 배기를 하고 인접구역에서 급기를 실시하는 제연방식으로 옳은 것은?**

① 동일실 급·배기방식
② 인접구역 동시배기방식
③ 거실 급·배기방식
④ 인접구역 동일제연방식

## 065 ⓘ①②③

**다음 중 자동화재탐지설비의 수신기의 기능으로 가장 옳지 않은 것은?**

① 기동기능 : 감지기와 발신기로부터 화재신호를 수신한 후 화재표시등을 점등시켜 화재 발생표시를 하고, 화재발생위치를 표시등 또는 문자로서 표시를 하고, 화재발생을 건물 내의 사람들에게 알리기 위해 경보장치를 기동시킨다. 그리고 자동 화재탐지설비와 연동으로 구성된 소방설비들도 기동시킨다.
② 시험기능 : 자동화재탐지설비의 작동상태를 점검하기 위한 예비전원시험, 도통시험, 화재표시작동시험을 할 수 있다.
③ 전력공급기능 : 수신기에 공급되는 AC 220V를 DC 24V로 전환시켜 수신기내부의 전원으로 사용하고, 감지기, 발신기, 음향장치에 전원을 공급한다.
④ 감지기능 : 화재 시 발생되는 열 또는 연기의 물리·화학적 변화량을 검출하는 감지기능이 있다.
⑤ 복구기능 : 화재신호를 발신하는 원인이 제거된 후에 정상상태로 복구시키는 기능이 있다.

## 066 ⓘ①②③

지하 2층과 지상 10층으로 이루어진 건축물이 있다. 지하 2층 부터 지상 8층까지의 바닥면적은 750$m^2$ 이고 9층의 바닥면적은 450$m^2$, 10층의 바닥면적은 70$m^2$ 이다. 직통계단은 1개소가 있고 각층의 층고는 3m이다. 이 건축물의 경계구역의 수는 몇 개 인가?
(단, 한 변의 길이는 50m 이하이다.)

① 20개　　　　　　　　　　　　② 22개
③ 23개　　　　　　　　　　　　④ 24개

## 067 ●①②③

**다음 건축물에 대한 설명을 읽고 〈보기〉에서 옳은 것은 모두 몇 개인가?**

| 지상 4층 | |
|---|---|
| 지상 3층 | |
| 지상 2층 | 계 |
| 지상 1층 | 단 |
| 지하 1층 | |
| 지하 2층 | |

- 지상 4층을 제외한 각 층의 면적은 300$m^2$이다.
- 지상 4층의 면적은 150$m^2$이다.
- 각 층의 한변의 길이는 50m 이하이고 주된 출입구에서 내부 전체가 보이는 층은 없다.
- 건축물의 오른쪽에 계단이 설치되었고 각 층의 높이는 3m이다.
- 지상 4층은 옥내소화전이 1개 나머지 층은 옥내소화전이 모두 각각 2개씩 설치되어 있다.

㉠ 건축물의 최소 경계구역 수는 7개이다.
㉡ 지상 1층에서 화재가 발생 할 경우 지상 1층, 2층, 지하 1층, 2층에 우선 경보를 해야 한다.
㉢ 옥내소화전의 최소 수원의 양은 5.2$m^3$ 이다.

① 1개
② 2개
③ 3개
④ 없음

## 068 ●①②③

**다음 중 비상방송설비의 음향장치에 대한 설명으로 옳지 않은 것은?**

① 확성기의 음성입력은 3W(실내에 설치하는 것에 있어서는 1W) 이상이어야 한다.
② 확성기는 각층마다 설치하되, 그 층의 각 부분으로부터 하나의 확성기까지의 수평거리가 25m 이하가 되도록 하고, 해당층의 각 부분에 유효하게 경보를 발할 수 있도록 설치하여야 한다.
③ 음량조정기를 설치하는 경우 음량조정기의 배선은 2선식으로 하여야 한다.
④ 정격전압의 80% 전압에서 음향을 발할 수 있어야 한다.

**069** 🔵①②③

질량이 320g이고 부피가 40cm³인 물체의 밀도와 비중을 구한 것으로 옳은 것은?
(단, 물의 밀도는 1,000 $kg/m^3$)

① 밀도 : 0.125 $cm^3/g$, 비중 : 0.125
② 밀도 : 8 $g/cm^3$, 비중 : 8
③ 밀도 : 125 $cm^3/g$, 비중 : 125
④ 밀도 : 0.008 $g/cm^3$, 비중 : 0.008

**070** 🔵①②③

다음 중 스프링클러를 이용한 소화에 대한 내용으로 옳지 않은 것은?

① RDD(Required Delivered Density)는 필요진화밀도를 의미한다.
② ADD(Actual Delivered Density)는 실제 진화밀도를 의미한다.
③ Dry Pendent Type 스프링클러는 Wet Type System 중에서 냉동창고, 냉장고 등에 사용된다.
④ RDD가 ADD보다 클 때 화재가 진화된다.

**071** 🔵①②③

다음 중 바닥면적 2,000m² 숙박시설에는 2단위 소화기를 몇 개 설치해야 하는가?
(단, 건축물의 주요 구조부는 내화구조이고, 벽 및 반자의 실내의 면하는 부분은 가연재료이다)

① 5개                    ② 10개
③ 20개                   ④ 50개

MEMO

**소방관련교재 판매율·점유율 2025**

cafe 카페검색∨ 김동준 소방&방재 아카데미 🔍

동영상 강의 | 소방단기

# 김동준
## 객관식 문제집

소방학개론

# CONTENTS

## Level 1

### PART I 소방조직

Chapter 1 소방조직 ... 6
Chapter 2 소방기능 ... 37

### PART II 재난관리

Chapter 1 재난 및 재난관리의 개념 ... 51
Chapter 2 우리나라의 재난관리(재난 및 안전관리 기본법) ... 57

### PART III 연소이론

Chapter 1 연소개요 등 ... 93
Chapter 2 연기 및 화염 ... 119
Chapter 3 폭발개요 및 분류 ... 132

### PART IV 화재이론

Chapter 1 화재의 정의 및 분류 ... 145
Chapter 2 건물화재의 성상 ... 155
Chapter 3 위험물화재의 성상 ... 173
Chapter 4 화재조사 ... 189

### PART V 소화이론

Chapter 1 소화원리 ... 196
Chapter 2 소화약제 ... 201
Chapter 3 소방시설 ... 214

# 정답 및 해설

소방학개론 객관식 문제집

## Level 2

### PART I 소방조직

Chapter 1 소방조직 240
Chapter 2 소방기능 251

### PART II 재난관리

Chapter 1 재난 259

### PART III 연소이론

Chapter 1 연소개요 등 269
Chapter 2 연기 및 화염 277
Chapter 3 폭발개요 및 분류 280

### PART IV 화재이론

Chapter 1 건물화재의 성상 291
Chapter 2 위험물화재의 성상 295
Chapter 3 화재조사 298

### PART V 소화이론

Chapter 1 소화원리 304
Chapter 2 소화약제 305
Chapter 3 소방시설 314

# 객관식 문제집

## 2025

## 소방학개론

# LEVEL 1
# 정답 및 해설

# PART I 소방조직

## CHAPTER 1 소방조직

### 001
정답 ③ 기본서 1권 3p

해설 현재 소방의 캐릭터는 「영웅이」이다.

> 안전을 책임지는 안전지킴이로 국민을 위해 희생·봉사하는 영웅(HERO)을 의미하며, 통합 캐릭터의 명칭을 '영웅이'로 하고, 여자 캐릭터는 '영이', 남자 캐릭터는 '웅이'로 하여 국민들이 기억하기 쉽고 친근하게 부를 수 있는 이름이다.

### 002
정답 ④ 기본서 1권 49p

해설 소방은 **특수경력직**공무원으로 경찰, 검찰, 군 등의 조직과 마찬가지로 국가위기관리조직의 핵심조직으로서의 **전문적 지식이 요구되기 보다는** 위급한 국가재난관리상황에서 생명과 신체에 대한 위험을 무릅쓰고 임무를 수행하여야만 하는 특수 분야의 업무를 독립적으로 수행하고 있다.
→ 우리는 경력직 중 특정직공무원이며 전문성이 요구되고 있다.

### 003
정답 ④ 기본서 1권 300p

해설 최근에는 재난 재해에서 소방역활은 증대되고 있고, 중앙긴급구조통제단은 소방청장이 운영한다.

## 004 ★★
**정답** ③ 　기본서 1권　129p

**해설** 위해동물, 벌 등의 포획 및 퇴치 활동 - 생활안전활동

**소방기본법 제16조의2(소방지원활동)**
① 소방청장·소방본부장 또는 소방서장은 공공의 안녕질서 유지 또는 복리증진을 위하여 필요한 경우 소방활동 외에 다음 각 호의 활동(이하 "소방지원활동"이라 한다)을 하게 할 수 있다.
 1. 산불에 대한 예방·진압 등 지원활동
 2. 자연재해에 따른 급수·배수 및 제설 등 지원활동
 3. 집회·공연 등 각종 행사 시 사고에 대비한 근접대기 등 지원활동
 4. 화재, 재난·재해로 인한 피해복구 지원활동
 5. 그 밖에 행정안전부령으로 정하는 활동

## 005 ★
**정답** ④ 　기본서 1권　25p

**해설** 국가소방행정조직은 직접적 국가소방조직과 간접적 국가소방조직으로 분류할 수 있다. 직접적 국가소방행정조직에는 소방청, 중앙소방학교, 국립소방연구원, 중앙119구조본부 등이 있다. 간접적 국가소방행정조직에는 한국소방안전원, 한국소방산업기술원 등이 있다.

## 006 ★★
**정답** ④ 　기본서 1권　31p

**해설** 소방행정의 특수성 중 업무적 특성에는 현장성, 대기성, 신속·정확성, 전문성, 일체성, 가외성, 위험성, 결과성이 있다.

## 007 ★
**정답** ④ 　기본서 1권　25p

**해설** 지방소방행정조직은 **민주성**과 **효과성**, **능률성**이 있어 소방행정사무를 통일적으로 처리할 수 있다.

## 008 ★★
**정답** ① 　기본서 1권　25p

**해설** 간접적 소방행정조직은 한국소방안전원, 대한소방공제회, 한국소방산업기술원, 소방산업공제조합이 있고 의용소방대연합회는 민간소방조직이다.

## 009 ★
**정답** ③ 　기본서 1권　25p

**해설** 소방본부는 지방소방행정조직, 의용소방대는 민간 소방조직에 속한다.

## 010

**정답** ① **기본서 1권** 54p

**해설** **소방력 기준에 관한 규칙 제2조**
"소방기관"이란 소방장비, 인력 등을 동원하여 소방업무를 수행하는 소방서·119안전센터·119구조대·119구급대·119구조구급센터·119항공대·소방정대(消防艇隊)·119지역대·119종합상황실·소방체험관을 말한다.

## 011

**정답** ④ **기본서 1권** 63p

**해설** **제3조(소방교육훈련정책위원회)**
① 소방청장은 소방공무원의 교육훈련 정책 및 발전과 관련한 다음 각 호의 사항을 심의·조정하기 위하여 필요한 경우 소방교육훈련정책위원회(이하 "위원회"라 한다)를 구성·운영할 수 있다.
  1. 교육훈련 정책의 목표 및 추진방향에 관한 사항
  2. 장·단기 교육훈련 발전 및 제도 개선에 관한 사항
  3. 교육훈련 관련 시설·장비의 개선 및 예산확보에 관한 사항
  4. 소방학교의 교육훈련과정 협의·조정에 관한 사항
  5. 교육훈련과정의 교과목 및 교재의 공동개발·활용에 관한 사항
  6. 교육훈련시설 및 교수요원 상호 활용에 관한 사항
  7. 그 밖에 소방공무원 교육훈련 발전에 필요한 사항
② 위원회는 위원장 1명을 포함하여 50명 이내의 위원으로 구성한다.

③ <u>위원회의 위원장은 소방청 차장</u>이 되고, 위원은 다음 각 호의 사람이 된다.
  1. 소방청 기획조정관
  2. 소방청 소방공무원 교육훈련 담당 과장급 공무원
  3. 중앙소방학교의 장
  4. 특별시·광역시·특별자치시·도·특별자치도(이하 "시·도"라 한다) 소방본부의 소방공무원 교육훈련 담당 과장급 공무원
  5. 각 지방소방학교의 장
  6. 소방청 소속 과장급 직위의 공무원 중 소방청장이 지명하는 사람
④ 위원장은 제1항 각 호와 관련된 전문적·기술적 자문이 필요하다고 인정하는 경우에는 관계 전문가로 구성된 자문단을 구성·운영할 수 있다.
⑤ 위원회의 회의는 재적위원 과반수의 출석으로 개의(開議)하고, 출석위원 과반수의 찬성으로 의결한다.
⑥ 소방청장은 위원회의 구성 목적을 달성했다고 인정하는 경우에는 위원회를 해산할 수 있다.
⑦ 제1항부터 제6항까지에서 규정한 사항 외에 위원회의 구성 및 운영에 필요한 사항은 소방청장이 정한다.

## 012

**정답** ① 기본서 1권 27p

**해설** ※ 중앙소방학교 주요업무
㉠ 소방공무원, 소방간부후보생, 의무소방원 및 소방관서에서 근무하는 사회복무요원의 교육훈련에 관한 사항
㉡ 학생, 의용소방대원, 민간자원봉사자 등에 대한 소방안전체험교육 등 대국민 안전교육훈련에 관한 사항

※ 국립소방연구원의 사무
㉠ 소방정책의 연구와 소방안전기술의 연구·개발 및 보급에 관한 사항
㉡ 화재원인 및 위험성 화학물질에 대한 과학적 조사·연구·분석 및 감정에 관한 사항
㉢ 화재진압·구조·구급 등 재난 대응기술 연구·개발 및 실용화 지원에 관한 사항
㉣ 소방공무원의 소방활동재해 방지 및 보건안전·복지 증진에 관한 사항
㉤ 국내외 소방안전 연구기관과의 교류협력 및 공동연구에 관한 사항

## 013

**정답** ④ 기본서 1권 22p

**해설**

| 소방행정의 특수성 | 조직의 특징 | |
|---|---|---|
| ㉠ 고도의 공공행정 | ㉠ 광역소방과 능률성 | ㉡ 소방조직의 경계성 |
| ㉡ 특수전문행정 | ㉢ 소방조직의 가외성 | ㉣ 소방조직의 위험성 |
| ㉢ 국민생명유지행정 | ㉤ 소방조직의 긴급성 | ㉥ 관심의 비지속성 |
| ㉣ 사회목적적 행정 | ㉦ 소방조직의 공익성과 윤리성 | |

## 014

**정답** ② 기본서 1권 22p

**해설** ② 사회목적적 행정

※ 소방행정의 특수성
가. 고도의 공공행정 : 소방행정이 화재를 예방·경계·진압하여 국민의 생명·신체·재산 보호를 주된 목적으로 하기 때문이다.
나. 특수전문행정 : 소방행정이 화재를 예방·경계·진압하는 것뿐만 아니라 각종 재난·재해 및 기타 위급한 상황의 대처를 목적으로 하기 때문이다.
다. 국민생명 유지행정 : 소방행정이 화재뿐만 아니라 각종 재난·재해 및 기타 위급한 상황에 처한 국민의 생명·신체의 구조·구급을 목적으로 하기 때문이다.
라. 사회목적적 행정 : 소방행정이 사회 공공의 안녕·질서유지 및 공공의 복리 증진을 목적으로 하기 때문이다.

## 015

**정답** ③ 기본서 1권 24p

**해설** 소방행정 작용의 특성은 아래와 같다.
① 우월성(지배와 복종의 법률관계)
② 획일성
③ 기술성
④ 강제성

## 016

**정답** ④ 　기본서 1권　54p

**해설** ※ 소방공무원임용령 제2조(정의)
3. "소방기관"이라 함은 소방청, 특별시·광역시·특별자치시·도·특별자치도(이하 "시·도"라 한다)와 중앙소방학교·중앙119구조본부·국립소방연구원·지방소방학교·서울종합방재센터 및 소방서를 말한다.

## 017

**정답** ① 　기본서 1권　39p

**해설**
- 분업의 원리 : 한 가지 주된 업무를 분담시키는 것이 분업의 원리이다. 기능의 원리 또는 전문화의 원리라고도 한다.
- 명령통일의 원리 : 오직 한 사람의 상관으로부터 명령을 받고 그에게 보고해야 한다는 것이다.
- 통솔범위의 원리 : 한 명의 상관이 부하를 효과적으로 직접 통솔할 수 있는가가 통솔범위이다. 한 사람이 효과적으로 통솔할 수 있는 부하의 수는 7~12명이 적당하고, 비상시에는 3~4명이 적당하다고 본다.

## 018

**정답** ② 　기본서 1권　45p

**해설** 옳지 않은 것은 ㉡, ㉣이므로 2개이다.

> ㉡ 한국소방안전원은 비영리단체이며, **재단법인**이다.
> ㉣ **한국소방산업기술원**은 소방장비의 품질확보, 품질인증 및 신기술·신제품에 관한 인증업무 등을 수행한다.

## 019

**정답** ③ 　기본서 1권　45p

**해설** 한국소방안전원의 설립목적은 소방기술과 안전관리기술의 향상 및 홍보, 그 밖의 교육·훈련 등 행정기관이 위탁하는 업무의 수행과 소방 관계 종사자의 기술 향상을 위하여 한국소방안전원(이하 "안전원"이라 한다)을 소방청장의 인가를 받아 설립한다.

## 020

**정답** ④  기본서 1권  45p

**해설** 안전원은 정관을 변경하려면 소방청장의 인가를 받아야 한다.

**한국소방안전원의 설립 등**(소방기본법 제40조)
① 소방기술과 안전관리기술의 향상 및 홍보, 그 밖의 교육·훈련 등 행정기관이 위탁하는 업무의 수행과 소방 관계 종사자의 기술 향상을 위하여 한국소방안전원(이하 "안전원"이라 한다)을 소방청장의 인가를 받아 설립한다.
② 제1항에 따라 설립되는 안전원은 법인으로 한다.
③ 안전원에 관하여 이 법에 규정된 것을 제외하고는 「민법」 중 재단법인에 관한 규정을 준용한다.

**안전원의 업무**(소방기본법 제41조) 안전원은 다음 각 호의 업무를 수행한다.
1. 소방기술과 안전관리에 관한 교육 및 조사·연구
2. 소방기술과 안전관리에 관한 각종 간행물 발간
3. 화재 예방과 안전관리의식 고취를 위한 대국민 홍보
4. 소방업무에 관하여 행정기관이 위탁하는 업무
5. 소방안전에 관한 국제협력
6. 그 밖에 회원에 대한 기술지원 등 정관으로 정하는 사항

**안전원의 정관**(소방기본법 제43조) ① 안전원의 정관에는 다음 각 호의 사항이 포함되어야 한다.
1. 목적
2. 명칭
3. 주된 사무소의 소재지
4. 사업에 관한 사항
5. 이사회에 관한 사항
6. 회원과 임원 및 직원에 관한 사항
7. 재정 및 회계에 관한 사항
8. 정관의 변경에 관한 사항
② 안전원은 정관을 변경하려면 소방청장의 인가를 받아야 한다.

## 021

**정답** ④  기본서 1권 71p

**해설** **인사이동의 종류**

| 승진·강임 | 상하 직급 구조상에서의 인사 이동을 의미하는 것으로 승진 상위 직급으로, 강임은 하위 직급으로 이동하는 것을 말한다. |
|---|---|
| 전직·전보 | 직무의 책임 수준이 동일한 직위 간의 수평적 이동. 수평적 이동이 동일 직렬 내에서 이루어지는 것이 전보이고 직렬을 넘어서는 것이 전직 |
| 겸임 | 한 사람이 둘 이상의 직위에 임명되는 것. 대학교수를 교육훈련기관의 교관으로 임명하거나 연구원 원장으로 임명하는 것이 대표적인 예 |
| 파견 | 기관 간 업무의 공동 수행이나 업무량이 과다한 다른 기관의 행정 지원 등을 위해 소속기관을 유지한 채 다른 기관으로 자리를 옮겨 근무하는 경우가 그 예 |
| 인사교류 | 기관 상호 간에 직무 분야가 유사한 범위 내에서 공무원의 수평적 이동을 허용하는 제도. 기관 상호 간에 업무 협조를 증진시킬 수 있고, 공무원에게 능력 발전의 기회를 제공하는 효과 등이 있다. |
| 전·출입 | 행정부, 입법부, 사법부 상호 간의 공무원 이동을 말함. 시험을 거쳐 전입하는 것이 원칙이나 일정 조건을 갖춘 경우 시험의 일부 또는 전부가 면제될 수 있음 |

## 022

**정답** ④  기본서 1권 76p

**해설** 감봉은 소방공무원의 징계 중 경징계에 해당한다.

※ **소방공무원법 제2조**
"임용"이란 신규채용·승진·전보·파견·강임·휴직·직위해제·정직·강등·복직·면직·해임 및 파면을 말한다.

※ **소방공무원 징계령 제1조의2**(정의)
1. "중징계"란 파면, 해임, 강등 또는 정직을 말한다.
2. "경징계"라 함은 <u>감봉</u> 또는 견책을 말한다.

## 023

**정답** ①  기본서 1권 52p

**해설** ① 소방령 이상의 소방공무원은 소방청장의 제청으로 국무총리를 경유하여 대통령이 임용한다.

## 024

**정답** ④  기본서 1권 74p

**해설** **제12조(동점자의 순위)**
① 승진대상자명부의 총평정점이 같은 경우에는 다음 각 호의 순서에 따라 선순위자를 결정한다.
  1. 근무성적평정점이 높은 사람
  2. 해당 계급에서 장기근무한 사람
  3. 해당 계급의 바로 하위 계급에서 장기근무한 사람
  4. 소방공무원으로 장기근무한 사람

## 025

**정답** ③ 　기본서 1권　58p

**해설** 채용후보자의 자격상실 요건에 해당한다.

### ※ 소방공무원임용령 제20조(임용의 유예)
① 임용권자 또는 임용제청권자는 채용후보자가 다음 각 호의 1에 해당하는 경우에는 채용후보자명부의 유효기간의 범위 안에서 기간을 정하여 임용 또는 임용제청을 유예할 수 있다. 다만, 유예기간 중이라도 그 사유가 소멸하는 경우에는 임용 또는 임용제청을 하여야 한다.
1. 학업의 계속
2. 6월 이상의 장기요양을 요하는 질병이 있는 경우
3. 「병역법」에 따른 병역의무복무를 위하여 징집 또는 소집되는 경우
4. 임신하거나 출산한 경우
5. 그 밖에 임용 또는 임용제청의 유예가 부득이하다고 인정되는 경우

### ※ 소방공무원임용령 제21조(채용후보자의 자격상실)
채용후보자가 다음 각 호의 1에 해당하는 경우에는 채용후보자의 자격을 상실한다.
1. 채용후보자가 임용 또는 임용제청에 불응한 때
2. 채용후보자로서 받아야 할 교육훈련에 불응한 때
3. 채용후보자로서 받은 교육훈련성적이 수료점수에 미달되거나, 교육훈련중 질병·병역복무 기타 교육훈련을 계속할 수 없는 불가피한 사정 외의 사유로 퇴학처분을 받은 때

## 026

**정답** ② 　기본서 1권　52p

**해설** ② 119안전센터는 소방기관에 해당하지 아니한다.

### ※ 소방공무원임용령 제2조
3. "소방기관"이라 함은 소방청, 특별시·광역시·특별자치시·도·특별자치도(이하 "시·도"라 한다)와 중앙소방학교·중앙119구조본부·국립소방연구원·지방소방학교·서울종합방재센터 및 소방서를 말한다.

① 소방사에서 소방장으로의 진급을 위해서는 소방사의 계급에서 2년 이상 재직하여야 한다.
→ 소방사의 계급으로 1년, 소방교의 계급으로 1년 이상 재직하여야 한다.

### ※ 소방공무원 승진임용 규정 제5조(승진소요최저근무연수)
1. 소방정 : 4년
2. 소방령 : 3년
3. 소방경 : 3년
4. 소방위 : 2년
5. 소방장 : 2년
6. 소방교 : 1년
7. 소방사 : 1년

③ 재직 중 순직한 사람을 사망 전날로 특별승진임용하는 경우에는 사망한 날에 면직된 것으로 본다.
→ 소방공무원임용령 제4조의 ②항 : 사망으로 인한 면직은 <u>사망한 다음 날에 면직된 것</u>으로 본다.

④ 소방간부후보생을 소방위로 임용할 때에는 최하급 소방기관의 외근부서에 보직하여야 한다.
→ 간부후보생은 최하급 소방기관에, 소방사는 최하급 소방기관에 보직

### ※ 소방공무원임용령 제26조(초임 소방공무원의 보직)
① <u>소방간부후보생을</u> 소방위로 임용할 때에는 <u>최하급 소방기관</u>에 보직하여야 한다.
② 신규채용을 통해 소방사로 임용된 사람은 최하급 소방기관에 보직해야 한다. 다만, 행정안전부령으로 정하는 자격증소지자를 해당 자격 관련부서에 보직하는 경우에는 그렇지 않다.

## 027

**정답** ④ 　기본서 1권　72p

**해설** ④의 경우 2계급 특별승진에 해당한다.

## 028

**정답** ③ 　기본서 1권　56p

**해설**

| 임용사항 | | 임용권자 | 절차 |
|---|---|---|---|
| 소방감 이상의 모든 임용 | | 대통령 | 소방청장의 제청으로 국무총리를 경우 |
| 소방준감, 소방정, 소방령 | 신규채용·승진·강임·면직·해임·파면 | | |
| | 전보·휴직·직위해제·강등·정직·복직 | 소방청장 | |
| 소방경 이하의 모든 임용 | | | |

## 029

**정답** ④ 　기본서 1권　100p

**해설** 특급과 1급은 면적이나 높이 관계없이 동·식물원, 철강 등 불연성 물품을 저장·취급하는 창고, 위험물 저장 및 처리 시설 중 위험물 제조소 등(「위험물 안전관리법」 제2조제1항제6호에 따른 제조소 등을 말한다. 이하 같다), 지하구를 제외한다.
특급소방안전관리대상물은 높이가 200미터 이상인 아파트에 해당한다.

## 030

**정답** ④ 　기본서 1권　100p

**해설** 자동화재탐지설비는 3급 소방안전관리대상물에 해당한다.
- **2급 소방안전관리대상물**
  - 옥내소화전설비·스프링클러설비·물분무등소화설비를 설치하는 특정소방대상물[호스릴(Hose Reel) 방식의 물분무등소화설비만을 설치한 경우는 제외한다]
  - 가스 제조설비를 갖추고 도시가스사업의 허가를 받아야 하는 시설 또는 가연성 가스를 100톤 이상 1천톤 미만 저장·취급하는 시설
  - 지하구
  - 공동주택
  - 보물 또는 국보로 지정된 목조건축물
- **3급 소방안전관리대상물**
  - 간이스프링클러설비 또는 자동화재탐지설비를 설치하는 특정소방대상물

## 031

**정답** ④  기본서 1권  54p

**해설** ※ **소방공무원임용령 제2조**
3. "소방기관"이라 함은 소방청, 특별시·광역시·특별자치시·도·특별자치도(이하 "시·도"라 한다)와 중앙소방학교·중앙119구조본부·국립소방연구원·지방소방학교·서울종합방재센터 및 소방서를 말한다.
※ 한국소방안전원은 「소방기본법」상 소방기술과 안전관리기술의 향상 및 홍보 등 소방업계의 건전한 발전 및 소방 관계 종사자의 기술 향상을 위하여 설립된 소방기관이다.

## 032

**정답** ③  심화

**해설** 화재를 진압하고 화재·재난·재해 그 밖의 위급한 상황에서의 구조·구급활동을 위하여 소방공무원, 의무소방원, 의용소방대원으로 구성된 조직체를 소방대라 한다.

## 033

**정답** ①  기본서 1권  46p

**해설** 소방체험관은 시·도지사가 운영하고 필요한 사항은 행정안전부령으로 정하는 기준에 따라 시·도조례로 정한다. 소방안전원은 비영리 단체로서 민법상 법인이고, 재단법인이다. 소방박물관은 소방청장이 운영하고 필요한 사항은 행정안전부령으로 정한다.

## 034

**정답** ③  기본서 1권  46p

**해설** 소방청장이 소방박물관을 운영할 수 있고, 소방체험관은 시·도지사가 운영할 수 있다.

## 035

**정답** ①  기본서 1권  17p

**해설**
ⓒ 국가공무원법이 제정되면서 일반직 공무원으로 분류 : 1949년
㉠ 경찰공무원법이 제정되면서 별정직인 경찰공무원 신분으로 분류 : 1969년
ⓛ 소방공무원법 시행으로 독자적 소방공무원 신분으로 분류 : 1978년
㉣ 국가공무원법 및 지방공무원법 개정으로 소방공무원은 경력직공무원 중 특정직공무원으로 분류 : 1981년

## 036

**정답** ①  기본서 1권  10p

**해설** 행순(조선시대) : 야간에 이장 또는 부장 같은 장교와 병조 소속 군사들이 통행인을 단속하고 화재에 대비하기 위해 궁궐 안팎을 순찰하며 근무하는 것을 말한다.

Ⅰ. 소방조직 · 15

## 037

정답 ②  기본서 1권  9p

해설
① 삼국시대에 대한 기록은 삼국사기에 따르면 서기 262년 미추왕 원년에 금성 서문에서 화재가 발생했고, 596년 진평왕 18년에 경주 영흥사에 불이 나 왕이 친히 이재민을 위로했다는 기록이 있다. 따라서 사회적 재앙으로 인식된 시기는 삼국시대이다.
③ 1948년 정부수립과 함께 국가소방으로 전환하였으며, 중앙은 내무부 치안국 소방과에서 업무를 하였다.
④ 고려시대에는 화재와 병란이 많았지만, 소방조직이 없었고, 최초의 소방조직은 조선에 들어와서 시행된 금화도감이다.

## 038

정답 ③  기본서 1권  12~13p

해설
㉠ 최초의 소방서인 경성소방서 설치 : 1925년
㉡ 상무부 토목국에 중앙소방위원회 설치 : 1946년
㉢ 소방조 규칙 제정 : 1915년
㉣ 소방법 제정 : 1958년

## 039

정답 ②  기본서 1권  13p, 69p

해설
㉠ A소방관은 1954년 내무부 치안국 소방과에서 근무하였다.
㉡ B소방관은 1978년 서울 소방본부에서 중앙소방학교로 근무지를 옮기게 되었다.

## 040

정답 ④  기본서 1권  9~12p

해설 모두 옳은 지문이다.

## 041

정답 ③  기본서 1권  13~15p

해설
㉠ 1975년 정부조직법을 개정하여 내무부의 소방기능을 삭제하고 소방사무를 지방자치단체의 고유사무로 하는 근거를 마련하였다. (×)
※ 1970년 정부조직법을 개정하여 내무부의 소방기능을 삭제하고 소방사무를 지방자치단체의 고유사무로 하는 근거를 마련하였다.
㉡ 1975년 7월 정부조직법 및 민방위기본법이 개정 및 제정되어 내무부에 민방위본부를 설치하는 동시에 종전의 치안본부 소방과를 개편하여 민방위본부 내에 민방위국과 소방국을 설치하였다. (○)
㉢ 1947년에 소방청을 설치하였다. (○)
㉣ 1922년 경성소방조 상비대를 경성소방소로 개편하였고, 1925년에는 조선총독부 지방관제를 개정하여 경성에 소방서를 설치하였다. (○)

## 042

정답 ④　기본서 1권　20p

해설 2004년 대구지하철 화재사고를 계기로 정부조직법 개정과 재난 및 안전관리 기본법의 제정으로 재난관리법이 폐지되고 행정자치부의 외청으로 소방방재청을 신설하게 됨에 따라 재난의 예방·대비·대응·복구활동의 중심으로 자리 잡게 되었다.

## 043

정답 ③　기본서 1권　13p

해설 1948년 정부수립과 함께 국가소방으로 전환하였으며, 중앙은 내무부 치안국 소방과에서 업무를 하였다.

## 044

정답 ④　기본서 1권　13~15p

해설 대한민국 정부 수립 이후 경찰로부터 소방이 분리된 시기는 1975년이다.
*1947년 남조선 과도정부 동위원회 집행기구로 소방청 설치

## 045

정답 ①　기본서 1권　11p

해설 세종 8년(1426) 2월에 병조에 금화도감을 설치하였고, 구성은 제조 7명, 사 5명, 부사 6명, 판관 6명으로 구성되었다.

## 046

정답 ②　기본서 1권　11p

해설 제조 7명, 사 5명, 부사 6명, 판관 6명으로 구성되었다.

## 047

정답 ③　기본서 1권　13p

해설 (가)는 국가소방체제였고, 소방법이 제정되었기 때문에 (1948~1970) 초창기 정부수립이후이다.

① 1949년부터 국가공무원법을 적용받다가 이 시기에 소방공무원법이 제정됨에 따라 소방공무원법을 적용받았다.(초창기 정부수립 이후) (×). → 1969년 경찰공무원법이 제정이 되어 경찰공무원법을 적용받았다.
② 운흥창의 화재를 계기로 수도 개성과 각 창고 소재지에 일반 관리 외에 별도로 방화 전담관리를 두었고, 금화원 제도라 하여 우리나라 최초의 소방행정의 근원을 시행 했어(고려전기 문종 20년 )(×).
③ 중앙은 내무부 치안국 소방과에서 업무를 취급하였어.(정부수립이후 국가소방 체제) (○).
④ 소방부과 소방위원회를 설치하고 일시적으로 소방행정을 경찰로부터 분리하여 자치화 하였다 (미군정시대) (×).

Ⅰ. 소방조직 · 17

## 048

정답 ①   기본서 1권   10~13p

해설  모두 올바른 지문이다.

> ㉠ 소방흐름의 순서는 금화제도(고려) → 금화조건 1423년(세종5) → 금화도감 1426년(세종8) → 금화군 1431년(세종13)이다.
> ㉡ 일제시대 중앙기구의 흐름은 1910년 6월 경무과 ⇒ 1910년 7월 보안과 내 소방계 ⇒ 1919년 경무국 내 보안과 ⇒ 1939년 경무국에 방호과 ⇒ 1943년 12월 경비과이다.
> ㉢ 소방이란 용어를 처음으로 사용한 시기는 갑오개혁 전후이다.
> ㉣ 미군정시대에는 소방위원회를 설치하고 일시적으로 소방행정을 경찰로부터 분리하여 자치화 하였다.
> ㉤ 미군정시대에는 상무부 토목국에 중앙소방위원회를 설치하였으며, 위원회는 7인의 위원회로 구성되어 있으며 그 중 1인을 서기장으로 임명되었다.

## 049

정답 ①   기본서 1권   13~16p

해설
㉠ 1948년 정부수립 이후 내무부 치안국 소방과가 있었고 1975년에 내무부 소방국이 신설되므로 틀린 지문이다.
㉡ 1972년에 서울과 부산에 소방본부가 설치되었으므로 B소방관이 소방본부에서 근무할 수는 있으나 중앙소방학교는 1978년에 중앙소방학교가 설치되므로 틀린 지문이다.
㉢ 1978년 소방공무원법이 시행되었으나 특정직이 아닌 별정직 공무원이었고 1981년에 국가공무원법에서 소방공무원을 별정직에서 특정직 공무원으로 되었고 1983년에 소방공무원법에서 특정직으로 명시하였으므로 틀린 지문이다.
㉣ 1995년에 삼풍백화점 붕괴사고가 일어났으므로 맞는 지문이다.

## 050

정답 ②   기본서 1권   10~13p

해설  ㉣ 금화제도의 시작 (고려시대) - ㉡ 금화조건(세종 5년, 1423년) - ㉢ 금화도감의 설치(세종 8년 1426년 2월) - ㉠ 수성금화도감의 설치(세종 8년, 1426년 6월) - ㉤ 멸화군의 조직 (세조 13년, 1431년)

## 051

정답 ②   기본서 1권   11~20p

해설
㉠ 1426년 2월 금화도감
㉢ 1925년 경성소방서 설치
㉡ 1958년 소방법 제정
㉤ 1975년 내무부 소방국 설치
㉣ 1983년 119구급대 설치
㉥ 1989년 구조대 설치
㉦ 2003년 소방기본법 등 4개 법률 제정

★
## 052

정답 ②  기본서 1권  10p

해설 우리나라 최초의 소방법규라고 할 수 있는 금화령이 시행된 것은 조선시대이다.


★
## 053

정답 ④  기본서 1권  8p

해설 소방방재청은 2004년 6월 1일 개청됨에 따라 성장기는 2004년 6월부터이다.


★
## 054

정답 ③  기본서 1권  8p

해설 제3기 초창기 정부수립 이후는 국가소방체제이다.

- 조선시대 : 세종 8년~한말
- 과도기[미군정시대(1945~1948)] : 자치소방체제
- 초창기 정부수립 이후(1948~1970) : 국가소방체제
- 발전기(1970~1992) : 국가·자치이원화
- 정착기(1992~2003) : 시·도(광역)자치소방
- 제1성장기(2004~2014.11) : 소방방재청 체재
- 제2성장기(2014.11~2017.7) : 국민안전처 체제
- 제3성장기(2017.7~현재) : 소방청 체제


★
## 055

정답 ④  기본서 1권  15p

해설 서울과 부산에 소방본부를 신설한 것은 1972년이다.
→ 소방의 발전사 분류 시 1970~1992년 이전은 발전기에 해당한다.
① 삼풍백화점 붕괴를 계기로 재난관리국 신설 : 1995년
② 소방사무의 시·도지사의 사무로 일원화 : 1992년
→ 전국에 소방본부의 설치
③ 재난 및 안전관리 기본법의 제정 : 2004년
④ 서울 및 부산에 소방본부의 설치 : 1972년

## 056

**정답** ④   기본서 1권   10p

**해설**
㉠ 행순(行巡) : 야간에 아장 또는 부장 같은 장교와 병조 소속 군사들이 통행인을 단속하고 화재에 대비하기 위해 궁궐 안팎을 순찰하며 근무하는 것을 말한다.
㉡ 금화(禁火) : 병조, 의금부, 형조, 한성부, 수성금화사 및 5 부의 숙직하는 관원이 행순하여 화재를 단속하는 것을 말한다, 의금부에서 종루에 올라 화재를 감시하며 화재시 종을 치는것, 통행금지 시간에 불을 끄러가다 구류를 당하지 않도록 불을 끄러가는 증명으로 구화패를 발급하는 것 외에 순찰경계, 구화시설 등에 대하여 규정하고 있다.
㉢ 방화(防火) : 중국의 주례를 본떠 철에 따라 불씨를 바꾸도록 국법으로 시행하였다.

## 057

**정답** ④   기본서 1권   13~15p, 17p

**해설**
㉠ 소방공무원법 제정(1977)
㉡ 소방학교직제 제정·공포(1978. 7)
㉢ 민방위본부신설(1975)
㉣ 소방법(1958)
㉤ 지방소방공무원법 제정(1973)

그러므로 ㉣ - ㉤ - ㉢ - ㉠ - ㉡ 이다.

## 058

**정답** ①   기본서 1권   9p

**해설** 사회적 재앙으로 인식되었던 시기는 진평왕 18년에 왕이 친히 이재민을 위로했다는 기록으로 보아 삼국시대이다.

## 059

**정답** ②   기본서 1권   9p

**해설** 소방행정의 최초 근원으로서 방화관련 업무를 담당하는 관원을 두었던 '금화원 제도'가 시작된 시대는 고려전기이다.

## 060

**정답** ①   기본서 1권   16p

**해설** 「재해의 예방 및 수습에 관한 훈령」은 기존의 자연재해대책법의 적용을 받는 재해를 제외한 각종 사고로 인한 재해에 적용함으로써 인적재난 관리체제의 구축을 위한 기초가 되었다. 이러한 법령체제에서 1995년 6월 삼풍백화점 붕괴사고를 겪으면서 재난현장의 지휘체계와 참여기관 간 공조·협조체계 등 재난대응에 대한 수많은 문제점을 경험하게 되었고, 급기야 개선작업이 이루어지게 되었다. 결국 삼풍백화점 붕괴사고를 계기로 같은 해 7월에 「재난관리법」을 제정하게 된 것이다.

## 소방조직관리의 기초이론

### 061
**정답** ④  기본서 1권  32p

**해설** 사회의 유형을 유지하기 위한 교육은 파슨스에 의한 분류이다.

### 062
**정답** ④  기본서 1권  32p

**해설**
① 수혜자를 기준으로 분류하면 호혜적 조직, 기업조직, 서비스 조직, 공익조직이 있다. 그 중 소방서는 공익 조직으로 분류된다.
② 통제 수단에 의한 분류는 강압적 조직, 공리적 조직, 규범적 조직으로 분류할 수 있다. 그 중 소방은 규범적 조직이다.
③ 통제 수단에 의한 분류는 Etzioni에 의해 분류되었다.

### 063
**정답** ③  기본서 1권  32p

**해설** Etzioni는 통제수단에 따라 강압적 조직(강제적 통제 : 교도소, 정신병원), 공리적 조직(경제적 보상으로 통제 : 사기업), 규범적 조직(규범적 권력으로 통제 : 종교조직, 소방조직, 이념정당)으로 조직을 분류한다.

### 064
**정답** ③  기본서 1권  39p

**해설** **조직의 원리**
군대와 유사한 조직 구조를 가진 소방에서는 조직을 합리적으로 편제하고 능률적으로 관리하기 위해 고전적인 조직 원리를 강조되고 있다.
㉠ **계층제의 원리** : 가톨릭의 교권제도에서 유래된 것으로 업무에 대한 권한과 책임의 정도에 따라 상하의 계층을 설정하는 것이다.
㉡ **통솔범위의 원리** : 한 명의 상관이 부하를 효과적으로 직접 통솔할 수 있는가가 통솔범위이다. 한 사람이 효과적으로 통솔할 수 있는 부하의 수는 7~12명이 적당하고, 비상시에는 3~4명이 적당하다고 본다.
㉢ **명령통일의 원리** : 오직 한 사람의 상관으로부터 명령을 받고 그에게 보고해야 한다는 것이다. 어느 조직에서든 수장이 있어야 하고, 하위 조직에서도 같은 원리가 적용된다. 상관으로 하여금 통제를 용이하게 하여 부하의 안전과 복지를 확보할 수 있다.
㉣ **분업의 원리** : 한 가지 주된 업무를 분담시키는 것이 분업의 원리이다. 기능의 원리 또는 전문화의 원리라고도 한다.
㉤ **조정의 원리** : 각 부분이 공동목표를 달성하기 위해 행동을 통일하고 공동체의 노력으로 질서정연하게 배열하는 것을 말한다. **무니(J. Mooney)는 조직의 원리 중 조정의 원리가 제1원리라고 주장한다.**

### 065
**정답** ①  기본서 1권  34p

**해설** 욕구이론(생리적, 안전, 사회적, 존경, 자아실현)이 있다.

## 066
정답 ③  기본서 1권 22p

해설 소방의 특수성 중 소방조직이나 체제 또는 장비의 기본요소 이외에 초과 또는 잉여분 혹은 중첩성 내지 중복성을 가외성이라 한다.

## 067
정답 ①  심화

해설
- 버나드(Chester I. Barnard) : 조직이란 두 사람 이상에 의한 의식적으로 조정된 활동이나 노력의 체계라고 정의하고, 조직을 하나의 조정체계로 보고 있다.
- 베버(Max. Weber) : 조직이란 계속적이고 의도적인 특정한 종류의 활동체계라고 정의하였고, 조직에는 목적과 경계가 있고 공식적인 구조와 과정이 있다고 보았다.
- 파슨스(Tallcott Parsons) : 조직이란 어느 특정한 목표의 달성을 제1차적으로 지향하고 있는 하나의 사회체계라고 정의하고, 조직은 목표달성을 위한 지위와 그에 따른 역할 체계로 보고 있다.
- 에치오니(Amitai Etzioni) : 조직이란 일정한 환경에서 특정한 목표를 추구하고 이를 달성하기 위한 일정한 구조를 가진 사회적 단위라 정의하고, 목표 및 구조 그리고 환경의 관계에 중점을 두고 있다.

## 068
정답 ④  기본서 1권 34p

해설
㉠ 매슬로우 : 욕구이론(생리적, 안전, 사회적, 존경, 자아실현)
㉡ 맥클레란드 : 성취욕구이론
㉢ 허즈버그 : 동기 – 위생이론
㉣ 아지리스 : 미성숙 – 성숙이론
㉤ Alderfer : E.R.G이론

## 069
정답 ④  기본서 1권 40p

해설 관료제의 유형을 가산관료제와 카리스마적 관료제, 합법적 관료제로 구분하였다.

| 관료제구분 | 지배의 정당성 | 특 징 (권한의 정당성) |
|---|---|---|
| 가산적 관료제 | 전통적 지배 | 가산관료제는 전통을 권력의 원천으로 본 중세시대나 조선시대의 관료제가 전형적인 예이다. |
| 카리스마적 관료제 | 카리스마적 지배 | 카리스마적 관료제에서 권력의 원천은 초월적 지도자의 비범성이나 선천적 자질이다. |
| 합법적 관료제 | 합법적 지배 | 합법적 관료제는 근대적 관료제로서 권력의 정당성이 법규에 있다. 베버는 합법적 관료제를 이상적인 근대적 관료제로 보았다. |

## 070
정답 ①  기본서 1권 22p

해설 모두 옳은 지문이다.

## 소방자원관리(인적, 물적, 재정적 자원관리 개요)

### 071
**정답** ① 기본서 1권 52~57p

**해설**
ⓒ 신규채용 시험은 공개경쟁채용시험, 경력경쟁채용시험, 공개경쟁선발이 있다.
ⓔ 미국에서 발달된 인사제도로서 공헌도와 충성심위주로 임용하는 것은 엽관제이다.

### 072
**정답** ④ 기본서 1권 48p, 52p

**해설**
■ 소방공무원 승진임용 규정 제5조(승진소요최저근무연수)
① 소방공무원이 승진하려면 다음 각 호의 구분에 따른 기간 이상 해당 계급에 재직하여야 한다.
  1. 소방정 : 4년
  2. 소방령 : 3년
  3. 소방경 : 3년
  4. 소방위 : 2년
  5. 소방장 : 2년
  6. 소방교 : 1년
  7. 소방사 : 1년
② 휴직 기간, 직위해제 기간, 징계처분 기간 및 제6조제1항제2호에 따른 승진임용 제한기간은 제1항의 기간에 포함하지 않는다. 다만, 다음 각 호의 기간은 제1항의 기간에 포함한다.
  1. 「국가공무원법」제71조에 따른 휴직 기간 중 다음 각 목의 기간
    가. 「공무원 재해보상법」에 따른 공무상 질병 또는 부상으로 인하여 「국가공무원법」제71조제1항제1호에 따라 휴직한 경우에 그 휴직 기간
    나. 「국가공무원법」제71조제1항제3호·제5호 또는 같은 조 제2항제1호에 따라 휴직한 경우에 그 휴직 기간
    다. 「국가공무원법」제71조제2항제2호에 따라 휴직한 경우에 그 휴직 기간의 50퍼센트에 해당하는 기간
    라. 「국가공무원법」제71조제2항제4호에 따라 휴직한 경우에 그 휴직 기간. 다만, 자녀 1명에 대한 총 휴직 기간이 1년을 넘는 경우에는 최초의 1년으로 하되, 다음의 어느 하나에 해당하는 경우에는 그 휴직기간 전부로 한다.
      1) 첫째 자녀에 대하여 부모가 모두 휴직을 하는 경우로서 각 휴직기간이 「공무원임용령」제31조제2항제1호다목1)에 따라 인사혁신처장이 정하는 기간 이상인 경우
      2) 둘째 자녀 이후에 대하여 휴직을 하는 경우
  2. 다음 각 목의 어느 하나에 해당하는 경우에 그 직위해제 기간
    가. 「국가공무원법」제73조의3제1항제3호에 따라 직위해제처분을 받은 사람의 처분 사유가 된 징계처분이 소청심사위원회의 결정 또는 법원의 판결에 따라 무효 또는 취소로 확정된 경우(징계의결 요구에 대하여 관할 징계위원회가 징계하지 아니하기로 의결한 경우를 포함한다)
    나. 「국가공무원법」제73조의3제1항제4호에 따라 직위해제처분을 받은 사람의 처분 사유가 된 형사사건이 법원의 판결에 따라 무죄로 확정된 경우
    다. 「국가공무원법」제73조의3제1항제6호에 따라 직위해제처분을 받은 사람의 처분사유가 된 비위행위(이하 "비위행위"라 한다)가 1) 및 2)에 모두 해당하는 경우
      1) 비위행위에 대한 징계절차와 관련하여 다음의 어느 하나에 해당하는 경우
        가) 소방청장 등이 「소방공무원 징계령」제9조에 따른 징계의결 요구를 하지 않기로 한 경우
        나) 해당 소방공무원에 대한 징계의결 요구에 대하여 관할 징계위원회가 징계하지 않기로 의결한 경우
        다) 징계처분이 소청심사위원회의 결정이나 법원의 판결에 따라 무효 또는 취소로 확정된 경우
      2) 비위행위에 대한 조사 또는 수사 결과가 다음의 어느 하나에 해당하는 경우

가) 형사사건에 해당하지 않는 경우
나) 사법경찰관이 불송치를 하거나 검사가 불기소를 한 경우. 다만, 「형사소송법」 제247조에 따라 공소를 제기하지 않는 경우와 불송치 또는 불기소를 했으나 해당 사건이 다시 수사 및 기소되어 법원의 판결에 따라 유죄가 확정된 경우는 제외한다.
다) 형사사건으로 기소되거나 약식명령이 청구된 사람이 법원의 판결에 따라 무죄로 확정된 경우

■ **소방공무원 승진임용 규정 제12조(동점자의 순위)**
① 승진대상자명부의 총평정점이 같은 경우에는 다음 각 호의 순서에 따라 선순위자를 결정한다.
  1. 근무성적평정점이 높은 사람
  2. 해당 계급에서 장기근무한 사람
  3. 해당 계급의 바로 하위 계급에서 장기근무한 사람
  4. 소방공무원으로 장기근무한 사람
② 제1항의 규정에 의하여도 순위가 결정되지 아니한 때에는 승진대상자명부 작성권자가 선순위자를 결정한다.

■ **소방인사행정의 개념**
㉠ 소방인사행정은 정부조직 내의 인적자원의 관리활동을 말한다.
㉡ 소방조직의 목표를 달성하기 위하여 소방인적자원을 획득, 관리하는 활동이다.
㉢ 소방인사행정은 국민에게 재화와 서비스를 효과적으로 제공하기 위해서 인적자원을 어떻게 동원하고 관리할 것인가의 구체적인 방법과 기술에 관한 것이다.
㉣ 소방인사행정의 기능은 소방인적자원의 확보, 개발, 관리, 통제 등으로 분류된다.

■ **효율성**
일반적으로 비용최소화 측면에서의 경제성(economy), 투입-산출 비율로서의 능률성(efficiency), 목표달성도를 의미하는 효과성(effectiveness)을 모두 함축하는 의미이다. 생산성(productivity)과 유사한 개념으로 이해할 수 있다.

## 073

**정답** ② 기본서 1권 55p

**해설** 공개경쟁 및 경력채용시험 응시연령

| 계 급 별 | 공개경쟁채용시험 | 경력채용시험 |
|---|---|---|
| 소방령 이상 | 25세 ~ 40세 | 20세 ~ 45세 |
| 소방위<br>소방경 | | 23세 ~ 40세<br>(조종사·정비사는 23세 ~ 45세) |
| 소방교<br>소방장 | | 20세 ~ 40세<br>(조종사·정비사는 23세 ~ 40세) |
| 소방사 | 18세 ~ 40세 | 18세 ~ 40세 |
| 소방간부후보생선발시험 응시연령 : 21세 ~ 40세 | | |

## 074
정답 ②  기본서 1권 52p

해설
① 소방공무원은 경력직 중 특정직 공무원이다.
③ 소방직의 경우는 소방공무원법을 적용받는다.
④ 소방공무원은 11단계로 되어 있다.

## 075
정답 ④  기본서 1권 76p

해설 **정 직**
1개월 이상 3개월 이하의 기간 동안 공무원의 신분은 보유하지만 직무에 종사할 수 없도록 하는 것이다. 정직기간 중 보수의 <u>전액</u>을 삭감한다.

## 076
정답 ①  기본서 1권 76p

해설 경징계는 감봉과 견책이 있고, 중징계는 파면과 해임, 강등, 정직이 있다.

## 077
정답 ②  기본서 1권 76p

해설 감봉은 경징계에 해당한다.

## 078
정답 ②  기본서 1권 51p

해설 소방감이 소방준감보다 높은 계급이다.

## 079
정답 ①  기본서 1권 52p

해설

| 소방사 | 소방교 | 소방장 | 소방위 | 소방경 | 소방령 | 소방정 | 소방준감 | 소방감 |
|---|---|---|---|---|---|---|---|---|
| 소방공무원 ||||||||||
| 승진소요 최저근무연수 ||||||||||
| 1년 | 1년 | 1년 | 1년 | 2년 | 2년 | 3년 | | |
| | | | | | 계급정년 ||||
| | | | | | 14년 | 11년 | 6년 | 4년 |

## 080

정답 ④ 기본서 1권 76p

**해설** **징계의 설명**
㉠ 견책 : 잘못된 행동에 대해 훈계하고 회개하게 하는 처분으로, 가장 가벼운 징계에 해당되지만 공식적인 징계절차를 거쳐 처분하고 그 결과를 인사기록에 기재한다.
㉡ 감봉 : 1개월 이상 3개월 이하의 기간 동안 보수의 1/3을 삭감하여 지급하는 것이다.
㉢ 정직 : 1개월 이상 3개월 이하의 기간 동안 공무원의 신분은 보유하지만 직무에 종사할 수 없도록 하는 것이다. 정직기간 중 보수의 전액 삭감한다.
㉣ 해임 : 공무원 신분을 상실하게 하는 처분이며, 해임 후 3년 내에는 공무원으로 재임용될 수 없지만 연금법 상의 불이익은 없다.
㉤ 파면 : 공무원 신분을 상실하게 하는 처분이며, 5년 내에는 공무원으로 재임용될 수 없고, 퇴직급여액의 1/2을 삭감하는 가장 무거운 벌이다.
㉥ 훈계, 경고, 계고, 엄중주의, 권고 등은 징계의 종류는 아니다.
㉦ 해임은 3년 동안 공무원 임용을 제한받으며, 파면은 5년간 임용자격을 제한한다.

## 081

정답 ④ 기본서 1권 78p

**해설** **근무성적평정의 목적**
① 소방조직과 소방행정의 발전
② 인사조치의 기준 확보
③ 인사기술의 평가기준 제시

## 082

정답 ④ 기본서 1권 75p

**해설** **경력개발의 원칙**
① 적재적소의 원칙
② 승진(보직)경로의 원칙
③ 인재육성의 원칙

## 083

정답 ② 기본서 1권 80p

해설 구조대의 소방사 근무성적의 1차 평정자는 구조대장이며, 2차 평정자는 소방서장이다.

※ **소방공무원 승진임용 규정 시행규칙 별표1**
**근무성적의 평정자(제6조 관련)**

| 소속 | 직급 | 1차 평정자 | 2차 평정자 |
|---|---|---|---|
| 시·도 소방본부 | 소방위 이하 | 소속 부서장(과장 등) | 소속 시·도 소방본부장 |
| 소방서 | | 소속 부서장(과장, 안전센터장, 구조대장). 다만, 본인이 부서장인 경우에는 해당 소방서의 인사주무과장(소방행정과장) | 소속 소방서장 |
| 지방소방학교 | | 소속 부서장(과장 등) | 소속 지방소방학교장 |
| 서울종합방재센터 | | | 서울종합방재센터소장 |

## 084

정답 ① 기본서 1권 52p

해설
② 소방령 이상은 소방청장의 제청으로 국무총리는 경유하여 대통령이 임명한다.
③ 소방공무원 소방령 이상 소방준감 이하의 전보, 휴직, 직위해제, 강등, 정직, 복직은 소방청장이 행한다.
④ 소방간부후보생선발시험 응시연령은 21~40세이다.
⑤ 소방공무원 채용시험 경우 응시연령의 기준일 경력경쟁채용시험은 임용권자의 시험요구일이다. 공개채용시험은 최종시험예정일이다.

## 085

정답 ① 기본서 1권 59p

해설 **임용 및 면직일자 등**
㉠ 임용일자는 임용장 또는 임용통지서에 기재된 일자에 임용된 것으로 본다.
㉡ 사망으로 인한 면직일자는 사망한 다음날에 면직한 것으로 본다.

## 086

정답 ④ 기본서 1권 54p

해설 소방임용의 원칙은 평등의 원칙, 실적주의의 원칙, 적격자 임용의 원칙이 있다.

## 087

정답 ② 기본서 1권 47p

해설 **소방인사행정의 특성**
㉠ 정부의 인적자원관리는 법적 제약에 따른 인사의 경직성이 강하다.
㉡ 인적자원에 대한 노동가치의 산출이 곤란하다.
㉢ 정부는 일반기업에 비해 특이성이 강한 직무들로 구성되어 있다.
㉣ 정부의 인적자원관리에는 정치성과 공공성이 강하게 반영된다.

## 088

정답 ③ 기본서 1권 52p

해설 정년달이 1~6월인 경우에는 6월 30일, 정년달이 7~12월인 경우에는 12월 31일 당연 퇴직한다.

## 089

정답 ④ 기본서 1권 56p

해설 소방공무원의 임용권자는 다음과 같다.

| 임 용 사 항 | 임용권자 | 절차 |
|---|---|---|
| 소방령이상의 신규채용·승진·강임·면직·해임 및 파면 | 대통령 | 소방청장의 제청으로 국무총리를 경유 |
| 소방령이상 소방준감이하의 전보·휴직· 직위해제·정직·복직 및 소방경이하의 모든 임용 | 소방청장 | |

## 090

정답 ② 기본서 1권 51p

해설 소방공무원은 11단계이다.

## 091

정답 ④ 기본서 1권 64p

해설
① 소방기본법상 소방훈련
　　㉠ 화재진압훈련 ㉡ 인명구조훈련 ㉢ 인명대피훈련 ㉣ 현장지휘훈련 ㉤ 응급처치훈련
② 방법에 따른 훈련
　　㉠ 기초훈련 ㉡ 부분훈련 ㉢ 종합훈련 ㉣ 도상훈련
③ 대상에 따른 훈련
　　㉠ 합동훈련 ㉡ 자체훈련 ㉢ 지도훈련

## 092
**정답** ②  기본서 1권  69p

**해설** 위원장은 소방청에는 소방청 차장이, 시·도에 있어서는 소방본부장이 된다.

## 093
**정답** ④  기본서 1권  91p

**해설** 지방교부세는 일반재원으로서 지방정부가 그 용도를 자유재량으로 정하여 사용할 수 있으므로 소방비는 물론 다른 경비로도 사용이 가능하다. 특별교부세와 국고보조금은 그 용도가 지정되어 교부된다.

## 094
**정답** ①  기본서 1권  91p

**해설** 일반적으로 광역행정 체제로 제공되는 소방과 관련된 재정에는 일반재정으로서 지방세, 지방교부세가 속한다.

## 095
**정답** ①  기본서 1권  92p

**해설** 소방용수시설은 국고보조대상이 아니다.

## 096
**정답** ③  기본서 1권  92p

**해설** 소방관서용 청사의 건축의 절차는 건축법을 따르고 대상사업의 기준보조율은 「보조금 관리에 관한 법률 시행령」에서 정하는 바에 따른다.

※ **소방기본법 제9조**(소방장비 등에 대한 국고보조)
① 국가는 소방장비의 구입 등 시·도의 소방업무에 필요한 경비의 일부를 보조한다.
② 제1항에 따른 보조 대상사업의 범위와 기준보조율은 대통령령으로 정한다.

※ **소방기본법 시행령 제2조**(국고보조 대상사업의 범위와 기준보조율)
① 법 제9조 제2항에 따른 국고보조 대상사업의 범위는 다음 각 호와 같다.
  1. 다음 각 목의 소방활동장비와 설비의 구입 및 설치
    가. 소방자동차
    나. 소방헬리콥터 및 소방정
    다. 소방전용통신설비 및 전산설비
    라. 그 밖에 방화복 등 소방활동에 필요한 소방장비
  2. 소방관서용 청사의 건축(「건축법」 제2조 제1항 제8호에 따른 건축을 말한다)
② 제1항 제1호에 따른 소방활동장비 및 설비의 종류와 규격은 행정안전부령으로 정한다.
③ 제1항에 따른 국고보조 대상사업의 기준보조율은 「보조금 관리에 관한 법률 시행령」에서 정하는 바에 따른다.

## 097

**정답** ③  기본서 1권  92p

**해설** **보조금 관리에 관한 법률 시행령**
제4조(보조금 지급 대상 사업의 범위와 기준보조율)
① 법 제9조제1항제1호에 따른 보조금이 지급되는 지방자치단체의 사업의 범위 및 같은 항 제2호에 따른 기준보조율(이하 "기준보조율"이라 한다)은 별표 1과 같다. 다만, 별표 2에서 정한 지방자치단체의 사업은 보조금 지급 대상에서 제외한다.
② 기준보조율은 해당 회계연도의 국고보조금, 지방비 부담액, 국가의 재정융자금으로 조달된 금액, 수익자가 부담하는 금액과 그 밖에 기획재정부장관이 정하는 금액을 모두 합한 금액에서 국고보조금이 차지하는 비율로 한다.

[별표1] 보조금 지급 대상 사업의 범위와 기준보조율

보조금 지급 대상사업의 범위 기준보조율(제4조 1항 본문 관련)

| 사업 | 기준보조율(%) | 비고 |
|---|---|---|
| 1. 일반여권 발급 | 100 | |
| 2. 119구조장비 확충 | 50 | |
| 3. 민방위 교육훈련 및 시설·장비확충 | 30 | |
| ⋮ | ⋮ | |

## 098

**정답** ①  기본서 1권  59p

**해설** ※ **소방공무원 임용령 28조**
소방공무원의 필수보직기간은 1년으로 한다.

## 099

**정답** ②  기본서 1권  69p

**해설** ※ **소방공무원임용령 제8조**(소방공무원인사위원회의 구성)
① 법 제4조에 따른 소방공무원인사위원회(이하 "인사위원회"라 한다)는 위원장을 포함한 5명 이상 7명 이하의 위원으로 구성한다.
② 소방청에 설치된 인사위원회의 위원장은 소방청 차장이, 시·도에 설치된 인사위원회의 위원장은 소방본부장이 되고, 위원은 인사위원회가 설치된 기관의 장이 소속 소방정 이상의 소방공무원 중에서 임명한다.

## 민간 소방조직의 종류와 역할
(의용소방대, 소방안전관리자, 위험물안전관리자, 소방시설 설계·시공·감리·점검, 소방용품의 제조·검정)

### ★ 100
**정답** ① 기본서 1권 25p

**해설** 의무소방대는 소방업무를 보조하기 위하여 대통령령이 정하는 소방기관의 장 소속하에 두고 있는 소방대(소방조직)에 해당한다.
※ 민간 소방조직의 종류
가. 의용소방대
나. 소방안전관리자
다. 위험물안전관리자
라. 소방시설 설계·시공·감리·점검업체
마. 소방용 기계·기구의 제조·검정업체
바. 방염처리업체

### ★ 101
**정답** ② 기본서 1권 25p

**해설** ※ **중앙소방행정조직**
- 직접 : 소방청, 중앙소방학교, 중앙119구조본부, 국립 소방연구원
- 간접 : 한국소방안전원, **한국소방산업기술원**, 대한소방공제회, 소방산업공제조합

※ **민간소방조직**
의용소방대, 소방안전관리조직, 위험물안전관리조직, 소방시설업, 소방시설관리업, 방염처리업, 탱크안전성능시험자, 위험물안전관리대행기관

### ★ 102
**정답** ② 기본서 1권 93p

**해설** ② 의용소방대
※ **의용소방대 설치 및 운영에 관한 법률 제2조**(의용소방대의 설치 등)
① 특별시장·광역시장·특별자치시장·도지사·특별자치도지사(이하 "시·도지사"라 한다) 또는 소방서장은 <u>재난현장에서 화재진압, 구조·구급 등의 활동과 화재예방활동에 관한 업무(이하 "소방업무"라 한다)를 보조</u>하기 위하여 의용소방대를 설치할 수 있다.
② 자위소방대 : 화재 발생 시 비상연락, 초기소화 및 피난유도 및 기타 인명·재산피해 최소화 조치를 위해 소방안전관리대상물에 설치하는 민간 소방조직
③ **의무소방대** : 화재의 경계·진압과 재난·재해발생시 구조·구급활동 등 소방업무를 보조하기 위하여 대통령령이 정하는 소방기관의 장 소속하에 의무소방대를 둔다. → **지방 소방조직**
④ 자체소방대 : 다량의 위험물을 저장·취급하는 제조소 등으로서 지정수량 3천배 이상의 제4류 위험물을 취급하는 제조소 또는 일반취급소에 설치하는 민간 소방조직

## 103

정답 ②  기본서 1권  93~98p

해설 ⓒ 의용소방대는 매년 4월 16일을 의용소방대의 날로 정하여 기념행사를 하며, 의용소방대는 특별시·광역시·특별자치시·도·특별자치도, 시·읍 또는 면에 둔다. → 매년 3월 19일이며, 재난 및 안전관리 기본법 4월 16일은 국민안전의 날이다.

## 104

정답 ④  기본서 1권  94p

해설 **의용소방대원의 해임**(의용소방대 설치 및 운영에 관한 법률 제4조 제1항)
① 시·도지사 또는 소방서장은 의용소방대원이 다음 각 호의 어느 하나에 해당하는 때에는 해임하여야 한다.
   1. 소재를 알 수 없는 경우
   2. 관할 구역 외로 이주한 경우. 다만, 2개 이상의 소방서가 설치되어 있는 시 지역에서는 **대원으로서 활동하는 데 지장이 없다고 인정되는 경우에는 그러하지 아니하다.**
   3. 심신장애로 직무를 수행할 수 없다고 인정되는 경우
   4. 직무를 태만히 하거나 직무상의 의무를 이행하지 아니한 경우
   5. 제11조에 따른 행위금지 의무를 위반한 경우
   6. 그 밖에 행정안전부령으로 정하는 사유에 해당하는 경우

## 105

정답 ④  기본서 1권  93~98p

해설 **조직**(의용소방대 설치 및 운영에 관한 법률 제6조)
① 의용소방대에는 대장·부대장·부장·반장 또는 대원을 둔다.
② 대장 및 부대장은 의용소방대원 중 관할 소방서장의 추천에 따라 시·도지사가 임명한다.
③ 그 밖에 의용소방대의 조직 등에 필요한 사항은 행정안전부령으로 정한다.

## 106

정답 ②  기본서 1권  94~95p

해설 의용소방대에 대한 설명이다. 정년은 65세이고, 소방본부장 또는 소방서장은 소방업무를 보조하게 하기 위하여 필요한 때에는 의용소방대원을 소집할 수 있다. 또한 소방본부장 또는 소방서장이 하는 것은 교육훈련과 성과중심보상이 있다.

> ⓐ 의용소방대원의 정년은 60세로 한다. (×)
>   ※ 의용소방대원의 정년은 65세로 한다(법 제5조).
> ⓑ 시·도지사 또는 소방서장은 재난현장에서 화재진압, 구조·구급 등의 활동과 화재예방활동에 관한 업무를 보조하기 위하여 의용소방대를 설치할 수 있다(법 제2조). (O)
> ⓒ 의용소방대원은 비상근으로 한다(법 제9조 제1항). (O)
> ⓓ 시·도지사 또는 소방서장은 소방업무를 보조하게 하기 위하여 필요한 때에는 의용소방대원을 소집할 수 있다(법 제9조 제2항). (×)
>   ※ 소방본부장 또는 소방서장은 소방업무를 보조하게 하기 위하여 필요한 때에는 의용소방대원을 소집할 수 있다.

## 107

**정답** ④  **기본서 1권**  95p

**해설** **임무**(법 제7조)
의용소방대의 임무는 다음 각 호와 같다.
① 화재의 경계와 진압업무의 보조
② 구조·구급 업무의 보조
③ 화재 등 재난 발생시 대피 및 구호업무의 보조
④ 화재예방업무의 보조
⑤ 그 밖에 행정안전부령으로 정하는 사항

## 108

**정답** ②  **기본서 1권**  93~95p

**해설** 시·도지사 또는 소방서장은 필요한 경우 관할 구역을 따로 정하여 그 지역에 의용소방대를 설치할 수 있다.

**의용소방대의 설치 등**(의용소방대 설치 및 운영에 관한 법률 제2조)
① 특별시장·광역시장·특별자치시장·도지사·특별자치도지사(이하 "시·도지사"라 한다) 또는 소방서장은 재난현장에서 화재진압, 구조·구급 등의 활동과 화재예방활동에 관한 업무(이하 "소방업무"라 한다)를 보조하기 위하여 의용소방대를 설치할 수 있다.
② 제1항에 따른 의용소방대는 특별시·광역시·특별자치시·도·특별자치도(이하 "시·도"라 한다), 시·읍 또는 면에 둔다.
③ 시·도지사 또는 소방서장은 필요한 경우 관할 구역을 따로 정하여 그 지역에 의용소방대를 설치할 수 있다.
④ 시·도지사 또는 소방서장은 필요한 경우 제2항 또는 제3항에 따른 의용소방대를 화재진압 등을 전담하는 의용소방대(이하 "전담의용소방대"라 한다)로 운영할 수 있다. 이 경우 관할 구역의 특성과 관할 면적 또는 출동거리 등을 고려하여야 한다.
⑤ 그 밖에 의용소방대의 설치 등에 필요한 사항은 행정안전부령으로 정한다.

**의용소방대원의 해임**(의용소방대 설치 및 운영에 관한 법률 제4조)
① 시·도지사 또는 소방서장은 의용소방대원이 다음 각 호의 어느 하나에 해당하는 때에는 해임하여야 한다.
 1. 소재를 알 수 없는 경우
 2. 관할 구역 외로 이주한 경우. 다만, 2개 이상의 소방서가 설치되어 있는 시 지역에서는 대원으로서 활동하는 데 지장이 없다고 인정되는 경우에는 그러하지 아니하다.
 3. 심신장애로 직무를 수행할 수 없다고 인정되는 경우
 4. 직무를 태만히 하거나 직무상의 의무를 이행하지 아니한 경우
 5. 제11조에 따른 행위금지 의무를 위반한 경우
 6. 그 밖에 행정안전부령으로 정하는 사유에 해당하는 경우
② 그 밖에 의용소방대원의 해임절차 등에 필요한 사항은 행정안전부령으로 정한다.

**임무**(의용소방대 설치 및 운영에 관한 법률 제7조) 의용소방대의 임무는 다음 각 호와 같다.
1. 화재의 경계와 진압업무의 보조
2. 구조·구급 업무의 보조
3. 화재 등 재난 발생 시 대피 및 구호업무의 보조
4. 화재예방업무의 보조
5. 그 밖에 행정안전부령으로 정하는 사항

## 109

**정답** ④  기본서 1권  109p

**해설**

| 사업소의 구분 | 화학소방자동차 | 자체소방대원수 |
|---|---|---|
| 1. 제조소 또는 일반취급소에서 취급하는 제4류 위험물의 최대수량의 합이 지정수량의 3천 배 이상 12만 배 미만인 | 1대 | 5인 |
| 2. 제조소 또는 일반취급소에서 취급하는 제4류 위험물의 최대수량의 합이 지정수량의 12만 배 이상 24만 배 미만인 | 2대 | 10인 |
| 3. 제조소 또는 일반취급소에서 취급하는 제4류 위험물의 최대수량의 합이 지정수량의 24만 배 이상 48만 배 미만인 | 3대 | 15인 |
| 4. 제조소 또는 일반취급소에서 취급하는 제4류 위험물의 최대수량의 합이 지정수량의 48만 배 이상인 | 4대 | 20인 |
| 5. 옥외탱크저장소에 저장하는 제4류 위험물의 최대수량이 지정수량의 50만 배 이상인 사업소 | 2대 | 10인 |

## 110

**정답** ②  기본서 1권  104p

**해설** 소방안전관리자를 선임사유에 해당하는 날부터 30일 이내에 선임해야 하고, 소방안전관리자 선임신고는 선임한 날부터 14일 이내에 해야한다.

## 111

**정답** ①  심화

**해설** 특정소방대상물에 대한 소방안전관리자를 선임한 때에는 소방본부장 또는 소방서장에게 신고하여야 한다.

## 112

**정답** ②  기본서 1권  110p

**해설** 소방시설관리업은 소방시설업에 포함되지 않는다.「소방시설공사업법 2조」

## 113

**정답** ③  기본서 1권  110p

**해설** ※ 소방시설공사업법 제2조
③ 소방시설공사업 : 설계도서에 따라 소방시설을 신설, 증설, 개설, 이전 및 정비(이하 "시공"이라 한다)하는 영업
① 방염처리업 : 「화재예방, 소방시설 설치·유지 및 안전관리에 관한 법률」 제12조 제1항에 따른 방염대상 물품에 대하여 방염처리(이하 "방염"이라 한다)하는 영업
② 소방시설설계업 : 소방시설공사에 기본이 되는 공사계획, 설계도면, 설계 설명서, 기술계산서 및 이와 관련된 서류(이하 "설계도서"라 한다)를 작성(이하 "설계"라 한다)하는 영업
④ 소방공사감리업 : 소방시설공사에 관한 발주자의 권한을 대행하여 소방시설공사가 설계도서와 관계 법령에 따라 적법하게 시공되는지를 확인하고, 품질·시공 관리에 대한 기술지도를 하는(이하 "감리"라 한다) 영업

## ★ 114

정답 ④  기본서 1권  100p

해설 4급 소방안전관리대상물은 해당되지 않는다.

## ★ 115

정답 ④  기본서 1권  105p

해설 **소방안전관리자의 업무**(소방안전관리대상물)
- ⓐ **소방계획의 작성**
  - ㉮ 소방안전관리대상물의 위치・구조・연면적・용도 및 수용인원 등 일반현황
  - ㉯ 소방안전관리대상물에 설치한 소방시설 및 방화시설, 전기시설・가스시설 및 위험물시설의 현황
  - ㉰ 화재예방을 위한 자체점검계획 및 진압대책
  - ㉱ 소방시설・피난시설 및 방화시설의 점검・정비계획
  - ㉲ 피난층 및 피난시설의 위치와 피난경로의 설정 등을 포함한 피난계획
  - ㉳ 방화구획・제연구획・건축물의 내부마감재료 및 방염물품의 사용 그 밖의 방화구조 및 설비의 유지・관리계획
  - ㉴ 소방교육 및 훈련에 관한 계획
  - ㉵ 근무자 및 거주자의 자위소방대 조직과 대원의 임무에 관한 사항
  - ㉶ 증축・개축・재축・이전・대수선 중인 공사장의 소방안전관리에 관한 사항
  - ㉷ 공동 및 분임 소방안전관리에 관한 사항
  - ㉸ 소화 및 연소방지에 관한 사항
  - ㉹ 위험물의 저장・취급에 관한 사항(예방규정을 정하는 제조소등 제외)
  - ㉺ 그 밖에 위치・구조・설비 또는 관리상황 등을 고려하여 소방안전관리 상 필요하여 소방서에서 요청하는 사항
- ⓑ 자위소방대(自衛消防隊) 및 초기대응체계의 구성・운영・교육
- ⓒ 제10조에 따른 피난시설, 방화구획 및 방화시설의 유지・관리
- ⓓ 제22조에 따른 소방훈련 및 교육
- ⓔ 소방시설이나 그 밖의 소방 관련 시설의 유지・관리
- ⓕ 화기(火氣) 취급의 감독
- ⓖ 그 밖에 소방안전관리에 필요한 업무

## 116

**정답** ②    기본서 1권   105p

**해설** 방화구획 및 방화시설의 유지·관리는 소방안전관리자의 업무범위에 해당한다.
① 안전시설 등의 설치 및 유지
다중이용업소법 제9조 관련, 다중이용업주 또는 다중이용업소를 하려는 자의 의무사항이다.
③ 화재 등 재난·재해사고현장에서의 질서유지
의무소방대설치법 시행령 제20조 관련, 의무소방원의 임무에 해당한다.
④ 화재의 경계와 진압업무의 보조
의용소방대 설치 및 운영에 관한 법률 제7조 관련, 의용소방대의 임무에 해당한다.

※ **소방안전관리자의 업무범위(소방시설법 제20조)**
1. 제21조의2에 따른 피난계획에 관한 사항과 대통령령으로 정하는 사항이 포함된 **소방계획서의 작성 및 시행**
2. **자위소방대(自衛消防隊) 및 초기대응체계의 구성·운영·교육**
3. 제10조에 따른 **피난시설, 방화구획 및 방화시설의 유지·관리**
4. 제22조에 따른 **소방훈련 및 교육**
5. **소방시설이나 그 밖의 소방 관련 시설의 유지·관리**
6. **화기(火氣) 취급의 감독**
7. 그 밖에 소방안전관리에 필요한 업무

## 117

**정답** ①    기본서 1권   101p

**해설** 소방공무원으로 20년 경력이 있어야 특급이 가능하다.
ⓒ 응. 나처럼 20년 이상 소방공무원의 경력이 있어야 가능해~

# CHAPTER 2 소방기능

## 소방기능 - 1) 화재의 예방·경계·진압·조사활동

**118**
정답 ① 기본서 1권 114p
해설 소방기본법 제13조에 의거하여 화재예방강화지구는 시·도지사가 지정한다.

**119**
정답 ① 기본서 1권 114p
해설 소방기본법 제13조에 의거하여 고층건물이 밀집한 지역은 화재예방강화지구 지정대상이 아니다.

**120**
정답 ④ 기본서 1권 215p
해설 소방기본법 제23조에 의거하여 소방활동구역 설정권자는 소방대장이다.

**121**
정답 ② 기본서 1권 128p
해설 경계신호는 화재예방 상 필요하다고 인정할 때 또는 이상기상경보가 있을 때, 발화신호는 화재가 발생한 때, 해제신호는 진화 또는 소화활동의 필요가 없다고 인정될 때, 훈련신호는 훈련 상 필요하다고 인정될 때에 각각 발한다.

**122**
정답 ③ 기본서 1권 88p
해설 주거지역과 공업지역 및 상업지역은 소방대상물과 수평거리는 100m 이하이고, 그 외 지역은 소방대상물과의 수평거리는 140m 이하이다.

**123**
정답 ① 기본서 1권 86p
해설 소방용수시설의 종류로는 소화전, 급수탑, 저수조가 있다.
※ **소방기본법 제10조**(소방용수시설의 설치 및 관리 등)
① 시·도지사는 소방활동에 필요한 소화전(消火栓)·급수탑(給水塔)·저수조(貯水槽)(이하 "소방용수시설"이라 한다)를 설치하고 유지·관리하여야 한다.
다만, 「수도법」 제45조에 따라 소화전을 설치하는 일반수도사업자는 관할 소방서장과 사전협의를 거친 후 소화전을 설치하여야 하며, 설치 사실을 관할 소방서장에게 통지하고, 그 소화전을 유지·관리하여야 한다.
③ 제1항에 따른 소방용수시설 설치의 기준은 행정안전부령으로 정한다.

## 2) 소방시설의 설치유지 및 안전관리

### ★ 124
**정답** ③  기본서 1권  114p

**해설** 소방청장, 소방본부장 또는 소방서장은 관할구역에 있는 소방대상물, 관계 지역 또는 관계인에 대하여 소방시설등이 이 법 또는 소방 관계 법령에 적합하게 설치·유지·관리되고 있는지, 소방대상물에 화재, 재난·재해 등의 발생 위험이 있는지 등을 확인하기 위하여 관계 공무원으로 하여금 소방안전관리에 관한 특별조사(이하 "화재안전조사"라 한다)를 하게 할 수 있다.

### ★ 125
**정답** ②  기본서 1권  132p

**해설** 건축물 등의 신축·증축·개축·재축(再築) 또는 이전의 허가·협의 및 사용승인(「주택법」 제16조에 따른 승인 및 같은 법 제29조에 따른 사용검사, 「학교시설사업 촉진법」 제4조에 따른 승인 및 같은 법 제13조에 따른 사용승인을 포함하며, 이하 "건축허가등"이라 한다)의 권한이 있는 행정기관은 건축허가등을 할 때 미리 그 건축물 등의 시공지(施工地) 또는 소재지를 관할하는 소방본부장이나 소방서장의 동의를 받아야 한다.

### ★★ 126
**정답** ③  기본서 1권  132p

**해설** 방송용 송·수신탑, 위험물 제조소, 관망탑은 면적에 관계없이 동의를 받아야 하지만, 학교시설은 $100m^2$ 이상 일 때 건축허가 동의 대상물이다.

### ★ 127
**정답** ②  기본서 1권  145p

**해설** 제조소는 바탕은 백색이고 문자는 흑색이다.

## 3) 위험물 안전관리

### 128
정답 ② 기본서 1권 142p

해설 지정수량의 100배 이상의 위험물을 저장하는 옥외저장소이다.

### 129
정답 ④ 기본서 1권 161p

해설 GHS 위험성 분류는 3단계로 물리적, 건강, 환경으로 분류한다.

### 130
정답 ① 기본서 1권 142p

해설 예방규정은 시작하기 전에 시·도지사에게 제출하여야 한다.

### 131
정답 ① 기본서 1권 141p

해설 위험물 지정수량 변경신고는 변경하고자 하는 날의 1일 전까지 해야 한다.

### 132
정답 ④ 기본서 1권 145p

해설 위험물제조소를 표시하는 표시판의 한 변의 길이가 0.3m 이면, 다른 한 변의 길이는 0.6m이다.

## 4) 구조·구급 행정관리와 구조·구급 활동

### 133
**정답** ① 기본서 1권 168p

**해설** 소방전술에는 구조가 가장 우선 시 되어야 하며, 구조에서는 목숨을 구하는 구명이 가장 우선시 되어야 한다. 그 다음은 신체구출, 고통경감, 재산보호 순이다.

### 134
**정답** ④ 기본서 1권 216p

**해설** 포위방어의 원칙이 아니라 포위공격의 원칙
① 신속대응의 원칙 : 화재를 신속히 발견하고 대응하면 피해가 확대되기 전에 진화가 가능하다는 원칙이다.
② 인명구조 최우선의 원칙 : 재산피해를 감수하더라도 인명보호를 최우선으로 삼아야 한다는 원칙이다.
③ 선착대 우위의 원칙 : 화재현장에 가장 먼저 도착한 선착대의 주도적인 역할을 존중한다는 원칙이다.
④ 포위공격의 원칙 : 소방대가 화재의 모든 방향에서 입체적으로 공격해야 다른 방향으로 화재가 확대되는 것을 막을 수 있다는 원칙이다.

### 135
**정답** ④ 기본서 1권 177p

**해설** 특수구조대 : 소방대상물, 지역 특성, 재난 발생 유형 및 빈도 등을 고려하여 시·도의 규칙으로 정하는 바에 따라 다음 각 목의 구분에 따른 지역을 관할하는 소방서에 다음 각 목의 구분에 따라 설치한다. 다만, 라목에 따른 고속국도구조대는 제 3호에 따라 설치되는 직할구조대에 설치할 수 있다.
가. 화학구조대 : 화학공장이 밀집한 지역
나. 수난구조대 : 「내수면어업법」 제2조 제1호에 따른 내수면지역
다. 산악구조대 : 「자연공원법」 제2조 제1호에 따른 자연공원 등 산악지역
라. 고속국도구조대 : 「도로법」 제10조 제1호에 따른 고속국도(이하 "고속국도" 라 한다)
마. 지하철구조대 : 「도시철도법」 제2조 제3호 가목에 따른 도시철도의 역사(驛舍) 및 역 시설

### 136
**정답** ② 기본서 1권 177p

**해설** 직할구조대는 **대형·특수 재난사고의 구조, 현장 지휘 및 테러현장 등의 지원 등을 위하여** 소방청 또는 시·도 소방본부에 설치하되, 시·도 소방본부에 설치하는 경우에는 시·도의 규칙으로 정하는 바에 따른다.
① 특수구조대
 **소방대상물, 지역 특성, 재난 발생 유형 및 빈도 등을 고려하여** 시·도의 규칙으로 정하는 바에 따라 지역을 관할하는 소방서에 설치
③ 테러대응구조대
 **테러 및 특수재난에 전문적으로 대응하기 위하여** 소방청과 시·도 소방본부에 각각 설치하며, 시·도 소방본부에 설치하는 경우에는 시·도의 규칙으로 정하는 바에 따른다.
④ 국제구조대
 소방청장은 **국외에서 대형재난 등이 발생한 경우 재외국민의 보호 또는 재난발생국의 국민에 대한 인도주의적 구조 활동을 위하여** 국제구조대를 편성하여 운영할 수 있다.

## 137
정답 ② 기본서 1권 177p

해설 ②는 테러대응구조대에 대한 설명이다.
- 직할구조대 : 대형·특수 재난사고의 구조, 현장 지휘 및 테러현장 등의 지원 등을 위하여 소방청 또는 시·도 소방본부에 설치하되, 시·도 소방본부에 설치하는 경우에는 시·도의 규칙으로 정하는 바에 따른다.
- 테러대응구조대 : 테러 및 특수재난에 전문적으로 대응하기 위하여 소방청과 시·도 소방본부에 각각 설치하며, 시·도 소방본부에 설치하는 경우에는 시·도의 규칙으로 정하는 바에 따른다.

## 138
정답 ② 기본서 1권 195p

해설 현장 응급의료소는 소장 1명과, 분류반, 응급처치반 및 이송반으로 구성되어 있다.

## 139
정답 ③ 기본서 1권 128p, 219p, 222p

해설 ⓒ 선착대는 후착대의 진입을 방해해서는 아니되며, 비화경계는 후착대에 임무이다.
② 화재현장 및 구조, 구급활동과 훈련 때도 사이렌을 사용할 수 있다.
◎ 소방대가 진입할 시에는 화재 시 바닥이 뜨거우므로 높은 자세를 유지하며 진입하는 것이 아니라, 연기 및 연소생성물이 있으므로 낮은 자세로 진입이 원칙이다.

## 140
정답 ④ 기본서 1권 178p

해설 **119항공대의 편성과 운영**(119구조·구급에 관한 법률 제12조)
① 소방청장 또는 소방본부장은 초고층 건축물 등에서 요구조자의 생명을 안전하게 구조하거나 도서·벽지에서 발생한 응급환자를 의료기관에 긴급히 이송하기 위하여 119항공대를 편성하여 운영한다.

## 141
정답 ① 기본서 1권 202~203p

해설 ① 2차 평가에 해당한다.
1차 평가의 순서는 ① 기도(Airway), ② 호흡(Breathing), ③ 순환(Circulation), ④ 기능장애(Disability)와 ⑤ 의식상태 평가(AVPU), ⑥ 노출(Exposure) 순서로 평가한다.

## 142
정답 ④ 기본서 1권 204~205p

해설 활력징후는 맥박, 혈압, 호흡수, 피부온도와 색깔을 측정하며 생체징후의 정상범위와 비교해서 현재 환자상태를 추정한다.

## 143
정답 ③  기본서 1권  177p, 189~190p

해설
ⓒ 2급 응급구조사는 구강 내 이물질 제거를 할 수 있지만, 정맥로 확보는 1급 응급구조사가 할 수 있다.
ⓔ 강한 자극에도 의식이 없는 만취자는 구급을 요청했을 시 거절사유에 해당되지 않는다.
ⓜ 구조대의 종류에는 해난구조대는 해당되지 않는다.

## 144
정답 ④  기본서 1권  189p

해설
㉠ 대학에서 응급구조학을 전공하고 졸업한 사람은 1급 응급구조사에 응시할 수 있다. (O)
㉡ 심폐소생술의 시행을 위한 기도유지와 정맥로 확보는 1급 응급구조사의 업무범위이다. (O)
㉢ 2급 응급구조사로서 응급구조사의 업무에 2년 이상 종사한 사람은 1급 응급구조사에 응시할 수 있다. (×)
 ※ 2급 응급구조사로서 응급구조사의 업무에 3년 이상 종사한 사람은 1급 응급구조사에 응시할 수 있다.
㉣ 기도기를 이용한 기도유지는 1급 응급구조사도 할 수 있다. (O)
 ※ 2급 응급구조사의 업무로 1급 응급구조사도 할 수 있다.

## 145
정답 ④  기본서 1권  178p

해설 **구조대원의 자격기준**(119구조 · 구급에 대한 법률 시행령 제6조)
① 구조대원은 소방공무원으로서 다음 각 호의 어느 하나에 해당하는 자격을 갖추어야 한다.
1. 소방청장이 실시하는 인명구조사 교육을 받았거나 인명구조사 시험에 합격한 사람
2. 국가 · 지방자치단체 및 「공공기관의 운영에 관한 법률」 제4조에 따른 공공기관의 구조 관련 분야에서 근무한 경력이 2년 이상인 사람
3. 「응급의료에 관한 법률」 제36조에 따른 응급구조사 자격을 가진 사람으로서 소방청장이 실시하는 구조업무에 관한 교육을 받은 사람

## 146
정답 ①  기본서 1권  181p

해설 8자 매듭, 에반스 매듭, 엄지 매듭은 결절 매듭이다. 아케데미 매듭은 결합 매듭이다.

## 147
정답 ①  기본서 1권  179p

해설
① 매듭법을 많이 아는 것보다 잘 쓰이는 매듭을 정확히 숙지하는 것이 더욱 중요하다. 야간이나 악천후에도 능숙히 설치할 수 있어야 하고 다른 사람에게도 안전하게 해줄 수 있어야 한다.
② 매듭은 단단하게 조이고 정확한 형태를 갖추어야 하중을 지탱할 수 있다.
③ 가급적 매듭의 크기를 작게 한다. 매듭부분으로 기구, 장비 등을 통과시켜야 하는 경우가 있기 때문이다.
④ 매듭의 끝 부분을 잘 처리하여 늘어지지 않도록 하고 사용 중에 이상이 없는지 수시로 확인한다.

## 148
**정답** ①  기본서 1권  187p

**해설** 의식이 없는 환자는 심폐소생술이 적합하며, 의식이 있을 시에는 하임리히법을 한다.

## 149
**정답** ②  기본서 1권  185p

**해설** 기도유지
① 두부후굴-하악거상법(Head Tilt-chin Lift)을 이용하여 머리를 뒤로 제치고 턱을 들어주면 하악골의 상승으로 이완된 혀의 근육이 더욱 당겨져 올라가므로 기도가 열리게 된다.
② 외상환자의 경우에는 경추가 손상될 수 있으므로 두부후굴을 시행하지 않고 하악거상법만 시행하는 것이 바람직하다.
③ 기도를 유지하기 위한 기구로는 경구기도기, 경비기도기, 인후마스크, 기도삽관튜브 등이 있다.
④ 혼수상태인 경우에는 기도삽관을 시행하며, 그 외의 경우에는 기도기를 이용한다.
⑤ 경부손상이 의심되거나 기도폐쇄의 상황에서는 윤상갑상막 절개술이 권장된다.

## 150
**정답** ①  기본서 1권  207p

**해설** ① 심폐소생술은 흉부압박과 호흡의 비율은 30 : 2이다.

## 151
**정답** ③  기본서 2권  50p

**해설** 피하지방조직 즉 말초신경까지 열이 침투하여 파괴된 화상은 3도 화상이다.

## 152
**정답** ③  기본서 2권  50p

**해설** ③ 3도 화상은 피하지방 깊숙이 화열이 침투하여 **피하지방 전체 및 근육 일부가 괴사하여** 궤양화하는 화상이다.
→ 3도 화상은 피하지방 깊숙이 화열이 침투하여 피하지방 깊숙이 화열이 침투하여 **피부의 전체 층이 괴사**하여 궤양화하는 화상이다.

※ 1도 화상 : 홍반성 화상, 2도 화상 : 수포성 화상
  3도 화상 : 괴사성 화상, 4도 화상 : 흑색 화상

## 153
**정답** ①  기본서 1권  191p

**해설** 생존가능성이 없는 환자는 흑색이다.

## 154

**정답** ② 기본서 1권 191p

**해설** ※ 응급환자분류표

| 분류 | 치료 순서 | 색깔 | 심볼 (symbol) | 특성 및 증상 |
|---|---|---|---|---|
| Critical (긴급환자) | 1 | 적색 (Red) | 토끼 그림 | 수분, 수시간 이내의 응급처치를 요하는 중증 환자<br>• 기도폐쇄, 심한 호흡곤란, 호흡정지<br>• 심장마비의 순간이 인지된 심정지<br>• 개방성 흉부열상, 긴장성 기흉, 연가양흉부<br>• 대량출혈, 수축기 혈압이 80mmHg 이하의 쇼크<br>• 혼수상태의 중증 두부손상<br>• 개방성 복부열상, 골반골절을 동반한 복부손상<br>• 기도화상을 동반한 중증의 화상<br>• 경추손상이 의심되는 경우<br>• 원위부 맥박이 촉지되지 않는 경우<br>• 기타 심장병, 저체온증, 지속적인 천식, 경련 등 |
| Urgent (응급환자) | 2 | 황색 (Yellow) | 거북이 그림 | 수시간 이내의 응급처치를 요하는 중증환자<br>• 중증의 화상<br>• 경추를 제외한 부위의 척추골절<br>• 중증의 출혈<br>• 다발성 골절 |
| Minor (비응급환자) | 3 | 녹색 (Green) | 구급차 그림에 × 표시 | 수시간, 수일 후 치료해도 생명에 관계가 없는 환자<br>• 소량의 출혈<br>• 경증의 열상 혹은 단순 골절<br>• 경증의 화상 혹은 타박상 |
| Dead (지연환자) | 4 | 흑색 (Black) | 십자가 표시 | 사망하였거나 생존의 가능성이 없는 환자<br>• 20분 이상 호흡이나 맥박이 없는 환자<br>• 두부나 몸체가 절단된 경우<br>• 심폐소생술도 효과가 없다고 판단되는 경우 |

## 155
정답 ④ 기본서 1권 191p
해설 원위부 맥박이 촉지되지 않는 경우는 긴급환자(적색)에 해당한다.

## 156
정답 ② 기본서 1권 193p
해설 중증도 분류에 의한 긴급환자, 응급환자, 비응급환자, 사망자의 순서로 이송한다.

## 157
정답 ③ 심화
해설 제7조(국제구조대의 편성과 운영)
③ 국제구조대의 파견 규모 및 기간은 재난유형과 파견지역의 피해 등을 종합적으로 고려하여 **외교부장관과 협의하여 소방청장**이 정한다.

## 158
정답 ④ 기본서 1권 177p
해설 테러대응구조대는 테러 및 특수재난에 전문적으로 대응하기 위하여 소방청과 시·도 소방본부에 각각 설치하며, 시·도 소방본부에 설치하는 경우에는 시·도의 규칙으로 정하는 바에 따른다.

## 159
정답 ③ 심화
해설 의료법 제2조【의료인】
"의료인"이라 함은 보건복지부장관의 면허를 받은 의사·치과의사·한의사·조산사 및 간호사를 말한다.

## 5) 재난대응활동 등 소방조직 및 소방기능 관련 내용

### 160
**정답** ② 기본서 1권 132p

**해설** 건축허가는 행정기관(시청, 구청)의 권한이며, 소방기관은 건축허가동의이다.

### 161
**정답** ④ 기본서 1권 216p

**해설** 유진 마호니의 진화전략의 기본단계
① 화재 확인(Lacating Fire)
② 확대 저지(Confining Fire)
③ 화재 진화(Extinguishing Fire)

### 162
**정답** ④ 기본서 1권 130p

**해설** 화재조사는 소방청장, 소방본부장, 소방서장이 소방행정에 반영하기 위한 화재원인 및 피해조사와 질문과 자료제출명령 및 출입조사는 할 수 있다.

### 163
**정답** ① 기본서 1권 145p

**해설** ㉠ 게시판은 한 변의 길이가 0.3m 이상, 다른 한 변의 길이가 0.6m 이상
㉢ 게시판의 바탕은 백색으로, 문자는 흑색으로 할 것
㉤ "물기엄금"은 청색바탕에 백색문자로, "화기주의"·"화기엄금"은 적색바탕에 백색문자로 할 것

### 164
**정답** ④ 기본서 1권 141p

**해설** 지정수량이상의 위험물을 저장·취급하여서는 아니 된다. 그러나 ( 시·도 조례 )가 정하는 바에 따라 ( 관할소방서장 )의 승인을 받아 지정수량 이상의 위험물을 ( 90일 ) 이내의 기간 동안 임시로 저장 또는 취급하는 경우와 군부대가 지정수량 이상의 위험물을 군사목적으로 임시로 저장 또는 취급하는 경우에는 가능하다.

## 165

정답 ①  기본서 1권  145p

해설
1) 제1류 위험물 중 알칼리금속의 과산화물 또는 이를 함유한 것에 있어서는 "화기・충격주의", "물기엄금" 및 "가연물접촉주의", 그 밖의 것에 있어서는 "화기・충격주의" 및 "가연물접촉주의"
2) 제2류 위험물 중 철분・금속분・마그네슘 또는 이들 중 어느 하나 이상을 함유한 것에 있어서는 "화기주의" 및 "물기엄금", 인화성고체에 있어서는 "화기엄금", 그 밖의 것에 있어서는 "화기주의"
3) 제3류 위험물 중 자연발화성 물질에 있어서는 "화기엄금" 및 "공기접촉엄금", 금수성 물질에 있어서는 "물기엄금"
4) 제4류 위험물에 있어서는 "화기엄금"
5) 제5류 위험물에 있어서는 "화기엄금" 및 "충격주의"
6) 제6류 위험물에 있어서는 "가연물접촉주의"

## 166

정답 ②  기본서 1권  155p

해설 **위험물안전관리법 시행령**
**제8조**(탱크안전성능검사의 대상이 되는 탱크 등)
① 법 제8조제1항 전단에 따라 탱크안전성능검사를 받아야 하는 위험물탱크는 제2항에 따른 탱크안전성능검사별로 다음 각 호의 어느 하나에 해당하는 탱크로 한다.
  1. 기초・지반검사 : 옥외탱크저장소의 액체위험물탱크 중 그 용량이 100만리터 이상인 탱크
  2. 충수(充水)・수압검사 : 액체위험물을 저장 또는 취급하는 탱크. 다만, 다음 각 목의 어느 하나에 해당하는 탱크는 제외한다.
    가. 제조소 또는 일반취급소에 설치된 탱크로서 용량이 지정수량 미만인 것
    나. 「고압가스 안전관리법」 제17조제1항에 따른 특정설비에 관한 검사에 합격한 탱크
    다. 「산업안전보건법」 제34조제2항에 따른 안전인증을 받은 탱크
  3. 용접부검사 : 제1호의 규정에 의한 탱크. 다만, 탱크의 저부에 관계된 변경공사(탱크의 옆판과 관련되는 공사를 포함하는 것을 제외한다)시에 행하여진 법 제18조제2항의 규정에 의한 정기검사에 의하여 용접부에 관한 사항이 행정안전부령으로 정하는 기준에 적합하다고 인정된 탱크를 제외한다.
  4. 암반탱크검사 : 액체위험물을 저장 또는 취급하는 암반내의 공간을 이용한 탱크

## 167

정답 ③  기본서 1권  161p

해설 **GHS에 따른 유해위험성의 분류**

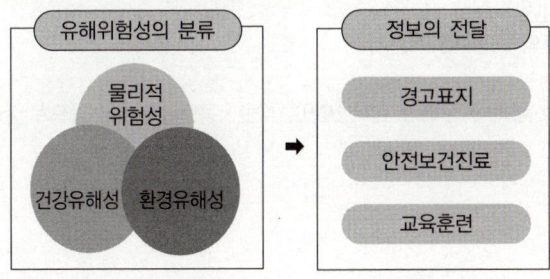

## 168

정답 ③  기본서 1권  125p

해설 **특수가연물**

| 품명 | | 수량 |
|---|---|---|
| 면화류 | | 200킬로그램 이상 |
| 나무껍질 및 대팻밥 | | 400킬로그램 이상 |
| 넝마 및 종이부스러기 | | 1,000킬로그램 이상 |
| 사류(絲類) | | 1,000킬로그램 이상 |
| 볏짚류 | | 1,000킬로그램 이상 |
| 가연성고체류 | | 3,000킬로그램 이상 |
| 석탄·목탄류 | | 10,000킬로그램 이상 |
| 가연성액체류 | | 2세제곱미터 이상 |
| 목재가공품 및 나무부스러기 | | 10세제곱미터 이상 |
| 고무류·플라스틱류 | 발포시킨 것 | 20세제곱미터 이상 |
| | 그 밖의 것 | 3,000킬로그램 이상 |

## 169

정답 ①  기본서 1권  125p

해설 특수가연물은 특별히 잘 연소되는 가연물이다. 그러므로 불연성 또는 난연성이 <u>아니어야 한다.</u>
㉠ "면화류"라 함은 불연성 또는 난연성이 아닌 면상 또는 팽이모양의 섬유와 마사(麻絲) 원료를 말한다.
㉡ "넝마 및 종이부스러기"라 함은 불연성 또는 난연성이 아닌 것(동·식물유가 깊이 스며들어 있는 옷감·종이 및 이들의 제품을 포함한다)에 한한다.
㉢ "사류"라 함은 불연성 또는 난연성이 아닌 실(실부스러기와 솜털을 포함한다)과 누에고치를 말한다.
㉣ "볏짚류"라 함은 마른 볏짚·마른 북더기 및 이들의 제품과 건초를 말한다.

## 170

정답 ③  기본서 1권  127p

해설 <u>화기주의 표지(×), 화기취급의 금지표시(○)</u>
※ 화재예방법 시행령 별표3(특수가연물의 저장 및 취급기준)
특수가연물의 저장·취급기준
특수가연물은 다음 각 목의 기준에 따라 쌓아 저장해야 한다. 다만, 석탄·목탄류를 발전용으로 저장하는 경우는 제외한다.
① 품명별로 구분하여 쌓을 것
② 다음의 기준에 맞게 쌓을 것

| 구분 | 살수설비를 설치하거나 방사능력 범위에 해당 특수가연물이 포함되도록 대형수동식소화기를 설치하는 경우 | 그 밖의 경우 |
|---|---|---|
| 높이 | 15미터 이하 | 10미터 이하 |
| 쌓는 부분의 바닥면적 | 200제곱미터(석탄・목탄류의 경우에는 300제곱미터) 이하 | 50제곱미터(석탄・목탄류의 경우에는 200제곱미터) 이하 |

③ 실외에 쌓아 저장하는 경우 쌓는 부분과 대지경계선 또는 도로, 인접 건축물과 최소 6미터 이상 간격을 둘 것. 다만, 쌓은 높이보다 0.9미터 이상 높은 내화구조 벽체 설치한 경우는 그렇지 않다.
④ 실내에 쌓아 저장하는 경우 주요구조부는 내화구조의 건축물이면서 불연재료이어야 하고, 다른 종류의 특수가연물과 동일 공간 내에서의 보관하지 않을 것. 다만, 내화구조의 벽으로 분리하는 경우는 그렇지 않다.
⑤ 쌓는 부분의 바닥면적 사이는 실내의 경우 1.2미터 또는 쌓는 높이의 1/2 중 큰 값 이상으로 간격을 두어야 하며, 실외의 경우 3미터 또는 쌓는 높이 중 큰 값 이상으로 간격을 둘 것

2. 특수가연물 표지
   특수가연물을 저장 또는 취급하는 장소에는 품명・최대저장수량, 단위부피당 질량 또는 단위체적당 질량・관리책임자 성명・직책, 연락처 및 **화기취급의 금지표시**가 포함된 특수가연물 표지를 설치해야 한다.

## 171
**정답** ① 기본서 1권 145p

**해설** 제조소 표지의 규격은 한 변이 0.3m 이상 다른 한 변이 0.6m 이상인 직사각형으로 하여야 한다.

## 172
**정답** ② 기본서 1권 147p

**해설** **주유취급소**
주유취급소에는 고정주유설비의 주위에는 주유를 받으려는 자동차등이 출입할 수 있도록 너비 15m 이상, 길이 6m 이상의 콘크리트 등으로 포장한 공지를 보유할 것

## 173
**정답** ① 기본서 1권 154p

**해설** 아세트알데히드는 은, 수은, 구리, 마그네슘 또는 이들의 합금으로 된 취급설비를 사용해서는 안 된다.

## 174
**정답** ③ 기본서 1권 125p

**해설** 면화류는 특수가연물에 해당된다.

## ★ 175

정답 ④ 기본서 1권 141p

해설 지정수량 미만의 위험물의 저장·취급에 관한 사항은 시·도 조례로 정한다(법 제4조).

## ★ 176

정답 ② 기본서 1권 155p

해설 유류탱크검사는 탱크안전성능검사에 해당하지 않는다(영 제8조).

## ★ 177

정답 ④ 기본서 1권 109p

해설 지정수량의 24만배 이상 48만배 미만인 사업소에 두는 자체소방대인원과 화학자동차 수는 3대, 15인이다.
위험물안전관리법 시행령 [별표 8]

[자체소방대에 두는 화학소방자동차 및 인원]

| 사업소의 구분 | 화학소방자동차 | 자체소방대원수 |
|---|---|---|
| 1. 제조소 또는 일반취급소에서 취급하는 제4류 위험물의 최대수량의 합이 지정수량의 3천배 이상 12만배 미만인 사업소 | 1대 | 5인 |
| 2. 제조소 또는 일반취급소에서 취급하는 제4류 위험물의 최대수량의 합이 지정수량의 12만배 이상 24만배 미만인 사업소 | 2대 | 10인 |
| 3. 제조소 또는 일반취급소에서 취급하는 제4류 위험물의 최대수량의 합이 지정수량의 24만배 이상 48만배 미만인 사업소 | 3대 | 15인 |
| 4. 제조소 또는 일반취급소에서 취급하는 제4류 위험물의 최대수량의 합이 지정수량의 48만배 이상인 사업소 | 4대 | 20인 |
| 5. 옥외탱크저장소에 저장하는 제4류 위험물의 최대수량이 지정수량의 50만배 이상인 사업소 | 2대 | 10인 |

## ★ 178

정답 ④ 기본서 1권 156p

해설 **제18조(탱크안전성능검사의 신청 등)**
④ 제1항의 규정에 의한 탱크안전성능검사의 신청시기는 다음 각 호의 구분에 의한다.
1. 기초·지반검사 : 위험물탱크의 기초 및 지반에 관한 공사의 개시 전
2. 충수·수압검사 : 위험물을 저장 또는 취급하는 탱크에 배관 그 밖의 부속설비를 부착하기 전
3. 용접부검사 : 탱크본체에 관한 공사의 개시 전
4. 암반탱크검사 : 암반탱크의 본체에 관한 공사의 개시 전

# PART II 재난관리

## CHAPTER 1 재난 및 재난관리의 개념

### 001
**정답** ④ 　기본서 1권　236p

**해설** 지진은 지질학적 재해로 구분된다.

### 002
**정답** ③ 　기본서 1권　236p

**해설** 존스는 자연과 준자연, 인위로 구분하고 있으며 자연은 지구물리학적 재해와 생물학적 재해가 있다.
또한, 아네스는 자연과 인위가 있고, 자연재해는 기후성과 지진성이 있고, 인위는 사고성과 계획적이 있다.
① 자연재난은 기후성 재난과 지진성 재난으로 구분한다.
　- 아네스에 의한 분류
② 인위재난은 사고성 재난과 계획적 재난으로 구분한다.
　- 아네스에 의한 분류
③ 재난은 자연재난, 준자연재난, 인위재난으로 구분한다.
　- 존스에 의한 분류
④ 지진성 재난에 지진·화산 폭발·해일이 포함된다.
　- 아네스에 의한 분류

### 003
**정답** ② 　기본서 1권　236p

**해설** 인위재해를 사고성 재해와 계획적 재해로 분류하고 있다.
※ 아네스(Anesth)에 의한 재해의 분류

| 대분류 | 세분류 | 재해의 종류 |
|---|---|---|
| 자연재해 | 기후성 재해 | 태풍 |
| | 지진성 재해 | 지진, 화산폭발, 해일 |
| 인위재해 | 사고성 재해 | • 교통사고(자동차, 철도, 항공, 선박사고)<br>• 산업사고(건축물 붕괴)<br>• 폭발사고(갱도, 가스, 화학, 폭발물)<br>• 화재사고<br>• 생물학적 재해(박테리아, 바이러스, 독혈증)<br>• 화학적 재해(부식성물질, 유독물질)<br>• 방사능 재해 |
| | 계획적 재해 | 테러, 폭동, 전쟁 |

## 004

**정답** ② 　기본서 1권　236p

**해설** ※ Anesth의 재해분류

| 대분류 | 세분류 | 재해의 종류 |
|---|---|---|
| 자연재해 | 기후성 재해 | 태풍 |
| | 지진성 재해 | 지진, 화산폭발, 해일 |
| 인위재해 | 사고성 재해 | – 교통사고(자동차, 철도, 항공, 선박사고)<br>– 산업사고(건축물 붕괴)<br>– 폭발사고(갱도, 가스, 화학, 폭발물)<br>– 화재사고<br>– 생물학적 재해(박테리아, 바이러스, 독혈증)<br>– 화학적 재해(부식성물질, 유독물질)<br>– 방사능 재해 |
| | 계획적 재해 | 테러, 폭동, 전쟁 |

## 005

**정답** ① 　기본서 1권　240~241p

**해설** ① 재난에 대한 인지능력이 강력하고 종합적이다.

| 구 분 | 분산적 접근방법(유형별) | 통합적 접근방법 |
|---|---|---|
| 관련부처 및 기관 | 다수부처 | 병렬적 다수부처(소수부처) |
| 책임범위와 부담 | 관리책임 및 부담 분산 | 관리책임 및 부담이 과도함 |
| 관련부처의 활동범위 | 특정재난 | 종합적 관리와 독립적 병행 |
| 정보전달체계 | 다양화 | 일원화 |
| 체계의 재난에 대한 인지능력 | 미약하고 단편적 | 강력하고 종합적 |
| 장 점 | ① 업무수행의 전문성<br>② 업무의 과다 방지 | ① 동원과 신속한 대응성 확보<br>② 인적자원의 효과적 활용 |
| 단 점 | ① 재난 대처의 한계<br>② 업무 중복 및 연계 미흡<br>③ 재원 마련과 배분이 복잡 | ① 종합관리체계 구축의 어려움<br>② 업무와 책임의 과도와 집중성 |

## 006

**정답** ④ 　기본서 1권　241p

**해설** ④ 임시 주거지 마련은 복구단계에 해당한다.

| 단계 | 재난관리활동의 내용 |
|---|---|
| 예방단계 | 위험성 분석 및 위험지도 작성, 재해보험, 토지이용 관리, 안전관련법 제정, 조세유도 |
| 대비단계 | 재난대응계획, 비상경보체계 구축, 통합대응체계 구축, 비상통신망 구축, 교육훈련 및 연습 |
| 대응관계 | 재난대응계획의 적용, 재해의 진압, 구조·구난, 응급의료체계의 운영, 대책본부의 가동 등 |
| 복구단계 | 잔해물 제거, 전염 예방, 이재민 지원, 임시주거지 마련, 시설복구 |

## 007

정답 ④  기본서 1권 241p

해설 예방 → 대비 → 대응 → 복구 단계 중 예방단계에 대한 설명이다

※ 예방단계

| 구성요소 | 하부기준(예시) |
|---|---|
| 안전기준의 설정 | • <u>재난관리법령의 제정, 개정</u><br>• 재난발생요소의 규제 |
| 재난요인의 제거 | • <u>위험측정분석</u> 및 관리<br>• 취약시설물 보수, 보강<br>• 발생가능 인위재난의 파악 및 조치 |
| 위험노출의 감소 | • 위험시설물의 이력관리<br>• 대민 홍보 및 경보 |

※ 대비단계
예방 및 완화단계의 제반활동에도 불구하고 재난발생확률이 높아진 경우 재난발생 후에 효과적으로 대응할 수 있도록 사전에 대비장치를 갖추는 단계
→ 교육과 훈련 및 연습 및 비상경보체계 구축은 대비 단계의 관리사항이다.

| 구성요소 | 하부기준(예시) |
|---|---|
| 대응대비 훈련의 실시 | • 재난유형별 대응/교육훈련 실시<br>• 표준작전절차의 확립 |
| 사전 조정/협조 확보 | • 유관기관의 확인<br>• 유관기관간의 조정/협조체계 구축 |
| 대응대비 자원확보 | • 인적, 물적 자원의 목록 구비<br>• 자원보유기관의 확인<br>• 자원의 수송 및 통제계획의 수립 |

## 008

정답 ④  기본서 1권 346p

해설 하인리히(H.W. Heinrich)의 도미노 이론은 재해발생과정을 유전적 요인 및 사회적 환경 → <u>개인적 결함</u> → <u>불안전 행동 및 불안전 상태</u> → 사고 → 재해(상해)라는 5개 요인의 연쇄작용으로 설명하였다.

## 009

정답 ②  기본서 1권 241p

해설 각 재난상황에 적절한 재난계획을 수립하고, 부족한 대응자원에 대한 보강작업, 비상연락망과 통신망을 정비하여 유사시 활용할 수 있는 경보시스템 구축, 일반국민에 대한 홍보 및 대응요원에 대한 훈련을 하는 단계는 대비이다.

## 010

**정답** ① 기본서 1권 346p

**해설** **도미노 이론의 전제**
㉠ 마지막 도미노(부상)는 오직 사고의 결과로만 발생한다.
㉡ 사고는 오직 인적 또는 기계적 결함으로 발생한다.
㉢ 인적 또는 기계적 결함은 인적 과실에 의해서만 존재한다.
㉣ 인적 과실은 환경에 이미 있거나, 환경으로부터 나온 것이다.
㉤ 환경은 개인이 탄생한 조건을 말한다.

| 환경·생성 | ⇨ | 인적 과실 | ⇨ | 인적·기계적 결함 | ⇨ | 사 고 | ⇨ | 부 상 |

## 011

**정답** ③ 기본서 1권 236p

**해설** ①은 Anesth의 자연재해 분류이고, Jones는 지구물리학적 재해와 생물학적 재해로 자연재해를 분류하였다.

## 012

**정답** ① 기본서 1권 236p

**해설** Jones의 자연재해 중 ②③④는 지구물리학적 재해에 해당한다.

※ **Jones의 재해분류**

| 재해 |||||||
|---|---|---|---|---|---|---|
| 자연재해 |||| | 준자연 재해 | 인위 재해 |
| 지구물리학적 재해 ||| 생물학적 재해 | | |
| 지질학적 재해 | 지형학적 재해 | 기상학적 재해 | | • 스모그 현상<br>• 온난화 현상<br>• 사막화현상<br>• 염수화현상<br>• 눈사태<br>• 산성화<br>• 홍수<br>• 토양침식 등 | • 공해<br>• 광화학연무<br>• 폭동<br>• 교통사고<br>• 폭발사고<br>• 태업<br>• 전쟁 등 |
| • 지진<br>• 화산<br>• 쓰나미 등 | • 산사태<br>• 염수토양 등 | • 안개<br>• 눈<br>• 해일<br>• 번개<br>• 토네이도<br>• 폭풍<br>• 태풍<br>• 가뭄<br>• 이상기온 등 | • 세균<br>• 질병<br>• 유독식물<br>• 유독동물 | | |

## 013

**정답** ① 기본서 1권 236p

**해설** ① 재난 발생원인과 현상에 따라 자연재해, 준자연재해, 인위재해로 구분하고 있는 것은 Jones의 재난유형 분류이다.

※ Anesth의 재난의 유형분류

| 대분류 | 분류 | 재해의 종류 |
|---|---|---|
| 자연재해 | 기후성 재해 | 태풍 |
| | 지진성 재해 | 지진, 화산폭발, 해일 |
| 인위재해 | 사고성 재해 | 교통사고, 폭발사고<br>화재사고, 생물학적 재해<br>화학적 재해 |
| | 계획적 재해 | 테러, 폭동, 전쟁 |

※ Jones의 재난의 유형분류

| 재해 ||||
|---|---|---|---|
| 자연재해 || 준자연재해 | 인위재해 |
| 지구물리학적 재해 | 생물학적 재해 | 스모그현상<br>온난화 현상<br>사막화 현상<br>염수화 현상<br>눈사태,<br>산성화 홍수,<br>토양침식 등 | 공해<br>광화학연무<br>폭동<br>교통사고<br>태업<br>전쟁 등 |
| 지질학적 재해 / 지형학적 재해 | 세균질병<br>유독식물<br>유독동물 | | |
| 지진<br>화산<br>쓰나미 | 산사태<br>염수토양<br>등 | | |

## 014

**정답** ① 기본서 1권 350p

**해설** 재해·재난 예방의 4원칙
  ㉠ 예방가능성의 원칙 : 천재지변을 제외한 모든 인재는 예방이 가능하다.
  ㉡ 손실우연성의 원칙 : 사고의 경로 손실의 유무 또는 대소는 사고 당시의 조건에 따라 우연적으로 발생한다.
  ㉢ 원인연계성의 원칙 : 사고에는 반드시 원인이 있고 원인은 대부분 복합적 연계원인이다.
  ㉣ 대책선정의 원칙 : 사고의 원인이나 불안전요소가 발견되면 반드시 대책을 선정 실시하여야 하며, 대책선정은 가능하다.

## 015

**정답** ② 기본서 1권 350p

**해설** ② 사고와 손실 사이에는 언제나 우연적인 확률이 존재하고, 사고에서 손실의 크기와 종류는 우연에 의하여 정해진다는 것이다. → 손실우연의 법칙
① 손실과 사고와의 관계는 우연적이지만 사고발생과 원인은 필연적인 인과관계가 있다.
   → 원인계기의 원칙
③ 인력재난은 자연재해와는 달리 미연에 방지할 수 있다. 예방을 위해서는 물적·인적인 면에 대하여 그 원인의 징후를 발견하여 재해발생을 최소화해야 한다.
   → 예방가능의 원칙
④ 예방대책을 선정할 때 정확한 원인 분석으로 직접원인을 유발시키는 배후의 간접원인에 대해 확실하고 신속한 대책을 선정·실시하여야 한다.
   → 대책선정의 원칙

## 016

**정답** ④   기본서 1권   239p

**해설** 조직이 합리성을 추구할 때 주된 문제는 불확실성이며, 이 불확실의 원천은 기술과 환경이다. 또한 불확실한 상황을 대비한 가외성이 확보되어야 한다. 또한 재난 발생시 조직특성은 복잡하게 혼재되어 있다. 그 외에도 상호작용성의 특성을 가지고 있다.

## 017

**정답** ②   기본서 1권   346p

**해설** 버드의 재해발생비율은 중상 또는 폐질이 1회, 경상(물적 또는 인적손실)이 10회, 무상해사고(물적손실)가 30회, 무상해 및 무사고고장(위험순간)이 600회의 비율로 사고가 발생한다는 것이다.

1 + 10 + 30 + 600 = 641

## 018

**정답** ③   기본서 1권   349p

**해설** 재해의 기본원인으로서의 4M은 Management(관리), Media(작업환경), Man(인간), Machine(작업시설)이다.

## 019

**정답** ②   기본서 1권   346p

**해설** **하인리히(Heinrich)의 재해 발생 비율**
1(중상해) : 29(경상해) : 300(무재해 사고)
경상해가 29건 일 때 중상해가 1건 발생한다. 경상해가 58건 일 때 중상해는 2건 발생한다.

# CHAPTER 2 우리나라의 재난관리(재난 및 안전관리 기본법)

## 020
**정답** ② 기본서 1권 242p

**해설**
① 재난의 대비단계 – 재난현장 긴급통신수단의 마련
③ 재난의 복구단계 – 특별재난지역 선포 및 지원
④ 재난의 대응단계 – 재난사태 선포

## 021
**정답** ③ 기본서 1권 245p

**해설** 모든 이 법은 각종 재난으로부터 국토를 보존하고 국민의 생명·신체 및 재산을 보호하기 위하여 국가와 지방자치단체의 재난 및 안전관리체제를 확립하고, 재난의 예방·대비·대응·복구와 안전문화활동, 그 밖에 재난 및 안전관리에 필요한 사항을 규정함을 목적으로 한다.

## 022
**정답** ④ 기본서 1권 245p

**해설** 가축의 전염병, 감염병, 미세먼지는 사회재난에 해당된다.

## 023
**정답** ② 기본서 1권 245p

**해설** 제3조 【정의】
사회재난 : 화재·붕괴·폭발·교통사고(항공사고 및 해상사고를 포함한다)·화생방사고·환경오염사고·다중운집인파사고 등으로 인하여 발생하는 대통령령으로 정하는 규모 이상의 피해와 국가핵심기반의 마비, 「감염병의 예방 및 관리에 관한 법률」에 따른 감염병 또는 「가축전염병예방법」에 따른 가축전염병의 확산, 「미세먼지 저감 및 관리에 관한 특별법」에 따른 미세먼지, 「우주개발 진흥법」에 따른 인공우주물체의 추락·충돌 등으로 인한 피해

## 024
**정답** ② 기본서 1권 249p

**해설** **정의**(재난 및 안전관리 기본법 제2조)
9의2. "안전문화활동"이란 안전교육, 안전훈련, 홍보 등을 통하여 안전에 관한 가치와 인식을 높이고 안전을 생활화하도록 하는 등 재난이나 그 밖의 각종 사고로부터 안전한 사회를 만들어가기 위한 활동을 말한다.

## 025
정답 ① 기본서 1권 245p

해설 모두 사회재난에 해당한다. (재난 및 안전관리 기본법 제3조)

## 026
정답 ③ 기본서 1권 249p

해설 **국가재난관리기준**
모든 유형의 재난에 공통적으로 활용할 수 있도록 재난관리의 전 과정을 통일적으로 단순화·체계화한 것으로서 행정안전부장관이 고시한 것

## 027
정답 ④ 기본서 1권 242p

해설 안전기준의 등록 및 심의 등은 대비단계에서 진행된다.

## 028
정답 ② 기본서 1권 249p

해설 **정의**(재난 및 안전관리 기본법 제3조)
① "국가재난관리기준"이란 모든 유형의 재난에 공통적으로 활용할 수 있도록 재난관리의 전 과정을 통일적으로 단순화·체계화한 것으로서 행정안전부장관이 고시한 것을 말한다.
② "재난관리정보"란 재난관리를 위하여 필요한 재난상황정보, 동원가능 자원정보, 시설물정보, 지리정보를 말한다.
③ "재난"이란 국민의 생명·신체·재산과 국가에 피해를 주거나 줄 수 있는 것으로서 다음 각 목의 것을 말한다.
④ "안전관리"란 재난이나 그 밖의 각종 사고로부터 사람의 생명·신체 및 재산의 안전을 확보하기 위하여 하는 모든 활동을 말한다.

## 029

**정답** ② **기본서 1권** 245p

**해설** ②는 안전관리에 해당한다.
**정의**(재난 및 안전관리 기본법 제3조)
㉠ "재난관리"란 재난의 예방·대비·대응 및 복구를 위하여 하는 모든 활동을 말한다.
㉡ "재난관리책임기관"이란 재난관리업무를 하는 다음 각 목의 기관을 말한다.
ⓐ 중앙행정기관 및 지방자치단체(「제주특별자치도 설치 및 국제자유도시 조성을 위한 특별법」 제10조 제2항에 따른 행정시를 포함한다)
ⓑ 지방행정기관·공공기관·공공단체(공공기관 및 공공단체의 지부 등 지방조직을 포함한다) 및 재난관리의 대상이 되는 중요시설의 관리기관 등으로서 대통령령으로 정하는 기관
㉢ "안전문화활동"이란 안전교육, 안전훈련, 홍보 등을 통하여 안전에 관한 가치와 인식을 높이고 안전을 생활화하도록 하는 등 재난이나 그 밖의 각종 사고로부터 안전한 사회를 만들어가기 위한 활동을 말한다.
㉣ "재난안전통신망"이란 재난관리책임기관·긴급구조기관 및 긴급구조지원기관이 재난 및 안전관리업무에 이용하거나 재난현장에서의 통합지휘에 활용하기 위하여 구축·운영하는 통신망을 말한다.

## 030

**정답** ④ **기본서 1권** 247p

**해설** 해당 보기는 긴급구조 지원기관에 대한 설명이다.

※ **재난 및 안전관리 기본법**
제3조(정의)
5. "재난관리책임기관"이란 재난관리업무를 하는 다음 각 목의 기관을 말한다.
가. 중앙행정기관 및 지방자치단체(「제주특별자치도 설치 및 국제자유도시 조성을 위한 특별법」제10조제2항에 따른 행정시를 포함한다)
나. 지방행정기관·공공기관·공공단체(공공기관 및 공공단체의 지부 등 지방조직을 포함한다) 및 재난관리의 대상이 되는 중요시설의 관리기관 등으로서 대통령령으로 정하는 기관

## 031

**정답** ② **기본서 1권** 247p

**해설** **재난관리책임기관**(재난 및 안전관리 기본법 제3조 제5호)
재난관리업무를 하는 다음 각 목의 기관
나. 지방행정기관·공공기관·공공단체(공공기관 및 공공단체의 지부 등 지방 조직을 포함) 및 재난관리의 대상이 되는 중요시설의 관리기관 등으로서 대통령령으로 정하는 기관

## 032

**정답** ④ **기본서 1권** 249p

**해설** ④ 지·**수리** 정보 → 지리정보
※ **재난 및 안전관리 기본법 제3조**(정의)
제10호 재난관리정보란 재난관리를 위하여 필요한 **재난상황정보, 동원가능 자원정보, 시설물정보, 지리정보**를 말한다.

## 033

정답 ④ 기본서 1권 250p

해설 **행정안전부장관**은 국가핵심기반에 대한 데이터베이스를 구축·운영하고, 관계 중앙행정기관의 장이 재난관리정책의 수립 등에 이용할 수 있도록 통합지원할 수 있다.

## 034

정답 ③ 기본서 1권 246p

해설 ※ 안전기준의 분야 및 범위

| 안전기준의 분야 | 안전기준의 범위 |
| --- | --- |
| 1. 건축 시설 분야 | 다중이용업소, 문화재 시설, 유해물질 제작·공급시설 등 관련 구조나 설비의 유지·관리 및 **소방 관련 안전기준** |
| 2. 생활 및 여가 분야 | **생활이나 여가활동**에서 사용하는 기구, 놀이시설 및 각종 외부활동과 관련된 안전기준 |
| 3. 환경 및 에너지 분야 | 대기환경·토양환경·수질환경·인체에 위험을 유발하는 유해성 물질과 시설, 발전시설 운영과 관련된 안전기준 |
| 4. 교통 및 교통시설 분야 | 육상교통·**해상교통**·항공교통 등과 관련된 시설 및 안전 부대시설, 시설의 이용자 및 운영자 등과 관련된 안전기준 |
| 5. 산업 및 공사장 분야 | **각종 공사장 및 산업현장**에서의 주변 시설물과 그 시설의 사용자 또는 관리자 등의 안전부주의 등과 관련된 안전기준(공장시설을 포함한다) |
| 6. 정보통신 분야(사이버 안전 분야는 제외한다) | 정보통신매체 및 관련 시설과 정보보호에 관련된 안전기준 |
| 7. 보건·식품 분야 | **의료·감염**, 보건복지, 축산·수산·식품 위생 관련 시설 및 물질 관련 안전기준 |
| 8. 그 밖의 분야 | 제1호부터 제7호까지에서 정한 사항 외에 제43조의9에 따른 안전기준심의회에서 안전관리를 위하여 필요하다고 정한 사항과 관련된 안전기준 |
| 비고 : 위 표에서 규정한 안전기준의 분야, 범위 등에 관한 세부적인 사항은 **행정안전부장관**이 정한다. | |

## 035

정답 ③ 기본서 1권 247p

해설 제3조 【정의】
재난관리주관기관 : 재난이나 그 밖의 각종 사고에 대하여 그 유형별로 예방·대비·대응 및 복구 등의 업무를 주관하여 수행하도록 대통령령으로 정하는 관계중앙행정기관을 말한다.

## 036 ★★
정답 ② 기본서 1권 247p(법개정)

해설 재난관리주관기관(사회재난) - 산업통상자원부
1) 가스사고로 인해 발생하는 대규모 피해
2) 석유의 정제시설·비축시설 및 주유소의 화재등으로 인해 발생하는 대규모 피해
3) 에너지의 중대한 수급 차질로 인해 발생하는 대규모 피해
4) 대규모점포의 화재등으로 인해 발생하는 대규모 피해
5) 전기사고로 인해 발생하는 대규모 피해
6) 제품사고( 안전관리대상어린이제품 및 안전관리대상제품으로 인한 사고로 한정)로 인해 발생하는 대규모 피해

## 037 ★
정답 ④ 기본서 1권 247p(법개정)

해설 화학사고로 인해 발생하는 대규모 피해는 환경부가 담당하는 재난으로 환경부에서 담당하는 재난을 고르면 된다.
① 가스사고로 인해 발생하는 대규모 피해 - 산업통상자원부
② 공항의 화재등으로 인해 발생하는 대규모 피해 - 국토교통부
③ 항만의 화재등으로 인해 발생하는 대규모 피해 – 해양수산부

## 038 ★
정답 ② 기본서 1권 247p(법개정)

해설 전통시장의 화재등으로 인해 발생하는 대규모 피해를 담당하는 재난관리주관기관은 중소벤처기업부이다.

## 039 ★
정답 ④ 기본서 1권 247p(법개정)

해설 ①, ②, ③을 담당하는 재난관리주관기관은 과학기술정보통신부이고, 정보시스템의 장애로 인해 발생하는 대규모 피해를 담당하는 재난관리주관기관은 행정안전부이다.

## 040 ★
정답 ④ 기본서 1권 247p(법개정)

해설 ① 행정안전부 - 승강기의 사고 또는 고장으로 인해 발생하는 대규모 피해
② 국토교통부 - 공항의 화재 등으로 인해 발생하는 대규모 피해
③ 법무부 – 외국인보호실 및 외국인보호소의 화재 등으로 인해 발생하는 대규모 피해

## 041
**정답** ④  기본서 1권 247p(법개정)

**해설** 황사로 인해 발생하는 재해는 환경부가 재난관리주관기관이 된다.

## 042
**정답** ①  기본서 1권 247p(법개정)

**해설**
ⓒ 가스사고로 인해 발생하는 대규모 피해 – 산업통상자원부
ⓒ 산불로 인해 발생하는 대규모 피해 – 산림청
ⓔ 일반인이 자유로이 모이거나 통행하는 도로, 광장 및 공원의 다중운집인파사고로 인해 발생하는 대규모 피해 – 행정안전부 및 경찰청

## 043
**정답** ①  기본서 1권 246~249p

**해설**
② 재난이나 그 밖의 각종 사고로부터 사람의 생명·신체 및 재산의 안전을 확보하기 위하여 하는 모든 활동.
  → 안전관리
③ 재난이 발생할 우려가 현저하거나 재난이 발생하였을 때에 국민의 생명·신체 및 재산을 보호하기 위하여 필요한 긴급한 조치.
  → 긴급조치
④ 모든 유형의 재난에 공통적으로 활용할 수 있도록 재난관리의 전 과정을 통일적으로 단순화·체계화한 것.
  → 국가재난관리기준

## 044
**정답** ③  기본서 1권 249p

**해설** 중앙119구조본부, 경찰청은 긴급구조기관이 아니다.

## 045
**정답** ②  기본서 1권 249p

**해설** 긴급구조지원기관 : 긴급구조에 필요한 인력·시설 및 장비, 운영체계 등 긴급구조능력을 보유한 기관이나 단체로서 대통령령으로 정하는 기관과 단체

> 제4조 【긴급구조지원기관】
> 법 제3조제8호에서 "대통령령으로 정하는 기관과 단체"란 다음 각 호의 기관과 단체를 말한다.
> 1. 교육부, 과학기술정보통신부, 국방부, 산업통상자원부, 보건복지부, 환경부, 국토교통부, 해양수산부, 방송통신위원회, 경찰청, 산림청, 질병관리청 및 기상청
> 2. 국방부장관이 법 제57조제3항제2호에 따른 탐색구조부대로 지정하는 군부대와 그 밖에 긴급구조지원을 위하여 국방부장관이 지정하는 군부대

3. 「대한적십자사 조직법」에 따른 대한적십자사
4. 「의료법」제3조제2항제3호마목에 따른 종합병원
4의2. 「응급의료에 관한 법률」제2조제5호에 따른 응급의료기관, 같은 법 제25조에 따른 중앙응급의료센터, 같은 법 제27조에 따른 응급의료지원센터 및 같은 법 제44조제1항제1호·제2호에 따른 구급차등의 운용자
5. 「재해구호법」제29조에 따른 전국재해구호협회
6. 법 제3조제7호에 따른 긴급구조기관과 긴급구조활동에 관한 응원협정을 체결한 기관 및 단체
7. 그 밖에 긴급구조에 필요한 인력과 장비를 갖춘 기관 및 단체로서 행정안전부령으로 정하는 기관 및 단체

## 046

**정답** ④  기본서 1권  250p

**해설** 제4조 【국가 등의 책무】
① 국가와 지방자치단체는 재난이나 그 밖의 각종 사고로부터 국민의 생명·신체 및 재산을 보호할 책무를 지고, 재난이나 그 밖의 각종 사고를 예방하고 피해를 줄이기 위하여 노력하여야 하며, 발생한 피해를 신속히 대응·복구하여 일상으로 회복할 수 있도록 지원하기 위한 계획을 수립·시행하여야 한다.
② 국가와 지방자치단체는 안전에 관한 정보를 적극적으로 공개하여야 하며, 누구든지 이를 편리하게 이용할 수 있도록 하여야 한다.
③ 국가와 지방자치단체는 재난이나 그 밖의 각종 사고를 수습하는 과정에서 피해자의 인권이 침해받지 아니하도록 노력하여야 한다.
④ 제3조제5호나목에 따른 재난관리책임기관의 장은 소관 업무와 관련된 안전관리에 관한 계획을 수립하고 시행하여야 하며, 그 소재지를 관할하는 특별시·광역시·특별자치시·도·특별자치도(이하 "시·도"라 한다)와 시(「제주특별자치도 설치 및 국제자유도시 조성을 위한 특별법」제10조제2항에 따른 행정시를 포함한다. 이하 같다)·군·구(자치구를 말한다. 이하 같다)의 재난 및 안전관리업무에 협조하여야 한다.

## 047

**정답** ④  기본서 1권  288p

**해설** ④ 보기는 행정안전부장관의 재난관리체계등에 대한 평가 항목에 해당한다.

※ 국가재난관리기준의 제정·운용 등(법 제34조의3)
① 행정안전부장관은 재난관리를 효율적으로 수행하기 위하여 다음 각 호의 사항이 포함된 국가재난관리기준을 제정하여 운용하여야 한다. 다만, 「산업표준화법」제12조에 따른 한국산업표준을 적용할 수 있는 사항에 대하여는 한국산업표준을 반영할 수 있다.
㉠ 재난분야 용어 정의 및 표준체계 정립
㉡ 국가재난 대응체계에 대한 원칙
㉢ 재난경감·상황관리·유지관리 등에 관한 일반적 기준
㉣ 그 밖의 대통령령으로 정하는 사항

## 048

정답 ③ 기본서 1권 252p

해설 **중앙안전관리위원회**(재난 및 안전관리 기본법 제9조 제1항)
① 재난 및 안전관리에 관한 다음 각 호의 사항을 심의하기 위하여 국무총리 소속으로 중앙안전관리위원회(이하 "중앙위원회"라 한다)를 둔다.
1. 재난 및 안전관리에 관한 중요 정책에 관한 사항
2. 제22조에 따른 국가안전관리기본계획에 관한 사항
2의2. 제10조의2에 따른 재난 및 안전관리 사업 관련 중기사업계획서, 투자우선순위 의견 및 예산요구서에 관한 사항
3. 중앙행정기관의 장이 수립·시행하는 계획, 점검·검사, 교육·훈련, 평가, 안전기준 등 재난 및 안전관리 업무의 조정에 관한 사항
3의2. 안전기준관리에 관한 사항
4. 제36조에 따른 재난사태의 선포에 관한 사항
5. 제60조에 따른 특별재난지역의 선포에 관한 사항
6. 재난이나 그 밖의 각종 사고가 발생하거나 발생할 우려가 있는 경우 이를 수습하기 위한 관계 기관 간 협력에 관한 중요 사항
6의2. 재난안전의무보험의 관리·운용 등에 관한 사항
7. 중앙행정기관의 장이 시행하는 대통령령으로 정하는 재난 및 사고의 예방사업 추진에 관한 사항
→ 집행계획의 심의는 안전정책조정위원회에서 심의하며 심의 결과를 중앙안전관리위원회에 보고하는 것이다.
8. 그밖에 위원장이 회의에 부치는 사항

## 049

정답 ① 기본서 1권 253p

해설 ① 중앙위원회의 위원장이 사고 또는 부득이한 사유로 직무를 수행할 수 없을 때에는 행정안전부장관, **대통령령**으로 정하는 중앙행정기관의 장 순으로 위원장의 직무를 대행한다.
② 재난 및 안전관리에 관한 사항을 심의하기 위하여 **국무총리** 소속으로 중앙안전관리위원회를 둔다.
③ 중앙위원회의 위원장은 **국무총리**가 되고, 위원은 **대통령령**으로 정하는 중앙행정기관 또는 관계 기관단체의 장이 된다.
④ 중앙위원회에 간사 1명을 두며, 간사는 **행정안전부장관**이 된다.

## 050

정답 ② 기본서 1권 253p

해설 ② 중앙위원회의 위원장은 국무총리가 되고, 위원은 대통령령으로 정하는 중앙행정기관 또는 관계 기관·단체의 장이 된다(재난 및 안전관리 기본법 제9조 제2항).

## 051

정답 ① 기본서 1권 262p

해설 **재난 및 안전관리 기본법**
제3조(정의)
2. "해외재난"이란 대한민국의 영역 밖에서 대한민국 국민의 생명·신체 및 재산에 피해를 주거나 줄 수 있는 재난으로서 정부차원에서 대처할 필요가 있는 재난을 말한다.

제14조 제3항(중앙재난안전대책본부 등)
③ 중앙대책본부의 본부장(이하 "중앙대책본부장"이라 한다)은 행정안전부장관이 되며, 중앙대책본부장은 중앙대책본부의 업무를 총괄하고 필요하다고 인정하면 중앙재난안전대책본부회의를 소집할 수 있다. 다만, 해외재난의 경우에는 외교부장관이, 「원자력시설 등의 방호 및 방사능 방재 대책법」 제2조제1항제8호에 따른 방사능재난의 경우에는 같은 법 제25조에 따른 중앙방사능방재대책본부의 장이 각각 중앙대책본부장의 권한을 행사한다.

제21조 제1항(해외재난상황의 보고 및 관리)
① 재외공관의 장은 관할 구역에서 해외재난이 발생하거나 발생할 우려가 있으면 즉시 그 상황을 외교부장관에게 보고하여야 한다.

제14조의2 제1항(수습지원단 파견 등)
① 중앙대책본부장은 국내 또는 해외에서 발생한 대규모재난의 수습을 지원하기 위하여 관계 중앙행정기관 및 관계 기관·단체의 재난관리에 관한 전문가 등으로 수습지원단을 구성하여 현지에 파견할 수 있다.

## 052 ★★

**정답** ④  기본서 1권  254p

**해설** **안전정책조정위원회(법 제10조)**
① 중앙위원회에 상정될 안건을 사전에 검토하고 다음 각 호의 사무를 수행하기 위하여 중앙위원회에 안전정책조정위원회(이하 "조정위원회"라 한다)를 둔다.
　㉠ 중앙위원회 심의사항 중
　㉡ 제23조에 따른 집행계획의 심의 ㉣, ㉤, ㉥, ㉦에 대한 사전 조정
　㉢ 제26조에 따른 국가핵심기반의 지정에 관한 사항의 심의
　㉣ 제71조의2에 따른 재난 및 안전관리기술 종합계획의 심의
　㉤ 그 밖에 중앙위원회가 위임한 사항

## 053 ★★

**정답** ①  기본서 1권  253p

**해설** **중앙안전관리위원회**(재난 및 안전관리기본법 제9조 제2항)
중앙위원회의 위원장은 국무총리가 되고, 위원은 대통령령으로 정하는 중앙행정기관 또는 관계 기관·단체의 장이 된다.

## 054 ★★

**정답** ③  기본서 1권  253p

**해설** 재난 및 안전관리기본법 시행령 제6조 【중앙안전관리위원회의 위원】
1. 기획재정부장관, 교육부장관, 과학기술정보통신부장관, 외교부장관, 통일부장관, 법무부장관, 국방부장관, 행정안전부장관, 문화체육관광부장관, 농림축산식품부장관, 산업통상자원부장관, 보건복지부장관, 환경부장관, 고용노동부장관, 여성가족부장관, 국토교통부장관, 해양수산부장관 및 중소벤처기업부장관
2. 국가정보원장, 방송통신위원회위원장, 국무조정실장, 식품의약품안전처장, 금융위원회위원장 및 원자력안전위원회위원장
3. 경찰청장, 소방청장, 문화재청장, 산림청장, 질병관리청장, 기상청장 및 해양경찰청장
4. 삭제
5. 그 밖에 중앙안전관리위원회(이하 "중앙위원회"라 한다) 위원장이 지정하는 기관 및 단체의 장

## 055

**정답** ②    기본서 1권    252p

**해설** 시행령 제7조(재난 및 사고 예방사업의 범위) 법 제9조제1항제7호에서 "대통령령으로 정하는 재난 및 사고의 예방사업"이란 다음 각 호의 사업을 말한다.
1. 「기상관측표준화법」 제2조제2항제1호에 따른 기상관측의 표준화를 위하여 시행하는 사업
2. 「농어촌정비법」 제2조제5호에 따른 농업생산기반 정비사업 중 수리시설(水利施設) 개수·보수 사업, 농경지 배수(排水) 개선사업, 저수지 정비사업, 방조제 정비사업
3. 「댐건설 및 주변지역지원 등에 관한 법률」 제18조의2에 따른 댐의 관리를 위한 사업
4. 「도로법」 제31조에 따른 도로공사 중 재난 및 안전관리를 위하여 시행하는 사업
5. 「산림기본법」 제15조에 따른 산림재해 예방사업
6. 「사방사업법」 제3조에 따른 사방사업(砂防事業)
7. 「어촌·어항법」 제2조제6호나목에 따른 어항정비사업
8. 「연안관리법」 제2조제4호에 따른 연안정비사업
9. 「지진재해대책법」 제15조에 따른 기존 공공시설물의 내진보강사업
10. 「하천법」 제27조에 따른 하천공사사업
11. 「항만법」 제9조에 따른 항만개발사업 중 재난 예방을 위한 사업
12. 그 밖에 중앙위원회의 위원장이 정하는 사업

## 056

**정답** ④    기본서 1권    254p

**해설** 법 제10조(안전정책조정위원회)
① 중앙위원회에 상정될 안건을 사전에 검토하고 다음 각 호의 사무를 수행하기 위하여 중앙위원회에 안전정책조정위원회(이하 "조정위원회"라 한다)를 둔다.
1. 제9조제1항제3호, 제3호의2, 제6호, 제6호의2 및 제7호의 사항에 대한 사전 조정
2. 제23조에 따른 집행계획의 심의
3. 제26조에 따른 국가핵심기반의 지정에 관한 사항의 심의
4. 제71조의2에 따른 재난 및 안전관리기술 종합계획의 심의
5. 그 밖에 중앙위원회가 위임한 사항

사전조정사항으로는
1) 제9조제1항제3호 : 중앙행정기관의 장이 수립·시행하는 계획, 점검·검사, 교육·훈련, 평가 등 재난 및 안전관리업무의 조정에 관한 사항
2) 제9조제1항제3호의2 : 안전기준관리에 관한 사항
3) 제9조제1항제6호 : 재난이나 그 밖의 각종 사고가 발생하거나 발생할 우려가 있는 경우 이를 수습하기 위한 관계 기관 간 협력에 관한 중요 사항
4) 제9조제1항제6호의2 : 재난안전의무보험의 관리·운용 등에 관한 사항
5) 제9조제1항제7호 : 중앙행정기관의 장이 시행하는 대통령령으로 정하는 재난 및 사고의 예방사업 추진에 관한 사항

## 057

정답 ① 기본서 1권 255p

해설 시행령
제10조(실무위원회의 구성·운영 등)
① 법 제10조제4항에 따른 실무위원회(이하 "실무위원회"라 한다)는 위원장 1명을 포함하여 50명 내외의 위원으로 구성한다.
② 실무위원회는 다음 각 호의 사항을 심의한다.
  1. 재난 및 안전관리를 위하여 관계 중앙행정기관의 장이 수립하는 대책에 관하여 협의·조정이 필요한 사항
  2. 재난 발생 시 관계 중앙행정기관의 장이 수행하는 재난의 수습에 관하여 협의·조정이 필요한 사항
  3. 그 밖에 실무위원회의 위원장(이하 "실무위원장"이라 한다)이 회의에 부치는 사항
③ 실무위원장은 행정안전부의 재난안전관리사무를 담당하는 본부장이 된다.
④ 실무위원회의 위원은 다음 각 호의 어느 하나에 해당하는 사람 중에서 성별을 고려하여 행정안전부장관이 임명하거나 위촉하는 사람으로 한다.
  1. 관계 중앙행정기관의 고위공무원단에 속하는 공무원 또는 3급 상당 이상에 해당하는 공무원 중에서 해당 중앙행정기관의 장이 추천하는 공무원
  2. 재난 및 안전관리에 관한 지식과 경험이 풍부한 사람
  3. 그 밖에 실무위원장이 필요하다고 인정하는 분야의 전문지식과 경력이 충분한 사람
⑤ 실무위원회의 회의(이하 "실무회의"라 한다)는 위원 5명 이상의 요청이 있거나 실무위원장이 필요하다고 인정하는 경우에 실무위원장이 소집한다.
⑥ 실무회의는 실무위원장과 실무위원장이 회의마다 지정하는 25명 내외의 위원으로 구성한다.
⑦ 실무회의는 제6항에 따른 구성원 과반수의 출석으로 개의(開議)하고, 출석위원 과반수의 찬성으로 의결한다.
⑧ 제1항부터 제7항까지에서 규정한 사항 외에 실무위원회의 구성 및 운영에 필요한 사항은 행정안전부장관이 정한다.


## 058

정답 ③ 기본서 1권 252p, 254p

해설 ③ 재난 및 안전관리에 관한 중요 정책에 관한 사항은 <u>중앙안전관리위원회의 심의사항</u>이다.
제10조
1. 제9조제1항제3호, 제3호의2, 제6호, 제6호의2 및 제7호의 사항에 대한 사전 조정
   - 3. 중앙행정기관의 장이 수립·시행하는 계획, 점검·검사, 교육·훈련, 평가, 안전기준 등 재난 및 안전관리업무의 조정에 관한 사항
   - 3의2. 안전기준관리에 관한 사항
   - 6. 재난이나 그 밖의 각종 사고가 발생하거나 발생할 우려가 있는 경우 이를 수습하기 위한 관계 기관 간 협력에 관한 중요 사항
   - 6의2. 재난안전의무보험의 관리·운용 등에 관한 사항
   - 7. 중앙행정기관의 장이 시행하는 대통령령으로 정하는 재난 및 사고의 예방사업 추진에 관한 사항
2. 제23조에 따른 집행계획의 심의
3. 제26조에 따른 국가핵심기반의 지정에 관한 사항의 심의
4. 제71조의2에 따른 재난 및 안전관리기술 종합계획의 심의
5. 그 밖에 중앙위원회가 위임한 사항

## 059

**정답** ② 　기본서 1권　254p

**해설** 법 제10조 제2항
② 조정위원회의 위원장은 행정안전부장관이 되고, 위원은 대통령령으로 정하는 중앙행정기관의 차관 또는 차관급 공무원과 재난 및 안전관리에 관한 지식과 경험이 풍부한 사람 중에서 위원장이 임명하거나 위촉하는 사람이 된다.

## 060

**정답** ② 　기본서 1권　254p

**해설** 조정위원회에 간사위원 1명을 두며, 간사위원은 행정안전부의 재난안전관리사무를 담당하는 본부장이 된다.
(재난 및 안전관리 기본법 제10조 제3항)

## 061

**정답** ④ 　기본서 1권　255p

**해설** 법 제10조 제5항
⑤ 조정위원회의 위원장은 제1항에 따라 조정위원회에서 심의·조정된 사항 중 대통령령으로 정하는 중요 사항에 대해서는 조정위원회의 심의·조정 결과를 중앙위원회의 위원장에게 보고하여야 한다.

> 시행령 제9조 2 【조정위원회 심의 결과의 중앙위원회 보고】
> 1. 법 제10조제1항제2호에 따른 집행계획의 심의
> 2. 법 제10조제1항제3호에 따른 국가핵심기반의 지정에 관한 사항의 심의
> 3. 그 밖에 중앙위원회로부터 위임받아 심의한 사항 중 조정위원회 위원장이 필요하다고 인정하는 사항

## 062

**정답** ③ 　기본서 1권　256p

**해설** 법 제10조의 3 제3항 【재난 및 안전관리 사업에 대한 평가】
③ 관계 중앙행정기관의 장은 제1항에 따른 평가 결과를 다음 연도 재난 및 안전관리 사업에 반영하여야 한다.

## 063

**정답** ④ 　기본서 1권　268p

**해설** 통합지원본부의 장은 관할 시·군·구의 부단체장이 되며, 실무반을 편성하여 운영할 수 있다.
(재난 및 안전관리기본법 16조 4항)

## 064
정답 ④  기본서 1권  257p

해설 법 제11조 제5항【지역위원회】
⑤ 지역위원회 및 제3항에 따른 안전정책실무조정위원회의 구성과 운영에 필요한 사항은 해당 지방자치단체의 조례로 정한다.

## 065
정답 ①  기본서 1권  258p

해설 제12조【재난방송협의회】
재난에 관한 예보·경보·통지나 응급조치 및 재난관리를 위한 재난방송이 원활히 수행될 수 있도록 중앙위원회에 중앙재난방송협의회를 두어야 한다.

## 066
정답 ①  기본서 1권  258p

해설 중앙위원회에 두는 중앙재난방송협의회는 위원장 1명과 부위원장 1명을 포함한 25명 이내의 위원으로 구성한다(재난 및 안전관리 기본법 시행령 제10조의3 제1항).

## 067
정답 ②  기본서 1권  258p

해설 시행령 제10조 3【중앙재난방송협의회의 구성과 운영】
법 제12조제1항에 따라 중앙위원회에 두는 중앙재난방송협의회는 위원장 1명과 부위원장 1명을 포함한 25명 이내의 위원으로 구성한다.

## 068
정답 ②  기본서 1권  258p

해설 재난이나 그 밖의 각종 사고가 발생하거나 발생할 우려가 있는 경우 이를 수습하기 위한 관계 기관 간 협력에 관한 중요 사항은 중앙위원회 심의사항에 해당된다.

> 시행령 제10조 3
> 중앙재난방송협의회는 다음 각 호의 사항을 심의한다.
> 1. 재난에 관한 예보·경보·통지나 응급조치 및 재난관리를 위한 재난방송 내용의 효율적 전파 방안
> 2. 재난방송과 관련하여 중앙행정기관, 특별시·광역시·특별자치시·도·특별자치도(이하 "시·도"라 한다) 및 「방송법」 제2조제3호에 따른 방송사업자 간의 역할분담 및 협력체제 구축에 관한 사항
> 3. 「언론중재 및 피해구제 등에 관한 법률」 제2조제1호에 따른 언론에 공개할 재난 관련 정보의 결정에 관한 사항
> 4. 재난방송 관련 법령과 제도의 개선 사항
> 5. 그 밖에 재난방송이 원활히 수행되도록 하기 위하여 필요한 사항으로서 방송통신위원회위원장과 과학기술정보통신부장관이 요청하거나 중앙재난방송협의회 위원장이 필요하다고 인정하는 사항

## 069

정답 ① 기본서 1권 258p

해설
> 시행령 제10조 3
> 중앙재난방송협의회의 위원은 다음 각 호의 사람이 된다.
>  1. 과학기술정보통신부, 행정안전부, 국무조정실, 방송통신위원회 및 기상청의 고위공무원단에 속하는 일반직 공무원 또는 이에 상당하는 공무원 중에서 해당 기관의 장이 지명하는 사람 각 1명
>  2. 관계 중앙행정기관(제1호의 위원이 소속된 기관은 제외한다)의 고위공무원단에 속하는 일반직 공무원 또는 이에 상당하는 공무원 중에서 재난의 유형에 따라 해당 중앙행정기관의 장의 추천을 받아 과학기술정보통신부장관이 임명하는 사람. 이 경우 과학기술정보통신부장관은 임명 대상에 대하여 방송통신위원회위원장과 미리 협의하여야 한다.
>  3. 다음 각 목의 어느 하나에 해당하는 사람 중에서 방송통신위원회위원장과 협의하여 과학기술정보통신부장관이 위촉하는 사람
>     가. 「방송법 시행령」 제1조의2제1호에 따른 지상파텔레비전방송사업자(「방송법 시행령」 제25조의2에 따른 지역방송을 하는 방송사업자는 제외한다)에 소속된 사람으로서 재난방송을 총괄하는 직위에 있는 사람
>     나. 「방송법 시행령」 제1조의2제6호에 따른 텔레비전방송채널사용사업자 중 종합편성 또는 보도전문편성을 행하는 방송채널사용사업자에 소속된 사람으로서 재난방송을 총괄하는 직위에 있는 사람
>     다. 「고등교육법」에 따른 대학·산업대학·전문대학 및 기술대학에서 재난 또는 방송과 관련된 학문을 교수하는 사람으로서 조교수 이상의 직위에 있는 사람
>     라. 재난 또는 방송 관련 연구기관이나 단체 또는 산업 분야에 종사하는 사람으로서 해당 분야의 경력이 5년 이상인 사람

## 070

정답 ① 기본서 1권 258p

해설 시행령 제10조 3 제9항 【중앙재난방송협의회의 구성과 운영】
⑨ 중앙재난방송협의회는 구성원 과반수의 출석과 출석위원 과반수의 찬성으로 의결한다.

## 071

정답 ① 기본서 1권 260p

해설 재난 및 안전관리 기본법 제12조의3 제1항 【중앙민관협력위원회의 기능 등】
① 중앙민관협력위원회의 기능은 다음 각 호와 같다.
 1. 재난 및 안전관리 민관협력활동에 관한 협의
 2. 재난 및 안전관리 민관협력활동사업의 효율적 운영방안의 협의
 3. 평상시 재난 및 안전관리 위험요소 및 취약시설의 모니터링·제보
 4. 재난 발생 시 인적·물적 자원 동원, 인명구조·피해복구 활동 참여, 피해주민 지원서비스 제공 등에 관한 협의

## 072

정답 ① 기본서 1권 259p

해설 재난 및 안전관리 기본법 제12조의 2 제1항 【안전관리민관협력위원회】
① <u>조정위원회의 위원장은</u> 재난 및 안전관리에 관한 민관 협력관계를 원활히 하기 위하여 중앙안전관리민관협력위원회(이하 "중앙민관협력위원회"라 한다)를 <u>구성·운영할 수 있다.</u>

## 073

정답 ③ 기본서 1권 260p

해설 재난 및 안전관리 기본법 제12조의 3 제1항 【중앙민관협력위원회의 기능 등】
① 중앙민관협력위원회의 기능은 다음 각 호와 같다.
　1. 재난 및 안전관리 민관협력활동에 관한 협의
　2. 재난 및 안전관리 민관협력활동사업의 효율적 운영방안의 협의
　3. 평상시 재난 및 안전관리 위험요소 및 취약시설의 모니터링·제보
　4. 재난 발생 시 인적·물적 자원 동원, 인명구조·피해복구 활동 참여, 피해주민 지원서비스 제공 등에 관한 협의

## 074

정답 ② 기본서 1권 260p

해설 재난 및 안전관리 기본법 제12조의 3 제2항 【중앙민관협력위원회의 기능 등】
② 중앙민관협력위원회의 회의는 다음 각 호의 어느 하나에 해당하는 경우에 공동위원장이 소집할 수 있다.
　1. 제14조제1항에 따른 대규모 재난의 발생으로 민관협력 대응이 필요한 경우
　2. 재적위원 4분의 1 이상이 회의 소집을 요청하는 경우
　3. 그 밖에 공동위원장이 회의 소집이 필요하다고 인정하는 경우

## 075

정답 ④ 기본서 1권 260p

해설 재난 및 안전관리 기본법 제12조의 3 제3항 【중앙민관협력위원회의 기능 등】
③ 재난 발생 시 신속한 재난대응 활동 참여 등 중앙민관협력위원회의 기능을 지원하기 위하여 중앙민관협력위원회에 대통령령으로 정하는 바에 따라 재난긴급대응단을 둘 수 있다.

## 076

정답 ④ 기본서 1권 260p

해설 재난 및 안전관리 기본법 시행령 제12조의3 제1항 【중앙민관협력위원회의 구성·운영】
① 법 제12조의2제1항에 따른 중앙안전관리민관협력위원회(이하 "중앙민관협력위원회"라 한다)는 공동위원장 2명을 포함하여 35명 이내의 위원으로 구성한다.

## 077

정답 ①  기본서 1권  260p

해설 재난 및 안전관리 기본법 시행령 제12조의3(중앙민관협력위원회의 구성·운영)
④ 중앙민관협력위원회의 위원은 다음 각 호의 사람이 된다.
1. 당연직 위원
   가. 행정안전부 안전예방정책실장
   나. 행정안전부 자연재난실장
   다. 행정안전부 사회재난실장
   라. 행정안전부 재난복구지원국장
2. 민간위원 : 다음 각 목의 어느 하나에 해당하는 사람 중에서 성별을 고려하여 행정안전부장관이 위촉하는 사람
   가. 재난 및 안전관리 활동에 적극적으로 참여하고 전국 규모의 회원을 보유하고 있는 협회 등의 민간단체 대표
   나. 재난 및 안전관리 분야 유관기관, 단체·협회 또는 기업 등에 소속된 재난 및 안전관리 전문가
   다. 재난 및 안전관리 분야에 학식과 경험이 풍부한 사람

## 078

정답 ④  기본서 1권  278p

해설 제29조의2(재난 사전 방지조치)
① 행정안전부장관은 법 제25조의2제1항에 따라 재난 발생을 사전에 방지하기 위하여 다음 각 호의 사항이 포함된 재난발생 징후 정보(이하 "재난징후정보"라 한다)를 수집·분석하여 관계 재난관리책임기관의 장에게 미리 필요한 조치를 하도록 요청할 수 있다.
1. 재난 발생 징후가 포착된 위치
2. 위험요인 발생 원인 및 상황
3. 위험요인 제거 및 조치 사항
4. 그 밖에 재난 발생의 사전 방지를 위하여 필요한 사항

## 079

정답 ③  기본서 1권  261p

해설 재난 및 안전관리 기본법 제13조【지역위원회 등에 대한 지원 및 지도】
행정안전부장관은 시·도위원회의 운영과 지방자치단체의 안전관리업무에 대하여, 시·도지사는 관할 구역의 시·군·구위원회의 운영과 시·군·구의 안전관리업무에 대하여 필요한 지원과 지도를 할 수 있다.

## 080
**정답** ②　기본서 1권　262p

**해설** 재난 및 안전관리 기본법 제14조 제3항 【중앙재난안전대책본부 등】
③ 중앙대책본부의 본부장(이하 "중앙대책본부장"이라 한다)은 행정안전부장관이 되며, 중앙대책본부장은 중앙대책본부의 업무를 총괄하고 필요하다고 인정하면 중앙재난안전대책본부회의를 소집할 수 있다.

## 081
**정답** ②　기본서 1권　262p

**해설** 재난 및 안전관리 기본법 제14조 제1항 【중앙재난안전대책본부 등】
① 대통령령으로 정하는 대규모 재난(이하 "대규모재난"이라 한다)의 대응·복구(이하 "수습"이라 한다) 등에 관한 사항을 총괄·조정하고 필요한 조치를 하기 위하여 행정안전부에 중앙재난안전대책본부(이하 "중앙대책본부"라 한다)를 둔다.

## 082
**정답** ④　기본서 1권　262p

**해설** 재난 및 안전관리 기본법 제14조 제3항, 제4항 【중앙재난안전대책본부 등】
③ <u>중앙대책본부의 본부장(이하 "중앙대책본부장"이라 한다)은 행정안전부장관이 되며</u>, 중앙대책본부장은 중앙대책본부의 업무를 총괄하고 필요하다고 인정하면 중앙재난안전대책본부회의를 소집할 수 있다. 다만, <u>해외재난의 경우에는 외교부장관이</u>, 「원자력시설 등의 방호 및 방사능 방재 대책법」 제2조제1항제8호에 따른 <u>방사능재난의 경우에는 같은 법 제25조에 따른 중앙방사능방재대책본부의 장이 각각 중앙대책본부장의 권한을 행사한다.</u>
④ 제3항에도 불구하고 재난의 효과적인 수습을 위하여 다음 각 호의 어느 하나에 해당하는 경우에는 국무총리가 중앙대책본부장의 권한을 행사할 수 있다. 이 경우 행정안전부장관, 외교부장관(해외재난의 경우에 한정한다) 또는 원자력안전위원회 위원장(방사능 재난의 경우에 한정한다)이 차장이 된다.
1. 국무총리가 범정부적 차원의 통합 대응이 필요하다고 인정하는 경우
2. 행정안전부장관이 국무총리에게 건의하거나 제15조의 2 제2항에 따른 수습 본부장의 요청을 받아 행정안전부장관이 국무총리에게 건의하는 경우

## 083
**정답** ②　기본서 1권　262p

**해설** 재난 및 안전관리 기본법 제14조 제2항 【중앙재난안전대책본부 등】
② 중앙대책본부에 본부장과 차장을 둔다.

## 084
**정답** ④　기본서 1권　263p

**해설** 재난 및 안전관리 기본법 시행령 제15조 제1항 【중앙대책본부의 구성 등】
① 중앙대책본부(법 제14조제3항 단서에 따라 방사능재난의 경우 중앙대책본부가 되는 「원자력시설 등의 방호 및 방사능 방재 대책법」 제25조에 따른 중앙방사능방재대책본부는 제외한다)에는 차장·총괄조정관·대변인·통제관·부대변인 및 담당관을 둔다.

## 085

**정답** ③ 　기본서 1권　263p

**해설** 재난 및 안전관리 기본법 시행령 제15조 제2항 【중앙대책본부의 구성 등】
② 법 제14조제3항 본문에 따라 행정안전부장관이 중앙대책본부장이 되는 경우에는 다음 각 호의 사람이 차장·총괄조정관·대변인·통제관·부대변인 및 담당관이 된다.
1. 차장·총괄조정관·대변인·통제관 및 담당관: 행정안전부 소속 공무원 중에서 행정안전부장관이 지명하는 사람
2. 부대변인 : 재난관리주관기관 소속 공무원 중에서 소속 기관의 장이 추천하여 행정안전부장관이 지명하는 사람

## 086

**정답** ③ 　기본서 1권　266p

**해설** 재난 및 안전관리 기본법 제15조 【중앙본부장의 권한 등】
① 중앙본부장은 대규모재난을 효율적으로 수습하기 위하여 관계 재난관리책임기관의 장에게 행정 및 재정상의 조치, 소속 직원의 파견, 그 밖에 필요한 지원을 요청할 수 있다. 이 경우 요청을 받은 관계 재난관리책임기관의 장은 특별한 사유가 없으면 요청에 따라야 한다.
② 제1항에 따라 파견된 직원은 대규모재난의 수습에 필요한 소속 기관의 업무를 성실히 수행하여야 하며, 대규모재난의 수습이 끝날 때까지 중앙대책본부에서 상근하여야 한다.
③ 중앙대책본부장은 해당 대규모재난의 수습에 필요한 범위에서 지역대책본부장을 지휘할 수 있다.

## 087

**정답** ④ 　기본서 1권　267p

**해설** ㉠ 재난관리주관기관의 장은 재난이 발생하거나 발생할 우려가 있는 경우에는 재난상황을 효율적으로 관리하고 재난을 수습하기 위한 중앙사고수습본부를 신속하게 설치·운영하여야 한다.
㉡ 수습본부장은 지역사고수습본부를 운영할 수 있으며, 지역사고수습본부의 장은 수습본부장이 지명한다.

재난 및 안전관리 기본법 제15조의2 【중앙 및 지역사고수습본부】
① 재난관리주관기관의 장은 재난이 발생하거나 발생할 우려가 있는 경우에는 재난상황을 효율적으로 관리하고 재난을 수습하기 위한 중앙사고수습본부(이하 "수습본부"라 한다)를 신속하게 설치·운영하여야 한다.
② 수습본부의 장(이하 "수습본부장"이라 한다)은 해당 재난관리주관기관의 장이 된다.
③ 수습본부장은 재난정보의 수집·전파, 상황관리, 재난발생 시 초동조치 및 지휘 등을 위한 수습본부상황실을 설치·운영하여야 한다. 이 경우 제18조제3항에 따른 재난안전상황실과 인력, 장비, 시설 등을 통합·운영할 수 있다.
④ 수습본부장은 재난을 수습하기 위하여 필요하면 관계 재난관리책임기관의 장에게 행정상 및 재정상의 조치, 소속 직원의 파견, 그 밖에 필요한 지원을 요청할 수 있다. 이 경우 요청을 받은 관계 재난관리책임기관의 장은 특별한 사유가 없으면 요청에 따라야 한다.
⑤ 수습본부장은 지역사고수습본부를 운영할 수 있으며, 지역사고수습본부의 장(이하 "지역사고수습본부장"이라 한다)은 수습본부장이 지명한다.
⑥ 수습본부장은 해당 재난의 수습에 필요한 범위에서 시·도지사 및 시장·군수·구청장(제16조제1항에 따른 시·도대책본부 및 시·군·구대책본부가 운영되는 경우에는 해당 본부장을 말한다)을 지휘할 수 있다.
⑦ 수습본부장은 재난을 수습하기 위하여 필요하면 대통령령으로 정하는 바에 따라 제14조의2제1항에 따른 수습지원단을 구성·운영할 것을 중앙대책본부장에게 요청할 수 있다.
⑧ 수습본부의 구성·운영 등에 필요한 사항은 대통령령으로 정한다.

## 088

정답 ③ 기본서 1권 267p

해설 재난 및 안전관리 기본법 제15조의 2 제1항 【중앙 및 지역사고수습본부】
① 재난관리주관기관의 장은 재난이 발생하거나 발생할 우려가 있는 경우에는 재난상황을 효율적으로 관리하고 재난을 수습하기 위한 중앙사고수습본부(이하 "수습본부"라 한다)를 신속하게 설치·운영하여야 한다.

## 089

정답 ③ 기본서 1권 267p

해설 재난 및 안전관리 기본법 제15조의 2 제5항 【중앙 및 지역사고수습본부】
⑤ 수습본부장은 지역사고수습본부를 운영할 수 있으며, 지역사고수습본부의 장(이하 "지역사고수습본부장"이라 한다)은 수습본부장이 지명한다.

## 090

정답 ① 기본서 1권 268p

해설 지역재난대책본부장은 시·도지사, 군수, 구청장이다.
재난 및 안전관리 기본법 제16조 제2항 【지역재난안전대책본부】
② 시·도대책본부 또는 시·군·구대책본부(이하 "지역대책본부"라 한다)의 본부장(이하 "지역대책본부장"이라 한다)은 시·도지사 또는 시장·군수·구청장이 되며, 지역대책본부장은 지역대책본부의 업무를 총괄하고 필요하다고 인정하면 대통령령으로 정하는 바에 따라 지역재난안전대책본부회의를 소집할 수 있다.

## 091

정답 ③ 기본서 1권 270p

해설 재난 및 안전관리 기본법 제16조 【지역재난안전대책본부】
③ 시·군·구 대책본부의 장은 재난현장의 총괄·조정 및 지원을 위하여 재난현장 통합지원본부(이하 "통합지원본부"라 한다)를 설치·운영할 수 있다. 이 경우 통합지원본부의 장은 긴급구조에 대해서는 제52조에 따른 시·군·구긴급구조통제단장의 현장지휘에 협력하여야 한다.
④ 통합지원본부의 장은 관할 시·군·구의 부단체장이 되며, 실무반을 편성하여 운영할 수 있다.
⑤ 지역대책본부 및 통합지원본부의 구성과 운영에 필요한 사항은 해당 지방자치단체의 조례로 정한다.

## 092

정답 ② 기본서 1권 270p

해설 재난 및 안전관리 기본법 제18조 제1항 【재난안전상황실】
① 행정안전부장관, 시·도지사 및 시장·군수·구청장은 재난정보의 수집·전파, 상황관리, 재난발생 시 초동조치 및 지휘 등의 업무를 수행하기 위하여 다음 각 호의 구분에 따른 상시 재난안전상황실을 설치·운영하여야 한다.
  1. 행정안전부장관 : 중앙재난안전상황실
  2. 시·도지사 및 시장·군수·구청장: 시·도별 및 시·군·구별 재난안전상황실

## 093

**정답** ① 　기본서 1권　273p

**해설**　국가안전관리기본계획의 수립 등(법 제22조)
① 국무총리는 대통령령으로 정하는 바에 따라 5년마다 국가의 재난 및 안전관리업무에 관한 기본계획("국가안전관리기본계획")의 수립지침을 작성하여 관계 중앙행정 기관의 장에게 통보하여야 한다.

## 094

**정답** ④ 　기본서 1권　270p

**해설**　재난 및 안전관리 기본법 제18조 제1항 【재난안전상황실】
① 행정안전부장관, 시·도지사 및 시장·군수·구청장은 재난정보의 수집·전파, 상황관리, 재난발생 시 초동조치 및 지휘 등의 업무를 수행하기 위하여 다음 각 호의 구분에 따른 상시 재난안전상황실을 설치·운영하여야 한다.

## 095

**정답** ① 　기본서 1권　271p

**해설**　재난 및 안전관리 기본법 제20조 제1항 【재난상황의 보고】
① 시장·군수·구청장, 소방서장, 해양경찰서장, 제3조제5호나목에 따른 재난관리책임기관의 장 또는 제26조제1항에 따른 국가핵심기반을 관리하는 기관·단체의 장(이하 "관리기관의 장"이라 한다)은 그 관할구역, 소관 업무 또는 시설에서 재난이 발생하거나 발생할 우려가 있으면 대통령령으로 정하는 바에 따라 재난상황에 대해서는 즉시, 응급조치 및 수습현황에 대해서는 지체 없이 각각 행정안전부장관, 관계 재난관리주관기관의 장 및 시·도지사에게 보고하거나 통보하여야 한다. 이 경우 관계 재난관리주관기관의 장 및 시·도지사는 보고받은 사항을 확인·종합하여 행정안전부장관에게 통보하여야 한다.

## 096

**정답** ③ 　기본서 1권　271p

**해설**　재난 및 안전관리 기본법 제20조 제4항 【재난상황의 보고】
④ 시장·군수·구청장, 소방서장, 해양경찰서장, 제3조제5호나목에 따른 재난관리책임기관의 장 또는 관리기관의 장은 재난이 발생한 경우 또는 재난 발생을 신고받거나 통보받은 경우에는 즉시 관계 재난관리책임기관의 장에게 통보하여야 한다.

## 097

정답 ② | 기본서 1권 | 271p

해설 재난 및 안전관리 기본법 시행규칙 제5조 제1항【재난상황의 보고 등】
① 법 제20조제1항에 따라 시장(「제주특별자치도 설치 및 국제자유도시 조성을 위한 특별법」제11조제1항에 따른 행정시장을 포함한다. 이하 같다)·군수·구청장(자치구의 구청장을 말한다. 이하 같다), 소방서장, 해양경찰서장, 법 제3조제5호나목에 따른 재난관리책임기관의 장 또는 법 제26조제1항에 따른 국가핵심기반의 장(이하 "재난상황의 보고자"라 한다)은 다음 각 호의 구분에 따라 재난상황을 보고해야 한다.
 1. 최초 보고 : 인명피해 등 주요 재난 발생 시 지체 없이 서면(전자문서를 포함한다), 팩스, 전화, 법 제34조의8제1항에 따른 재난안전통신망 중 가장 빠른 방법으로 하는 보고
 2. 중간 보고 : 별지 제1호서식(법 제3조제1호가목에 따른 재난의 경우에는 별지 제2호서식)에 따라 전산시스템 등을 활용하여 재난 수습기간 중에 수시로 하는 보고
 3. 최종 보고 : 재난 수습이 끝나거나 재난이 소멸된 후 영 제24조제1항에 따른 사항을 종합하여 하는 보고

## 098

정답 ③ | 기본서 1권 | 271p

해설 재난 및 안전관리 기본법 시행규칙 제5조 제1항【재난상황의 보고 등】
① 법 제20조제1항에 따라 시장(「제주특별자치도 설치 및 국제자유도시 조성을 위한 특별법」제11조제1항에 따른 행정시장을 포함한다. 이하 같다)·군수·구청장(자치구의 구청장을 말한다. 이하 같다), 소방서장, 해양경찰서장, 법 제3조제5호나목에 따른 재난관리책임기관의 장 또는 법 제26조제1항에 따른 국가핵심기반의 장(이하 "재난상황의 보고자"라 한다)은 다음 각 호의 구분에 따라 재난상황을 보고해야 한다.
 1. 최초 보고 : 인명피해 등 주요 재난 발생 시 지체 없이 서면(전자문서를 포함한다), 팩스, 전화, 법 제34조의8제1항에 따른 재난안전통신망 중 가장 빠른 방법으로 하는 보고
 2. 중간 보고: 별지 제1호서식(법 제3조제1호가목에 따른 재난의 경우에는 별지 제2호서식)에 따라 전산시스템 등을 활용하여 재난 수습기간 중에 수시로 하는 보고
 3. 최종 보고: 재난 수습이 끝나거나 재난이 소멸된 후 영 제24조제1항에 따른 사항을 종합하여 하는 보고

## 099

**정답** ④ 기본서 1권 273p

**해설** 재난 및 안전관리 기본법 제22조 【국가안전관리기본계획의 수립 등】
① 국무총리는 대통령령으로 정하는 바에 따라 5년마다 국가의 재난 및 안전관리업무에 관한 기본계획(이하 "국가안전관리기본계획"이라 한다)의 수립지침을 작성하여 관계 중앙행정기관의 장에게 통보하여야 한다.
② 제1항에 따른 수립지침에는 부처별로 중점적으로 추진할 안전관리기본계획의 수립에 관한 사항과 국가재난관리체계의 기본방향이 포함되어야 한다.
③ 관계 중앙행정기관의 장은 제1항에 따른 수립지침에 따라 5년마다 그 소관에 속하는 재난 및 안전관리업무에 관한 기본계획을 작성한 후 국무총리에게 제출하여야 한다.
④ 국무총리는 제3항에 따라 관계 중앙행정기관의 장이 제출한 기본계획을 종합하여 국가안전관리기본계획을 작성하여 중앙위원회의 심의를 거쳐 확정한 후 이를 관계 중앙행정기관의 장에게 통보하여야 한다.
⑤ 중앙행정기관의 장은 제4항에 따라 확정된 국가안전관리기본계획 중 그 소관 사항을 관계 재난관리책임기관(중앙행정기관과 지방자치단체는 제외한다)의 장에게 통보하여야 한다.
⑥ 국가안전관리기본계획을 변경하는 경우에는 제1항부터 제5항까지를 준용한다.
⑦ 국가안전관리기본계획과 제23조의 집행계획, 제24조의 시·도안전관리계획 및 제25조의 시·군·구안전관리계획은 「민방위기본법」에 따른 민방위계획 중 재난관리분야의 계획으로 본다.
⑧ 국가안전관리기본계획에는 다음 각 호의 사항이 포함되어야 한다.

1. 재난에 관한 대책
2. 생활안전, 교통안전, 산업안전, 시설안전, 범죄안전, 식품안전, 안전취약계층 안전 및 그 밖에 이에 준하는 안전관리에 관한 대책

재난 및 안전관리 기본법 제24조 【시·도안전관리계획의 수립】
① 행정안전부장관은 국가안전관리기본계획과 집행계획에 따라 매년 시·도의 재난 및 안전관리업무에 관한 계획의 수립지침을 작성하여 이를 시·도지사에게 통보하여야 한다.

재난 및 안전관리 기본법 시행령 제26조 【국가안전관리기본계획 수립】
① 국무총리는 법 제22조제1항에 따른 국가의 재난 및 안전관리업무에 관한 기본계획(이하 "국가안전관리기본계획"이라 한다)을 수립하기 위하여 필요한 경우 관계기관 및 전문가 등의 의견을 들을 수 있다.

## 100

**정답** ① 기본서 1권 273p

**해설** 재난 및 안전관리 기본법 제22조 제1항 【국가안전관리기본계획의 수립 등】
① 국무총리는 대통령령으로 정하는 바에 따라 5년마다 국가의 안전관리업무에 관한 기본계획("국가안전관리기본계획")의 수립지침을 작성하여 관계 중앙행정기관의 장에게 통보하여야 한다.

## 101

**정답** ④ 기본서 1권 274p

**해설** 재난 및 안전관리 기본법 제22조 제3항, 제4항 【국가안전관리기본계획의 수립 등】
③ 관계 중앙행정기관의 장은 수립지침에 따라 5년마다 그 소관에 속하는 재난 및 안전관리업무에 관한 기본계획을 작성한 후 국무총리에게 제출하여야 한다.
④ 국무총리는 제3항에 따라 관계 중앙행정기관의 장이 제출한 기본계획을 종합하여 국가안전관리기본계획을 작성하여 중앙위원회의 심의를 거쳐 확정한 후 이를 관계 중앙행정기관의 장에게 통보하여야 한다.

## 102

**정답** ④ 　기본서 1권 　274p

**해설** 재난 및 안전관리 기본법 제23조 제1항 【집행계획】
① 관계 중앙행정기관의 장은 시달 받은 국가안전관리기본계획에 따라 매년 그 소관 업무에 관한 집행계획을 작성하여 조정위원회의 심의를 거쳐 국무총리의 승인을 받아 확정한다.

## 103

**정답** ③ 　기본서 1권 　294p

**해설** 재난 및 안전관리 기본법 제37조 제1항 【응급조치】
① 제50조제2항에 따른 시·도긴급구조통제단 및 시·군·구긴급구조통제단의 단장(이하 "지역통제단장"이라 한다)과 시장·군수·구청장은 재난이 발생할 우려가 있거나 재난이 발생하였을 때에는 즉시 관계 법령이나 재난대응활동계획 및 위기관리 매뉴얼에서 정하는 바에 따라 수방(水防)·진화·구조 및 구난(救難), 그 밖에 재난 발생을 예방하거나 피해를 줄이기 위하여 필요한 다음 각 호의 응급조치를 하여야 한다. 다만, 지역통제단장의 경우에는 제2호 중 진화에 관한 응급조치와 제4호 및 제6호의 응급조치만 하여야 한다.
1. 경보의 발령 또는 전달이나 피난의 권고 또는 지시
1의2. 제31조에 따른 안전조치
2. 진화·수방·지진방재, 그 밖의 응급조치와 구호
3. 피해시설의 응급복구 및 방역과 방범, 그 밖의 질서 유지
4. 긴급수송 및 구조 수단의 확보
5. 급수 수단의 확보, 긴급피난처 및 구호품 등 재난관리자원의 확보
6. 현장지휘통신체계의 확보
7. 그 밖에 재난 발생을 예방하거나 줄이기 위하여 필요한 사항으로서 대통령령으로 정하는 사항

제38조 제1항(위기경보의 발령 등)
① 재난관리주관기관의 장은 대통령령으로 정하는 재난에 대한 징후를 식별하거나 재난발생이 예상되는 경우에는 그 위험 수준, 발생 가능성 등을 판단하여 그에 부합되는 조치를 할 수 있도록 위기경보를 발령할 수 있다. 다만, 제34조의5제1항제1호 단서의 상황인 경우에는 행정안전부장관이 위기경보를 발령할 수 있다.

제41조 제1항(위험구역의 설정)
① 시장·군수·구청장과 지역통제단장(대통령령으로 정하는 권한을 행사하는 경우에만 해당한다. 이하 이 조에서 같다)은 재난이 발생하거나 발생할 우려가 있는 경우에 사람의 생명 또는 신체에 대한 위해 방지나 질서의 유지를 위하여 필요하면 위험구역을 설정하고, 응급조치에 종사하지 아니하는 사람에게 다음 각 호의 조치를 명할 수 있다.

## 104

**정답** ②  기본서 1권  294p

**해설** **지역통제단장의 응급조치** : 진화에 관한 응급조치, 긴급수송 및 구조 수단의 확보, 현장지휘통신체계의 확보가 있다.
재난 및 안전관리 기본법
제37조(응급조치) ① 제50조제2항에 따른 시·도긴급구조통제단 및 시·군·구긴급구조통제단의 단장(이하 "지역통제단장"이라 한다)과 시장·군수·구청장은 재난이 발생할 우려가 있거나 재난이 발생하였을 때에는 즉시 관계 법령이나 재난대응활동계획 및 위기관리 매뉴얼에서 정하는 바에 따라 수방(水防)·진화·구조 및 구난(救難), 그 밖에 재난 발생을 예방하거나 피해를 줄이기 위하여 필요한 다음 각 호의 응급조치를 하여야 한다. 다만, 지역통제단장의 경우에는 제2호 중 진화에 관한 응급조치와 제4호 및 제6호의 응급조치만 하여야 한다.
1. 경보의 발령 또는 전달이나 피난의 권고 또는 지시
1의2. 제31조에 따른 안전조치
2. 진화·수방·지진방재, 그 밖의 응급조치와 구호
3. 피해시설의 응급복구 및 방역과 방범, 그 밖의 질서 유지
4. 긴급수송 및 구조 수단의 확보
5. 급수 수단의 확보, 긴급피난처 및 구호품 등 재난관리자원의 확보
6. 현장지휘통신체계의 확보
7. 그 밖에 재난 발생을 예방하거나 줄이기 위하여 필요한 사항으로서 대통령령으로 정하는 사항

## 105

**정답** ②  기본서 1권  294p

**해설** 재난 및 안전관리 기본법 제37조【응급조치】
① 제50조제2항에 따른 시·도긴급구조통제단 및 시·군·구긴급구조통제단의 단장(이하 "지역통제단장"이라 한다)과 시장·군수·구청장은 재난이 발생할 우려가 있거나 재난이 발생하였을 때에는 즉시 관계 법령이나 재난대응활동계획 및 위기관리 매뉴얼에서 정하는 바에 따라 수방(水防)·진화·구조 및 구난(救難), 그 밖에 재난 발생을 예방하거나 피해를 줄이기 위하여 필요한 다음 각 호의 응급조치를 하여야 한다. 다만, 지역통제단장의 경우에는 제2호 중 진화에 관한 응급조치와 제4호 및 제6호의 응급조치만 하여야 한다.
　1. 경보의 발령 또는 전달이나 피난의 권고 또는 지시
　1의2. 제31조에 따른 안전조치
　2. 진화·수방·지진방재, 그 밖의 응급조치와 구호
　3. 피해시설의 응급복구 및 방역과 방범, 그 밖의 질서 유지
　4. 긴급수송 및 구조 수단의 확보
　5. 급수 수단의 확보, 긴급피난처 및 구호품 등 재난관리자원의 확보
　6. 현장지휘통신체계의 확보
　7. 그 밖에 재난 발생을 예방하거나 줄이기 위하여 필요한 사항으로서 대통령령으로 정하는 사항

## 106

**정답** ④ 　기본서 1권　290p

**해설** 재난 및 안전관리 기본법
제34조의5 제9항 【재난분야 위기관리 매뉴얼 작성·운용】
⑨ 행정안전부장관은 재난관리업무를 효율적으로 하기 위하여 대통령령으로 정하는 바에 따라 위기관리에 필요한 매뉴얼 표준안을 연구·개발하여 보급할 수 있다. 이 경우 다음 각 호의 사항을 고려하여야 한다.
1. 재난유형에 따른 국민행동요령의 표준화
2. 재난유형에 따른 예방·대비·대응·복구 단계별 조치사항에 관한 연구 및 표준화
3. 재난현장에서의 대응과 상호협력 절차에 관한 연구 및 표준화
4. 안전취약계층의 특성을 반영한 연구·개발
5. 그 밖에 위기관리에 관한 매뉴얼의 개선·보완에 필요한 사항

## 107

**정답** ② 　기본서 1권　289p

**해설** 재난분야 위기관리 매뉴얼 작성·운용 【법 제34조의5】
① 재난관리책임기관의 장은 재난을 효율적으로 관리하기 위하여 재난유형에 따라 다음 각 호의 위기관리 매뉴얼을 작성·운용하여야 한다. 이 경우 재난대응활동계획과 위기관리 매뉴얼이 서로 연계되도록 하여야 한다.
㉠ 위기관리 표준매뉴얼
㉡ 위기대응 실무매뉴얼
㉢ 현장조치 행동매뉴얼

## 108

**정답** ② 　기본서 1권　296p

**해설** **재난 예보·경보체계 구축·운영 등** 【재난 및 안전관리 기본법 제38조의2 제7항】
시장·군수·구청장은 제41조에 따른 위험구역 및 「자연재해대책법」 제12조에 따른 자연재해위험개선지구 등 재난으로 인하여 사람의 생명·신체 및 재산에 대한 피해가 예상되는 지역에 대하여 그 피해를 예방하기 위하여 시·군·구 재난 예보·경보체계 구축 종합계획(이하 이 조에서 "시·군·구종합계획"이라 한다)을 5년 단위로 수립하여 시·도지사에게 제출하여야 한다.

## 109

**정답** ③ 　기본서 1권　292p

**해설** 재난 및 안전관리 기본법 제34조의9 【재난대비훈련 기본계획 수립】
① 행정안전부장관은 매년 재난대비훈련 기본계획을 수립하고 재난관리책임기관의 장에게 통보하여야 한다.
② 재난관리책임기관의 장은 제1항의 재난대비훈련 기본계획에 따라 소관분야별로 자체계획을 수립하여야 한다.
③ 행정안전부장관은 제1항에 따라 수립한 재난대비훈련 기본계획을 국회 소관상임위원회에 보고하여야 한다.

## 110

**정답** ④ 　기본서 1권　297p

**해설** 지역통제단장은 위험구역 설정권자이다.

※ **재난 및 안전관리 기본법 제41조【위험구역의 설정】**
① 시장·군수·구청장과 지역통제단장(대통령령으로 정하는 권한을 행사하는 경우에만 해당한다. 이하 이 조에서 같다)은 재난이 발생하거나 발생할 우려가 있는 경우에 사람의 생명 또는 신체에 대한 위해 방지나 질서의 유지를 위하여 필요하면 위험구역을 설정하고, 응급조치에 종사하지 아니하는 사람에게 다음 각 호의 조치를 명할 수 있다.
　1. 위험구역에 출입하는 행위나 그 밖의 행위의 금지 또는 제한
　2. 위험구역에서의 퇴거 또는 대피
② 시장·군수·구청장과 지역통제단장은 제1항에 따라 위험구역을 설정할 때에는 그 구역의 범위와 제1항 제1호에 따라 금지되거나 제한되는 행위의 내용, 그 밖에 필요한 사항을 보기 쉬운 곳에 게시하여야 한다.
③ 관계 **중앙행정기관의 장은** 재난이 발생하거나 발생할 우려가 있는 경우로서 사람의 생명 또는 신체에 대한 위해 방지나 질서의 유지를 위하여 필요하다고 인정되는 경우에는 시장·군수·구청장과 **지역통제단장에게 위험구역의 설정을 요청할 수 있다.**

## 111

**정답** ② 　기본서 1권　300p

**해설** **중앙긴급구조통제단**(재난 및 안전관리 기본법 제49조)
① 긴급구조에 관한 사항의 총괄·조정, 긴급구조기관 및 긴급구조지원기관이 하는 긴급구조활동의 역할 분담과 지휘·통제를 위하여 소방청에 중앙긴급구조통제단(이하 "중앙통제단"이라 한다)을 둔다.
② 중앙통제단의 단장은 <u>소방청장이 된다.</u>
③ 중앙통제단장은 긴급구조를 위하여 필요하면 긴급구조지원기관 간의 공조체제를 유지하기 위하여 관계 기관·단체의 장에게 소속 직원의 파견을 요청할 수 있다. 이 경우 요청을 받은 기관·단체의 장은 특별한 사유가 없으면 요청에 따라야 한다.
④ 중앙통제단의 구성·기능 및 운영에 필요한 사항은 대통령령으로 정한다.

## 112

**정답** ① 　기본서 1권　294p

**해설** 재난 및 안전관리 기본법 제37조(응급조치) ① 제50조제2항에 따른 <u>시·도긴급구조통제단 및 시·군·구 긴급구조통제단의 단장(이하 "지역통제단장"이라 한다)</u>과 시장·군수·구청장은 재난이 발생할 우려가 있거나 재난이 발생하였을 때에는 즉시 관계 법령이나 재난대응활동계획 및 위기관리 매뉴얼에서 정하는 바에 따라 수방(水防)·진화·구조 및 구난(救難), 그 밖에 재난 발생을 예방하거나 피해를 줄이기 위하여 필요한 다음 각 호의 응급조치를 하여야 한다.

## 113

정답 ④ 기본서 1권 294p

해설 지역통제단장은 ①, ②, ③에 대한 응급조치만 할 수 있으며 나머지 응급조치 사항은 시장, 군수, 구청장이 한다.
재난 및 안전관리 기본법 제37조(응급조치)
① 제50조제2항에 따른 시·도긴급구조통제단 및 시·군·구긴급구조통제단의 단장(이하 "지역통제단장"이라 한다)과 시장·군수·구청장은 재난이 발생할 우려가 있거나 재난이 발생하였을 때에는 즉시 관계 법령이나 재난대응활동계획 및 위기관리 매뉴얼에서 정하는 바에 따라 수방(水防)·진화·구조 및 구난(救難), 그 밖에 재난 발생을 예방하거나 피해를 줄이기 위하여 필요한 다음 각 호의 응급조치를 하여야 한다. 다만, 지역통제단장의 경우에는 제2호 중 진화에 관한 응급조치와 제4호 및 제6호의 응급조치만 하여야 한다.
 1. 경보의 발령 또는 전달이나 피난의 권고 또는 지시
 1의2. 제31조에 따른 안전조치
 2. 진화·수방·지진방재, 그 밖의 응급조치와 구호
 3. 피해시설의 응급복구 및 방역과 방범, 그 밖의 질서 유지
 4. 긴급수송 및 구조 수단의 확보
 5. 급수 수단의 확보, 긴급피난처 및 구호품 등 재난관리자원의 확보
 6. 현장지휘통신체계의 확보
 7. 그 밖에 재난 발생을 예방하거나 줄이기 위하여 필요한 사항으로서 대통령령으로 정하는 사항
② 시·군·구의 관할 구역에 소재하는 재난관리책임기관의 장은 시장·군수·구청장이나 지역통제단장이 요청하면 관계 법령이나 시·군·구안전관리계획에서 정하는 바에 따라 시장·군수·구청장이나 지역통제단장의 지휘 또는 조정하에 그 소관 업무에 관계되는 응급조치를 실시하거나 시장·군수·구청장이나 지역통제단장이 실시하는 응급조치에 협력하여야 한다.

## 114

정답 ① 기본서 1권 316p

해설 재난 및 안전관리 기본법 제60조 제1항(특별재난지역의 선포)
① 중앙대책본부장은 대통령령으로 정하는 규모의 재난이 발생하여 국가의 안녕 및 사회질서의 유지에 중대한 영향을 미치거나 피해를 효과적으로 수습하기 위하여 특별한 조치가 필요하다고 인정하는 경우에는 중앙위원회의 심의를 거쳐 해당지역을 특별재난지역으로 선포할 것을 대통령에게 건의할 수 있다.

## 115

정답 ④ 기본서 1권 316p

해설 재난 및 안전관리 기본법 제60조 ①항 중앙재난안전대책본부장(중앙대책본부장)은 대통령령으로 정하는 재난의 발생으로 인하여 국가의 안녕 및 사회질서의 유지에 중대한 영향을 미치거나 그 재난으로 인한 피해를 효과적으로 수습 및 복구하기 위하여 특별한 조치가 필요하다고 인정하면 중앙안전관리위원회(중앙위원회)의 심의를 거쳐 해당 지역을 특별재난지역으로 선포할 것을 대통령에게 건의할 수 있다.
제60조 ②항 ①항에 따라 특별재난지역의 선포를 건의 받은 대통령은 해당 지역을 특별재난지역으로 선포할 수 있다.

## 116

**정답** ①    기본서 1권   310p

**해설** 긴급구조대응활동 및 현장지휘에 관한 규칙
제15조의2(대응단계 발령기준)
① 현장지휘관은 현장대응을 위한 긴급구조기관의 인력 및 장비를 확보하기 위하여 대응단계를 발령할 수 있다.
② 제1항에 따른 대응단계 발령기준에 관한 세부 사항은 긴급구조대응계획에서 정하는 바에 따른다.

## 117

**정답** ①    기본서 1권   298p, 318p, 321p

**해설** 재난 및 안전관리 기본법 제63조(응급지원에 필요한 비용)
① 제44조제1항, 제46조 또는 제48조제1항에 따라 응원을 받은 자는 그 응원에 드는 비용을 부담하여야 한다.

제44조(응원)
① 시장·군수·구청장은 응급조치를 하기 위하여 필요하면 다른 시·군·구나 관할 구역에 있는 군부대 및 관계 행정기관의 장, 그 밖의 민간기관·단체의 장에게 인력·장비·자재 등 필요한 응원(應援)을 요청할 수 있다. 이 경우 응원을 요청받은 군부대의 장과 관계 행정기관의 장은 특별한 사유가 없으면 요청에 따라야 한다.

제62조(비용 부담의 원칙)
① 재난관리에 필요한 비용은 이 법 또는 다른 법령에 특별한 규정이 있는 경우 외에는 이 법 또는 제3장의 안전관리계획에서 정하는 바에 따라 그 시행의 책임이 있는 자(제29조제1항에 따른 재난방지시설의 경우에는 해당 재난방지시설의 유지·관리 책임이 있는 자를 말한다)가 부담한다. 다만, 제46조에 따라 시·도지사나 시장·군수·구청장이 다른 재난관리책임기관이 시행할 재난의 응급조치를 시행한 경우 그 비용은 그 응급조치를 시행할 책임이 있는 재난관리책임기관이 부담한다.

제66조의2(복구비 등의 선지급)
① 지방자치단체의 장은 재난의 신속한 구호 및 복구를 위하여 필요하다고 판단되면 제66조에 따라 재난의 구호 및 복구를 위하여 지원하는 비용(이하 "복구비등"이라 한다) 중 대통령령으로 정하는 항목에 대해서는 제59조 또는 「자연재해대책법」 제46조에 따른 복구계획 수립 전에 미리 지급할 수 있다.

제66조의3(복구비등의 반환)
① 국가와 지방자치단체는 복구비등을 받은 자가 다음 각 호의 어느 하나에 해당하는 경우에는 행정안전부령으로 정하는 바에 따라 그 받은 복구비등을 반환하도록 명하여야 한다.
  1. 부정한 방법으로 복구비등을 받은 경우
  2. 복구비등을 받은 후 그 지급 사유가 소급하여 소멸된 경우
  3. 그 밖에 대통령령으로 정하는 사유가 발생한 경우

## 118

정답 ④　기본서 1권　301p

해설　재난 및 안전관리 기본법 제52조 제1항, 제2항(긴급구조 현장지휘)
① 재난현장에서는 시·군·구긴급구조통제단장이 긴급구조활동을 지휘한다. 다만, 치안활동과 관련된 사항은 관할 경찰관서의 장과 협의하여야 한다.
② 제1항에 따른 현장지휘는 다음 각 호의 사항에 관하여 한다.
1. 재난현장에서 인명의 탐색·구조
2. 긴급구조기관 및 긴급구조지원기관의 긴급구조요원·긴급구조지원요원 및 재난관리자원의 배치와 운용
3. 추가 재난의 방지를 위한 응급조치
4. 긴급구조지원기관 및 자원봉사자 등에 대한 임무의 부여
5. 사상자의 응급처치 및 의료기관으로의 이송
6. 긴급구조에 필요한 재난관리자원의 관리
7. 현장접근 통제, 현장 주변의 교통정리, 그 밖에 긴급구조활동을 효율적으로 하기 위하여 필요한 사항

## 119

정답 ④　기본서 1권　302p

해설　재난 및 안전관리 기본법 제52조 제8항(긴급구조 현장지휘)
⑧ 재난현장의 구조활동 등 초동 조치상황에 대한 언론 발표 등은 각급통제단장이 지명하는 자가 한다.

## 120

정답 ④　기본서 1권　320p

해설　재난 및 안전관리 기본법 제66조 제1항(재난지역에 대한 국고보조 등의 지원)
① 국가는 다음 각 호의 어느 하나에 해당하는 재난의 원활한 복구를 위하여 필요하면 대통령령으로 정하는 바에 따라 그 비용(제65조제1항에 따른 보상금을 포함한다)의 전부 또는 일부를 국고에서 부담하거나 지방자치단체, 그 밖의 재난관리책임자에게 보조할 수 있다. 다만, 제39조제1항(제46조제1항에 따라 시·도지사가 하는 경우를 포함한다) 또는 제40조제1항의 대피명령을 방해하거나 위반하여 발생한 피해에 대하여는 그러하지 아니하다.

## 121

정답 ②　기본서 1권　322p

해설　**안전관리헌장**(재난 및 안전관리 기본법 제66조의8)
① 국무총리는 재난을 예방하고, 재난이 발생할 경우 그 피해를 최소화하기 위하여 재난 및 안전관리업무에 종사하는 자가 지켜야 할 사항 등을 정한 안전관리헌장을 제정·고시하여야 한다.
② 재난관리책임기관의 장은 제1항에 따른 안전관리헌장을 실천하는 데 노력하여야 하며, 안전관리헌장을 누구나 쉽게 볼 수 있는 곳에 항상 게시하여야 한다.

## 122

**정답** ① 　기본서 1권　322p

**해설** 재난 및 안전관리 기본법 제66조의8(안전관리헌장)
① 국무총리는 재난을 예방하고, 재난이 발생할 경우 그 피해를 최소화하기 위하여 재난 및 안전관리업무에 종사하는 자가 지켜야 할 사항 등을 정한 안전관리헌장을 제정·고시하여야 한다.


## 123

**정답** ④ 　기본서 1권　324~325p

**해설** ④ 1천 명 이상이면 지역 축제 안전관리계획 수립 대상에 해당한다.

재난 및 안전관리 기본법 제66조의11 제1항(지역축제 개최 시 안전관리조치)
① 중앙행정기관의 장 또는 지방자치단체의 장은 대통령령으로 정하는 지역축제를 개최하려면 해당 지역축제가 안전하게 진행될 수 있도록 지역축제 안전관리계획을 수립하고, 그 밖에 안전관리에 필요한 조치를 하여야 한다. 다만, 다중의 참여가 예상되는 지역축제로서 개최자가 없거나 불분명한 경우에는 참여 예상 인원의 규모와 장소 등을 고려하여 대통령령으로 정하는 바에 따라 관할 지방자치단체의 장이 지역축제 안전관리계획을 수립하고 그 밖에 안전관리에 필요한 조치를 하여야 한다.

재난관리법 시행령 제73조의9(지역축제 개최 시 안전관리조치)
① 법 제66조의11제1항 및 제3항에서 "대통령령으로 정하는 지역축제"란 다음 각 호의 어느 하나에 해당하는 지역축제를 말한다.
　1. 축제기간 중 순간 최대 관람객이 1천명 이상이 될 것으로 예상되는 지역축제
　2. 축제장소나 축제에 사용하는 재료 등에 사고 위험이 있는 지역축제로서 다음 각 목의 어느 하나에 해당하는 지역축제
　　가. 산 또는 수면에서 개최하는 지역축제
　　나. 불, 폭죽, 석유류 또는 가연성 가스 등의 폭발성 물질을 사용하는 지역축제
② 법 제66조의11제1항 및 제3항에 따른 지역축제 안전관리계획(이하 "지역축제 안전관리계획"이라 한다)에는 다음 각 호의 사항이 포함되어야 한다.
　1. 지역축제의 개요
　2. 축제 장소·시설 등을 관리하는 사람 및 관리조직과 임무에 관한 사항
　3. 화재예방 및 인명피해 방지조치에 관한 사항
　4. 안전관리인력의 확보 및 배치계획
　5. 비상시 대응요령, 담당 기관과 담당자 연락처
③ 법 제66조의11제1항 및 제3항에 따라 지역축제를 개최하려는 자가 지역축제 안전관리계획을 수립하려면 개최지를 관할하는 지방자치단체, 소방서 및 경찰서 등 안전관리 유관기관의 의견을 미리 들어야 한다.
④ 법 제66조의11제3항에 따라 지역축제를 개최하려는 자는 지역축제 안전관리계획을 수립하여 축제 개최일 3주 전까지 관할 시장·군수·구청장에게 제출해야 한다. 이 경우 지역축제 안전관리계획을 변경하려는 경우에는 해당 축제 개최일 7일 전까지 변경된 내용을 제출해야 한다.
⑤ 행정안전부장관은 지역축제 안전관리계획이 효율적으로 수립·관리될 수 있도록 하기 위하여 지역축제 안전관리 매뉴얼을 작성하여 중앙행정기관의 장 또는 지방자치단체의 장에게 통보하고 행정안전부 인터넷 홈페이지 등을 통하여 공개할 수 있다.
⑥ 제1항부터 제5항까지에서 규정한 사항 외에 지역축제 안전관리계획의 세부적인 내용 및 수립절차 등에 관하여 필요한 사항은 행정안전부장관이 정한다.

## 124

**정답** ③  기본서 1권  304p

**해설** 재난 및 안전관리 기본법 시행령 제63조(긴급구조대응계획의 수립)
① 법 제54조에 따라 긴급구조기관의 장이 수립하는 긴급구조대응계획은 기본계획, 기능별 긴급구조대응계획, 재난유형별 긴급구조대응계획으로 구분하되, 구분된 계획에 포함되어야 하는 사항은 다음 각 호와 같다.
1. 기능별 긴급구조대응계획
   가. <u>지휘통제</u> : 긴급구조체제 및 중앙통제단과 지역통제단의 운영체계 등에 관한 사항
   나. 비상경고 : 긴급대피, 상황 전파, 비상연락 등에 관한 사항
   다. 대중정보 : 주민보호를 위한 비상방송시스템 가동 등 긴급 공공정보 제공에 관한 사항 및 재난상황 등에 관한 정보 통제에 관한 사항
   라. 피해상황분석 : 재난현장상황 및 피해정보의 수집·분석·보고에 관한 사항
   마. 구조·진압 : 인명 수색 및 구조, 화재진압 등에 관한 사항
   바. <u>응급의료</u> : 대량 사상자 발생 시 응급의료서비스 제공에 관한 사항
   사. 긴급오염통제 : 오염 노출 통제, 긴급 전염병 방제 등 재난현장 공중보건에 관한 사항
   아. 현장통제 : 재난현장 접근 통제 및 치안 유지 등에 관한 사항
   자. 긴급복구 : 긴급구조활동을 원활하게 하기 위한 긴급구조차량 접근 도로 복구 등에 관한 사항
   차. <u>긴급구호</u> : 긴급구조요원 및 긴급대피 수용주민에 대한 위기 상담, 임시 의식주 제공 등에 관한사항
   카. 재난통신 : 긴급구조기관 및 긴급구조지원기관 간 정보통신체계 운영 등에 관한 사항
2. 재난유형별 긴급구조대응계획
   가. 재난 발생 단계별 주요 긴급구조 대응활동 사항
   나. 주요 재난유형별 대응 매뉴얼에 관한 사항
   다. 비상경고 방송메세지 작성 등에 관한 사항

## 125

**정답** ③  기본서 1권  300p

**해설** 시행령 제55조(중앙통제단의 구성 및 운영)
③ 제2항에 따른 부단장은 소방청 차장이 되며, 중앙통제단에는 대응계획부·현장지휘부 및 자원지원부를 둔다.

## 126

**정답** ④  기본서 1권  304p

**해설** 긴급복구에 대한 설명이다. 법령에 응급복구는 없고 긴급복구가 있다.(재난 및 안전관리 기본법 시행령 제63조)

## 127

**정답** ②  기본서 1권  293p

**해설** 제36조(재난사태 선포) ① 행정안전부장관은 대통령령으로 정하는 재난이 발생하거나 발생할 우려가 있는 경우 사람의 생명·신체 및 재산에 미치는 중대한 영향이나 피해를 줄이기 위하여 긴급한 조치가 필요하다고 인정하면 중앙위원회의 심의를 거쳐 재난사태를 선포할 수 있다. 다만, 행정안전부장관은 재난상황이 긴급하여 중앙위원회의 심의를 거칠 시간적 여유가 없다고 인정하는 경우에는 중앙위원회의 심의를 거치지 아니하고 재난사태를 선포할 수 있다.

## 128

정답 ③  기본서 1권  327p

해설 재난관리기금의 매년도 최저적립액은 <u>최근 3년 동안의 「지방세법」에 의한 보통세의 수입결산액의 평균연액의 100분의 1</u>에 해당하는 금액으로 한다.(재난 및 안전관리 기본법 제67조 제2항)

## 129

정답 ②  기본서 1권  262p

해설 중앙재난안전대책본부장은 행정안전부장관이다.(재난 및 안전관리 기본법 제14조 제3항)

## 130

정답 ③  기본서 1권  273p

해설 **재난 및 안전관리 기본법**
제22조(국가안전관리기본계획의 수립 등)
① 국무총리는 대통령령으로 정하는 바에 따라 5년마다 국가의 재난 및 안전관리업무에 관한 기본계획(이하 "국가안전관리기본계획"이라 한다)의 수립지침을 작성하여 관계 중앙행정기관의 장에게 통보하여야 한다.
② 제1항에 따른 수립지침에는 부처별로 중점적으로 추진할 안전관리기본계획의 수립에 관한 사항과 국가재난관리체계의 기본방향이 포함되어야 한다.
③ 관계 중앙행정기관의 장은 제1항에 따른 수립지침에 따라 5년마다 그 소관에 속하는 재난 및 안전관리업무에 관한 기본계획을 작성한 후 국무총리에게 제출하여야 한다.
④ 국무총리는 제3항에 따라 관계 중앙행정기관의 장이 제출한 기본계획을 종합하여 국가안전관리기본계획을 작성하여 중앙위원회의 심의를 거쳐 확정한 후 이를 관계 중앙행정기관의 장에게 통보하여야 한다.
⑤ 중앙행정기관의 장은 제4항에 따라 확정된 국가안전관리기본계획 중 그 소관 사항을 관계 재난관리책임기관(중앙행정기관과 지방자치단체는 제외한다)의 장에게 통보하여야 한다.

## 131

정답 ②  기본서 1권  264p

해설 시행령 제17조(중앙대책본부회의 심의·협의 사항)
중앙대책본부회의는 재난복구계획에 관한 사항을 심의·확정하는 외에 다음 각 호의 사항을 협의한다.
1. 재난예방대책에 관한 사항
2. 재난응급대책에 관한 사항
3. 국고지원 및 예비비 사용에 관한 사항
4. 그 밖에 중앙대책본부장이 회의에 부치는 사항

## 132

**정답** ③  기본서 1권  273p

**해설** 재난 및 안전관리 기본법 22조 제8항
1. 재난에 관한 대책
2. 생활안전, 교통안전, 산업안전, 시설안전, 범죄안전, 식품안전, 안전취약계층 안전 및 그 밖에 이에 준하는 안전관리에 관한 대책

## 133

**정답** ①  기본서 1권  300p

**해설** **중앙긴급구조통제단**(재난 및 안전관리 기본법 제49조)
① 긴급구조에 관한 사항의 총괄·조정, 긴급구조기관 및 긴급구조지원기관이 하는 긴급구조활동의 역할분담과 지휘·통제를 위하여 소방청에 중앙긴급구조통제단(이하 "중앙통제단"이라 한다)을 둔다.
② 중앙통제단의 단장은 소방청장이 된다.
③ 중앙통제단장은 긴급구조를 위하여 필요하면 긴급구조지원기관 간의 공조체제를 유지하기 위하여 관계기관·단체의 장에게 소속 직원의 파견을 요청할 수 있다. 이 경우 요청을 받은 기관·단체의 장은 특별한 사유가 없으면 요청에 따라야 한다.
④ 중앙통제단의 구성·기능 및 운영에 필요한 사항은 대통령령으로 정한다.

**지역긴급구조통제단**(재난 및 안전관리 기본법 제50조)
① 지역별 긴급구조에 관한 사항의 총괄·조정, 해당 지역에 소재하는 긴급구조기관 및 긴급구조지원기관 간의 역할분담과 재난현장에서의 지휘·통제를 위하여 시·도의 소방본부에 시·도긴급구조통제단을 두고, 시·군·구의 소방서에 시·군·구긴급구조통제단을 둔다.
② 시·도긴급구조통제단과 시·군·구긴급구조통제단(이하 "지역통제단"이라 한다)에는 각각 단장 1명을 두되, 시·도긴급구조통제단의 단장은 소방본부장이 되고 시·군·구긴급구조통제단의 단장은 소방서장이 된다.
③ 지역통제단장은 긴급구조를 위하여 필요하면 긴급구조지원기관 간의 공조체제를 유지하기 위하여 관계기관·단체의 장에게 소속 직원의 파견을 요청할 수 있다. 이 경우 요청을 받은 기관·단체의 장은 특별한 사유가 없으면 요청에 따라야 한다.
④ 지역통제단의 기능과 운영에 관한 사항은 대통령령으로 정한다.

## 134

**정답** ②  기본서 1권  300p

**해설** 재난 및 안전관리 기본법 시행령 제54조(중앙통제단의 기능)
1. 국가 긴급구조대책의 총괄·조정
2. 긴급구조활동의 지휘·통제(긴급구조활동에 필요한 긴급구조기관의 인력과 장비 등의 동원을 포함한다)
3. 긴급구조지원기관간의 역할분담 등 긴급구조를 위한 현장활동계획의 수립
4. <u>긴급구조대응계획의 집행</u>
5. 그 밖에 중앙통제단의 장(이하 "중앙통제단장"이라 한다)이 필요하다고 인정하는 사항

## 135

**정답** ③ 기본서 1권 304p

**해설** **재난 및 안전관리 기본법 제54조(긴급구조대응계획의 수립)**
긴급구조기관의 장은 재난이 발생하는 경우 긴급구조기관과 긴급구조지원기관이 신속하고 효율적으로 긴급구조를 수행할 수 있도록 대통령령으로 정하는 바에 따라 재난의 규모와 유형에 따른 긴급구조대응계획을 수립·시행하여야 한다.

**재난 및 안전관리 기본법 시행령 제64조(긴급구조대응계획의 수립절차)**
① 소방청장은 매년 법 제54조에 따라 시·도 긴급구조대응계획의 수립에 관한 지침을 작성하여 시·도 긴급구조기관의 장에게 전달하여야 한다.
② 시·도 긴급구조기관의 장은 제1항에 따른 지침에 따라 시·도 긴급구조대응계획을 작성하여 소방청장에게 보고하고 시·군·구 긴급구조대응계획의 수립에 관한 지침을 작성하여 시·군·구 긴급구조기관에 통보하여야 한다.
③ 시·군·구 긴급구조기관의 장은 제2항에 따른 시·군·구 긴급구조대응계획의 수립에 관한 지침에 따라 시·군·구 긴급구조대응계획을 작성하여 시·도 긴급구조기관의 장에게 보고하여야 한다.

## 136

**정답** ③ 기본서 1권 280p

**해설** **재난 및 안전관리 기본법 시행령 34조의 2**
가. A등급, B등급 또는 C등급에 해당하는 특정관리대상시설등: 반기별 1회 이상
나. D등급에 해당하는 특정관리대상시설등: 월 1회 이상
다. E등급에 해당하는 특정관리대상시설등: 월 2회 이상

## 137

**정답** ① 기본서 1권 280p

**해설** **정기안전점검**(재난 및 안전관리 기본법 시행령 34조의2 제2항)
가. A등급, B등급 또는 C등급에 해당하는 특정관리대상시설등 : 반기별 1회 이상
나. D등급에 해당하는 특정관리대상시설등 : 월 1회 이상
다. E등급에 해당하는 특정관리대상시설등 : 월 2회 이상

## 138

정답 ④  기본서 1권  268p

해설 **재난 및 안전관리 기본법 제16조(지역재난안전대책본부)**
① 해당 관할 구역에서 재난의 수습 등에 관한 사항을 총괄·조정하고 필요한 조치를 하기 위하여 시·도지사는 시·도 재난안전대책본부(이하 "시·도 대책본부"라 한다)를 두고, 시장·군수·구청장은 시·군·구 재난안전대책본부(이하 "시·군·구 대책본부"라 한다)를 둔다.
② 시·도 대책본부 또는 시·군·구 대책본부(이하 "지역대책본부"라 한다)의 본부장(이하 "지역대책본부장"이라 한다)은 시·도지사 또는 시장·군수·구청장이 되며, 지역대책본부장은 지역대책본부의 업무를 총괄하고 필요하다고 인정하면 대통령령으로 정하는 바에 따라 지역재난안전대책본부회의를 소집할 수 있다.
③ 시·군·구 대책본부의 장은 재난현장의 총괄·조정 및 지원을 위하여 재난현장 통합지원본부(이하 "통합지원본부"라 한다)를 설치·운영할 수 있다. 이 경우 통합지원본부의 장은 긴급구조에 대해서는 제52조에 따른 시·군·구 긴급구조통제단장의 현장지휘에 협력하여야 한다.
④ <u>통합지원본부의 장은 관할 시·군·구의 부단체장이 되며</u>, 실무반을 편성하여 운영할 수 있다.
⑤ 지역대책본부 및 통합지원본부의 구성과 운영에 필요한 사항은 해당 지방자치단체의 조례로 정한다.

## 139

정답 ④  기본서 1권  282p

해설 **재난 및 안전관리 기본법 제29조의2(재난안전분야 종사자 교육)**
① 재난관리책임기관에서 재난 및 안전관리업무를 담당하는 공무원이나 직원은 행정안전부장관이 실시하는 전문교육(이하 "전문교육"이라 한다)을 행정안전부령으로 정하는 바에 따라 정기적으로 또는 수시로 받아야 한다.

제34조의9(재난대비훈련 기본계획 수립)
① 행정안전부장관은 매년 재난대비훈련 기본계획을 수립하고 재난관리책임기관의 장에게 통보하여야 한다.

재난 및 안전관리 기본법 시행령
제66조(긴급구조에 관한 교육)
① 긴급구조지원기관에서 긴급구조업무와 재난관리업무를 담당하는 부서의 담당자 및 관리자는 법 제55조제3항에 따라 다음 각 호의 구분에 따른 긴급구조에 관한 교육(이하 "긴급구조교육"이라 한다)을 받아야 한다.

## 140

**정답** ③  기본서 1권  268p

**해설** ③ 지역대책본부 및 통합지원본부의 구성과 운영에 필요한 사항은 해당 지방자치단체의 조례로 정한다.(재난 및 안전관리 기본법 제16조 제5항)

재난 및 안전관리 기본법 제14조 제7항(중앙재난안전대책본부 등)
⑦ 제1항에 따른 중앙대책본부, 제3항에 따른 중앙재난안전대책본부회의의 구성과 운영에 필요한 사항은 대통령령으로 정한다.

재난 및 안전관리 기본법 제14조의2 제3항(수습지원단 파견 등)
③ 수습지원단의 구성과 운영 및 특수기동구조대의 편성과 파견 등에 필요한 사항은 대통령령으로 정한다.

재난 및 안전관리 기본법 제15조의2 제8항(중앙 및 지역사고수습본부)
⑧ 수습본부의 구성·운영 등에 필요한 사항은 대통령령으로 정한다.

## 141

**정답** ④  기본서 1권  279p

**해설** ① 재난 및 안전관리 업무의 총괄·조정(법 제6조) 행정안전부장관은 국가 및 지방자치단체가 행하는 재난 및 안전관리 업무를 총괄·조정한다.
② 재난 및 안전관리 사업에 대한 평가(법 제10조의3) 행정안전부장관은 매년 재난 및 안전관리 사업의 효과성 및 효율성을 평가하고, 그 결과를 관계 중앙행정기관의 장에게 통보하여야 한다.
③ 재난현장 통합자원봉사지원단의 설치 등(법 제17조의2) 행정안전부장관은 통합자원봉사지원단의 원활한 운영을 위하여 필요한 경우 지방자치단체에 대하여 행정 및 재정적 지원을 할 수 있다.
④ 특정관리대상지역의 지정 및 관리 등(법 제27조) 국무총리는 보고받은 사항 중 재난을 예방하기 위하여 필요하다고 인정하는 사항에 대해서는 중앙행정기관의 장, 지방자치단체의 장 또는 재난관리책임기관의 장에게 시정조치나 보완을 요구할 수 있다.

# PART III 연소이론

## CHAPTER 1 연소개요 등

### 001
**정답** ② 기본서 2권 27p

**해설** CxHy수의 증가[파라핀계]
- 연소범위가 좁아지고 하한계는 낮아진다.
- 분자구조가 복잡해진다.
- 휘발성(증기압)이 감소하고 비점은 상승한다.
- 인화점이 높아진다.
- 발열량이 증가한다.
- 발화점이 낮아진다.

### 002
**정답** ④ 기본서 2권 16p

**해설** 유전가열(Dielectric Heating)은 전기적 열에너지원에 해당한다.
※ 유전가열 : 실제로 사용하는 절연물질은 완전한 절연능력을 갖지 않으므로 절연물질에 누설전류가 흘러 저항에 의해 열이 발생한다.

### 003
**정답** ④ 기본서 2권 12p

**해설** 산화 중 연소가 아닌 것도 있으며, 연소에는 흡열반응이 없으며, 무염연소는 화염이 없다.

### 004
**정답** ④ 기본서 2권 14p

**해설** 가연물의 열전도율이 낮으면 열의 전달이 잘 안 일어나고 열을 축적하기 쉽게 된다.

## 005

정답 ③ 기본서 2권 28~29p

해설 예혼합연소란 연소시키기 전에 이미 연소 가능한 혼합가스를 만들어 연소시키는 것으로 혼합기로의 역화를 일으킬 위험성이 크다.
확산연소란 연소버너 주변에 가연성 가스를 확산시켜 산소와 접촉, 연소범위의 혼합가스를 생성하여 연소하는 현상으로 기체의 일반적 연소 형태이다.

## 006

정답 ③ 기본서 2권 31p

해설 표면연소는 화학적 소화로 소화할 수 없다. 왜냐하면 연소의 3요소로 진행되기 때문이다.

## 007

정답 ③ 기본서 2권 31p

해설 고체연소 중 승화성고체의 증발연소에 대한 설명이다.

## 008

정답 ③ 기본서 2권 28p

해설 기체연소의 가장 일반적인 연소는 확산연소이다.

## 009

정답 ④ 기본서 2권 28~32p

해설 ㉠ 액체연료의 증발연소
㉡ 액체연료의 분해연소
㉢ 고체연료의 분해연소
㉣ 고체연료의 표면연소
㉤ 고체연료의 자기연소
㉥ 고체연료의 분해연소

# 010

정답 ②  기본서 2권  14p

해설
> ⓒ 발화가 발생하기 위해서는 물적 조건인 <u>연소범위</u>내의 농도와 압력을 유지하여야 하며, 에너지 조건인 발화온도, 발화에너지, 충격감도가 일정한 열원을 공급해주어야 한다.
> ⓒ 물질이 발화, 연소하는데는 물적 조건과 에너지 조건을 만족하여야 되는데 이 물적 조건을 <u>연소범위</u>라 하며, 에너지 조건을 발화온도나 발화에너지, 충격감도라 한다.
> ⓔ 인화점이란 포화증기압과 LFL이 만나는 <u>최저온도</u>이다.

# 011

정답 ②  기본서 2권  25p

해설  발화점은 스스로 발화할 수 있는 최저온도이다.

# 012

정답 ③  기본서 2권  25~26p

해설
③ 발화점은 발열량과 **열전도율이 클 때** 낮아진다.
→ 가연성 혼합기 내 열전도율이 **낮을수록** 열 축적이 용이하므로 발화점은 낮아진다.
④ 발화점 이상에서는 외부에너지를 제거해도 발열반응의 연소열에 의해 연소를 지속할 수 있다.
→ 인화점 < 연소점 < 발화점이므로 연소점보다 훨씬 높은 온도인 발화점에서는 당연히 외부에너지(점화원)를 제거해도 연소를 지속할 수 있다.
※ 연소점 : 외부에너지를 제거해도 발열반응의 연소열에 의해 연소를 지속할 수 있다.

# 013

정답 ③  기본서 2권  25p

해설
㉠ 아세톤 : -18℃
ⓒ 글리세린 : 160℃
ⓒ 이황화탄소 : -30℃
ⓔ 메틸알코올 : 11℃
ⓜ 디에틸에테르 : -45℃

# 014

정답 ②  기본서 2권  26p

해설  ② 헵탄(Heptane) < 아세틸렌(Acetylene) < 프로판(Propane) < 메탄(Methane)

## ★ 015

**정답** ④  **기본서 2권** 15p

**해설** ※ 인화에 영향을 주는 요인
- 연소범위가 넓을수록, 증기압·연소속도·연소열·화염전파속도가 클수록 인화위험이 높다.
- 융점·비점·인화점·발화점·연소범위의 하한치·최소점화에너지가 낮을수록 인화위험은 높다.

## ★ 016

**정답** ②  **기본서 2권** 25p

**해설** 인화점에 대한 설명이다.

② 인화점
- 인화점은 기체나 액체가 점화원의 존재 하에 연소하기 시작하는 온도를 말한다.
- 제4류 위험물의 분류기준이 된다.

① 발화점
- 발화점은 가연물질이 점화원 없이 불이 붙는 최저온도를 말한다.
- 발화점이 낮을수록 발화의 위험성이 크다.

③ 연소점
- 인화점에서는 불꽃을 제거하면 연소가 중단되지만 계속 가열하여 높은 온도로 유지해 주면 점화원을 제거하여도 자발적으로 연소가 지속되는 온도를 연소점이라 한다.
- 인화점보다 5~10℃ 정도 높다(인화점 < 연소점 < 발화점).

④ 비등점 : 끓는점
- 비등점이 낮을수록 위험성이 크다.
- 식용유화재의 경우 발화점이 비점 이하이어서 화재가 발생하면 발화점 이상이 되어 소화하여도 재발화하는 특성이 있다.

## ★ 017

**정답** ③  **기본서 2권** 34p, 90p

**해설** 풀 화재(Pool Fire) : 인화성액체의 용기나 저장조 내에 발생한 화염으로부터 열이 액면에 전달되어 액체의 온도가 상승됨과 동시에 증기를 발생하고 이것이 공기와 혼합하여 확산연소를 하는 과정이 반복되는 화재의 종류를 말한다.

※ 연소 시 발생되는 이상현상
㉠ 역화(백파이어, Back Fire) : 가연성 가스의 연소 시 노즐에서 혼합가스의 방출속도보다 연소속도가 클 때 발생하며 버너 내부에서 연소를 계속하는 현상
→ 가연성 가스의 양이 적을 때, 노즐구멍의 확대 또는 노즐이 부식되었을 때 등 발생한다.
㉡ 선화(리프팅, Lifting) : 가연성 가스의 연소 시 노즐에서 혼합가스의 방출속도보다 연소속도가 작을 때 불꽃이 노즐에서 떨어져 연소하는 현상을 말한다.
→ 노즐의 축소 또는 방출되는 가스량이 많을 때, 1차 공기량이 많을 때 발생한다.
㉢ 블로우 오프(Blow Off) : 가스의 방출속도가 크거나 공기의 유동이 너무 강하여 불꽃이 노즐에서 정착하지 않고 떨어지게 되어 꺼져 버리는 현상을 말한다.

## ★ 018

**정답** ① 　기본서 2권　34p

**해설** 블로우 오프(Blow Off)에 대한 설명이다.
① 블로우 오프(Blow Off) : 가스의 방출속도가 크거나 공기의 유동이 너무 강하여 불꽃이 노즐에서 정착하지 않고 떨어지게 되어 꺼져 버리는 현상
② 불완전 연소(incomplete combustion) : 물질이 연소할 때 산소의 공급이 불충분하거나 온도가 낮으면 그을음이나 일산화탄소가 생성되면서 연료가 완전히 연소되지 못하는 현상
③ 역화(Back Fire) : 가연성 가스의 연소 시 노즐에서 혼합가스의 방출속도가 연소속도보다 늦어질 때 발생하며 버너 내부에서 연소를 계속하는 현상
④ 황염(Yellow Tip) : 가연물(탄화수소)이 열분해 되어 탄소입자가 생기고 미연소인 채로 적열되어 적황색으로 나타나는 현상

## ★ 019

**정답** ① 　기본서 2권　34p

**해설**
① 역화(Back Fire)
② 선화(Lifting)
  • 노즐의 축소 또는 방출되는 가스의 양이 많을 때
  • 1차 공기량이 많을 때
③ 블로우 오프(Blow Off)
  혼합가스의 방출속도가 크거나 공기유동이 너무 강할 때
④ 황염(Yellow Tip)
  • 유리탄소 입자가 많아져 불완전 연소 시
  • 1차 공기량이 부족할 때

## ★ 020

**정답** ① 　기본서 2권　23p

**해설**
② 온도가 높을수록 연소범위가 **넓어진다.**
③ 산소 농도가 증가하면 **하한계의 변화는 거의 없고**, 상한계가 넓어져 연소범위가 넓어진다.
④ 일산화탄소는 압력이 증가하면 연소범위가 **좁아진다.**

## ★★ 021

**정답** ① 　기본서 2권　22p

**해설** 연소범위(연소한계)에는 하한계와 상한계의 농도값이 있는데 그 이상이나 이하의 농도에서는 연소가 잘 일어나지 않는다.

## 022

**정답** ④ 기본서 2권 55p

**해설** 혼합가스의 연소(폭발)범위는 다음 공식에 의하여 구한다.

※ 르샤틀리에의 공식(Le Chatelier 공식)

$$\frac{100}{L} = \frac{V_1}{L_1} + \frac{V_2}{L_2} + \frac{V_3}{L_3} + \cdots$$

여기서 $V_1 + V_2 + V_3 + \cdots = V$
$L$ : 혼합가스의 연소하한계(%)
$V_1,\ V_2,\ V_3$ : 각 성분의 체적(%)
$L_1,\ L_2,\ L_3$ : 각 성분의 연소하한계(%)

※ 풀이

$$\frac{100}{L} = \frac{85}{5} + \frac{15}{3}$$

$$L = \frac{100}{17+5} ≒ 4.55$$

즉, $L$(혼합가스의 폭발하한계)는 약 4.55(vol)%이다.

## 023

**정답** ③ 기본서 2권 55p

**해설**
$$L = \frac{100}{\frac{53}{2.4} + \frac{21}{1.4} + \frac{26}{3.7}} = \frac{100}{22.08 + 15 + 7.03} = \frac{100}{44.11} = 2.26705\ldots$$

약 = 2.27

## 024

**정답** ③ 기본서 2권 23p

**해설** **연소(폭발) 범위**
- 가연성 가스는 공기보다 산소와 혼합될 때 연소범위가 넓어진다.
- 가연성 가스의 압력이 높을수록 연소범위는 넓어진다.
- 수소는 10atm까지는 연소범위가 좁아지지만, 그 이상의 압력에서는 연소범위가 더 넓어진다.
- 가연성 가스의 연소(폭발)범위가 넓으면 넓을수록 위험하다.

## 025

**정답** ④ 기본서 2권 17p

**해설** 가솔린, 등유, 경유 등의 광물유는 아이오딘값이 낮기 때문에 자연발화성은 없다.

## 026
정답 ②　기본서 2권　17p

해설 자연분해 시 발생한 분해열이 축적되어 발화하는 물질의 종류에는 5류(자기반응성 물질) 위험물인 유기과산화물, 나이트로글리세린 등이 있다.
※ 무기과산화물은 1류 위험물인 산화성 고체로 분류된다.

## 027
정답 ①　기본서 2권　17p

해설 자연발화가 일어날 수 있는 조건은 아래와 같다.
　㉠ 가연물의 열전도율이 작을 것
　㉡ 가연물의 발열량이 클 것
　㉢ 가연물의 주위 온도가 높을 것
　㉣ 가연물의 표면적이 넓을 것

## 028
정답 ①　기본서 2권　17p

해설 자연발화방지법은 습도를 높이는 것이 아니라 수분은 촉매역할을 할 수 있기 때문에 자연발화가 발생될 수 있다. 단지 정전기는 상대습도를 70% 이상으로 하는 것은 정전기방지법이다.

## 029
정답 ④　기본서 2권　22p, 23p

해설 모두 옳다.

## 030
정답 ④　기본서 2권　17p

해설 기름에 적셔 통풍이 불량한 곳에 두면 자연발화하기가 쉽다.

## 031
정답 ①　기본서 2권　17p

해설 황린은 자연발화성물질로서 자연발화성이 가장 크다.

## 032
**정답** ①  기본서 2권  17p

**해설** 자연발화의 형태
- 분해열 : 셀룰로이드, 나이트로셀룰로오스
- 산화열 : 건성유, 석탄, 고무분말
- 흡착열 : 활성탄, 목탄분말
- 중합열 : 시안화수소, 산화에틸렌
- 발효열 : 퇴비

## 033
**정답** ④  기본서 2권  30~32p

**해설** 분해연소
※ 가연물별 연소형태
  가. 기체연소 : 확산연소(발염연소), 예혼합연소, 폭발연소
  나. 액체연소 : **증발연소**(액면연소), 분해연소
  다. 고체연소 : 표면연소(직접연소), **증발연소**, 분해연소, 자기연소

## 034
**정답** ③  기본서 2권  16~18p

**해설** ㉣ 적외선 : 열적 점화원
㉥ 방사선 : 원자력 점화원

## 035
**정답** ②  기본서 2권  49p

**해설** ① 백적색 : 1,300℃
② 휘적색 : 950℃
③ 휘백색 : 1,500℃
④ 황적색 : 1,100℃

## 036
**정답** ②  기본서 2권  49p

**해설 연소(불꽃)의 색과 온도와의 관계**

| 연소불꽃의 색상 | 연소온도 [℃] | 연소불꽃의 색상 | 연소온도 [℃] |
|---|---|---|---|
| 담암적색 | 520 | 황적색 | 1,100 |
| 암적색 | 700 | 백적색 | 1,300 |
| 적색 | 850 | 휘백색 | 1,500 |
| 휘적색 | 950 | | |

## 037

정답 ②  기본서 2권  31p, 32p

해설 목탄은 표면연소에 해당되며, 석탄은 분해연소에 해당된다.

## 038

정답 ②  기본서 2권  31p

해설 **표면연소(Surface Combustion)**
산소원은 물질의 표면에 부착한 산소분자이며, 표면만 연소해 가는 것으로 이것을 '표면연소'라고 한다. 이들은 발염을 동반하지 않는 연소이기 때문에 '무염연소'라고도 부른다. 숯, 코크스, 금속, 마그네슘 등도 이 연소 형태에 속한다. 또한 열분해에 의하여 가연성가스가 발생하지 않고 그 자체가 연소하는 형태(연소반응이 고체의 표면에서 이루어지는 형태), 즉 가연성고체가 열분해하여 증발하지 않고 그 고체의 표면에서 산소와 반응하여 연소되는 현상으로서 직접연소라고도 부른다. 고체는 열전도율이 크므로 열이 없어질 가능성이 많고 연소가 이루어지면 흡착되어 있는 산소는 소비되고 공기 중의 산소가 공급된다.

## 039

정답 ④  기본서 2권  15p

해설 산소는 많을수록 연소가 잘될 수는 있으나, 폭발에서는 너무 많은 산소가 있으면 오히려 산화피막 때문에 폭발이 발생되지 않는다.

## 040

정답 ②  기본서 2권  31p, 32p

해설 ㉠ 표면연소 : 숯, 목탄, 코크스, 금속분, **고무류**
㉡ 분해연소 : 석탄, 목재, 섬유, 플라스틱

## 041

정답 ②  기본서 2권  67p

해설 외부 화재로 탱크 내부 온도가 상승되어 탱크 내 가연성 액화가스의 급격한 비등 및 팽창으로 탱크 내벽에 균열이 생겨 내부 증기가 분출하면서 폭발하는 현상을 '블레비'라고 한다.

## 042

정답 ④  기본서 2권  15p

해설 1류 및 6류 위험물은 산화제이다.
④ 지연성가스(≒조연성가스)는 연소를 지지하는 가스를 말하며, 이산화질소($NO_2$) 및 할로겐 원소인 염소($Cl$), 불소($F$) 등이 있다.
※ 산화제
산화제는 제1류 위험물, 제6류 위험물 등으로서 분자 내의 다량의 산소를 함유하고 있는 물질이다. 따라서 별도 공기 등 산소공급원 없이도 연소(폭발)할 수 있다.

## 043

**정답** ③ 　기본서 2권　17p, 30~32p, 60p

**해설** 경유와 등유는 증발연소이다.

## 044

**정답** ② 　기본서 2권　7p, 12p

**해설**
① 연소란 가연물이 공기 중의 산소와 화합하여 열과 빛을 발산하는 급격한 산화반응 현상이다.
② 연소반응은 반응물질의 에너지가 생성물질의 에너지보다 더 크다.
③ 철의 부식반응은 산화·환원반응이지만 급격하게 진행되지 않고 약간의 발열반응이 일어나지만 연소반응이라 불릴 만큼 열을 방출하지는 않는다.
④ 화학반응에서 모든 연소반응은 산화·환원반응이지만 모든 산화·환원반응은 연소반응이 아니다.

## 045

**정답** ① 　기본서 2권　12p

**해설**
㉠ 산화란 산소와 화합하는 반응이다.
㉢ 산화수가 증가하는 반응을 산화반응이라고 한다.

## 046

**정답** ③ 　기본서 2권　13p

**해설**
가. 메탄($CH_4$)의 연소반응식
　　$CH_4 + 2O_2 \rightarrow CO_2 + 2H_2O$
나. 풀이
　　$5CH_4 + 10O_2 \rightarrow 5CO_2 + 10H_2O$

## 047

**정답** ① 　기본서 2권　13p

**해설** 메탄의 완전연소반응식은 $CH_4 + 2O_2 \rightarrow CO_2 + 2H_2O$ 이므로, 메탄 1단위부피와 반응하는 산소는 2단위부피이다.

## 048

**정답** ④ 　기본서 2권　13p

**해설** $C_4H_{10} + \underline{6.5}O_2 \rightarrow \underline{4}CO_2 + \underline{5}H_2O$

## 049

**정답** ③  기본서 2권 13p

**해설** 부탄의 연소반응식 : $C_4H_{10} + \dfrac{13}{2}O_2 \rightarrow 4CO_2 + 5H_2O$

부탄 10m³과 반응하는 산소는 $10 \times \dfrac{13}{2}$ 이므로 10m³ 부탄과 반응하는 산소는 65m³ 이다.

공기 중 산소의 부피비율은 20% 이므로
100 : 20 = x : 65 이다. 그러므로 공기의 부피는 6500/20
약 325m³ 가 된다.

## 050

**정답** ③  기본서 2권 13p

**해설** 가. 연소반응식은
$C_3H_8 + 5O_2 \rightarrow 3CO_2 + 4H_2O$

나. 원자량은 각각 C=12, H=1, O=16 이므로 프로판의 분자량은 $12 \times 3 + 1 \times 8 = 44$, 산소의 분자량은 $5 \times 16 \times 2 = 160$

다. 연소반응식에서 비례식으로 풀기 위하여 반응식 아래에 다음과 같이 정리하면
$C_3H_8 + 5O_2 \rightarrow 3CO_2 + 4H_2O$
$(1 \times 44 = 44)$ : $(5 \times 16 \times 2 = 160)$
$(22)$ : X (이론산소량)

라. 44 : 160 = 22 : X(이론산소량)
위 비례식에서 내항은 내항끼리 외항은 외항끼리 곱하면
$160 \times 22 = 44 \times x$
$x = \dfrac{160 \times 22}{44} = 80$
따라서, 이론산소량은 80g 이 된다.

## 051

**정답** ①  기본서 2권 19p

**해설** 화학양론조성비(Cst)
$= \dfrac{연료의\ 몰수}{연료의\ 몰수 + 공기의\ 몰수} \times 100$

프로판 1몰의 완전연소 시 필요한 공기의 몰수를 구한다.
프로판의 연소방정식 : $C_3H_8 + 5O_2 \rightarrow 3CO_2 + 4H_2O$
프로판 1몰 완전연소하기 위해 필요한 산소의 몰수는 5몰
이때 공기의 몰수는
100 : 20 = x : 5, 20x = 500, x = 25
필요한 공기의 몰수는 25몰
$\dfrac{1}{1+25} = 100 = 3.846...$
약 3.8%이다.

## ★ 052

정답 ② 기본서 2권 17p

해설 햇볕에 방치한 기름걸레는 산화열의 축적에 의해 자연 발화된 것이다.

## ★★ 053

정답 ③ 기본서 2권 58p

해설 아세틸렌은 분해반응에 의한 폭발로서 연소범위가 공기 중에서 2.5~81(100)V%로서 연소범위가 넓은 점에서도 폭발을 일으킬 위험성이 높은 가스이며, 압축하면 $C_2H_2 \rightarrow 2C + H_2 + 54kcal$의 분해방정식과 같이 분해를 일으키므로 이 열에 의하여 폭발이 일어난다.

## ★★ 054

정답 ② 기본서 2권 11p

해설 얼음 → 물 → 수증기
융해열을 r', 기화열을 r"라 한다면,
Q = r'm + cm⊿t + r"m = 80×1 + 1×1×(100−0) + 539×1 = 719cal

## ★ 055

정답 ① 기본서 2권 11p

해설 열량$(Q)$ = 질량$(m)$×비열$(c)$×온도차$(\Delta T)$

$= 1kg \times 1kcal/kg \cdot ℃ \times (80-0)℃$

$= 80kcal$

## ★ 056

정답 ① 기본서 2권 11p

해설 15℃의 물 1kg이 250℃의 증기로 되는 경우 약 714kcal 열을 흡수한다.

※ 풀이
가. 물이 15℃에서 100℃가 될 때 : 1kg × 1kcal/kg℃ × 85℃ = 85kcal
나. 100℃에서 물이 수증기로 기화될 때 : 1kg × 539kcal/kg = 539kcal
다. 100℃의 수증기가 250℃의 수증기가 될 때 : 1kg × 0.6kcal/kg℃×150℃ = 90kcal
라. 계 : 85 + 539 + 90 = 714kcal

## 057

**정답** ①  기본서 2권  25p

**해설** 디에틸에테르(−45), 시안화수소(−18), 아세트알데히드(−38), 휘발유(−20 ∼ −43), 아세톤(−18), 톨루엔(4.5), 이황화탄소(−30), 등유(30 ∼ 60)이고, 발화점, 인화점은 낮을수록 위험하다.

## 058

**정답** ①  기본서 2권  25p

**해설** 이황화탄소는 인화점이 −30℃, 산화프로필렌은 인화점이 −37℃, 디에틸에테르는 −45℃, 메틸알코올은 인화점이 11℃이다.

## 059

**정답** ④  기본서 2권  35p

**해설** ① 유리탄소는 불완전연소 생성물이다.
② 불완전연소는 산소공급이 충분하지 못할 때 발생한다.
③ 완전연소의 온도가 더 높다.

## 060

**정답** ③  기본서 2권  35p

**해설** 불완전연소가 일어나는 경우
㉠ 산소공급원이 부족(공기의 공급이 부족)할 때
㉡ 주위의 기온이 너무 낮을 때(연소실의 온도가 낮을 때)
㉢ 유류의 온도가 낮을 때
㉣ 환기 및 배기가 불충분할 때
㉤ 가스의 조성이 균일하지 않을 때
㉥ 연소기구가 적합하지 않을 때
㉦ 불꽃이 냉각되었을 때

## 061

**정답** ②  기본서 2권  14p

**해설** 근본적으로 가연물이 될 수 없는 경우
㉠ 산소와 이미 화학반응을 완결한 물질 : 수증기($H_2O$), 이산화탄소($CO_2$), 산화알루미늄($Al_2O_3$), 오산화인($P_2O_5$)
㉡ 산소와 반응을 하지만 흡열반응하는 경우 : 질소($N_2$)
㉢ 화학적으로 안정이 되어 있는 불활성 기체 : 헬륨(He), 네온(Ne), 아르곤(Ar)
㉣ 자체가 불연소 물질 : 흙, 돌

Ⅲ. 연소이론 · 105

## ★ 062

**정답** ③　기본서 2권　14p

**해설** 일산화탄소 가연성의 가스(연소범위 : 12.5 ~ 74%)로서 산소와 반응한다.

※ 이미 산화된 물질의 종류
→ 이산화탄소($CO_2$), 오산화인($P_2O_5$), 삼산화크로뮴($CrO_3$), 산화알루미늄($Al_2O_3$) 등이 있다.

## ★ 063

**정답** ④　기본서 2권　18p

**해설** 정전기의 발화과정 : 전하의 발생 → 전하의 축적 → 방전 → 발화

## ★ 064

**정답** ④　기본서 2권　18p

**해설** 습도를 높이면 정전기 방지대책이 된다.

※ 정전기가 심해지는 경우
- 유속이 높을 때
- 필터 등을 통과할 때
- 비전도성 부유물질이 많을 때
- 와류가 생성될 때
- 낙차가 클 때
- 공기의 부상, 물 등이 침전할 때

## ★ 065

**정답** ②　기본서 2권　28p, 29p

**해설** ②의 경우 확산연소에 대한 설명이다.

## ★★★ 066

**정답** ④　기본서 2권　30p

**해설**
- 액체 가연물질의 표면은 연소열에 의하여 차차 온도가 상승하지만 이 경우 액체 가연물질을 아래·위로 저어 주면 차가운 액체가 액체표면으로 올라와 증발이 감소되어 불이 꺼지는 수도 있다.
- 그러나 액체의 온도가 인화점 이상이 되면 액체표면으로부터 많은 양의 증기가 증발되므로 오히려 연소가 활발해진다. 이를 액면연소라고도 한다.

## 067

**정답** ②  기본서 2권 9p

**해설** 온도가 일정하므로 보일의 법칙을 이용
$P_1 V_1 = P_2 V_2$

$P_2 = \dfrac{P_1 \cdot V_1}{V_2} = \dfrac{1 \cdot 100}{5} = 20$기압

## 068

**정답** ④  기본서 2권 16p

**해설** 점화원이 될 수 없는 것은 기화열, 증발열, 단열팽창 등이다.

■ **열원의 종류**
열적 점화원, 기계적 점화원, 전기적 점화원, 화학적 점화원이 있다.

1. **화학 에너지**(chemical energy)
   ㉠ **연소열**(heat of combustion) : 연소열은 물질이 급격히 산화되는 과정에서 발생하는 열을 말한다.
   ㉡ **자연발화**(spontaneous heating) : 어떤 물질이 외부로부터 열의 공급을 받지 않고 온도가 상승하는 현상을 자연발열이라 하고 자연발열에 의해서 그 물질의 온도가 발화점 이상으로 올라가면 자연발화하게 된다.
   ㉢ **분해열**(heat of decomposition) : 화합물이 분해할 때 발생하는 열을 분해열이라 한다. 화합물이 생성될 때는 대체로 발열반응에 의하므로 분해열을 내는 경우는 흔하지 않다.
   ㉣ **용해열**(heat of solution) : 물질이 액체에 용해될 때 방출하는 열을 용해열이라 한다. 그러나 용해열은 대부분 미약해서 화재를 일으킬 만큼 위험한 것은 아니다.

2. **전기 에너지**(electric energy)
   ㉠ **저항 가열**(resistance heating) : 저항에 전류가 흐르면 다음 식으로 표시되는 열이 발생한다.
   $H = I^2 R \; Joule$
   ㉡ **유도 가열**(induction heating) : 도체 주위에 시간에 따라 변화하는 자장이 존재하면 자속의 변화에 의해서 기전력이 유기되고 이 기전력에 의해서 전류가 흐르게 되며, 이 전류의 흐름에 의해서 위의 ㉠에서와 같이 열이 발생한다.
   ㉢ **유전 가열**(dielectric heating) : 유전체에 고주파 전자계를 가하면 유전체 내부에서 전력 손실이 발생하여 발열하게 된다.
   ㉣ **아크 가열**(heat from arcing) : 대전류가 흐르는 회로가 적절한 소호장치가 없이 차단되면 고온의 아크가 발생한다. 아크는 가연성 물질을 쉽게 인화시킬 수 있기 때문에 방재 측면에서 매우 위험한 현상이다.
   ㉤ **정전 스파크**(static electricity spark) : 두개의 절연체가 접촉했다가 떨어지거나 마찰에 의해서 절연체에 정전기가 축적되고, 이 정전기가 적절한 접지나 본딩에 의해서 대지로 방출되지 않고 축적된 전하량이 커지면 스파크 방전에 의해서 가연물을 인화시킬 수 있다.
   ㉥ **낙뢰**(lightening) : 번개 또는 벼락이라고도 하는 것으로 순간적으로 다량의 열을 발생시킨다.

3. **기계적 에너지**(mechanical energy)
   ㉠ **마찰열**(friction heat) : 두 물질을 마주 대고 마찰시키면 운동 에너지가 열에너지로 변환되어 발열한다.
   ㉡ **충격 스파크**(impact spark) : 경도가 높은 두 물체가 충돌하면 충돌하는 운동 에너지가 순간적으로 열에너지로 변환되면서 스파크가 발생한다.
   ㉢ **압축열**(heat of compression) : 기체를 급히 압축하면 발열한다.

4. **원자력 에너지**(atomic energy)
   ㉠ **핵분열 에너지**(fission energy) : 우라늄, 플루토늄과 같이 원자량이 큰 물질은 중성자로 원자핵을 가격하면 원자가 분열되면서 다량의 에너지를 방출한다.
   ㉡ **핵융합 에너지**(fusion energy) : 수소를 고온 고압으로 압축하면 두개의 원자

## 069

정답 ② 기본서 2권 18p

해설 유도가열
② 유도가열 : 도체 주위에 변화하는 자장이 존재하면 전위차를 발생하고 이 전위차로 말미암아 전류의 흐름이 일어나는 현상
① 저항가열 : 도체에 전류가 흐르면 도체물질의 전기저항 때문에 전기에너지의 일부가 열로 변하게 되는 현상
③ 유전가열 : 절연물질에 누설전류가 흘러 저항에 의해 열이 발생하는 현상
④ 아크(arc)가열 : 아크는 전류가 흐르는 회로가 나이프스위치에 의하여 또는 우발적인 접촉 또는 접점이 느슨하여 전류가 끊길 때 발생한다. 아크의 온도는 매우 높기 때문에 거기서 방출된 열이 주위의 가연성 혹은 인화성 물질을 점화시킬 수 있다.

## 070

정답 ④ 기본서 2권 16p

해설 ①②③은 전기적 에너지이다. ④ 기계적 에너지(Mechanical Heat Energy)에 해당되는 마찰스파크(Frictional Spark Heat)는 두 물질(특히 고체)을 마주대고 마찰시키면 열이 발생하는데 이는 운동에 대한 저항 때문이다. 이때의 위험은 기계적 에너지 중 어느 정도의 양이 열로 변하느냐 하는 것과 열이 발생하는 속도에 달려 있다. 마찰열의 예로는 벨트와 풀리 사이에서 발생하는 열이나 그라인더에서 불꽃이 튀는 것 등이 있다.

## 071

정답 ④ 기본서 2권 16p

해설 기화잠열과 융해잠열 및 단열팽창은 점화원이 되지 않는다. 그러나 낙뢰에 의한 열은 전기적 점화원에 해당된다.

## 072

정답 ① 기본서 2권 13p, 22p, 174p

해설 프로판의 MOC = $2.1 \times 5 = 10.5$ vol%

## 073

정답 ② 기본서 2권 20p, 21p

해설 불꽃연소는 표면화재라고 하며, 연소의 4요소가 필요하다. 그러므로 연쇄반응이 일어난다. 심부화재는 작열연소이며, 표면연소이다.

## 074

정답 ②   기본서 2권  20p, 21p

해설
② 불꽃연소는 작열연소에 비하여 연소속도가 매우 빠르며 시간당 방출열량이 많다. → 불꽃연소는 고체의 열분해, 액체의 증발에 따른 기체의 확산에 의한 연소로서 연소속도가 매우 빠르며 시간당 방출열량이 많다.
① **불꽃연소**는 가연물의 표면에서 직접 산화반응하여 열과 빛을 내며 연소하는 것이다.
　→ 작열연소
　→ 불꽃연소는 가연물 자체로부터 발생된 증기나 가스가 공기 중의 산소와 혼합기를 형성하여 연소하는 것이다.
③ 불꽃연소의 특징은 가연성 가스를 발생하지 않으며 연소하는 것이다.
　→ 불꽃연소는 가연성 가스를 발생한다.
④ **작열연소**의 소화방법으로는 연소의 4요소인 열, 가연물, 산소 및 연쇄반응의 억제를 통해 가능하다.
　→ 불꽃연소
　→ 작열연소의 소화방법의 경우 연쇄반응의 억제는 효과 없다.

## 075

정답 ④   기본서 2권  17p

해설 자연발화에 영향을 주는 인자는 (퇴열발 축공수)이다.

> ㉠ 열 축적이 용이할수록 자연발화가 되기 쉽다.
> ㉡ 열전도율이 작을수록 자연발화가 쉽다.
> ㉢ 퇴적방법에 따라서 즉, 열 축적이 용이하게 적재되어 있으면 자연발화가 쉽다.
> ㉣ 공기유통이 안 될수록 자연발화가 쉽다.
> ㉤ 발열량이 클수록 자연발화가 쉽다.
> ㉥ 수분은 촉매 작용을 할 수 있어서 자연발화에 영향을 주는 인자이다.

## 076

정답 ②   기본서 2권  17p

해설

> ㉠ 자연발화 예방책은 습도를 낮추는 것이고, 정전기 예방대책은 상대습도를 70% 이상으로 한다.
> ㉡ 건성유는 산화열, 퇴비는 발효열, 사이안화수소(시안화수소, HCN)는 중합열에 의해 자연발화한다.
> ㉢ 햇볕에 방치한 기름걸레는 산화열의 축적에 의해 자연 발화된 것이다.
> ㉣ 정전기 예방대책은 전도체 물질 사용이다.
> ㉤ 분해열은 셀룰로이드, 나이트로셀룰로오스이다.
> ㉥ 자연발화가 예방대책은 통풍을 잘 시키는 것이다.

## 077

**정답** ④ 기본서 2권 22p

**해설**
① 일반적으로 압력이 높아지면 연소하한은 크게 변하지 않으나 상한이 높아져 전체적으로 범위가 넓어진다.
② 수소($H_2$)는 압력이 낮거나 높을 때 일시적으로 연소범위가 좁아진다.
③ 일산화탄소(CO)는 압력이 증가하면 연소범위가 좁아진다.
④ 위험도는 아세틸렌(31.4)보다 이황화탄소(35.7)가 더 크다.

## 078

**정답** ④ 기본서 2권 23p

**해설** 온도와 압력이 높아지면 연소범위는 넓어지고, 불활성기체가 존재하면 연소범위는 좁아진다.

## 079

**정답** ③ 기본서 2권 14p, 174p

**해설**
가. **한계산소농도**(Limited Oxygen Index)
　　가연물을 수직으로 하여 가장 윗부분에 착화하여 연소를 계속 유지시킬 수 있는 산소의 최저 체적농도 (vol%)
나. 조건 : 산소의 유량 2.8$l$/min, 질소의 유량 7.2$l$/min
다. 관계식
$$LOI = \frac{O_2}{O_2 + N_2} \times 100$$
라. 풀이
$$LOI = \frac{2.8}{2.8 + 7.2} \times 100$$
$$= 28.0\%$$

## 080

**정답** ② 기본서 2권 24p

**해설** 위험도는 '(상한계 − 하한계)/ 하한계'로 계산한다. 위험도값이 크다는 것은 말그대로 그만큼 더 위험하다는 것을 말해주는 척도이다.
위험도 값은 A는 2, B는 4, C는 3이다.

## 081

**정답** ④ 기본서 2권 24p

**해설**
㉠ 수소 : 17.8
㉡ 산화에틸렌 : 25.7
㉢ 에테르 : 24.3
㉣ 이황화탄소 : 35.7

## 082

**정답** ③  **기본서 2권**  24p

**해설** 메탄(5~15), (디에틸)에테르(1.9~48), 프로판(2.1~9.5), 가솔린(1.4~7.6)
그래서 에테르는 24.3 > 가솔린 4.4 > 프로판 3.5 > 메탄 2

## 083

**정답** ③  **기본서 2권**  88p

**해설** 아세틸렌은 용해가스이다.

## 084

**정답** ④  **기본서 2권**  22~26p, 121p

**해설**
① 폭발범위는 1.4 ~ 7.6V%이다.
② 인화점은 -43 ~ -20℃이다.
③ 발화점은 300℃이다.
④ 제4류 위험물 중 제1석유류로 지정수량이 200L 이다.

## 085

**정답** ④  **기본서 2권**  33p

**해설** ④ 정상연소는 화염의 위치, 모양, 상태 등이 연소가 지속되는 동안 지속되는 기체연소이고, 비정상연소는 가연성기체가 밀폐공간에 존재하고 있는 상태에서 화염이 착화된 부분에서부터 공간전체로 확산되는 현상이다.

## 086

**정답** ④  **기본서 2권**  24p

**해설**
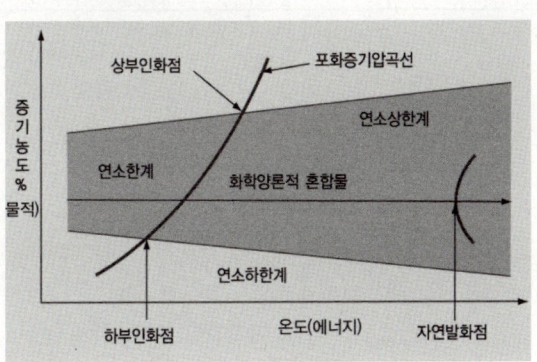

III. 연소이론 · 111

## 087
정답 ③ 기본서 2권 15p

해설
① 비점, 융점의 온도가 높을수록 위험성이 낮다.
② 인화점, 발화점, 연소점의 온도가 높을수록 위험성이 낮다.
④ 비표면적이 클수록 위험성이 높다.

## 088
정답 ② 기본서 2권 21p

해설 이산화탄소는 불연성물질로서 연소의 3요소에 해당되지 않는다.

## 089
정답 ③ 기본서 2권 21p

해설 연소의 3요소로는 발열화학반응으로 에너지가 발생한다. 따라서 연쇄반응과 상관이 없다.

## 090
정답 ③ 기본서 2권 32p

해설
ⓒ 숯은 표면연소이지만, 석탄은 분해연소이다.
ⓒ 플라스틱은 분해연소를 한다.
ⓔ 증발연소를 하는 물질은 황, 나프탈렌은 증발연소이고, 벙커 C유는 분해연소이다.

## 091
정답 ① 기본서 2권 22p, 28~29p

해설 모두 옳은 지문이다.

## 092

**정답** ② 기본서 2권 17p

**해설** 자연발화 발생시키는 원인
① 분해열 : 셀룰로이드, 나이트로셀룰로오스
② 산화열 : 석탄, 건성유
③ 발효열 : 퇴비, 먼지
④ 흡착열 : 목탄, 활성탄
⑤ 중합열 : 시안화수소, 산화에틸렌

| 정전기 예방대책 | 자연발화 예방대책 |
|---|---|
| ① 정전기 발생 우려 장소에 접지 설치<br>② 실내의 공기를 이온화<br>③ **습도를 70%이상으로 한다.**<br>④ 압력을 낮춘다.<br>⑤ 전도체 물질 사용 | ① 통풍을 잘 시킨다.<br>② 온도를 낮춘다.<br>③ **습도 낮춘다.**<br>④ 퇴적시 열 추적이 되지 않도록 한다. |

## 093

**정답** ② 기본서 2권 17p

**해설** **자연발화 형태**
자연발화란 어떤 물질이 공기 중에 노출되어 외부의 화염, 불티, 고온체 와의 접촉 등의 이상가열이나 타 물건과의 접촉 또는 혼합에 의하지 않고 그 물질 고유의 성질로 스스로 발열반응을 일으키고 온도상승을 일으켜 마침내 발화하는 현상을 말하며 다음과 같은 것이 있다.
• 분해열 축적에 의한 것(가수분해, 열분해)
• 산화열 축적에 의한 것(유지류, 기름찌꺼기, 기름걸레)
• 흡착열 축적에 의한 것(환원 니켈, 활성탄)
• 발효열 축적에 의한 것(건초, 볏짚, 소맥피)
• 중합열 축적에 의한 발열(아크릴로니트릴, 시안화수소, 산화에틸렌)

## 094

**정답** ② 기본서 2권 19p

**해설** 점화원의 같은 말은 주로 착화원, 발화원, 활성화에너지, 열원, heat energy sources 등이다.

## 095

**정답** ② 기본서 2권 18p

**해설** 백열전구의 빛이 발생되는 원리는 저항에 있다.

## 096

**정답** ③ 기본서 2권 22p

**해설** ■ 폭발범위

| 물질명 | 폭발한계(V%) | 물질명 | 폭발한계(V%) |
|---|---|---|---|
| 수 소(기체) | 4~75 | 등 유(액체) | 1.1~6 |
| 아세틸렌(기체) | 2.5~81(100) | 경 유(액체) | 1~6 |
| 메 탄(기체) | 5~15 | 벤 젠(액체) | 1.3~7.9 |
| 에 탄(기체) | 3~12.5 | 메틸알코올(액체) | 7.3~36.5 |
| 암모니아(기체) | 15~28 | 에틸알코올(액체) | 4.3~19 |
| 톨루엔(액체) | 1.3~6.8 | 가솔린(액체) | 1.4~7.6 |
| 이황화탄소(액체) | 1~44 | 아세톤(액체) | 2.6~12.8 |
| 프로판(기체) | 2.1~9.5 | 에틸렌(기체) | 2.7~36 |
| 초산(액체) | 4~19 | 부 탄(기체) | 1.8~8.4 |
| 아세트알데하이드(액체) | 4.1~57 | 일산화탄소(기체) | 12.5~74 |

C. L. Beyler, "Flammable Limmits of Premixed and Diffusion Flames", chap.2-9 in *SFPE Handbook of Fire Protection Engineering*, 2nd., edited by P. J. DiNenno(Quincy, MA. National Fire Protection Association, June 1995).

## 097

**정답** ① 기본서 2권 22p

**해설** ① 수소 > 일산화탄소 > 메탄 > 프로판

※ 연소범위

| 구분 | 연소범위 | 상한과 하한의 차 |
|---|---|---|
| 수소 | 4~75 | 71 |
| 일산화탄소 | 12.5~74 | 61.5 |
| 메탄 | 5~15 | 10 |
| 프로판 | 2.2~9.5 | 7.3 |

## 098

정답 ②　기본서 2권　22p

해설　■ 주요 가연성 가스의 공기 중 연소범위

| 물질명 | 연소범위(V%) | 물질명 | 연소범위(V%) |
|---|---|---|---|
| 아세틸렌(기체) | 2.5 ~ 81(100) | 등유(액체) | 1.1 ~ 6 |
| 산화에틸렌(기체) | 3 ~ 80(100) | 경유(액체) | 1 ~ 6 |
| 수소(기체) | 4 ~ 75 | 벤젠(액체) | 1.3 ~ 7.1 |
| 일산화탄소(기체) | 12.5 ~ 74 | 메틸알코올(액체) | 7.3 ~ 36.5 |
| 암모니아(기체) | 15 ~ 28 | 에틸알코올(액체) | 4.3 ~ 19 |
| 톨루엔(액체) | 1.3 ~ 6.8 | 가솔린(액체) | 1.4 ~ 7.6 |
| 이황화탄소(액체) | 1.2 ~ 44 | 아세톤(액체) | 2.6 ~ 12.8 |
| 에틸렌(기체) | 2.7 ~ 36 | 메탄(기체) | 5 ~ 15 |
| (디에틸)에테르(액체) | 1.9 ~ 48 | 에탄(기체) | 3 ~ 12.5 |
| 시안화수소(기체) | 6 ~ 41 | 프로판(기체) | 2.1 ~ 9.5 |
| 아세트알데하이드(액체) | 4.1 ~ 57 | 부탄(기체) | 1.8 ~ 8.4 |

## 099

정답 ①　기본서 2권　63p

해설　연소는 충격파 속도가 느리지만, 폭발은 충격파 속도가 빠르다.

## 100

정답 ②　기본서 2권　12p

해설　'연소반응'이란 가연물이 공기 중의 산소와 화합하여 열과 빛을 발산하는 급격한 산화반응 현상이다. 즉, 연소반응은 가연물이 산화반응을 산소공급원이 환원반응을 하는 산화·환원반응이다. 또한 빛과 열을 발산하는 발열반응이다.
그러나 철의 부식반응(녹스는 반응)은 산화·환원 반응이지만 연소반응은 아니다.
또한 진한 황산(농황산)이 물에 용해되는 과정은 많은 열을 발산하는 발열반응이지만 연소반응은 아니다.

## 101

정답 ④　기본서 2권　22p

해설　연소범위란 가연성 가스가 공기와 혼합하여 연소반응을 일으킬 수 있는 적정한 농도범위를 말한다.
즉 연소범위가 5~25V%라는 것은 공기와 가연성가스의 혼합물 100V%중에 가연성 증기의 용량이 5~25V%이고 공기가 95~75V%일 때 연소가 가능하다는 것을 의미한다.

## 102

정답 ③  기본서 2권 22p

해설
⊙ 공기와 액체증기의 혼합물 100L 에 대하여 액체 증기가 1.4~7.6L 인 경우에 점화하면 연소반응을 한다.
ⓒ 휘발유(가솔린), 등유, 경유 등은 증발을 통해 가연성 가스를 생성하는 증발연소를 하고, 벙커 C유, 글리세린 등은 분해 반응을 통해 가연성 가스를 생성하는 분해연소를 한다.
→ 액체 휘발유는 증발을 통해 가연성가스의 증기를 연소범위 농도에 도달하게 한다.
ⓒ 인화점은 크게 두 가지로 정의하고 있다.
① 가연물에 점화원을 가하였을 때 불이 붙을 수 있는 최저온도를 인화점이라고 한다.
② 인화점은 인화성 액체(가연성 액체)의 위험성을 나타내는 기준으로 사용되고 있으며 액체 가연물에 있어서 가연성 증기를 연소범위 하한계로 증발시킬 수 있는 최저의 온도를 의미하기도 한다. 이때 인화점을 하부인화점이라고 한다.
→ 즉, 가연성 가스의 농도가 1.4 V%가 연소범위 하한계이므로 이 농도에 도달한 때의 온도가 (하부)인화점에 해당한다.

## 103

정답 ④  기본서 2권 13p

해설 $2C_2H_6 + 7O_2 \rightarrow 4CO_2 + 6H_2O$

## 104

정답 ④  기본서 2권 19p

해설 열전도율이 낮으면 최소발화에너지(M.I.E)가 감소한다.

## 105

정답 ③  기본서 2권 19p

해설 **최소 발화(착화)에너지에 영향을 주는 요소**
⊙ 최소 발화에너지는 물질의 종류, 혼합기의 온도, 압력, 농도(혼합비) 등에 따라 변화한다. 또한 공기 중의 산소가 많은 경우 또는 가압 하에서는 일반적으로 작은 값이 된다.
최소 발화에너지(MIE) = f (가연성 물질의 온도, 압력, 농도, 전극의 형태)
• 온도가 상승하면 MIE는 작아진다. (∵분자의 운동이 활발)
• 압력이 상승하면 MIE는 작아진다. (∵분자 간의 거리가 가까워지므로)
• 농도가 많아지면 MIE는 작아진다.
ⓒ 가연성 가스의 조성이 화학양론적 조성(완전연소조성) 부근일 경우 MIE는 최저가 된다. 이것보다 상한계나 하한계로 향함에 따라 MIE는 증가한다.
ⓒ 일반적으로 연소속도가 클수록 MIE 값은 작다.
ⓔ 매우 압력이 낮아서 어느 정도 착화원에 의해 점화하여도 점화할 수 없는 한계가 있는데 이를 최소 착화압력이라 한다.

## 106
**정답** ③  기본서 2권  19p

**해설** 화학양론적 농도 부근일 때 MIE는 최저가 된다.

## 107
**정답** ①  기본서 2권  26p

**해설** **착화온도**
- 가스는 화학적으로 발열량이 크거나 활성도가 높을수록 착화온도가 낮아진다.
- 분자구조가 복잡할수록 착화온도가 낮아진다.
- 산소농도 및 압력이 클수록 착화온도가 낮아진다.
- 습도가 낮을수록 착화온도가 낮아진다.

## 108
**정답** ③  기본서 2권  12p

**해설** ① 연소의 결과로 발생하는 에너지는 빛이나 화염의 형태로 육안으로 검지된다.
② 모든 연소반응은 산화·환원반응이지만, 모든 산화·환원반응은 연소반응이 아니다.
③ 연소의 3요소로 연소하는 경우 무염연소로써 화염이 발생하지 않는다.
④ 연소반응은 발열화학반응만 포함한다.

## 109
**정답** ④  기본서 2권  17p

**해설** ④ 아이오딘 값 130 이상인 경우 발화의 위험성이 있다.

※ 동식물성 유지의 자연발화
가. 동식물성 유지는 불포화 지방산기 2중결합의 정도에 따라 산소를 흡수하여 산화건조가 이루어지는데, 건조성의 정도는 아이오딘값으로 표현한다.
  - 아이오딘값이 클수록 산화되기 쉽고 자연발화의 위험성이 있다.
나. 건성유 : 아이오딘값 130 이상
  - 공기 중에 두면 산소를 흡수해 말라서 굳어 버리는 기름으로 자연발화의 위험성이 있다.
  - 들기름, 해바라기유, 아마인유, 정어리유 등이 있으며, 들기름, 아마인유 등은 아이오딘값이 200 이상이 되어 자연발화 위험성이 크다.
다. 불건성유 : 아이오딘값 100 이하
  - 공기 중에 놓아두어도 마르거나 산화하거나 수지 상태의 얇은 막을 형성하지 않아 자연발화의 위험성이 없다.
  - 주로 식용, 윤활제로 사용하는 것으로 올리브유, 동백기름, 피마자기름 등이 있다.
라. 반건성유 : 아이오딘값 100 이상 130 이하
  - 아이오딘값이 낮아지면 위험성이 적어지지만 반건성유에 속하는 것들도 조건에 따라서는 발화할 수 있으니 주의를 요한다.
  - 참기름, 면실유(목화씨를 원료를 기름을 추출한 것) 등이 있다.
마. 건성유 > 반건성유 > 불건성유의 순으로 자연발화 위험성이 크다.

## 110

**정답** ① 기본서 2권 25p

**해설** 가솔린(휘발유)의 인화점은 −43 ~ −20 ℃이다.

## 111

**정답** ③ 기본서 2권 22p

**해설** 위험도는 (상한계−하한계)/하한계이므로 가장 큰 것은 이황화탄소이다.

## 112

**정답** ④ 기본서 2권 17p, 28~29p, 92p

**해설** **훈소(smoldering)**
훈소란 공기 중에 존재하는 산소와 고체 표면에서 발생하는 느린 연소과정으로 연료표면에서 반응이 일어나고 이 표면에서 작열과 탄화현상이 일어난다. 공기의 유입이 많을 경우 유염연소로 변화할 수 있다. 또한 작열될 때 온도는 1,000℃ 이상이 되며, 불완전연소가 일어나는 동안 연료의 10%가 일산화탄소로 변화한다.
㉠ 확산화염의 발생 시와 소화되어 갈 때 볼 수 있다.
㉡ 온도는 400~1,000℃의 온도로, 진행속도가 0.001~0.01cm/s 정도로 나타나는 고체의 산화과정이다.
㉢ 훈소는 다공질(작은 구멍이 많이 있는 물질)의 고체, 혼합연료, 불침윤성 고체, 고체연료 폐기장 등에서 발생하기 쉽다.
㉣ 훈소는 톱밥이나 매트리스의 연소에서 보듯이 산소의 부족으로 불꽃을 내지 않고 연기만 나는 연소를 말한다.
㉤ 내부에서는 백열연소를 하고 있다는 점에서 표면연소와 같다.
㉥ 불꽃연소에 비하여 온도가 낮으며, 발연량은 높다.
㉦ 연소속도가 늦고 연쇄반응이 일어나지 않는다.
㉧ 연기입자가 크며 액체미립자가 다량 포함되어 있다.
㉨ 연기는 맹독성(유독성)가스이다.

## CHAPTER 2  연기 및 화염

### 113
**정답** ②  기본서 2권 14p

**해설** 열전도율은 기체 < 액체 < 고체 순서로 커지므로 연소순서는 반대이다.

### 114
**정답** ③  기본서 2권 35p

**해설** 무색·무미의 기체로서 공기보다 무거우며 가스자체에는 독성이 거의 없으나 그 양이 과다할 경우 호흡속도를 증가시키고 혼합된 유해 가스의 흡입을 증가시켜 위험을 가중시킨다.

### 115
**정답** ④  기본서 2권 15p

**해설** 가연성가스는 일반적으로 연소가 가능한 가스로서 수소, 프로판, 아세틸렌등이 있으며, 산소는 연소를 도와주는 가스(조연성가스)로서 불연성이다.

### 116
**정답** ④  기본서 2권 14p

**해설** 증발연소는 증발된 증기가 연소하거나 먼저 융해된 액체가 기화하여 증기가 된 다음 발염연소한다.

### 117
**정답** ③  기본서 2권 19p

**해설** 고압가스의 분류에서 연속성에 의한 분류는 가연성가스, 불연성가스, 조연성가스로 구분된다.
- 가연성가스 : 프로판, 메탄, 에틸렌, 수소, 일산화탄소(독성), 암모니아가스(독성) 등
- 불연성가스 : 아르곤, 질소, 헬륨 등
- 조연성가스 : 산소, 염소 등

### 118
**정답** ④  기본서 2권 14p

**해설** 아르곤은 18족으로 비활성기체이다. 따라서 가연성가스가 아니다. 가연성가스는 주로 폭발범위가 존재한다.

Ⅲ. 연소이론

## 119
**정답** ③　기본서 2권　21p

**해설** 완전연소시 발생되는 가스는 $CO_2$와 $H_2O$가 있으며, 주로 불완전연소는 CO 이다.

## 120
**정답** ④　기본서 2권　47p

**해설** 아크로레인, 포스겐, 시안화수소, 헬륨 순으로 독성이 크다.

## 121
**정답** ③　기본서 2권　45p

**해설**
① 암모니아는 강한 자극성을 가진 독성 가스이다.
② 이산화탄소 자체는 독성이 거의 없으나 다량이 존재할 때 사람의 호흡속도를 증가시키고 혼합된 유해가스의 흡입을 증가시켜 위험을 가중시킨다.
④ 일산화탄소는 헤모글로빈과 결합하여 산소의 운반기능을 약화시켜 질식케 한다.

## 122
**정답** ④　기본서 2권　45p

**해설**
㉠ 일산화탄소(CO : Carbon monoxide)
　일산화탄소는 최악의 독성은 아니지만 유독성분 중의 한 가지 물질이며, 이것의 독성은 주로 혈액 속에서 헤모글로빈과 화합하는 친화력이 강하다.
㉡ 이산화탄소($CO_2$ : Carbon dioxide)
　이산화탄소는 화재 시에 많이 만들어지는 가스이다. 이것은 특별한 독성은 없으나, 농도가 높아지면 상대적으로 산소가 부족해져 호흡의 빈도와 호흡의 깊이가 증가한다. 이 상황이 되면 독성물질의 흡입과 자극의 속도가 더해지기 때문에 위험하다.
㉢ 염화수소(HCl : Hydrogen chloride)
　염화수소는 염소를 포함하고 있는 PVC와 같은 물질이 연소할 때 만들어지는 물질이다. 이것은 감각기능과 폐를 심하게 자극한다.
㉣ 시안화수소(HCN : Hydrogen cyanide)
　시안화수소는 천연물질이기도 하지만 나일론, 울, 실크, 요소수지, 폴리우레탄, 아크릴로니트릴 중합체 등 합성물질 중에 질소를 함유하는 물질을 태울 때도 나온다. 시안화수소는 극히 빠르게 반응하는 독성물질로, 반응속도가 일산화탄소의 20배 수준이다.

## 123
**정답** ③　기본서 2권　44p

**해설** 일산화탄소는 헤모글로빈과 결합하여 산소의 운반기능을 약화시켜 질식에 이르게 할 수 있다.

## 124

정답 ③  기본서 2권  46p

해설  PVC와 같은 염소가 함유된 합성수지류가 탈 때 생성되며 호흡기뿐만 아니라 금속도 부식시킨다. 허용농도는 5ppm이다.
ⓒ 달걀 썩는 냄새가 나는 특징이 있으며 낮은 농도에서도 쉽게 감지할 수 있다.
→ 황화수소($H_2S$)에 대한 설명이다. 허용농도 10ppm
ⓔ 무색, 무미, 무취 가스로서 화재 시 가장 많이 발생되는 가스이다.
→ 일산화탄소에 대한 설명이다. 허용농도 50ppm
ⓜ 허용농도는 3ppm이다.
→ 할로겐화수소(HF)의 허용농도 3ppm

## 125

정답 ①  기본서 2권  46p

해설
② 아황산가스($SO_2$) : 황이 함유되어 있는 물질인 중질유·동물의 털·고무 등이 연소할 때 발생 되는 연소생성물로써 무색의 유독성이 있어 즉시 기도반사 작용을 일으킴과 함께 눈, 코, 및 기도를 강하게 자극시킨다. 냄새는 좋은 경고가 되는데 1ppm 이하에서 식물의 잎에 장애를 주고 사람에게는 감기, 기침을 악화시킨다.
③ 시안화수소(HCN) : 물, 암모니아수, 수산화나트륨용액에 쉽게 흡수된다. 장기간 저장하면 중합하여 암갈색의 폭발성 고체가 되며 알칼리와 접촉하면 폭발 가능성이 있으나, 산화성은 없고, 헤모글로빈과 결합하지 않고도 호흡의 저해를 통한 질식을 유발 한다.
④ 산화에틸렌($CH_2CH_2O$) : 상온에서는 무색가스 저온 하에서는 액체 상쾌한 향기, 유동성의 중성액체 특징이 있는 에테르 냄새, 고농도에서 자극적 냄새가 나며 금속에 대한 부식성은 없으며 산화에틸렌이 포함되어 있을 때에는 아세틸라이드를 형성하는 금속을 사용해서는 안 된다.

## 126

정답 ④  기본서 2권  46p

해설  **연소생성물**
① **아황산가스($SO_2$)** : 황이 함유되어 있는 물질인 중질유·동물의 털·고무 등이 연소할 때 발생되는 연소생성물로서 무색의 유독성이 있어 눈 및 호흡기 등에 점막을 상하게 하고 질식사할 우려가 있다. 0.05% 농도에 단시간 노출되어도 위험하므로 황을 저장 또는 취급하는 공장에서는 호흡을 방지하고 화재에 유의해야 한다.
② **시안화수소(HCN)** : 질소성분을 가지고 있는 합성수지, 동물의 털, 인조견, 모직물 등의 섬유가 불완전연소할 때 발생하는 무색의 맹독성가스이며 가연성이다. 특히, 시안화수소의 독성의 허용농도는 10ppm(g/m³)으로서 0.3% 이상의 농도에서는 즉시 사망한다.
③ **아크로레인($CH_2CHCHO$)** : 석유제품·유지류 등이 연소할 때 발생되는 연소생성물로서 자극적인 냄새가 나는 무색의 액체(또는 기체)성 물질이고 산화하기 쉬우며 공기와 접촉하면 아크릴산으로 된다. 인체에 대한 허용농도는 0.1ppm이고 10ppm 이상의 농도에서는 생명에 지장이 있다.
④ **염화수소(HCl)** : 염소성분이 함유되어 있는 염화비닐수지(PVC), 건축물에 설치된 전선의 피복이 연소할 때 발생하며, 유독성이 있어 독성 가스로 취급하고 있다. 특히, 염화수소는 물에 녹아 염산이 되는 것으로 독성의 허용농도는 5ppm이며, 향료, 농약 등의 제조에 이용되고 있으며 부식성이 강하여 철근콘크리트 내의 철근을 녹슬게도 한다.

## 127

**정답** ③ 　기본서 2권　46p

**해설** 불화수소(HF)

※ 화재 시 발생하는 자극성의 독성가스

가. 포스겐($COCl_2$)
  ⓐ 폴리염화비닐(PVC) 등 염소가 들어 있는 화합물이 탈 때 발생한다.
  ⓑ 허용농도는 <u>0.1ppm</u>으로 독성이 매우 크다.
나. 불화수소(HF)
  ⓐ HF는 유리를 부식시킬 정도로 독성이 강하므로 사람의 시력을 상실케 한다.
  ⓑ 허용농도는 <u>3ppm</u>이다.
다. 염화수소(HCl)
  ⓐ 눈 및 호흡기로 흡입되면 가공할 만큼 감각을 마비시키는 자극성 독성가스로 인간이 싫어하는 냄새가 난다. 염화수소는 금속을 부식시킬 뿐만 아니라 호흡기도 부식시킨다. 만약 눈에 들어가면 염산으로 작용하여 격렬한 통증을 유발한다.
  ⓑ 주로 PVC와 같은 염소가 함유된 수지류가 탈 때 생성된다.
  ⓒ 허용농도는 <u>5ppm</u>이다.
라. 시안화수소(HCN)
  ⓐ 독성이 커서 공기 중 0.3% 이상 흡입하면 사망에 이른다. 질소가 함유된 물질이 연소 시 발생되며 화재 시 많이 발생되지 않는다.
  ⓑ 허용농도는 <u>10ppm</u>이다.

## 128

**정답** ① 　기본서 2권　44p

**해설**
① 일산화탄소(CO : Carbon monoxide) : 일산화탄소는 최악의 독성은 아니지만 유독성분 중의 한 가지 물질이며, 이것의 독성은 주로 혈액 속에서 헤모글로빈과 화합하는 친화력이 강하다.
② 시안화수소(HCN) : 청산가스라고도 불리는 시안화수소는 질소성분을 가지고 있는 합성수지, 동물의 털, 인조견, 모직물 등의 섬유가 불완전연소할 때 발생하는 무색의 맹독성 가스이며 가연성 가스이다. 일산화탄소와 달리 헤모글로빈과 결합하지 않고도 호흡의 저해를 통한 질식을 유발한다.
③ 황화수소($H_2S$) : 고무, 동물의 털, 가죽 등 황이 함유되어 있는 물질이 불완전연소할 때 발생하며, 계란 썩는 듯한 냄새가 후각을 마비시켜 유해가스의 흡입을 증가시킨다(허용농도 10ppm).
④ 아크로레인($CH_2CHCHO$) : 석유제품·유지류 등이 연소할 때 발생되는 연소생성물로서 자극적인 냄새가 나는 무색의 액체(또는 기체)성 물질이고 산화하기 쉬우며 공기와 접촉하면 아크릴산으로 된다. 인체에 대한 허용농도는 0.1ppm이고 10ppm 이상의 농도에서는 거의 즉사할 수 있다.

## 129

**정답** ④ 　기본서 2권　45p

**해설** 황화수소($H_2S$)는 달걀 썩는 냄새가 나는 특징이 있으며 일정농도 이상에서는 후각·중추계통을 마비시키기 때문에 <u>최면·마취성의 가스로 분류한다</u>(허용농도는 10ppm).

※ 자극성의 독성가스
㉠ 포스겐($COCl_2$) : 허용농도는 0.1ppm
㉡ 할로겐화 수소가스(HF) : 허용농도는 3ppm
㉢ 염화수소(HCl) : 허용농도는 5ppm
㉣ 이산화황($SO_2$) : 허용농도는 5ppm
㉤ 시안화수소(HCN) : 허용농도는 10ppm
㉥ 암모니아($NH_3$) : 허용농도는 25ppm
※ 감지할 수 없는 독성가스
① 일산화탄소 : 무색, 무미, 무취 가스

## 130
정답 ④ 기본서 2권 45p

해설 시안화수소(HCN)는 질소성분을 가지고 있는 합성수지, 동물의 털, 인조견, 모직물 등의 섬유가 불완전연소할 때 발생하는 무색의 맹독성가스이며 가연성이다. 특히, 시안화수소의 독성의 허용농도는 10ppm($g/m^3$)으로서 0.3% 이상의 농도에서는 즉시 사망한다.

## 131
정답 ④ 기본서 2권 45p

해설 연소가스 중 제일 많이 발생이 되며 인체에 영향이 적은 것은 이산화탄소이다.

## 132
정답 ③ 기본서 2권 53p

해설 **슈테판–볼츠만의 법칙**
열복사량은 단면적에 비례하고 복사체의 절대온도에 4승에 비례한다.

## 133
정답 ③ 기본서 2권 51~53p

해설 복사는 진공에서는 열전달이 쉽고, 열손실이 없다.

## 134
정답 ② 기본서 2권 51~53p

해설 ① 전도에 대한 설명이다.
③ 열이 전달되는 거리에는 반비례한다.
④ 복사는 매질을 이용하지 않고 직접 전자기파의 형태로 전달되는 현상이다.
⑤ 절대온도4승에 비례하고 열전달 면적에 비례한다.

## 135
정답 ④ 기본서 2권 43p

해설 연기의 가압은 건축물의 제연방법과는 관계가 없다.

## 136
정답 ③ 기본서 2권 41p

해설 **굴뚝효과(연돌효과)**
화재시의 연기는 주위 공기보다 온도가 높기 때문에 밀도 차에 의해 부력이 발생하여 위로 상승한다. 특히 고층 건축물의 계단실, 엘리베이터실과 같은 수직 공간 내의 온도와 밖의 온도가 서로 차이가 있는 경우 부력에 의한 압력차가 발생하여 연기가 수직공간을 따라 상승하거나 하강하는 현상이다.

## 137
정답 ④ 기본서 2권 41p

해설 ① 건물 내부와 외부의 밀도와 온도차에 의한 압력의 차이로 인해 건물 내부의 더운 공기는 **상승**하고 외부의 차가운 공기는 **아래로 내려오는** 현상을 굴뚝효과라고 한다.
② 중성대의 아래쪽으로 계속해서 공기가 유입되면 중성대의 위치는 **낮아**지게 된다.
③ **불연속선**은 실내의 천장쪽의 고온가스와 바닥쪽의 찬공기의 **경계선**을 의미한다.

## 138
정답 ② 기본서 2권 42p

해설 ② **밀폐되어** 있는 창이나 문이 많이 있는 건물에서는 화재 시 외부 풍압효과에 의한 영향이 매우 중요하다.
→ 개방되어

※ 외부 풍압효과
가. 창문 등 개구부의 기밀성능이 좋고 누설이 거의 없는 건물에서는 화재초기에 연기의 유동에 미치는 풍압 효과는 경미하다.
나. 그러나 개방되어 있는 창이나 문이 많이 있는 건물에서는 화재 시 외부 풍압효과에 의한 영향은 매우 중요하다.

※ 연기의 유동속도
가. 수평방향 : 0.5~1(m/sec), 나. 수직방향 : 2~3(m/sec), 다. 계단실내 : 3~5(m/sec)

## 139
정답 ②　기본서 2권　43p

해설 ② 연기의 감광계수가 증가할수록 가시거리는 길어진다.
　　　→ 짧아

## 140
정답 ③　기본서 2권　41p

해설 굴뚝효과에 영향을 주는 요소는 건물의 높이, 건물의 연면적등이 있고, 건물의 층간 공기누설이 없을수록 연기가 수직상승하는 속도가 빨라진다. → 바닥면적은 관계가 없으며, 공기누설이 있을수록

## 141
정답 ①　기본서 2권　41p

해설 실내의 천장쪽의 고온 가스와 바닥쪽의 찬공기와의 경계면을 불연속선이라 한다.

## 142
정답 ③　기본서 2권　41p

해설 ③ 중성대의 아래쪽은 수직 공간내로의 유입만이 가능하므로 수평 방향으로의 연기확산은 거의 없을 것이며, 중성대의 위쪽은 수직 공간 밖으로 유출하려는 경향 때문에 연기가 수평으로 확산된다.
※ 중성대의 개념(Neutral Zone) : 천장과 바닥 어딘가에 실내정압과 실외정압이 같아지는 면이 있는데, 즉 압력분포에서 $P_i = P_o$ 면을 중성대(Neutral Zone) 라고 한다.

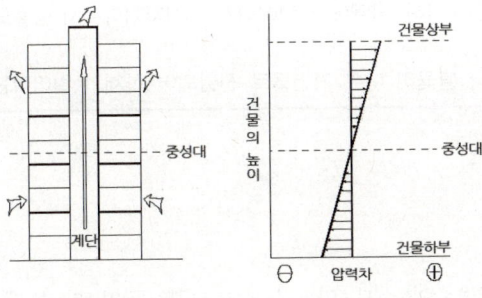

## 143
정답 ①　기본서 2권　43p

해설 연기농도측정법에는 중량농도법, 입자농도법, 감광계수법이 있다.

## 144
**정답** ④ 기본서 2권 43p

**해설** 연기농도측정법은 중량농도법, 입자농도법, 감광계수법이 있다. 연기속을 투과하는 빛의 양을 측정하는 농도 측정법은 감광계수법이다.

## 145
**정답** ① 기본서 2권 52p

**해설** ㉠ 전도 / ㉡ 대류 / ㉢, ㉣ 복사 / ㉤ 비화

## 146
**정답** ③ 기본서 2권 53p

**해설** 복사에너지
태양이 지구를 따듯하게 해주는 현상이다.
전도, 대류와는 다르게 매개체가 없다.
화재시 열의 이동에 가장 크게 작용하는 열이동방식이다.
스테판 볼츠만 법칙에 의해 복사열은 절대온도의 차의 4제곱에 비례하고, 열전달 면적에 비례한다.

## 147
**정답** ① 기본서 2권 51~53p

**해설**
㉠ 화재 시 화염과 격리된 인접 가연물에 불이 옮겨 붙는 현상으로 금속의 고온부에서 저온부로 열이 이동된다(전도).
㉡ 양초위에 조금 떨어진 종이가 연소되는 현상이며, 가열된 공기나 유체가 움직이면서 열이 전달된다(대류).
㉢ 플래쉬오버를 일시에 착화시키는 현상이며, 물체에서 열에너지가 전자기파로서 방출되는 현상이다(복사).
㉣ 산림화재에 볼 수 있으며, 불똥이나 불꽃이 다른 가연물로 전달되어 화재가 일어나는 현상(비화).

## 148
**정답** ① 기본서 2권 45p

**해설** 암모니아는 질소함유물(멜라민수지·나일론·요소수지·아크릴·실크·나무 등)이 연소할 때 발생하는 연소 생성물로서 유독성이 있으며, 상온·상압에서 강한 자극성을 가진 무색의 기체로서 물에 잘 용해된다. 특히, 비료공장·냉매공업 분야에 많이 사용되고 있다.

## 149
**정답** ② 기본서 2권 43p

**해설** 연기 감광계수는 거의 안 보일 때를 1로 정하고 있고, 어두컴컴함을 0.5, 연기감지기 작동을 0.1로 정하고 있다. 또한 최성기일 때 10, 분출될 때 연기감광계수는 30이 된다.

## 150

정답 ③   기본서 2권   43p

해설 감광계수가 1일 때는 "거의 안 보인다."이며, 0.5일 때는 어두침침함이고, 0.1은 연기감지기 작동이며, 10일 때는 최성기이고, 30일 때가 연기가 분출될 때이다.

## 151

정답 ①   기본서 2권   40p

해설 연기는 일종의 (불완전한) 연소생성물을 말하며 (온도)가(이) 낮을수록 액체상태가 되어 연기의 농도가 진하며 또한 산소공급이 불충분하게 되면 탄소분이 생성되어 (검은색)연기로 된다.

## 152

정답 ①   기본서 2권   40p

해설 ② 수소가 많으면 백색연기, 탄소수가 많으면 검은 색깔로 변한다.
③ 연기는 가연물이 연소할 때 생성되는 물질로서 고체상의 탄소미립자이다.
④ 연기의 이동시키는 요인에는 연돌효과(굴뚝효과), 바람의 영향, 온도에 의한 팽창, 건물 내 강제적인 공기이동, 건물 내·외 온도차, 비중차가 있다.

## 153

정답 ④   기본서 2권   40p

해설 탄소를 많이 함유한 석유류는 검은색을 나타낸다.

## 154

정답 ①   기본서 2권   39~41p

해설 ㉠ 수평방향 연기이동속도는 0.5~1m/sec이고, 수직방향 연기이동속도는 2~3 m/sec이다.
㉡ 연기층 두께의 증가속도는 연소속도에 좌우되며 수직 상승하는 연기 속에 유인되는 공기의 양과 관련이 있다.
㉢ 연기는 부력에 의해 수직상승하면서 점차 확산된다.
㉣ 상하층 개구부의 크기에 따라서 정해지며 냉방과 난방에 의해서도 그 위치가 달라진다.
㉤ 연기의 이동속도는 화재초기에서 최성기로 진행하면서 점차 빨라지고, 플래시오버 이후가 이전보다 빠르다.

## 155

정답 ④   기본서 2권   40p

해설 연기층 두께의 증가속도는 연소속도에 좌우되며 수직 상승하는 연기 속에 유인되는 공기의 양과 관련이 있다.

## 156

**정답** ④  기본서 2권  41~42p

**해설** 연기의 이동은 공기의 흐름에 따라 이동하게 된다. 그렇기 때문에 습도차가 거리가 멀다.

※ 연기를 이동시키는 원인
1. 연돌효과(굴뚝효과)
2. 바람의 영향 : 외부에서의 바람에 의해 압력차가 발생한다.
3. 온도에 의한 팽창 : 온도상승에 의해 증기가 팽창한다.
4. 건물 내 강제적인 공기이동 : 공기조화설비(HVAC시스템)에 의해 영향을 받는다.
5. 건물 내·외 온도차 : 건물 내·외 온도차, 즉 내화건물에서의 연기유동은 건물에 형성된 중성대의 위치에 따라 달라진다.
6. 비중차 : 화재로 인한 부력에 의해 연기를 이동시킨다.

## 157

**정답** ④  기본서 2권  42p

**해설** ④ 건물의 외부온도가 실내온도보다 **높을 때**
→ 건물의 외부온도가 실내온도보다 **낮을 때** 건물의 상층부로 상승하게 된다.
→ 굴뚝효과(연돌효과)
→ $\Delta P = 3{,}460 \left( \dfrac{1}{T_{외부온도}} - \dfrac{1}{T_{실내온도}} \right) h$

① 소화활동을 위하여 비상용승강기를 이용할 때
→ 피스톤효과
→ 승강기가 움직이고 있을 때 승강기의 뒷부분은 피스톤 작용에 의하여 흡인압력으로 연기가 전실, 복도로 유입되거나 유동하는 원인이 된다. 또한, 승강기의 앞부분은 피스톤 작용에 의해 가압이 발생되므로 화재실의 연기가 다른 구역으로 빠르게 확산되는 연기의 유동원인이 된다.

② 화재로 인해 방출되는 연기의 양이 많아질 때
→ 팽창효과
→ $\dfrac{Q_s}{Q_a} = \dfrac{T_s}{T_a}$

$Q_s$ : 연기의 체적유량(m³/s)
$T_s$ : 연기의 절대온도(°K)
$Q_a$ : 공기의 체적유량(m³/s)
$T_a$ : 공기의 절대온도(°K)
→ 건물 내 온도가 600℃ 상승 시 약 3배 증가

③ 화재 시 발생하는 연기의 밀도가 감소할 때
→ 부력효과
→ $\Delta P = K_S \left( \dfrac{1}{T_{외부온도}} - \dfrac{1}{T_{실내온도}} \right) h$

## 158

정답 ④ 　기본서 2권　40p

해설 일반화재는 백색, 유류는 흑색을 나타내지만, 예외적으로 메탄올(메틸알코올)은 휘발성의 무색투명한 액체로 연한 청색 화염을 내거나 화염이 눈에 보이지 않을 경우도 있다.

## 159

정답 ①　기본서 2권　39p

해설 연기의 입자는 보통 0.01~10[μm] 정도로 아주 작으며, 분진폭발을 일으키는 분진입자의 크기는 200 mesh (76 μm) 이하이고, 안개 입자는 약 10~50 μm이며, 분말소화약제 입도는 20~25 μm 정도가 최적의 소화효과를 나타낸다.

## 160

정답 ②　기본서 2권　48p

해설 가연물의 두께가 얇을수록 화염확산속도는 가연물의 열용량의 크기에 **반비례**한다.

## 161

정답 ④　기본서 2권　48p

해설 ④ 대기압이 상승함에 따라 화염확산속도는 감소한다.
→ 대기압이 상승함에 따라 화염확산속도는 **증가**한다.

① 가연물의 두께가 두꺼울수록 화염확산속도는 느려지나, 궁극적으로는 무관하게 된다.
→ 연료가 매우 얇고 표면에 온도구배가 없어 일괄적인 열용량으로 취급되면 확산속도는 재료의 두께에 반비례한다.

$$V \propto \frac{1}{l}$$

→ 두께가 증가되면 궁극적으로 화염확산속도는 두께에 무관하게 된다.

② 가연물의 두께가 얇을수록 화염확산속도는 가연물의 열용량의 크기에 반비례한다.

→ $V \propto \dfrac{1}{\rho cl}$

③ 가연물의 온도가 증가함에 따라 화염확산속도는 증대된다.

→ 얇은 가연물 : $V \propto \dfrac{1}{(T_2 - T_1)}$

→ 두꺼운 가연물 : $V \propto \dfrac{1}{(T_2 - T_1)^2}$

## 162

정답 ④  기본서 2권 48p

해설 3가지 영역에서 최하단은 연속화염이고, 최상단은 부력플럼이다.

Mccaffrey에 의한 3가지 영역

## 163

정답 ①  기본서 2권 88p

해설 고압가스는 위험성이 상존하여 있다. 그래서 성질에 따라 위험성을 분류할 수 있다.

| 연소성 | 저장성 | 독성 |
|---|---|---|
| 가연성 가스<br>(프로판, 아세틸렌 등) | 압축 가스<br>(수소, 산소, 질소 등) | 독성 가스<br>(아크로레인, 포스겐 등) |
| 조연성 가스<br>(산소, 염소, 불소 등) | 액화 가스<br>(암모니아, 염소, 탄산가스 등) | 비독성 가스<br>(산소, 수소, 질소 등) |
| 불연성 가스<br>(질소, 탄산가스 등) | 용해 가스<br>(아세틸렌 등) | |

## 164

정답 ①  기본서 2권 45p

해설 ① 폴리우레탄(Poly urethane) : 요소($NH_2-CO-NH_2$)의 중합체
② 폴리스티렌(Poly styrene) : 스티렌($C_6H_5-CH=CH_2$)의 중합체
③ PVC (Poly vinyl chloride) : 염화비닐($CH_2=CH-Cl$)의 중합체
④ 폴리에틸렌(Poly ethylene) : ($CH_2=CH_2$)의 중합체

시안화수소(HCN)는 질소(N)를 포함하고 있는 물질이 연소하였을 때 발생하는 연소가스로 질소를 함유하고 있는 폴리우레탄을 연소하는 경우 발생할 수 있다.

## 165

정답 ①  기본서 2권 47p

해설 TLV-TWA : 공기 중에 일정량 이상 존재하는 경우 인체에 유해한 독성을 가진 가스로서 허용농도(정상적인 사람이 매일 8시간 또는 주 40시간을 연속해서 이 농도의 가스(증기)를 함유하고 있는 공기 중에서 작업하더라도 작업자의 건강에는 영향이 없다고 생각되는 가스의 농도를 말한다)가 100만분의 200 이하인 것을 말한다. — ( 200ppm 이하 )

LC50 : 공기 중에 일정량 이상 존재하는 경우 인체에 유해한 독성을 가진 가스로서 허용농도(해당 가스를 성숙한 흰쥐 집단에게 대기 중에서 1시간 동안 계속하여 노출시킨 경우 14일 이내에 그 흰쥐의 2분의 1 이상이 죽게 되는 가스의 농도를 말한다. 이하 같다)가 100만분의 5000 이하인 것을 말한다. — ( 5,000ppm 이하 )

## 166

정답 ②  기본서 2권 41p

해설
㉠ 중성대는 건물의 내압과 외압이 동일한 위치이며, 그곳의 개구부 또는 층에서는 공기이동이 일어나지 않는다.
㉡ 중성대의 위치는 개구부의 중앙보다 약간 아래쪽에 형성되며 건축물의 내외의 온도차가 클수록 낮아진다.
㉢ 소방활동시 소방관의 건물 내 진입로 선정은 중성대로 아래쪽으로 하고 배연기를 통한 배연은 중성대 위쪽에서 하는 것이 바람직하다.

## 167

정답 ②  기본서 2권 51p

해설 **푸리에의 법칙**
열의 전도는 단면적과 온도 차이에 비례하고 전달되는 거리(두께)에 반비례한다.

# CHAPTER 3 폭발개요 및 분류

## 168
**정답** ④ 기본서 2권 14p

**해설** 가연물이 얇고 가늘어지면 비표면적이 커져서 산소와의 접촉 면적이 증가하고, 열전도에 의한 방출이 적어서 주변 공기와 단열효과가 발생하여 열 축적이 용이하게 된다.

## 169
**정답** ④ 기본서 2권 18p

**해설** 비전도성 물질을 사용하는 것이 아니라 전도성 물질을 사용하여 축적된 전기를 내보내야 한다.

## 170
**정답** ① 기본서 2권 63p

**해설** ② 폭연은 폭굉으로 전이될 수 있다.
③ 폭굉의 최고 압력은 초기 압력보다 더 크다.
④ 폭굉의 파면에서는 온도, 압력, 밀도가 연속적으로 나타나지 않는다.

## 171
**정답** ④ 기본서 2권 63p

**해설** ④는 폭연에 대한 설명이다. 폭굉은 온도, 압력, 밀도가 화염면에서 불연속적이다.

## 172
**정답** ③ 기본서 2권 63p

**해설** ㉠ 폭굉은 압력이 높을수록 전이되기 쉽다.
㉡ 폭굉유도거리는 점화에너지가 강할수록, 연소속도가 큰 가스일수록, 관경이 가늘거나 관속에 이물질이 있을 경우, 압력이 높을수록 짧아진다.

## 173
**정답** ① 기본서 2권 63p

**해설** 정상연소 속도가 큰 가스일수록 폭굉으로 전이가 일어나기 쉽다.

## 174
정답 ④ 기본서 2권 16p

해설 나화란 항상 화염을 가지고 있고 열 또는 화기로서 가장 주의하여야 하는 점화원이다.
  ㉠ 담뱃불, 난로, 소각로
  ㉡ 보일러, 토치램프
  ㉢ 가스냉장고, 가스레인지의 pilot lamp 등

## 175
정답 ② 기본서 2권 64p

해설 폭굉유도거리란 연소에서 폭굉으로 발전할 수 있는 거리로 점화에너지가 클수록 짧아진다.

## 176
정답 ① 기본서 2권 56p

해설

| 폭발등급 | 안전간격 | 종류 |
|---|---|---|
| 폭발 1등급 | 0.6mm 초과 | 메탄, 에탄, 일산화탄소, 암모니아, 아세톤, LPG |
| 폭발 2등급 | 0.4mm 초과 0.6mm 이하 | 에틸렌, 석탄가스 |
| 폭발 3등급 | 0.4mm 이하 | 아세틸렌, 이황화탄소, 수소 |

## 177
정답 ② 기본서 2권 57p

해설 파열은 물리적 폭발이다. 열적폭발, 폭연 및 폭굉은 화학적 폭발로 분류한다.

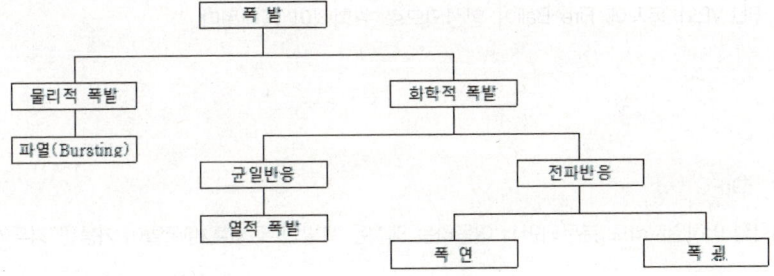

## 178
정답 ② 기본서 2권 57p

해설 공정별은 물리적과 화학적이 있다. 화학적 폭발에는 산화(가스, 분진, 분무), 분해, 중합, 반응폭주가 있고, 물리적 폭발에는 수증기폭발, 전선폭발, 고상간 전이에 의한 폭발 등이 있다.

## 179

정답 ④ 기본서 2권 15p

해설 네온은 불활성기체에 해당됨

## 180

정답 ④ 기본서 2권 56p

해설 ④ 가연물의 구비조건에 해당한다.

■ 폭발의 성립조건
폭발은 다음의 3가지 조건이 성립될 때 발생한다.
㉠ 가연성 가스 및 증기 또는 분진이 공기와 접촉, 혼합되어 폭발범위 내에 있는 경우
㉡ 공간이 존재하여야 한다. 즉, 혼합되어 있는 가스가 어떤 구획되어 있는 방이나 용기 같은 밀폐된 공간에 있을 경우
㉢ 물질의 일부가 불을 일으킬 만한 점화원(에너지)인 경우

## 181

정답 ② 기본서 2권 58p

해설 〈분해폭발물질〉
아세틸렌, 비닐아세틸렌, 메틸아세틸렌, 디아세틸렌, 산화에틸렌, 하이드라진, 에틸렌, 오존, 아산화질소, 산화질소, 시안화수소 등이 있다.

## 182

정답 ① 기본서 2권 67p

해설 불연성물질의 저장탱크(물탱크)는 BLEVE 발생 후 다른 2차적인 위험조건이 계속 일어나지 않으나, 인화성 액체 저장탱크는 BLEVE와 동시에 Fire Ball이 형성되므로 위험성이 증대된다.

## 183

정답 ① 기본서 2권 59p

해설 액적의 온도가 인화점 이하일지라도 분무되면서 이동하는 액적은 폭발인 무상(霧相)폭발이 가능한 경우가 있다.

## 184

정답 ④ 기본서 2권 62p

해설 위험물 중 1류와 6류, 3류와 4류, 5류와 2류와 4류는 혼재가 가능하다.

## 185

정답 ②  기본서 2권 62p

해설 마그네슘은 제2류 가연성 고체로서 제4류 및 제5류 위험물과 혼재가 가능하다. 따라서 유기과산화물(제5류 위험물)과 혼재가 가능하다.
- 알루미늄의 탄화물은 제3류, 과산화수소는 제6류 위험물로서 혼재할 수 없다.

※ **위험물안전관리법 시행규칙 별표 19**(유별을 달리하는 위험물의 혼재기준)

| 위험물의 구분 | 제1류 | 제2류 | 제3류 | 제4류 | 제5류 | 제6류 |
|---|---|---|---|---|---|---|
| 제1류 |  | × | × | × | × | ○ |
| 제2류 | × |  | × | ○ | ○ | × |
| 제3류 | × | × |  | ○ | × | × |
| 제4류 | × | ○ | ○ |  | ○ | × |
| 제5류 | × | ○ | × | ○ |  | × |
| 제6류 | ○ | × | × | × | × |  |

[비고]
1. "×" 표시는 혼재할 수 없음을 표시한다.
2. "○" 표시는 혼재할 수 있음을 표시한다.
3. 이 표는 지정수량의 $\frac{1}{10}$ 이하의 위험물에 대하여는 적용하지 아니한다.

## 186

정답 ③  기본서 2권 62p

해설 혼재가능한 위험물은 제1류와 제6류, 제3류와 제4류, 제5류와 제2류와 제4류는 혼재가 가능하다. 그러므로 과염소산염류는 제1류이고, 과염소산은 제6류로서 혼재가 가능하다.

## 187

정답 ②  기본서 2권 59p, 67p

해설 ㉠ 블래비는 액화가스탱크 등에서 외부에서 가해지는 열에 의하여 액체가 비등하면서 내부의 압력이 증가하여 용기가 파열되는 현상이다.
㉡ 가스폭발의 조건은 조성조건(농도조건), 에너지조건이다.

## 188

정답 ④  기본서 2권 60p

해설 분진발화폭발하기 위한 조건들은 ㉠, ㉡, ㉢, ㉣ 이다.

Ⅲ. 연소이론 · 135

## 189

**정답** ①　기본서 2권　60p

**해설** 분진폭발은 가스폭발에 비해 발화에너지와 발생에너지는 크다.

## 190

**정답** ②　기본서 2권　60p

**해설** 분진폭발을 일으키는 분진입자의 크기는 200 mesh(76㎛) 이하이다.

## 191

**정답** ①　기본서 2권　60p

**해설** ① 산화제와 가연물이 균일하게 혼합하여 반응하는 것은 **가스폭발**에 대한 설명이다.
※ 분진폭발의 특성
가. 분자 입자의 표면에서 산소와 반응하여 일어나는 것이며, 가스폭발과 같이 산화제(공기)와 가연물이 균일하게 혼합하여 반응하는 것이 아니고 가연물 주위에 산화제가 **불균일한 상태에서 반응**한다.
나. 연소속도와 폭발압력은 일반적인 가스폭발과 비교하여 작지만, 연소시간은 길고, 발생에너지가 크기 때문에 연소규모(단위부피당 발열량)가 크다
다. 분진(입자)이 연소하면서 비산하기 때문에 부근의 가연물에 국부적인 탄화를 일으키게 하거나, 작업자 등이 화상을 입기 쉽다.
라. 2차, 3차 폭발을 일으킨다.
　　1차 폭발 ⇒ 작은 폭풍 ⇒ 주변 분진(퇴적물) 교란 ⇒ (1차 폭발의) 열, 빛에 의해 ⇒ 2차 폭발
마. 가스와 비교하여 불완전 연소를 일으키기 쉽기 때문에 CO가 다량으로 발생하게 되어 가스중독을 초래한다.

## 192

**정답** ④　기본서 2권　60p

**해설** ① <u>입자체적에 비교하여 증대하면</u> 열의 발생속도가 빨라져 폭발성이 증대한다.
② 산소와 반응성이 있는 분진의 경우 공기 중에서 산화피막을 형성할수 있으므로 공기 중의 노출시간이 <u>길수록 폭발성이 감소하게 된다.</u>
③ 수분은 금속분진의 폭발성을 증가시킨다.
④ 수분은 나트륨분진과 폭발적으로 반응하여 수소기체를 발생시키고 <u>폭발성을 증가시킨다.</u>

## 193

**정답** ②　기본서 2권　60p

**해설** 분진폭발 순서는 다음과 같다.
　ⓒ 입자표면에 열에너지가 주어져서 표면온도가 상승한다.
　ⓒ 입자표면의 분자가 열분해, 건류작용을 일으켜서 기체로 되어 입자 주위에 방출된다.
　ⓒ 기체가 공기와 혼합되어 폭발성 혼합기체를 생성하고 발화하여 화염을 발생시킨다.
　㉠ 화염에 의해 생성된 열은 다시 분말의 분해를 촉진시켜 차례로 기상에 가연성 기체를 방출시켜 공기와 혼합하여 발화전파한다.

## 194

정답 ③   기본서 2권   60p

해설 입자체적에 비교하여 증대하면 열의 발생속도가 빨라져 폭발성이 증대한다.

## 195

정답 ①   기본서 2권   22~23p

해설 불활성 가스를 첨가할수록 연소범위는 좁아진다.

## 196

정답 ①   기본서 2권   68p

해설 전폐구조로 용기 내부에서 폭발성 가스 또는 증기가 폭발하였을 때 용기가 그 폭발압력에 견디며, 또한 접합면, 개구부 등을 통하여 외부의 폭발성 가스에 인화될 우려가 없도록 한 구조는 내압방폭구조(耐壓防爆構造)이다.

## 197

정답 ③   기본서 2권   68p

해설 ③ 내압방폭구조

※ 화염일주한계(최대안전틈새, 안전간극)
폭발성 분위기 내에 방치된 표준용기의 접합면 틈새를 통하여 폭발화염이 내부에서 외부로 전파되는 것을 방지할 수 있는 틈새의 최대안전틈새

※ 내압방폭구조
전기기구의 용기 내에 외부의 폭발성가스가 침입하여 내부에서 폭발하여도 외부에 영향을 미치지 않도록 하기 위하여 용기가 내부의 폭발압력에 충분히 견디고 **용기의 틈새는 화염일주한계 이하가 되도록 설계한 것**

## 198

정답 ①   기본서 2권   17p, 30~31p

해설
② 고체연소형태 중 자기연소는 특히 자기 분자 내에 산소를 함유함으로 분해 시에 그 산소를 써서 연소하는 것은 제5류 위험물로서 질산에스터류, 나이트로화합물, 하이드라진유도체, 하이드록실아민 등이 있다.
③ 액체연소형태 중 분해연소는 상온에서 고체상태로 존재하고 있는 고체 가연물질의 연소형태이나 일반적으로 경유는(증발연소), 중유와 같이 비중이 크고 점도가 높은 액체 가연물질의 경우도 분해연소의 형태를 보여 준다.
④ 발화원(착화원)이 없어도 원면·고무분말·셀룰로이드·석탄·플라스틱의 가소제, 금속가루·황린 등의 경우 장시간 일정한 장소에서 저장하면 열이 발생되며, 발생된 열을 축적함으로써 발화점까지 온도가 상승되어 나타나는 현상이다. 자연발화에서 석탄은 산화열이다.

## 199

정답 ③   기본서 2권   63p

해설 폭연에 대한 설명이다.

## 200

정답 ④  기본서 2권 63p

해설 **폭굉(detonation)**
㉠ 반응물질을 통과하는 반응속도가 음속을 초과하는 경우를 폭굉 이라고 한다. 폭연에서의 압력증가는 일반적으로 수기압정도이나, 폭굉 인 경우는 압력 상승이 일반적으로 10배 정도, 또는 그 이상으로 높아진다.
㉡ 반응면이 혼합물을 자연발화온도 이상으로 압축시키는 강한 충격파에 의해 전파된다. 동시에 충격파는 연소반응에 의해 방출되는 열에 의해 유지된다.
㉢ 반응의 전파속도가 그 물질 내에서의 음속보다 빠르며, 혼합기체의 폭굉속도는 1,000m/sec ~ 3,500m/sec이다.
㉣ 폭굉파는 음파와 달리 폭굉파가 통과한 곳은 화학적 조성이 변하므로 가역적인 탄성파로 취급되지 않는다.

## 201

정답 ①  기본서 2권 63p

해설 ① 폭연의 연소파가 현저하게 커질 경우 압축파가 충격파로 변화되어 폭굉으로 전이될 수 있다.
→ 화염의 가속이 현저하게 클 경우 **중첩된 강한 압축파가 충격파로 변화되어** 폭발의 전형적인 형태인 폭굉으로 전이
② **폭굉**에서의 최고압력은 초기압력의 약 10배 이하이다.
→ 폭연
폭굉은 10배 이상(충격파 발생)
③ 폭굉은 연소파의 파면에서 압력이 **연속**적으로 변화한다.
→ 불연속
통상적인 연소의 폭연에서는 연소파의 파면에서 압력은 연속이며 **폭굉은 파면에서 압력이 불연속으로 변화**하며 진행하는 기본적 차이가 있다.
④ **폭굉**에서는 반응면이 열의 분자확산 이동과 반응물과 연소생성물의 난류혼합에 의해 전파된다.
→ 폭연
폭굉은 반응면이 혼합물을 자연발화온도 이상으로 압축시키는 강한 충격파에 의해 전파한다.

## 202

정답 ④  기본서 2권 63p

해설 ④ 폭연에 대한 설명이다.
■ **폭굉의 개요**
㉠ 폭발의 속도가 음속보다 큰 경우, 즉 초음속인 경우이다.
㉡ 대기의 가연성 혼합기체는 연소하며 적당한 조건에서는 폭발한다.
㉢ 폭굉파는 대단히 고속으로 전파한다. 그 반응속도는 1,000 ~ 3,500m/s 정도이다.
㉣ 폭굉지대에 있어서는 압력은 대단히 높으며, 충격과 반응의 효력은 보통의 폭발보다 백배나 더 파괴적인 폭발을 일으킬 수 있다.

## 203

정답 ④ 기본서 2권 63p

해설
① 예혼합가스의 초기압력이 높을수록 폭굉 유도거리가 짧아진다.
② 화염전파속도는 폭연의 경우 음속보다 느리며, 폭굉의 경우 음속보다 빠르다.
③ 폭연은 폭굉으로 전이될 수 있다.

## 204

정답 ④ 기본서 2권 62p

해설
- 분무폭발 : 미세한 액적이 분무상으로 되어 착화원에 의하여 폭발
- 분해폭발 : 분해에 의하여 생성된 가스가 열팽창 되어 이때에 생기는 압력상승과 압력방출에 의하여 폭발
- 증기폭발 : 액상에서 기상으로 급격한 상변화에 의하여 폭발하한계 이상 폭발상한계 이하의 농도에서 폭발
- 증기운폭발 : 대량의 가연성 액체가 유출하여 발생되는 증기가 공기와 혼합하여 착화원에 의하여 폭발
- 고상전이폭발 : 고상 간의 전이열에 따른 공기 팽창에 의한 폭발로 무정형 안티몬이 결정형 안티몬으로 전이할 때의 발열에 따른 폭발이다.

## 205

정답 ② 기본서 2권 62p

해설 ㉠ 증기폭발, ㉡ 고상간의 전이에 의한 폭발, ㉢ 전선폭발

※ 응상폭발
폭발 원인물질의 상태에 따라 기상폭발과 응상폭발로 분류하고 있으며, 응상폭발의 종류로는 수증기폭발, 증기폭발, 고상 간 전이에 의한 폭발, 전선폭발이 있다.

## 206

정답 ④ 기본서 2권 59p

해설 기상폭발에는 가스폭발. 분무폭발, 분해폭발 및 분진폭발, 증기운폭발이 있으며 응상폭발은 증기폭발(수증기폭발), 혼합위험에 의한 폭발 및 폭발성 화합물의 폭발로 구분된다.

## 207

정답 ④ 기본서 2권 61p

해설 아세틸렌, 산화에틸렌, 에틸렌은 분해폭발을 하며, 시안화수소는 분해 또는 중합폭발을 하는 물질이다. 과산화수소는 분해하면 $H_2O + O$를 생성하여 물밖에 남지 않는 단순한 화합물이나, 제6류 위험물로서 강산화제이다.

※ 분해폭발 : 물질의 구성분자의 결합이 그다지 안정되지 못하기 때문에, 때로는 분해반응을 일으키며, 반응 자체에 의한 발열원에 의해서 진행하는 폭발현상

Ⅲ. 연소이론 · 139

## ★ 208

**정답** ④ 　기본서 2권　61p

**해설** 메탄은 분해폭발을 하지 않는다.


## ★★★ 209

**정답** ① 　기본서 2권　61p

**해설** ① 압력

※ 분해폭발 : 온도와 압력에 영향을 받아 분해되며, 이때 발생하는 열과 **압력에 의해서 폭발**하는 것이다.
　분해반응식 : $C_2H_2 \rightarrow 2C + H_2 + 54.2\,kcal$

※ 아세틸렌($C_2H_2$)의 폭발 위험성
가. 혼합비 : 산소 : 아세틸렌 = 85 : 15(가장 위험)
　　　　　　산소 : 아세틸렌 = 40 : 60(안전)
나. 온도 : 자연발화온도 505 ~ 510℃
　　　　　분해폭발온도 : 780℃
다. 압력 : $2\,kg_f/cm^2$에서 충격 및 진동에 의한 분해폭발
　　　　　$1.5\,kg_f/cm^2$ : 위험압력
　　　　　$1.3\,kg_f/cm^2$ : 안전
라. 분해폭발 시 열손실이 없다고 가정할 때 화염온도는 약 3,100℃이며, 밀폐공간에서 분해폭발 시 초기압력의 9~10배로 상승한다. 폭굉으로 전이 시 20~50배까지 상승한다.


## ★★★ 210

**정답** ① 　기본서 2권　59~62p

**해설** ㉣ 분진폭발은 산소가 많이 있는 개방된 장소에서 폭발력이 크지 않다. 왜냐하면 분진폭발은 밀폐된 공간에서 폭발이고, 산소와 접촉을 많이 하면 산화피막을 형성하여 폭발력은 감소한다.


## ★★ 211

**정답** ② 　기본서 2권　22p, 60p, 63p

**해설** ㉠ 폭발범위가 넓을수록, 상한값이 높을수록, 하한값이 낮을수록 위험하다.
　　　㉤ 폭연은 연소의 전파속도가 음속보다 느린 현상이다.


## ★★ 212

**정답** ② 　기본서 2권　57p

**해설** 수증기폭발은 응상폭발이며, 가스, 분해, 분진 폭발은 기상폭발이다.

## 213
정답 ③ 기본서 2권 60p

해설 석회석, 탄산칼슘, 시멘트, 대리석은 분진폭발이 일어나지 않는다.

## 214
정답 ④ 기본서 2권 60p

해설 ④ 미분탄, 소맥분, 금속분
※ 분진폭발
- 가연성의 고체가 미분말로 되어 공기 중에 부유한 상태로 폭발농도 이상으로 있을 때 착화원이 존재함으로써 발생
- 미분탄, 소맥분, 금속분
※ 분진폭발을 일으키지 않는 물질
탄산칼슘($CaCO_3$), 생석회($CaO$), 석회석, 시멘트수산화칼슘(소석회, $Ca(OH)_2$)

## 215
정답 ③ 기본서 2권 60p

해설 분진과 산소의 충분한 교반과 유동은 분진폭발의 조건이 된다.
※ 분진폭발 완화대책
가. 불활성가스에 의한 부분 불활성화
나. 격리 : 폭발압력 억제장치 및 폭발벤트(Vent) 설치
다. 방출(Venting)
라. 압력에 견디는 구조로 건설
마. 자동진압설비
바. 청결유지(분진제거 청소) : 집진기 등으로 분진을 포집하여 연소 하한계 이하로 유지

## 216
정답 ② 기본서 2권 60p

해설 ② 공기 중에 부유하는 시간이 길어질수록 위험성이 증가한다. → 분진의 부유성과 관련된 것으로 입자가 작고 가벼워야(물리적 성질) 공기 중에서 부유하기 쉽다(화학적 성질과 무관).

## 217
정답 ② 기본서 2권 60p

해설 분진폭발이 발생되지 않는 것은 탄산칼슘, 시멘트, 대리석, 석회석, 유리 등이다.

## 218

정답 ① 기본서 2권 60p

해설 가스폭발은 분진폭발에 비해 연소속도, 폭발압력이 크다.

## 219

정답 ③ 기본서 2권 60p

해설 가연성 가스가 공기와 혼합하여 폭발성 혼합기를 생성하고 **착화원**에 의해 발화하여 화염을 발생시킨다.

## 220

정답 ① 기본서 2권 61~62p

해설 ㉠ 용융금속과 같은 고온물질이 물속에 투입되었을 때 급격하게 비등하여 발생하는 폭발현상이다. - 수증기 폭발(응상)
㉡ 액화석유가스(LPG, LNG)가 사고로 인해 물 위에 분출되었을 때에 액상에서 기상으로 급격한 상변화에 의한 폭발현상이다. - 증기폭발(응상)
㉢ 가스가 공기나 산소와 섞이지 않더라도 가연성가스 자체의 분해 반응열에 의한 폭발하는 현상이다. - 분해폭발(기상)
㉣ 전선에 허용전류 이상의 대전류가 흐를 때 전기가 순간적으로 전선이 가열되어 용융과 기화가 급속하게 진행되면서 폭발하는 현상이다. - 전선폭발(응상)

## 221

정답 ② 기본서 2권 61p

해설 층류가 아니라 난류
② 증기와 공기의 난류혼합은 폭발력을 증가시킨다.
③ 가연성 증기의 누출점으로부터 먼 지점에서의 착화는 일반적으로 폭발의 충격을 증가시킨다. → 누출점으로부터 먼 지점일수록 연소범위(폭발범위)에 포함될 확률이 높기 때문이다.

## 222

정답 ③ 기본서 2권 68p

해설 압력방폭구조에 대한 설명이다.

## 223

정답 ③　기본서 2권 60p

해설
① 산소와 반응성이 있는 알루미늄 분진의 경우 공기 중에서 산화피막을 형성할 수 있으므로 공기 중의 노출시간이 길수록 폭발성이 감소하게 된다.
② 분진의 입도가 작을수록 비표면적이 증가하므로 폭발성이 증가한다.
③ 입도가 동일한 경우 구상 < 침상 < 평편상 순으로 폭발성이 증가한다.
④ 알루미늄은 습도가 높을 경우 수분과 반응하여 가연성 가스를 방출하게 되어 폭발성이 증가하게 된다.

## 224

정답 ④　기본서 2권 67p

해설
① 프로판 액화가스탱크에서 **물리적** 폭발이 원인이 되어 발생된다.
② 액화가스 저장탱크에서 일어날 수 있다는 점에서는 **증기운** 폭발과 같다.
③ 방지대책으로 **고정식** 살수설비를 설치한다.
④ 분출된 액화가스의 증기가 공기와 혼합하여 연소범위가 형성되어서 공모양의 대형화염이 상승하는 현상을 Fire ball라고 한다.

## 225

정답 ④　기본서 2권 67p

해설 BLEVE 현상이란 과열상태의 탱크에서 내부의 액화가스가 분출하여 기화되어 착화되었을 시 폭발하는 현상이다.

## 226

정답 ②　기본서 2권 67p

해설　**BLEVE 방지대책**
㉠ 경사를 지어서 설치한다.
㉡ 감압밸브(감압시스템)의 압력을 낮춘다.
㉢ 용기외부에 저장탱크 외부의 벽면에 열전도성이 작은 물질로 단열조치를 한다.
㉣ 고정식 살수설비를 설치한다.
㉤ 내압강도를 높게 유지한다.
㉥ 외부파괴력 충돌을 방지한다.

## 227

정답 ①　기본서 2권 67p

해설 비등액체팽창**증기폭발**(BLEVE)은 물리적 폭발로 분류한다. ← 증기폭발
④ BLEVE에 의해 피해를 가중시키는 중요 위험요소는 복사열이다.
→ 일반적으로 BLEVE 발생과 동시에 형성되는 Fire Ball에 의한 복사열이 중요 위험요소이다.

## 228

정답 ② 기본서 2권 67p

해설 입열은 연료의 연소열이다. 즉, 탱크로의 입열을 억제하기 위해 단열조치, 지하설치, 냉각장치설치, 가스의 이송조치 등이 있다.

## 229

정답 ④ 기본서 2권 60p

해설 분진은 덩어리에 비해 열전도율이 작다.

## 230

정답 ④ 기본서 2권 59p

해설 프로판이나 부탄은 연소 하한 범위가 낮아 연소나 폭발이 자주 일어 날 수 있으나 그 피해범위가 좁다.

## 231

정답 ① 기본서 2권 56p

해설

| 폭발등급 | 안전간격 | 종류 |
| --- | --- | --- |
| 폭발 1등급 | 0.6mm 초과 | 메탄, 에탄, 일산화탄소, 암모니아, 아세톤, LPG |
| 폭발 2등급 | 0.4mm 초과 0.6mm 이하 | 에틸렌, 석탄가스 |
| 폭발 3등급 | 0.4mm 이하 | 아세틸렌, 이황화탄소, 수소 |

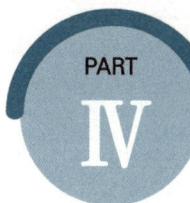

# PART IV 화재이론

## CHAPTER 1 화재의 정의 및 분류

**001**
정답 ①   기본서 2권 87p
해설 나트륨, 칼륨은 물과 반응하여 가연성 가스인 수소가스가 발생한다.

**002**
정답 ②   기본서 2권 41p
해설 연돌효과란 건축물의 내부와 외부온도 차이로 굴뚝과 같이 공기가 수직으로 상승하는 현상을 말하며 화재실의 온도, 건축물 내부 외부 온도차, 건축물 높이, 외벽의 기밀도, 층간 공기누설에 영향을 받는다.

**003**
정답 ④   기본서 2권 84p
해설 D급 화재는 금속화재이다.

**004**
정답 ④   기본서 2권 85p
해설 ④ 주로 제4류 위험물의 화재를 의미하는 것으로 연소 후 재를 남기지 않으며, 연소열이 크고 인화성이 좋기 때문에 일반화재보다 위험하다. 또한 소화를 위해서는 포 등을 이용한 질식소화가 가장 효과적이다.
① 일반화재(A급)에 대한 설명이고, 일반화재는 종이, 목재 등의 일반가연물과 합성고분자 등의 화재를 의미하는 것으로 연소 후 재를 남기는 보통화재이다. 소화방법은 냉각소화가 가장 효과적이다.
② 전기화재(C급)는 전기 에너지가 발화원으로 작용한 화재가 아니며, 전류가 흐르고 있는 기계에서 발생한 화재이다. 소화방법은 질식이 가장 효과적이다.
③ 금속화재(D급)는 금속가연물의 화재로서 절대적으로 주수소화가 불가능하며, 질식소화를 주로 한다.

## 005

정답 ②  기본서 2권 85p

해설 ② 가솔린은 가연성 액체로 대기압 하에서 상온 이상의 인화점을 갖는다. → 상온 이하의

※ 유류화재의 특징
- 주로 액체 가연물의 취급 부주의로 발생하고, 연소성이 좋기 때문에 일반화재보다는 화재위험성이 매우 크다.
- 가연성 액체는 자기 자신이 연소하는 것이 아니라 열에 의해 증발한 가연성 증기가 연소하는 것이므로 가연성
- 액체에서 증발한 가연성 기체는 가연성 가스의 연소(폭발)범위를 갖는다.
- 유류는 대부분 가연성 액체로 대기압 하에서 상온 이하의 인화점을 갖기 때문에 증기를 발생시키고, 이 가연성 증기가 공기와 적당히 혼합하여 연소범위에 들어 가게 되며, 이 때 점화원에 의해 발화가 된다.

## 006

정답 ③  기본서 2권 118p

해설 환기량을 결정하는 인자는 개구부 면적과 개구부 높이의 평방근이다.

## 007

정답 ②  기본서 2권 88p

해설 액화석유가스(LPG)는 프로판, 프로필렌 그리고 부틸렌과 같은 알칸과 알켄의 압축 및 액화된 혼합물이다.

## ★ 008

정답 ① 　기본서 2권　88p

해설

| 구분 | 액화석유가스<br>(Liquefied Petroleum Gas) | 액화천연가스<br>(Liquefied Natural Gas) |
|---|---|---|
| 주성분 | 프로판, 부탄 | 메탄 |
| 상태 | 상온상압에서 기체이며, 10~15℃에서 10Kg/cm$^2$에서 액화보관 | 상온상압에서 기체이며, -162℃에서 액화 보관 |
| 발열량 | 크다 | 크다 |
| 폭발범위 | 프로판(2.1~9.5%), 부탄(1.8~8.4%) | 메탄(5~15%) |
| 연소속도 | 늦다 | 빠르다 |
| 체적변화 | 액체에 기체로 250~300배 | 액체에서 기체로 600배 |
| 비점 | 프로판(-42.1℃), 부탄(-0.5℃) | 메탄(-162℃) |
| 비중 | 기체는 공기보다 무겁다<br>액체는 물보다 가볍다 | 공기보다 가볍다<br>단, -113℃ 이하는 공기보다 무겁다. |
| 특징 | • 공기 중에 쉽게 연소 폭발한다.<br>• 물에는 녹지 않는다.<br>• 유기용매(휘발유 등)에 녹는다.<br>• 천연고무를 잘 녹인다.<br>• 무독, 무색, 냄새도 없다 | • 공기 중에 쉽게 연소 폭발한다.<br>• 깨끗한 화염, 급격한 연소특성<br>• 복사열이 높다.<br>• 무독, 무색, 냄새도 없다. |

## ★★ 009

정답 ② 　기본서 2권　88p

해설 ② LNG(액화천연가스)에 대한 설명이다.

**LPG(액화석유가스)의 성질**
- 무색, 무취이며 물에는 용해되지 않고, 유기용매에는 용해된다.
- 석유류, 동식물유류, 천연고무는 잘 녹인다.
- 액체에서 기체로 될 때 체적은 약 250배로 증가된다.
- 액체상태에서는 물보다 가볍고 기체상태에서는 공기보다 무겁다.
- 공기 중에서 쉽게 연소, 폭발한다.

## ★★ 010

정답 ① 　기본서 2권　88p

해설 액화천연가스의 주성분은 메탄($CH_4$)이고 공기보다 가볍다.

## 011

**정답** ② 기본서 2권 102p

**해설** 가연물질의 연소열, 산소공급원 등이 해당되나 점화원, 발화원의 온도는 화재강도 이전의 문제이다.

## 012

**정답** ① 기본서 2권 102p

**해설** 화재강도
① 화재실의 단위 시간당 축적되는 열의 양을 화재강도라고 한다.
② 화재실의 열방출률이 클수록 온도가 높아져서 화재강도는 크게 나타난다.
③ 화재강도와 관련인자
  ㉠ 가연물의 발열량(가연물의 종류)   ㉡ 가연물의 비표면적
  ㉢ 가연물의 배열상태                ㉣ 화재실의 벽, 바닥, 천장 등의 구조
  ㉤ 산소의 공급

## 013

**정답** ③ 기본서 2권 84~85p

**해설** 중유는 일반화재를 일으키는 가연물질에 해당하지 않고, 유류화재(B급)에 해당한다.

## 014

**정답** ① 기본서 2권 84~88p

**해설** ① ㉠, ㉣
㉡ 화재의 원인으로는 과전류, 단락, 누전 등이 있다.
  → 전기화재
㉢ 소화 시 주로 부촉매효과를 이용한 할론 소화설비가 이용된다.
  → 일반화재의 경우 냉각효과를 이용한 물을 소화약제로 사용하며, 표면화재의 경우 할론 소화설비를 사용한다.

※ 일반화재
• 일반적 가연물인 종이, 나무, 합성수지류 등에 의한 화재
• A급 화재라고도 하며, 표시하는 색상은 백색이다.
• 소화 후 일반적으로 재가 남는다.
• 소화 시에는 주로 냉각효과를 이용한 물을 사용한다.

## 015

정답 ④ 심화

해설 화재의 지속 시간에 영향은 주는 것 중 벽 넓이는 포함되지 않는다.

## 016

정답 ③ 기본서 2권 87p

해설 절연 저항의 증가로 인한 발화는 전기화재의 발생원인에 해당되지 않는다.

## 017

정답 ② 기본서 2권 101p

해설 ※ 계산식

화재하중$(q) = \dfrac{\sum(W_t \times H_t)}{H_o \times A}$  화재하중$(q) = \dfrac{13,500 \times 1}{4,500 \times 1} = 3$

여기서, $W_t$ : 저장되어 있는 가연물의 양(kg)
$H_t$ : 저장되어 있는 가연물의 단위 발열량(kcal/kg)
$H_o$ : 목재의 단위 발열량(kcal/kg) = 4,500kcal/kg
$A$ : 실의 면적(m²)

## 018

정답 ② 기본서 2권 101p

해설 바닥면적 : 5,000mm × 12,000mm
화재하중 단위가 kg/m²이므로 바닥면적은 5m×12m = 60m²

$$\dfrac{(4,000 \times 200) + (2,000 \times 300)}{4500 \times 60} = \dfrac{1,400,000}{270,000} = 5.185185..$$

Ⅳ. 화재이론 · 149

## 019
정답 ②  기본서 2권  101p

해설 화재하중은 단위면적당 가연물의 중량은 말하며, 감소시키는 방법은 내장재의 불연화에 있다.

## 020
정답 ④  기본서 2권  87p

해설 ⓒ 승압은 전압을 올리는 것을 말하는 것으로 전기화재의 원인이 되지 않고 전력손실을 줄여준다.
ⓔ 절연[絶緣, insulation]이란 전기 또는 열을 통하지 않게 하는 것이며, 절연저항이란 절연물질의 저항을 의미한다. 절연저항의 증가가 아닌 절연저항의 감소가 전기화재의 원인이 된다.

## 021
정답 ④  기본서 2권  92p

해설 훈소에 의하여 발생하는 연기(생성물)는 액체 미립자가 주성분이다.

## 022
정답 ①  기본서 2권  92p

해설 훈소의 일반적인 진행속도(cm/s) 0.001~0.01 이다.

## 023
정답 ②  기본서 2권  112p

해설 ⓒ 피난구조설비는 고정식설비를 위주로 할 것
ⓔ 상호 다른 방향으로 다수의 출구와 연결되는 것이 좋다.

## 024

정답 ③  기본서 2권  111p

해설 추종본능에 따라 피난자는 군중심리에 의해 앞서가는 피난자의 뒤를 따라간다.
① 출화점으로부터 조금이라도 먼 방향으로 피난한다.
　→ 퇴피본능
② 평상시의 습관 또는 숙지하고 있는 경로로 피난한다.
　→ 귀소본능
④ 시각적으로 밝고 연기가 보이지 않는 곳으로 피난한다.
　→ 지광본능

## 025

정답 ④  기본서 2권  111p

해설 원래 왔던 길로 되돌아가거나 일상적으로 사용하는 경로로 탈출하려는 본능을 귀소본능이라 한다.

## 026

정답 ④  기본서 2권  84~87p

해설 모두 옳은 지문이다.

> ㉠ 전기화재의 표시색상은 청색이며 단락, 합선, 과부하, 정전기, 저항열, 유도열, 유전열 등에 의해서 일어나기 쉽다.
> ㉡ 일반화재(A급화재)는 연소 후 재를 남기는 화재이다.
> ㉢ 일반가연물의 화재에 비해 유류화재는 연소열이 많이 발생한다.
> ㉣ 전기화재는 전기 기기가 설치되어 전류가 흐르고 있는 장소에서의 화재이다.

## 027

정답 ③  기본서 2권  84p

해설 가연물의 성상과 종류에 따라 화재를 A·B·C 급으로 나눈다.

Ⅳ. 화재이론 · 151

## 028

**정답** ①    기본서 2권   92p

**해설** 훈소에 대한 질문이다. 아래 그림 참조

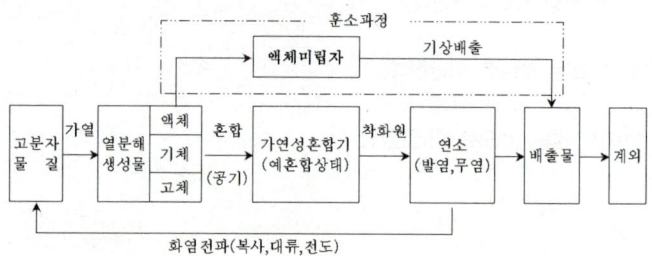

※ 훈소의 정의
    열분해에 의하여 가연성 생성물이 생겼을 때 훈소의 생성은 바람에 의하여 그 농도가 현저히 저하 또는 희석되었다든지, 공간이 밀폐되어 있어서 산소공급이 부족하게 되는 등의 일이 있으면, 가연성 혼합기체는 형성되지 않고 발염도 되지 않으며, 다량의 연기만 직접 계외로 배출되는 현상을 말한다.

※ 훈소의 생성물
  가. **훈소의 단계는 산소가 15% 이하로 감소하고 반대로 CO는 증가하며 또한 타르나 미연소가스가 증가한 상태이다.**
  나. 훈소에서의 분해 생성물은 화염이라고 하는 고온의 장을 통과하지 않으므로 그대로의 모양으로 외부에 방출되기 쉽고, 분자량이 큰 특유의 냄새가 있는 물질이나 독성이 있는 생성물이 나올 가능성이 높다.
  다. 화염을 통하지 않는 직접경로로 분해 생성물이 외부로 방출되는 경우에는 생성물에 포함된 비점이 낮은 성분은 생성 시에는 기체상이라 할지라도 점점 냉각되며 액적이 된다. 따라서 훈소에 의하여 발생되는 연기는 액체미립자의 것이 되며 이것은 화염 중에서 생성되는 그을음과 같은 고체미립자계의 연기와는 성질을 달리한다.

## 029

**정답** ③    기본서 2권   89p

**해설** ㉠ 수관화 : 소나무 같은 침엽수에 인화물질인 수지(나뭇진)가 많아 수관화가 잘 발생하는데 나무의 가지 또는 잎에서 화재가 발생하는 현상이다.
    ㉡ 수간화 : 나무 줄기가 타는 불로서 주로 수목에서 화재가 발생하는 현상이다.

## 030

정답 ④ 기본서 2권 90p

해설 식용유는 발화점이 낮아 식용유의 열이 식지 않으면 재발화한다.

## 031

정답 ② 기본서 2권 90p

해설 **식용유화재**

「위험물안전관리법」에서는 1기압에서 인화점이 섭씨 250도 미만인 것으로 정의하고 있으며, 식용유란 유지성분을 먹을 수 있도록 정제한 것으로 종류는 올리브유, 채종유, 옥수수기름, 면실유, 대두유 등이 있다. 또한 석유화재에서 온도가 가장 높은 곳이 화염의 중심이며 약 1,400~1,500℃이다. 화염의 중심에서 아래쪽으로는 온도가 저하되고 액면에서는 비점이 된다. 그리고 액체 내에서는 온도가 감소되며, 액면의 바로 아래 부분의 액체온도는 거의 변하지 않는다.
㉠ 종전까지는 B급으로 분류하였으나 특수한 화재형태로 NFPA(미국방화협회)에서 K급 화재로 분류하고, UL(미국보험협회 안전시험소)는 F급 화재로 분류하고 있다.
㉡ 식용유는 발화점이 비점보다 낮기 때문에 소화 후 재발화 위험이 있다.
㉢ 소화약제는 비누화작용을 하는 분말소화약제가 주로 사용되며, 식용유의 온도를 발화점이하로 낮추면 재 착화가 되지 않는다.
㉣ 액면상(석유표면)에서 연소하는 석유화재를 액면화재(pool fire)라고 하며, 발생한 화염으로부터 열이 액면에 전달되어, 액체의 온도가 상승됨과 더불어 증기를 발생하며 확산연소를 하는 것이다.
㉤ 액면화재 현상은 화염으로부터 액면으로의 열전달과 액체의 증발에 지배된다.

## 032

정답 ② 기본서 2권 90p

해설 **식용유화재**

「위험물안전관리법」에서는 1기압에서 인화점이 섭씨 250도 미만인 것으로 정의하고 있으며, 식용유란 유지성분을 먹을 수 있도록 정제한 것으로 종류는 올리브유, 채종유, 옥수수기름, 면실유, 대두유 등이 있다. 또한 석유화재에서 온도가 가장 높은 곳이 화염의 중심이며 약 1,400~1,500℃이다. 화염의 중심에서 아래쪽으로는 온도가 저하되고 액면에서는 비점이 된다. 액체 내에서는 온도가 감소되며, 액면의 바로 아래 부분의 액체온도는 거의 변하지 않는다.
① 종전까지는 B급으로 분류하였으나 특수한 화재형태로 NFPA(미국방화협회)에서 K급 화재로 분류하고, UL(미국보험협회 안전시험소)는 F급 화재로 분류하고 있다.
② 식용유는 발화점이 비점보다 낮기 때문에 소화 후 재발화 위험이 있다.
③ 소화약제는 비누화작용을 하는 1종 분말소화약제가 주로 사용되며, 식용유의 온도를 발화점 이하로 낮추면 재착화가 되지 않는다.
④ 액면상(표면)에서 연소하는 석유화재를 액면화재(Pool Fire)라고 하며, 발생한 화염으로부터 열이 액면에 전달되어, 액체의 온도가 상승됨과 더불어 증기가 발생하며 확산연소를 하는 것이다.
⑤ 액면화재 현상은 화염으로부터 액면으로의 열전달과 액체의 증발에 지배된다.

## 033

정답 ② 기본서 2권 90p

해설 ② 식용유

※ 식용유화재
㉠ 가연물 : 식용유, 지방, 그리스에 의한 화재
㉡ 연소특성 : 발화점(288℃~385℃)과 인화점(약 300℃)의 차이가 적고 발화점이 비점(약 180℃) 이하 여서 화재가 발생하면 발화점 이상이 되어 소화하여도 재발화 가능성이 높다
㉢ 기본 소화방법 : 비누화작용을 하는 제1종 분말소화약제가 주로 사용

※ 인화점 및 발화점
① 디에틸에테르(특수인화물) : 인화점 -45℃, 발화점 160℃
② 식용유 : 발화점 288~385℃, 인화점 약 300℃, 비점 약 180℃
③ 아세트알데하이드(특수인화물) : 인화점 -39℃, 발화점 175℃
④ 산화프로필렌(특수인화물) : 인화점 -37℃, 발화점 747℃

## 034

정답 ① 기본서 2권 92p

해설 **금수성화재**
물기와 접촉하거나 수분을 흡수하면 가연성 가스를 생성하거나 높은 열을 일으켜 화재를 일으킨다.
㉠ 물기와 반응하여 가연성가스를 발생하는 물질
알루미늄, 금속나트륨 등은 물을 접촉했을 때 수소가스를 생성시키고, 인화석회(인화칼슘)는 인화수소를 발생시키고, 카바이트(탄화칼슘)는 아세틸렌가스를 발생시킨다.
㉡ 수분과 반응하여 열을 발생시키는 물질
생석회(산화칼슘), 과산화나트륨, 수산화나트륨, 삼염화인, 발연황산, 무수염화알루미늄, 클로로술폰산 등은 수분과 반응하여 열을 발생시킨다.

# CHAPTER 2 건물화재의 성상

## ★ 035
정답 ① 　기본서 2권 　102p

해설 　모두 옳다


## ★ 036
정답 ② 　기본서 2권 　92p, 101~102p

해설 　① 화재하중 ③ 화재가혹도 ④ 훈소화재


## ★★ 037
정답 ② 　기본서 2권 　101~102p

해설
- 화재강도 : 연소물질로부터의 열방출율과 그에 따른 화재실의 열축적율을 나타내는 용어로 가연물의 단위 중량당 열방출량이 크다는 것은 그만큼 열축적율이 증가하여 화재실의 온다가 높아진다는 것을 의미한다.
- 화재가혹도(화재심도) : 화재로 인한 피해의 정도, 즉 화재가 당해 건축물과 내부 수용재산을 손상·파괴시키거나 소실시키는 정도 나타내며 이것은 어떤 화재의 <u>최고온도와 지속시간이 고려된</u> 개념이다.
- 화재하중 : 화재구역에서 단위면적당 가연물의 양을 화재하중이라고 한다.


## ★★ 038
정답 ② 　기본서 2권 　86p

해설 　㉣ 보일오버는 주로 경질유 탱크보다는 중질유 탱크에서 잘 일어난다.


## ★★ 039
정답 ④ 　기본서 2권 　115p

해설 　백드래프트는 공기부족으로 훈소상태에 있을 때 신선한 공기가 유입되어 실내에 축적되었던 가연성 가스가 단시간에 폭발적으로 연소함으로써 화재가 폭풍을 동반하여 실외로 분출되는 현상을 말한다.

## 040

정답 ④  기본서 2권 113p

해설 중앙으로 집중은 패닉이 일어날 수 있다.

| 구분 | 특징 |
|---|---|
| T형 | 피난자에게 피난경로를 확실히 알려주는 형태 |
| X형 | 양방향으로 피난할 수 있는 확실한 형태 |
| H형 | 피난자의 집중으로 패닉현상이 일어날 우려가 있는 형태 |
| Z형 | 중앙복도형 건축물에서의 피난경로로서 코너식 중 제일 안전한 형태 |

## 041

정답 ④  기본서 2권 112p

해설 불연내장재가 사용되면 안전해지므로 패닉과 직접적인 관계가 없다.

## 042

정답 ②  기본서 2권 112p

해설 Fool proof
② **Fool proof**라는 말의 본래 뜻은 바보라도 틀리지 않고 할 수 있도록 한다는 의미이다. 즉 비상상태 하에서 피난자는 정신이 혼란하여 주로 본능에 의지하게 되므로 바보같이 행동할 수도 있다는 것이다. 따라서 **피난구유도등 및 유도표지 등은 문자나 그림, 색을 사용하여 직감적으로 알아볼 수 있도록 해야 한다.**
① Fail safe라고 하는 것은 하나의 수단이 고장 등으로 실패하여도 다른 수단에 의하여 그 기능이 발휘될 수 있도록 고려하는 것을 말하며 2방향 피난원칙의 경우가 이에 속한다.
③ 피난경로는 간단명료할 것.
복잡하게 굴곡 되고 피난경로가 긴 것은 부적당하며, 복도와 통로 말단부에서 출구나 계단 등이 있는 것이 가장 이상적이다.
④ 피난수단은 원시적 방법에 따르는 것을 원칙으로 할 것.
화재 등 비상사태 시 복잡한 조작을 필요로 하는 장치는 부적당하며 가장 본능적인 인간의 행동에 따르는 것을 원칙으로 해야 한다. 이러한 관점에서 승강기는 정전, 기타의 위험을 고려하여 피난수단으로 계획하지 않는 것이 원칙이다.

## 043

정답 ③  기본서 2권 112p

해설 ③ 피난경로는 항상 2개 방향 이상 확보해 두는 것이 필요하다. → Fail Safe 대책에 해당한다.
※ Fail Safe : 하나의 수단이 고장 등으로 실패하여도 다른 수단에 의하여 그 기능이 발휘될 수 있도록 고려하는 것
※ Fool Proof : 비상상태하에서 피난자는 정신이 혼란하여 주로 본능에 의지하게 되므로 바보같이 행동할 것을 고려하는 것

## 044
정답 ②  기본서 2권  115p

해설  Flash Over 지연대책으로는 천장의 불연, 두꺼운 내장재 사용, 열전도율이 큰 내장재 사용, 실내에 가연물 분산 적재 등이 있다.

## 045
정답 ②  기본서 2권  115p

해설  ① 공기 부족으로 훈소상태에 있을 때 신선한 공기 유입으로 발생되는 것은 백드래프트 현상이다.
③ 백드래프트는 일반적으로 감퇴기에 발생이 되며, 플래쉬오버는 국소화재와 확산화재에 일어나지 않는다.
④ 농연의 분출, 파이어 볼의 형성, 충격파를 수반한다. 농연의 분출, 파이어볼의 형성, 충격파를 수반은 주로 백드래프트 결과이다.

## 046
정답 ④  기본서 2권  118p

해설  **연료지배화재**는 주로 공동주택같은 화재이며 연소속도가 가연물의 연소특성에 의해 지배되는 화재이다.

## 047
정답 ④  기본서 2권  94p

해설  감쇠기에는 연기는 흑색에서 백색으로 변하고, 바닥이 무너지거나 벽체 낙하, 화세가 쇠퇴하는 시기이다.

## 048
정답 ②  기본서 2권  94p

해설  연소의 속도가 기하급수적으로 증가되는 단계는 성장기이다.

Ⅳ. 화재이론 · 157

## 049

**정답** ① 기본서 2권 94p

**해설** ① 발화 - 플래시 오버 - 화재의 완전성장 - 감쇠기 이다.
※ 건물화재의 진행단계
① 발화(Ignition)
 최초의 화재가 시작되는 단계로서 가연물로의 열귀환이 시작되며 하나의 순간 사상으로 취급된다.
② 화재성장단계(Developing Fire)
 • 발화이후 화재는 하나의 가연물에서 성장하거나 또는 다른 가연물을 착화시킬 수 있다.
 • 구획실 내 평균온도는 낮고 화재는 화원부근에 국한적이며, 마치 개방된 공간에서 연소하는 것과 같다.
③ 플래시오버(Flash Over)
 • 밀폐된 실내조건에서 화재가 급속하게 증가하는 단계
 • 보통 구획실의 모든 연료가 화재에 완전 휩싸이는 상태
④ 완전성장단계(Fully-Developed Fire)
 • 화염이 창문이나 문을 통해 분출될 정도로 실내에 화염이 가득찬 상태
 • 건물구조의 손상을 초래할 수 있고, 소방관의 인명과 막대한 재산상 손실을 가져오는 단계
⑤ 감쇠기(Decay)
 결국에는 화염이 꺼져버리고 천천히 타지만 높은 국부온도를 유지하는 잔화를 남기게 된다.

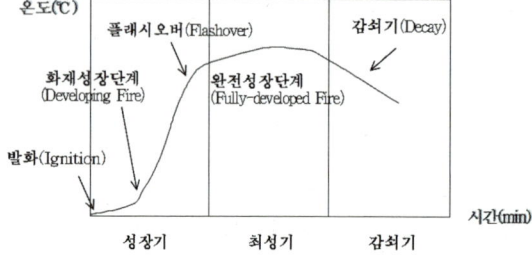

## 050

**정답** ② 기본서 2권 92p

**해설** ① 플래시오버(flash over, 전실화재, 순발연소)는 화재의 성장기에 발생, 실내 모든 가연물이 동시에 발화, 폭발적으로 화염에 휩싸이는 현상이다.
③ 백드래프트(back draft)는 화재실의 문을 개방할 때 신선한 공기가 유입되어 실내에 축적되었던 가연성 가스가 단시간에 폭발적으로 연소함으로써 화염이 폭풍을 동반하여 실외로 분출되는 현상이다. 파이어볼(fire ball)의 형성, 건물 벽체의 도괴 등을 수반하지만. 농연의 분출도 수반한다.
④ 구조물은 최성기에서 낙하하기 시작한다.

## 051

**정답** ③  **기본서 2권** 94p

**해설** 높은 증기밀도(×), 낮은 증기밀도(○)
→ 파열된 탱크에서 대량 분출된 증기가 화염이 되어 부력으로 상승하는 동시에 주변의 공기를 빨아들여야 하지만 증기밀도가 높은 경우 빨아들인 공기가 부족하여 불완전연소가 되므로 화염(Fire Ball)은 더 이상 진행하지 못하게 된다.

※ Fire Ball 형성에 영향을 미치는 요인
가. 넓은 폭발범위
나. 낮은 증기밀도
다. 높은 연소열
라. 유출되는 형태에 따른 증기-공기 혼합물의 조성

## 052

**정답** ②  **기본서 2권** 67p

**해설** 1. 방염 등
① 대통령령으로 정하는 특정소방대상물에 실내장식 등의 목적으로 설치 또는 부착하는 물품으로서 대통령령으로 정하는 물품(방염대상물품)은 방염성능기준 이상의 것으로 설치하여야 한다. → 위반시 200만 원 이하 과태료
② 소방본부장이나 소방서장은 방염대상물품이 제1항에 따른 방염성능기준에 미치지 못하거나 제13조 제1항에 따른 방염성능검사를 받지 아니한 것이면 소방대상물의 관계인에게 방염대상물품을 제거하도록 하거나 방염성능검사를 받도록 하는 등 필요한 조치를 명할 수 있다.
③ ① 항에 따른 방염성능기준은 대통령령으로 정한다.

> **법 48조의 2(법칙)**
> 방염조치명령 위반 시 3년 이하의 징역 또는 3천만 원 이하의 벌금에 처한다.

2. 방염성능기준 이상의 것으로 설치해야 하는 특정소방대상물(영 제30조)
① 근린생활시설 중 의원, 조산원, 산후조리원, 체력단련장, 공연장 및 종교집회장
② 건축물의 옥내에 있는 시설로서 다음 각 목의 시설
  1. 문화 및 집회시설
  2. 종교시설
  3. 운동시설(수영장은 제외한다)
③ 의료시설
④ 교육연구시설 중 합숙소
⑤ 노유자시설
⑥ 숙박이 가능한 수련시설
⑦ 숙박시설
⑧ 방송통신시설 중 방송국 및 촬영소
⑨ 다중이용업의 영업소
⑩ ①부터 ⑨까지의 시설에 해당하지 않는 것으로서 층수가 11층 이상인 것(아파트 제외)

3. 방염대상물품(영 제31조 제1항)
    ① 제조 또는 가공 공정에서 방염처리를 한 방염대상물품
        ㉠ 창문에 설치하는 커튼류(블라인드 포함)
        ㉡ 카펫
        ㉢ 벽지류(두께가 2밀리미터 미만인 종이벽지는 제외)
        ㉣ 전시용 합판 또는 섬유판, 무대용 합판 또는 섬유판
        ㉤ 암막 또는 무대막(영화상영관에 설치하는 스크린과 가상체험 체육시설업에 설치하는 스크린을 포함)
        ㉥ 섬유류 또는 합성수지류 등을 원료로 하여 제작된 소파·의자(「다중이용업소의 안전관리에 관한 특별법 시행령」에 따른 단란주점영업, 유흥주점영업 및 노래연습장업의 영업 장에 설치하는 것으로 한정)
    ② 건축물 내부의 천장이나 벽에 부착하거나 설치하는 다음 각 목의 것. 다만, 가구류(옷장, 찬장, 식탁, 식탁용 의자, 사무용 책상, 사무용 의자, 계산대, 그 밖에 이와 비슷한 것을 말한다. 이하 이 조에서 같다)와 너비 10센티미터 이하인 반자돌림대 등과 「건축법」 제52조에 따른 내부 마감재료는 제외한다.
        ㉠ 종이류(두께 2밀리미터 이상)·합성수지류 또는 섬유류를 주원료로 한 물품
        ㉡ 합판이나 목재
        ㉢ 공간을 구획하기 위하여 설치하는 간이 칸막이(접이식 등 이동 가능한 벽체나 천장 또는 반자가 실내에 접하는 부분까지 구획하지 않는 벽체를 말한다)
        ㉣ 흡음(吸音)을 위하여 설치하는 흡음재(흡음용 커튼을 포함)
        ㉤ 방음(防音)을 위하여 설치하는 방음재(방음용 커튼을 포함)

4. 방염성능기준(영 제31조 제2항)
    ① 버너의 불꽃을 제거한 때부터 불꽃을 올리며 연소하는 상태가 그칠 때까지 시간은 20초 이내일 것
    ② 버너의 불꽃을 제거한 때부터 불꽃을 올리지 않고 연소하는 상태가 그칠 때까지 시간은 30초 이내일 것
    ③ 탄화한 면적은 50cm$^2$ 이내, 탄화한 길이는 20cm 이내일 것
    ④ 불꽃에 의하여 완전히 녹을 때까지 불꽃의 접촉 횟수는 3회 이상일 것
    ⑤ 소방청장이 정하여 고시한 방법으로 발연량을 측정하는 경우 최대 연기밀도는 400 이하 일 것

## 053

정답 ② 기본서 2권 88p

해설

㉠ 무색·무취이다.
㉡ 물에는 녹으나 유기용매에는 녹지 않는다(물에는 불용, 유기용매에는 용해).
㉢ 공기 중에서 쉽게 연소·폭발하지 않는다(공기 중에서 쉽게 연소·폭발).
㉣ 주성분은 프로판과 부탄이다.
㉤ 석유류에는 잘 녹고, 천연고무를 잘 녹인다.
㉥ 액체상태에서는 물보다 가볍고, 기체상태에서는 공기보다 무겁다.

## 054

정답 ①  기본서 2권  118p

해설
- 환기지배화재 : 가연성가스의 발생량에 비해 공기 공급이 충분하지 않아 발생하는 실내화재의 일반적 현상, 개구부를 통한 환기량이 연소속도를 좌우하는 화재
- 연료지배화재 : 연소속도가 가연물의 연소특성에 의해 지배되는 화재

## 055

정답 ④  기본서 2권  118p

해설 환기지배형 화재에 대한 설명이다.

※ 연료지배형 화재와 환기지배형 화재
건물화재에서 화재실의 환기상태에 따라 연료지배형 화재와 환기지배형 화재 두 가지 형태로 구분한다. 건물화재의 초기에는 연료지배형 화재양상을 띠고 성장기 이후에는 환기지배형 화재의 양상을 갖는다.

가. 연료지배형 화재
  ㉠ 지배조건 : 화재실의 연료량에 의해 지배를 받는다. (환기요소에 의해 지배받지 않는다.)
  ㉡ 발생장소 : 개방된 공간이나 큰 개방형의 창문이 있는 건물 또는 목조건물에서 발생하기 쉽다.
  ㉢ 연소속도 : 산소공급이 용이하므로 연소속도가 빠르다.
  ㉣ 화재양상 : 개방된 공간의 화재로 자유연소의 형태를 갖으며, 구획화재 시 플래시오버의 이전단계인 성장기 화재양상을 갖는다.
  ㉤ 온도 : 외부에서 찬 공기의 유입이 쉬우므로 실내온도는 낮다.
  ㉥ 위험성 : 개구부로부터의 화염분출에 따른 상층부로의 연소 확대의 위험성이 있다.

나. 환기지배형 화재
  ㉠ 지배조건 : 환기량에 의해 지배를 받는다.
  ㉡ 발생장소 : 지하의 무창층, 극장, 소규모 밀폐된 건물, 내화구조의 건물 등에서 발생하기 쉽다.
  ㉢ 연소속도 : 산소가 제한적으로 연소속도는 상대적으로 느리다.
  ㉣ 화재양상 : 화재 후 산소의 부족으로 훈소상태를 유지하며 화재성장단계에서 플래시오버 이후의 단계에 속한다.
  ㉤ 온도 : 다량의 가연성가스가 존재하고 실외로의 열 방출이 제한되기 때문에 실내온도는 높다.
  ㉥ 위험성 : 훈소상태에서 실내공간에는 다량의 가연성 가스가 존재하고, 실외로 열의 방출이 없으므로 실내의 온도도 상당히 높게 유지되고 있는데 이때 갑자기 문을 열어 신선한 공기(산소)가 공급되면 실내에 축적되었던 가연성가스가 단시간에 폭발적으로 연소함으로서 화재가 폭풍을 동반하여 실외로 분출되는 백드래프트(Back Draft)현상이 발생할 수 있다.

## 056

정답 ③  기본서 2권  118p

해설 연료지배형 화재는 구획실 내 가연물의 연소에 필요한 산소가 충분히 공급되는 조건의 화재이다.

## 057

정답 ①  기본서 2권 104p

해설 건축방화계획에서 건축구조 및 재료를 불연화함으로써 화재를 미연에 방지하고자 하는 공간적 대응은 회피성 대응이다.

## 058

정답 ④  기본서 2권 104p

해설 ④ 공간적 대응을 보조하는 것으로서 설비적 대응이 있다.

※ 건축물 방화의 기본
가. 공간적 대응
  ① 대항성 : 건축물의 내화성능, 방·배연성능, 방화구획 성능, 화재방어 대응성, 초기 소화의 대응성 등 화재에 대응하는 성능
  ② 회피성 : 불연화, 내장재의 제한, 방화구획의 세분화, 불조심 등 화재의 발생, 연소확대 등을 저감시키는 예방적 조치 또는 상황
  ③ 도피성 : 화재 시 피난할 수 있는 안전한 공간성과 시스템 형상
나. 설비적 대응 : 공간적 대응을 보조하는 것으로서 설비적 대응이 있다.
  ① 대항성 : 제연성능에 대한 제연설비, 방화구획 성능에 대한 방화문·방화셔터, 초기소화의 대응성에 대한 자동화재탐지설비, 스프링클러설비 등
  ② 도피성 : 안전한 피난을 위한 피난설비(완강기 등)의 대응

## 059

정답 ①  기본서 2권 107p

해설 ② 내화구조 : 내화구조는 화재를 견딜 수 있는 성능을 가진 구조
③ 불연재료 : 불에 타지 아니하는 성질을 가진 재료
④ 난연재료 : 불에 잘 타지 아니하는 성능을 가진 재료

## 060

정답 ②  기본서 2권 111p

해설 ② 퇴피본능, 귀소본능
※ 화재 시 인간의 피난특성
가. 추종본능 : 화재발생 시 최초로 행동을 개시한 사람을 따라 전체가 움직이는 본능
나. 귀소본능 : 평소 사용하던 출입구나 통로 등 습관적으로 익숙한 경로로 도피하려는 본능
다. 퇴피본능 : 연기나 화염에 대한 공포로 화원의 반대방향으로 피난하려는 본능
라. 좌회본능 : 좌측으로 통행하고 시계 반대방향으로 회전하려는 본능
마. 지광본능 : 어둠에 대한 공포로 인하여 밝은 방향으로 피난하려는 본능

## 061
정답 ④ 기본서 2권 41p

해설 중성대는 실내로 들어오는 공기와 나가는 공기 사이에 발생되는 **압력 "0"의 지대에 발생하며** 실내외의 정압이 같아지는 면에 형성된다.

## 062
정답 ④ 기본서 2권 99p

해설 내화건축물화재는 목재에 비해 저온장기형이다.

## 063
정답 ④ 기본서 2권 97p

해설 목재건축물의 화재 진행과정은
화재원인 - 무염착화 - 유염착화 - 출화 - 최성기 - 연소낙하 이다.

## 064
정답 ④ 기본서 2권 96~97p

해설 ④ 바람의 세기가 강할수록 **풍상측**으로 연소확대가 빠르다.
→ 바람의 세기가 강할수록 **풍하측**(바람이 불어가는 후방측)으로 연소확대가 빠르다.
① 골조가 목조로 되어 있으며 공기 유통이 좋아 화재 시 격렬히 연소한다.
→ 일반적으로 출화 후 7~8분에 최성기에 도달하며, 실내온도 1,100~1,200°C로 된다.
② 최성기를 지나면서 건물은 급격히 타버리고, 좋은 공기유통 조건으로 급격히 냉각되는 고온 단기형의 화재이다.
→ 공기의 유통이 좋으므로 "고온 단기형"이다.
③ **횡(폭)**방향보다 **종(길이)**방향의 화재성장이 빠르다.
→ 종방향(길이방향)으로의 화재성장이 빠르다(나무결).

## 065
정답 ① 기본서 2권 97p

해설 창, 출입구 등에 발염 착화한 때가 옥외출화에 해당된다.

## 066
정답 ③ 기본서 2권 99p

해설 ③ 플래시오버는 성장기에 발생한다.

## 067
정답 ④ 기본서 2권 98p

해설 흡착할 때 발생하는 열을 흡착열이라 한다. 예를 들면 흡착제에 공기 중의 수증기가 흡착할 때 수증기의 응결에 의해서 잠열을 방출한다. 흡착열에 의한 발화는 화재의 확대요인과 가장 거리가 멀다.

## 068
정답 ④ 기본서 2권 97p

해설 **옥내출화와 옥외출화**

| 옥내출화 | 옥외출화 |
| --- | --- |
| • 가옥구조시 천정면에서 발염착화 | • 가옥의 벽 및 지붕에 발염착화 |
| • 불연천정인 경우 뒷면 판에 발염착화 | • 가옥의 추녀 밑에서 발염착화 |
| • 천정속 및 벽속에 발염착화 | • 창, 출입구등에서 발염착화 |

## 069
정답 ② 기본서 2권 105p

해설 벽돌조로서 두께가 19cm 이상

## 070
정답 ④ 기본서 2권 105p

해설 주요구조부는 벽, 기둥, 바닥, 보, 지붕틀, 주계단이다.

## 071
정답 ③ 기본서 2권 105p

해설 난연재료
※ 난연재료
가. 정의 : 불에 잘 타지 아니하는 성능을 가진 재료로서 국토교통부령이 정하는 기준에 적합한 재료
나. 성능기준 : 산업표준화법에 의한 한국산업규격이 정하는 바에 의하여 시험한 결과 난연3급에 해당하는 것
다. 재료 : 난연합판, 난연플라스틱 등

※ 불연재료
가. 정의 : 불에 타지 아니하는 성질을 가진 재료로서 국토교통부령이 정하는 기준에 적합한 재료
나. 성능기준 : 산업표준화법에 의한 한국산업규격이 정하는 바에 의하여 시험한 결과 난연1급에 해당하는 것
다. 재료 : 콘크리트, 석재, 벽돌, 기와, 석면판, 철강, 알루미늄, 유리, 시멘트모르타르, 회 및 기타 이와 유사한 불연성 재료

※ 준불연재료
가. 정의 : 불연재료에 준하는 성질을 가진 재료로서 국토교통부령이 정하는 기준에 적합한 재료
나. 성능기준 : 산업표준화법에 의한 한국산업규격이 정하는 바에 의하여 시험한 결과 난연2급에 해당하는 것
다. 재료 : 석고보드, 목모시멘트판 등

※ 방염성능기준
가. 버너의 불꽃을 제거한 때부터 불꽃을 올리며 연소하는 상태가 그칠 때까지 시간은 20초 이내일 것(잔염시간)
나. 버너의 불꽃을 제거한 때부터 불꽃을 올리지 아니하고 연소하는 상태가 그칠 때까지 시간은 30초 이내일 것(잔진시간)
다. 탄화(炭化)한 면적은 50제곱센티미터 이내, 탄화한 길이는 20센티미터 이내일 것
라. 불꽃에 의하여 완전히 녹을 때까지 불꽃의 접촉 횟수는 3회 이상일 것
마. 소방청장이 정하여 고시한 방법으로 발연량(發煙量)을 측정하는 경우 최대연기밀도는 400 이하일 것

## ★ 072

**정답** ④  기본서 2권  107p

**해설** 난연재료에 대한 설명이다.
③ 석고보드, 목모시멘트판은 준불연재료의 종류에 해당한다.
④ 불에 잘 타지 아니하는 성능을 가진 재료로서 국토교통부령이 정하는 기준에 적합한 재료를 말한다.
→ 불연재료 : 불에 타지 아니하는 성질을 가진 재료로서 국토교통부령이 정하는 기준에 적합한 재료를 말한다.

## ★ 073

**정답** ③  기본서 2권  49p

**해설** ① 화재 플룸의 부력에 의하여 발생 되며 천장면을 따라 빠르게 흐르는 기류이다.
② 화원의 크기와 위치 그리고 화원에서 천장까지의 높이에 영향을 받는다.
④ 흐름의 두께는 천장에서 화염까지 높이의 5~12% 내외 정도 범위이다.

## ★★ 074

**정답** ②  기본서 2권  90p

**해설** 지하구
가. 전력·통신용의 전선이나 가스·냉난방용의 배관 또는 이와 비슷한 것을 집합수용하기 위하여 설치한 지하 인공구조물로서 사람이 점검 또는 보수를 하기 위하여 출입이 가능한 것 중 다음의 어느 하나에 해당하는 것
  1) 전력 또는 통신사업용 지하 인공구조물로서 전력구(케이블 접속부가 없는 경우에는 제외한다) 또는 통신구 방식으로 설치된 것
  2) 1)외의 지하 인공구조물로서 폭이 1.8미터 이상이고 높이가 2미터 이상이며 길이가 50미터 이상인 것
나. 「국토의 계획 및 이용에 관한 법률」제2조제9호에 따른 공동구

## ★★ 075

**정답** ④  심화

**해설** 잔염시간 : 불꽃을 올리면서 연소하는 상태가 그칠 때까지의 경과시간을 잔염시간이라고 한다.
잔진시간 : 불꽃을 올리지 않으면서 연소하는 상태가 그칠 때까지의 경과시간을 잔진시간이라고 한다.

## 076

정답 ② 기본서 2권 108p

해설 11층이고 실내마감재가 불연재료로 되어 있지 않고, 스프링클러 소화설비가 설치되어 있으므로 방화구획은 600m² 이다.

| 대상 건축물 | 주요구조부가 내화구조 또는 불연재료로 된 건축물로서 연면적이 1천 제곱미터를 넘는 것 | | | |
|---|---|---|---|---|
| 구획 구분 | 매층마다 (다만, 지하 1층에서 지상으로 직접 연결하는 경사로 부위는 제외한다.) | 10층 이하 | 11층 이상 | 필로티나 그 밖에 이와 비슷한 구조(벽면적의 2분의 1 이상이 그 층의 바닥면에서 위층 바닥 아래면까지 공간으로 된 것만 해당한다)의 부분을 주차장으로 사용하는 경우 |
| 구획 단위 | - | 바닥면적 1,000m² 이내마다(스프링클러 기타 이와 유사한 자동식 소화설비 설치시 3,000m²) | • 바닥면적 200제곱미터 이내마다(스프링클러 기타 이와 유사한 자동식 소화설비 설치시 600제곱미터)<br>• 벽 및 반자의 실내에 접하는 부분의 마감을 불연재료로 한 경우 바닥면적 500제곱미터 (스프링클러 기타 이와 유사한 자동식 소화설비 설치한 경우에는 1천500제곱미터) | 그 부분은 건축물의 다른 부분과 구획할 것 |
| 구획부분 구조 | 내화구조의 바닥, 벽 및 방화문 또는 자동방화셔터로 구획 | | | |

## 077

정답 ① 기본서 2권 48p

해설 화염의 전파속도 = 연소속도 + 미연소가스의 이동속도
화염의 (전파)속도에서 미연소가스의 이동속도를 뺀 값이다.

## 078

정답 ④ 기본서 2권 115p

해설

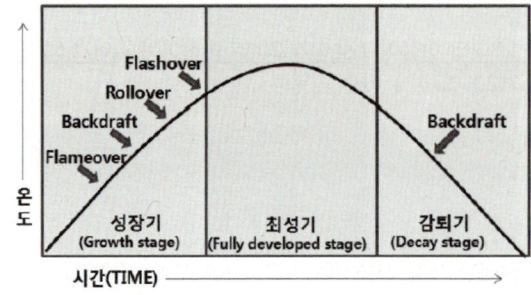

## 079

정답 ② 기본서 2권 108p

해설 주요구조부가 내화구조이거나 불연재료가 아닌 건축물로서 연면적인 1,000m² 이상인 건축물은 방화벽으로 구획하되 각 구획의 합이 바닥면적의 합계는 1,000m² 미만이어야 한다.

## 080

정답 ④ 기본서 2권 135p

해설 방염성능기준에 따르면 합판 및 목재의 방염성능기준은 <u>잔염시간</u>(버너의 불꽃을 제거한 때부터 불꽃을 올리며 연소하는 상태가 그칠 때까지의 시간)은 <u>20초 이내</u>, <u>잔신시간</u>(버너의 불꽃을 제거한 때부터 불꽃을 올리며 연소하는 상태가 그칠 때까지의 시간) <u>30초 이내</u>, <u>탄화면적 50cm² 이내, 탄화길이 20cm 이내</u>이어야 한다.

## 081

정답 ③ 기본서 2권 116p

해설 Flame over에 대한 설명이다.

## 082

정답 ② 기본서 2권 116p

해설 Roll over에 대한 설명이다.
〈Roll over〉
① 연소하지 않은 열분해가스가 천장부근에 모여 있다가 파도같이 빠른 속도로 확산되는 현상을 말한다.
② 화재가 발생한 출입구 또는 바깥쪽 복도 천장에서 연기와 산발적인 화염이 굽이쳐 흘러가는 현상을 말한다.
③ 연소과정에서 발생한 가연성가스가 공기 중의 산소와 혼합되어 천장부분에 집적된 상태에서 발화온도에 도달하여 발화함으로서 화재 선단부분분이 매우 빠르게 확대되어 가는 현상을 말한다.

## 083

정답 ③ 기본서 2권 116p

해설 플래시백(Flash back)
출입문 등을 개방할 때 산소 유입으로 폭발적으로 다시 연소를 시작하는 현상으로 가스와 공기가 혼합하여 폭발하는 것보다 파괴력은 작지만 건축물에 손상을 주거나 생명에 위험을 주기에 충분하다. 주로 고무(latex)나 우레탄 등 합성수지일 때 발생한다.

## 084

정답 ①　기본서 2권　116p

해설
② 플레임 오버에 관한 설명이다.
③ 롤 오버에 관한 설명이다.
④ 플래시 오버에 관한 설명이다.
⑤ 백드래프트는 폭풍 또는 충격파는 수반하지만 플래시오버는 폭풍 또는 충격파는 수반하지 않는다.

## 085

정답 ④　기본서 2권　116p

해설 flash over에 대한 설명이다.

## 086

정답 ④　기본서 2권　117p

해설
④ 천장의 환기구 등 개구부를 **폐쇄하여** 화재가 상층으로 확대되는 것을 방지한다.
→ 출입문을 개방하기 전에 **천장의 환기구를 개방함으로서** 고온의 가스를 방출하여 폭발력을 억제한다.

※ 백드래프트(back draft) 방지대책
가. 폭발력의 억제
　실내의 온도상승이 높고 출입문이 안쪽으로 열릴 때는 출입문을 닫아 두거나 조금만 열어 다량의 신선한 공기가 유입되는 것을 막는다.
나. 격리
　개구부 폐쇄 등으로 통하여 화재의 상층 및 인접 건물로 확대하는 것에 대비하는 것
다. 소화
　화재 시 출입문 개방과 동시에 방수함으로서 폭발적인 연소를 방지
라. 환기
　출입문을 개방하기 전에 천장의 환기구를 개방함으로서 고온의 가스를 방출하여 폭발력을 억제

## 087

**정답** ①  기본서 2권  115p

**해설** 산소분압이 **높을수록** 플래시오버는 쉽게 발생된다.

※ 플래시오버의 영향인자
  가. 화원의 크기
    화원이 작은 만큼 연소특성은 크게 나타나고, 화원이 크게 되면 연소특성은 작게 된다. 화원의 크기가 작으면 플래시오버에 이르는 시간이 길어진다. 화원의 크기는 실내전표면적에 대한 가연물표면적의 비로 나타낸다.
  나. 내장재료
    재료의 난연성, 불연성에 따라 플래시오버에 이르는 시간에는 현저한 차이가 있다. 불연재료의 경우는 명료한 플래시오버는 나타내지 않고 온도도 현저하게 내려간다.
  다. 개구율
    개구가 어느 정도 이상 적게 되면 재료의 연소에 필요한 공기가 부족하기 때문에 열분해 속도가 저하하여 플래시오버에 이르는 시간을 지연시킨다.
  라. 내장재료의 부위
    각 부위에서의 불꽃의 확대방식은 동일하지 않아, 천장면에서는 부력작용에 의해 가장 크고, 다음이 벽 부위 그리고 바닥 부위는 영향이 거의 없다.
  마. 가연물의 발열량
    초기 가연물의 발열량이 클수록 플래시오버는 빨리 발생한다.
  바. 실내의 산소분압
    실내 산소분압이 높을수록 연소가 용이하여 플래시오버가 쉽게 발생된다.
  사. 화재하중
    화재하중이 클수록 실내에 가연물이 많다는 것을 나타내어 플래시오버의 가능성은 커지게 된다.

## 088

**정답** ③  기본서 2권  116p

**해설**

| 구 분 | 플래시오버 | 백드래프트 |
|---|---|---|
| 공급요인 | 열의 공급 | 산소의 공급 |
| 폭풍 또는 충격파 | 급격한 가연성 가스의 착화로 폭풍이나 충격파는 없다. | 진행이 빠른 화학반응으로 대기의 급격한 온도 상승, 팽창, 압력 상승을 일으키고 폭풍 또는 충격파를 수반 |
| 화재발생 단계 | 화재 성장기 | 감쇠기, 성장기 |
| 화재형태 | 자유 연소 | 훈소 |
| 발생 빈도 | 많다 | 적다 |

## 089

**정답** ②  기본서 2권  116p

**해설** Back Draft가 의심되는 공간은 상층부를 개방하여야 폭발적인 반응없이 환기가 되며, 혹시 Back Draft가 발생하더라도 피해가 적다.

## 090

정답 ② 기본서 2권 116p

해설
ⓒ 일반주택의 경우 플래시오버는 연료지배화재로부터 환기지배화재로 전이된다.
ⓗ 플래시오버의 대책에 해당한다.

## 091

정답 ① 기본서 2권 285p 외 복합

해설
① 실내온도가 22℃에서 612℃까지 상승!
  각 온도를 절대온도로 변경하게되면
  온도 상승 전 절대온도[K] = 22℃ + 273 = 295
  온도 상승 후 절대온도[K] = 612℃ + 273 = 885
  $\frac{885}{295} = 3$
② 3층에 화재가 발생하였기 때문에 자동화재탐지설비는 우선경보방식은 **3층과 4층**에 경보를 해준다.
  → 자동화재탐지설비의 우선경보방식은 일반건축물은 11층만 넘으면 해당 되므로 3층에 화재가 발생하였기 때문에 자동화재탐지설비는 우선경보방식은 3층과 4층, 5층, 6층, 7층에 경보를 해준다.
③ 수원은 그 저수량이 옥내소화전의 설치개수가 가장 많은 층의 설치개수(**2개 이상 설치된 경우에는 2개**)를 동시에 사용할 수 있는 양 이상이 되도록 해야 한다.
  → 수원은 그 저수량이 옥내소화전의 설치개수가 가장 많은 층의 설치개수(다섯 개 이상 설치된 경우에는 다섯 개)를 동시에 사용할 수 있는 양 이상이 되도록 해야 한다.
④ 건축법과 소방법과 초고층재난관리법이 있으면 **소방법이 우선적용된다.**
  → 초고층 및 지하연계 복합건축물 재난관리에 관한 특별법 ( 약칭: 초고층재난관리법 )이므로 일반법보다 우선 적용된다.

## 092

정답 ④ 기본서 2권 134p

해설

**방염성능기준 이상의 것으로 설치하여야 하는 특정소방대상물(령 별표9)**
① 근린생활시설 중 의원, 조산원, 산후조리원, 체력단련장, 공연장 및 종교집회장
② 건축물의 옥내에 있는 시설로서 다음 각 목의 시설
  1. 문화 및 집회시설
  2. 종교시설
  3. 운동시설(수영장은 제외한다)
③ 의료시설
④ 교육연구시설 중 합숙소
⑤ 노유자시설
⑥ 숙박이 가능한 수련시설
⑦ 숙박시설
⑧ 방송통신시설 중 방송국 및 촬영소
⑨ 다중이용업의 영업소
⑩ ①부터 ⑨까지의 시설에 해당하지 않는 것으로서 층수가 11층 이상인 것

## 093

**정답** ③  기본서 2권  108p

**해설**

| 대상 건축물 | 주요구조부가 내화구조 또는 불연재료로 된 건축물로서 연면적이 1천 제곱미터를 넘는 것 | | | |
|---|---|---|---|---|
| 구획 구분 | 매층마다 (다만, 지하 1층에서 지상으로 직접 연결하는 경사로 부위는 제외한다.) | 10층 이하 | 11층 이상 | 필로티나 그 밖에 이와 비슷한 구조(벽면적의 2분의 1 이상이 그 층의 바닥면에서 위층 바닥 아래면까지 공간으로 된 것만 해당한다)의 부분을 주차장으로 사용하는 경우 |
| 구획 단위 | - | 바닥면적 1,000m² 이내마다(스프링클러 기타 이와 유사한 자동식 소화설비 설치시 3,000m²) | • 바닥면적 200제곱미터 이내 마다(스프링클러 기타 이와 유사한 자동식 소화설비 설치시 600제곱미터)<br>• 벽 및 반자의 실내에 접하는 부분의 마감을 불연재료로 한 경우 바닥면적 500제곱미터 (스프링클러 기타 이와 유사한 자동식 소화설비 설치한 경우에는 1천500제곱미터) | 그 부분은 건축물의 다른 부분과 구획할 것 |
| 구획부분 구조 | 내화구조의 바닥, 벽 및 방화문 또는 자동방화셔터로 구획 | | | |

## 094

**정답** ③  기본서 2권  104p

**해설** ①, ④는 회피성에 대한 설명, ②는 대항성에 대한 설명이다.

**공간적 대응**
① **대항성** : 건축물의 내화, 방연성능, 방화구획의 성능, 화재방어의 대응성, <u>초기소화의 대응성</u> 등이다.
② **회피성** : <u>난연화</u>, <u>불연화</u>, 내장제 제한, 방화구획의 세분화, <u>방화훈련 등</u> 예방적 조치 또는 상황이다.
③ **도피성** : 화재로부터 피난할 수 있는 공간성과 시스템 등의 성상이다.

## 095

정답 ③ 기본서 2권 104p

해설 **건축물 방재계획**
① **부지선정 및 배치계획** : 소화활동에 지장이 없는 장소, 주변으로부터의 위험성 등을 고려하여 건축물의 부지를 확보하고 건물을 배치하는 것이다.
② **평면계획** : 방연구획과 제연구획을 설정하여 소화활동, 소화, 수평적 피난 등을 적절하게 하기 위한 계획이다.
③ **단면계획** : 상하층의 방화구획으로 불이나 연기가 다른 층으로 이동하지 않도록 하고 수직적 피난 등을 고려하는 계획이다.
④ **입면계획** : <u>입면계획의 가장 큰 요소는 개구부, 창문 그리고 벽이다</u>. 또한 형상의 구조예방, 연소방지, 소화, 피난, 구출에 대한 계획도 포함된다.
⑤ **재료계획** : 건축물의 외장재 또는 내장재는 불연재를 택하여 화재 예방에 도움을 주는 계획이다.

## 096

정답 ③ 기본서 2권 114p

해설 피난층이라 함은 곧바로 지상으로 갈 수 있는 출입구가 있는 층이다.

## 097

정답 ④ 기본서 2권 90p

해설 지하구란 폭 1.8미터 이상, 높이 2미터 이상을 의미한다.

# CHAPTER 3   위험물화재의 성상

## 098
**정답** ④   기본서 2권   120p

**해설** 법 제2조에 내용을 보면 "위험물"이라 함은 인화성 또는 발화성 등의 성질을 가지는 것으로서 대통령령이 정하는 물품을 말한다.

## 099
**정답** ①   기본서 2권   122p

**해설** 법 제2조의2를 보면 "지정수량"이라 함은 위험물의 종류별로 위험성을 고려하여 대통령령이 정하는 수량으로서 제조소 등의 설치허가 등에 있어서 최저의 기준이 되는 수량을 말한다.

## 100
**정답** ②   기본서 2권   140p

**해설** 이송탱크저장소(X), 이동탱크저장소(○)
※ 위험물저장소 : 옥내저장소, 옥외탱크저장소, 옥내탱크저장소, 지하탱크저장소, 간이탱크저장소, 이동탱크저장소, 옥외저장소, 암반탱크저장소

## 101
**정답** ④   기본서 2권   127p

**해설** 제1류 위험물은 산화제로 주로 무색이고 백색분말이며 대체적으로 물로 냉각소화 한다.

## 102
**정답** ③   기본서 2권   124p

**해설** 경유와 등유는 제2석유류이다.

## 103
**정답** ③   기본서 2권   124p

**해설** 과산화수소는 6류 위험물로 농도가 36Wt% 이상이다.

## 104
정답 ②   기본서 2권 121p

해설 ①, ③, ④는 300kg, ②은 500kg

## 105
정답 ①   기본서 2권 124p

해설 제3석유류에 대한 설명이다.

## 106
정답 ①   기본서 2권 121p

해설 별표 1에 나와 있듯이 제1류와 제6류는 산화성이다.

## 107
정답 ①   기본서 2권 131~136p

해설 ⓒ 제3류 위험물 황린에 대한 설명이다.
ⓒ 제4류 위험물 제1석유류에 대한 설명이다.
ⓔ 제5류 위험물 유기과산화물에 대한 설명이다.

## 108
정답 ④   기본서 2권 127p

해설 무기과산화물류(1류), **유기금속화물류과 알킬알루미늄**(3류)은 물과 접촉을 피해야 한다.

## 109
정답 ①   기본서 2권 125~127p

해설 모두 옳은 지문이다.

## 110
정답 ①   기본서 2권 125~138p

해설 과산화나트륨과 과산화칼륨은 1류 산화성고체 중 무기과산화물류로서 물과 반응 시 산소 및 열을 발생시키며 이 밖에 아염소산칼륨, 아염소산나트륨은 1류 산화성고체 중 아염소산염류로 주수소화가능하며 과산화수소와 황린도 주수소화 가능하다.

## 111

정답 ②   기본서 2권   125~128p

해설  제1류 위험물의 일반적 성질이다.
※ 제1류 위험물의 종류
아염소산염류(50kg), 염소산염류(50kg), 과염소산염류(50kg), 무기과산화물(50kg), 브로민산염류(300kg), 질산염류(300kg), 아이오딘산염류(300kg), 과망가니즈산염류(1,000kg), 다이크로뮴산염류(1,000kg)
① 염소산염류, 과염소산염류, **유기과산화물**, 브로민산염류 → 유기과산화물은 제5류 위험물
② 염소산염류, 과염소산염류, 무기과산화물, 질산염류→ 제1류 위험물
③ 유기과산화물, 브로민산염류, **유기금속화합물, 과산화수소** → 유기금속화합물은 제3류 위험물, 과산화수소는 제6류 위험물
④ **과염소산, 과산화수소, 질산**, 질산염류 → 과염소산, 과산화수소, 질산은 제6류 위험물

## 112

정답 ①   기본서 2권   124p

해설  제1류 위험물 중 알칼리금속의 과산화물류는 물기엄금을 표시한다.

## 113

정답 ③   기본서 2권   123p, 133p, 138p

해설  모두 옳은 지문이다.

## 114

정답 ③   기본서 2권   134p

해설  **제4류 위험물 저장 및 취급방법**
㉠ 낮은 온도를 유지하고 한 곳에 저장한다.
㉡ 불티·불꽃·화기 그 밖의 열원의 접근을 피한다(화기엄금).
㉢ 직사광선을 차단하고 통풍과 발생증기의 배출에 노력한다.
㉣ 용기, 탱크, 취급시설 등에서 누출을 방지하여야 한다.
㉤ 특히 다량 누출하여 하수구나 하천으로 흘러 들어가지 않도록 한다.
㉥ 정전기의 발생, 축적, 스파크(spark)의 발생을 억제하여야 한다.
㉦ 인화점이 낮은 석유류에는 불연성 가스를 봉입하여 혼합기체의 형성을 억제하여야 한다.
㉧ 수용성과 비수용성, 물보다 무거운 것과 물보다 가벼운 것으로 구분하여 진압에 용이한 방법과 연계하는 것이 좋다.

## 115

**정답** ② 　기본서 2권　133~134p

**해설**
㉠ 일반적으로 물과 반응하여 가연성가스(수소)를 발생시키는 것이 많다. → **제3류 위험물의 일반적 성질이다.**
㉢ 대부분이 수용성이며, 불연성이지만 산소를 많이 함유하고 있어 다른 물질을 산화시킨다. → **제1류 위험물의 일반적 성질이다.**

※ 제4류 위험물
가. 일반적 성질
ⓐ 상온에서 액체로 대단히 인화하기 쉽다.
ⓑ 독성은 없으나 증기는 공기보다 무거워 질식의 위험성이 있다(시안화수소의 경우는 공기보다 가볍다).
ⓒ 인화점이 낮아 대단히 인화하기 쉽고 연소하한계가 낮아 공기와 약간만 혼합되어도 연소할 수 있다.

나. 저장 및 취급방법
ⓐ 냉암소에 보관하고, 화기 및 점화원으로부터 멀리 저장한다.
ⓑ 발생한 증기는 연소범위 이하로 유지할 수 있도록 환기하고 전기설비는 방폭형으로 한다.
ⓒ 정전기발생 우려가 있는 장소는 유속을 낮추거나 액체의 흐름을 정지하는 등의 조치를 취한다.

다. 소화방법
ⓐ 공기차단에 의한 질식소화에 의한다(이산화탄소, 포소화약제 등)
ⓑ 액체의 비중이 1보다 작으므로 주수소화는 화재를 확대시킬 위험성이 있으므로 사용을 피하고 수용성의 위험물은 내알콜포를 사용한다.

## 116

**정답** ④ 　기본서 2권　123p

**해설** ① 특수인화물, ② 제2석유류, ③ 제3석유류

## 117

**정답** ④ 　기본서 2권　134p

**해설** 제4류 위험물에 수계소화기는 원칙적으로 사용되지 않지만, 물무상일 경우 일반, 유류, 전기에 가능하다. 따라서 물분무소화설비가 가장 적합하다.

## 118

**정답** ② 　기본서 2권　125p

**해설** 특수가연물은 위험물보다 위험하지 않다.

## 119

정답 ④ 기본서 2권 133~134p

해설 **제4류 위험물**
  ㉠ **종류** : 특수인화물류・제1석유류・알코올류・제2석유류・제3석유류・제4석유류・동식물유류 등이 있다.
  ㉡ **일반적 성질**
    ⓐ 대표적인 인화성 액체(Flammable Liquid)이다.
    ⓑ 물보다 가볍고, 물에 쉽게 용해되지 않는 것이 많다.
    ⓒ 거의 모두 유기화합물이다.
    ⓓ 인화온도와 연소범위의 하한이 낮은 것이 특징이다.
    ⓔ 대부분 발생하는 증기의 비중은 공기보다 무겁다.
    ⓕ 인화점, 발화점이 낮은 것은 위험성이 높다.

## 120

정답 ④ 기본서 2권 125~128p

해설 ④ 연소 속도가 매우 빠르고 연소 시 유독 가스를 발생하며 연소열이 크고 연소 온도가 높다.
    → 제2류 위험물에 대한 설명이다.
  ※ 제2류 위험물의 성질
  · 비교적 낮은 온도에서 착화하기 쉬운 가연성 고체로서 이연성, 속연성 물질이다.
  · 강환원제로서 비중이 1보다 크다.
  · 연소 속도가 매우 빠르고 연소 시 유독 가스를 발생하며 연소열이 크고 연소 온도가 높다.
  · 산화제와 접촉, 마찰로 인하여 착화되면 급격히 연소한다.
  · 철분, 마그네슘, 금속분은 물과 산의 접촉 시 발열한다.
  · 금속은 양성 원소이므로 산소와의 결합력이 일반적으로 크고 이온화 경향이 큰금속일수록 산화되기 쉽다.
  · 가연성 물질로 무기과산화물류와 혼합한 것은 소량의 수분에 의해 발화한다.

## 121

정답 ④ 기본서 2권 125~128p

해설 1류 위험물은 산화성, 즉 불연성 물질이며, 2류 위험물이 가연성, 즉 환원성이다.

## 122

정답 ① 기본서 2권 125~132p

해설 모두 옳은 지문이다.

## 123

정답 ④ 기본서 2권 122~124p

해설 ④번 지문은 자연발화성 물질 및 금수성 물질에 대한 설명이다.

## 124

**정답** ③   기본서 2권  123p

**해설** 알코올류라 함은 1분자를 구성하는 탄소원자의 수가 1개부터 3개까지인 포화1가 알코올(변성알코올을 포함)을 말한다.「위험물안전관리법 시행령 별표 1」

## 125

**정답** ②   기본서 2권  136p

**해설** ② 유기과산화물은 물과 반응하여 산소와 열을 발생하므로 질식소화한다. → 제1류 위험물(산화성 고체) 중 **알칼리금속의 과산화물**에 대한 설명이다.
   → 유기과산화물은 제5류 위험물(자기반응성)로서 산소를 함유한 가연성물질이므로 **질식소화는 효과가 없으며 다량의 물로 냉각소화한다**.
① 마그네슘은 물과 반응하여 발생된 수소에 의해 폭발위험이 있으므로 질식소화한다. ← 제2류 위험물(가연성 고체)
   → $Mg + H_2O → MgO + H_2(↑)$
③ 적린, 황은 물과 반응하지 않으므로 냉각소화한다.
   → 제2류 위험물(가연성 고체)로서 물과 반응하지 않는다.
④ 소량의 과산화수소가 가연물과 반응하여 발화하는 경우에는 다량의 물로 희석소화한다.
   → 제6류 위험물(산화성 액체)로서 소량인 경우에는 다량의 물로 희석한다.

## 126

**정답** ①   기본서 2권  121p

**해설** 황화인은 제2류이고, 황린은 자연발화성 물질인 제3류이다.

## 127

**정답** ③   기본서 2권  125~128p

**해설** ㉠ 다이아조화합물은 불연성, 조해성, 수용성이며, 무색 또는 백색의 결정성 분말 형태이다.
   → 1류 위험물에 대한 설명이다.

## 128

**정답** ②   기본서 2권  137~138p

**해설** 제6류 위험물은 염기와 반응하거나 물과 접촉할 때 발열하지만, 과산화수소는 물과 반응하지 않는다.

## 129

**정답** ④   기본서 2권  137~138p

**해설** 제6류 위험물 중 유독성가스는 옷, 금속 등을 부식시키므로 저장, 취급 및 사용 시 주의가 필요하다.

## 130

정답 ④   기본서 2권   137~138p

해설 ▶ 제6류 위험물에 대한 설명이다.
※ 제6류 위험물
㉠ 특징 : 산화성액체
㉡ 품명 : 과염소산(300kg), 과산화수소(300kg), 질산(300kg) 및 행정안전부령으로 정하는 할로겐화합물
- 과산화수소는 농도가 36%(중량) 이상인 것
- 질산은 비중이 1.49 이상인 것
㉢ 일반적 성질
  ⓐ <u>비중은 1보다 크며, 강산화성 액체로 물에 잘 용해되고 물과 반응하여 발열반응을 한다.</u>
  ⓑ 불연성물질이지만 산소를 다량 함유하고 있어 다른 물질을 산화시킨다.
  ⓒ 가연물 또는 유기물과 만나면 발화하고 부식성이 강하며 증기는 독성이 있다.
㉣ 저장 및 취급방법
  ⓐ 유기물, 가연물 또는 물과의 접촉을 피한다.
  ⓑ 저장하는 용기는 내산성이어야 하고 용기의 파손이나 누설에 주의한다.
  ⓒ 직사광선을 피하고 통풍이 잘되는 곳에 보관한다.
㉤ 소화방법
  ⓐ 위험물 유출시 마른모래나 중화제를 사용한다.
  ⓑ 물과 반응하여 발열하므로 주수소화는 곤란하나 위급 시에는 대량의 물로 희석한다.
  ⓒ 화재 시 유독가스 발생우려가 있으므로 방독마스크 등 보호구를 착용한다.

## 131

정답 ④   기본서 2권   138p

해설 ▶ 황린은 제3류 위험물인데 물 속에 저장한다. 그리고 나트륨은 제3류 위험물로 금수성물질로 분류된다.

## 132

정답 ③   기본서 2권   125~130p

해설 ▶ ㉠ 제2류 위험물은 모두 산소를 함유하고 있지 않은 강한 환원성 물질로써 산소와의 결합력이 용이하고 산화되기 쉽다. 또한 **무산소** 하에서도 잘 연소하며 연소 시 연소속도가 빠르며 연소열이 크다. 금속분류, 철분, 마그네슘은 물과 반응하여 수소($H_2$)가스를 발생하고 묽은 산과 접촉에 의해 수소가스를 발생하며 **마그네슘은 물보다 가볍다.** → 저농도의 산소, 마그네슘은 물보다 무겁다.
㉡ **제1류** 위험물은 분자 내부에 산소를 갖고 있기 때문에 가열, 충격, 마찰에 의해 분해 시 산소를 내는 물질로써 자신은 불연성 물질이지만 가연성 물질의 연소를 돕는 지연성 물질로 대부분 무색결정이거나 백색분말이고, 대부분 무기화합물이다.

## 133

정답 ①   기본서 2권   131~132p

해설 ▶ ① ㉠, ㉡ : 자연발화성 및 금수성 물질
※ 황린(자연발화성), 금속인화물(금수성), 칼슘 또는 알루미늄의 탄화물(금수성)을 제외하고는 자연발화성 및 금수성의 성질을 모두 가지고 있다.
㉢ 황린 : 자연발화성 물질
㉣ 칼슘 또는 알루미늄의 탄화물 : 금수성 물질

## 134

정답 ①  기본서 2권 134p

해설 제4류 위험물은 물보다 가볍고, 물에 쉽게 용해되지 않는 것이 많다.

## 135

정답 ②  기본서 2권 133~134p

해설

| | 종류 |
|---|---|
| 특수인화물 | 디에틸에테르, 이황화탄소 |
| 제1석유류 | 비수용성 : 휘발유, 벤젠, 톨루엔 |
| | 수용성 : 아세톤, 시안화수소 |
| 알코올류 | 메틸알코올, 에틸알코올, 변성알코올 |
| 제2석유류 | 비수용성 : 등유, 경유 |
| | 수용성 : 아세트산(초산), 하이드라진 |
| 제3석유류 | 비수용성 : 중유, 크레오소트유 |
| | 수용성 : 글리세린, 에틸렌글리콜 |
| 제4석유류 | 기어유, 실린더유 |
| 동식물유류 | 정어리 기름 |

## 136

정답 ②  기본서 2권 135~136p

해설 유기과산화물은 제5류 위험물(산소를 함유한 자기반응성 물질)로서 질식소화는 효과가 없으므로 다량의 물로 냉각소화 하여야 한다.
① 황은 물에 의한 냉각소화를 한다.
→ 황은 제2류 위험물(가연성 고체)로서 물에 의한 소화가 가능하다.
③ 황린의 경우 초기화재 시 물로 소화가 가능하다.
→ 제3류 위험물(자연발화)로서 물과 반응하지 않으므로 화재 시 물의 사용이 가능하다.
④ 나이트로화합물은 산소를 함유한 가연성 물질이므로 질식소화는 효과가 없으며 다량의 물로 냉각소화한다.
→ 나이트로화합물은 제5류(자기반응성) 물질로서 외부 산소공급 없이도 연소하는 물질이다.

## 137

정답 ③  기본서 2권 135~136p

해설 TNT는 마른모래, 팽창질석, 팽창진주암으로 소화한다.
→ TNT는 5류위험물로 물로 소화한다.

## 138

**정답** ①  기본서 2권  131~132p

**해설** 금속, 나트륨 소화에 적응성이 없는 소화약제는 물, 할론소화약제, 이산화탄소소화약제 등이 있다.

## 139

**정답** ⑤  기본서 2권  131~132p

**해설**
⊙ A기체는 메탄($CH_4$)으로 LNG의 주성분이 된다.
$Al_4C_3 + 12H_2O \longrightarrow 4Al(OH)_3 + 3CH_4 \uparrow$
ⓒ B기체는 포스핀($PH_3$)으로써 맹독성 가스이다.
$Ca_3P_2 + 6H_2O \longrightarrow 3Ca(OH)_2 + 2PH_3 \uparrow$
ⓒ C기체는 아세틸렌($C_2H_2$)으로 산소가 없이 분해폭발이 가능한 물질이다.
$CaC_2 + 2H_2O \longrightarrow Ca(OH)_2 + C_2H_2 \uparrow$

## 140

**정답** ①  기본서 2권  131~132p

**해설**
① A기체는 아세틸렌($C_2H_2$)으로 분해열에 의해 자연발화도 가능하고, 분해폭발도 가능하다. 또한 수은, 은, 동, 마그네슘과 접촉하면 금속아세틸레이트를 생성한다.
$CaC_2 + H_2O \rightarrow Ca(OH)_2 + C_2H_2 \uparrow$
② B기체는 포스핀($PH_3$)이다. 포스겐($COCl_2$)은 매우 독성이 강한 가스로서 소화약제로 사염화탄소($CCl_4$)를 화재시 사용할 때 발생한다.
$Ca_3P_2 + 6H_2O \rightarrow 3Ca(OH)_2 + 2PH_3 \uparrow$
③ C기체는 메탄($CH_4$) 기체이고 연소범위는 5~15V% 이다. 연소범위가 3~12.5V%인 것은 에탄기체이다.
$Al_4C_3 + 12H_2O \rightarrow 4Al(OH)_3 + 3CH_4 \uparrow$
④ 일반적으로 B, C는 가연성 기체로 분류하고 A는 유독성 가스로 분류한다. 조연성 기체는 0개이다.
폭발 1등급은 메탄, 에탄, 일산화탄소, 암모니아, 아세톤, LPG이다.

## 141

**정답** ④  기본서 2권  132p

**해설** 다음은 황린에 대한 설명이다.
미분상의 발화점 34℃, 알칼리제를 넣어 pH 9 정도 유지된 물속에 저장, 공기 중에 격렬하게 연소하여 유독성 가스인 오산화인($P_2O_5$)의 백연을 낸다는 사실을 통해 황린임을 알 수 있다.

## 142

**정답** ①  기본서 2권  132p

**해설** 황린은 자연발화성물질이며, 물 속 저장이다.

## 143
**정답** ① 　기본서 2권　138p

**해설** 이황화탄소, 황린은 물 속에 저장한다.

## 144
**정답** ① 　기본서 2권　131~132p

**해설** 칼륨과 나트륨에 주수 시 수소가스가 발생된다.

## 145
**정답** ② 　기본서 2권　123~124p

**해설** 제1,2,3,4석유류의 기준은 인화점으로 구분할 수 있다.

## 146
**정답** ③ 　기본서 2권　135~136p

**해설** **제5류 위험물의 일반 성질**
㉠ 가연성 물질이다.
㉡ 산소 함유 물질이므로 자기연소(내부연소)를 일으키기 쉽다.
㉢ 연소속도가 빨라서 폭발적이다.
㉣ 유기과산화물을 제외하고 대부분 유기질소화합물이므로 가열, 충격, 마찰 또는 다른 약품과 접촉하면 폭발하는 것이 많다.
㉤ 산화반응이 일어나 열분해 되어 자연발화를 일으킨다.
㉥ 산소를 함유하고 있으므로 질식소화는 효과가 없다.

## 147
**정답** ② 　기본서 2권　121p

**해설** ① 다이크로뮴산염류 : 1,000kg
③ 과망가니즈산염류 : 1,000kg
④ 아이오딘산염류 : 300kg

## 148
**정답** ④ 　기본서 2권　121~124p

**해설** ㉡ 가연성고체는 고체로서 화염에 의한 발화의 위험성 또는 인화의 위험성을 판단하기 위하여 고시로 정하는 시험에서 고시로 정하는 성질과 상태를 나타내는 것이다.
㉢ 황은 순도가 60중량퍼센트 이상인 것으로 순도측정에 있어서 불순물은 활석 등 불연성물질과 수분에 한한다.
㉤ 금속분은 알칼리금속·알칼리토류금속·철 및 마그네슘 외의 금속의 분말, 구리분·니켈분 및 150㎛의 체를 통과하는 것이 50중량퍼센트 미만인 것을 제외한다.

## ★ 149
**정답** ③ 　기본서 2권　121p

**해설** 황화인, 적린, 황은 제2류로 100킬로그램이고, 황린은 제3류로 20킬로그램이다.

## ★ 150
**정답** ③ 　기본서 2권　121p

**해설**
① 브로민산염류 : 300kg
② 질산염류 : 300kg
③ 다이크로뮴산염류 : 1,000kg
④ 아이오딘산염류 : 300kg

## ★★ 151
**정답** ② 　기본서 2권　138p

**해설** 알킬알루미늄은 수분의 접촉을 차단하기 위하여 헥산 속에 저장한다.

## ★★ 152
**정답** ③ 　기본서 2권　138p

**해설** **위험물의 보호액**(물질)
- 황린 – 물 속 저장
- 알칼리금속 및 알칼리토금속 – 등유, 경유(석유)
- 알킬알루미늄, 알킬리튬 – 헥산, 벤젠, 톨루엔, 펜탄 등 희석안정제를 첨가한다.

## ★★ 153
**정답** ① 　기본서 2권　122~130p

**해설** 위험물에 주로 나오는 문제는 특성과 소화부분이다. 또한, 탄산칼슘과 탄화칼륨의 구분에 대해서도 확인해 볼 필요가 있다.
㉠ 제1류 위험물은 산화제로 주로 무색이고 백색분말이며 대체적으로 냉각소화한다. (○)
㉡ 제2류 위험물은 환원제로 주로 화기주의를 표시하며 대체적으로 냉각소화한다. (○)
㉢ 탄화칼슘은 부동제로 쓰인다. (×)
※ 탄산칼슘은 분진폭발이 발생되지 않는 것이고, 탄화칼슘은 카바이트로 물과 반응하여 아세틸렌을 발생하며, 탄산칼륨은 부동제, 강화액에 쓰인다.
㉣ 제2류 위험물 중 인화성고체는 인화점이 40도 미만인 고체로 화기주의를 표시한다. (×)
※ 제2류 위험물은 원칙적으로 화기주의를 쓰지만, 인화성고체는 인화성이므로 화기엄금을 표시한다.

## 154
**정답** ③  기본서 2권  131~132p, 138p

**해설** 위험물에 나오는 용어정의는 상당히 중요하다. 제3류 위험물은 자연발화성 및 금수성물질이다. 제3류는 고체 또는 액체로서 공기 중에서 발화의 위험성이 있거나 물과 접촉하여 발화하거나 가연성가스를 발생하는 위험성이 있는 것이다.
  ㉠ 철분, 금속분, 마그네슘 등은 물과 반응하면 수소가스가 발생한다. (O)
  ㉡ 구리, 니켈은 가연성이 적어 위험물안전관리법령에 의한 위험물에서 제외된다. (O)
  ㉢ 알킬알루미늄은 공기나 물을 만나면 격렬하게 반응하여 발화할 수 있다. 특히 저장시 수분의 접촉을 차단하기 위하여 헥산 속에 저장한다. (O)
  ㉣ 위험물안전관리법령상 금수성이란 물과 접촉하여 발화하거나 수소가스를 발생하는 위험성이 있는 것을 말한다. (X)
  ※ 위험물안전관리법령상 금수성이란 물과 접촉하여 발화하거나 <u>가연성가스</u>를 발생하는 위험성이 있는 것을 말한다.

## 155
**정답** ③  기본서 2권  121p

**해설** 지정수량은 황화인 100, 알카리금속 50, 과염소산 300, 질산 300이다.

## 156
**정답** ②  기본서 2권  129~130p

**해설** ㉠ 2류 위험물은 물에 잘 녹지 않는다.
  ㉡ 황린은 3류 위험물이다.

## 157
**정답** ④  기본서 2권  125~128p

**해설** ㉠ 1류 위험물은 산화성 고체이다. ㉡ 무기과산화물을 제외하고 다량의 물을 사용해 소화시키는 방법이 적당하다. ㉢ 무기 과산화물류는 질식소화가 유효하다. ㉣ <u>3류</u> 위험물인 나트륨은 ㉤ 반응성이 크므로 석유류에 저장하는 것이 좋다. ㉥ 만약 나트륨이 수분과 접촉하게 되면 <u>수소기체를</u> 발생시키기 때문이다.

## 158

**정답** ① 기본서 2권 128p

**해설** **제1류 위험물의 소화방법**
- 자신은 불연성이기 때문에 가연물의 종류에 따라서 소화 방법을 검토한다.
- 산화제의 분해 온도를 낮추기 위하여 물을 주수하는 냉각소화가 효과적이다.
- 무기과산화물(알칼리 금속의 과산화물)은 물과 급격히 발열 반응을 하므로 건조사에 의한 피복 소화를 실시한다.
- 소화 작업 시 공기 호흡기, 보안경, 방호의 등 보호장구를 착용한다.
- 충격, 마찰, 타격 등 기계적 에너지를 차단한다.

## 159

**정답** ② 기본서 2권 123p

**해설**
㉠ "인화성 고체"는 2류 위험물로서 고형알코올 그밖에 1기압에서 인화점이 섭씨 40℃ 미만인 고체를 말한다.
㉣ "특수인화물"이라 함은 이황화탄소, 디에틸에테르 그밖에 1기압에서 발화점이 섭씨 100℃ 이하인 것 또는 인화점이 섭씨 영하 20℃ 이하이고, 비점이 섭씨 40℃ 이하인 것을 말한다.

## 160

**정답** ② 기본서 2권 127p, 131~132p

**해설**
① A 기체는 산소($O_2$) 기체로써 조연성 가스이다.
무기과산화물 중 알칼리금속의 과산화물은 산소를 가진 금속화합물을 말한다. 대표적인 물질인 산화나트륨($Na_2O_2$)으로 화학반응식을 만들어보면
$2Na_2O_2 + 2H_2O \rightarrow 4NaOH + O_2\uparrow$
② B는 오산화인($P_2O_5$)으로 더이상 연소가 일어나지 않는 불연성 물질이다.
$4P + 5O_2 \rightarrow 2P_2O_5$
③, ④ C 기체는 수소($H_2$) 기체로 연소범위가 4~75 V% 이고 기체 물질이므로 「위험물 안전관리법」상 위험물의 종류에 포함되어 있지 않고, 액체, 고체, 수소도 포함되지 않는다.
$2K + 2H_2O \rightarrow 2KOH + H_2\uparrow$

## 161

**정답** ③ 기본서 2권 123~124p

**해설**
① 알코올류는 1분자를 구성하는 탄소원자의 수가 1개부터 3개까지인 포화1가 알코올을 말한다(변성알코올 포함).
② 1석유류라 함은 아세톤, 휘발유 그밖에 1기압에서 인화점이 섭씨 21℃ 미만인 것을 말한다.
④ 질산의 비중이 1.49 이상이어야 한다.

## 162

**정답** ③ 기본서 2권 132p

**해설** 탄화칼슘은 자신은 불연성이지만 수증기 및 물과 반응해서 아세틸렌이 발생하고 공기와 함께 폭발성 혼합가스를 만든다.

## 163
**정답** ①　기본서 2권　123~124p, 133p

**해설** 벤젠은 제1석유류(21℃ 미만), 등유는 제2석유류(21~70℃ 미만)이며, 실린더유, 기어유는 제4석유류로서 인화점이 200~250℃ 이다.

## 164
**정답** ④　기본서 2권　132p

**해설** 마늘과 같은 자극적인 냄새가 나는 백색 또는 담황색 왁스상의 가연성 고체로 공기 중에서 자연발화성이 있어 물 속에 저장하여야 할 위험물은 황린이다.

## 165
**정답** ④　기본서 2권　131~132p

**해설**
1) 제1류 위험물 중 알칼리금속의 과산화물 또는 이를 함유한 것에 있어서는 "화기·충격주의", "물기엄금" 및 "가연물접촉주의", 그 밖의 것에 있어서는 "화기·충격주의" 및 "가연물접촉주의"
2) 제2류 위험물 중 철분·금속분·마그네슘 또는 이들 중 어느 하나 이상을 함유한 것에 있어서는 "화기주의" 및 "물기엄금", 인화성고체에 있어서는 "화기엄금", 그 밖의 것에 있어서는 "화기주의"
3) 제3류 위험물 중 자연발화성 물질에 있어서는 "화기엄금" 및 "공기접촉엄금", 금수성 물질에 있어서는 "물기엄금"
4) 제4류 위험물에 있어서는 "화기엄금"
5) 제5류 위험물에 있어서는 "화기엄금" 및 "충격주의"
6) 제6류 위험물에 있어서는 "가연물접촉주의"

## 166
**정답** ②　기본서 2권　132p

**해설** 저장 및 취급방법
① 용기는 완전히 밀봉하고, 파손 및 부식을 막으며, 수분과의 접촉을 방지한다.
② 보호액 속에 위험물을 저장 할 경우 위험물이 보호액 표면에 노출되지 않게 주의한다.
③ 강산화제, 강산류, 기타약품과 접촉되지 않도록 한다.
④ 용기는 금속제의 견고한 것을 이용한다.
⑤ 황린은 공기 중에서 산화를 피하기 위하여 물속에 저장한다.
⑥ 알킬알루미늄, 알킬리튬, 유기금속화합물류는 화기를 엄금하고 용기 내압이 상승하지 않도록 한다("킬"이 들어가는 위험물은 위험물 감독자 배치).
⑦ 알킬알루미늄은 공기나 물을 만나면 격렬하게 반응하여 발화할 수 있다. 특히 저장 시 수분의 접촉을 차단하기 위하여 헥산 속에 저장한다.

## 167
**정답** ④ 　기본서 2권　135~136p

**해설** 가열, 충격, 마찰 또는 다른 약품과의 접촉에 의해 폭발하는 물질이 많다.

## 168
**정답** ① 　기본서 2권　133~134p

**해설** 대부분 유기화합물로 이루어진 액체로서 인화의 위험성이 있다.

## 169
**정답** ② 　기본서 2권　192p

**해설** ② 윤화에 대한 질문이다.
① 롤오버(Roll Over) : 건물 화재 진행 중에 화염이 천장면에 연소되지 않은 가스를 통과 또는 가로질러 이동하는 상태
③ 보일오버(Boil-over) : 점성이 크고 비점이 높은 중질유의 저장탱크에 화재가 발생하여 장기간 화재에 노출되면 열류층(고온층, Hot zone)이 형성되어 그 열이 아래로 내려오게 되는데 외부로부터 침투하거나 원유 자체에 함유된 수분이나 기름의 에멀션(emulsion)이 열을 공급받아 급격한 부피 팽창을 하게 되고 이때 부피 팽창으로 상층의 유류를 밀어 올리며 기름과 함께 비산하게 되는 현상
④ 오일오버(Oil Over) : 저장탱크 내에 위험물이 50% 이하로 저장되어 있는 탱크에 화재로 고온의 열이 전달되면 탱크 내 온도상승으로 공기가 팽창하여 폭발하는 현상

## 170
**정답** ③ 　기본서 2권　86p

**해설** ③ 물보다 끓는점(비점)이 높은 점성을 가진 석유류나 식용유에 물이 접촉될 때 석유류·식용유의 표면온도에 의해 물이 수증기가 되어 팽창·비등함에 따라 주위에 있는 뜨거운 석유류·식용유의 일부를 외부로 비산시키는 현상을 말한다. → 슬롭오버에 대한 설명이다.

## 171
**정답** ① 　기본서 2권　86p

**해설** 내용물(유류 및 물)의 기계적 교반으로 수층의 형성을 방지하여야 한다.
※ Boil-over 방지대책
가. 탱크내의 수층의 형성을 방지(내용물의 기계적 교반)수분을 유류와 Emulsion상태로 머무르게 하여 수층의 형성을 방지
나. 물의 배출
　탱크의 저면이나 측면 하단에 배수관을 설치하여 탱크 하부의 물을 배출시킨다. 화재 시에는 밸브를 조작하기 어려우므로 평소에 정기적으로 물을 배출한다.
다. 물의 과열방지
　탱크 저부의 수분이 과열되어 급격히 비등하는 것을 방지하기 위하여 화재 시 적당한 시기에 모래나 비등석 등을 탱크 내에 던져 넣어준다.

## 172

**정답** ④  기본서 2권  86p

**해설** ① 슬롭오버 ② 프로스오버 ③ 보일오버

## 173

**정답** ④  기본서 2권  86p

**해설** 거품을 형성하는 고점도의 성질을 갖는 유류일 경우 발생한다.

1. **슬롭오버(Slop Over)현상**
   중질유와 같이 비점이 높은 유류에 화재가 발생하면 연소유의 표면온도가 계속 가열되어 물의 비점(100℃)을 넘게 된다. 이때 물(또는 수분)을 포함한 소화약제를 연소유면에 방사하게 되면 물(또는 수분)의 갑작스러운 부피팽창과 더불어 연소유를 교란시켜 탱크 밖으로 밀어 올리거나 비산시키는 현상을 말한다.

2. **오일오버(Oil Over)현상**
   액체 가연물질인 제4류 위험물의 저장탱크에서 화재가 발생하는 경우 나타나는 이상 현상으로서 저장탱크 내에 저장된 제4류 위험물의 양이 내용적의 1/2 이하로 충전되어 있을 때 화재로 인하여 저장탱크 내의 유류를 외부로 분출하면서 탱크가 파열되는 것을 말한다. 오일오버는 액체 가연물질인 제4류 위험물(인화성 액체)의 화재시 나타나는 이상현상인 보일오버(Boil Over)·슬롭오버(Slop Over) 및 프로스오버(Froth Over)에 비하여 그 위험성이 상당히 크며, 인명피해를 수반하므로 저장 탱크의 화재시에는 화재의 초기단계에서 소화가 이루어지도록 하여야 한다.

3. **프로스오버(Froth Over)현상**
   물이 점성을 가진 뜨거운 기름의 표면 아래에서 끓을 때 화재를 수반하지 않고 기름이 넘쳐흐르는 현상으로, 대개 뜨거운 아스팔트를 물이 들어 있는 탱크 속에 넣을 때 발생한다.

## CHAPTER 4 화재조사

### 174
정답 ④ 기본서 2권 147p

해설 감식에 대한 설명이다.

### 175
정답 ④ 기본서 2권 147p

해설 화재원인의 판정을 위해 전문지식, 기술 및 경험을 활용해 주로 시각적인 방법으로 구체적인 사실관계를 규정하는 것을 감식이라 한다.

### 176
정답 ③ 기본서 2권 161p

해설 기준을 물어 보는 질문이기에 사망자 5인 이상, 사상자 10인 이상 발생한 화재이다.

### 177
정답 ② 기본서 2권 152p

해설 보조재료는 복원물건과 유사한 물건을 사용하지 않는다.

### 178
정답 ③ 기본서 2권 154p

해설 화재조사법 제5조에 의거하여, 화재조사는 화재발생사실을 알게 된 때 지체없이 장비를 활용하여 실시되어야 한다.

## 179

**정답** ④ 심화

**해설** ④ 소방본부장 및 소방서장은 조사결과 서류를 국가화재정보 시스템에 입력·관리해야 하며 영구보존방법에 따라 보존해야 한다.

※ 화재조사 및 보고규정 제22조(조사 보고)
① 조사관이 조사를 시작한 때에는 소방관서장에게 지체 없이 별지 제1호 서식 화재·구조·구급상황보고서를 작성·보고해야 한다.
② 조사의 최종 결과보고는 다음 각 호에 따른다.
  1. 「소방기본법 시행규칙」 제3조제2항제1호에 해당하는 화재 : 별지 제1호서식 내지 제11호 서식까지 작성하여 화재 발생일로부터 30일 이내에 보고해야 한다.
  2. 제1호에 해당하지 않는 화재 : 별지 제1호 서식 내지 제11호 서식까지 작성하여 화재 발생일로부터 15일 이내에 보고해야 한다.
③ 제2항에도 불구하고 다음 각 호의 정당한 사유가 있는 경우에는 소방관서장에게 사전 보고를 한 후 필요한 기간만큼 조사 보고일을 연장할 수 있다.
  1. 법 제5조제1항 단서에 따른 수사기관의 범죄수사가 진행 중인 경우
  2. 화재감정기관 등에 감정을 의뢰한 경우
  3. 추가 화재현장조사 등이 필요한 경우
④ 제3항에 따라 조사 보고일을 연장한 경우 그 사유가 해소된 날부터 10일 이내에 소방관서장에게 조사결과를 보고 해야 한다.
⑤ 치외법권지역 등 조사권을 행사할 수 없는 경우는 조사 가능한 내용만 조사하여 제21조 각 호의 조사서식 중 해당 서류를 작성·보고한다.
⑥ 소방본부장 및 소방서장은 제2항에 따른 조사결과 서류를 영 제14조에 따라 국가화재정보시스템에 입력·관리해야 하며 <u>영구보존방법에 따라 보존해야 한다</u>.

## 180

**정답** ③ 기본서 2권 147p

**해설** **용어**(화재조사 및 보고규정 제2조)
- 발화 : 열원에 의하여 가연물질에 지속적으로 불이 붙는 현상
- 발화열원 : 발화의 최초원인이 된 불꽃 또는 열
- 발화지점 : 열원과 가연물이 상호작용하여 화재가 시작된 지점
- 발화장소 : 화재가 발생한 장소
- 최초착화물 : 발화열원에 의해 불이 붙은 최초의 가연물을 말한다.
- 발화요인 : 발화열원에 의하여 발화로 이어진 연소현상에 영향을 준 인적·물적·자연적인 요인
- 발화관련 기기 : 발화에 관련된 불꽃 또는 열을 발생시킨 기기 또는 장치나 제품
- 동력원 : 발화관련 기기나 제품을 작동 또는 연소시킬 때 사용되어진 연료 또는 에너지
- 연소확대물 : 연소가 확대되는데 있어 결정적 영향을 미친 가연물

## 181

**정답** ④ 기본서 2권 158p

**해설** 건물 등 자산에 대한 최종잔가율은 건물·부대설비·구축물·가재도구는 20%로 하며, 그 이외의 자산은 10%로 정한다.

## 182

정답 ③  기본서 2권 145p

해설 제13조(관계 기관 등의 협조)
① 소방관서장, 중앙행정기관의 장, 지방자치단체의 장, 보험회사, 그 밖의 관련 기관·단체의 장은 화재조사에 필요한 사항에 대하여 서로 협력하여야 한다.
② 소방관서장은 화재원인 규명 및 피해액 산출 등을 위하여 필요한 경우에는 금융감독원, 관계 보험회사 등에 「개인정보 보호법」 제2조제1호에 따른 개인정보를 포함한 보험가입 정보 등을 요청할 수 있다. 이 경우 정보 제공을 요청받은 기관은 정당한 사유가 없으면 이를 거부할 수 없다.

## 183

정답 ①  기본서 2권 145p

해설 제12조(소방공무원과 경찰공무원의 협력 등)
① 소방공무원과 경찰공무원(제주특별자치도의 자치경찰공무원을 포함한다)은 다음 각 호의 사항에 대하여 서로 협력하여야 한다.
1. 화재현장의 출입·보존 및 통제에 관한 사항
2. 화재조사에 필요한 증거물의 수집 및 보존에 관한 사항
3. 관계인등에 대한 진술 확보에 관한 사항
4. 그 밖에 화재조사에 필요한 사항

② 소방관서장은 방화 또는 실화의 혐의가 있다고 인정되면 지체 없이 경찰서장에게 그 사실을 알리고 필요한 증거를 수집·보존하는 등 그 범죄수사에 협력하여야 한다.

## 184

정답 ②  기본서 2권 157p

해설 화재 시 30% 이상 70% 미만 소실 화재를 반소화재라 한다.

## 185

정답 ③  기본서 2권 158p

해설 건물의 소실면적 산정은 소실 **바닥면적**으로 산정한다.

## 186

정답 ③  기본서 2권 157p

해설 사고 시 72시간 이내의 사망을 사망자로 간주한다.

## 187

정답 ② 기본서 2권 157p

해설 부상당한 사람의 부상정도는 응급환자의 중증도 분류기준에 따른다.
→ 부상의 정도는 의사의 진단을 기초로 하여 분류 한다

제14조(부상자 분류)
부상의 정도는 의사의 진단을 기초로 하여 다음 각 호와 같이 분류한다.
1. 중상 : 3주 이상의 입원치료를 필요로 하는 부상을 말한다.
2. 경상 : 중상 이외의 부상(입원치료를 필요로 하지 않는 것도 포함한다)을 말한다. 다만, 병원 치료를 필요로 하지 않고 단순하게 연기를 흡입한 사람은 제외한다.

## 188

정답 ② 기본서 2권 145p

해설 화재보험회사와 협력의무가 있다.

## 189

정답 ② 기본서 2권 156p

해설 제10조(화재건수 결정) 1건의 화재란 1개의 발화지점에서 확대된 것으로 발화부터 진화까지를 말한다. 다만, 다음 경우는 각 호에 따른다.
1. 동일범이 아닌 각기 다른 사람에 의한 방화, 불장난은 동일 대상물에서 발화했더라도 각각 별건의 화재로 한다.
2. 동일 소방대상물의 발화점이 2개소 이상 있는 다음의 화재는 1건의 화재로 한다.
   가. 누전점이 동일한 누전에 의한 화재
   나. 지진, 낙뢰 등 자연현상에 의한 다발화재
3. 발화지점이 한 곳인 화재현장이 둘 이상의 관할구역에 걸친 화재는 발화지점이 속한 소방서에서 1건의 화재로 산정한다. 다만, 발화지점 확인이 어려운 경우에는 화재피해금액이 큰 관할구역 소방서의 화재건수로 산정한다.

## 190

정답 ④ 기본서 2권 150p

해설 제3조(화재조사의 개시 및 원칙)
① 「소방의 화재조사에 관한 법률」(이하 "법"이라 한다) 제5조제1항에 따라 화재조사관(이하 "조사관"이라 한다)은 화재발생 사실을 인지하는 즉시 화재조사(이하 "조사"라 한다)를 시작해야 한다.

## 191

정답 ④ 기본서 2권 153p

해설 벽에 나타난 패턴이 가장 뚜렷하다.
※ 화재패턴의 위치
가. 벽에 나타난 패턴은 가장 뚜렷하다. 이런 형태는 브이(V)형 패턴, 유(U)형 패턴, 완전연소 또는 폭렬현상이 일반적으로 나타난다.
나. 천장
　ⓐ 천장면의 아래쪽에서 생기는 패턴은 열원 지역의 표시가 될 수 있다. 화재조사자는 원형패턴의 중심 근처를 판정하고 열원의 중심부를 위주로 하여 조사하여야 한다.
　ⓑ 벽이나 천장 뒤의 가연성 구조재의 손상은 화재가 벽이나 천장 내부에서 시작된 것으로도 볼 수 있다.
다. 바닥 : 플래시 오버가 발생하였다면 바닥면의 수열량은 20 kw/m² 이상임을 알 수 있다.

## 192

정답 ④ 기본서 2권 143p

해설 **화재조사의 특징**
㉠ 현장성 : 화재현장에서 조사가 이루어져야 하므로 현장성을 갖는다.
㉡ 신속성 : 시간이 지날수록 현장보존이 어려워지므로 신속성이 필요하다.
㉢ 정밀과학성 : 정확하게 판단되어야 하므로 정밀과학성이 요구된다.
㉣ 보존성 : 화재현장에서의 증거물은 보존이 잘되어야 화재조사가 정확하게 이루어질 수 있다.
㉤ 안전성 : 화재조사는 소화활동과 동시에 하므로, 화재현장에서의 안전성이 요구된다.
㉥ 강제성 : 화재현장에서 관계인의 동의를 얻기는 쉽지 않으므로 강제성의 특징이 있다.
㉦ 프리즘식 : 여러 각도에서 화재조사를 하여서 정확한 조사가 이루어져야 한다.

## 193

정답 ④ 기본서 2권 147~148p

해설 최초착화물은 발화열원에 의해 불이 붙고 이 물질을 통해 제어하기 힘든 화세로 발전한 가연물이고, 발화관련 기기는 발화에 관련된 불꽃 또는 열을 발생시킨 기기 또는 장치나 제품이다.

## 194

정답 ② 기본서 2권 147~148p

해설 ②는 연소확대물이 아닌 '최초착화물'에 대한 설명이다.
"연소확대물"이란 연소가 확대되는데 있어 결정적 영향을 미친 가연물을 말한다.

## 195

**정답** ① 기본서 2권 159p

**해설** 화재조사 및 보고규정 별표 1
건물 동수의 산정 시 건널 복도 등으로 2 이상의 동에 연결되어 있는 것은 **그 부분을 절반으로 분리하여 각 동으로 본다**.

## 196

**정답** ④ 기본서 2권 159p

**해설** 내화구조 건물의 옥상에 **옥외 계단**으로 연결된 목조 건물이 설치되어 있는 경우에는 **별개의 동**으로 본다.

※ **화재조사 및 보고규정 별표 1**(건물의 동수 산정)
1. 주요구조부가 하나로 연결되어 있는 것은 1동으로 한다. 다만 건널 복도 등으로 2 이상의 동에 연결되어 있는 것은 그 부분을 절반으로 분리하여 각 동으로 본다.
2. 건물의 외벽을 이용하여 실을 만들어 헛간, 목욕탕, 작업실, 사무실 및 기타 건물 용도로 사용하고 있는 것은 주건물과 같은 동으로 본다.
3. 구조에 관계없이 지붕 및 실이 하나로 연결되어 있는 것은 같은 동으로 본다.
4. 목조 또는 내화조 건물의 경우 격벽으로 방화구획이 되어 있는 경우도 같은 동으로 한다.
5. 독립된 건물과 건물 사이에 차광막, 비막이 등의 덮개를 설치하고 그 밑을 통로 등으로 사용하는 경우는 다른 동으로 한다. (예) 작업장과 작업장 사이에 조명유리 등으로 비막이를 설치하여 지붕과 지붕이 연결되어 있는 경우
6. 내화조 건물의 옥상에 목조 또는 방화구조 건물이 별도 설치되어 있는 경우는 다른 동으로 한다. 다만, 이들 건물의 기능상 하나인 경우 **(옥내 계단이 있는 경우)**는 같은 동으로 한다.
7. 내화조 건물의 외벽을 이용하여 목조 또는 방화구조건물이 별도 설치되어 있고 건물 내부와 구획되어 있는 경우 다른 동으로 한다. 다만, 주된 건물에 부착된 건물이 옥내로 출입구가 연결되어 있는 경우와 기계설비 등이 쌍방에 연결되어 있는 경우 등 건물 기능상 하나인 경우는 같은 동으로 한다.

## 197

**정답** ① 기본서 2권 159p

**해설** 건물의 외벽을 이용하여 실을 만들어 헛간, 목욕탕, 작업실, 사무실 및 기타 건물 용도로 사용하고 있는 것은 주건물과 같은 동으로 본다.

## 198

정답 ②　기본서 2권　159p

해설 동일 소방대상물의 발화점이 2개소 이상 있는 누전점이 동일한 누전에 의한 화재는 <u>1건의 화재로 한다</u>.

「화재조사 및 보고규정」
제10조(화재건수의 결정)
1건의 화재란 1개의 발화점으로부터 확대된 것으로 발화부터 진화까지를 말한다. 다만, 다음 각 목의 경우에는 당해 각 호에 의한다.
　1. 동일범이 아닌 각기 다른 사람에 의한 방화, 불장난은 동일 대상물에서 발화했더라도 각각 별건의 화재로 한다.
　2. 동일 소방대상물의 발화점이 2개소 이상 있는 다음의 화재는 1건의 화재로 한다.
　　가. <u>누전점이 동일한 누전에 의한 화재</u>
　　나. 지진, 낙뢰 등 자연현상에 의한 다발화재

## 199

정답 ①　기본서 2권　150p

해설 **균열흔의 종류**
　ⓐ 완소흔(緩燒痕) : 700~800℃ 정도의 비교적 낮은 온도에서 천천히 연소된 경우 홈이 얕고 삼각 또는 사각형태를 나타내며, 초기 연소부분 또는 잔불씨에 의한 연소부분에서 나타난다.
　ⓑ 강소흔(强燒痕) : 자신의 연소열로 화염이 지속되거나 확대 연소하게 되면 가연물은 900℃정도까지 가열되며, 홈이 깊은 요철이 형성된다.
　ⓒ 열소흔(裂燒痕) : 가연물이 1,100℃ 정도의 고온상태에 접하여 일시에 연소하게 되면 불완전연소 홈이 아주 깊은 상태가 되는데 맹렬한 확산 중심부분 등에서 나타난다.

## 200

정답 ①　기본서 2권　144p

해설 문제확인 → 문제정의 → 자료수집 → 자료분석(귀납적추리) → 가설설정 → 가설검증(연역적추리)

## 201

정답 ①　기본서 2권　150p

해설 열소흔이란 가연물이 1,100℃ 정도의 고온상태에 접하여 일시에 연소하게 되면 홈이 아주 깊은 상태가 되는데 맹렬한 확산 중심부분 등에서 나타난다.

## 202

정답 ①　기본서 2권　150p

해설 일반화재에서 연기를 왕성하게 내면서 타는 상태가 지나치게 되면 가연성 물질에 따라서 차이는 있으나 활활 타오르는 단계를 지나 연기가 줄고(가연물이 줄고 산소 공급이 좋아지는 조건)불꽃의 양이 커지는 것 같은 상태로 바뀌면서 건물 등 불연성 구조물이나 재질에 불꽃흔적을 남기는 현상을 주염흔이라 한다.

Ⅳ. 화재이론 · 195

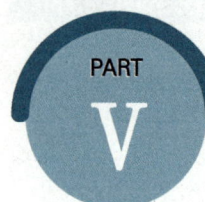

# PART V 소화이론

## CHAPTER 1 소화원리

### 001
정답 ② 기본서 2권 173~174p

해설 질식과 냉각소화가 유류화재에 가장 많이 쓰이는 방식이다.

### 002
정답 ① 기본서 2권 176p

해설 실제 소화에 있어서는 두 개 이상의 소화법이 상호 보완적으로 작용하는 경우가 대부분이다. 알코올화재에 물을 뿌려 소화하는 방법에서 주작용은 알코올이 주수되는 물에 의해 상대적으로 그 농도가 묽어짐에 따라 그로부터 발생하는 가연성증기의 양이 작아져 결국은 연소범위의 하한계 이하로 떨어지는 희석효과, 즉 농도 변화에 의한 소화작용이, 부수적으로 물의 비열과 증발잠열에 의한 냉각효과와 수증기 발생에 의한 질식효과가 발생한다. 그러나 수증기 입자는 라디칼을 흡수하는 화학적인 억제작용은 거리가 가장 멀다.

### 003
정답 ① 기본서 2권 175p

해설 제거소화는 가연물을 제거하여 연소현상을 제어하는 소화법, 즉 가연물과 화원을 격리시킴으로써 연소를 중단시키는 방법이다. 현실적으로 적용되는 예는 화재현장에서 대상물을 파괴하거나 제거하여 연소를 방지하거나, 가스화재에서 밸브를 잠금으로써 연소를 중지시키는 방법, 그리고 산림화재에서 화염이 진행하는 방향에 있는 나무 등의 가연물을 미리 제거하여 더이상 화염이 확산되는 것을 막는 것 등이 있다.

### 004
정답 ① 기본서 2권 175p

해설
① 유류화재 시 다량의 포를 방사한다. - 질식, 냉각
② 전기화재 시 신속하게 전원을 차단한다. - 제거
③ 가연성가스 화재 시 가스의 밸브를 닫는다. - 제거
④ 산림화재 시 확산을 막기 위하여 산림의 일부를 벌목한다. - 제거

## ★ 005

**정답** ③  **기본서 2권** 173p

**해설** ③ 에너지원(점화에너지) – 냉각소화법

## ★ 006

**정답** ②  **기본서 2권** 174p

**해설** 공기 중 산소농도는 약 21%로서 산소결핍은 공기 중의 산소농도가 18% 미만인 상태를 말하며, 일반적인 액체화재의 경우 산소가 15% 이하로 낮춰지면 소화가 된다.

## ★ 007

**정답** ③  **기본서 2권** 183p

**해설** **무상주수**
1. 안개모양의 물입자는 공기 중의 산소의 공급을 차단하기 때문에 <u>질식소화</u>가 요구되는 유류화재의 소화에 적합하다.
2. 물과 반응하여 발열하거나 가연성 가스를 발생하는 물질인 제2류, 제3류 위험물 또는 과산화물과 같은 특수한 소화방법이 요구되는 물질을 제외한 <u>냉각소화</u> 효과가 요구되는 모든 물질에 적합하다

## ★ 008

**정답** ④  **기본서 2권** 184p

**해설** ④ 소화에 대한 냉각소화작용이 우수하며 **적상**으로 방사 시 중유화재(B급화재) 및 전기화재에도 적합하다.
→ 무상

※ 화재에 물을 사용하여 소화하는 가장 큰 이유
① 물의 비열 값이 다른 물질에 비하여 높다(물의 비열 값 : 1kcal/kg · ℃).
② 물 1kg의 증발잠열의 값은 539kcal/kg로서 다른 물질의 기화열 값에 비하여 높다.
③ 쉽게 구할 수 있으며, 경제적이다.
④ 일반적으로 가연물질의 발화점보다 낮은 끓는점(비점)이어서 냉각소화에 쉽게 사용된다.

## ★★ 009

**정답** ③  **기본서 2권** 181p

**해설** ③ 현열
비열이 크다.
가. 현열(Sensible Heat)이란 온도차를 느낄 수 있는 열로 물질의 상태변화 없이 온도변화에만 필요한 열량을 말한다.
나. <u>비열이 크면 클수록 열용량이 크고 열용량이 크면 현열이 크다</u>. 물의 비열은 1kcal/kg℃ 이다.
다. 스프링클러의 소화메커니즘은 물의 현열을 이용한 표면냉각이다.
라. 특수인화물과 같이 인화점이 낮은 인화성 액체의 경우 물이 가연물 상단까지 도달하더라도 인화점 이하로 냉각이 어렵기 때문에 현열을 이용한 냉각소화는 적응성이 떨어진다.

## 010

**정답** ② 　기본서 2권　173p

**해설** 열용량이 큰 고체를 사용하는 방법으로 냉각소화의 한 방법이다.
※ 냉각소화
연소 시 발생하는 열에너지를 흡수하는 매체를 화염 속에 투입하여 소화하는 방법으로 냉각소화라고 한다.
가. 증발잠열을 이용하는 방법 : 물이 대표적
나. 열용량이 큰 고체를 사용하는 방법
- 화염을 화염방지기(금속망이나 소결금속의 미세한 구멍으로 이루어짐)를 통과시켜 소화하는 방법
- 튀김기름에 화재가 발생하였을 때 싱싱한 야채를 넣어 소화하는 방법

## 011

**정답** ③ 　기본서 2권　173~177p

**해설**
- **냉각소화**
  가연물을 냉각시키든지, 비열이 큰 냉각제로 냉각하든지, 기화열을 이용하여 인화점 및 발화점 이하로 낮추어 소화하는 방법이다.
- **질식소화**
  산소의 희석에 의한 소화로서 가연물이 연소하는데 필요한 산소량을 조절하여 소화하는 방법이다.
- **제거소화**
  가연물질을 화원과 격리시켜 연소를 방지하거나 제거하여 연소를 중단시키는 소화방법이다.
- **부촉매소화**
  연소의 연쇄반응을 차단, 억제하여 소화하는 방법으로 억제소화, 화학소화라고도 한다.

## 012

**정답** ② 　기본서 2권　175p

**해설** 대표적으로 할론 및 분말 소화약제가 있으며 할론1301의 경우 화재 시 고온에서 소화약제가 분해되어 Br 등이 연쇄반응의 인자인 Free Radical과 반응하여 연쇄반응의 전달 물질을 불활성화 시키는 소화방법은 억제소화이다.

## 013

**정답** ④ 　기본서 2권　177p

**해설** 〈보기〉의 설명은 피복소화에 대한 설명이다.

## 014
**정답** ②  기본서 2권 176~177p

**해설**
㉠ 화학소화(억제소화)는 화염이 발생하는 연소반응을 주도하는 라디칼을 제거하여서 소화한다.
㉣ 방진소화(防塵消火)는 가연물질이 화염을 외부로 발생하지 않고 숯불모양으로 연소하는 것을 잔진연소라 하며, 대부분 1차연소 물질인 목탄(炭)·코크스(cokes) 등의 연소과정에서 제3종 소화분말인 제1인산암모늄($NH_4H_2PO_4$)을 방사하는 경우 제1인산암모늄의 열분해시에 발생하는 액체상태의 메타인산($HPO_3$)이 숯불모양으로 연소하는 가연물질에 접촉하여 더 이상 연소하는 현상을 방지하여 소화하는 소화작용을 말한다.

## 015
**정답** ④  기본서 2권 175p

**해설** 표면연소(무염연소)물질들은 심부화재이므로 부촉매소화효과를 얻기 어렵다.

## 016
**정답** ③  기본서 2권 175p

**해설** 질소폭탄을 이용하여 후폭풍으로 소화하는 것을 제거소화라 한다.

## 017
**정답** ④  기본서 2권 174p

**해설** 절단된 LPG 호스에서 누설로 인한 화재를 메인밸브의 차단을 통하여 소화하였다. → 제거소화에 해당됨

## 018
**정답** ②  기본서 2권 182p

**해설** 마그네슘 분말은 주수소화하면 수소기체가 발생하므로 적당하지 않고, 과염소산염류에 속하는 과염소산칼륨은 제1류 위험물이고, 적린과 황은 제2류 위험물이다.

## 019
**정답** ②  기본서 2권 174~175p

**해설**
㉠ 촛불을 입으로 불어서 끄는 것은 제거소화이다.
㉣ 포말로 연소물을 감싸 산소의 공급을 차단하는 것은 질식소화이다.

Ⅴ. 소화이론 · 199

## 020
**정답** ③  기본서 2권  174p

**해설** 가연물마다 약간은 차이가 있으나 한계산소농도(LOI) 이하에서는 연소가 지속되지 않는다.

## 021
**정답** ④  기본서 2권  175p

**해설** 냉각, 질식, 제거는 물리적 소화에 해당이 된다. 그러나 라디칼의 억제는 억제소화 또는 화학소화라 한다.

## 022
**정답** ③  기본서 2권  175p

**해설** 전기화재의 가장 기본적인 소화방법은 제거소화(전원의 차단)이다. 전원이 차단된 경우에는 A급이나 B급화재 시 사용하는 약제의 사용도 무방하다.
※ **전기화재**(C급 화재) : **전류가 흐르고 있는** 전기기기, 배선과 관련된 화재를 말한다.

## 023
**정답** ②  기본서 2권  174p

**해설** MOC는 연소하한계 × 산소몰수이다.
이황화탄소의 연소반응식을 정리하면
$CS_2 + 3O_2 \rightarrow CO_2 + 2SO_2$
연소범위 : 1.2~44
산소몰수 : 3
이므로 1.2 × 3 = 3.6

## 024
**정답** ②  기본서 2권  175p

**해설** 가연성증기의 농도를 변화시키는 소화는 물리적인 소화이다.
라디칼을 제거하는 부촉매 소화는 화학소화로써 연쇄반응을 차단하는 소화이다.

## CHAPTER 2 소화약제

**025**
정답 ④ 기본서 2권 179~184p

해설 물의 비열은 1 cal/g·℃이며, 헬륨(1.25 cal/g·℃), 수소(3.42 cal/g·℃)로 헬륨과 수소에 비해 작지만, 일반적으로 큰 편에 속한다.

**026**
정답 ① 기본서 2권 179p

해설 물 1g을 온도 1℃ 올리는데 필요한 열량은 1cal이다.

**027**
정답 ④ 기본서 2권 186p

해설 **물소화약제의 동결방지제**에는 에틸렌글리콜, 프로필렌글리콜, 염화칼슘, 염화나트륨 등이 있고, 중탄산나트륨은 1종 분말약제이다.

**028**
정답 ① 기본서 2권 216p

해설 ② 포 소화기 - 20L
③ 강화액 소화기 - 60L
④ 이산화탄소 소화기 - 50kg

**029**
정답 ② 기본서 2권 199p

해설 분말약제는 주로 유류와 전기화재에 가능하며, 전기의 불량도체로 전기화재에 가능하다.

**030**
정답 ② 기본서 2권 200p

해설 식용유화재에 가장 적합한 분말소화약제는 비누화 소화적용이 있는 1종이다.

## 031

**정답** ④ **기본서 2권** 199~204p

**해설** 포소화설비는 질식소화를 주된 작용으로 하고 수계소화약제이므로 냉각소화도 일어난다.

## 032

**정답** ① **기본서 2권** 195~197p

**해설** 약 28% 이다.

※ 계산과정

$CO_2$의 농도(%) = $\dfrac{21 - O_2}{21} \times 100$

= $\dfrac{21 - 15}{21} \times 100 ≒ 28\%$(이론농도)

여기서, 설계시 적용하는 설계농도는 이산화탄소의 경우에도 할론 등의 가스계 소화설비와 같이 계산된 이론농도에서 안전율 20%를 고려하도록 하고 있다.
따라서 **최소설계농도는 28×1.2 ≒ 34%**

## 033

**정답** ① **기본서 2권** 197p

**해설** ① $CO_2$

※ 지구온난화지수(Global Warming Potential, GWP)

$\dfrac{\text{어떤 물질 1kg이 지구온난화에 미치는 영향}}{CO_2 \text{ 1kg이 지구온난화에 미치는 영향}}$

가. 지구 온난화에 기여하는 대표적인 물질은 $CO_2$, $CH_4$, $N_2O$, HFC 계열의 가스가 있다.
나. $CO_2$ 1분자당 GWP를 1이라고 할 때
(HFC-23($CHF_3$))의 GWP는 9,000이나 된다.

## 034

**정답** ② **기본서 2권** 52p

**해설** 증기비중은 $\dfrac{분자량}{29}$ 이다.

참조로 증기밀도 = $\dfrac{분자량}{22.4}$ 이다.

## 035

**정답** ② **기본서 2권** 206p

**해설** HFC-23 : $CHF_3$
*FIC-13I1 : $CF_3I$

## 036

정답 ②  기본서 2권 206p

해설 **할로겐화합물 소화약제** : 순도가 99% 이상이고 불소, 염소, 브롬, 아이오딘 중 하나 이상의 원소를 포함하고 있는 유기화합물을 기본성분으로 하는 소화약제이다.

| 소화약제 | 화학식 |
|---|---|
| FC-3-1-10 | $C_4F_{10}$ |
| HCFC BLEND A | HCFC-123($CHCl_2CF_3$) : 4.75%<br>HCFC-22($CHClF_2$) : 82%<br>HCFC-124($CHClFCF_3$) : 9.5%<br>$C_{10}H_{16}$ : 3.75% |
| HCFC-124 | $CHClFCF_3$ |
| HFC-125 | $CHF_2CF_3$ |
| HFC-227ea | $CF_3CHFCF_3$ |
| HFC-23 | $CHF_3$ |
| HFC-236fa | $CH_3CH_2CF_3$ |
| FIC-13I1 | $CF_3I$ |
| FK-5-1-12 | $CF_3CF_2C(O)CF(CF_3)_2$ |

## 037

정답 ①  기본서 2권 206p

해설 ② HFC-125  ③ HFC-236fa  ④ HCFC-123 이다.

## 038

정답 ④  심화

해설 할론소화약제는 냉각, 질식, 부촉매(억제) 작용을 하는 소화약제이다.

## 039

정답 ①  기본서 2권 206p

해설 IG-01은 Ar만으로만 구성되어 있다.

## 040

정답 ②  기본서 2권 205~208p

해설 할로겐화합물 및 불활성기체 소화약제는 전기적으로 비전도성이다.

## 041
**정답** ④ 　기본서 2권　205~208p

**해설** 할로겐화합물 및 불활성기체 소화약제는 제3류와 제5류가 제한되며, NOAEL(No Observed Adverse Effect Level)은 심장에 악영향이 나타나지 않는 최고 농도이며, LOAEL(Lowest Observed Adverse Effect Level)은 심장에 악영향이 나타나는 최저 농도이다.

## 042
**정답** ④ 　기본서 2권　206p

**해설** ㉠은 할로겐화합물 및 불활성기체 소화약제에 대한 설명이다. ㉡은 할로겐화합물 및 불활성기체 소화약제 중 IG-01이 아르곤으로 구성되어 있고 IG-100은 질소로 구성되어있다.

## 043
**정답** ① 　기본서 2권　199~204p

**해설** 분말의 입도는 너무 커도 미세해도 안되며 20~25㎛ 정도가 최적의 소화효과를 얻을 수 있다.

## 044
**정답** ③ 　기본서 2권　201p

**해설**
- 1종분말 270도 경우
  $2NaHCO_3 \rightarrow Na_2CO_3 + H_2O + CO_2$
- 2종분말 190도 경우
  $2KHCO_3 \rightarrow K_2CO_3 + H_2O + CO_2$
- 2종분말 260도 경우
  $2KHCO_3 \rightarrow K_2O + H_2O + 2CO_2$

## 045
**정답** ② 　기본서 2권　201~202p

**해설**
㉠ 주성분 물질 : 제1인산암모늄($NH_4H_2PO_4$)
㉡ 적응화재 : A급, B급, C급 화재
㉢ 착색 : 담홍색
㉣ 열분해생성물 : 메타인산($HPO_3$)

## 046
**정답** ③ 　기본서 2권　201~202p

**해설** 3종 분말소화약제가 열에 의해 분해되면서 생성되는 불연성의 응용물질이 가연물의 표면에 정착되어 유리상의 피막을 형성하여 산소공급의 차단효과를 보여주기 때문이다.

## 047

**정답** ②    기본서 2권    201~202p

**해설** 제3종 분말의 전해반응식은

$$NH_4H_2PO_4 \rightarrow NH_4^+ + H_2PO_4^- - Q(Kcal)$$

※ 전해반응이란 산화 및 환원반응으로서 양극에서는 전자(電子)를 잃고 양전하(陽電荷)가 증가하는 반응이다.

※ 제3종 분말의 분해반응식
가. 166℃ :
$$NH_4H_2PO_4 \rightarrow NH_3 + H_3PO_4^- - Q(Kcal)$$
나. 360℃ :
$$NH_4H_2PO_4 \rightarrow NH_3 + H_2O + HPO_3^- - Q(Kcal)$$

※ 소화효과
가. $NH_4^+$ : 연쇄반응 차단(부촉매 효과)
나. $NH_3$, $H_2O$ : 산소공급 차단(질식효과)
다. $H_2O$ : 냉각효과
라. $H_3PO_4^-$ : 셀룰로오즈를 연소하기 어려운 불활성탄소와 물로 분해(탈수작용)
마. $HPO_3^-$ : 가연물 위에 유리상의 피막 형성(방진효과)


## 048

**정답** ③    기본서 2권    201~202p

**해설** 제3종 분말소화약제에 대한 설명이다.

※ 제3종 분말소화약제
가. 제1인산암모늄의 분자식은 $NH_4H_2PO_4$으로, A급, B급, C급 화재에 적응성이 있어 다목적용 분말약제(Multi-purpose dry chemical)라고도 하며 색상은 담홍색 또는 황색으로 착색되어 있다.
나. 분해반응
   ⓐ 166℃ : $NH_4H_2PO_4 \rightarrow NH_3 + H_3PO_4$
   ⓑ 360℃ : $NH_4H_2PO_4 \rightarrow NH_3 + H_2O + HPO_3$
   ⓒ 전해반응 : $NH_4H_2PO_4 \rightarrow NH_4^+ + H_2PO_4^-$
다. 소화특성
   ⓐ $NH_3$ 및 수증기 $H_2O$에 의해 가연물의 표면을 덮어 산소공급을 차단하여 질식작용을 한다.
   ⓑ $H_2O$의 증발잠열에 의해 주위의 열을 흡수함으로써 냉각작용을 한다.
   ⓒ 유리된 $NH_4^+$에 의한 부촉매 작용으로 연쇄반응을 억제한다.
   ⓓ $H_3PO_4$(올소인산)에 의해 종이, 목재, 섬유 등으로 구성하는 섬유소(cellulose)를 연소하기 어려운 탄소로 급속히 변화시키는 작용에 의하여 섬유소를 불활성 탄소와 물로 분해(탈수작용)하여 연소를 차단한다.
   ⓔ $HPO_3$(메타인산)에 의해 가연물질이 숯불형태로 연소하는 것을 방지하는 작용으로 숯불에 융착하여 유리상의 피막을 형성하여 방진하므로(방진작용) A급 화재에서 재연소 방지효과가 크다.

## 049

**정답** ② 기본서 2권 200p

**해설** 탄산수소나트륨의 열분해 반응은 다음과 같다.
- 270℃에서
  $2NaHCO_3 \rightarrow Na_2CO_3 + H_2O + CO_2$
- 850℃에서
  $2NaHCO_3 \rightarrow Na_2O + H_2O + 2CO_2$

## 050

**정답** ① 기본서 2권 200p

**해설** 제1종 분말($NaHCO_3$)이므로 $Na^+$이다.

※ 제1종 분말

가. 중탄산나트륨의 분자식은 $NaHCO_3$로 B급, C급 화재에 적응성이 있으며 색상은 백색으로 주로 소형 소화기용으로 사용된다.

나. 분해반응
  ⓐ 270℃ : $2NaHCO_3 \rightarrow Na_2CO_3 + H_2O + CO_2$
  ⓑ 850℃ : $2NaHCO_3 \rightarrow Na_2O + H_2O + 2CO_2$

다. 소화작용
  ⓐ 불연성가스인 이산화탄소($CO_2$) 및 수증기($H_2O$)에 의해 가연물의 표면을 덮어서 산소공급을 차단하여 질식작용을 한다.
  ⓑ $H_2O$의 증발잠열에 의해 주위의 열을 흡수함으로써 냉각작용을 한다.
  ⓒ 열분해 시 발생한 $Na^+$에 의한 부촉매 작용에 의한 연쇄반응을 억제한다.
  ⓓ $NaHCO_3$를 식용유 화재(K급 화재)에 적용할 경우 열분해 된 $Na^+$이온과 식용유의 지방산이 결합하여 비누거품을 형성하게 된다. 이 비누거품이 가연물을 덮어 산소공급을 차단하여 질식소화 효과를 높이게 되는데 이를 분말소화약제의 비누화현상이라고 한다.

## 051

정답 ②  기본서 2권  199p

해설

| | 소화약제 | 색 상 |
|---|---|---|
| ① | 1종 분말소화약제(탄산나트륨) | 백 색 |
| ② | 2종 분말소화약제(중탄산칼륨) | 담자색 |
| ③ | 3종 분말소화약제(인산암모늄) | 담홍색 |
| ④ | 4종 분말소화약제(요소+중탄산칼륨) | 회 색 |

## 052

정답 ③  기본서 2권  201~202p

해설 $NH_4H_2PO_4$은 인산암모늄으로 3종 분말소화약제이다.

## 053

정답 ②  기본서 2권  201p

해설 ② 칼륨이온($K^+$)에 의한 부촉매작용 → $K^+$와 $Na^+$이온의 활성화 에너지 차이

※ 제2종 분말소화약제
가. 주 소화효과 : 연쇄반응의 차단(부촉매효과)
나. 연쇄반응의 차단
- 열분해 시 발생한 $K^+$에 의한 부촉매 작용에 의한 연쇄반응을 억제한다.
- 소화성능이 제1종 분말($NaHCO_3$)보다 약 2배 큰 것은 중탄산칼륨($KHCO_3$)의 K(원자번호 19)와 중탄산나트륨($NaHCO_3$)의 Na(원자번호 11)의 **활성화 에너지 차이** 때문이다. **원자번호가 클수록** 화학적 **활성화 에너지가 크며** 활성화 에너지가 클수록 연쇄반응의 부촉매 작용이 크게 되어 **소화능력이 증대**되는 것이다.

## 054

정답 ③  기본서 2권  201~202p

해설 다양한 입자크기가 유지되어 우수한 소화기능을 가져야 한다.

## 055

**정답** ② | 기본서 2권 | 201p

**해설** ② 유리된 $NH_4^+$에 의한 부촉매 작용으로 연쇄반응을 억제한다.
→ 제3종 분말소화약제에 대한 설명이다.

※ 제3종 분말소화약제
  ㉠ 물성
    ⓐ 성분 : 제1인산암모늄($NH_4H_2PO_4$)
    ⓑ 적응성 : A급, B급, C급 화재(다목적용 분말약제(Multi-purpose dry chemical)라고도 함)
    ⓒ 색상 : 담홍색 또는 황색으로 착색되어 있다.
  ㉡ 소화특성
    ⓐ 질식작용
      발생된 수증기($H_2O$)에 의해 가연물의 표면을 덮어 산소공급을 차단하여 질식작용을 한다.
    ⓑ 냉각작용
      수증기($H_2O$) 증발잠열에 의해 주위의 열을 흡수함으로써 냉각작용을 한다.
    ⓒ 연쇄반응 차단
      유리된 $NH_4^+$에 의한 부촉매 작용으로 연쇄반응을 억제한다.
    ⓓ 탈수작용
      $H_3PO_4$(오쏘인산)에 의해 종이, 목재, 섬유 등으로 구성하는 섬유소(cellulose)를 연소하기 어려운 탄소로 급속히 변화시키는 작용에 의하여 섬유소를 불활성 탄소와 물로 분해(탈수작용)하여 연소를 차단한다.
    ⓔ 방진작용
      $HPO_3$(메타인산)에 의해 가연물질이 숯불형태로 연소하는 것을 방지하는 작용으로 숯불에 융착하여 유리상의 피막을 형성하여 방진하므로(방진작용) A급 화재에서 재연소 방지효과가 크다.

※ 제2종 분말소화약제
  ㉠ 물성
    ⓐ 성분 : 중탄산칼륨($KHCO_3$)
    ⓑ 적응성 : B급, C급 화재
    ⓒ 색상 : 제1종 분말과의 구별을 위하여 담회색으로 착색
  ㉡ 소화작용
    ⓐ 질식작용
      불연성가스인 이산화탄소($CO_2$) 및 수증기($H_2O$)에 의해 가연물의 표면을 덮어서 산소공급을 차단하여 질식작용을 한다.
    ⓑ 냉각작용
      수증기($H_2O$)의 증발잠열에 의해 주위의 열을 흡수함으로써 냉각작용을 한다.
    ⓒ 연쇄반응 차단
      • 열분해 시 발생한 $K^+$에 의한 부촉매 작용에 의한 연쇄반응을 억제한다.
      • 소화성능이 제1종 분말($NaHCO_3$)보다 약 2배 크다. 이것은 제2종 분말의 K(원자번호 19)와 Na(원자번호 11)의 활성화에너지 차이 때문이다.

## 056

정답 ④ 기본서 2권 203p

해설 유류의 화재표면을 방출된 포로 완전히 덮어 소화시켜 재착화의 위험이 없는 수성막포소화약제를 겸용하여 제조된 것으로서 일반화재에도 적응성이 있다.

## 057

정답 ① 기본서 2권 185p

해설 산림화재에 주로 사용되는 첨가제는 증점제이고, 원면화재에 주로 쓰이는 것은 침투제이다.

## 058

정답 ③ 기본서 2권 186p

해설 ③ 표면장력
**침투제(Wetting Agent)는 물의 표면장력을 감소**시켜 물방울의 형성 또는 방사된 물이 흘러가 버리지 않고 가연물 위로 확산 및 내부로의 **침투성을 증가시키기 위한 첨가제이다.**
※ 표면장력(Surface tension)
가. 물 분자 사이에는 분자끼리 모든 방향에서 끌어당기는 힘이 작용하는데 이 힘을 **응집력**이라 하며,
나. 다른 분자끼리 끌어당기는 힘을 **부착력**이라 한다.
다. 이와 같이 **응집력과 부착력의 차이로 발생하는 것을 표면장력**이라 한다.
라. 일반적으로 물의 표면장력은 72dyne/cm이나 수성막포의 경우는 표면장력을 20~17dyne/cm까지 낮춤으로써 포를 형성하는 것보다 얇은 분자막을 형성하여 물처럼 흐르게 된다.

## 059

정답 ③ 기본서 2권 201~202p

해설 3종 분말은 $NH_4H_2PO_4 \rightarrow HPO_3 + NH_3 + H_2O$ 이다.

## 060

정답 ② 기본서 2권 191p

해설 수성막포
※ 수성막포의 장점
내약품성이 우수하여 분말소화약제와 Twin Agent System이 가능하며, $CO_2$와도 병용이 가능하여 병용성이 매우 우수하다.

## 061

정답 ① 기본서 2권 199p

해설 Na-X는 Na 화재를 위해서 특별히 개발된 것이다. 탄산나트륨을 주성분으로 하고 여기에 비흡습성과 유동성을 향상시킬 수 있는 첨가제를 더한 약제이다.

## 062

**정답** ①  기본서 2권  191p

**해설** **수성막포소화약제**

㉠ 수성막포는 유류표면 위에 있는 기포에서 배출하는 불소계 계면활성제수용액이 유류표면에 물과 유류의 중간 성질을 가지는 수성막(水性膜)을 형성하고, 이 수성막이 유면 위에서 발생하는 유류의 증기발생을 억제함과 동시에 공기 중 산소의 공급을 차단함으로써 재착화를 방지한다. 이러한 유류표면 위에 뜨는 가벼운 수성의 막이라는 뜻에서 '라이트워터(Light Water)'라고 하는 별명이 붙여져 1964년 미국해군이 특허를 취득 미국의 3M사가 특허를 양도받아 생산하기 시작하였다.

㉡ 수성막포소화약제는 소화성능이 우수하여 기계포소화기의 소화약제로의 사용이 가능하며, 소화성능은 단백포소화약제에 비하여 5배 정도되며, 소화에 사용되는 소화약제의 양도 1/3 밖에 되지 않는다.

㉢ 수성막포소화약제는 유류화재에 대해 질식소화작용·냉각소화작용을 갖으며, 분말과 겸용하면 7~8배 소화효과가 있다.

㉣ 일반적으로 25% 환원시간(포가 깨져서 원래의 포 수용액으로 돌아가는 시간)이 수성막포는 60초 이상이다.

| 적응화재 | 유류(B급)화재 |
|---|---|
| 장점 | • 유동성이 우수한 포와 수성막을 형성하므로 초기 소화속도가 신속하여 유출유의 화재에 가장 적합하다.<br>• 유류에 오염되지 않으므로 표면하주입방식에 의한 설비를 할 수 있다.<br>• 불화단백포소화약제 및 ABC분말소화약제와 Twin Agent System이 가능하다.<br>• 소화약제의 보존기간이 반영구적이다. |
| 단점 | • 내열성이 약하여 열화현상이 발생될 우려가 있어 저장탱크의 소화설비에 부적합하다.<br>• 구입가격이 비싸다.<br>• 포가 없는 수성막 단독으로는 화재를 소화할 수 없다. |

## 063

**정답** ④  기본서 2권  191p

**해설** 수성막포는 중유화재에 적합한 포 소화약제이며, 합성계면활성제포는 저발포와 고발포가 가능하며, 단지 윤화(ring fire) 발생우려가 있다.

## 064

**정답** ①  기본서 2권  183p

**해설** 얼음에서 물로 변화시키는데는 융해잠열이 필요하며, 80cal/g 이 필요하며, 물에서 수증기로 변화할 때는 증발잠열(539.6cal/g)이 필요하다.

## 065

**정답** ②  기본서 2권  176p

**해설** 유화소화란 **물보다 비중이 큰 중유 등 비수용성의 유류화재 시** 포 소화약제를 방사하거나 무상주수로 유류표면을 덮음으로서 증기발생을 억제하는 소화이다. 유화소화 효과를 높이려면 물분무시 무상의 물방울을 강하게 분사시킨다.

## 066
정답 ②  기본서 2권  195~198p

해설 하이드라진유도체는 5류 위험물로서 냉각소화가 적합하여 주로 수계약제를 이용하며, 이산화탄소는 사용이 되지 않는다.

## 067
정답 ②  기본서 2권  197p

해설 이산화탄소 최소설계농도
최소설계농도는 최소소화농도에서 약 20% 더한 값이며, 소화하기 위한 산소의 농도는 14% 정도가 되고 이산화탄소의 농도는 약 <u>34% 이상</u> 설계되어야 한다.

## 068
정답 ③  기본서 2권  195~197p

해설 방사 시 온도가 약 -83℃ 까지 내려가는 관계로 동결의 위험이 있어 정밀 기기 등에 손상을 줄 우려가 있다.

## 069
정답 ①  기본서 2권  195~198p

해설 이산화탄소의 소화작용은 냉각, 질식, 피복소화작용에 해당한다.

## 070
정답 ①  기본서 2권  195~198p

해설 나트륨 등 활성 금속물질을 저장·취급하는 장소에는 적응성이 없다.
※ 이산화탄소 소화약제의 비적응성
  가. 방재실, 제어실 등 사람이 상시 근무하는 장소
  나. 나이트로셀룰로스(Nitrocellulose), 셀룰로이드(Celluloid) 제품 등 자기연소성 물질을 저장·취급하는 장소
  다. 나트륨(Na), 칼륨(K), 칼슘(Ca) 등 활성 금속물질을 저장, 취급하는 장소
  라. 전시장 등 관람을 위하여 다수인이 출입, 통행하는 통로 및 전시실 등
  마. 위험물의 경우 제2류 중 인화성고체, 제4류 위험물을 제외한 위험물
    → 인화성 고체 및 인화성액체는 적응성이 있다.

## 071
정답 ④  기본서 2권  187~194p

해설 ① 불화단백포 및 수성막포는 표면하주입방식에 <u>사용할 수 있다.</u>
② 합성계면활성제포는 <u>불소를 함유하지 않고</u>, 유동성이 양호하여 소화속도가 빠르고, <u>내유성이 약하다.</u>
③ 단백포는 유동성이 좋지 않아서 소화속도가 느리고, 내화성은 우수하여 대형 유류저장탱크의 소화설비에 적합하다.
④ 알코올형포 사용시 비누화현상이 일어나면 소화능력이 좋다.

# 072

**정답** ① **기본서 2권** 189p

**해설** 합성계면활성제포는 저팽창포부터 고팽창포까지 넓게 사용되며 그 외는 저팽창포로 사용된다. 저팽창포는 팽창비가 20 미만, 고팽창포는 팽창비가 80 이상 100 미만인 것을 말한다.

# 073

**정답** ② **기본서 2권** 189p

**해설**

| 포의 명칭 | | 포의 팽창비율 |
|---|---|---|
| 저발포 | | 20배 이하 |
| 고발포 | 제1종 기계포 | 80배 이상 250배 미만 |
| | 제2종 기계포 | 250배 이상 500배 미만 |
| | 제3종 기계포 | 500배 이상 1,000배 미만 |

# 074

**정답** ① **기본서 2권** 187~194p

**해설** 포가 수계소화설비이므로 금수성물질은 포소화약제가 합당하지 않다.

# 075

**정답** ③ **기본서 2권** 173~175p

**해설**
㉠ 촛불에 컵을 덮어 LOI이하로 하여 소화한다 - 질식소화
㉡ 모닥불에 모래를 덮어 물적농도인 공기를 줄여 소화한다 - 질식소화
㉢ 유류화재를 할론 1301로 화염을 억제하여 소화한다 - 화학소화
㉣ 산불을 소방헬기의 물을 이용하여 가연성 분해물질의 생성을 억제하여 소화한다 – 냉각소화

# 076

**정답** ③ **기본서 2권** 218p

**해설** **Halon 1301 소화약제(CF3Br)**
비점(bp)이 영하 57.75℃이며, 모든 Halon 소화약제 중 소화성능이 가장 우수하나 오존층을 구성하는 오존($O_3$)과의 반응성이 강하여 오존파괴지수(ODP, Ozone Depletion Potential)가 가장 높고 공기보다 5배 무겁다.

Halon W X Y Z
　　　↓　↓　↓　↓
　　　탄소 불소 염소 브롬

## 077
정답 ③ 　기본서 2권 　201~202p

해설 제3종 분말이 일반화재에 적합한 이유는 제일인산암모늄의 열분해시 생성된 메타인산($HPO_3$)이 가연물의 표면에 점착되어 가연물과 산소와의 접촉을 차단시켜 주기 때문이다.

## 078
정답 ④ 　기본서 2권 　199~204p

해설 ④ $NH_4H_2PO_4$이 주된 성분인 분말소화약제는 A · B · C급 화재에 유효하고 비누화현상이 일어나지 않는다.

## 079
정답 ③ 　기본서 2권 　205~208p

해설 부촉매 소화효과는 불활성기체 소화약제에는 없으나 할로겐화합물 소화약제는 있다.

## 080
정답 ① 　기본서 2권 　205~208p

해설 할로겐화합물 및 불활성기체 소화약제는 3류와 5류 위험물을 사용하는 장소는 제외한다. ①번은 2류 위험물이므로 할로겐화합물 및 불활성기체 소화약제의 사용이 가능하다.

## 081
정답 ④ 　기본서 2권 　205~208p

해설 화재를 소화하는 동안 피연소 물질에 물리적, 화학적 변화나 재산상의 피해를 주지 않으나 소화가 완료된 후 특별한 물질이나 지방성 부산물을 발생시키지 않는다.

## 082
정답 ③ 　기본서 2권 　206p

해설 Halon 1301의 분자식은 $CF_3Br$ 이다. Br을 I로 교체한 것이 $CF_3I$ 즉 FIC – 13I10이다.

# CHAPTER 3 소방시설

### ★ 083
**정답** ④ 　기본서 2권　210~211p

**해설** 소화활동설비는 ㉠, ㉢, ㉣, ㉥ 이다. ㉡, ㉤은 피난구조설비에 속한다.

### ★ 084
**정답** ③ 　기본서 2권　210~211p

**해설** ① 소화기구는 소화기, 간이소화용구, 자동확산소화기 이다.
② 연소방지설비는 소화활동설비에 해당한다.
④ 가스누설차단기 (x) → 가스누설경보기 (O)

### ★ 085
**정답** ① 　기본서 2권　210~211p

**해설** 무선통신보조설비는 소화활동설비이다.

### ★★ 086
**정답** ② 　기본서 2권　210~211p

**해설** ①의 **영업용** 주방자동소화장치는 **상업용** 주방자동소화장치
③의 **급수탑**은 「소방기본법」상 소방용수시설에 해당
④의 **하향식피난구**는 하향식피난구용 내림식사다리

### ★ 087
**정답** ③ 　기본서 2권　307p

**해설** ③ 구조대

① 피난용트랩
→ 화재 층과 직상 층을 연결하는 계단형태의 피난기구를 말한다.
② 다수인피난장비
→ 화재 시 2인 이상의 피난자가 동시에 해당 층에서 지상 또는 피난층으로 하강하는 피난기구를 말한다.
④ 미끄럼대
→ 사용자가 미끄럼식으로 신속하게 지상 또는 피난층으로 이동할 수 있는 피난기구를 말한다.

## 088

정답 ② 기본서 2권 330p

해설 연소방지설비는 전력·통신용의 전선이나 가스·냉난방용의 배관 또는 이와 비슷한 것을 집합수용하기 위하여 설치된 지하공작물로서 사람이 점검 또는 보수하기 위하여 출입이 가능한 폭 1.8m 이상, 높이 2m 이상 및 길이 50m 이상의 전력 또는 통신사업용의 지하공동구 내에 연소를 방지하기 위하여 설치하는 수막설비와 유사한 설비로 기본적인 구성은 송수구, 배관, 방수헤드 등으로 구성된다.

## 089

정답 ③ 기본서 2권 327p

해설 연결살수설비는 화재가 발생하여 열기와 연기가 배출되지 않아 소방대의 진입이 곤란할 경우 소방대의 활동을 보조하기 위한 설비이다.
① 제연설비
　제연설비는 화재로 인한 연기의 확산 시 건물 내 피난자의 안전한 피난과 소화활동공간을 마련할 수 있도록 청결층을 확보하고자 인위적으로 연기제어 조건을 계획하고 적용하는 설비이다.
② 연소방지설비
　연소방지설비는 지하구 내에 설치하며 연소를 방지하기 위하여 설치하는 수막설비와 유사한 설비로 기본적인 구성은 송수구, 배관, 방수헤드 등으로 구성된다.
④ 연결송수관설비
　연결송수관설비는 소방대에 의해 사용되는 전문가용 설비이다. 따라서 연결송수관설비의 방수구는 소방대가 건물외부에서 침투하여 화재가 발생한 장소까지 접근하기에 용이하도록 계단에서 5m 이내에 설치하도록 규정되어 있다.

## 090

정답 ③ 기본서 2권 267p

해설 ① 특형 포방출구
　㉠ 일반적으로 플루팅루프탱크(Floating roof Tank)에 적용한다.
　㉡ 탱크 내측으로부터 1.2m 떨어진 곳에 높이 0.9m 이상의 금속제 굽도리판을 설치하고 양쪽 사이의 환상 부위에 포를 방사하는 구조의 포방출구이다.

② Ⅰ형 포방출구
　㉠ 콘루프탱크(Cone roof Tank)에 적용한다.
　㉡ 방출된 포가 위험물과 혼합되지 아니하고 탱크 안으로 들어가도록 통 (Foam Trough), Tube 등의 부속설비가 있는 포방출구이다.

③ Ⅱ형 포방출구
　㉠ 콘루프탱크(Cone roof Tank)에 적용한다.
　㉡ 방출된 포가 디플렉터(반사판)에 의해 탱크측판 내면을 따라 흘러들어가 액면에 전개되어 소화작용을 할 수 있도록 설비된 포방출구이다.

④ Ⅲ형 포방출구
　㉠ 표면하 주입식으로 콘루프탱크(Cone roof Tank)에 적용이 가능하다.
　㉡ Ⅰ형, Ⅱ형 또는 특형 방출구와는 달리 탱크 하부에서 포를 탱크에 방출하여 포가 탱크 안의 유류를 통해서 표면으로 떠올라 소화작용을 하도록 된포방출구를 말한다.

## 091

정답 ④   기본서 2권   312p

해설 방열복 및 공기호흡기

※ 나. 인명구조기구를 설치하여야 하는 특정소방대상물은 다음의 어느 하나와 같다.
1) 방열복 또는 방화복(안전모, 보호장갑 및 안전화를 포함한다), 인공소생기 및 공기호흡기를 설치하여야 하는 특정소방대상물 : 지하층을 포함하는 층수가 7층 이상인 관광호텔
2) 방열복 또는 방화복(안전모, 보호장갑 및 안전화를 포함한다) 및 공기호흡기를 설치하여야 하는 특정소방대상물 : 지하층을 포함하는 층수가 5층 이상인 병원

① 미끄럼대
  미끄럼대는 노유자시설 등에 설치하거나, 영유아보육법에 따른 2층~3층에 어린이집이 위치하는 경우 설치하여야 하는 대피용이다.
② 공기안전매트
  공기안전매트는 공동주택에 설치하는 피난구조설비이다.

## 092

정답 ②   기본서 2권   269~270p

해설
- **프레져 프로포셔너 방식** : 벤츄리관의 벤츄리작용과 펌프 가압수
- **라인 프로포셔너 방식** : 벤츄리관의 벤츄리작용
- **펌프 프로포셔너 방식** : 소방펌프차에 주로 사용, 농도조절밸브가 있다.
- **프레져사이드 프로포셔너 방식** : 가압송수용 펌프와 소화원액펌프가 별도로 설치

## 093

정답 ④   기본서 2권   287p

해설 고유의 신호가 R형이고, 공통신호가 P형이다.

## 094

정답 ④   기본서 2권   292p

해설
① 불꽃 영상분석식 : 불꽃의 실시간 영상이미지를 자동 분석하여 화재신호를 발신하는 것을 말한다.
② 불꽃 자외선·적외선겸용식 : 불꽃에서 방사되는 불꽃의 변화가 일정량 이상되었을때 작동하는 것으로서 자외선 또는 적외선에 의한 수광소자의 수광량 변화에 의하여 1개의 화재신호를 발신하는 것을 말한다.
③ 열·연기·불꽃 복합형 : 감지기, 연기감지기 및 불꽃감지기의 성능이 있는 것으로세 가지 성능의 감지기능이 함께 작동될 때 화재신호를 발신하거나 또는 세 개의 화재신호를 각각 발신하는 것을 말한다.

## 095

정답 ②    기본서 2권   289p

해설
① 열감지기는 정온식, 차동식, 보상식이 있다.
③ 실온이 일정온도 이상으로 상승하였을 때 작동하는 것으로 보일러실, 주방에 주로 사용되는 것은 정온식감지기이다.
④ 정온식감지기와 차동식감지기를 결합한 형태가 보상식감지기이다.

## 096

정답 ④    기본서 2권   223p

해설 **옥내소화전 설치대상**
옥내소화전설비의 수원은 산출된 유효수량 외에 유효수량의 3분의1 이상을 옥상에 설치하여야 한다.

## 097

정답 ③    기본서 2권   313p

해설 비상전원은 다음 각 호의 기준에 적합하게 설치하여야 한다.
1. 축전지로 할 것
2. 유도등을 20분 이상 유효하게 작동시킬 수 있는 용량으로 할 것. 다만, 다음 각 목의 소방대상물의 경우에는 그 부분에서 피난층에 이르는 부분의 유도등을 60분 이상 유효하게 작동시킬 수 있는 용량으로 하여야 한다.
   가. 지하층을 제외한 층수가 11층 이상의 층
   나. 지하층 또는 무창층으로서 용도가 도매시장·소매시장·여객자동차터미널·지하역사 또는 지하상가

## 098

정답 ③    기본서 2권   216p

해설 소화기의 형식승인 및 제품검사의 기술기준 제4조 2항에 따라 대형소화기의 능력단위의 수치는 A급화재에 사용하는 **소화기는 10단위 이상**, B급화재에 사용하는 소화기는 20단위 이상이어야 한다.

## 099

정답 ④    기본서 2권   219p

해설
1. 위락시설의 경우 소화능력단위 1단위가 요구되는 면적은 $30m^2$ 이고, 조건에 내화구조이고 불연재료가 아니므로 $30m^2$ 이다.
2. $300m^2 \div 30m^2 = 10$
3. 즉, 10 능력단위가 요구된다. 따라서 2단위 소화기가 5개 필요하다.
만약 기준 면적이 2배가 되기 위해선 건축물의 최하층 바닥이 내화구조이고 벽 또는 반자의 실외의 면하는 부분은 불연재료·준불연재료 또는 난연재료로 되어 있어 있다.
최하층 바닥이 아니라 주요구조부가 되어야 하며, 벽 및 반자가 실내의 면하는 부분이 불연재료 면하는 부분은 불연재료·준불연재료 또는 난연재료로 되어 있어 있어야 한다.

## 100
**정답** ②　기본서 2권　314p

**해설**
① 피난유도선 : 햇빛이나 전등불에 따라 축광(이하 "축광방식"이라 한다)하거나 전류에 따라 빛을 발하는 (이하 "광원점등방식"이라 한다) 유도체로서 어두운 상태에서 피난을 유도할 수있도록 띠 형태로 설치되는 피난유도시설을 말한다.
③ 통로유도표지 : 피난통로가 되는 복도, 계단등에 설치하는 것으로서 피난구의 방향을 표시하는 유도표지를 말한다.
④ 피난구유도등 : 피난구 또는 피난경로로 사용되는 출입구를 표시하여 피난을 유도하는 등을 말한다.

## 101
**정답** ③　기본서 2권　313p

**해설** "통로유도등"이란 피난통로를 안내하기 위한 유도등으로 복도통로유도등, 거실통로유도등, 계단통로유도등을 말한다. 「유도등 및 유도표지의 화재안전기준(NFSC 303) 3조 용어」

## 102
**정답** ③　기본서 2권　313p

**해설** 유도표지에는 피난구유도표지, 통로유도표지가 있으며 객석유도표지는 없다.

## 103
**정답** ④　기본서 2권　242p

**해설** 개방형 헤드는 일제살수식이다. 습식은 폐쇄형 헤드를 사용한다.

## 104
**정답** ③　기본서 2권　255p

**해설** 방수구역이란 개방형 스프링클러설비의 소화범위에 포함된 영역이고, 방호구역이란 폐쇄형 스프링클러설비의 소화범위에 포함된 영역이다.

## 105
**정답** ③　기본서 2권　242p

**해설** 스프링클러설비로서 감지기에 의해 작동되는 것으로 헤드가 폐쇄형헤드를 사용하는 설비는 준비작동식스프링클러 설비이다.

## ★ 106

정답 ① 기본서 2권 242p

해설 ① 건식 스프링클러설비

| 경보밸브 | 배관(1차/2차측) | 헤드 | 감지기 유무 | 수동기동장치 |
|---|---|---|---|---|
| 건식밸브 | 가압수/압축공기 | 폐쇄형 | X | X |

② 부압식 스프링클러설비

| 경보밸브 | 배관(1차/2차측) | 헤드 | 감지기 유무 | 수동기동장치 |
|---|---|---|---|---|
| 준비작동밸브 | 가압수/부압수 | 폐쇄형 | O | O |

③ 일제살수식 스프링클러설비

| 경보밸브 | 배관(1차/2차측) | 헤드 | 감지기 유무 | 수동기동장치 |
|---|---|---|---|---|
| 일제개방밸브 | 가압수/대기압 | 개방형 | O | O |

④ 준비작동식 스프링클러설비

| 경보밸브 | 배관(1차/2차측) | 헤드 | 감지기 유무 | 수동기동장치 |
|---|---|---|---|---|
| 준비작동밸브 | 가압수/저압공기 | 폐쇄형 | O | O |

## ★ 107

정답 ④ 기본서 2권 247p

해설 일제살수식 스프링클러설비는 자동경보밸브가 일제개방밸브이고 사용헤드는 개방형이다. 따라서 감지기가 필요하고 소화 소요시간이 가장 짧다.

## ★★ 108

정답 ① 기본서 2권 242p

해설 초기소화에 절대적인 설비이고, 자동적으로 화재를 감지 및 소화 할 수 있는 설비는 스프링클러 설비이다.

## ★ 109

정답 ② 기본서 2권 287p

해설 자동화재탐지설비는 경보설비이다.

## ★★ 110

정답 ② 기본서 2권 275p

해설 이산화탄소의 주위 온도는 40℃ 이하이다. 55℃는 할로겐화합물 및 불활성기체 소화설비이다.

## ★ 111
**정답** ③ 　기본서 2권　217p

**해설** 일반, 유류, 전기화재에 모두 사용할 수 있는 분말은 제3종이다.

## ★ 112
**정답** ④ 　기본서 2권　280p

**해설** ④ 분말소화설비는 소화 후 잔유물이 남는다. (단점)
**분말소화설비의 단점**
1. 소화 후 잔유물이 남는다.
2. 고압이 필요하다.
3. 심부화재에 적응성이 낮다.

## ★★ 113
**정답** ② 　기본서 2권　307p

**해설** 간이완강기는 연속적으로 사용할 수 없다.

## ★ 114
**정답** ④ 　기본서 2권　307p

**해설** 화재 발생 시 사람이 건물 내에서 뛰어 내릴 때 충격을 흡수하여 안전하게 지상에 도달할 수 있도록 포지에 공기 등을 주입하는 구조는 공기안전매트이다.

## ★★★ 115
**정답** ④ 　기본서 2권　326p

**해설** 연결송수관설비는 송수구, 배관, 방수기구함, 방수구, 소방용 호스, 방사형관창 등으로 구성되어 있다.
무선통신보조설비는 소방용 무선통신보조설비에는 공중선 방식과 누설동축케이블 방식이 있으나, 현재 대부분 누설동축케이블 방식을 사용하고 있다.
누설동축케이블방식은 누설동축케이블, 동축케이블, 무선기접속단자함, 분배기, 증폭기, 케이블커넥터, 무반사 종단저항으로 구성된다.

★
## 116
정답 ④  기본서 2권  210p

해설 스프링클러 소화설비는 적상으로 물분무등 소화설비가 아니다.

★★
## 117
정답 ②  기본서 2권  329p

해설 무선통신보조설비는 소화활동설비로서 지하 공동구에 적합한 설비이다.

★★
## 118
정답 ②  기본서 2권  223p

해설 선택밸브 – 이산화탄소소화설비, 분말소화설비, 연결살수설비

★★
## 119
정답 ④  기본서 2권  273p

해설 이산화탄소 소화설비 방출방식은 전역, 국소, 호스릴 방식이 있다.

★★
## 120
정답 ④  기본서 2권  295p

해설 **감지기 설치 제외 장소**
1. 천장 또는 반자의 높이가 20m 이상인 장소. 다만, 축적 기능이 있는 감지기로 부착높이에 따라 적응성이 있는 장소는 제외한다.
2. 헛간 등 외부와 기류가 통하는 장소로서 감지기에 따라 화재발생을 유효하게 감지할 수 없는 장소
3. 부식성가스가 체류하고 있는 장소
4. 고온도 및 저온도로서 감지기의 기능이 정지되기 쉽거나 감지기의 유지관리가 어려운 장소
5. 목욕실·욕조나 샤워시설이 있는 화장실·기타 이와 유사한 장소
6. 파이프덕트 등 그 밖의 이와 비슷한 것으로서 2개층 마다 방화구획된 것이나 수평단면적이 5㎡ 이하인 것
7. 먼지·가루 또는 수증기가 다량으로 체류하는 장소 또는 주방 등 평시에 연기가 발생하는 장소(연기감지기에 한한다)
8. 프레스공장·주조공장 등 화재발생의 위험이 적은 장소로서 감지기의 유지관리가 어려운 장소

## 121
정답 ② 기본서 2권 291p

해설 공기팽창원리를 이용한 것으로 주위온도가 일정 상승률 이상이 되는 경우 동작 되는 감지기로서 일국소 부분의 열효과에 의하여 작동되는 것은 차동식 스포트형감지기이다.

## 122
정답 ② 기본서 2권 252p

해설 **스프링클러 헤드의 설치제외 대상물**
ⓐ 계단실, 경사로, 승강기의 승강로, 파이프덕트, 목욕실, 화장실 등
ⓑ 통신기기실, 전자기기실 등 이와 유사한 전기설비가 설치되어 있는 장소 → 가스계 설치
ⓒ 발전실, 변전실, 변압기 등 이와 유사한 전기설비가 설치되어 있는 장소
ⓓ 병원 수술실, 응급처치실 등 이와 유사한 전기설비가 설치되어 있는 장소

## 123
정답 ④ 기본서 2권 300p

해설 수신기의 조작스위치는 바닥으로부터 0.8~1.5m 이하인 장소에 설치한다.

## 124
정답 ③ 기본서 2권 211p

해설 ① 누전경보기, 가스누설경보기, 통합감시시설은 경보설비이다.
② 비상방송설비, 자동화재탐지설비는 경보설비이고, 연결살수설비는 소화활동설비이다.
④ 연소방지시설, 무선통신보조설비, 제연설비는 소화활동설비이다.

## 125
정답 ③ 기본서 2권 242p

해설 물은 주수형태에 따라 봉상, 적상, 무상주수로 구분할 수 있으며 스프링클러의 주수형태는 적상주수에 해당한다.

## 126
정답 ① 기본서 2권 242p

해설 ② 습식설비는 유수검지장치의 2차측 배관에 가압수로 충전되어 있다.
③ 준비작동식설비는 준비작동밸브의 2차측 배관에 대기압으로 충만되어 있다.
④ 일제살수식설비는 개방형 헤드를 설치한다.

## 127

**정답** ③  **기본서 2권** 322~323p

**해설** ① 스모크타워제연방식

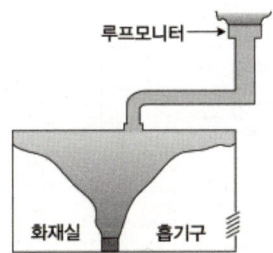

② 제1종 기계제연방식

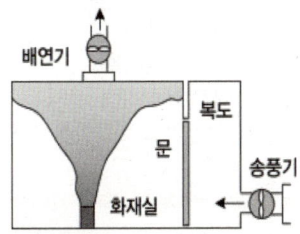

④ 자연배연방식

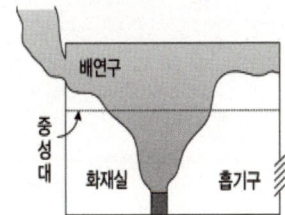

## 128

**정답** ④  **기본서 2권** 324p

**해설**
1. 하나의 제연구역의 면적은 1,000㎡ 이내로 할 것
2. 거실과 통로(복도를 포함한다. 이하 같다)는 상호 제연구획 할 것
3. 통로상의 제연구역은 보행중심선의 길이가 60m를 초과하지 아니할 것
4. 하나의 제연구역은 직경 60m 원내에 들어갈 수 있을 것
5. 하나의 제연구역은 2개 이상 층에 미치지 아니하도록 할 것. 다만, 층의 구분이 불분명한 부분은 그 부분을 다른 부분과 별도로 제연구획 하여야 한다.

## ★ 129
**정답** ② 기본서 2권 222p

**해설** 간이소화용구의 능력단위

| 간이소화용구 | | 능력단위 |
|---|---|---|
| 1. 마른모래 | 삽을 상비한 50L 이상의 것 1포 | 0.5단위 |
| 2. 팽창질석 또는 팽창진주암 | 삽을 상비한 80L 이상의 것 1포 | |

## ★★ 130
**정답** ④ 기본서 2권 233p

**해설** **옥외소화전의 소화전함**
ⓐ 옥외소화전함의 설치기준 : 5m 이내의 장소
ⓑ 옥외소화전이 10개 이하 설치된 때에는 5m 이내마다 소화전함을 1개 이상 설치
ⓒ 옥외소화전이 11개~30개 이하 설치된 때에는 11개 소화전함을 각각 분산하여 설치
ⓓ 옥외소화전이 31개 이상 설치된 때에는 옥외소화전 3개마다 1개 이상의 소화전함을 설치

## ★★ 131
**정답** ④ 기본서 2권 238p

**해설** 관경의 확대를 통해 유체의 유속을 감소시켜 압력변동치를 감소시킨다.

## ★★ 132
**정답** ④ 기본서 2권 231p

**해설** 옥내소화전의 송수구 구경은 65mm 이다.

## ★★ 133
**정답** ② 기본서 2권 269~270p

**해설** 펌프와 발포기의 중간에 설치된 벤츄리관의 벤츄리작용에 의해 포소화약제를 흡입, 혼합하는 방식을 라인프로포셔너방식이라 한다.

## ★★ 134
**정답** ① 기본서 2권 237p

**해설** ㉠ 흡입관 크기를 크게 한다.
㉢ 흡입관의 유체저항을 작게 한다.
㉣ 펌프의 설치위치를 낮게 한다.

## 135

**정답** ①  기본서 2권  223p

**해설** 옥내소화전설비의 수원(유효수량)은 그 저수량이 옥내소화전의 설치개수가 가장 많은 층의 설치개수(2개 이상 설치된 경우에는 2개)에 2.6㎥(호스릴옥내소화전설비를 포함)를 곱한 양 이상이 되도록 하여야 한다.
→ 층별 옥내소화전 설치개수 최대 2개 × 2.6㎥ = 5.2㎥

## 136

**정답** ③  기본서 2권  229p

**해설**
- 펌프의 성능은 체절운전시 정격토출압력의 140%를 초과하지 아니하고, 정격토출량의 150%로 운전시 정격토출압력의 65% 이상이 되어야 한다.
- 유량측정장치는 성능시험배관의 직관부에 설치하되, 펌프의 정격토출량의 175% 이상 측정할 수 있는 성능이 있어야 한다.

## 137

**정답** ③  기본서 2권  324p

**해설** 제연설비의 제연구역 면적은 1,000㎡ 이내이다.

## 138

**정답** ④  기본서 2권  291~292p

**해설**
① 차동식 스포트형 감지기는 주위온도가 일정상승률 이상이 되는 경우 작동하고 일국소에서의 열효과에 의하여 작동하는 것을 말한다.
② 차동식 분포형 감지기는 주위온도가 일정상승률 이상이 되는 경우 넓은 범위에서의 열효과에 의하여 작동하는 것을 말한다.
③ 정온식 감지선형 감지기는 일국소의 주위온도가 일정한 온도 이상이 되는 경우에 작동하며 외관이 전선으로 되어 있는 것을 말한다.

## 139

**정답** ③  기본서 2권  291~292p

**해설** 차동식 분포형 감지기는 주위온도가 일정한 상승률 이상이 되었을 경우 작동하는 것으로 넓은 범위 내에서의 열 효과의 누적에 의하여 작동하며, 감도에 따라 1종, 2종, 3종으로 구분한다.
① 정온식 감지선형 감지기
→ 주위온도가 일정한 온도 이상이 되었을 경우 작동하는 것으로 일국소의 열 효과에 의하여 작동한다.
② 보상식 스포트형 감지기
→ 보상식 스포트형 감지기는 차동식과 정온식의 성능을 가진 것으로서 일국소의 주위온도의 변화에 따라서 감도가 변화하는 것이다.
④ 광전식 분리형 감지기
→ 발광부와 수광부가 분리되어 있으며, 유입된 연기입자에 따라 발광부의 수광량의 감소량을 검출하는 방식

## 140
정답 ③ 기본서 2권 289p

해설 감지기란 화재시 발생하는 열, 연기, 불꽃 또는 연소생성물을 자동적으로 감지하여 수신기에 발신하는 장치를 말한다.

## 141
정답 ① 기본서 2권 219p

해설 소형 수동식 소화기의 설치기준은 보행거리 20m 이내마다 설치하고, 대형 수동식 소화기는 보행거리 30m 이내마다 설치한다.

## 142
정답 ② 기본서 2권 243p

해설 습식스프링클러설비 또는 부압식 스프링클러설비 외의 설비에는 헤드를 향하여 상향으로 수평주행배관의 기울기를 500분의 1 이상, 가지배관의 기울기를 250분의 1 이상으로 할 것.
스프링클러설비의 화재안전기준(NFSC 103)

## 143
정답 ③ 기본서 2권 245p

해설 준비작동식 스프링클러설비는 가압송수장치에서 클래퍼를 중심으로 1차측까지 배관 내에 항상 물이 가압되어 있고 2차측에서 스프링클러 헤드까지 대기압 또는 저압으로 있다가 화재발생 시 감지기의 작동으로 폐쇄형 스프링클러 헤드까지 소화용수가 송수되어 폐쇄형 스프링클러 헤드가 열에 따라 개방되는 방식의 스프링클러설비이다.

## 144
정답 ② 기본서 2권 244p

해설 습식은 헤드까지 물이 충전되어 있고, 건식은 압축공기 또는 질소 등의 기체로 되어 있고, 준비작동식은 저압 공기, 일제살수식은 대기압(개방)이다. 따라서 건식스프링클러설비이다.

## 145

정답 ②　기본서 2권　243p

해설
1. 습식유수검지장치(알람밸브, 자동경보밸브)
   알람밸브 중심으로 1차측과 2차측에 각 1개씩의 압력계가 부착되어 항상 같은 압력값을 지시하고 있다가 헤드가 개방되면 2차측의 압력이 감소되면서 알람밸브가 개방되어 수신반에 화재표시등을 점등시킴과 동시에 경보를 발령하게 된다. 화재에 의한 열로 폐쇄형헤드가 개방되어 알람밸브의 2차측의 압력이 감소된다. 2차측 압력이 감소되면 1차측의 압력에 의하여 클래퍼가 개방되는 구조로 되어있다.
2. 익져스터(Exhauster)
   익져스터는 액셀러레이터와 유사한 기능을 가진 것으로서 시스템에 충전된 공기압의 아주 작은 미소압력의 강하에도 건식밸브의 2차측에 있는 공기압을 즉시 배출 시키는 기능을 가진 장치이며, 건식밸브의 작동속도를 증가시키는 역할을 하는 급속개방장치 중의 하나이다.
3. 슈퍼비조리 패널(Supervisory panel)
   기동스위치의 조작으로 수동작동(방출)이 가능하며, 준비작동밸브의 조정장치로 이것이 작동하지 않으면 준비작동밸브의 작동은 기대할 수 없다. 따라서 전원 이상과 자체의 고장을 알리는 경보장치를 가지고 있으며, 또한 감지기의 이상회로, 패널표시등회로, 전원이상회로, 고장신호회로 등의 기능이 있다.

## 146

정답 ④　기본서 2권　251p

해설

| 장 소 | 수평거리(R) |
|---|---|
| 무대부, 특수가연물 | 1.7m 이하 |
| 기타구조 | 2.1m 이하 |
| 내화구조 | 2.3m 이하 |

## 147

정답 ④　기본서 2권　233p, 241p

해설 **옥내소화전 함의 재질**
　㉠ 강판 : 1.5mm 이상　㉡ 합성수지재 : 4mm 이상

## 148
**정답** ④  기본서 2권 230p

**해설** 기동용수압개폐장치(압력챔버)는 펌프를 이용하는 가압송수장치의 토출측 배관에 연결되어 배관내의 압력변동을 검지하여 펌프를 자동적으로 기동 또는 정지시키기 위해 설치하는 주요 구성품이다.

## 149
**정답** ③  기본서 2권 230p

**해설** 주펌프의 빈번한 기동 방지는 충압펌프의 역할이다.
※ 기동용수압개폐장치
  가. 기동용수압개폐장치는 펌프를 이용하는 가압송수장치의 토출측 배관에 연결되어 배관내의 압력변동을 검지하여 펌프를 자동적으로 기동 또는 정지시키기 위해 설치하는 장치이다.
  나. 기동용수압개폐장치의 종류로는 압력챔버방식, 압력스위치방식이 있다.
  다. 압력챔버방식은 펌프의 자동기동 및 정지의 주 기능 외에 압력챔버 상부에 체류하는 공기가 설비 내 압력변화에 따른 팽창 또는 흡수로 압력변화의 완충작용 및 압력변동에 따른 설비의 보호가 있다.

## 150
**정답** ②  기본서 2권 285p

**해설** 우선경보방식(구분경보방식)
층수가 11층(공동주택의 경우 16층)이상의 특정소방대상물

| 화재층 | 우선 경보할 층 | |
|---|---|---|
| | 11층 미만 | 11층 이상 |
| 2층 이상 | 전층 경보 | 발화층 및 그 직상 4개층 |
| 1층 | | 발화층, 그 직상 4개층 및 지하층 |
| 지하층 | | 발화층, 그 직상층 및 기타의 지하층 |

## 151
**정답** ①  기본서 2권 242p

**해설** 전기실·발전실·변전실 등은 스프링클러설비 등 물을 주체로 하는 소방시설은 부적합하다. 따라서 물분무등소화설비 중 적응성 있는 소방시설(이산화탄소 또는 할론 또는 분말 또는 할로겐화합물 및 불활성기소화약제 등 가스계소화설비)을 적용하는 것이 바람직하다.

## 152
**정답** ②  기본서 2권 242p

**해설** 옥내소화전은 감지기가 설치되지 않는다.

## 153
정답 ④ | 기본서 2권 | 223p

해설 옥내소화전의 구성요소 중 음향장치는 해당되지 않는다.

## 154
정답 ③ | 기본서 2권 | 323p

해설
1) **밀폐제연방식**
   화재 발생시 벽이나 문 등으로 건축물 안의 연기를 밀폐하여 외부의 신선한 공기의 유입을 막아 제연하는 방식
2) **자연제연방식**
   화재시 발생되는 온도 상승에 의해 발생한 부력 또는 외부 공기의 흡출효과에 의하여 내부의 실 상부에 설치된 창 또는 전용의 배연구로부터 연기를 옥외로 배출하는 방식
3) **스모크타워제연방식**
   화재 발생시 열에 의한 온도 상승에 의해 발생한 부력이나 냉·난방 등에 의한 건물 내부와 외부의 온도차 제연설비의 꼭대기에 설치된 루프 모니터 등의 외부의 공기에 의한 흡인력에 의해 제연하는 방식으로 고층건물에 적합하며 장치는 간단하고 고온의 연기를 제연할 수 있는 장점이 있다.
4) **기계제연방식**
   ㉠ **제1종 기계제연방식** : 화재 발생지역이나 복도나 계단을 통해서 기계력에 의한 제연을 행하는 방식으로서 급기와 제연 모두가 기계에 의존하므로 풍력조절에 주의해야 하며 장치가 복잡하다.
   ㉡ **제2종 기계제연방식** : 피난통로인 복도, 계단, 거실 등에 외부의 공기를 송풍기로 불어넣어 피난통로의 압력을 화재지역의 압력보다 높여 연기의 침입을 방지하는 방식이다.
   ㉢ **제3종 기계제연방식** : 화재발생시 발생한 연기를 발생한 곳의 상부에 설치되어 있는 제연기로 흡입하여 외부로 방출하는 방식이다.

## 155
정답 ② | 기본서 2권 | 323p

해설 제1종 기계제연방식에 대한 설명이다.
① 스모크타워 제연방식 : 제연 전용의 샤프트를 설치하고, 난방 등에 의한 건물 내·외의 온도차나 화재에 의한 온도상승으로 건물외부에 설치한 루프모니터 등의 외풍에 의한 흡인력을 통기력으로 하여 제연하는 방식이다.
② 제1종 기계제연방식(강제 급·배기방식)
   ㈀ 화재실에 대해서 기계제연에 의한 배출을 행하는 동시에 복도나 계단실을 통해서 기계력에 의한 급기를 행하는 방식이다.
   ㈁ 거실제연에 적용되는 방식이다.
③ 제2종 기계제연방식(강제 급기방식)
   ㈀ 복도, 부속실, 계단실 등 피난통로로서 중요한 부분에 대해서 신선한 공기를 송풍기에 의해서 급기하고, 그 부분의 압력을 화재 실보다 상대적으로 높여서 연기의 침입을 방지하는 방식이다.
   ㈁ 특별피난계단 또는 비상용 승강기의 승강장의 제연에 적용하고 있다.
④ 제3종 기계제연방식(강제 배기방식) : 화재로 인하여 발생한 연기를 화재실의 상부에 설치되어 있는 배연기가 흡입하여 옥외로 배출하는 방식이다. 거의 사용하지 않는 방식이다.

## 156

정답 ③ 기본서 2권 291p

해설 공기관식은 천장에 돌아가면서 가느다란 동파이프를 배관하여 화재시 동파이프 내의 공기가 팽창하여 감압실의 접점에 닿아 화재신호를 발생하며, 공장, 창고, 강당, 넓은 실에 적합한 것은 차동식 분포형 공기관식 감지기이다.

## 157

정답 ① 기본서 2권 223p, 242p

해설 스프링클러설비와 옥내소화전설비는 소화설비로서 초기소화에 절대적이며, 또한 소화약제가 물이어서 경제적이다.

## 158

정답 ① 기본서 2권 277p

해설 저장용기의 온도가 55℃ 이하이다. 이산화탄소와 할론은 40℃ 이하이다.

## 159

정답 ③ 기본서 2권 240p

해설 방수구의 유효반경은 수평거리 40m 이내이다.

## 160

정답 ① 기본서 2권 223p, 240p

해설 ⓒ 옥내소화전함의 재질은 두께 1.5mm 이상의 강판 또는 두께 4mm 이상의 합성수지재로 한다.
ⓒ 옥외소화전의 수원의 양은 옥외소화전 1개에 7세제곱미터 이상 확보하여야 한다.
ⓔ 소방대상물의 각 부분으로부터 하나의 옥내소화전 방수구 까지의 수평거리는 25m 이하가 되도록 한다.

## 161

정답 ③ 기본서 2권 210~211p

해설 ⓔ 그 외에 무선통신보조설비는 소화활동설비이지만, 비상조명등은 피난구조설비이다.

## 162

**정답** ④　기본서 2권　275p

**해설** 방호구역외의 장소에 설치해야 하며, 온도가 40도 이하이다. 55도 이하는 할로겐화합물 및 불활성기체 소화약제 저장용기이다.

① 이산화탄소 소화설비 소화효과 : 질식, 냉각, 피복
② 이산화탄소 소화설비의 기동장치
　㉠ 수동식 기동장치는 다음의 기준에 의해 설치한다.
　　ⓐ 전역방출방식은 방호구역마다, 국소방출방식에 있어서는 방호대상물마다 설치
　　ⓑ 기동장치 조작부는 바닥으로부터 높이 0.8m 이상 1.5m 이하의 위치에 설치
　　ⓒ 전기를 사용하는 기동장치에는 전원표시등을 설치
　㉡ 자동식 기동장치는 자동화재 탐지설비의 감지기의 작동과 연동하는 것으로 다음의 기준에 의해 설치한다.
　　ⓐ 수동으로도 기동할 수 있는 구조로 할 것
　　ⓑ 전기식 기동장치로서 7병 이상의 저장용기를 동시에 개방하는 설비에 있어서는 2본 이상의 저장용기에 전자개방밸브를 부착할 것.
③ 자동식 기동장치의 작동방식 종류
　㉠ 가스 압력식 기동장치
　㉡ 전기식
　㉢ 기계식
④ 이산화탄소 소화설비의 저장용기
　㉠ 저장용기의 설치장소
　　ⓐ 방호구역외의 장소에 설치할 것. 다만, 캐비넷내장형으로 약제 방사기능과 제어기능을 함께 갖추고 있는 것은 그러하지 아니하다.
　　ⓑ 온도가 40℃ 이하이고, 온도변화가 작은 곳에 설치
　　ⓒ 직사광선 및 빗물이 침투할 우려가 없는 곳에 설치
　　ⓓ 방화문으로 구획된 실에 설치
　　ⓔ 당해 용기가 설치된 곳임을 표시하는 표지를 할 것.
　　ⓕ 용기간의 간격은 점검에 지장이 없도록 3cm 이상의 간격을 유지할 것
　　ⓖ 저장용기와 집합관을 연결하는 연결배관에는 체크밸브를 설치할 것
　㉡ 이산화탄소 소화약제 저장용기의 개방밸브는 전기식·가스압력식 또는 기계식에 의하여 자동으로 개방되고 수동으로도 개방되는 것으로 안전장치가 부착된 것
⑤ 이산화탄소 소화설비의 분사헤드
　㉠ 전역방출방식 이산화탄소소화설비의 분사헤드의 설치기준
　　ⓐ 분사헤드의 방사압력이 21kg/cm²(저압식의 것에 있어서는 0.5kg/cm²) 이상의 것으로 할 것
　　ⓑ 소화약제 저장량은 표면화재 대상물은 1분, 심부화재 대상물은 7분 내에 방사할 수 있는 양으로 할 것
　㉡ 국소방출방식 이산화탄소소화설비의 분사헤드의 설치기준 : 저장량은 30초 이내에 방사할 수 있는 양으로 할 것
　㉢ 호스릴 이산화탄소소화설비의 설치기준
　　ⓐ 각 부분으로부터 접결구까지의 수평거리가 15m 이하가 되도록 할 것
　　ⓑ 20℃에서 하나의 노즐마다 60kg/min 이상의 소화약제를 방사할 수 있을 것
　　ⓒ 소화약제 저장용기는 호스릴을 설치하는 장소마다 설치
　　ⓓ 개방밸브는 호스의 설치장소에서 수동으로 개폐할 수 있는 것으로 할 것
　　ⓔ 표시등 및 표지를 할 것.
⑥ 이산화탄소 소화설비의 화재감지기 : 화재감지기의 회로는 교차회로방식(오작동 방지를 위해)

⑦ 이산화탄소 소화설비의 음향경보장치
  ㉠ 화재감지기와 연동하여 자동으로 경보를 발하는 것
  ㉡ 소화약제의 방사개시 후 1분 이상까지 경보를 계속할 수 있는 것
  ㉢ 하나의 확성기까지의 수평거리는 25m 이하가 되도록 할 것
⑧ 이산화탄소 소화설비의 자동폐쇄장치 설치기준
  ㉠ 이산화탄소가 방사되기 전에 당해 환기장치가 정지할 수 있도록 할 것
  ㉡ 이산화탄소가 방사되기 전에 당해 개구부 및 통기구를 폐쇄할 수 있도록 할 것
  ㉢ 자동폐쇄장치는 방호구역 또는 방호대상물이 있는 구획의 밖에서 복구할 수 있는 구조로 하고, 그 위치를 표시하는 표지를 할 것
⑨ 이산화탄소 소화설비의 설치대상물(물분무 등 소화설비와 공통)

## ★163

**정답** ① 기본서 2권 275p

**해설** 방호구역 외의 장소에 설치할 것
이산화탄소소화설비의 소화약제 저장용기 설치장소
ⓐ 방호구역 외의 장소에 설치할 것
ⓑ 온도가 40℃ 이하이고, 온도변화가 적은 곳에 설치할 것
ⓒ 직사광선 및 빗물이 침투할 우려가 없는 곳에 설치할 것
ⓓ 방화문으로 구획된 실에 설치할 것
ⓔ 용기의 설치장소에는 해당 용기가 설치된 곳임을 표시하는 표지를 할 것
ⓕ 용기간의 간격은 점검에 지장이 없도록 3㎝ 이상의 간격을 유지할 것
ⓖ 저장용기와 집합관을 연결하는 연결배관에는 체크밸브를 설치할 것

## ★164

**정답** ④ 기본서 2권 323p

**해설** **기계 제연방식**
• 제1종 기계 제연 방식(송풍기 ○, 제연기 ○) : 기계제연을 행하는 동시에 복도나 계단실을 통해서 기계력에 의한 급기를 행하는 방식이며, 내압을 부압으로 유지하여 화재실로부터의 누연을 방지한다.
• 제2종 기계 제연 방식(송풍기 ○, 제연기 - 자연배연) : '가압방연방식' 또는 '가압차연방식'이라고도 함
• 제3종 기계 제연 방식(송풍기 - 자연급기, 제연기 ○) : 현재 많이 사용하는 방연방식이다.

## ★165

**정답** ② 기본서 2권 323p

**해설** 제2종 기계제연방식에 대한 설명이다.
① 제1종 기계제연방식(강제 급·배기방식) : 화재실에 대해서 기계제연에 의한 배출을 행하는 동시에 복도나 계단실을 통해서 기계력에 의한 급기를 행하는 방식
③ 제3종 기계제연방식(강제 배기방식) : 화재로 인하여 발생한 연기를 화재실의 상부에 설치되어 있는 배연기가 흡입하여 옥외로 배출하는 방식
④ 밀폐제연방식 : 밀폐도가 높은 벽이나 문으로써 화재를 밀폐하여 연기의 유출 및 신선한 공기의 유입을 억제하는 방연방식

## 166

**정답** ③ 기본서 2권 342p

**해설**

| | ㉠ 방식 | ㉡ 1차측 | ㉢ 경보밸브 | ㉣ 2차측 | ㉤ 감지기 유무 | ㉥ 수동 기동장치 | ㉦ 적용장소 |
|---|---|---|---|---|---|---|---|
| 폐쇄형 | 습식 | 가압수 | 알람밸브 | 가압수 | 없음 | 없음 | 일반거실 |
| | 건식 | 가압수 | 건식밸브 | 압축공기 | 없음 | 없음 | 주차장 (동결우려) |
| | 준비작동식 | 가압수 | 준비작동밸브 | 저압공기 | 있음 | 있음 | 주차장 (동결우려) |
| 개방형 | 일제살수식 | 가압수 | 일제개방밸브 | 대기압 (개방상태) | 있음 | 있음 | 무대부, 공장 |

## 167

**정답** ② 기본서 2권 323p

**해설** 보기의 설명은 스모크타워 제연 방식에 대한 설명이다

## 168

**정답** ③ 기본서 2권 210p

**해설** 물분무등소화설비의 종류
1) 물분무 소화설비
2) 미분무소화설비
3) 포소화설비
4) 이산화탄소소화설비
5) 할론소화설비
6) 할로겐화합물 및 불활성기체 소화설비
7) 분말소화설비
8) 강화액소화설비
9) 고체에어로졸소화설비

## 169

**정답** ③ 기본서 2권 314p

**해설** 유도등의 종류는 피난구유도등, 객석유도등, 통로유도등으로 나누어지며, 통로유도등은 복도통로유도등, 거실통로유도등, 계단통로유도등이 있다.

## 170

정답 ④   기본서 2권   291p

해설   정온식 감지기는 주방·보일러실 등으로서 다량의 화기를 취급하는 장소에 설치하되, 공칭작동온도가 최고주위온도보다 20℃ 이상 높은 것으로 설치한다.(자동화재탐지설비 및 시각경보장치의 화재안전기준(NFSC 203) 제6조)

## 171

정답 ②   기본서 2권   288p

해설   계단(직통계단외의 것에 있어서는 떨어져 있는 상하계단의 상호간의 수평거리가 5m 이하로서 서로 간에 구획되지 아니한 것에 한한다. 이하 같다)·경사로(에스컬레이터경사로 포함)·엘리베이터 승강로(권상기실이 있는 경우에는 권상기실)·린넨슈트·파이프 피트 및 덕트 기타 이와 유사한 부분에 대하여는 별도로 경계구역을 설정하되, 하나의 경계구역은 높이 45m 이하(계단 및 경사로에 한한다)로 하고, 지하층의 계단 및 경사로(지하층의 층수가 1일 경우는 제외한다)는 별도로 하나의 경계구역으로 하여야 한다.(자동화재탐지설비 및 시각경보장치의 화재안전기준(NFSC 203) 4조)

## 172

정답 ③   기본서 2권   298p

해설   일반적으로 수신기의 종류는 P형 수신기, R형 수신기 M형 수신기로 분류한다.
① P형 수신기는 감지기 또는 발신기로부터 발하여지는 화재 신호를 직접 공통의 신호로서 수신하여 경보하는 수신기를 말한다.
② T형 수신기는 없다 다만 발신기의 종류로 T형 발신기가 있다.
④ M형 발신기로부터 발하여지는 신호를 수신하여 화재의 발생을 소방관서에 통보하여 주는 기능을 갖는 수신기를 말한다.

## 173

정답 ②   기본서 2권   284p

해설   단독경보형감지기는 자체에 건전지와 음향장치가 내장되어 전원을 공급하며, 화재 시에는 화재 발생상황을 자동으로 감지하여 감지기 자체에서 경보를 발할 수 있도록 구성된 설비이다. 내장된 건전지가 모두 소모되면 자동적으로 경보음이 울려서 건전지 교체시기를 알리는 기능을 겸하고 있다.

## 174

정답 ②   기본서 2권   229p

해설   릴리프 밸브는 순환배관에서 설치하여야 한다.

## 175

**정답** ② **기본서 2권** 313p

**해설**
① "통로유도표지"란 피난통로가 되는 복도, 계단 등에 설치하는 것으로서 피난구의 방향을 표시하는 유도표지를 말한다.
③ "피난구유도표지"란 피난구 또는 피난경로로 사용되는 출입구를 표시하여 피난을 유도하는 표지를 말한다.
④ "유도등"이란 화재 시에 피난을 유도하기 위한 등으로서 정상상태에서는 상용전원에 따라 켜지고 상용전원이 정전되는 경우에는 비상전원으로 자동 전환되어 켜지는 등을 말한다.

## 176

**정답** ④ **기본서 2권** 291p

**해설**
"보상식 스포트형 감지기"이란 차동식 스포트형 감지기와 정온식 스포트형 감지기의 성능을 겸한 것으로서 차동식과 정온식의 기능중 하나만 작동되면 작동신호를 발하는 것을 말한다.

## 177

**정답** ① **기본서 2권** 253p

**해설**
2차측에 물로 채워져 있지 않은 스프링클러설비는 작동 후 기울기를 주어 2차측의 물을 배수를 할 수 있게 하여야 한다.
〈스프링클러설비의 화재안전기준〉
스프링클러설비 배관의 배수를 위한 기울기는 다음 각 호의 기준에 따른다.
1. 습식스프링클러설비 또는 부압식 스프링클러설비의 배관을 수평으로 할 것. 다만, 배관의 구조상 소화수가 남아 있는 곳에는 배수밸브를 설치하여야 한다.
2. 습식스프링클러설비 또는 부압식 스프링클러설비 외의 설비에는 헤드를 향하여 상향으로 수평주행배관의 기울기를 500분의 1 이상, 가지배관의 기울기를 250분의 1 이상으로 할 것. 다만, 배관의 구조상 기울기를 줄 수 없는 경우에는 배수를 원활하게 할 수 있도록 배수밸브를 설치하여야 한다.

## 178

**정답** ③ **기본서 2권** 248p

**해설**
습식 스프링클러 작동순서 : 화재발생 → 헤드개방, 방수 → 2차측 배관의 압력 저하 → 1차측 압력에 의한 습식유수검지장치의 클래퍼 개방 → 습식유수검지장치의 압력스위치 작동 (→ 사이렌 경보, 감시제어반의 화재표시등 점등, 밸브개방 표시등 점등) → 배관 내의 압력저하로 기동용수압개폐장치의 압력스위치 작동 → 펌프 기동

## 179

**정답** ④ **기본서 2권** 248p

**해설**
준비작동식 스프링클러 작동순서 : 화재발생 → 교차회로 방식의 A or B 회로 감지(경종 또는 사이렌 경보, 화재표시등 점등) → 교차회로 방식의 A and B 회로 감지 또는 수동기동장치 작동 → 준비작동식의 유수검지장치 작동 [(전자밸드(솔레노이드 밸브) 작동 → 중간챔버 감압 → 밸브개방 → 압력스위치 작동 → 사이렌 경보, 밸브개방 표시등 점등)] → 2차측으로 급수 → 헤드개방, 방수 → 배관내의 압력저하로 기동용수압개폐장치의 압력스위치 작동 → 펌프 기동

## 180
**정답** ① 기본서 2권 283p

**해설** 비상경보설비는 자동식사이렌설비와 비상벨설비를 말한다.

## 181
**정답** ③ 기본서 2권 245p

**해설** 준비작동식 스프링클러는 Preaction valve(준비작동식유수검지장치)에 의해 경보가 발신하는 구조의 설비로서 유수검지장치의 2차측에 가압수가 채워있지 않다는 점에서 (습식)스프링클러와 구별이 되고 유수검지장치를 개방하기 위해서는 별도의 화재감지장치가 필요하다는 점에서 (건식)스프링클러와 비교된다.

## 182
**정답** ④ 기본서 2권 245p

**해설** ④는 일제살수식(Deluge system) 스프링클러설비에 대한 설명이다.
※ 준비작동식은 폐쇄형의 헤드를, 일제살수식은 개방형의 헤드를 사용한다.

## 183
**정답** ② 기본서 2권 223p

**해설**
① 노즐 선단에서의 방수압력 : 0.17∼0.7MPa
② 노즐 선단에서의 방수량 : 130ℓ/min 이상
③ 펌프의 토출량 : 130ℓ/min × 당해 층 옥내소화전 설치개수(최대 2개)
④ 수원의 용량(저수량) : $2.6m^3$ × 당해 층 옥내소화전 설치개수(최대 2개)
[단, 층수가 30층 이상 49층 이하는 $5.2m^3$, 50층 이상은 $7.8m^3$에 설치개수를 곱한다(최대5개)]

## 184
**정답** ① 기본서 2권 223p

**해설**
① 노즐 선단에서의 방수압력 : 0.17∼0.7MPa
② 노즐 선단에서의 방수량 : 130ℓ/min 이상
③ 펌프의 토출량 : 130ℓ/min × 당해 층 옥내소화전 설치개수(최대 2개)
④ 수원의 용량(저수량) : $2.6m^3$ × 당해 층 옥내소화전 설치개수(최대 2개)
[단, 층수가 30층 이상 49층 이하는 $5.2m^3$, 50층 이상은 $7.8m^3$에 설치개수를 곱한다(최대5개)]

## 185

**정답** ① 　기본서 2권　229p

**해설** 펌프가 소화용수가 방출되지 않은 상태로 운전(체절운전)을 오래하게 되면, 펌프가 과열되고 이로 인한 물의 과열로 증기압에 의해 기포가 발생되어 최종적으로 펌프 내부의 기포에 의한 임펠러가 파손된다. 따라서, 내부 온도의 상승을 방지하기 위하여 순환배관을 통하여 물을 순환시키거나 릴리프밸브를 설치하여 일정량의 물을 배출시켜, 펌프내부의 온도가 상승되는것을 방지한다.

## 186

**정답** ③ 　기본서 2권　230p

**해설** "기동용수압개폐장치"란 소화설비의 배관내 압력변동을 검지하여 자동적으로 펌프를 기동 및 정지시키는 것으로서 압력챔버 또는 기동용압력스위치 등을 말한다.

## 187

**정답** ③ 　기본서 2권　225p

**해설** 
① 옥내소화전 설비는 화재초기에 건축물내의 화재를 진화하도록 소화전함에 비치되어 있는 호스 및 노즐을 이용하여 소화작업을 하는 설비이다. 일반적으로 수원, 가압송수장치, 개폐밸브, 호스, 노즐, 소화전함, 비상전원 등으로 구성되어 있다. → 건축물 내이고 자동폐쇄장치는 주로 가스계이다.
② 가압송수방식 중 압력수조는 자체가 수원인 것으로써, 수조 용량의 2/3는 물을 채우고 수위가 저하되면 급수펌프 운전용 감지장치에 의하여 급수펌프가 작동되어 유효수량을 항상 유지시키고, 수조의 1/3은 압축공기로 채워져 있어 압축공기의 누기현상이 발생되면 자동식에어콤프레샤(Air compressor)에 의해 수조 내에 필요한 압력을 보충시켜 주게 된다.
④ 가압송수장치 중 압력수조에는 수위계, 급수관, 배수관, 급기관, 맨홀, 압력계, 안전장치 및 압력저하 방지를 위한 자동식 에어콤프레서(air compressor)를 설치한다.

## 188

**정답** ② 　기본서 2권　225p, 228p

**해설** 가장 안전하고 신뢰성이 있는 가압송수방식은 고가수조 방식이다.
하지만 가장 많이 사용하고 있는 것은 펌프수조방식이다.

## 189

**정답** ② 　기본서 2권　324p

**해설** 제연경계의 폭은 ( 0.6m ) 이상이고, 수직거리는 ( 2m ) 이내인 것으로 해야 한다.

# 객관식 문제집

## 2025

## 소방학개론

# LEVEL 2

## 정답 및 해설

# PART I 소방조직

## CHAPTER 1 소방조직

**001**
정답 ① 기본서 1권 5p, 10p
해설 모두 옳은 지문이다.

**002**
정답 ④ 심화
해설 소방의 4대 기능 중 특별서비스 기능은 구급, 구조, 위험물 안전관리, 재난관리 서비스가 있다.

**003**
정답 ③ 심화
해설 소방행정에서 일반적으로 수립되는 계획은 단기계획(업무계획), 전략계획, 장기계획(기본계획)이 있다.

**004**
정답 ① 기본서 1권 22~23p
해설 전문성 및 규제성은 소방행정체제의 특징이다.

※ 소방행정체제의 특징

| 구분 | 내용 |
|---|---|
| 전문성 | 재난현장업무는 고도의 전문지식과 기술이 요구됨 |
| 규제성 | 안전확보를 위한 인·허가 업무처리 등에 있어 규제강화영역이라 할 수 있음 |

※ 소방안전관리의 특성
가. 안전관리의 일체성·적극성
   소방활동은 화재현장에서 안전관리와 밀접하게 일체되어 있는 경우가 많다.
나. 안전관리의 특이성·양면성
   소방활동의 임무수행은 위험을 수반하고 있다. 위험 확인과 동시에 안전확보를 병행해야 하므로 특이성과 양면성이 있다.
다. 안전관리의 계속성·반복성
   안전관리는 끊임없이 지속, 반복 실행하게 된다. 즉, 출동에서 귀서까지 안전관리는 계속되어야 한다.

## 005

**정답** ② **심화**

**해설** ② 비상소집을 하여 사태에 대응하는 민방위 대응방식을 채용하기 때문에 위기대응에 많은 시간이 소요된다.
→ 일반행정조직의 특성 중 신속·대응성에 대한 설명이다

※ 소방행정조직의 특성
- 신속·대응성
- 소방력은 상시 대기하므로 대응성이 아주 높음
- 직접적이고 공격적인 사태 대응을 견지함

## 006

**정답** ② **심화**

**해설**

※ 광역자치소방체제의 장·단점
- 장 점
  ① 광역단위의 소방력을 총괄적으로 운영하여서 소방업무를 효율적 운영가능
  ② 소방인사를 탄력적 운영하여 소방공무원 사기진작에 기여
  ③ 소방서비스를 조사해 보다 필요한 지역에 소방서를 설치함으로 재정적 부담을 경감
  ④ 재정이 부족한 시·군의 소방업무를 근처의 소방서에서 담당해서 재정부담의 경감
  ⑤ 소방응원체제의 확립과 업무조정 및 조정을 통해서 소방의 균형적 발전에 기여
- 단 점
  ① 도와 시·군 사이의 권한과 책임이 불분명
  ② 지역특성에 맞는 소방조직의 육성 및 발전을 저해
  ③ 시·군은 자주적 소방력이 미흡하고, 불균형적 소방서비스
  ④ 광역체제이므로 시장 군수는 소방행정에 대한 지원협조가 미흡

※ 기초자치 소방행정체제 장·단점
- 장 점
  ① 책임과 권한이 명확
  ② 소방조직의 확대발전
  ③ 일반행정과 용이한 협조체제
  ④ 소방조직의 민주성
  ⑤ 각 지역별 특성에 따른 소방서비스 수행
- 단 점
  ① 재정자립도가 낮은 시·군에서는 소방력 확보가 어려움
  ② 인사의 적체 등으로 소방공무원의 고령화, 사기저하
  ③ 소방서 간 협조체제가 미흡
  ④ 소방의 광역 서비스상의 문제
  ⑤ 기초자치단체장의 관심도에 따라 소방 위상 및 역할에 차이가 발생

## 007

**정답** ① 심화

**해설** **제11조(정원 등)**
① 의용소방대에 두는 의용소방대원의 정원은 다음 각 호와 같다.
  1. 시·도 : 60명 이내
  2. 시·읍 : 60명 이내
  3. 면 : 50명 이내
  4. 법 제2조제3항에 따라 관할 구역을 따로 정한 지역에 설치하는 의용소방대 : 50명 이내
  5. 전문의용소방대 : 50명 이내

## 008

**정답** ③  기본서 1권  54p

**해설**
1. 소방공무원 임용령 : "소방기관"이라 함은 소방청, 특별시·광역시·특별자치시·도·특별자치도(이하 "시·도"라 한다)와 중앙소방학교·중앙119구조본부·국립소방연구원·지방소방학교·서울종합방재센터 및 소방서를 말한다.
2. 소방장비관리법 : "소방기관"이란 중앙소방학교·중앙119구조본부·소방본부·소방서·지방소방학교·119안전센터·119구조대·119구급대·119구조구급센터·항공구조구급대·소방정대·119지역대 및 소방체험관 등 소방업무를 수행하는 기관을 말한다.
3. 소방력 기준에 관한 규칙 : "소방기관"이란 소방장비, 인력 등을 동원하여 소방업무를 수행하는 소방서·119안전센터·119구조대·119구급대·119구조구급센터·119항공대·소방정대(消防艇隊)·119지역대·119종합상황실·소방체험관을 말한다.
※ 법제처 기준 「소방장비관리법」상 항공구조구급대가 119항공대로 개정되지 않았으니 참고하시기 바랍니다.

## 009

**정답** ②  기본서 1권  9p

**해설** ⓜ 우리나라 불을 처음으로 사용한 시기는 구석기이다.

## 010

**정답** ②  기본서 1권  15p, 17p

**해설** 중앙 119구조대는 1995년이다

## 011

**정답** ②  기본서 1권  15p

**해설** ㉠, ㉢, ㉡, ㉣
※ 발전기(1970~1992) : 이원화 체계
㉠ 1972년 : 서울과 부산은 소방본부를 설치하였고, 기타 지역은 국가소방체제로 유지되었다.
㉢ 1973년 : 지방소방공무원법이 제정되어 소방공무원의 신분이 이원화되었다.
㉡ 1975년 : 내무부에 민방위본부가 설치되면서, 치안본부 소방과가 민방위본부 소방국으로 이관되면서 소방이 경찰에서 분리되었다.
㉣ 1978년 : 소방공무원법 시행으로 소방공무원은 국가직·지방직 모두 소방공무원으로 신분이 일원화 되었다.

## 012

정답 ④  기본서 1권 12p

해설

| 일제시대 중앙소방 기구 흐름 |
|---|
| 1910년 6월 **경**무과 → 1910년 7월 **보**안과 내 **소**방계 → 1919년 **경**무국 내 **보**안과 → 1939년 **경**무국 내 **방**호과 → 1943년 12월 **경**비과 |

## 013

정답 ④  기본서 1권 12, 15~16p

해설 옳은 것은 ㉠, ㉢, ㉣, ㉥이므로 4개이다.

> ㉡ 최초의 장비 수입은 **중국**으로부터 수총기이다.(경종 3년, 1723년)
> ㉤ 소방업무가 민방위업무의 한 분야가 되었던 해는 **1975**년이다.
> ㉥ **2004**년 6월 1일 소방방재청이 신설되었다.

## 014

정답 ④  기본서 1권 18p

해설 ㉠ 일반직 공무원
㉡ 별정직 공무원
㉢ 별정직 공무원
㉣ 특정직 공무원

## 015

정답 ④  기본서 1권 16p

해설 소방청이 아니라 소방방재청이다.
④ 소방청은 2017년 7월 26일 신설되었으며, 행정안전부의 독립된 외청으로 출범하였다. 이는 대한민국 정부수립이후 최초로 독립된 소방청 설립이라는 측면에서 의의가 크다. 그러나 지방소방조직은 여전히 광역자치소방체제 형태로 유지되고 있다.

※ 소방방재청은 2004년 6월 신설되었으며, 예방기획국·대응관리국·복구지원국으로 편재하였고 지원부서로서 기획관리관을 둠으로써 대한민국 최초의 통합형 재난관리체제가 형성되었다.

## 016

정답 ③  기본서 1권 4p

해설 ※ 시대별 소방업무
① 1983년 : 1981년 일부 지역 소방관서에서 시범 실시된 야간통행금지시간대 응급환자 이송업무가 국민의 호응을 얻기 시작해 1983년 12월 30일 개정된 소방법에 구급업무를 소방의 업무로 포함시키게 되었다 (구급대 발대는 1982년).
② 1989년 : 1988년 서울올림픽 당시 **119특별구조대**를 설치하여 인명구조활동을 수행하였고 1989년 12월 30일 소방법을 개정하여 구조업무를 소방의 업무로 법제화하였다(구조대 발대는 1988년).

## 소방조직관리의 기초이론

### 017
**정답** ③ 기본서 1권 39p

**해설** 현대의 소방조직은 인적과 물적요소를 포함한 소방조직구조 편성·유지·개혁해 나가는 과정에 중점을 두고 있어서 동태적 개념이다.

|  | 소방조직 | 소방행정기구 |
| --- | --- | --- |
| 구성요소 | 인적·물적 요소 포함 | 인적·물적 요소 포함하지 않음 |
| 중점 | 소방조직구조 편성·유지·개혁해 나가는 과정에 중점 | 소방조직 그 자체에 중점 |
| 개념 | 동태적 개념 | 정태적 개념 |

### 018
**정답** ④ 기본서 1권 32p

**해설** Etzioni는 통제수단에 따라 강압적 조직(강제적 통제 : 교도소, 정신병원), 공리적 조직(경제적 보상으로 통제 : 사기업), 규범적 조직(규범적 권력으로 통제 : 종교조직, 이념정당)으로 조직을 분류한다.

### 019
**정답** ④ 심화

**해설** 광범위한 대응활동 범위 및 재난상황의 다양성 대응계획의 지역적 적용범위는 소방기능과 재난관리기능의 차이점이다.

### 020
**정답** ④ 기본서 1권 31p

**해설** 모두 옳은 지문이다.

## 021

정답 ④　기본서 1권　39p

해설 ④ 조정의 원리
※ 소방조직의 원리
가. 계층제의 원리
　　업무에 대한 권한과 책임의 정도에 따라 상하의 계층을 설정하여, 조직의 능률성을 높이고자 하는 원리이다.
나. 통솔범위의 원리
　　한 명의 상관이 부하를 효과적으로 직접 통솔할 수 있는가의 문제이다. 한 사람이 효과적으로 통솔할 수 있는 부하의 수는 7~12명이 적당하고, 비상시에는 3~4명이 적당하다고 본다.
다. 명령통일의 원리
　　오직 한 사람의 상관으로부터 명령을 받고 보고해야 한다는 것이다. 어느 조직에서든 수장이 있어야 하고, 하위 조직에서도 같은 원리가 적용된다. 상관으로 하여금 통제를 용이하게 하여 부하의 안전과 복지를 확보할 수 있게 된다.
라. 분업의 원리
　　업무를 분담시켜 능률성을 높이고자 하는 원리이다. 기능의 원리 또는 전문화의 원리라고도 한다.
마. 조정의 원리
　　각 부분이 공동목표를 달성하기 위해 행동을 통일하고 공동체의 노력으로 질서정연하게 배열하는 것을 말한다. Mooney는 조직의 원리 중 조정의 원리가 제1 원리라고 주장한다.

## 022

정답 ①　심화

해설 모두 옳은 지문이다.

## 023

정답 ⑤　심화

해설 소방서장의 소관사무를 분장하게 하기 위하여 해당 시・도의 규칙으로 소방서장 소속의 119안전센터・119구조대・119구급대・119구조구급센터 및 소방정대(消防艇隊)를 둘 수 있다.
[지방소방기관 설치에 관한 규정 8조 1항]

## 024

정답 ④　기본서 1권　42p

해설 ① 만족모형 - 인간은 스스로 인식능력에 한계가 있음을 알고 있다고 전제하며 가장 합리적인 최적의 대안을 모색하고 선택할 수 있다고 보는 모형이다.
② 쓰레기통모형 - 의사결정은 갖가지의 쓰레기가 문제의 흐름, 해결책의 흐름, 선택기회의 흐름, 참여 자의 흐름이라는 4가지 흐름이라는 요인이 우연히 동시에 쓰레기통 속에 모여 의사결정이 이루어진다고 보는 모형이다.
③ 합리적 의사결정모형 - 인간은 이성에 따라 고도의 합리적인 행동을 한다는 가정 하에 인간은 목표달성을 위해 합리적인 대안을 모색 하고 선택할 수 있다고 보는 모형이다.

## 소방자원관리(인적, 물적, 재정적 자원관리 개요)

### 025

**정답** ②　기본서 1권　52p

**해설** 소방공무원법 제20조(정년)
① 소방공무원의 정년은 다음과 같다.
　1. 연령정년 – 60세
　2. 계급정년
　　• 소방감 – 4년　　　　　• 소방준감 – 6년
　　• 소방정 – 11년　　　　 • 소방령 – 14년

### 026

**정답** ②　기본서 1권　52p

**해설** ② 계급정년을 산정할 때에는 **근속 여부를 고려하여** 소방공무원 또는 경찰공무원으로서 그 계급에 상응하는 계급으로 근무한 연수를 포함한다.
→ 근속 여부와 관계없이

※ 소방공무원법 제25조(정년)
① 소방공무원의 정년은 다음과 같다.
　1. 연령정년 : 60세
　2. 계급정년
　　　소방감 : 4년
　　　소방준감 : 6년
　　　소방정 : 11년
　　　소방령 : 14년
② 제1항제2호의 계급정년을 산정(算定)할 때에는 근속 여부와 관계없이 소방공무원 또는 경찰공무원으로서 그 계급에 상응하는 계급으로 근무한 연수(年數)를 포함한다.
③ 징계로 인하여 강등(소방경으로 강등된 경우를 포함한다)된 소방공무원의 계급정년은 제1항제2호에도 불구하고 다음 각 호에 따른다.
　1. 강등된 계급의 계급정년은 강등되기 전 계급 중 가장 높은 계급의 계급정년으로 한다.
　2. 계급정년을 산정할 때에는 강등되기 전 계급의 근무연수와 강등 이후의 근무연수를 합산한다.
④ 소방청장은 전시, 사변, 그 밖에 이에 준하는 비상사태에서는 2년의 범위에서 제1항제2호에 따른 계급정년을 연장할 수 있다. 이 경우 소방령 이상의 소방공무원에 대해서는 행정안전부장관의 제청으로 국무총리를 거쳐 대통령의 승인을 받아야 한다.
⑤ 소방공무원은 그 정년이 되는 날이 1월에서 6월 사이에 있는 경우에는 6월 30일에 당연히 퇴직하고, 7월에서 12월 사이에 있는 경우에는 12월 31일에 각각 당연히 퇴직한다.

## 027

**정답** ① 기본서 1권 74p

**해설** <u>우수한 업무실적이 있는 경우(자)</u>는 승진대상자명부의 작성 시 <u>가점을 하여야 하는 경우에 해당</u>한다.
→ 소방공무원 승진임용 규정 제11조
※ **소방공무원 승진임용 규정 제12조**(동점자의 순위)
① 승진대상자명부의 총평정점이 같은 경우에는 다음 각 호의 순서에 따라 선순위자를 결정한다.
　　1. 근무성적평정점이 높은 사람
　　2. 해당 계급에서 장기근무한 사람
　　3. 해당 계급의 바로 하위 계급에서 장기근무한 사람
　　4. 소방공무원으로 장기근무한 사람

## 028

**정답** ① 기본서 1권 74p

**해설** ① 징계처분의 집행이 끝난 날부터 견책 6개월이 지나지 아니한 사람은 승진임용 제한사유에 해당한다.
② 직위해제기간 종료 후 3개월이 경과하지 않은 사람
　　→ <u>직위해제 기간 중</u>에 있는 사람
③ 공무상 질병으로 휴직 중에 있는 자를 특별승진임용하는 경우
　　→ 휴직(「공무원연금법」에 따른 <u>공무상 질병 또는 부상으로 인한 휴직자를 제38조 제1항 제4호 또는 제5호에 해당하여 특별승진임용하는 경우는 제외</u>한다) 기간 중에 있는 사람
④ 금품수수로 인한 감봉처분을 받고 16개월이 지나지 아니한 사람
　　→ 감봉처분(<u>12개월</u>)에 징계처분과 소극행정, 음주운전(음주측정에 응하지 않은 경우를 포함한다.), 성폭력, 성희롱 또는 성매매로 인한 징계처분의 경우에는 각각 <u>6개월을 더한 기간 : 18개월</u>

## 029

**정답** ② 기본서 1권 58p

㉠ 금고이상의 실형을 받고 그 집행이 종료되거나 집행을 받지 아니하기로 확정된 후 ( 5 )년을 경과하지 아니한 자
㉡ 금고이상의 형을 받고 그 집행유예의 기간이 완료된 날로부터 ( 2 )년을 경과하지 아니한 자
㉢ 징계에 의하여 파면의 처분을 받은 때로부터 ( 5 )년을 경과하지 아니한 자
㉣ 징계에 의하여 해임의 처분을 받은 때로부터 ( 3 )년을 경과하지 아니한 자

## 030

**정답** ① 심화

**해설** 모두 옳은 지문이다.

## 031

**정답** ① 심화

**해설** ※ 국가재정법상의 원칙
- ㉠ 회계연도 독립의 원칙 : 각 회계연도(1. 1~12. 31)의 경비는 그 연도의 세입 또는 수입으로 충당하여야 한다.
- ㉡ <u>예산총계주의 : 1회계연도 기간 동안의 일체의 수입(세입)과 지출(세출)은 상호간에 상계하여서는 안 되고 그 전액을 예산에 계상하여 집행하여야 한다.</u>
- ㉢ 결산의 원칙 : 정부는 결산이 정부회계에 관한 기준에 의해서 재정에 관한 유용하고 적절한 정보를 제공할 수 있도록 객관적인 자료와 증거에 따라 공정하게 이루어지게 하여야 한다.
- ㉣ 기금관리·운영의 원칙 : 기금관리주체는 그 기금의 설치목적과 공익에 맞게 기금을 관리·운영하여야 한다.
- ㉤ 기금자산운용의 원칙 : 기금관리주체는 유동성·안정성·수익성 및 공공성을 고려하여 기금자산을 투명하고 효율적으로 운용하여야 한다.
- ㉥ 의결권 행사의 원칙 : 기금관리주체는 기금이 보유하고 있는 주식의 의결권을 기금의 이익을 위하여 신의에 따라 성실하게 행사하여야 하고, 그 행사내용을 공시하여야 한다.
- ㉦ 예산의 원칙 : 정부는 예산의 편성과 집행에 있어서 다음 각 호의 원칙을 준수하여야 한다.

> ⓐ 정부는 재정건전성의 확보를 위하여 최선을 다하여야 한다.
> ⓑ 정부는 국민부담의 최소화를 위해 최선을 다하여야 한다.
> ⓒ 정부는 재정을 운용함에 있어서 재정지출의 성과를 제고하여야 한다.
> ⓓ 정부는 예산과정의 투명성과 예산과정에서의 국민 참여를 제고하기 위하여 노력하여야 한다.
> ⓔ 정부는 예산이 여성과 남성에게 미치는 효과를 평가하고, 그 결과를 정부의 예산편성에 반영하기 위하여 노력하여야 한다.

## 032

**정답** ① 기본서 1권 83~85p

**해설** 모두 옳은 지문이다.

## 033

**정답** ③ 　기본서 1권　59p

**해설** 중앙소방학교 및 지방소방학교 교수요원의 필수보직기간은 2년으로 한다.

※ 필수보직기간

가. 소방공무원 임용령 제2조, "**필수보직기간**"이란 소방공무원이 **다른 직위**로 **전보**되기 전까지 현 직위에서 근무하여야 하는 최소기간을 말한다.

나. 소방공무원 임용령 제28조(필수보직기간 및 전보의 제한)

① <u>소방공무원의 필수보직기간은 1년으로 한다</u>. 다만, <u>다음 각 호의 어느 하나에 해당하는 경우에는 그러하지 아니하다.</u>
   1. 직제상의 최저단위 보조기관내에서의 전보의 경우
   2. 기구의 개편, 직제 또는 정원의 변경으로 인한 전보의 경우
   3. 전보권자를 달리하는 기관간의 전보의 경우
   4. <u>당해 소방공무원의 승진 또는 강임의 경우</u>
   5. 임용예정직위에 관련된 2월이상의 특수훈련경력이 있는 자 또는 임용예정직위에 상응한 6월이상의 근무경력 또는 연구실적이 있는 자를 당해 직위에 보직하는 경우
   6. 징계처분을 받은 경우
   7. 형사사건에 관련되어 수사기관에서 조사를 받고 있는 경우
   8. 공개경쟁채용시험에 합격하고 시보임용 중인 경우
   9. 소방령 이하의 소방공무원을 그 배우자 또는 직계존속이 거주하는 시·도 지역의 소방기관으로 전보하는 경우
   10. 임신 중인 소방공무원 또는 출산 후 1년이 지나지 않은 소방공무원의 모성보호, 육아 등을 위해 필요한 경우
   11. 그 밖에 소방기관의 장이 보직관리를 위하여 전보할 필요가 있다고 특별히 인정하는 경우
② <u>중앙소방학교 및 지방소방학교 교관의 필수보직기간은 2년으로 한다</u>. 다만, 기구의 개편, 직제·정원의 변경 또는 교육과정의 개편 또는 폐지가 있거나 교관으로서 부적당하다고 인정될 때에는 그렇지 않다.
③ 법 제7조제2항제1호·제4호 및 제5호에 따라 경력경쟁채용시험등을 통하여 채용된 소방공무원은 최초로 그 직위에 임용된 날부터 2년 이내(휴직·직위해제 및 정직 기간은 포함하지 아니한다. 이하 이 항 및 제4항에서 같다)에, 법 제7조제2항제2호·제3호·제6호 및 제7호에 따라 경력경쟁채용시험등을 통하여 채용된 소방공무원은 최초로 그 직위에 임용된 날부터 3년 이내에 다른 직위 또는 임용권자를 달리하는 기관에 전보할 수 없다. 다만, 제1항제1호·제2호·제4호·제6호 및 제7호의 경우에는 그러하지 아니하다.
④ 법 제7조제2항제8호에 따라 경력경쟁채용시험등을 통하여 채용된 소방공무원은 최초로 그 직위에 임용된 날부터 5년 이내에 최초 임용기관 외의 다른 기관으로 전보될 수 없다. 다만, 기구의 개편, 직제 또는 정원의 변경으로 인하여 직위가 없어지거나 정원이 초과되어 전보할 경우에는 그렇지 않다.
⑤ 임용권자는 승진시험 요구중에 있는 소속 소방공무원을 승진 대상자명부작성단위를 달리하는 기관에 전보할 수 없다.
⑥ 다음 각 호의 어느 하나에 해당하는 임용일은 제1항에 따른 필수보직기간을 계산할 때 해당 **직위에 임용된 날로 보지 아니한다.**
   1. 직제상의 최저단위 보조기관내에서의 전보일
   1의2. 승진임용일, <u>강등일</u> 또는 강임일
   2. 시보공무원의 정규공무원으로의 임용일
   3. 기구의 개편, 직제 또는 정원의 변경으로 소속·직위 또는 직급의 명칭만 변경하여 재발령되는 경우 그 임용일. 다만, 담당 직무가 변경되지 아니한 경우만 해당한다.

## 034

정답 ②  기본서 1권 76p

해설
(1) 견책 : 잘못된 행동에 대해 훈계하고 회개하게 하는 처분으로, 가장 가벼운 징계에 해당되지만 공식적인 징계절차를 거쳐 처분하고 그 결과를 인사기록에 기재한다.
(2) 감봉 : 1개월 이상 3개월 이하의 기간 동안 보수의 1/3을 삭감하여 지급하는 것이다.
(3) 정직 : 1개월 이상 3개월 이하의 기간 동안 공무원의 신분은 보유하지만 직무에 종사할 수 없도록 하는 것이다. 정직기간 중 보수의 전액을 삭감한다.
(4) 강등 : 직급을 1단계 강등, 신분 보유, 3개월의 직무정지, 강등기간 중 보수의 전액을 삭감한다.
(5) 해임 : 공무원 신분을 상실하게 하는 처분이며, 해임 후 3년 내에는 공무원으로 재임용될 수 없지만 연금법 상의 불이익은 없다.
(6) 파면
① 공무원 신분을 상실하게 하는 처분이며, 5년 내에는 공무원으로 재임용될수 없고, 퇴직급여 액의 1/2을 삭감하는 가장 무거운 벌이다.
② 해임은 3년 동안 공무원 임용을 제한받으며, 파면은 5년간 임용자격을 제한한다.

## 035

정답 ①  심화

해설 견책처분의 집행이 종료된 날로부터 3년이 경과한 때에는 견책처분 기록을 말소하여야 한다.
※ **소방공무원임용령 시행규칙 제14조의2**(징계 등 처분기록의 말소) **제1항 제1조**
가. 강등 : 9년    나. 정직 : 7년
다. 감봉 : 5년    라. **견책 : 3년**
※ 강임, 경고 및 직위해제는 징계의 종류에 해당하지 아니한다.
- 강임 : 동종의 직무 내에서 하위의 직위에 임명하는 것
- 불문경고 : 훈계하고 회개하는 것으로서 인사기록카드에는 기록되지 않으나 별도 경고대장 등 관리함
- 직위해제 : 직무수행능력이 부족하거나 근무성적이 극히 불량한 자, 징계의결이 요구 중인 자, 형사사건으로 기소된 자 등에 대해 임용권자가 공무원으로서의 신분은 보존시키되 직위를 부여하지 않는 임용행위

## 036

정답 ③  심화

해설 예산편성절차에 따라 본예산, 추가경정예산, 수정예산으로 나뉜다.

## 037

정답 ④  심화

해설 준예산이란 새로운 회계연도가 개시될 때까지 예산이 국회에서 의결되지 못한 때에 정부가 국회에서 예산안이 의결될 때까지 전년도 예산에 준하여 경비를 지출할 수 있는 예산이다.

# CHAPTER 2 소방기능

## 소방기능 – 1) 화재의 예방·경계·진압·조사활동

### 038
정답 ④  기본서 1권  112p

해설 **화재의 예방 및 안전관리에 관한 법률 제17조(화재의 예방조치 등)**
① 누구든지 화재예방강화지구 및 이에 준하는 대통령령으로 정하는 장소에서는 다음 각 호의 어느 하나에 해당하는 행위를 하여서는 아니 된다. 다만, 행정안전부령으로 정하는 바에 따라 안전조치를 한 경우에는 그러하지 아니한다.
 1. 모닥불, 흡연 등 화기의 취급
 2. 풍등 등 소형열기구 날리기
 3. 용접·용단 등 불꽃을 발생시키는 행위
 4. 그 밖에 대통령령으로 정하는 화재 발생 위험이 있는 행위

### 039
정답 ④  기본서 1권  119p

해설 모두 옳다.

### 040
정답 ①  심화

해설 소방대상물은 불을 끌 수 있는 대상물이므로 산도 포함이 된다.
"소방대상물"이란 건축물, 차량, 선박(「선박법」 제1조의2제1항에 따른 선박으로서 항구에 매어둔 선박만 해당한다), 선박 건조 구조물, 산림, 그 밖의 인공 구조물 또는 물건을 말한다(소방기본법 제2조).

## 2) 소방시설의 설치유지 및 안전관리

### 041
**정답** ③ 심화

**해설**
③ 영업정지명령 → 소방대상물에 대한 특별조사 시 필요한 조치명령에 영업정지명령은 없다(영업정지명령은 소방시설관리업 등 **영업에 대한 조치명령**임).
※ 화재예방법 제14조(화재안전조사 결과에 따른 조치명령)
① 소방관서장은 화재안전조사 결과에 따른 소방대상물의 위치·구조·설비 또는 관리의 상황이 화재예방을 위하여 보완될 필요가 있거나 화재가 발생하면 인명 또는 재산의 피해가 클 것으로 예상되는 때에는 행정안전부령으로 정하는 바에 따라 관계인에게 그 **소방대상물의 개수(改修)·이전·제거, 사용의 금지 또는 제한, 사용폐쇄, 공사의 정지 또는 중지, 그 밖의 필요한 조치**를 명할 수 있다.

### 042
**정답** ③ 심화

**해설**
㉠ "피난층"이라 함은 곧바로 지상으로 갈 수 있는 **출입구**가 있는 층을 말한다.
㉢ "소방시설등"이라 함은 소방시설과 **비상구** 그 밖에 소방관련시설로서 대통령령이 정하는 것을 말한다.
㉣ "소방용품"이란 소방시설 등을 구성하거나 소방용으로 사용되는 제품 또는 기기로서 대통령령으로 정하는 것을 말한다.

### 043
**정답** ① 기본서 1권 132p

**해설** 건축허가등의 권한이 있는 행정기관은 건축허가등을 함에 있어서 <u>미리</u> 그 건축물 등의 공사시 공지 또는 소재지를 관할하는 소방본부장 또는 소방서장의 동의를 받아야 한다.

### 3) 위험물 안전관리

**044**

**정답** ③ 심화

**해설** 위험물안전관리자 책무에는 시공 및 점검이 포함되어 있지 않다.
(**안전관리자의 책무**) 법 제15조제5항의 규정에 의하여 안전관리자는 위험물의 취급에 관한 안전관리와 감독에 관한 다음 각 호의 업무를 성실하게 행하여야 한다.
1. 위험물의 취급작업에 참여하여 당해 작업이 법 제5조제3항의 규정에 의한 저장 또는 취급에 관한 기술기준과 법 제17조의 규정에 의한 예방규정에 적합하도록 해당 작업자(당해 작업에 참여하는 위험물취급자격자를 포함한다)에 대하여 지시 및 감독하는 업무
2. 화재 등의 재난이 발생한 경우 응급조치 및 소방관서 등에 대한 연락업무
3. 위험물시설의 안전을 담당하는 자를 따로 두는 제조소 등의 경우에는 그 담당자에게 다음 각목의 규정에 의한 업무의 지시, 그 밖의 제조소 등의 경우에는 다음 각목의 규정에 의한 업무
   가. 제조소 등의 위치·구조 및 설비를 법 제5조제4항의 기술기준에 적합하도록 유지하기 위한 점검과 점검상황의 기록·보존
   나. 제조소 등의 구조 또는 설비의 이상을 발견한 경우 관계자에 대한 연락 및 응급조치
   다. 화재가 발생하거나 화재발생의 위험성이 현저한 경우 소방관서 등에 대한 연락 및 응급조치
   라. 제조소 등의 계측장치·제어장치 및 안전장치 등의 적정한 유지·관리
   마. 제조소 등의 위치·구조 및 설비에 관한 설계도서 등의 정비·보존 및 제조소 등의 구조 및 설비의 안전에 관한 사무의 관리
4. 화재 등의 재해의 방지와 응급조치에 관하여 인접하는 제조소등과 그 밖의 관련되는 시설의 관계자와 협조체제의 유지
5. 위험물의 취급에 관한 일지의 작성·기록
6. 그 밖에 위험물을 수납한 용기를 차량에 적재하는 작업, 위험물설비를 보수하는 작업 등 위험물의 취급과 관련된 작업의 안전에 관하여 필요한 감독의 수행

**045**

**정답** ① 기본서 1권 142p

**해설** 모두 옳은 지문이다(**관계인이 예방규정을 정하여야 하는 제조소등**).
1. 지정수량의 **10**배 이상의 위험물을 취급하는 **제**조소
2. 지정수량의 **100**배 이상의 위험물을 저장하는 **옥외**저장소
3. 지정수량의 **150**배 이상의 위험물을 저장하는 **옥내**저장소
4. 지정수량의 **200**배 이상의 위험물을 저장하는 옥외**탱**크저장소
5. **암**반탱크저장소
6. **이**송취급소
7. 지정수량의 **10**배 이상의 위험물을 취급하는 일반**취급**소. 다만, 제4류 위험물(특수인화물을 제외한다)만을 지정수량의 50배 이하로 취급하는 일반취급소(제1석유류·알코올류의 취급량이 지정수량의 10배 이하인 경우에 한한다)로서 다음 각목의 어느 하나에 해당하는 것을 제외한다.
   가. 보일러·버너 또는 이와 비슷한 것으로서 위험물을 소비하는 장치로 이루어진 일반취급소
   나. 위험물을 용기에 옮겨 담거나 차량에 고정된 탱크에 주입하는 일반취급소

## 046

**정답** ③  기본서 1권  140p, 155p

**해설**
ㄹ. 위험물 제소소등은 제조소, 저장소, 취급소가 있으며, 취급소에는 일반취급소, 주유취급소, 이송취급소, 판매취급소가 있다.
ㅁ. 위험물탱크안전성능검사에는 기초·지반검사, 충수·수압검사, 용접부검사, 암반탱크검사가 있다.

## 047

**정답** ④  기본서 1권  142p

**해설**
④ 제조소등의 관계인과 ~~그 이용자는~~ 예방규정을 충분히 잘 익히고 준수하여야 한다.
→ 종업원은

※ 예방규정
위험물안전관리법 제17조(예방규정)
① 대통령령이 정하는 제조소등의 관계인은 당해 제조소등의 화재예방과 화재 등 재해발생시의 비상조치를 위하여 행정안전부령이 정하는 바에 따라 예방규정을 정하여 당해 제조소등의 사용을 시작하기 전에 시·도지사에게 제출하여야 한다. 예방규정을 변경한 때에도 또한 같다.
② 시·도지사는 제1항의 규정에 따라 제출한 예방규정이 제5조제3항의 규정에 따른 기준에 적합하지 아니하거나 화재예방이나 재해발생시의 비상조치를 위하여 필요하다고 인정하는 때에는 이를 반려하거나 그 변경을 명할 수 있다.
③ 제1항의 규정에 따른 제조소등의 관계인과 <u>그 종업원은</u> 예방규정을 충분히 잘 익히고 준수하여야 한다.

위험물안전관리법 시행령 제15조(관계인이 예방규정을 정하여야 하는 제조소등)
법 제17조제1항에서 "대통령령이 정하는 제조소등"이라 함은 다음 각호의 1에 해당하는 제조소등을 말한다.
1. 지정수량의 10배 이상의 위험물을 취급하는 제조소
2. 지정수량의 100배 이상의 위험물을 저장하는 옥외저장소
3. 지정수량의 150배 이상의 위험물을 저장하는 옥내저장소
4. 지정수량의 200배 이상의 위험물을 저장하는 옥외탱크저장소
5. 암반탱크저장소
6. 이송취급소
7. 지정수량의 10배 이상의 위험물을 취급하는 일반취급소. 다만, 제4류 위험물(특수인화물을 제외한다)만을 지정수량의 50배 이하로 취급하는 일반취급소(제1석유류·알코올류의 취급량이 지정수량의 10배 이하인 경우에 한한다)로서 다음 각목의 어느 하나에 해당하는 것을 제외한다.
　가. 보일러·버너 또는 이와 비슷한 것으로서 위험물을 소비하는 장치로 이루어진 일반취급소
　나. 위험물을 용기에 옮겨 담거나 차량에 고정된 탱크에 주입하는 일반취급소

## 048

정답 ④ 심화

해설 위험물안전관리법의 규정을 적용 제외 대상은 항공기, 선박, 철도, 궤도이다. 그러므로 차량운반은 위험물안전관리법에 적용을 받는다.

## 049

정답 ④ 기본서 1권 125p

해설
① 면화류라 함은 불연성 또는 **난연성인** 면상 또는 팽이모양의 섬유와 마사원료를 말한다.
→ 난연성이 아닌
② 인화점이 섭씨 100도 이상 200도 미만이고, 연소열량이 1그램당 8킬로칼로리 이상인 것은 **가연성액체류**에 해당한다.
→ 가연성고체류
③ 합성수지류에는 합성수지의 섬유 옷감 종이 및 실과 이들의 넝마와 부스러기 및 이와 유사한 것을 **포함한다**.
→ 제외한다.

### 4) 구조·구급 행정관리와 구조·구급 활동

## 050

정답 ② 심화

해설 요구조자에게는 충격을 줄 수 있는 표현은 가능한 피해야 하며, 부득이한 경우에는 말하여야 한다.

## 051

정답 ① 기본서 1권 177p

해설
① 소방서에 설치하는 **직할구조대**의 출동구역은 소방서가 설치된 시·군·구로 한다. → <u>소방서에는 직할구조대가 없다. 소방서에는 일반구조대를 설치한다.</u>
※ 119구조·구급에 관한 법률 시행령 제5조(119구조대의 편성과 운영) 제1항
1. <u>일반구조대</u> : 시·도의 규칙으로 정하는 바에 따라 <u>소방서마다 1개 대(隊) 이상 설치</u>하되, 소방서가 없는 시·군·구(자치구를 말한다. 이하 같다)의 경우에는 해당 시·군·구 지역의 중심지에 있는 119안전센터에 설치할 수 있다.
3. <u>직할구조대</u> : 대형·특수 재난사고의 구조, 현장 지휘 및 테러현장 등의 지원 등을 위하여 <u>소방청 또는 시·도 소방본부에 설치</u>하되, 시·도 소방본부에 설치하는 경우에는 시·도의 규칙으로 정하는 바에 따른다.
※ 119구조·구급에 관한 법률 시행규칙 제5조(구조대의 출동구역) 제1항
1. 소방청에 설치하는 직할구조대 및 테러대응구조대 : 전국
2. <u>시·도 소방본부에 설치하는 직할구조대</u> 및 테러대응구조대 : 관할 시·도
3. <u>소방청 직할구조대에 설치하는 고속국도구조대 : 소방청장이 한국도로공사와 협의하여 정하는 지역</u>
4. 그 밖의 구조대 : 소방서 관할 구역

## 052

**정답** ① 심화

**해설** **119항공대의 업무**(119구조·구급에 관한 법률 시행령 제16조)
항공구조구급대는 다음 각 호의 업무를 수행한다.
1. 인명구조 및 응급환자의 이송(의사가 동승한 응급환자의 병원 간 이송을 포함한다)
2. 화재 진압
3. 장기이식환자 및 장기의 이송
4. 항공 수색 및 구조 활동
5. 공중 소방 지휘통제 및 소방에 필요한 인력·장비 등의 운반
6. 방역 또는 방재 업무의 지원
7. 그 밖에 재난관리를 위하여 필요한 업무

## 053

**정답** ① 기본서 1권 181~184p

**해설** 모두 옳은 지문이다.

## 054

**정답** ③ 심화

**해설** **제13조의2(119구급상황관리센터의 설치 및 운영)**
① 법 제10조의2 제1항에 따른 119구급상황관리센터(이하 "구급상황센터"라 한다)에는 다음 각 호의 어느 하나에 해당하는 자격을 갖춘 사람을 배치하여 24시간 근무체제를 유지하여야 한다.
  1. 의료인
  2. 1급 응급구조사 자격을 취득한 사람
  3. 2급 응급구조사 자격을 취득한 사람
  4. 응급의료정보센터(이하 "응급의료정보센터"라 한다)에서 2년 이상 응급의료에 관한 상담 경력이 있는 사람
② 소방청장은 법 제10조의2 제2항 제4호에 따른 119구급이송 관련 정보망을 설치하는 경우 다음 각 호의 정보가 효율적으로 연계되어 구급대 및 구급상황센터에 근무하는 사람에게 제공될 수 있도록 하여야 한다.

## 055

**정답** ③ 　기본서 1권　191p

**해설** ㉠, ㉡, ㉣ = 적색(긴급환자) / ㉢, ㉤, ㉥ = 황색(응급환자)

※ 분류치료

| 분류 | 치료순서 | 색깔 | 심볼(symbol) | 특성 및 증상 |
|---|---|---|---|---|
| Critical (긴급환자) | 1 | 적색 (Red) | 토끼그림 | 수분, 수시간 이내의 응급처치를 요하는 중증 환자<br>• 기도폐쇄, 심한 호흡곤란, 호흡정지<br>• 심장마비의 순간이 인지된 심정지<br>• 개방성 흉부열상, 긴장성 기흉, 연가양흉부<br>• 대량출혈, 수축기 혈압이 80mmHg 이하의 쇼크<br>• 혼수상태의 중증 두부손상<br>• 개방성 복부열상, 골반골절을 동반한 복부손상<br>• 기도화상을 동반한 중증의 화상<br>• 경추손상이 의심되는 경우<br>• 원위부 맥박이 촉지 되지 않는 경우<br>• 기타 심장병, 저체온증, 지속적인 천식, 경련 등 |
| Urgent (응급환자) | 2 | 황색 (Yellow) | 거북이그림 | 수시간 이내의 응급처치를 요하는 중증환자<br>• 중증의 화상<br>• 경추를 제외한 부위의 척추골절<br>• 중증의 출혈<br>• 다발성 골절 |
| Minor (비응급환자) | 3 | 녹색 (Green) | 구급차 그림에 ×표시 | 수시간, 수일 후 치료해도 생명에 관계가 없는 환자<br>• 소량의 출혈<br>• 경증의 열상 혹은 단순 골절<br>• 경증의 화상 혹은 타박상 |
| Dead (지연환자) | 4 | 흑색 (Black) | 십자가표시 | 사망하였거나 생존의 가능성이 없는 환자<br>• 20분 이상 호흡이나 맥박이 없는 환자<br>• 두부나 몸체가 절단된 경우<br>• 심폐소생술도 효과가 없다고 판단되는 경우 |

## 056

**정답** ① 　기본서 1권　191p

**해설** ① 중증도 분류는 응급처치와 환자이송 우선순위를 결정해 환자를 증상별로 구분하기 위한 것으로 중증도에 따라 **구급환자, 긴급환자, 응급환자, 지연환자**의 4집단으로 분류한다.
→ 긴급환자, 응급환자, 비응급한자, 지연환자

※ 구급환자의 중증도 분류
① 중증도 분류(Triage)는 응급처치와 환자이송 우선순위를 결정해 환자를 증상별로 구분한다.
② 환자는 중증도에 따라 긴급환자, 응급환자, 비응급환자, 지연환자의 4집단으로 분류한다.
③ 분류등급을 신속하게 인지할 수 있도록 환자에게 '중증도 분류표(Triage Tag)'를 환자의 손목이나 의류에 부착한다.
④ 멀리서도 식별이 용이한 크기로 하되 재질은 튼튼하고 물에 젖어도 변질되지 않는 것이 좋다.

## 057

정답 ④ 심화

해설 **제22조(손실보상)**
① 소방청장등은 법 제15조제1항에 따른 조치로 인한 손실을 보상할 때에는 손실을 입은 자와 먼저 협의하여야 한다.
② 제1항에 따른 손실보상에 관한 협의는 법 제15조제1항에 따른 조치가 있는 날부터 <u>60일 이내</u>에 하여야 한다.

## 058

정답 ② 심화

해설 ⑩은 해당사항 없음

제16조(119항공대의 업무)
119항공대는 다음 각 호의 업무를 수행한다.
1. 인명구조 및 응급환자의 이송(의사가 동승한 응급환자의 병원 간 이송을 포함 한다)
2. 화재 진압
3. 장기이식환자 및 장기의 이송
4. 항공 수색 및 구조 활동
5. 공중 소방 지휘통제 및 소방에 필요한 인력·장비 등의 운반
6. 방역 또는 방재 업무의 지원
7. 그 밖에 재난관리를 위하여 필요한 업무

# PART II 재난관리

## CHAPTER 1 재난

### 001
**정답** ④ 　기본서 1권　245~249p

**해설**
- ㉠ 재난관리주관기관의 정의이다.
- ㉢ "국가재난관리기준"이란 모든 유형의 재난에 공통적으로 활용할 수 있도록 재난관리의 전 과정을 통일적으로 단순화·체계화한 것으로서 <u>행정안전부장관이 고시한 것</u>을 말한다.
- ㉣ "재난관리정보"란 재난관리를 위하여 필요한 재난상황정보, 동원가능 자원정보, 시설물정보, 지리정보를 말한다.
- ㉤ 안전관리는 재난이나 그 밖의 각종 사고로부터 사람의 생명·신체 및 재산의 안전을 확보하기 위하여 하는 모든 활동이며, 재난관리는 재난의 예방·대비·대응 및 복구를 위하여 하는 모든 활동이다.

### 002
**정답** ③ 　기본서 1권　249p

**해설**
③ 해양경찰청
→ 해양경찰청은 긴급구조기관에 해당

※ 재난 및 안전관리 기본법 시행령 제4조(긴급구조지원기관)
법 제3조제8호에서 "대통령령으로 정하는 기관과 단체"란 다음 각 호의 기관과 단체를 말한다.
1. 교육부, 과학기술정보통신부, 국방부, 산업통상자원부, 보건복지부, 환경부, 국토교통부, 해양수산부, 방송통신위원회, 경찰청, 기상청 및 산림청
2. 국방부장관이 법 제57조제3항제2호에 따른 탐색구조부대로 지정하는 군부대와 그 밖에 긴급구조지원을 위하여 국방부장관이 지정하는 군부대
3. 「대한적십자사 조직법」에 따른 대한적십자사
4. 「의료법」 제3조제2항제3호마목에 따른 종합병원
4의2. 「응급의료에 관한 법률」 제2조제5호에 따른 응급의료기관, 같은 법 제25조에 따른 중앙응급의료센터, 같은 법 제27조에 따른 응급의료지원센터 및 같은 법 제44조제1항제1호·제2호에 따른 구급차등의 운용자
5. 「재해구호법」 제29조에 따른 전국재해구호협회
6. 법 제3조제7호에 따른 긴급구조기관과 긴급구조활동에 관한 응원협정을 체결한 기관 및 단체
7. 그 밖에 긴급구조에 필요한 인력과 장비를 갖춘 기관 및 단체로서 행정안전부령으로 정하는 기관 및 단체

## 003

정답 ④  기본서 1권  253~254p

해설
ⓒ 안전정책조정위원회의 간사위원은 행정안전부의 재난안전관리사무를 담당하는 본부장이 된다.(10조 3항)
ⓔ 중앙위원회는 제1항 각 호의 사무가 국가안전보장과 관련된 경우에는 국가안전보장회의와 협의하여야 한다.(9조 7항)

## 004

정답 ③  기본서 1권  252p

해설 지진보강사업(×), 내진보강사업(○)
※ 재난 및 안전관리기본법 시행령 제7조(재난 및 사고 예방사업의 범위)
1. 「기상관측표준화법」 제2조제2항제1호에 따른 기상관측의 표준화를 위하여 시행하는 사업
2. 「농어촌정비법」 제2조제5호에 따른 농업생산기반 정비사업 중 수리시설(水利施設) 개수·보수 사업, 농경지 배수(排水) 개선사업, 저수지 정비사업, 방조제 정비사업
3. 「댐건설 및 주변지역지원 등에 관한 법률」 제18조의2에 따른 댐의 관리를 위한 사업
4. 「도로법」 제31조에 따른 도로공사 중 재난 및 안전관리를 위하여 시행하는 사업
5. 「산림기본법」 제15조에 따른 산림재해 예방사업
6. 「사방사업법」 제3조에 따른 사방사업(砂防事業)
7. 「어촌·어항법」 제2조제6호나목에 따른 어항정비사업
8. 「연안관리법」 제2조제4호에 따른 연안정비사업
9. 「지진·화산재해대책법」 제15조에 따른 기존 공공시설물의 내진보강사업
10. 「하천법」 제27조에 따른 하천공사사업
11. 「항만법」 제9조에 따른 항만개발 사업 중 재난 예방을 위한 사업
12. 그 밖에 중앙위원회의 위원장이 정하는 사업

## 005

정답 ④ 기본서 1권 258p

해설
> **시행령 제10조 3**
> 중앙재난방송협의회의 위원은 다음 각 호의 사람이 된다.
> 1. 과학기술정보통신부, 행정안전부, 국무조정실, 방송통신위원회 및 기상청의 고위공무원단에 속하는 일반직 공무원 또는 이에 상당하는 공무원 중에서 해당 기관의 장이 지명하는 사람 각 1명
> 2. 관계 중앙행정기관(제1호의 위원이 소속된 기관은 제외한다)의 고위공무원단에 속하는 일반직 공무원 또는 이에 상당하는 공무원 중에서 재난의 유형에 따라 해당 중앙행정기관의 장의 추천을 받아 과학기술정보통신부장관이 임명하는 사람. 이 경우 과학기술정보통신부장관은 임명 대상에 대하여 방송통신위원회위원장과 미리 협의하여야 한다.
> 3. 다음 각 목의 어느 하나에 해당하는 사람 중에서 방송통신위원회위원장과 협의하여 과학기술정보통신부장관이 위촉하는 사람
>    가. 「방송법 시행령」 제1조의2제1호에 따른 지상파텔레비전방송사업자(「방송법 시행령」 제25조의2에 따른 지역방송을 하는 방송사업자는 제외한다)에 소속된 사람으로서 재난방송을 총괄하는 직위에 있는 사람
>    나. 「방송법 시행령」 제1조의2제6호에 따른 텔레비전방송채널사용사업자 중 종합편성 또는 보도전문편성을 행하는 방송채널사용사업자에 소속된 사람으로서 재난방송을 총괄하는 직위에 있는 사람
>    다. 「고등교육법」에 따른 대학·산업대학·전문대학 및 기술대학에서 재난 또는 방송과 관련된 학문을 교수하는 사람으로서 조교수 이상의 직위에 있는 사람
>    라. 재난 또는 방송 관련 연구기관이나 단체 또는 산업 분야에 종사하는 사람으로서 해당 분야의 경력이 5년 이상인 사람

## 006

정답 ② 기본서 1권 258p

해설
㉠ 재난에 관한 예보·경보·통지나 응급조치 및 재난관리를 위한 재난방송이 원활히 수행될 수 있도록 중앙위원회에 중앙재난방송협의회를 두어야 한다.
㉢ 중앙재난방송협의회의 구성 및 운영에 필요한 사항은 대통령령으로 정하고, 시·도 재난방송협의회와 시·군·구 재난방송협의회의 구성 및 운영에 필요한 사항은 해당 지방자치단체 조례로 정한다.

## 007

정답 ① 기본서 1권 268p

해설 재난 및 안전관리 기본법 제16조 【지역재난안전대책본부】
① 해당 관할 구역에서 재난의 수습 등에 관한 사항을 총괄·조정하고 필요한 조치를 하기 위하여 시·도지사는 시·도재난안전대책본부(이하 "시·도대책본부"라 한다)를 두고, 시장·군수·구청장은 시·군·구재난안전대책본부(이하 "시·군·구대책본부"라 한다)를 둔다.
② 시·도대책본부 또는 시·군·구대책본부(이하 "지역대책본부"라 한다)의 본부장(이하 "지역대책본부장"이라 한다)은 시·도지사 또는 시장·군수·구청장이 되며, 지역대책본부장은 지역대책본부의 업무를 총괄하고 필요하다고 인정하면 대통령령으로 정하는 바에 따라 지역재난안전대책본부회의를 소집할 수 있다.
③ 시·군·구대책본부의 장은 재난현장의 총괄·조정 및 지원을 위하여 재난현장 통합지원본부(이하 "통합지원본부"라 한다)를 설치·운영할 수 있다. 이 경우 통합지원본부의 장은 긴급구조에 대해서는 제52조에 따른 시·군·구긴급구조통제단장의 현장지휘에 협력하여야 한다.
④ 통합지원본부의 장은 관할 시·군·구의 부단체장이 되며, 실무반을 편성하여 운영할 수 있다.
⑤ 지역대책본부 및 통합지원본부의 구성과 운영에 필요한 사항은 해당 지방자치단체의 조례로 정한다.
※ 부단체장: 부지사·부시장·부군수·부구청장

## 008

정답 ①　기본서 1권　270p

해설　모두 옳은 지문이다.

제18조【재난안전상황실】
① 행정안전부장관, 시·도지사 및 시장·군수·구청장은 재난정보의 수집·전파, 상황관리, 재난발생 시 초동조치 및 지휘 등의 업무를 수행하기 위하여 다음 각 호의 구분에 따른 상시 재난안전상황실을 설치·운영하여야 한다.
　1. 행정안전부장관: 중앙재난안전상황실
　2. 시·도지사 및 시장·군수·구청장: 시·도별 및 시·군·구별 재난안전상황실
② 삭제
③ 중앙행정기관의 장은 소관 업무분야의 재난상황을 관리하기 위하여 재난안전상황실을 설치·운영하거나 재난상황을 관리할 수 있는 체계를 갖추어야 한다.
④ 제3조제5호나목에 따른 재난관리책임기관의 장은 재난에 관한 상황관리를 위하여 재난안전상황실을 설치·운영할 수 있다.
⑤ 제1항제2호, 제3항 및 제4항에 따른 재난안전상황실은 제1항제1호에 따른 중앙재난안전상황실 및 다른 기관의 재난안전상황실과 유기적인 협조체제를 유지하고, 재난관리정보를 공유하여야 한다.

## 009

정답 ①　기본서 1권　270~271p

해설　모두 옳은 지문이다.

제19조【재난 신고 등】
① 누구든지 재난의 발생이나 재난이 발생할 징후를 발견하였을 때에는 즉시 그 사실을 시장·군수·구청장·긴급구조기관, 그 밖의 관계 행정기관에 신고하여야 한다.
② 제1항에 따른 신고를 받은 시장·군수·구청장과 그 밖의 관계 행정기관의 장은 관할 긴급구조기관의 장에게, 긴급구조기관의 장은 그 소재지 관할 시장·군수·구청장 및 재난관리주관기관의 장에게 통보하여 응급대처방안을 마련할 수 있도록 조치하여야 한다.

제20조【재난상황의 보고】
① 시장·군수·구청장, 소방서장, 해양경찰서장, 제3조제5호나목에 따른 재난관리책임기관의 장 또는 제26조제1항에 따른 국가핵심기반을 관리하는 기관·단체의 장(이하 "관리기관의 장"이라 한다)은 그 관할구역, 소관 업무 또는 시설에서 재난이 발생하거나 발생할 우려가 있으면 대통령령으로 정하는 바에 따라 재난상황에 대해서는 즉시, 응급조치 및 수습현황에 대해서는 지체 없이 각각 행정안전부장관, 관계 재난관리주관기관의 장 및 시·도지사에게 보고하거나 통보하여야 한다. 이 경우 관계 재난관리주관기관의 장 및 시·도지사는 보고받은 사항을 확인·종합하여 행정안전부장관에게 통보하여야 한다.
② 삭제
③ 삭제
④ 시장·군수·구청장, 소방서장, 해양경찰서장, 제3조제5호나목에 따른 재난관리책임기관의 장 또는 관리기관의 장은 재난이 발생한 경우 또는 재난 발생을 신고받거나 통보받은 경우에는 즉시 관계 재난관리책임기관의 장에게 통보하여야 한다.
⑤ 삭제

# 010 ★★★

**정답** ② 　기본서 1권　278p

**해설** 재난 및 안전관리 기본법
제26조 제1항【국가핵심기반의 지정 등】
① 관계 중앙행정기관의 장은 소관 분야의 국가핵심기반을 다음 각 호의 기준에 따라 조정위원회의 심의를 거쳐 지정할 수 있다.
　1. 다른 국가핵심기반 등에 미치는 연쇄효과
　2. 둘 이상의 중앙행정기관의 공동대응 필요성
　3. 재난이 발생하는 경우 국가안전보장과 경제·사회에 미치는 피해 규모 및 범위
　4. 재난의 발생 가능성 또는 그 복구의 용이성

# 011 ★★★

**정답** ③ 　기본서 1권　289~290p

**해설** ③ 시장·군수·구청장이 작성한 현장조치 행동매뉴얼에 대하여는 시·도지사의 승인을 받아야 한다.

제34조의5 제2항, 제3항, 제7항, 제9항【재난분야 위기관리 매뉴얼 작성·운용】
② 행정안전부장관은 재난유형별 위기관리 매뉴얼의 작성 및 운용기준을 정하여 재난관리책임기관의 장에게 통보할 수 있다.
③ 재난관리주관기관의 장이 작성한 위기관리 표준매뉴얼은 행정안전부장관의 승인을 받아 이를 확정하고, 위기대응 실무매뉴얼과 연계하여 운용하여야 한다.
⑦ 시장·군수·구청장이 작성한 현장조치 행동매뉴얼에 대하여는 시·도지사의 승인을 받아야 한다. 시·도지사는 현장조치 행동매뉴얼을 승인하는 때에는 재난관리주관기관의 장이 작성한 위기대응 실무매뉴얼과 연계되도록 하여야 하며, 승인 결과를 재난관리주관기관의 장 및 행정안전부장관에게 보고하여야 한다.
⑨ 행정안전부장관은 재난관리업무를 효율적으로 하기 위하여 대통령령으로 정하는 바에 따라 위기관리에 필요한 매뉴얼 표준안을 연구·개발하여 보급할 수 있다. 이 경우 다음 각 호의 사항을 고려하여야 한다.
　1. 재난유형에 따른 국민행동요령의 표준화
　2. 재난유형에 따른 예방·대비·대응·복구 단계별 조치사항에 관한 연구 및 표준화
　3. 재난현장에서의 대응과 상호협력 절차에 관한 연구 및 표준화
　4. 안전취약계층의 특성을 반영한 연구·개발
　5. 그 밖에 위기관리에 관한 매뉴얼의 개선·보완에 필요한 사항

## 012

정답 ① 기본서 1권 301p

해설 ① **중앙**긴급구조통제단장이 아니라 **지역**긴급구조통제단이다.
① 중앙긴급구조통제단장은 재난이 발생하면 소속 긴급구조요원을 재난현장에 신속히 출동시켜 필요한 긴급구조활동을 하게 하여야 한다.
→ 재난 및 안전관리 기본법 제51조(긴급구조) ① <u>지역통제단장은 재난이 발생하면 소속 긴급구조요원을 재난현장에 신속히 출동시켜 필요한 긴급구조활동을 하게 하여야 한다.</u>
② 중앙긴급구조통제단은 긴급구조활동을 지휘하고 통제하는 기능을 한다.
→ 재난 및 안전관리 기본법 시행령 제54조(중앙통제단의 기능) 중앙통제단은 법 제49조 제4항에 따라 다음 각 호의 기능을 수행한다.
 1. 국가 긴급구조대책의 총괄·조정
 2. **긴급구조활동의 지휘·통제**(긴급구조활동에 필요한 긴급구조기관의 인력과 장비 등의 동원을 포함한다.)
③ 중앙긴급구조통제단의 구성·기능 및 운영에 필요한 사항은 대통령령으로 정한다.
→ 재난 및 안전관리기본법 제49조 ④ 중앙통제단의 구성·기능 및 운영에 필요한 사항은 <u>대통령령으로 정한다.</u>
④ 중앙긴급구조통제단은 소방청에 두며, 통제단장은 소방청장이 된다.
→ 재난 및 안전관리 기본법 제49조(중앙긴급구조통제단) ① 긴급구조에 관한 사항의 총괄·조정, 긴급구조기관 및 긴급구조지원기관이 하는 긴급구조활동의 역할 분담과 지휘·통제를 위하여 소방청에 중앙긴급구조통제단(이하 "중앙통제단"이라 한다)을 둔다. ② 중앙통제단의 단장은 소방청장이 된다.

## 013

정답 ① 기본서 1권 292p

해설 ① 훈련주관기관의 장은 대통령령으로 정하는 바에 따라 <u>매년 정기적으로 또는 수시로</u> 재난관리책임기관, 긴급구조지원기관 및 군부대 등 관계 기관(이하 이조에서 "훈련참여기관"이라 한다)과 합동으로 재난대비훈련(제34조의5에 따른 위기관리 매뉴얼의 숙달훈련을 포함한다)을 실시하여야 한다.

## 014

정답 ④ 심화

해설 **제11조의4(재난문자방송에 대한 기준·운영 등)**
① 영 제46조의2제3항에 따른 재난문자방송(이하 "재난문자방송"이라 한다)에는 태풍·호우(豪雨)·대설·산불 등의 재난이 발생할 경우에 대비한 행동요령 등이 포함되어야 한다.
② 재난문자방송과 관계되는 재난관리책임기관의 장은 재난이 발생하거나 발생할 우려가 있을 때에는 재난정보를 중앙대책본부장에게 제공하여야 하며, 중앙대책본부장은 영 제46조의2제1항제5호의 전기통신사업자에게 재난정보를 재난문자방송으로 송출하도록 요청할 수 있다.
③ 제1항과 제2항에서 규정한 사항 외에 재난문자방송의 기준 및 운영에 필요한 세부 사항은 행정안전부장관이 정한다. 다만, 지진·지진해일·화산에 대한 재난문자방송의 기준 및 운영에 필요한 세부 사항은 기상청장이 정한다.

## 015

정답 ① 기본서 1권 195p

해설
ⓒ 긴급구조대응계획심의위원회의 위원장은 긴급구조기관의 장이 되고, 위원은 긴급구조지원기관의 장으로 구성하되 위원장을 포함하여 7인 이상 11인 이하로 한다.(긴급구조대응활동 및 현장지휘에 관한 규칙 제29조)
ⓒ 통제단장은 사상자의 수에 따라 재난현장에 적정한 현장응급의료소를 설치 및 운영하여야 한다.(긴급구조대응활동 및 현장지휘에 관한 규칙 제20조 제1항)
ⓔ 현장응급의료소에 두어야 할 의료인의 수는 응급의학 전문의를 포함한 의사 3명, 간호사 또는 1급 응급구조사 4명, 지원요원 1명이다.(긴급구조대응활동 및 현장지휘에 관한 규칙 제20조 제9항)

## 016

정답 ② 기본서 1권 306p

해설 **긴급구조지휘대 구성·운영(재난 및 안전관리 기본법 시행령 제65조 제1항)**
① 법 제55조 제2항에 따른 긴급구조지휘대는 다음 각 호의 사람으로 구성하여야 한다.
 1. 현장지휘요원
 2. 자원지원요원
 3. 통신지원요원
 4. 안전관리요원
 5. 상황조사요원
 6. 구급지휘요원

## 017

정답 ③ 기본서 1권 270p, 300p

해설
ⓐ 재난현장 지휘 시 긴급구조통제단장이 될 수 있는 사람은 소방청장, 소방본부장, 소방서장이다.
ⓑ 상시 재난안전상황실을 설치 운영해야 하는 사람은 행정안전부장관, 시·도지사 및 시장, 군수, 구청장이다.
ⓒ 안전점검의 날은 매월 4일로 하고, 방재의 날은 매년 5월 25일로 한다.

## 018

**정답** ④ 　기본서 1권　320p

**해설**
① 특별재난지역으로 선포되지 아니한 지역의 사회재난으로 부상을 당한 피해주민에 대한 구호 등의 지원기준은 해당 지방자치단체의 조례로 정한다.(법 제66조 제4항)
② 사회재난 중 특별재난지역으로 선포된 지역의 재난의 원활한 복구를 위하여 필요하면 대통령령으로 정하는 바에 따라 그 비용을 국고에서 부담한다.(법 제66조 제1항)
③ 대피명령을 방해하거나 위반하여 발생한 피해에 대하여는 부담하지 아니한다.(법 제66조 제1항)

재난 및 안전관리 기본법 제66조 제1항, 제3항, 제4항(재난지역에 대한 국고보조 등의 지원)
① 국가는 다음 각 호의 어느 하나에 해당하는 재난의 원활한 복구를 위하여 필요하면 대통령령으로 정하는 바에 따라 그 비용(제65조제1항에 따른 보상금을 포함한다)의 전부 또는 일부를 국고에서 부담하거나 지방자치단체, 그 밖의 재난관리책임자에게 보조할 수 있다. 다만, 제39조제1항(제46조제1항에 따라 시·도지사가 하는 경우를 포함한다) 또는 제40조제1항의 대피명령을 방해하거나 위반하여 발생한 피해에 대하여는 그러하지 아니하다.
　1. 자연재난
　2. 사회재난 중 제60조제2항에 따라 특별재난지역으로 선포된 지역의 재난
③ 국가와 지방자치단체는 재난으로 피해를 입은 시설의 복구와 피해주민의 생계 안정 및 피해기업의 경영 안정을 위하여 다음 각 호의 지원을 할 수 있다. 다만, 다른 법령에 따라 국가 또는 지방자치단체가 같은 종류의 보상금 또는 지원금을 지급하거나, 제3조제1호나목에 해당하는 재난으로 피해를 유발한 원인자가 보험금 등을 지급하는 경우에는 그 보상금, 지원금 또는 보험금 등에 상당하는 금액은 지급하지 아니한다.
　1. 사망자·실종자·부상자 등 피해주민에 대한 구호
　2. 주거용 건축물의 복구비 지원
　3. 고등학생의 학자금 면제
　4. 자금의 융자, 보증, 상환기한의 연기, 그 이자의 감면 등 관계 법령에서 정하는 금융지원
　5. 세입자 보조 등 생계안정 지원
　6. 관계 법령에서 정하는 바에 따라 국세·지방세, 건강보험료·연금보험료, 통신요금, 전기요금 등의 경감 또는 납부유예 등의 간접지원
　7. 주 생계수단인 농업·어업·임업·염생산업(鹽生産業)에 피해를 입은 경우에 해당 시설의 복구를 위한 지원
　8. 공공시설 피해에 대한 복구사업비 지원
　9. 그 밖에 제14조제3항 본문에 따른 중앙재난안전대책본부회의에서 결정한 지원 또는 제16조제2항에 따른 지역재난안전대책본부회의에서 결정한 지원
④ 제3항에 따른 지원의 기준은 제1항 각 호의 어느 하나에 해당하는 재난에 대해서는 대통령령으로 정하고, 사회재난으로서 제60조제2항에 따라 특별재난지역으로 선포되지 아니한 지역의 재난에 대해서는 해당 지방자치단체의 조례로 정한다.

## 019

**정답** ③  **기본서 1권** 344~345p

**해설**
③ 정당한 사유 없이 응급부담이나 시·도지사가 실시하는 응급조치에 따른 토지·건축물·인공구조물이나 그 밖의 소유물의 일시 사용 또는 장애물의 변경이나 제거를 거부하거나 방해한 자
→ 500만 원 이하의 벌금
① 정당한 사유 없이 긴급안전점검을 거부 또는 기피하거나 방해한 자
→ 1년 이하의 징역 또는 1천만 원 이하의 벌금
② 정당한 사유 없이 위험구역에 출입하는 행위나 그 밖의 행위의 금지명령 또는 제한명령을 위반한자
→ 1년 이하의 징역 또는 1천만 원 이하의 벌금
④ 정당한 사유 없이 재난예방을 위한 긴급안전점검을 거부 또는 기피하거나 방해한 자
→ 1년 이하의 징역 또는 1천만 원 이하의 벌금

## 020

**정답** ②  **기본서 1권** 346p

**해설** 하인리히는 수많은 산업재해 자료를 분석한 결과로 평균적으로 한 건의 큰 사고 전에 29번의 작은 사고가 발생하고 300번의 잠재적 징후들이 나타난다는 이론으로 흔히 "1 : 29 : 300의 법칙"이라고도 한다.

㉠ = 1, ㉡ = 29, ㉢ = 300
1 + 29 + 300 = 330

## 021

**정답** ②  **기본서 1권** 346p

**해설**
- 1 - 중상
- 10 - 경상
- 30 - 무상해 사고
- 600 - 무사고 고장, 무상해

## 022

**정답** ④  **기본서 1권** 349p

**해설** **재해의 기본요인 4M**
재해분석의 방법으로 세계에서 가장 적절한 것은 미국의 공군에서 개발되어 미국의 국가교통안전위원회가 채택하고 있는 방법이다.
① Man(인간) : 에러를 일으키는 인적요인
② Machine(기계) : 기계·설비의 결함, 고장 등의 물적요인
③ Media(매체) : 작업정보, 방법, 환경 등의 요인
④ Management(관리) : 관리상의 요인

## 023

**정답** ④ 　기본서 1권　296~298p

**해설**
법 제39조(동원명령 등) 중앙대책본부장과 시장・군수・구청장
법 제40조(대피명령) 시장・군수・구청장과 지역통제단장
법 제41조(위험구역의 설정) 시장・군수・구청장과 지역통제단장
법 제42조(강제대피조치) 시장・군수・구청장과 지역통제단장
법 제43조(통행제한 등) 시장・군수・구청장과 지역통제단장
법 제44조(응원요청) 시장・군수・구청장

## 024

**정답** ④ 　기본서 1권　237p

**해설** 감염병은 사회재난에 해당한다.

정의(법 제3조)
(1) 재난
국민의 생명・신체・재산과 국가에 피해를 주거나 줄 수 있는 것으로서 다음의 것을 말한다.
① 자연재난 : 태풍, 홍수, 호우(豪雨), 강풍, 풍랑, 해일(海溢), 대설, 한파, 낙뢰, 가뭄, 폭염, 지진, 황사(黃砂), 조류(藻類) 대발생, 조수(潮水), 화산활동, 「우주개발 진흥법」에 따른 자연우주물체의 추락・충돌, 그 밖에 이에 준하는 자연현상으로 인하여 발생하는 재해
② 사회재난 : 사회재난: 화재・붕괴・폭발・교통사고(항공사고 및 해상사고를 포함한다)・화생방사고・환경오염사고・다중운집인파사고 등으로 인하여 발생하는 대통령령으로 정하는 규모 이상의 피해와 국가핵심기반의 마비, 「감염병의 예방 및 관리에 관한 법률」에 따른 감염병 또는 「가축전염병예방법」에 따른 가축전염병의 확산, 「미세먼지 저감 및 관리에 관한 특별법」에 따른 미세먼지, 「우주개발 진흥법」에 따른 인공우주물체의 추락・충돌 등으로 인한 피해

## 025

**정답** ① 　기본서 1권　240~241p

**해설** ① 재난 시 유사기관 간의 중복적 대응이 있을 수 있으므로 전체적 관리능력이 저하된다.
→ 분산관리의 특징에 해당한다.

※ 분산관리
 • 재난의 발생 유형에 따라 소관부처별로 업무를 분산시킨다.
 • 재난의 종류에 따라 대응방식의 차이와 대응계획 및 책임기관도 각각 다르게 배정된다.
 • 재난에 대비한 통합적 국가정책이 어렵기 때문에 전체적 관리능력이 저하된다.
 • 관련부처의 수가 많다.
 • 책임이 분산된다.
 • 재난 시 유사기관 간의 중복적 대응이 있을 수 있다.
 • 지휘체계가 다양하다.

# PART III 연소이론

## CHAPTER 1 연소개요 등

**001**
정답 ③ 기본서 2권 24p

해설 ① 위험도가 제일 큰 것은 ㉠이다.
  ㉠ 이황화탄소 : 35.7
  ㉡ 수소 : 17.8
  ㉢ 에탄 : 3.1
  ㉣ 부탄 : 3.7
② ㉢의 MOC는 10.5이다.

에탄 : $C_2H_6 + \dfrac{7}{2}O_2 \rightarrow 2CO_2 + 3H_2O$

에탄의 연소범위 : 3~12.5
MOC(최소산소농도) = 연소하한계 × 산소몰수

$\dfrac{7}{2} \times 3 = 10.5$

④ 탄화수소계열은 탄소수가 증가할수록 발화점은 낮아지지만 인화점은 높아진다.

**002**
정답 ① 기본서 2권 24p

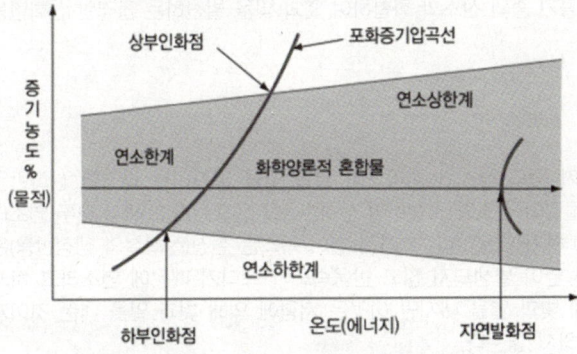

## 003

**정답** ④ 심화

**해설** ④ 생성계로의 총방출열량은 원인계의 연소열에서 연소가 지속되기 위한 활성화에너지를 제외한 값이 된다.
→ 생성계로의 총방출열량은 원인계의 연소열에서 연소가 지속되기 위한 활성화에너지를 합한 값이 된다.

※ 연소조건에서 시간에 따른 에너지관계(에너지수지)
가. 연소는 $CH_4 + 2O_2 \rightarrow CO_2 + 2H_2O + \Delta H$ kcal/kmol의 연소식과 같이 원인계에서 생성계로의 물질의 화학적 변화이다.
나. 연소는 에너지가 높은 원인계에서 에너지가 낮은 생성계로 바로 변화하는 것이라 원인계에 일정한 활성화에너지가 주어져야 한다.
다. 연소가 지속되기 위해서는 활성화에너지를 받아 화재의 시작점인 발화가 시작된 후 발열반응에 의한 연소열에 의해 원인계인 미반응부분의 활성화가 계속 일어나는 연쇄반응이 필요하게 된다.
라. 발화에너지를 E, 연소열을 Q, 원인계가 생성계로 이동할 때의 방출에너지를 W라 하면 시간에 따른 에너지 변화는 다음의 그림과 같다.

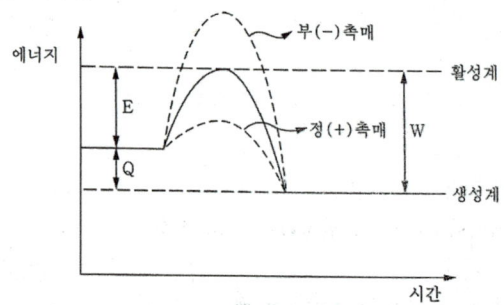

마. 물질이 에너지가 높은 원인계에서 에너지가 낮은 생성계로 변하여 안정된 상태로 되려고 하나 중간에 활성화에너지의 벽을 넘어서야 한다. 따라서 추가로 에너지를 공급하여 주는데 이를 발화에너지(점화에너지)라 한다.
바. 연소열은 미반응의 활성화 및 열전달인 전도, 대류, 복사 등의 열로 소모하게 되며 **W(방출에너지) = Q(연소열) + E(발화에너지)**가 된다.

## 004

**정답** ① 기본서 2권 12p

**해설** ① 연소를 **물리적**으로 정의하면 「가연물이 공기 중의 산소와 화합하여 열과 빛을 발산하는 급격한 산화반응 현상」이라고 할 수 있다.
→ 화학적

※ 연소의 정의
연소를 화학적으로 정의하면 「가연물이 공기 중의 산소와 화합하여 열과 빛을 발산하는 급격한 산화반응 현상」이라고 할 수 있다. 다시 말해 단순히 물질이 산소와 결합하여 산화반응을 일으킨다고 해서 모두 연소라고 하지 않는다. 동시에 빛과 열을 발산해야 하기 때문이다. 그래서 철이 녹스는 현상(산화철의 생성반응)은 철이 산소와 결합하는 산화반응이지만 빛과 열이 발생되지 않고 반응속도가 느리기 때문에 연소라고 하지 않는다. 또한 백열전구의 니크롬선이 빨갛게 빛과 열을 내지만 이것은 저항에 의해 빛과 열을 내는 것이지 산화반응이 아니기 때문에 또한 연소라고 하지 않는다.

## 005

**정답** ③ 　기본서 2권　6p

**해설**
- ㉠ **질량보존의 법칙**(라보아제) : 화학 변화에 반응하는 물질의 질량의 총합과 반응 후에 생긴 물질의 질량의 총합은 변하지 않고 일정하다는 것을 질량보존의 법칙이라고 한다.
- ㉡ **일정성분비의 법칙**(정비례의 법칙)(프루스트) : 모든 화합물에 있어서 그 구성하고 있는 성분원소의 질량의 비는 항상 일정하다.
- ㉢ **배수비례의 법칙**(돌턴) : 두 원소가 화합하여 2가지 이상의 화합물을 만들 때 A원소의 일정량과 결합하는 다른 원소의 질량에는 간단한 정수비가 성립한다.
  ($CO : CO_2$, $H_2O : H_2O_2$)

※ 분자에 관한 법칙
- ㉠ **기체반응의 법칙** : 화학반응에 관하여는 기체물질의 부피비는 간단한 정수비가 성립된다.
- ㉡ **아보가드로의 법칙** : 모든 기체는 같은 온도 같은 압력에서 같은 부피속에 들어 있는 분자수는 같다.
- ㉢ **보일의 법칙** $PV = P'V'$
  모든 기체는 온도가 일정할 때 일정량의 기체의 부피는 압력에 반비례한다.
- ㉣ **샤를의 법칙** $V/T = V'/T'$
  모든 기체의 부피는 압력이 일정할 때 절대온도에 비례한다.
- ㉤ **보일-샤를의 법칙** $PV/T = P'V'/T'$
  일정량 기체의 부피는 압력에 반비례하고 절대온도에 비례한다.

※ 이상기체 상태방정식
$PV = nRT = W/MRT$, $\rho = PM/RT$
V : 부피($m^3$)
R : 0.082(atm·$m^3$/kg·mole·K)
W : 무게(kg)
$\rho$ : 밀도(kg/$m^3$)

P : 압력(atm)
n : 몰수(W/M)
T : 절대온도(273 + ℃)(K)
M : 분자량

### 006

**정답** ① 심화

**해설**

가. 관계식 = $\dfrac{Q_s}{Q_a} = \dfrac{T_s}{T_a}$

$Q_s$ : 연기의 체적유량($m^3/s$),
$T_s$ : 연기의 절대온도(°K),
$Q_a$ : 공기의 체적유량($m^3/s$),
$T_a$ : 공기의 절대온도(°K)

나. 풀이

$\dfrac{Q_s}{Q_a} = \dfrac{600+273}{21+273} = \dfrac{Q_s}{Q_a} = \dfrac{873}{294} ≒ 2.97 ≒ 3배$

연기의 체적유량이 약 3배 증가하였으나 <u>연소에 따른 물질이동은 무시할 수 있다는 전제조건</u>이 있으므로 압력 또한 **약 3배가 증가**하게 된다.

※ 위의 관계식은 아래 샤를의 법칙에 근거한다.
샤를의 법칙 : **체적이 일정할 때** 절대압력은 절대온도에 비례한다.
$V_1 = V_2$ 일 때
$\dfrac{P_1}{T_1} = \dfrac{P_2}{T_2} = R(일정)$

### 007

**정답** ③ 기본서 2권 17p

**해설** ③ 표면적이 작을수록 자연발화가 쉽고 분말이나 액체가 종이 등에 부착되어 있는 상태가 자연발화가 쉽다.
→ 클수록

※ 자연발화의 조건
① 열전도율이 작을 것. 보온효과가 좋으려면 열이 축적되기 쉬운 분말상이나 섬유상의 물질이 공기를 많이 포함하기 때문에 단열적이 되며 열전도율은 작은 쪽이 좋다.
② 발열량이 클 것. 발열량이 클수록 열의 축적이 잘 이루어진다.
③ 주위온도가 높을 것. 온도가 높으면 반응속도가 빠르기 때문에 열의 발생이 증가하여 이런 경우 반응속도는 온도 상승에 따라 현저하게 증가한다.
④ 표면적이 넓을 것. 표면적이 클수록 자연발화가 쉽고 분말이나 액체가 종이 등에 부착되어 있는 상태가 자연발화가 쉽다.

## 008

**정답** ② 기본서 2권 16~17p

**해설**
㉠ 자연발화 조건 중 비표면적이 클수록 자연발화되기 쉽다.
㉢ 석탄은 산화열이지만, 목탄은 흡착열에 해당된다.
㉣ 습도를 낮게 하는 것이 자연발화의 방지법이다.
㉥ 유전열은 전기열에 해당된다.

## 009

**정답** ④ 기본서 2권 14p

**해설**
※ 가연성 물질이 될 수 없는 조건
- 흡열반응물질 : 산화반응이라도 흡열반응 물질은 가연물에서 제외된다.
- 불활성 기체 : He, Ne, Ar, Kr, Xe, Rn은 화학적으로 안정하여 반응하지 않는다.
- 산화반응이 완결된 물질 : 이미 산화된 물질인 $CO_2$, $H_2O$ 등은 더 이상 산소와 결합하지 않는다.

## 010

**정답** ② 기본서 2권 55p

**해설** ② 연소하한계 : 2.75%, 연소상한계 : 17.5%

풀이)
연소하한계 : $0.55 \times 5 = 2.75\%$
연소상한계 : $3.5 \times 5 = 17.5\%$

## 011

**정답** ③ 기본서 2권 14p

**해설** ③ 반응속도는 활성화에너지가 **큰 경우** 혹은 분자간의 충돌 빈도가 높은 상태에서 빠르고 또한 반응온도가 높을수록 반응속도는 빠르다.
→ 작은 경우

※ 점화원
반응속도는 활성화에너지가 작은 경우 혹은 분자간의 충돌 빈도가 높은 상태에서 빠르고 또한 반응온도가 높을수록 반응속도는 빠르다. 일반적으로 상온상태에서 온도가 10℃ 올라가면 반응속도는 2배가 된다.

Ⅲ. 연소이론

## 012

**정답** ① 기본서 2권 18p

**해설** ① 전선에 교류전류가 흐르면 그 전선에 평행한 다른 전선에 전류를 유도하고 유도된 전류가 흐르는 전선에 그 유도전류의 크기에 적당한 전류용량을 **가지면** 저항열이 생긴다.
→ 갖지 못하면

※ 전기에너지
유도열(Induction Heating)
도체 주위에 변화하는 자장이 존재하면 전위차가 발생하고 이 전위차로 말미암아 전류의 흐름이 일어난다. 유도열을 사용한 형태의 하나로 고주파 전류가 흐르는 코일 내에서 가열시키는 방법이 있다. 전선에 교류전류가 흐르면 그 전선에 평행한 다른 전선에 전류를 유도하고 유도된 전류가 흐르는 전선에 그 유도전류의 크기에 적당한 전류용량을 갖지 못하면 저항열이 생긴다.

## 013

**정답** ② 기본서 2권 17p

**해설** ② **자연발열은** 어떤 물질이 완전히 산화되는 과정(즉, 이산화탄소와 물로 되는 과정)에서 발생하는 열을 말한다.
→ 연소열은

※ 연소열(燃燒熱, Heat of Combustion)
- 연소열은 어떤 물질이 완전히 산화되는 과정(즉, 이산화탄소와 물로 되는 과정)에서 발생하는 열을 말한다.
- 어떤 물질의 연소열은 그 물질 분자를 구성하는 원자의 종류, 수 및 배열방식에 따라 다르다.

## 014

**정답** ④ 기본서 2권 52p

**해설** ① 푸리에의 법칙
→ 고체에서의 열전달(전도)
② 스테판-볼츠만의 법칙
→ 전자파에 의한 열전달(복사)
③ 주울의 법칙
→ 내부에너지는 절대온도만의 함수

## 015

**정답** ④ 기본서 2권 25p

**해설** 모두 옳은 지문이다. 특히 순으로 높다와 순으로 낮다는 개념에 주의를 해야 한다. 맨 앞이 순으로 높다고 했을시 제일 높은 것이고, 순으로 낮다고 했을 때는 제일 앞이 제일 낮다.

## 016

**정답** ③   기본서 2권   13p

**해설** (최근 소방간부 시험에서 화학반응식을 만들고 이해하는 문제가 자주 출제되고 있다.)
부탄의 완전연소 반응식은
$2C_4H_{10} + 13O_2 \rightarrow 8CO_2 + 10H_2O$ 이다.
분자식 앞의 계수비(2 : 13 : 8 : 10)는 몰(mol)수비, 부피비, 분자수비가 된다.
㉠ 부탄 2mol의 경우 산소는 13mol이 필요하게 된다.
㉡ 부탄의 2mol의 부피가 $4m^3$ 이었다면 발생한 이산화탄소의 부피는 $16m^3$ 이다.
㉢ 부탄의 2mol의 부피가 $2m^3$ 이었다면 필요한 산소의 부피는 $13m^3$ 이다. 공기 중 산소는 21% 차지하기 때문에 100 : 21 = X : 13 이므로 필요한 공기의 부피(X)는 $1300/21m^3(61.9m^3)$ 이다.
㉣ 부탄과 물의 계수비는 2 : 10 분자수비도 2 : 10 이므로 부탄분자 6개 완전연소에 물 분자 30개가 생성될 것이다.

## 017

**정답** ③   심화

**해설** 발열반응이지만 산소와 반응하지도 않고, 빛을 발하지도 아니하므로 연소반응이 아니다.
③ $CaC_2 + 2H_2O \rightarrow C_2H_2 + Ca(OH)_2 + 33.07 kcal/mol$
→ 탄화칼슘은 물과 반응하기 쉬우며, 반응 시 발열이 수반된다.
※ 연소 : 가연성물질이 공기 중의 산소와 반응하여 열과 빛을 발하면서 산화하는 현상

## 018

**정답** ③   기본서 2권   15p

**해설** ① 자기반응성 물질은 연소에 필요한 산소공급원을 함유하고 있는 물질로서 나이트로글리세린, 나이트로셀룰로오스, TNT 등의 **제6류 위험물**이 자기연소성 물질에 해당된다.
→ 제5류 위험물
② **환원제**는 제1류 위험물, 제6류 위험물 등으로서 분자 내의 다량의 산소를 함유하고 있는 물질이다.
→ 산화제
④ 산소공급원으로 공기, 지연성 가스, **환원제**, 자기반응성(연소성) 물질 등이 있다.
→ 산화제

## 019

**정답** ② 기본서 2권 9p

**해설** 이상기체 상태방정식 PV=nRT, PV/T는 일정
여기서 사용하는 온도는 절대온도.
- 27℃ = 300K,
- 127℃ = 400K,
1 [atm] × 12 [L] / 300 [K] = 3 [atm] × V [L] / 400 [K]
V = 1/3 × 12 × 400/300 = 16/3 [L]
V= 5.33...

## 020

**정답** ④ 기본서 2권 25p

**해설** 휘발유 < 벤젠 < 톨루엔 < 등유 < 클레오소트유
- 휘발유 : −43 ∼ −20℃
- 벤젠 : −11℃
- 톨루엔 : 4℃
- 등유 : 30 ∼ 60℃
- 클레오소트유 : 74℃

## 021

**정답** ④ 심화

**해설** 화학 반응식은 $C + \frac{1}{2}O_2 \rightarrow CO$ 가 된다.
㉠ 목재(C)와 일산화탄소의 계수비가 1:1이므로 목재 10mol 연소에 CO가 10mol 생성된다.
㉡ 목재와 산소의 부피비가 2 : 1 이므로 목재 42$m^3$ 에 산소는 21$m^3$ 이 필요하게 된다. 공기 중에 산소가 21% 차지하게 되므로 100 : 21 = X : 21이므로 공기의 부피(X)는 100$m^3$ 이 된다.
㉢ 목재를 완전연소 시키면 일산화탄소 대신 이산화탄소가 발생하게 된다. 화학반응식을 만들어 보면 $C + O_2 \rightarrow CO_2$ 가 된다. 탄소와 산소의 계수비가 1 : 1 이므로 탄소 1mol 에 산소가 1mol 이 필요하게 된다.

## CHAPTER 2 연기 및 화염

### 022
**정답** ① 기본서 2권 47p

**해설**
① 일산화탄소(50) > 시안화수소(10) > 염소(0.5) > 포스겐(0.1)
② 아황산가스(5) > 황화수소(10) > 암모니아(25) > 이산화탄소(5,000)
③ 포스겐(0.1) > 불화수소(3) > 이산화질소(5) > 염소(0.5)
④ 이산화탄소(5,000) > 염화수소(5) > 벤젠(25) > 불화수소(3)

### 023
**정답** ② 기본서 2권 45p

**해설** 인산이수소암모늄의 열분해 반응식은 아래와 같다.
$NH_4H_2PO_4 \rightarrow HPO_3 + NH_3 + H_2O$ 따라서 암모니아이므로 암모니아는 폭발범위가 15~28이고 독성가스이며 자극성 기체이고 물에 쉽게 녹아서 냉매로 사용할 수 있다.

### 024
**정답** ② 기본서 2권 49p

**해설** ② 알루미늄, 마그네슘 : **청색**
→ 백색

※ 불꽃의 색

| 종류 | 색상 | 종류 | 색상 |
|---|---|---|---|
| 나트륨 | 노란색 | 황산염, 탄산염 | 빨간색 |
| 칼륨 | 보라색 | 알루미늄, 마그네슘 | 백색 |
| 염화바륨, 구리 | 녹색 | 산화칼슘, 염화칼슘 | 주황색 |
| 칼슘 | 오렌지색 | 염화구리 | 청색 |

### 025
**정답** ③ 기본서 2권 28~29p

**해설** 예혼합화염은 혼합기 내부를 전파하는 일종의 파이며, 그 속도는 화학반응속도와 열전도율에 의존하지만, 확산화염은 화염으로 가연성기체와 산화제의 확산에 의해서 유지되며, 그 강도는 화염의 확산속도에 의존한다.

## 026

**정답** ① 기본서 2권 39p

**해설** ① 연기의 유동속도는 수평 방향은 0.5~1[m/sec], 수직 방향은 ~~3~5[m/sec]~~, 계단실내의 경우는 : ~~5~7[m/sec]~~이다.
→ 2~3, 3~5

※ 연기의 유동속도
① 수평 방향 : 0.5~1[m/sec]
② 수직 방향 : 2~3[m/sec]
③ 계단 실내 : 3~5[m/sec]

## 027

**정답** ④ 기본서 2권 24p

**해설** 아세틸렌의 위험도는 31.4이다.

## 028

**정답** ③ 기본서 2권 41p

**해설**
ⓔ 중성대의 개구부에서는 공기의 유동이 발생치 않고 천장 가까이 형성되는 것이 환기량이 크다.
ⓗ 불연속선은 실내의 천장쪽 고온가스와 바닥쪽 찬공기의 경계선을 의미한다.

## 029

**정답** ③ 심화

**해설** 바람은 풍상측에서 풍하측으로 불어가므로, 화재 시 발생한 연기 또한 풍상측에서 풍하측으로 이동하게 된다. 복사는 연기와 같은 매질이 없는 곳에서 더 잘 일어나므로 화재현장에서 풍하측보다는 풍상측에서 복사에 의한 연소확대가 더 잘 일어난다.

## 030

**정답** ③ 기본서 2권 48p

**해설** **연소속도와 화염속도**
① 화염, 불꽃(flame)
가스 또는 증기의 연소상태를 말하는 것으로, 다양한 색채를 띠면서 깜박거리고 빛을 발하는 것이다. 청색을 띠면서 연소하는 화염이 예혼합화염이며, 황색화염은 이산화탄소가 생길 때 발생되는데 확산화염이다.
② 화염의 높이는 화재의 부력에 의한 연료와 공기의 공급과 관련이 있고, 화염의 속도는 연소속도 + 미연소가스의 전방이동 속도이다.
③ 화염이 전파되는 속도 즉, 화염속도가 가속되면 폭굉이 될 수 있으며, 실제로 화염이 확산되는 속도이다.
④ 화염의 속도는 미연소가스의 유속에 따라 달라지며 물질의 고유한 값이 아니다.
⑤ 연소속도(화염의 속도 – 미연소가스의 이동속도)는 화염면이 이동하는 속도가 아니다.
⑥ 연소속도는 가연성기체가 타들어가는 고유한 값, 온도·압력 증가 시 연소속도 증가, 가연성 혼합기가 화학양론적 농도(cst)에 있을 때 최고치를 보인다. 미연소가스의 이동속도는 포함되지 않는다.

## 031

**정답** ④  기본서 2권  28~29p

**해설** ④는 예혼합화염에 대한 설명이다.

※ 예혼합화염
가. 확산화염에서는 자력으로 화염면의 전파가 일어나지 않으나 예혼합화염에서는 화염면의 전파가 자력으로 수반된다.
나. 즉, 화염면 중 예열대가 존재하여 반응대에서 예열대로 화염면이 자력으로 이동한다.
다. 따라서 배관 등 밀폐공간에서는 급속한 압력증가를 초래하고 충분한 압력이 전파되는 화염 뒤에 축적되면 화염면에 충격파를 형성할 수 있다.

※ 예혼합화염의 예 : 분젠식 가스버너의 화염, 산소·아세틸렌 용접기의 토오치화염 등

## 032

**정답** ①  기본서 2권  48p

**해설 연소속도에 영향을 미치는 인자**
- 가연성 물질의 종류
- 산화제의 종류
- 가연성 물질과 산화제의 혼합비
- 미연소 가스의 열전도율(열전도율이 크면 연소속도가 크다)
- 미연소 가스의 밀도(밀도가 작으면 연소속도가 크다)
- 미연소 가스의 비열(비열이 작으면 연소속도가 크다)
- 화염온도(화염온도가 높으면 연소속도가 크다)

Ⅲ. 연소이론 · 279

## CHAPTER 3 폭발개요 및 분류

### 033
정답 ④ 기본서 2권 57p

해설 ⓒ 압력밥솥의 폭발은 액체가 과도하게 증발시킨 증기의 압력에 의한 것이므로 물리적인 폭발현상이다.
② 액체의 급격한 기화는 물리적 폭발의 원인이다.

### 034
정답 ② 기본서 2권 59~60p

해설 ⓒ은 분무폭발에 대한 설명이며, ⓒ은 분진폭발에 대한 설명이다.

### 035
정답 ① 기본서 2권 56p

해설 ⓒ 에틸렌 : 폭발 2등급
ⓒ 수소 : 폭발 3등급
ⓒ 이황화탄소 : 폭발 3등급
ⓗ 석탄가스 : 폭발 2등급

### 036
정답 ① 기본서 2권 59p

해설 가스폭발 : 수소, 일산화탄소, 메탄, 프로판, 아세틸렌 등의 가연성 가스와 지연성 가스(공기 또는 산소)와의 혼합기체가 존재할 때에 항상 폭발이 발생하는 것은 아니고 다음의 두 가지 조건이 동시에 만족될 때에 발생한다.
㉠ 제1의 조건은 조성조건(농도조건)
㉡ 제2의 조건은 발화원의 존재

### 037
정답 ④ 기본서 2권 57p

해설 ④ 금속도선에 센 전류를 흘려 보냈을 때 금속의 급속한 기화에 따라 폭발한다.
→ 응상폭발

## 038

정답 ④  기본서 2권  55p

해설  ※ 폭발의 성립조건
폭발은 다음의 3가지 조건이 현상이 성립될 때 발생한다.
① 가연성 가스 및 증기 또는 분진이 공기와 접촉, 혼합되어 폭발범위 내에 있는 경우
② 공간이 존재하여야 한다. 즉, 혼합되어 있는 가스가 어떤 구획되어 있는 방이나 용기 같은 밀폐된 공간에 있을 경우
③ 물질의 일부가 불을 일으킬 만한 점화원(에너지)인 경우

## 039

정답 ④  심화

해설  균일반응은 고체, 액체, 기체의 모든 상에서 발생 가능하다.

## 040

정답 ④  기본서 2권  58p

해설  ④ **열에너지가 화학적 에너지**로 빠르게 전환되는 현상
→ 화학적 에너지가 열에너지로 빠르게 전환되는 현상 : 화학적 폭발
① 원자핵의 분열 또는 융합에 의한 강력한 에너지가 방출되는 현상 → 핵폭발
② 압력의 급격한 발생으로 격렬한 폭음을 발생하며 팽창하는 현상 → 물리적 폭발
③ 현저하게 용적이 증대되는 동시에 빛과 열을 수반하는 현상 → 화학적 폭발

## 041

정답 ③  기본서 2권  58p

해설  ③ 중합폭발은 **포화 탄화수소**(화합물) 중에서 특히 중합하기 쉬운 물질이 급격한 중합반응을 일으키고 그 때의 중합열에 의하여 일어나는 폭발하는 현상이다.
→ 불포화 탄화수소

※ 중합폭발
불포화 탄화수소(화합물) 중에서 특히 중합하기 쉬운 물질이 급격한 중합반응을 일으키고 그 때의 중합열에 의하여 일어나는 폭발(HCN, 염화비닐, 산화에틸렌, 부타디엔 등)

## 042

정답 ③  기본서 2권  59p

해설  ③ 유압기의 기름 분출에 의한 유적은 중합폭발을 하는 물질이다.
→ 분무폭발

※ 분무폭발
가연성 액체무적이 어떤 농도 이상으로 조연성 가스 중에 분산되어 있을 때, 점화원에 의해 착화되어 일어나는 폭발(유압기기의 기름 분출에 의한 유적 폭발)

Ⅲ. 연소이론 · 281

## 043

**정답** ② 기본서 2권 60p

**해설** ② 분진의 형상(구형, 침상, 평편함 등)에 따라 달라지는데 구형이 될수록 폭발성이 약하며, 입자표면적이 산소에 대해 **비활성일수록** 폭발성이 높다.
→ 활성일수록

※ 분진폭발에 영향을 미치는 인자

(1) 분진 입도 및 입도 분포
분진폭발의 난이도는 분진의 입도나 분포에 크게 좌우된다. 입도가 작을수록 비표면적이 커지고, 표면적이 크면 반응속도가 커져서 폭발성도 커진다. 그러나 입도가 너무 작으면 분진입자가 서로 끌어당겨서 분산이 나빠지기 때문에 오히려 폭발성이 감소하는 경우도 있다.

(2) 입자의 형상과 표면상태
분진의 형상(구형, 침상, 편평함 등)에 따라 달라지는데 구형이 될수록 폭발성이 약하며, 입자표면적이 산소에 대해 활성일수록 폭발성이 높다.

(3) 분진의 부유성
입자가 작고 가벼운 것은 공기 중에 산란이나 부유하기 쉽고, 부유성이 큰 것일수록 공기 중에 체류하는 시간이 길고 위험성도 커진다.

(4) 분진의 화학적 성질과 조성
산화반응에 의해서 발생되는 기체량이나 연소열의 대소(大小), 반응전후에 용적의 변화가 큰 것 등이 분진폭발의 격렬도에 영향을 주고 또 분진 속 휘발성분의 함유량이 큰 영향을 준다[탄진(coal dust, 炭塵)은 휘발분이 11% 이상이므로 폭발하기 쉽고 폭발의 전파가 용이하다].

(5) 수분
분진 중에 존재하는 수분은 분진의 부유성을 억제하며 폭발하한 농도가 높아져서 폭발성을 잃는다.

(6) 산소
산소나 공기가 증가하면 폭발하한농도가 낮아짐과 동시에 입도가 큰 것도 폭발성을 갖게 된다. 반대로 산소농도를 감소시키면 폭발하한농도가 높아져서 폭발불능 영역이 생기게 된다.

## 044

정답 ③  기본서 2권 55p

해설 
$$L = \frac{100}{\dfrac{V_1}{L_1} + \dfrac{V_2}{L_2} + \dfrac{V_3}{L_3} + \cdots}$$

* $L$ : 혼합가스의 폭발하한계(vol%)
* $V_1$ : 각 단독성분의 혼합가스 중의 농도(vol%)
* $L_1$ : 혼합가스를 형성하는 각 단독 성분의 폭발하한계(vol%)

$$L = \frac{100}{\dfrac{65}{5.0} + \dfrac{15}{3.0} + \dfrac{20}{4.0}} = 4.3(\%)$$

## 045

정답 ④  기본서 2권 68~69p

해설 압력 방폭구조, 유입 방폭구조는 전기기기의 점화원이 되는 부분을 주위의 폭발성가스와 격리하여 접촉하지 않도록 하는 구조이다.

※ 전기기기의 방폭화
가. 점화원의 실질적인 격리
   1) 전기기기의 점화원이 되는 부분을 주위의 폭발성가스와 격리하여 접촉하지 않도록 하는 방법
      → 압력 방폭구조, 유입 방폭구조, 몰드 방폭구조
   2) 전기기기 내부에서 발생한 폭발이 전기기기 주위의 폭발성가스에 전파되지 않도록 점화원을 실질적으로 격리하는 구조
      → 내압 방폭구조
나. 점화능력의 본질적 억제
   정상상태뿐만 아니라 사고 시 발생하는 전기불꽃 또는 고온부가 폭발성가스에 점화될 위험이 없다는 것을 시험 및 기타방법에 의해 충분이 입증된 것
      → 본질안전 방폭구조
다. 전기기구의 안전도 증가
   점화원인 불꽃이나 고온부가 존재하는 전기기기에 대해 안전도를 증가시켜 종합적으로 고장을 일으킬 확률을 0에 가까운 값이 되도록 조치
      → 안전증가 방폭구조, 비점화 방폭구조, 특수 방폭구조

## 046

**정답** ① 심화

**해설**
② 용기에 주수하면 부식이 빨라지고 기화속도가 빨라지기 때문에 주수하면 안 된다.
→ 염소의 성질
③ 용제인 아세톤에 용해된 뒤 목탄이나 석면 등과 같은 다공질 물질에 충전하여 보관·운반한다.
→ 아세틸렌의 성질
④ 공기중에서 쉽게 연소, 폭발하며 액체상태에서는 물보다 가볍고 기체 상태에서는 공기보다 무겁다.
→ LPG(액화석유가스)의 성질

## 047

**정답** ② 기본서 2권 14p

**해설** 산화알루미늄은 불연성물질이다.

## 048

**정답** ③ 기본서 2권 92p

**해설** 분자량이 큰 특유의 냄새를 갖는 것은 훈소 시 발생하는 연기(분해생성물)의 특성이다.
① 연료종류에 의존하지 않는 공통적인 성질을 갖는다.
→ 완전연소의 경우 $CO_2$, $H_2O$ 등의 연소생성물이 발생되는 것이 일반적이나 불완전연소의 경우에도 탄소의 결정체인 타르 등 거의 대부분이 고체입자로 구성된다.
② 탄소계의 응집체이므로 흑색을 나타내며 빛의 흡수가 많다.
→ 타르 생성물로 인해 연기의 형태는 상대적으로 어두워 빛의 흡수가 많다.
→ 연소온도가 높기 때문에 연기 입자가 상대적으로 작은(0.3㎛ 이하) 비가시성 연기가 많다.
④ 액체 미립자의 연기와 달리 특수한 독성은 없다.
→ 연소생성물 중 탄소 결정체인 타르나, $CO_2$, $H_2O$의 특수한 독성은 나타나지 않는다.

※ 훈소 시 연기(분해생성물)의 특성
가. 연료종류에 따라 특성이 변하며
나. 분자량이 큰 특유의 냄새를 갖는 것이 많고
→ 온도가 낮기 때문에 연기 입자가 상대적으로 큰(0.3㎛ 이상) 가시성의 연기가 많다.
다. 물질에 따라서는 독성을 갖는다.
→ 분해생성물 즉, 미연소가스 중(시안화수소, 염화수소, 포스겐 등)에는 독성을 갖는 물질이 많다.

## 049

**정답** ③  기본서 2권 45p

**해설** ③ ~~아세트알데하이드~~는 천연물질이기도 하지만 나일론, 울, 실크, 요소수지, 폴리우레탄, 아크릴로니트릴 중합체 등 합성물질 중에 질소를 함유하는 물질을 태울 때도 나온다.
→ 시안화수소

※ 아세틸알데히드($CH_2$ : Acetyl aldehide)
이 물질은 감각기능과 폐에 대한 자극성 물질로, 극도의 자극성 때문에 미세 농도에서도 눈의 자극, 심리적 능력 상실을 일으키며 폐에 들어가면 수 시간 후에 사망한다. 이러한 물질은 셀룰로오스의 연소나 폴리에틸렌의 열분해 시 만들어진다.

## 050

**정답** ④  기본서 2권 91p

**해설** ④ ~~완전연소~~ 시 연소 생성물은 CO, HCN, 미스트, 연기 등이 생성된다. → 불완전연소

※ 고분자물질(플라스틱)의 생성물
가. 분해 생성물
1) 기체 : 여러 가지 휘발성 물질 및 탄소를 포함하는 물질로서 CO, $CO_2$, $C_2H_4$ 등의 탄화수소계열 물질, 할로겐화탄화수소, 염화수소(HCl) 등
2) 액체 : 벤젠($C_6H_6$), 톨루엔($C_6H_5CH_3$), 포름알데히드류, 케톤류, 아세톤 등
3) 고체 : 타르(tar), 미반응물질, 탄화물 등

나. 연소 생성물
1) 완전 연소 생성물 : $CO_2$, $H_2O$
2) 불완전 연소 생성물 : CO, HCN, 미스트, 연기

## 051

**정답** ①  기본서 2권 22p, 58p

**해설** $C_2H_2$(아세틸렌)에 대한 설명이다.
※ 아세틸렌 분해폭발 방지대책
• 아세틸렌을 2.5Mpa이 넘는 압력으로 저장 및 취급하는 경우에는 질소 등의 불활성가스 등을 첨가하여 분해폭발을 방지해야 한다.
• 소형 용기의 경우에는 DMF, 다공성 물질을 충전하여 분해열을 흡수함으로써 폭발을 방지하고 있다.

## 052

**정답** ②  기본서 2권 48p

**해설** ② 연료가 매우 얇고 표면에 온도구배가 없어 일괄적인 열용량으로 취급되면 확산속도는 재료의 두께에 ~~비례~~ 한다.
→ 반비례

## 053

정답 ② 기본서 2권 48p

해설 밀도는 가스온도에 반비례하므로, 화재플럼의 온도는 주위 공기보다 상대적으로 높기 때문에 가스를 상승시키는 힘이 된다.

## 054

정답 ② 기본서 2권 118p

해설 환기인자 = 개구부 면적 × 개구부 높이의 평방근(제곱근)으로 구한다.

## 055

정답 ④ 심화

해설 화학반응을 화재로 정의하기 위해서는 충분히 감지할 만큼의 에너지 방출이 필요하다. 즉, 화학반응에서 단위체적당 에너지의 방출속도가 화재인지 아닌지의 여부를 결정해주며, 화염의 크기는 화재를 결정하는 요인이 되지 않는다.

## 056

정답 ② 기본서 2권 18p

해설 ⓑ 전기전도도가 낮은 위험물은 유동이나 여과시 정전기를 발생시키기 쉬우므로 위험성이 크다.

## 057

정답 ② 기본서 2권 62p

해설 ⓐ 황(2류)과 경유(4류)는 혼촉발화 위험이 없다.

## 058

정답 ②   기본서 2권   37p

해설 ② 자연발화온도가 높을수록 발화지연시간은 짧아진다.
※ 발화지연시간 : 자연발화온도로부터 발화가 일어나기까지의 지연시간
※ 대부분의 가연성물질은 자연발화온도와 발화지연시간은 다음의 관계식을 갖는다.

$$\log t = A + B\left(\frac{1}{T}\right)$$

여기서,
t : 발화지연시간(sec),
T : 자연발화온도(°k),
A, B : 상수
실험결과, 부탄의 발화시간 및 발화온도를 측정한 결과 340℃에서 22.27초에 발화가 시작되었으며 460℃에서는 1.71초에서 발화되었다.
③ 분자구조가 복잡할수록 발화지연시간은 짧아진다.
→ 분자구조가 복잡할수록 발화점이 낮아진다.

## 059

정답 ④   기본서 2권   17p

해설 아이오딘값이 130 이상인 경우 건성유, 100 이상 130 미만은 반건성유, 100 미만은 불건성유로 분류한다.

## 060

정답 ②   기본서 2권   133p

해설 ② 톨루엔
→ 제1석유류 중 비수용성 위험물로서 질식소화 또는 유화작용에 의한 소화방법에 의한다(지정수량 200리터).
① 아세톤, ③ 시안화수소, ④ 피리딘은 제1석유류 중 수용성 위험물로서 희석소화에 의한 방법으로 소화가 가능하다(지정수량 400리터).

※ 알코올류의 지정수량 : 400리터

## 061

정답 ④   심화

해설 모두 옳은 지문 이다.

Ⅲ. 연소이론 · 287

## 062

정답 ③  기본서 2권 19p

해설 소염거리에 대한 설명이다.
③ 소염거리
→ 두 개의 평행 평판 사이에서 연소가 일어나는 경우 평판 사이의 간격이 어느 크기 이하로 좁아지면 화염이 더 이상 전파되지 않는 거리의 한계치를 말한다.
→ 최소발화에너지는 전극간 거리가 짧아지면 최초에는 저하하지만 소염거리의 값에 도달하면 갑자기 무한대로 되고, 그 소염거리 이하에서는 아무리 큰 전기에너지를 가하여도 인화하지 않게 된다.
① 발화지연시간 : 가연성 물질이 어떤 일정한 온도에서 발화하기까지에 필요한 시간
② 폭굉유도거리 : 관중에 폭굉 가스가 존재할 때 최초의 완만한 연소가 격렬한 폭굉으로 발전할 때까지의 거리
④ 한계산소지수 : 가연물을 수직으로 하여 가장 윗부분에 착화하며 연소를 계속 유지시킬 수 있는 산소의 최저 체적농도

## 063

정답 ②  기본서 2권 53p

해설 슈테판 - 볼츠만의 법칙에 따라 열복사량은 단면적에 비례하고 절대온도의 4승에 비례한다.
A 물체의 온도 : 섭씨 온도 10℃ → 절대온도는 283K
B 물체의 온도 : 섭씨 온도 293℃ → 절대온도는 566K
B 물체의 절대온도가 A물체의 절대온도보다 2배 더 높다.
열복사량(복사에너지)은 16배 더 많다.

## 064

정답 ④  심화

해설 $O_2$, CO, HCN는 혈액내 산소공급 부족에 영향을 미치고, HCl, HF, HBr은 감각기관 자극에 영향을 미친다.

| 생성물 | 효 과 |
|---|---|
| 열. 고온 | 열 스트레스, 화상 |
| $CO_2$ | 호흡 증가 |
| Soot, tars | 가시도 불량 |
| $O_2$, CO, HCN | 혈액내 산소공급 부족 |
| HCl, HF, HBr | 감각기관 자극 |

## 065

**정답** ④  기본서 2권  52p

**해설** ④ 화염과 이격된 가연물에 대한 발화의 원인이 되기도 한다. → 복사에 대한 설명이다.

※ 대류(Convection)

가. 정의
- <u>유체(Fluid)입자 자체의 움직임에 의해 열에너지가 전달되는 것</u>으로서, 유체는 액체 또는 기체 상태이다.
- 유체의 유동에 의하여 <u>연소 확대의 원인이 된다.</u>
- <u>유체는 온도의 변화에 따라 밀도가 달라지는데</u> 이 밀도차에 의해 유체의 분자 자체가 이동한다. 이를 자연대류라 한다.

나. 관계식

$q'' = hA\Delta T$ ← 뉴턴(Newton)의 냉각법칙 여기서,

$q''$ : 대류열류(J/s = cal/s = W),

$h$ : 대류열전달계수(W/m², ℃),

$A$ : 단면적(m²), $\Delta T$ : 온도차($T_2 - T_1 [K]$)

## 066

**정답** ②  기본서 2권  43p

**해설** ② 연기입자의 크기나 색에는 관계가 없는 측정법이다.

→ 중량농도법은 단위용적당의 연기입자의 <u>중량(mg/m³)</u>으로 나타내며, <u>입경이나 입자의 색에는 관계가 없는 측정법</u>이다.

① 연기의 농도는 단순히 입자의 개수만으로 평가된다.

→ 입자농도법(개수농도법)

③ 연기의 농도는 연기입자의 수나 지름에 지배된다.

→ 산란광농도법

※ 산란광농도법

빛의 산란이나 감쇠 또는 전리전류의 감소 등에 의하여 나타내는 방법이 있으며, 산란광농도는 빛이 입자에 부딪혀서 산란하는 성질을 이용한 것이며 <u>산란광의 강도는 입자의 수나 지름에 지배</u>된다.

## 067

**정답** ④  기본서 2권  39~40p

**해설** ⓒ 연기란 가연물이 연소할 때 생성되는 물질로서 액체상의 탄소미립자이며, 무상의 증기 및 기체상의 분자가 공기 중에서 응축되어 부유 확산하는 복합혼합물을 포함하는 것으로 연기의 입자는 보통 0.01~10[㎛] 정도로 아주 작다.

→ 고체

ⓔ 연기의 감광계수가 증가할수록 가시거리는 길어진다.

→ 짧아진다.

## 068

정답 ①  기본서 2권  95p

해설  비화연소는 풍하로 발전하는 것이다.

## 069

정답 ④  심화

해설  ④ 인화성액체의 저장용기가 **클 때는** 주로 용기의 가장자리를 통한 열전달이 크게 작용한다.
→ 작을 때는
→ 인화성액체를 저장하는 용기가 **커져 갈수록** 전도에 의한 열전달은 상대적으로 작아지고 **액면상 기체의 대류 및 화염으로부터의 복사에 의존**하게 되는데 이중에서도 특히 복사의 영향이 크다.

① 가연성물질의 연소 시 발생하는 열은 전도, 대류, 복사 등의 열로 소모하게 된다.
→ 연소열은 미반응의 활성화 및 열전달인 **전도, 대류, 복사 등의 열로 소모**하게 된다.
② 밀폐된 용기에 저장된 가연성가스는 주변의 입열에 의해 열전달이 계의 중심으로 이동하여 자연발화 할 수 있다.
→ 자연발화는 **밀폐계의 조건**이므로 주변의 입열에 의해 열전달이 계의 중심으로 이동하고 **방열이 적어 열면발화에 비하여 낮은 온도에서 발화한다.**

※ 열면발화 : 국부적인 열원으로 일반적으로 가열이 한 면에서 이루어져 발화하는 현상

## 070

정답 ③  기본서 2권  67p

해설  ㉠ 원인은 물리적 폭발이며, 직접 열 받는 부분이 탱크의 인장강도를 초과할 경우 기상부에 면하는 지점에서 파열하게 된다.
㉡ BLEVE순서는 액온상승 → 연성파괴 → 액격현상 → 취성 파괴 순이다.
㉢ BLEVE의 규모는 파열시의 액체의 기화량, 탱크의 용량에 따라 차이가 있다.

# PART IV 화재이론

## CHAPTER 1 건물화재의 성상

**001**
정답 ②  기본서 2권 53p, 115p
해설 ⓒ 스테판-볼츠만의 법칙은 절대온도 4승에 비례하고 열전달 면적에 비례하는 복사에너지에 의한 법칙이다.
ⓓ 플래쉬오버는 성장기에 발생이 되며, 충격파와 폭풍은 없다.

**002**
정답 ③  기본서 2권 99p
해설 콘크리트의 폭렬현상은 주로 콘크리트의 압축강도와 밀접한 관련이 있다.

**003**
정답 ④  심화
해설 기둥 및 보의 시험체는 각각의 요구되는 내화시간에 이르기까지 표준가열온도곡선에 따라 가열하여 평가한다.

**004**
정답 ①  기본서 2권 108p
해설 연소시간의 국한을 목적으로 하는 방화구획은 내화구조의 벽, 바닥판 및 방화문으로 구성되는 것을 원칙으로 한다.

**005**
정답 ④  기본서 2권 105p
해설 공동주택 각 세대간의 경계벽 및 공동주택과 주택 외의 시설간의 경계벽은 내화구조로 하여야 한다.

## 006

**정답** ① **기본서 2권** 105p

**해설** ①은 방화구조의 성능에 대한 설명이다.

※ 방화구조의 성능조건
가. 건축물의 마감부분을 불연 또는 준불연 또는 난연화 함으로써 화재의 속도를 격감, 억제시킬 수 있어야 한다.
나. 시야에 장해가 되는 연기나 중독을 일으키는 가스를 발생시키지 않아야 한다. 즉 화재의 속도를 격감, 억제시키는 것이 주목적이다.

## 007

**정답** ④ **기본서 2권** 107p

**해설** 두께 2.5센티미터 이상의 암면보온판 위에 **석면**시멘트판을 붙인 것 → 건축 관련법령에서 삭제(2010. 4월)
→ **석면 : 발암성 물질**

〈건축물의 피난·방화구조 등의 기준에 관한 규칙 제4조〉
※ 방화구조 : 화염의 확산을 막을 수 있는 성능을 가진 구조
1. 철망모르타르로서 그 바름두께가 2센티미터 이상인 것
2. 석고판 위에 시멘트모르타르 또는 회반죽을 바른 것으로서 그 두께의 합계가 2.5센티미터 이상인 것
3. 시멘트모르타르 위에 타일을 붙인 것으로서 그 두께의 합계가 2.5센티미터 이상인 것
6. 심벽에 흙으로 맞벽치기한 것
7. 「산업표준화법」에 따른 한국산업표준이 정하는 바에 따라 시험한 결과 방화 2급 이상에 해당하는 것

## 008

**정답** ④ **기본서 2권** 91p

**해설** **초고층건물의 화재**
㉠ 초고층건물은 50층 이상 또는 높이 200미터 이상의 건축물을 말한다.
㉡ 초고층건물이 지어진 배경은 생활의 편리성과 지상공간의 개방, 랜드마크적 요소 등을 들 수 있다.
㉢ 초고층건축물은 화재 시 피난의 어려움뿐만 아니라, 지하와 연계가 되어 있어서 많은 화재하중의 증가와 고강도콘크리트의 폭렬문제, 연돌효과에 따른 문제, 단열재 문제, 소방관의 진입상 어려움 문제와 화재진압의 어려움이 있다. 특히 엘리베이터 피난이 고려되어야 될 것이다.

## 009

**정답** ③ **기본서 2권** 61p

**해설** ③ 플래시 화재(Flash Fire) 설명이다.
※ 가스화재의 종류
가. 플래시 화재(Flash Fire)
누출된 액화석유가스(LPG)는 누출 즉시 기화하게 된다. 이런 현상을 Flash 증발이라 하고, **기화된 증기연무 내 점화원에 의해 화재가 발생된 현상을 플래시 화재(Flash Fire)라 한다**. 발화 시 폭발음이 있을 수 있으나, 강도가 약해 고려될 만한 사항은 아니다.
나. 풀 화재(Pool Fire)
인화성액체의 용기나 저장조 내에 발생한 화염으로부터 열이 액면에 전달되어 액체의 온도가 상승됨과 동시에 증기를 발생하고 이것이 공기와 혼합하여 확산연소를 하는 과정이 반복되는 화재를 말한다.

다. 제트 화재(Jet Fire)
   제트화재는 고압의 LPG 또는 LNG가 누출 시 주위의 점화원에 의하여 점화되어 불기둥을 이루는 것을 말하며 누출압력으로 인하여 화염이 굉장한 운동량을 가지고 있으며 화재의 직경은 작으나 길이는 풀 화재보다 길다.
라. 증기운 화재 : 증기운 **화재**가 아니라 증기운**폭발** 현상이다.
   • 증기운 폭발 : 저장탱크에서 유출된 가스가 대기 중의 공기와 혼합하여 구름을 형성하고 떠다니다가 점화원을 만나 발생할 수 있는 격렬한 폭발사고

## ★★★ 010

정답 ② 기본서 2권 90p

해설 ② 풀 화재(Pool Fire)
가. 플래시 화재(Flash Fire)
   누출된 LPG는 누출 즉시 기화하게 된다. 이런 현상을 Flash 증발이라 하고, 기화된 증기 연무 내 점화원에 의해 화재가 발생된 현상을 Flash Fire라 한다.
나. 제트 화재(Jet Fire)
   제트화재는 고압의 LPG가 누출시 주위의 점화원에 의하여 점화되어 불기둥을 이루는 것을 말한다.
다. 윤화(Ring Fire)
   대형 유류탱크의 소화작업시 불꽃이 치솟는 유면에 거품을 투입하였을 때 탱크 윗면의 가운데 부분은 불이 꺼졌어도 바깥쪽은 벽을 따라 환상으로 불이 치솟는 현상을 말한다.

## ★★★ 011

정답 ③ 심화

해설 ③의 옥외소화전설비(**수동식의 소화설비**)는 유효한 대책이 될 수 없다.

※ 인접건물로의 연소확대 방지대책
수동서터 및 수동식 스프링클러설비는 유효한 대책이라 볼 수 없으며, 연소확대 위험에 대한 적극적인 방화조치를 강구해야 한다.
가. 건물의 외부에 면한 주요부재를 불연성 재료로 사용
나. 개구부에도 방호조치(방화유리의 설치) 또는 개구부 제거
다. 수막설비(드렌처 설비)의 설치
라. 철재 망입유리 또는 방화문 사용
마. 불연구조의 공간 쌓기벽 설치
바. 건물 사이에 자립할 수 있는 방화벽 설치
사. 파라패트나 날개벽 설치
아. **자동식의 스프링클러설비 설치**

## ★★★ 012

정답 ② 기본서 2권 111p

해설 ※ 기타의 본능
**가능한 한 넓은 공간을 찾아서 이동하다가 위험성이 높아지면 의외로 좁은 장소, 즉 목욕탕이나 화장실 등을 찾는다든가(폐쇄공간지향본능)**, 비상시에는 상상도 못할 힘을 내는 본능(초능력본능), 거주자의 이상심리현상으로 구조용 헬리콥터를 부수려고 한다든지, 무차별적으로 인명의 살상을 하는 것(공격본능) 등이 그 예이다.

## 013

**정답** ② 기본서 2권 114p

**해설** ② 특별피난계단의 전실
※ 안전구획
가. 1차 안전구획 : 복도
　피난에 혼란이 생기지 않도록 일시적으로 안전하게 수용하기 위하여 설치한 것
나. 2차 안전구획 : **특별피난계단의 전실** 또는 복도와 연결된 피난계단
　• 장시간에 걸쳐 불과 연기로부터 안전하게 보호되는 성능을 지녀야 할 부분
　• **장시간에 걸쳐 인원을 수용할 수 있도록 함과 동시에 소방 활동의 거점**이 되는 면적과 기능 필요
다. 3차 안전구획 : 최종 피난경로, 특별피난계단의 계단실 등
　연기 및 화염으로부터의 보호를 통하여 피난과 소방 활동의 주요한 경로가 되도록 계획

## 014

**정답** ④ 심화

**해설** 가스누출 시 환풍기 또는 배기팬이나 전기기구의 사용은 스파크 등의 착화원을 발생시킬 수 있으므로 사용하지 않는다.

## 015

**정답** ② 심화

**해설** 탱크의 상·하층부에 각각 입구를 만들어 중질 LNG는 상부로, 경질 LNG는 하부 인입구로 유입시킨다.
1. 롤 오버(Roll Over)
　저장조 내 하층부의 밀도가 상층부의 LNG의 밀도보다 저하될 경우 상·하층이 반전하며 동시에 급격한 혼합이 일어난다. 그리고 하층부의 LNG에 축적된 열량분의 BOG(증발가스 : boiled off gas)가 급속히 발생하는데 이 같은 현상을 Roll Over라 한다.
2. Roll Over 방지방법
　가. **LNG 조성의 범위 제한**
　　LNG의 밀도에 따라 LNG를 하역하여야 한다. 만약 2개의 LNG Cargo의 밀도 차가 10kg/m³을 초과하면 같은 Tank로 LNG를 하역해서는 아니된다.
　나. **Jet노즐로 인입 LNG와 잔류 LNG를 혼합**
　　하역 시에는 Mixing Loading Line을 사용하도록 한다. Mixing Loading Pipe에는 Special Mixing Nozzle이 설치되어 있어 층형성을 방지할 수 있다.
　다. **탱크내부 LNG의 교반에 의한 순환**
　　최소한 3주에 한번은 Tank내의 LNG를 순환시켜야 한다. 장기간의 Stand-by기간에도 Primary Pump로 LNG를 순환시켜 LNG를 균질화 하도록 한다.
　라. **탱크의 상·하층 입구 분리**
　　탱크의 상·하층부에 각각 입구를 만들어 중질 LNG는 상부로, 경질 LNG는 하부 인입구로 유입시킨다.

# CHAPTER 2 위험물화재의 성상

## 016
**정답** ③ 　기본서 2권　123p

**해설** 디에틸에테르($C_2H_5OC_2H_2$)는 제4류 위험물(인화성액체) 중 특수인화물에 해당한다.
③ 가연성 혼합기를 형성하는 경우 자연발열에 의하여 발화 한다. → 자연발화에 대한 설명으로서 디에틸에테르는 인화에 점화원(착화원)이 필요하다.

※ 디에틸에테르($C_2H_5OC_2H_2$)
가. 일반적 성질
- 제4류 위험물(인화성 액체, 특수인화물, 지정수량 50리터)
- 비점(-34.6℃)이 낮고 무색·투명하며 독특한 냄새가 나는 휘발성의 액체이다.
- 전기 부도체로서 정전기 발생이 쉽다.
- 비점 34.6℃, 인화점 -45℃, 착화온도 180℃, 연소범위 1.9~48%

나. 위험성
- 인화점이 낮고 휘발성이 강하다(특수인화물 중 인화점이 가장 낮다)
- 공기 중 장시간 접촉 시 과산화물이 생성되는 경우 가열, 충격 및 마찰 등에 의해 격렬하게 폭발한다.

다. 저장 및 취급방법
- 직사광선 등 노출되지 않게 냉암소 등에 보관한다.
- 불꽃 등 화기를 멀리하고 통풍이 잘 되는 곳에 보관한다.
- 소화방법으로는 이산화탄소, 포 등 질식소화가 효과적이다.

## 017
**정답** ③ 　기본서 2권　129~130p

**해설** 제2류 위험물은 물에 잘 녹지 않는 가연성 고체이다.

## 018
**정답** ① 　기본서 2권　138p

**해설** 물속 저장은 황린과 이황화탄소가 대표적이다. 나트륨, 칼륨은 석유 속 저장이다. 보기는 황린에 대한 설명이다.

## 019

정답 ④  기본서 2권  129~132p

해설
ⓒ 탄화알루미늄의 경우에는 물과 반응하여 메탄가스를 생성한다.
ⓔ 나트륨의 화재진압에서 수계 소화약제와 이산화탄소, 할론, 제3종 분말은 적응성이 없다.
ⓜ 마그네슘은 주기율표상 알칼리토금속에 속하지만 제2류 위험물이다.

## 020

정답 ②  기본서 2권  129~132p

해설
ⓜ 금속분, 철분 등은 수분(습기)와 접촉할 때 자연발화의 위험이 있으며, 인화성 물질은 공기 중에서 가연성 증기를 발생하므로 조심하여야 한다.
ⓑ 황린은 3류 위험물이고, 황화인은 2류 위험물이다.

## 021

정답 ③  기본서 2권  131p, 137p

해설 과염소산은 6류 위험물이며, 유기금속화합물은 3류 위험물이다.

## 022

정답 ③  기본서 2권  125~136p

해설 위험물안전관리법에 적용 받는 위험물은 주로 액체 및 고체이며, 일반적으로 가스류는 가스관련법에서 별도로 규정되고 있다.

## 023

정답 ②  기본서 2권  131~132p

해설
① A 기체는 포스핀($PH_3$)이다. 포스겐($COCl_2$)은 매우 독성이 강한 가스로서 소화약제로 사염화탄소($CCl_4$)를 화재시 사용할 때 발생한다.
　　$Ca_3P_2 + 6H_2O \rightarrow 3Ca(OH)_2 + 2\underline{PH_3} \uparrow$
② B 기체는 아세틸렌($C_2H_2$)으로 수은, 은, 동, 마그네슘과 접촉하면 금속아세틸레이트를 생성한다.
　　$CaC_2 + H_2O \rightarrow Ca(OH)_2 + \underline{C_2H_2} \uparrow$
③ C 기체는 메탄($CH_4$) 기체이고 연소범위는 5~15 V% 이다. 연소범위가 4~75 V% 인 것은 수소($H_2$)기체이다
　　$Al_4C_3 + 12H_2O \rightarrow 4Al(OH)_3 + 3\underline{CH_4} \uparrow$
④ 일반적으로 B, C는 가연성 기체로 분류하고 A는 유독성 가스로 분류한다. 조연성 기체는 0개이다.

## 024

정답 ④  기본서 2권  129~130p

해설 ④ 금속분이 미세한 가루 또는 박 모양일 경우 산화 표면적의 증가로 공기와 혼합 및 **열전도가 높아** 열의 축적이 쉽기 때문에 연소를 일으키기 쉬워진다.
→ 열전도가 적어

※ 제2류 위험물의 위험성
- 비교적 다른 가연물에 비해 착화온도가 낮아 저온에서 발화가 용이하며, 연소속도가 빠르고 연소 시 다량의 빛과 열을 발생한다.
- 금속분은 산, 할로겐원소, 황화수소와 접촉하면 발열, 발화하며 습기와 접촉하면 자연발화 위험이 있다.
- 연소 시 발생한 대류열, 복사열과 다량의 유독성 연소생성물 때문에 소화가 곤란하며, 금속분 화재 시 물에 의해 냉각소화하면 수소가스가 발생되어 폭발 위험이 있다.
- 일반적으로 금속은 산화하기 쉬우나 큰 덩어리로 되어 있거나 보통의 금속물(알루미늄 새시 등)의 경우 화재 위험은 적다.
- 금속분이 미세한 가루 또는 박 모양일 경우 산화 표면적의 증가로 공기와 혼합 및 열전도가 적어 열의 축적이 쉽기 때문에 연소를 일으키기 쉬워진다.

## 025

정답 ①  기본서 2권  131~132p

해설 ㉢ 탄화알루미늄의 반응식은 $Al_4C_3 + 12H_2O \rightarrow 4Al(OH)_3 + 3CH_4$이다.

## 026

정답 ④  기본서 2권  131~132p

해설 제2종 소화분말의 열분해반응이다.

Ⅳ. 화재이론

# CHAPTER 3 화재조사

## 027
**정답** ③ 심화

**해설** ③ 출화원인 조사 → 발화범위 판정 → 발굴 → 복원 → 발화지점 판정 → 감식·감정 → 화재원인 판정
가. 관계자 질문 등에 의한 조사 : 출화원인조사~발화지점 판정
나. 감식·감정~화재원인 판정 : 정밀조사

## 028
**정답** ① 기본서 2권 147p

**해설** ① 화재원인의 판정을 위하여 전문적인 지식, 기술 및 경험을 활용하는 것이다.
※ "감식"이란 화재원인의 판정을 위하여 전문적인 지식, 기술 및 경험을 활용하여 **주로 시각에 의한** 종합적인 판단으로 구체적인 사실관계를 명확하게 규명하는 것을 말한다.
※ "감정"이란 화재와 관계되는 물건의 형상, 구조, 재질, 성분, 성질 등 이와 관련된 모든 현상에 대하여 과학적 방법에 의한 필요한 실험을 행하고 그 결과를 근거로 화재원인을 밝히는 자료를 얻는 것을 말한다.
② 주로 시각 및 **후각**에 의한 종합적인 판단으로 구체적인 사실관계를 명확하게 규명하는 것이다.
→ 주로 시각에 의한
③ 화재와 관계되는 물건의 재질, 성분 등 모든 현상에 대하여 과학적 방법에 의한 필요한 실험을 행하는 것이다.
→ 감정에 대한 설명이다.
④ 감식을 통하여 화재원인을 밝히는 자료를 얻었을지라도 감정을 통하여 화재원인을 판정하여야 한다.
→ 화재원인판정을 위하여 반드시 감정을 하여야 하는 것은 아니다.

## 029

**정답** ① **기본서 2권** 147~148p

**해설** ① 발화란 열원에 의하여 가연물질에 **순간적으로** 불이 붙는 현상을 말한다.
→ 지속적으로

※ 용어의 정리
8) "발화"란 열원에 의하여 가연물질에 지속적으로 불이 붙는 현상을 말한다.
9) "발화열원"이란 발화의 최초원인이 된 불꽃 또는 열을 말한다.
10) "발화지점"이란 화재가 발생한 부위를 말한다.
11) "발화장소"란 화재가 발생한 장소를 말한다.
12) "최초착화물"이란 발화열원에 의해 불이 붙은 최초의 가연물을 말한다.
13) "발화요인"이란 발화열원에 의하여 발화로 이어진 연소현상에 영향을 준 인적·물적·자연적인 요인을 말한다.
14) "발화관련 기기"란 발화에 관련된 불꽃 또는 열을 발생시킨 기기 또는 장치나 제품을 말한다.
20) "잔가율"이란 화재 당시에 피해물의 재구입비에 대한 현재가의 비율을 말한다.
21) "최종잔가율"이란 피해물의 경제적 내용연수가 다한 경우 잔존하는 가치의 재구입비에 대한 비율을 말한다.

## 030

**정답** ④ **기본서 2권** 153p

**해설** 모두 옳은 지문이다.

> ㉠ 화재패턴 영향요소는 연소에 의한 온도변화, 열에 의한 물질변화, 그을음, 고온가스층이다.
> ㉡ V 패턴은 바닥 정점에서 발화됨, 화재의 전형적인 패턴이다.
> ㉢ 역V 패턴은 바닥의 휘발성 액체가 연소하면서 생성된 화염이 천장에 도달하지 않을 때 발생된다.
> ㉣ 모래시계 패턴은 화염이 수직면과 가까이 존재하거나 접촉되었을 때 발생된다.
> ㉤ 가연성 액체에 나타나는 패턴은 달무리 패턴, 선형 패턴, 튀김 패턴 등이다.

## 031

**정답** ② **기본서 2권** 145p

**해설** 제6조(관계인등 협조)
① 화재현장과 기타 관계있는 장소에 출입할 때에는 관계인등의 입회하에 실시하는 것을 원칙으로 한다.
② 조사관은 조사에 필요한 자료 등을 관계인등에게 요구할 수 있으며, 관계인등이 반환을 요구할 때는 조사의 목적을 달성한 후 관계인등에게 반환해야 한다.

## 032

정답 ③ 기본서 2권 158p

해설 제18조(화재피해금액 산정)
① 화재피해금액은 화재 당시의 피해물과 동일한 구조, 용도, 질, 규모를 재건축 또는 재구입하는 데 소요되는 가액에서 경과연수 등에 따른 감가공제를 하고 현재가액을 산정하는 실질적·구체적 방식에 따른다. 다만, 회계장부상 현재가액이 입증된 경우에는 그에 따른다.
② 제1항의 규정에도 불구하고 정확한 피해물품을 확인하기 곤란한 경우에는 소방청장이 정하는 「화재피해금액 산정매뉴얼」(이하 "매뉴얼"이라 한다)의 간이평가방식으로 산정할 수 있다.
③ 건물 등 자산에 대한 최종잔가율은 건물·부대설비·구축물·가재도구는 20%로 하며, 그 이외의 자산은 10%로 정한다.
④ 건물 등 자산에 대한 내용연수는 매뉴얼에서 정한 바에 따른다.
⑤ 대상별 화재피해금액 산정기준은 별표 2에 따른다.
⑥ 관계인은 화재피해금액 산정에 이의가 있는 경우 별지 제12호서식 또는 별지 제12호의2서식에 따라 관할 소방관서장에게 재산피해신고를 할 수 있다.
⑦ 제6항에 따른 신고서를 접수한 관할 소방관서장은 화재피해금액을 재산정해야 한다.

## 033

정답 ④ 심화

해설 잔존물 또는 폐기물 등의 제거 및 처리비는 화재피해액의 10% 범위 내에서 인정된 금액으로 별도로 산정한다.

## 034

정답 ② 심화

해설 제20조(화재합동조사단 운영 및 종료)
① 소방관서장은 영 제7조제1항에 해당하는 화재가 발생한 경우 다음 각 호에 따라 화재합동조사단을 구성하여 운영하는 것을 원칙으로 한다.
  1. 소방청장 : 사상자가 30명 이상이거나 2개 시·도 이상에 걸쳐 발생한 화재(임야화재는 제외한다. 이하 같다)
  2. 소방본부장 : 사상자가 20명 이상이거나 2개 시·군·구 이상에 발생한 화재
  3. 소방서장 : 사망자가 5명 이상이거나 사상자가 10명 이상 또는 재산피해액이 100억 원 이상 발생한 화재

## 035

정답 ③  기본서 2권  158p

해설 건물의 소실면적 산정은 소실 바닥면적으로 산정한다.
가로 50m × 세로 30m = 1,500m$^2$

## 036

정답 ③  기본서 2권  148p

해설
- 잔가율 : 화재 당시에 피해물의 재구입비에 대한 현재가의 비율을 말한다.
- 재조달가격 : 가격시점 현 시점에서 대상 건물을 재건축하거나 사고 시점의 동등 이상의 품질로 재취득할 경우 소요되는 가격으로 재조달원가 또는 재구입비라고도 한다. 화재보험에서 건물가액 산정 시 거래가격이 아닌 땅값을 제외한 순수한 건물가격으로 감가가 반영되지 않는다. 재조달가격에서 감가 수정을 한 것을 복성가격이라 한다. 보험가입대상물의 재조달가액 = 원시가액 + 물가상승분으로 산정한다.

## 037

정답 ③  심화

해설 현장 발굴 전의 조사
1) 현장을 관찰하고 일단의 상황을 파악.
2) 사정 청취 : 화재전의 작업상황, 화재시의 작업상황, 발견, 통보, 초기소화의 상황(화염의 색, 악취, 연소 상태)
3) 제조 혹은 작업공정
4) 취급되고 있던 화학물질의 상황 : 품명, 수량, 성질, 구입 시기, 보관방법 등
5) 화학물질의 취급상황

### 038

**정답** ④  **심화**

**해설** 제22조(조사 보고)
① 조사관이 조사를 시작한 때에는 소방관서장에게 지체 없이 별지 제1호서식 화재·구조·구급상황보고서를 작성·보고해야 한다.

② 조사의 최종 결과보고는 다음 각 호에 따른다.
  1. 「소방기본법 시행규칙」 제3조제2항제1호에 해당하는 화재 : 별지 제1호서식 내지 제11호서식까지 작성하여 화재 발생일로부터 30일 이내에 보고해야 한다.
  2. 제1호에 해당하지 않는 화재 : 별지 제1호서식 내지 제11호서식까지 작성하여 화재 발생일로부터 15일 이내에 보고해야 한다.

③ 제2항에도 불구하고 다음 각 호의 정당한 사유가 있는 경우에는 소방관서장에게 사전 보고를 한 후 필요한 기간만큼 조사 보고일을 연장할 수 있다.
  1. 법 제5조제1항 단서에 따른 수사기관의 범죄수사가 진행 중인 경우
  2. 화재감정기관 등에 감정을 의뢰한 경우
  3. 추가 화재현장조사 등이 필요한 경우

④ 제3항에 따라 조사 보고일을 연장한 경우 그 사유가 해소된 날부터 10일 이내에 소방관서장에게 조사결과를 보고해야 한다.

[소방기본법 시행규칙 제3조 제2항]
종합상황실의 실장은 다음 각 호의 1에 해당하는 상황이 발생하는 때에는 그 사실을 지체없이 별지제1호서식에 따라 서면·팩스 또는 컴퓨터통신 등으로 소방서의 종합상황실의 경우는 소방본부의 종합상황실에, 소방본부의 종합상황실의 경우는 소방청의 종합상황실에 각각 보고하여야 한다.
1. 다음 각 목의 1에 해당하는 화재
  가. 사망자가 5인 이상 발생하거나 사상자가 10인 이상 발생한 화재
  나. 이재민이 100인 이상 발생한 화재
  다. 재산피해액이 50억 원 이상 발생한 화재
  라. 관공서·학교·정부미도정공장·문화재·지하철 또는 지하구의 화재
  마. 관광호텔, 층수(「건축법 시행령」 제119조 제1항 제9호의 규정에 의하여 산정한 층수를 말한다. 이하 이 목에서 같다)가 11층 이상인 건축물, 지하상가, 시장, 백화점, 「위험물안전관리법」 제2조 제2항의 규정에 의한 지정수량의 3천배 이상의 위험물의 제조소·저장소·취급소, 층수가 5층 이상이거나 객실이 30실 이상인 숙박시설, 층수가 5층 이상이거나 병상이 30개 이상인 종합병원·정신병원·한방병원·요양소, 연면적 1만 5천 제곱미터 이상인 공장 또는 「화재의 예방 및 안전관리에 관한 법률」 제18조 제1항 각 목에 따른 화재예방강화지구에서 발생한 화재
  바. 철도차량, 항구에 매어둔 총 톤수가 1천 톤 이상인 선박, 항공기, 발전소 또는 변전소에서 발생한 화재
  사. 가스 및 화약류의 폭발에 의한 화재
  아. 「다중이용업소의 안전관리에 관한 특별법」 제2조에 따른 다중이용업소의 화재

## 039

정답 ① 기본서 2권 159p

해설 ① 작업장과 작업장 사이에 조명유리 등으로 비막이를 설치하여 지붕과 지붕이 연결되어 있는 경우에는 **같은 동**으로 한다.
→ 다른 동

※ 건물의 동수 산정
독립된 건물과 건물 사이에 차광막, 비막이 등의 덮개를 설치하고 그 밑을 통로 등으로 사용하는 경우는 다른 동으로 한다. 예를 들어 작업장과 작업장 사이에 조명유리 등으로 비막이를 설치하여 지붕과 지붕이 연결되어 있는 경우

## 040

정답 ② 기본서 2권 159p

해설 ② 건물사이에 방화구획 용도의 격리벽이 축조되어 있는 경우에는 **별개의 동**으로 취급한다.
→ 같은 동

※ 화재피해조사 산정기준
(3) 건물의 개체 수 산정
④ 건물사이에 방화구획 용도의 격리벽이 축조되어 있는 경우에 같은 동으로 취급한다.

## 041

정답 ③ 심화

해설 ㉠ 화재 시 연소생성물이 축적되어 천장의 온도가 상승하며 천장에서 화점의 중심선에서 멀어질수록 온도는 감소된다.

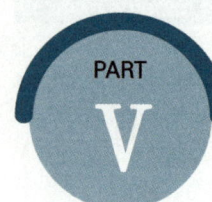

# PART V 소화이론

## CHAPTER 1 소화원리

### ★★★ 001
**정답** ① 기본서 2권 174p

**해설** 산소 밸런스(Oxygen Balance) 물질 100g이 연소하기 위해서 필요한 산소의 과부족량을 gram으로 표시한 것을 산소 밸런스(OB)라고 하며, OB에 따른 폭발위험성은 다음과 같다.
㉠ OB = 0~45는 폭발위험이 가장 크다.
㉡ OB = 45~90는 폭발위험이 중간이다.
㉢ OB = 90~135는 폭발위험이 가장 작다.

### ★★ 002
**정답** ① 기본서 2권 175p

**해설** ㉡ 유류화재에서 탱크를 드레인(배유)하는 것과 산림화재의 벌목은 제거소화이다.

### ★★★ 003
**정답** ③ 심화

**해설** A형 포(class A foams)를 이용하여 냉각 및 질식소화한다.

※ Class A포
가. 물의 소화능력을 증가시키기 위해 물의 밀도를 수정한 소화약제
나. Class A포는 포블랭킷(Foam blanket)을 형성하고 물의 침투력과 확산성을 크게 하는 것으로 캔자스의 쓰레기매립장 대화재에서 사용되었다.

304 · 정답 및 해설

## CHAPTER 2 소화약제

★
### 004
정답 ④ 기본서 2권 218p

해설 산알카리소화기의 소화약제는 $NaHCO_3$ - 진한 $H_2SO_4$ 이다.

★★★
### 005
정답 ③ 기본서 2권 201p

해설 3종 : $NH_4H_2PO_4 \rightarrow HPO_3 + NH_3 + H_2O$

★★★
### 006
정답 ① 기본서 2권 179~186p, 223p, 264p

해설 ㉠ 소화약제의 조건은 가격이 싸고 안정성이 있는 것이어야 하고, 그리고 환경오염도 적어야 한다.
㉢ 물소화약제의 장점으로는 가격이 저렴하고 장기 보존이 가능하나, 물무상을 제외하고는 전기화재에 쓰일 수 없으며, 금속화재에는 적응성이 없다.
㉣ 물을 소화약제로 사용하는 이유는 비열과 증발잠열이 크기 때문이다.
㉥ 물의 소화방법에는 직사(봉상), 적상, 분무주수가 있다.

★★★
### 007
정답 ③ 기본서 2권 179p

해설 ㉠ 물의 소화방법에는 직사(봉상), 적상, 분무주수가 있다.
㉣ 로이드레만전법에 적합한 주수 방법은 저속분무이다.
㉢ 옥내소화전설비 방수압력은 0.17MPA이다.
㉥ 물의 침투가 용이하지 않는 원면화재에 적합한 것은 Wetting Agent(wet Water)이다.
㉤ 중속분무의 각도는 30도 이고, 신체보호에 적합한 소화방법이다.

★★
### 008
정답 ④ 기본서 2권 179p

해설 ㉠ 물의 비열은 1.0 kcal/g℃ 로 상당히 크며, 물 입자가 많은 열량을 흡수한다.
→ 1.0 kcal/kg℃
㉡ 증발잠열은 539 kcal/g 으로 상당히 크며, 증발 시 많은 열량을 흡수한다.
→ 539 kcal/kg
㉢ 비수용성인 가연성액체인 경우 인화점이 100°F 미만에서는 효과성이 떨어진다.
㉣ 물은 공기나 이산화탄소 등 기체를 흡수하려는 성질을 가지고 있다.
㉤ 표면장력이 크다.

## 009

**정답** ① 기본서 2권 187~189p

**해설**
ⓒ 화학포 소화약제설비에는 1약제건식설비, 2약제건식설비, 2약제습식설비가 있다.
ⓔ 포소화약제는 수계에 해당된다.
ⓜ 일반적으로 수용성을 제외한 4류 위험물에 적당한 포소화약제는 수성막포이다.
ⓗ 포소화약제의 구비조건으로 유류의 표면에 잘 분산되고, 접착성도 좋아야 한다.
ⓢ 항공기격납고에 적응성이 있는 소화약제는 수성막포 소화약제이다.

## 010

**정답** ② 기본서 2권 189p

**해설**
② 고발포의 경우 ~~50배~~ 이상 250배 미만을 제1종 기계포, 250배 이상 500배 미만을 제2종 기계포, 500배 이상 1000배 미만을 제3종 기계포로 분류한다.
→ 80

※ 포 소화약제
거품 팽창비에 따른 분류로서 국내의 기준은 팽창비율이 6배 이상 20배 이하의 경우를 저발포, 80배 이상 1000배 미만을 고발포라고 하는데 고발포의 경우 80배 이상 250배 미만을 제1종 기계포, 250배 이상 500배 미만을 제2종 기계포, 500배 이상 1000배 미만을 제3종 기계포로 분류한다.

## 011

**정답** ③ 기본서 2권 194p

**해설**
③ 저발포와 고발포로 사용이 가능하며 특히, 고발포에 의한 발포방법은 유류저장탱크의 화재뿐만 아니라 도심지의 건축물화재·공장화재·차량화재 등의 소화에 뛰어난 소화능력을 발휘함으로써 일반화재의 소화에도 적응성이 있다.
→ 합성계면활성제 소화약제에 대한 설명이다.

※ 합성계면활성제포소화약제
합성계면활성제포소화약제는 기계의 동력에 의해서 공기를 혼입시켜 사용하는 기계포소화약제로서 단백포소화약제보다 먼저 개발되어 사용되어 왔으나 저발포에 의해서 발포된 포의 소화성능은 단백포소화약제에 비하여 뒤떨어지고 연소하는 유류에 대한 내화성 및 내유성이 약하여 포소화약제로서의 기능을 다하지 못하였다. 이러한 단점을 보완하기 위하여 저발포 외에 중발포·고발포의 발포기법이 개발되었으며, 고발포에 의한 발포방법이 유류저장탱크의 화재뿐만 아니라 도심지의 건축물화재·공장화재·차량화재 등의 소화에 뛰어난 소화능력을 발휘함으로써 일반화재의 소화에도 적응됨을 인정받게 되었다. 또한 일반적으로 25% 환원시간(포가 깨져서 원래의 포 수용액으로 돌아가는 시간)이 합성계면활성제포는 30초 이상이다.

## 012

**정답** ③  **기본서 2권** 191p

**해설** A급 화재, 특히 심부화재의 경우 소화약제가 가연물 속으로 침투가 용이하여야 소화약제로 사용이 가능하다.
③ 수성막포의 표면장력은 20~17dyne/cm 정도로 침투성이 우수하여 A급 화재에도 사용이 가능하다.
① 단친매성(친수성, 소유성)으로 내유성이 우수하기 때문이다.
　→ 유류탱크의 표면하주입식으로 사용이 가능하다.
② 유독성이 적으며 부식성이 없고 ph가 중성이며 화학적으로 안정적이기 때문이다.
　→ 소화약제가 갖추어야 하는 일반적 조건이다.
④ 유동성이 좋은 거품과 수성막이 형성되어 초기 소화속도가 빠르기 때문이다.
　→ 초기 소화속도가 빨라 항공기 등 유출유 화재에 적합하다.

## 013

**정답** ①  **기본서 2권** 195p

**해설** ① 이산화탄소소화약제는 전역방출식으로 하는 경우 심부화재에 적응성이 있으므로 **개방된** 장소에서의 일반 가연물 화재의 소화에도 적합하다.
　→ 전역방출방식은 밀폐된 장소에 적응성이 있다.

※ 이산화탄소소화약제의 정의와 역할
　이산화탄소소화약제는 산소농도의 희석에 의한 질식소화를 주목적으로 하므로 개방된 장소에서의 일반가연물화재의 소화에는 부적합하다. 그렇지만, 개구부에 자동폐쇄장치가 설치된 전역방출 방식인 경우 일반가연물질에 대해 가연물질의 내부까지 침투하여 심부화재를 소화시키고 피연소물질의 표면을 둘러싸 화재로부터 이들을 보호하는 역할을 한다.

## 014

**정답** ④  **기본서 2권** 195p

**해설** ㉠ 고압가스 용기 속에 압축가스로 저장·보관한다(×). → 액화가스이다.
㉡ 이산화탄소는 35 ℃의 온도에서 액체상태로 존재할 수 없다(○). → 임계온도 (액체로서 존재할 수 있는 최고온도)는 31.35 ℃이므로 임계온도 이상에서는 액체상태로 존재할 수 없다.
㉢ 이산화탄소를 방사해서 산소농도가 10vol%가 되었다면 이때 사용한 이산화탄소의 농도는 약 50%이다.(단 공기중에 산소농도가 20vol%이다)(○).

→ $CO_2(vol\%) = \dfrac{21 - O_2}{21} \times 100$ 이지만, 산소가 20 이므로

$= \dfrac{20 - 10}{20} \times 100$

$= 50\%$

㉣ 약제가 방사 되었을 시 이산화탄소의 농도가 90vol% 이라면 이때 산소의 농도는 2.1vol%이다(○).
　→ 이산화탄소의 농도가 90%이면, 공기는 10%이며 산소의 비율 = 10% × 0.21(공기 중 산소분율)
　　= 2.1%

## 015

**정답** ① 심화

**해설** **방호구역 내 과압 발생의 제한**은 불활성기체의 방출 시 방출시간을 1분 이내로 제한하는 이유이다.

※ 할로겐화합물 및 불활성기체 소화설비의 경우 방사시간에 제한을 두는 이유(할로겐화합물 : 10초, 불활성기체 : 1분)
   ㉠ 분해 생성물의 제한
   ㉡ 화재피해 및 그 영향의 제한
   ㉢ **방호구역 내 과압 발생의 제한**

※ 할론소화설비의 소화약제 방출시 10초 이내로 제한하는 이유
   가. 분해생성물의 최소화
      할론 1301($CF_3Br$)의 경우 열분해된 후 분해 부산물로 독성의 HF, HBr가 생성되며 분해 부산물의 생성여부는 방사시간과 화재 규모에 따라 달라진다.
   나. 일정한 유속의 확보
      - 액체상태의 소화약제가 용기로부터 방출되어 배관으로 흐르면서 배관 내에는 액상이 기화되면서 2상(액체와 기체) 유체가 된다.
      - 만일 충분한 유속을 확보하지 못하면 액상(소화약제)과 기상(질소)부분이 혼합되지 못하고 분리되며 이로 인하여 마찰손실이 크게 증가하게 되므로 이를 최소화하기 위하여 일정한 유속을 확보하여야 한다.
   다. 높은 유량의 확보
      방호구역 내 소정의 설계농도에 도달하기 위해서는 단시간에 높은 유량을 확보하여야 한다.

## 016

**정답** ③ 심화

**해설** 할론1301 및 이산화탄소 소화기는 액체 상태로 저장되어 있다가 방출 시에는 기체로 방출되는 특징을 가지고 있다. 두 가지 모두 별도의 가압원이 없다.

## 017

**정답** ③ 기본서 2권 205~208p

**해설** ③ LOAEL보다 설계농도가 높은 소화약제는 사람이 없거나 30초 이내에 대피할 수 있는 장소에서만 사용할 수 있다.

※ 할로겐화합물 및 불활성기체 소화약제의 기준에 관한 세계적인 추세는 미국을 포함하여 일반적으로 오존파괴지수(ODP), 지구온난화지수(GWP), 대기 중 수명, 인체에 미치는 독성의 4가지 기준으로 규정하고 있다. 대기권 수명은 대기권 내 잔존년수(ALT)로 판단하며 특히 인체에 미치는 독성에 대해서는 전역방출방식의 경우 최대허용독성농도(no observed adverse effect level, NOAEL)과 독성인정최저농도(lowest observed adverse effect level, LOAEL)를 기준으로 하여 다음과 같은 4가지 조건을 요구하고 있다.
① 대피시간이 30초~1분인 장소에서는 LOAEL보다 높은 농도의 소화약제를 사용할 수 없다.
② 대피시간이 1분 이내인 장소에서는 NOAEL보다 높은 농도의 소화약제를 사용할 수 없다.
③ LOAEL보다 설계농도가 높은 소화약제는 사람이 없거나 30초 이내에 대피할 수 있는 장소에서만 사용할 수 있다.
④ 소화설비의 설계시 소화약제의 방출 후에도 산소농도는 16% 이상 유지되어야 한다.

## 018

**정답** ① 기본서 2권 206p

**해설** ※ 할로겐화합물 소화약제의 종류 9가지

| 소화약제 | 화학식 |
|---|---|
| FC-3-1-10 | $C_4F_{10}$ |
| HCFC BLEND A | HCFC-123($CHCl_2CF_3$) : 4.75%<br>HCFC-22($CHClF_2$) : 82%<br>HCFC-124($CHClFCF_3$) : 9.5%<br>$C_{10}H_{16}$ : 3.75% |
| HCFC-124 | $CHClFCF_3$ |
| HFC-125 | $CHF_2CF_3$ |
| HFC-227ea | $CF_3CHFCF_3$ |
| HFC-23 | $CHF_3$ |
| HFC-236fa | $CH_3CH_2CF_3$ |
| FIC-13I1 | $CF_3I$ |
| FK-5-1-12 | $CF_3CF_2C(O)CF(CF_3)_2$ |

## 019

**정답** ② 기본서 2권 206p

**해설** HFC-227ea 물질의 화학식은 $CF_3CHFCF_3$이다.

## 020

**정답** ② 기본서 2권 206p

**해설** ② FK-5-1-12(Novec-1230)

※ FK-5-1-12(Novec-1230)

가. 분자식 : $CF_3CF_2C(O)CF(CF_3)_2$

나. 오존층파괴지수(ODP) 0, 지구온난화지수(GWP) 1, 대기잔존년수(ALT) 0.014

다. 특성
1) Novec-1230은 미국 3M사에서 개발한 "젖지 않는 물"로 알려진 소화약제이다.
2) 탄소(C)가 6개로 액체상태이나 비점이 49℃로 화재현장에 방사되었을 때 빠르게 증발하기 때문에 전기화재(C급)에도 적용이 가능하다.
3) 비점이 49℃로 냉각소화가 주된 소화효과이며 또한 할로겐 원소 중 F에 의해 화학적 소화(부촉매 효과)를 보조적으로 수행한다.
4) 소화농도는 A, C급 3.3%, B급 4.7%이며, 최대허용설계농도는 10%이다.

## 021

**정답** ④　기본서 2권　206p

**해설** 다음 설명하는 할로겐화합물 및 불활성기체 소화약제는 HFC – 236fa 이다.


## 022

**정답** ③　기본서 2권　206p

**해설** ※ HFC – 23의 특성
① 메탄($CH_4$) 유도체인 $CHF_3$로 자체 증기압이 높아 할로겐화합물 소화약제 중 별도의 질소가압을 하지 않는 유일한 약제이다.
② 임계온도가 25.9℃로 낮아 저장실의 온도가 임계온도보다 높은 경우에는 기체로 방사되므로 방사거리가 짧아지고 방사시간이 지연될 우려가 있다.
③ 최대허용 설계농도는 30%이며 NOAEL 50%, LOAEL 50%로 정상 거주지역에서 사용이 가능하다.
① HFC – 125($CHF_2CF_3$)
　소화농도 9.4%, NOAEL 7.5%, LOAEL 10%로 소화농도가 NOAEL을 초과하므로 비거주지역에만 사용할 수 있다.
② HFC – 227ea
　가. HFC – 227ea는 프로판유도체($CF_3CHFCF_3$)로 액체의 성질이 강하여 자체 증기압이 낮아 외부에 별도의 가용용 질소용기를 부설하여 설치하며 약제방사 헤드와 방호대상물간의 이격거리가 길어야 한다.
　나. 최대허용 설계농도 10.5%, NOAEL 9.0%, LOAEL 10.5%으로 정상 거주 지역에서 사용이 어렵다.
④ HCFC Blend A(NAF S-III)
　가. 메탄($CH_4$) 유도체인 CFC-22($CHClF_2$)를 주체로 한 혼합물로 할론 1301의 소화성능과 유사하여 시중에 많이 사용되고 있다.
　나. 소화농도 A급 7.2%(최대허용 설계농도 10%), B급 10%이나 NOAEL 10%, LOAEL 10%로 비거주지역에 사용된다.
　다. 혼합물 중 $C_{10}H_{16}$은 화재장소에 방출 시 찐덕찐덕한 성질로 인하여 소화설비 설계 시 방호대상물과 충분히 이격하여야 한다.


## 023

**정답** ④　기본서 2권　206p

**해설** ※ IG – 541(Inergen)
가. 성분 : $N_2$ : 52%, Ar : 40%, $CO_2$ : 8%
나. 특성
　• 설계농도 37.5%로 NOAEL 43%, LOAEL 52% 보다 낮아 사람이 거주하는 곳에 사용은 가능하나 질식 우려가 있으므로 방출시간은 60초 이내로 제한하고 있다.
　• 압축상태로 저장 공간이 많이 소요되고 고압배관이 사용되며 배관의 마찰저항이 작아 원거리 배관시공이 가능하다.
　• 가스상태로 방사되므로 기화냉각의 효과는 없으며 이산화탄소와 같은 연무현상이 발생하지 않는다.

## 024

정답 ②   기본서 2권   199p

해설 TMB(($BOOCH_3)_3$)는 금속화재용의 액체소화약제로서 자신이 타서 유리상의 피막을 형성하여 질식소화한다. 이 소화약제 사용 후 물 또는 포소화약제의 사용도 가능하다.

※ 금속화재용 소화약제(Dry Powder)의 종류
  가. Na-X(탄산나트륨($Na_2CO_3$) + 비흡습성과 유동성을 향상시키는 첨가제) : 나트륨 화재용
  나. MET-L-X(염화나트륨($NaCl$) + 첨가제) : 마그네슘, 칼륨, 나트륨 화재용
  다. G-1(유기인 + 흑연이 입혀진 코크스) : 마그네슘, 칼륨, 나트륨, 리튬 화재용

※ 흑연은 열의 전도체로 열을 흡수하여 금속의 온도를 발화온도 이하로 낮추는 역할을 하고 흑연 분말은 질식효과도 있다.

## 025

정답 ④   기본서 2권   179~186p

해설 모두 옳은 지문이다.

## 026

정답 ③   기본서 2권   217p

해설 응고점이 −20℃ 이하로 일반적으로 축압식을 가장 많이 사용되며, 사용온도는 −20~40℃ 이다.

## 027

정답 ①   기본서 2권   199~203p

해설 ㉣ 제1인산암모늄으로부터 360℃ 이상의 온도에서 열분해하는 과정에서 생성되는 액체상태의 점성을 가진 메타인산($HPO_3$)이 일반가연물질인 나무·종이·섬유 등의 연소과정인 잔진상태의 숯불표면에 유리(glass)상의 피막을 이루어 공기 중의 산소의 공급을 차단시키며, 숯불모양으로 연소하는 작용을 방지한다.
㉤ 분말약제 중 일반화재, 유류화재, 전기화재를 소화 할 수 있는 약제는 3종 분말이지만, 약제 성능은 4종이 가장 우수하다.

## 028

정답 ①   기본서 2권   199p

해설 ㉠ 드라이케미컬은 탄산수소나트륨을 말하며 제1종 분말 소화약제이다. 표시색상은 백색이다.

## 029

정답 ③   기본서 2권   199p

해설 분말소화약제의 소화력은
제4종분말 〉 제2종분말 〉 제3종분말 〉 제1종분말 순이다.

## 030

**정답** ④ 심화

**해설** 넉다운(Knock Down) 효과에 대한 설명이다.
① 에멀전(Emulsion) 효과
→ 비수용성인 가연성액체 화재에서는 물을 무상으로 분무하여 액면에 부딪쳐 산란하여 불연성 박막인 유화층을 형성시켜 유류의 증기압을 저하시켜 연소범위를 벗어나게 하는 소화방법
② 부촉매 효과
→ 불꽃연소의 소화원리는 화학적 소화방법으로서 연쇄반응의 억제에 의한 소화이다. 연쇄반응의 억제를 이용한 소화약제로는 분말, 할론, 산알칼리, 강화액 및 청정소화약제 중 할로겐화합물 소화약제가 있다.
③ 방진작용 효과
→ 제3종 분말소화약제의 소화작용으로써, $HPO_3$(메타인산)에 의해 가연물질이 숯불형태로 연소하는 것을 방지하는 작용으로 숯불에 융착하여 유리상의 피막을 형성하여 방진하므로(방진작용) A급 화재에서 재연소 방지효과가 크다.

## 031

**정답** ④ 심화

**해설** 할론 1301($CF_3Br$)은 CFC 계열의 물질로 오존층 파괴의 주요 물질이다.
※ CFC : 상품명은 "프레온", 화학명은 "클로로 플로르 카본(chloro fluoro carbon)"이며 지난 1989년 몬트리올협정에 따라 선진국에서는 1996년부터 CFC의 생산 및 수입이 금지되었고, 개도국은 1997년부터 단계적으로 감축, 2010년에는 완전 금지되었다.
※ HCFC(hydro-chloro-fluoro-carbon) : 수소를 함유한 프레온의 일종으로 수소화염화플루오린화탄소라고도 하며 CFC 물질의 대체물질로 개발하였다.

## 032

**정답** ④ 심화

**해설** ④ $OH^* + HBr \rightarrow H_2O + Br^*$
※ 기본적인 연소반응(수소를 예를 들어)
가. 개시 : $H_2 + e(점화에너지) \rightarrow 2H^*$
$H^* + O_2 \rightarrow OH^* + O^*$
나. 전파 : $OH^* + H_2 \rightarrow H_2O + H^*$
$O^* + H_2 \rightarrow OH^* + H^*$
다. 연쇄 : $H^* + O_2 \rightarrow OH^* + O^*$
라. 억제 : $OH^* + H_2 \rightarrow H_2O + H^*$
마. 종결 : $2H^* \rightarrow H_2$

※ 위 연소과정 중에 할론 1301($CF_3Br$)을 방사하면
가. 가열 및 분해 : $CF_3Br \rightarrow CF_3^* + Br^*$
나. 연소계의 생성물 수소라디칼($H^*$)과 반응하여 할로겐산(HBr)이 된다($Br^* + H^* \rightarrow HBr$)
다. 억제반응 : 할로겐산(HBr)은 활성화된 수산기($OH^*$)와 반응하여 $H_2O$을 생성한 후 할로겐($Br^*$)이 된다.
$OH^* + HBr \rightarrow H_2O + Br^*$

## 033

정답 ② 심화

해설 염소를 포함하고 있는 소화약제는 ①, ② 이다.
국내 사용량이 가장 많고 2030년까지 한시적으로 사용하는 소화약제는 Blend A이다.

## 034

정답 ④  기본서 2권  206p

해설 FK-5-1-12의 화학식은 $CF_3CF_2C(O)CF(CF_3)_2$ 로 케톤기($-CO-$)를 가지고 있는 물질이다. PFC는 Perfluoro Carbon 을 의미한다. 즉 FC-3-1-10과 같이 탄소와 불소로만 이루어진 소화약제를 말한다.

## 035

정답 ①  기본서 2권  210~211p

해설 물 또는 그 밖의 소화약제를 사용하여 소화하는 기계·기구 또는 설비가 소화설비 이고 소화설비에 대한 지문을 고르는 것이 중요하다.

ⓒ 물부등소화설비에는 물분무소화기, 포소화기, 이산화탄소소화기, 할론소화기, 할로겐화합물 및 불활성기체 소화기, 분말소화기, 미분무소화기, 강화액소화기, 고체에어로졸소화설비가 있다.
→ 소화기가 아니라 소화설비이다.
ⓒ 비상경보설비에는 비상벨설비 및 자동식사이렌설비가 있다.
→ 경보설비에 대한 설명이기 때문에 옳지 않다.
ⓔ 피난기구에는 피난사다리, 구조대, 완강기, 간이완강기가 있다.
→ 피난구조설비에 대한 설명으로 옳지 않다.
ⓜ 소화활동설비에는 제연설비, 연결송수관설비, 연결살수설비, 비상콘센트설비, 무선통신 보조설비, 연소방지설비가 있다.
→ 소화활동설비에 대한 설명으로 옳지 않다.

# CHAPTER 3 소방시설

## 036
**정답** ③ 　기본서 2권　210~211p

**해설**
ⓒ 경보설비엔 비상벨설비, 시각경보기, 누전경보기, **비상조명등**이 해당된다.
→ 비상조명등은 피난구조설비에 해당한다.
ⓒ **소화활동설비는** 화재가 발생한 경우 피난하기 위해 사용하는 기구 또는 설비를 말한다.
→ 피난구조설비의 정의
ⓔ 저수조와 상수도소화용수설비, **연결살수설비는** 소화용수설비에 해당한다.
→ 연결살수설비는 소화활동설비에 해당한다.

## 037
**정답** ③ 　기본서 2권　222p

**해설** "자동소화장치"란 소화약제를 자동으로 방사하는 고정된 소화장치로서 법 제36조 또는 제39조에 따라 형식승인이나 성능인증을 받은 유효설치 범위(설계방호체적, 최대설치높이, 방호면적 등을 말한다) 이내에 설치하여 소화하는 다음 각 목의 것을 말한다.
　가. "주거용 주방자동소화장치"란 주거용 주방에 설치된 열발생 조리기구의 사용으로 인한 화재 발생 시 열원(전기 또는 가스)을 자동으로 차단하며 소화약제를 방출하는 소화장치를 말한다.
　나. "상업용 주방자동소화장치"란 상업용 주방에 설치된 열발생 조리기구의 사용으로 인한 화재 발생 시 열원(전기 또는 가스)을 자동으로 차단하며 소화약제를 방출하는 소화장치를 말한다.
　다. "캐비닛형 자동소화장치"란 열, 연기 또는 불꽃 등을 감지하여 소화약제를 방사하여 소화하는 캐비닛형태의 소화장치를 말한다.
　라. "가스자동소화장치"란 열, 연기 또는 불꽃 등을 감지하여 가스계 소화약제를 방사하여 소화하는 소화장치를 말한다.
　마. "분말자동소화장치"란 열, 연기 또는 불꽃 등을 감지하여 분말의 소화약제를 방사하여 소화하는 소화장치를 말한다.
　바. "고체에어로졸자동소화장치"란 열, 연기 또는 불꽃 등을 감지하여 에어로졸의 소화약제를 방사하여 소화하는 소화장치를 말한다.

## 038
**정답** ① 　심화

**해설** ①의 보일러실 등은 표면화재로 보아 방호구역의 체적별 설계농도 34%를 적용하여 설계한다.
※ 심부화재
　가. 정의 : 목재 또는 섬유류와 같은 고체가연물에서 발생하는 화재형태로서 가연물 내부에서 연소하는 화재
　나. 화재의 성상
　　• A급 화재를 위주로 하는 훈소화재(Smoldering fire)
　　• 연소의 3요소가 작용하는 Glowing mode의 화재
　다. 이산화탄소 소화방법
　　• 설계농도가 50% 이상이며 질식소화 이외에 재발화 되지 않도록 냉각소화가 필요한 화재
　　• 방사시간은 7분 이내

라. 방호대상물
- 유입기기가 없는 전기실, 통신기기실
- A급 가연물이 대량 있는 장소(도서관 등)
- 고무류, 면화류 등 특수가연물의 저장장소

## 039

정답 ③  기본서 2권  228p

해설 연성계에 대한 설명이다.
연성계 또는 진공계는 소화펌프의 흡입 측에, 압력계는 소화펌프의 토출 측에 설치한다.
※ 압력 측정장치의 종류
가. 압력계 : 양의 게이지압을 측정하는 것
나. 진공계 : 음의 게이지압을 측정하는 것
다. 연성계 : 양 및 음의 게이지압을 측정하는 것

## 040

정답 ①  기본서 2권  224p

해설 ① 후드밸브는 **수조 입구에 설치**되며 이물질 여과기능과 소화수의 역류를 방지하는 역할을 한다.
→ 수조 내에 설치

※ 펌프 흡입측
펌프 흡입측 배관 내의 부속품과 그 기능은 다음과 같다.
① 후드밸브 : 후드밸브는 수조 내에 설치되며 이물질 여과기능과 소화수의 역류를 방지하는 역할을 한다.
② 개폐밸브 : 흡입측에 설치된 개폐밸브는 점검 및 유수흐름을 차단한다.
③ 스트레이너 : 후드밸브에서 여과한 소화수를 2차적으로 여과시킨다.
④ 후렉시블조인트 : 펌프 및 전동기에서 발생한 진동 및 충격을 배관에 전달되지 않도록 탄성효과로서 차단한다.
⑤ 진공계 및 연성계 : 펌프 흡입압을 측정한다.
⑥ 편심레듀사 : 펌프의 흡입구와 흡입배관이 다를 경우에 배관 내 공기고임이 발생과 공동현상이 발생되지 않도록 하며, 또한 마찰손실을 적게 하기 위하여 설치한다.

## 041

정답 ④  심화

해설 ④ 유량계로 측정 시 유량계는 **수평으로** 부착하고 유량계의 상류측은 유량계의 호칭구경의 8배 이상 하류관은 유량계의 호칭구경의 5배 이상 되는 직관부를 설치하여야 한다.
→ 수직으로

※ 펌프 성능시험배관에 의한 유량측정 방법
- 압력계에 의한 방법 : 압력계를 설치한 측정 설비는 오리피스(orifice) 전후에 압력계를 설치하여 전후의 압력차를 측정하여 펌프의 토출유량을 산출한다.
- 유량계에 의한 방법 : 유량계는 수직으로 부착하고 유량계의 상류측은 유량계의 호칭구경의 8배 이상 하류관은 유량계의 호칭구경의 5배 이상 되는 직관부를 설치하여야 한다.

## 042

정답 ① 기본서 2권 231p

해설 옥내소화전의 송수구 구경은 65mm 이다.


## 043

정답 ④ 기본서 2권 321p

해설 채수구에 대한 질문이다.

※ 소화수조 및 저수조의 화재안전기준 제2조
소화수조 또는 저수조
가. 흡수관 투입구
  지표면에서 수조 내부 바닥까지의 거리가 4.5m 미만인 경우 소방차의 펌프로 물을 흡입할 수 있으므로 소방호스를 투입하기 위한 지하수조용 맨홀이 흡수관 투입구이다.
나. 채수구
  지표면에서 수조 내부 바닥까지의 거리가 4.5m 이상인 경우 소방차의 펌프로 물의 흡입이 어려우므로 소방대상물 자체에서 소화수조용 가압펌프를 설치하여 지상에서 송수하게 되면 소방차가 이를 흡입하는 것으로 이때 소방차의 소방호스와 접결되는 흡입구가 채수구이다.


## 044

정답 ② 기본서 2권 267p

해설
㉠ Ⅰ형 방출구
  위험물이 Over Flow하는 것을 막을 수 있는 방식으로 방출된 포가 위험물과 섞이지 않고 탱크의 액면위로 흘러 들어가서 소화작용을 하도록 통 계단 등을 설치한 방출구 방식이고, Cone Roof Tank에 사용된다.
㉡ Ⅱ형 방출구
  반사판에 의해 포가 탱크벽면을 따라 소화되도록 설치된 것으로 Cone Roof Tank에 사용된다.
㉢ 특형 방출구
  Floating Roof Tank(부상식 탱크)의 측면과 포 방지턱(굽도리판)에 의해 형성된 환상 부분에 포를 방출하여 소화한다.
㉣ 표면하주입방식(SSI방식 : Sub-Surface Injection Method)
  포를 탱크 밑으로 주입하여 포가 탱크 내의 유류를 통해 표면으로 떠올라 소화하도록 한 것이다. 또한 이 방식은 수용성 위험물 탱크에는 적용할 수 없다.
㉤ 반표면하주입방식(SSSI방식 : Semi Sub-Surface Injection Method)
  표면하 주입방식과 같이 탱크의 밑에서 공급되지만 호스를 이용해서 탱크의 액면에서 포를 방출하도록 한다.


## 045

정답 ② 기본서 2권 267p

해설 ① Ⅰ형 방출구
  위험물이 Over Flow하는 것을 막을 수 있는 방식으로 방출된 포가 위험물과 섞이지 않고 탱크의 액면 위로 흘러 들어가서 소화작용을 하도록 통계단(활강 로) 등을 설치한 방출구 방식이고, CRT(Cone Roof Tank)에 사용된다.

③ **특형 방출구**
   FRT(Floating Roof Tank ; 부상식 탱크)의 측면과 포 방지턱(굽도리판)에 의해 형성된 환상 부분에 포를 방출하여 소화한다.
④ **표면하주입방식**
   포를 탱크 밑으로 주입하여 포가 탱크 내의 유류를 통해 표면으로 떠올라 소화 하도록한 것이다. 그러나 이 방식은 수용성 위험물 탱크에는 적용할 수 없다.

## ★★★ 046

**정답** ② 　기본서 2권　255p

**해설** 개방형스프링클러설비에서 하나의 방수구역의 경우 담당하는 헤드는 50개 이하 이여야 한다.

## ★★★ 047

**정답** ① 　기본서 2권　245p, 247p, 275p

**해설**
㉠ 교차회로방식은 화재탐지설비의 오동작을 방지하기 위한 방식으로 하나의 방호구역내에 회로를 2개의 회로가 교차하도록 설치하기 때문에 일명 송배선방식 이라고도 한다.
㉡ 교차회로방식을 적용하는 소화설비
   ⓐ 스프링클러설비(준비작동식, 일제살수식)
   ⓑ 이산화탄소・할론・분말소화설비
※ **송배전(선) 방식**(보내기 방식)
   수신기에서 2차측의 외부배선의 도통시험을 용이하게 하기 위해 배선의 도중에서 분기하지 않도록 하는 배전방식이다.

## ★★★ 048

**정답** ② 　기본서 2권　210p, 289p, 307p

**해설**
㉡ 이온화식은 연기감지기 이다.
㉢ 승강기는 피난구조설비가 아니다.
㉥ 가스누설차단기는 경보설비가 아니다.

## ★★★ 049

**정답** ① 　기본서 2권　283p

**해설** 경보설비는 반드시 감지기가 있는 것은 아니다. 즉, 비상경보설비는 감지기가 없이 수동으로 발신기를 작동시켜 경보하는 설비이다.

## ★★★ 050

**정답** ③ 　기본서 2권　288p

**해설** 하나의 경계구역의 면적은 600$m^2$ 이하로 하고 한 변의 길이는 50m 이하로 할 것. 다만, 당해 소방대상물의 주된 출입구에서 그 내부 전체가 보이는 것에 있어서는 한 변의 길이가 50m의 범위 내에서 1,000$m^2$ 이하로 할 수 있다.

## 051

정답 ④ 기본서 2권 253p

해설 **스프링클러설비의 배관**
  ㉠ 가지배관
    ⓐ 가지배관의 배열은 토너먼트 방식이 아닐 것
    ⓑ 한쪽 가지배관에 설치하는 헤드의 개수는 8개 이하로 할 것
  ㉡ 교차배관
    ⓐ 교차배관은 가지배관 밑에 수평으로 설치하고 구경은 40mm 이상으로 할 것
    ⓑ 청소구는 교차배관 끝에 40mm 이상 크기의 개폐 밸브를 설치하고 호스 접결이 가능한 나사식 또는 고정배수 배관식으로 할 것
  ㉢ 배수관 및 배관의 기울기
    ⓐ 수직배수배관의 구경은 50mm 이상으로 할 것
    ⓑ 습식스프링클러설비 외의 설비에는 헤드를 향하여 상향으로 수평주행배관의 기울기는 1/500 이상, 가지배관의 기울기는 1/250 이상으로 할 것

## 052

정답 ④ 기본서 2권 216p

해설 대형수동식 소화기 능력단위는 A급 일 때는 10단위 이상이다.

## 053

정답 ④ 기본서 2권 230p

해설 기동용수압개폐장치는 수계소화설비에 설치한다.(할로겐화합물 및 불활성기체 소화설비 구성 X)

## 054

정답 ② 기본서 2권 210~211p

해설 ㉠ 소화기구는 소화기, 자동확산소화기, 간이소화용구이다.
  ㉡ 물분무등소화설비는 물분무, 미분무, 포, 이산화탄소, 할론, 할로겐화합물 및 불활성기체 소화약제, 분말소화설비, 강화액소화설비, 고체에어로졸소화설비를 말하며, 주로 항공기격납고, 주차건물, 전기실, 변전실 등 스프링클러와 같이 전통적인 물방울설비로 적용하기 어려운 특수한 대상물에 설치하는 진보된 소화시설이다.

## 055

정답 ① 기본서 2권 237~238p

해설 ② 안내날개(안내깃)가 있으면 터빈펌프이고, 안내날개가 없는 것이 볼류트펌프이다.
  ③ 펌프를 운전 중 **정전 등으로 펌프가 급히 정지하는 경우** 관내의 운동에너지가 압력에너지로 변하여 소음과 진동을 수반하는 현상이 발생하는데 이를 **수격작용**(water hammer)이라 한다.
  ④ 펌프운전 중에 압력계의 압력이 주기적으로 크게 흔들림과 동시에 토출량도 변동하고 또한 계속적인 진동과 소음이 발생하는 현상을 **맥동현상**(surging)이라고 한다.

## 056
**정답** ④ 　기본서 2권　257p

**해설** ADD는 실제적으로 화염을 침투하여 연소면 상부에 스프링클러로부터 물이 공급되는 밀도로서 화염의 강도나 화재의 대류열에 의해서 영향을 받으며, 스프링클러 분사시의 물방울의 크기와 하향운동속도 등에 영향을 받는다. 또한 스프링클러헤드의 반응이 빠를수록 RTI 수치가 낮을수록 RDD는 낮고 ADD는 높다. 그래서 발화점인 AIT가 관계가 없다.

## 057
**정답** ① 　기본서 2권　223~228p

**해설** 모두 옳은 지문이다.

## 058
**정답** ③ 　기본서 2권　245p

**해설**
① 프리액션 시스템은 폐쇄형 스프링클러 헤드(폐쇄형 상향형 또는 드라이펜던트)를 사용하여야 되며 경계상태에서는 완전 배수 상태가 유지되도록 하여 동파를 예방한다.
② 화재가 발생하면 감지기나 감지용 헤드가 동작하여 자동으로 전자밸브를 개방 시켜 주고(감지기 사용할 때) 밸브 챔버(CHAMBER)속의 물을 배수시킴으로써 밸브내의 압력균형이 깨어져 밸브가 개방된다.
④ 수동으로 작동시킬 때는 수동조작함의 밸브개방 스위치를 누르거나 수동조작밸브를 개방하여 프리액션 밸브 본체를 개방시켜주며, 자동작동 때와 같은 방법으로 스프링클러 헤드까지 물이 공급되고 스프링클러 헤드 퓨즈블링크가 융해되어 물을 방사하여 소화한다.

## 059
**정답** ③ 　기본서 2권　260p

**해설** 화재조기진압용 헤드(ESFR 헤드; early suppression fast response head)는 특정 높은 장소의 위험에 대하여 조기에 빨리 소화할 수 있도록 설계된 헤드이다.

## 060
**정답** ④ 　기본서 2권　248~249p

**해설**
④ 일제살수식 스프링클러 작동순서 : 화재발생 → 교차회로 방식의 A or B 회로 감지(경종 또는 사이렌 경보, 화재표시등 점등) → 교차회로 방식의 A and B 회로 감지 또는 수동기동장치의 작동 → 일제개방밸브의 작동[전자밸드(솔레노이드 밸브) 작동 → **중간챔버 가압** → 밸브개방 → 압력스위치 작동 → 사이렌 경보, 밸브개방 표시등 점등] → 2차측으로 급수 → 헤드에서 방수 → 배관내의 압력저하로 기동용수압개폐장치의 압력스위치 작동 → 펌프 기동

→ 중간챔버 감압

※ 일제살수식스프링클러의 작동순서
① 일제살수식 스프링클러 작동순서 : 화재발생 → 교차회로 방식의 A or B 회로 감지(경종 또는 사이렌 경보, 화재표시등 점등) → 교차회로 방식의 A and B 회로 감지 또는 수동기동장치의 작동 → 일제개방밸브의 작동[전자밸드(솔레노이드 밸브) 작동 → 중간챔버 감압 → 밸브개방 → 압력스위치 작동 → 사이렌 경보, 밸브개방 표시등 점등] → 2차측으로 급수 → 헤드에서 방수 → 배관내의 압력저하로 기동용수압개폐장치의 압력스위치 작동 → 펌프 기동
② 일제개방밸브 작동 : 솔레노이드 밸브가 작동하여 클래퍼가 개방되며, 가압수가 2차측 배관으로 이동한다.

## 061

**정답** ① 기본서 2권 276p

**해설** 이산화탄소 작동순서는 아래와 같은 순이다.
㉠ 화재감지기에 의한 화재 감지
㉡ 경보장치 작동 및 화재 지구표시등 점등
㉢ 기동용 이산화탄소가스 방출
㉣ 선택밸브 및 해당 구역의 저장용기 밸브개방
㉤ 방출표시등 점등
㉥ 분사헤드를 통한 이산화탄소가스 방출

## 062

**정답** ① 기본서 2권 275p

**해설** ① 방호구역 **내**의 장소에 설치할 것. 다만, 캐비닛 내장형으로서 약제방사기능과 제어기능을 함께 갖추고 있는 것은 방호구역 **외**에 설치할 수 있다.
→ 외, 내

※ 이산화탄소 저장용기
① 방호구역 외의 장소에 설치할 것. 다만, 캐비닛 내장형으로서 약제방사기능과 제어기능을 함께 갖추고 있는 것은 방호구역 내에 설치할 수 있다.
② 온도가 40℃ 이하이고 온도변화가 작은 곳, 직사광선 및 빗물이 침투할 우려가 없는 곳에 설치한다.
③ 방화문으로 구획된 실에 설치하고 용기의 설치장소에는 당해 용기가 설치된 곳임을 표시한다.
④ 용기 간의 간격은 점검에 지장이 없도록 3cm 이상 간격을 유지하고, 저장용기와 집합관을 연결하는 연결배관에는 체크밸브를 설치한다. 다만, 저장용기가 하나의 방호구역만을 담당하는 경우에는 그러하지 아니하다.

## 063

**정답** ③ 기본서 2권 312p

**해설** **사람 수에 따른 설치 소화설비**

| 100명 이상 | 스프링클러설비, 제연설비, 인명구조용 공기호흡기, 휴대용비상조명등, 자동화재탐지설비 |
|---|---|
| 50명 이상 | 비상경보설비 |

## 064

**정답** ③ 심화

**해설** ③ 거실 급·배기방식 → 인접구역 상호제연방식의 일종

※ 인접구역 상호제연방식
- 화재실에서 배기를 하고 인접구역에서 급기를 실시하여 급기가 화재실로 유입되는 방식
- 일반적으로 대규모의 거실(400m² 이상)에 적용
- **거실 급배기 방식과 거실 배기·통로 급기방식**이 있다.

가. 거실 급배기 방식
백화점 등 복도가 없이 개방된 공간에 구역별로 제연경계를 설치한 후 화재실에서 배기를 하고 인접구역에서 급기를 실시하는 방식

나. 거실 배기·통로 급기방식
지하상가와 같이 거실이 구획되어 있고 그 거실에 통로가 인접하여 있는 경우 거실에서 배기를 하고 통로에서 거실 외벽의 하부 그릴을 통하여 급기를 실시하는 방식

## 065

**정답** ④ 기본서 2권 298p

**해설** ④ 감지기능 : 화재 시 발생되는 열 또는 연기의 물리·화학적 변화량을 검출하는 감지기능이 있다.
→ 감지기의 기능에 해당한다.

※ 수신기의 기능
1) 전력공급기능
수신기에 공급되는 AC 220 V를 DC 24 V로 전환시켜 수신기내부의 전원으로 사용하고, 감지기, 발신기, 음향장치에 전원을 공급한다. 이렇게 변환하여 사용하는 것은 AC 220 V를 직접 사용하게 되면 유도전류가 발생하여 오작동이 발생하며, 기판의 사용년한이 줄어들기 때문에 DC 24 V를 사용한다.
2) 수신기능
감지기와 발신기로부터 화재신호를 수신한다.
3) 기동기능
감지기와 발신기로부터 화재신호를 수신한 후 화재표시등을 점등시켜 화재발생표시를 하고, 화재발생위치를 표시등 또는 문자로서 표시를 하고, 화재발생을 건물 내의 사람들에게 알리기 위해 경보장치를 기동시킨다. 그리고 자동화재탐지설비와 연동으로 구성된 소방설비들도 기동시킨다.
4) 시험기능
자동화재탐지설비의 작동상태를 점검하기 위한 예비전원시험, 도통시험, 화재표시작동시험을 할 수 있다.
5) 복구기능
화재신호를 발신하는 원인이 제거된 후에 정상상태로 복구시키는 기능이 있다.
6) 기타기능
위의 기본적인 기능 외에도 설비유지관리의 편리성과 정확성을 높이기 위해 다양한 기능들이 부가된다.

※ 감지기의 기능
감지기는 화재 시 발생되는 물리·화학적 변화량을 검출하는 감지기능, 화재인지 아닌지를 판단하는 판단기능, 화재신호를 수신기로 송출하는 발신기능이 있어야 한다.
1) 감지기능
화재 시에는 열, 연기, 불꽃(화염)의 물리·화학적 변화가 생긴다. 감지기는 물리·화학적 변화 중에서 하나 또는 두 개를 감지한다. 감지하는 대상에 따라 열을감지하는 열감지기, 연기를 감지하는 연기감지기, 불꽃을 감지하는 불꽃감지기, 열과 연기를 동시에 감지하는 열연기복합형감지기로 구분된다.

2) 판단기능
감지기는 화재로 인한 물리·화학적 변화량이 일정량 이상 일정시간 이상 지속되면 이것을 화재라고 판단을 하게 된다. 감지기가 화재라고 판단하는 기준이 되는물리·화학적 변화량은 감지기의 형식승인 및 제품검사의 기술기준에 정하고 있는데 이를 감도라고 한다. 감도는 특종, 1종, 2종, 3종으로 구분되며 특종으로 갈수록 작은 변화량에 반응한다. 판단기능은 일반적으로 감지기 자체에서 수행하고 있으나, 아날로그식감지기는 감지기 주변의 물리·화학적 변화량만을 수신기에 전달하고 화재의 판단은 수신기에서 하도록 구성되어 있다.

3) 발신기능
감지기가 수신기에 보내는 신호방식에는 접점신호방식과 통신신호방식이 있다.접점신호방식은 수신기로부터 감지기에 연결된 전선에 접점을 구성하여 전류가 흐르면 화재이고, 전류가 흐르지 않으면 화재가 아닌 것으로 신호를 보내는 방식이다.

## 066

**정답** ④ 기본서 2권 288p

**해설**
- 지상 1~8층 : 16개소
- 지상 9층,10층 : 2개소
- 지하1~2층 : 4개소
- 지상계단 : 1개소
- 지하계단 : 1개소

이므로 16 + 2 + 4 + 1 + 1 = 24

## 067

**정답** ② 기본서 2권 288p

**해설**
㉠ 수평적 경계구역 : 각 층마다 경계구역을 설정해야하고 하나의 경계구역 면적이 600$m^2$ 이하여야 하고 두 개층을 하나의 경계구역으로 설정하는 경우 두층의 면적의 합이 500$m^2$ 이하여야 하므로 지하2층부터 지상3층까지 각층마다 경계구역 1개다. 4층은 3층과 면적의 합이 450$m^2$ 이므로 지상3층과 4층을 하나로 합쳐 하나의 경계구역으로 설정할 수 있다. 그러므로 수평적 경계구역의 수는 5개이다.
수직적 경계구역 : 계단은 각층과 별도로 경계구역을 설정하고 지하층과 지상층의 계단은 또한 별도로 경계구역을 설정한다. 계단의 하나의 경계구역의 높이는 45m 이하가 되게 하므로 수직적 경계구역은 2개가 된다. 즉 이 건축물의 경계구역의 수는 7개이다.
㉡ 우선경보방식은 5층 이상(지하층 제외)으로서 연면적 3,000$m^2$를 초과하는 건축물에서 사용하는 경보방식이다. 이 건축물은 4층 건축물이고 연면적도 3,000$m^2$가 되지 않는다. 그러므로 우선경보방식이 아닌 전층경보방식이어야 한다. 즉 어느층에서 화재가 발생하더라도 모든 층에서 경보가 울려야 한다.
㉢ 옥내소화전의 최소 수원의 양은 옥내소화전의 수가 가장 많은 층의 옥내소화전의 개수(최대 2개) × 2.6$m^3$ 이므로 2 × 2.6$m^3$ = 5.2 $m^3$이다

## 068

정답 ③  기본서 2권 285p

해설 ③ 음량조정기를 설치하는 경우 음량조정기의 배선은 3선식으로 하여야 한다.
→ 음량조정기를 설치하는 이유는 업무용과 비상용을 같이 쓰기 위해서 이다. 따라서 업무용 1, 비상용 1, 공통선 1 이렇게 3가닥이 들어가야 한다.

## 069

정답 ②  심화

해설 ② 밀도 : $8g/cm^3$, 비중 : 8

※ 밀도 : $\dfrac{질량}{부피} = \dfrac{320g}{40cm^3} = 8g/cm^3$

※ 비중 : $\dfrac{물체의 밀도}{물의 밀도} = \dfrac{8g/cm^3}{1,000kg/m^3} = \dfrac{8g/cm^3}{1g/cm^3} = 8$

## 070

정답 ④  기본서 2권 257p

해설 ADD가 RDD보다 클 때 화재가 진화된다.

## 071

정답 ②  기본서 2권 219p

해설 숙박시설의 경우 소화능력단위 1단위가 요구되는 바닥면적은 100m² 이다.
- 계산 : 2,000m² ÷ 100m² = 20
즉, 20 능력단위가 요구된다.
따라서 2단위 소화기 10개를 설치한다.

# MEMO

# MEMO

MEMO

# MEMO

## 2025 김동준 객관식 문제집 소방학개론

| | |
|---|---|
| 초판인쇄 | 2024년 10월 31일 |
| 초판발행 | 2024년 11월 8일 |
| | |
| 저자 | 김동준 |
| 발행인 | 박홍준 |
| 발행처 | ㈜두빛나래 |
| 등록번호 | 제575 - 86 - 01526 |
| | |
| 주소 | 서울시 구로구 새말로 102, 2522호<br>(구로동, 신도림포스빌) |
| 전화 | 070 - 4090 - 1051 |
| 팩스 | 070 - 4095 - 1051 |
| 교재문의 | dubitbook.com |
| | |
| ISBN | 979-11-94425-00-7    13350 |

저자와 협의 하에 인지는 생략함

이 책의 무단 전재 또는 복제행위는 저작권법 제136조 제1항에 의해 5년 이하의 징역 또는 5,000만 원 이하의 벌금에 처하거나 이를 병과할 수 있습니다.
파본은 교환해 드립니다.

정가 35,000원

김동준 소방 & 방재 아카데미와 함께하는

# 소방체력 Family

소방단기 김동준선생님과 전국의 체력학원들과 협업하여 수험생여러분들에게 조금이나마 도움이 되자고 소방체력 Family를 결정하였습니다.

본 할인권을 가지고 지정된 체력학원으로 가시면 준비된 혜택과 최고의 체력교육을 받으실 수 있습니다.

**할인 coupon**

**학원내방시 필참**

2025년 소방공무원 시험대비
## 소방체력 Family 학원전용 할인쿠폰

각 지역별 체력학원마다 금액이 상이한 관계로 자세한 사항은 체력학원으로 문의바랍니다. (뒷면참조)

# 25년 대비 김동준 소방&방재 아카데미와 함께하는 소방체력 Family

| 체력학원명 | 지역 | 주소 | 상담대표전화 |
|---|---|---|---|
| 에듀스포츠 체대입시(수원) | 경기도 | 경기도 수원시 장안구 장안로 92 태범B/D 1층, 지하 1층 | 0507-1460-7679 |
| 맥스체대입시(강릉시) | 강원도 | 강원도 강릉시 임영로120 3층 맥스체대입시 | 033-651-2673 |
| 맥스체대입시(동해시) |  | 강원도 동해시 동해대로 5033 4층 | 033-521-2673 |
| 맥스체대입시(천안) | 충남 | 충청남도 천안시 서북구 두정동 2036 | 041-522-0207 |
| 트윈 에이치(청주) | 충북 | 충청북도 청주시 흥덕구 천석로 73 | 010-8253-1912 |
| 맥시멈체대입시(창원) | 경남 | 경남창원시 마산합포구 동서동3길39 새롬미리내 아파트 101동 자하상가 제1호 | 055-245-1789 |
| 엘리트 체대 입시 (전주) | 전북 | 전라북도 전주시 완산구 우전로 255 4층 | 010-6336-4565 |
| 엘리트 체대 입시 덕진점(전주) |  | 전라북도 전주시 던진구 조경단로100 3층 | 010-6336-4565 |
| 맥스체대입시(전주) |  | 전북 전주시 완산구 백제대로424. 2층 | 063-255-1109 |
| 한국 맥시멈 공무원체력학원 | 대구 | 대구광역시 중구 중앙대로 390 지하1층 | 053-255-1129 |
| PSSA 경찰소방체력 | 부산 | 1관 : 부산광역시 부산진구 동천로55 ck빌딩 3층<br>2관 : 부산광역시 부산진구 동천로55 구슬빌딩 4층 | 051-806-9666 |
| 맥스체대입시(관악교육원) | 서울 | 서울 관악구 난곡로63가길 60 로얄빌딩 | 010-7104-0794 |
| 맥스체대입시(서초교육원) |  | 서울시 동작구 동작대로 27가길 44 영지빌딩 지하1층(4호선 7호선 이수역 바로앞 걸어서 30초 거리) | 02-595-7406, 010-4556-0794 |
| 맥스체대입시(춘천교육원) | 춘천 | 강원 춘천시 경춘로 2215 어썸빌딩 3층 | 033-251-9731 |
| 맥스체대입시(원주교육원) | 원주 | 강원 원주시 능라동길 26 메인스퀘어 3층 305호 | 010-9211-6332 |